2017
中国饲料工业年鉴

全国饲料工作办公室
中国饲料工业协会 编

中国农业出版社

《中国饲料工业年鉴》（2017）编辑委员会

左图：全国政协常委、全国政协经济委员会副主任、中央农村工作领导小组原副组长兼办公室主任陈锡文出席中国饲料工业协会第七次会员代表大会并作重要报告。

右图：农业部副部长于康震在中国饲料工业协会第七次会员代表大会上要求，凝心聚力推动饲料工业发展再上新台阶。

2016年12月9日，中国饲料工业协会第七次会员代表大会在京召开。会议选举产生新一届会长、副会长、秘书长及理事会，由中国工程院院士李德发（下图前排左6）任会长，杨振海（下图前排左5）任常务副会长兼秘书长。

2016年11月3日，江苏省省委书记李强（左3）前往正昌集团调研。

2016年9月20日，全国政协常委、全国政协经济委员会副主任、工业与信息化部原部长、中国工业经济联合会会长李毅中（前排左2）赴福建天马集团调研工业企业发展情况。

2016年10月9日，农业部副部长屈冬玉（左8）赴四川新希望农业（柬埔寨）有限公司调研。

2016年5月25日，农业部总畜牧师王智才（右3）赴大北农集团调研。

2016年1月26日，由安徽省畜牧技术推广总站和省饲料工业协会共同举办的饲料玉米产业化利用模式阶段性总结座谈会在合肥庐州召开。

2016年3月3日，云南省饲料工业协会2015年度理事会在昆明召开。云南省饲料工业协会会长、副会长、理事、监事及协会专家咨询工作委员会全体同志等60多人出席了会议。

2016年3月10日，中国饲料工业协会与广东省饲料办在广州市番禺区联合举办2016年全国饲料法规及饲料质量安全管理规范宣贯培训班。来自全国各地20多个大型饲料企业集团代表以及广东省各市级饲料管理部门负责人、省兽药饲料质量检验所等有关部门代表150多人参加了培训。

2016年3月16日，越南海大（同奈项目）举行开工奠基仪式。此次成立的越南同奈海大位于越南南部同奈省统一县保含2社油秒工业区，一期建设一条猪料生产线，是海大集团第一家境外全资饲料子公司。

2016年3月27日，在埃及吉萨省十月六日市，正邦举行了现代农业项目正式开工奠基仪式。

2016年3月31日，农业部专家组对云南省3家申请《饲料质量安全管理规范》部级示范企业进行了现场审核和验收。

2016年4月5日，由湖南正虹科技发展股份有限公司牵头推出的“服务三农、共赢发展，‘N+1’融资服务模式”签约仪式在正虹集团总部举行。

2016年4月6日，陕西省饲料工业办公室召开全省饲料工业工作暨推进《饲料质量安全管理规范》实施培训会。会议总结了“十二五”期间陕西省饲料工业发展成就，明确全省“十三五”饲料行业发展思路，并对2016年全省饲料工作进行了全面安排部署。

2016年4月19～20日，中国饲料工业协会在2016中国饲料工业展览会期间举办了以“创新、协调、绿色”为主题的2016饲料行业技术交流活动，邀请包括4位中国工程院院士在内的行业知名专家，围绕“互联网+”与大数据环境下的精准营养、抗生素控制及替代技术等行业发展的热点焦点问题开展行业交流。

2016年4月21日，由中国饲料工业协会主办的2016饲料原料论坛在合肥成功举办。本次论坛围绕宏观经济形势、玉米临储政策与供求形势、产业转型升级、种植结构调整、行业发展形势热点问题进行探讨交流，吸引600余位观众到场。

2016年4月22～23日，由中国饲料工业协会、全国畜牧总站主办的2016中国饲料工业展览会在合肥滨湖国际会展中心成功举办。

2016年4月22～23日，2016中国饲料工业展览会期间，全国饲料工作办公室和中国饲料工业协会组织策划了中国饲料工业“十二五”发展成就展，通过展板展示、视频播放和宣传册发放等形式，系统总结了我国饲料行业和企业“十二五”期间在产业发展、行业管理、科技创新、企业发展、行业服务等方面取得的成绩，全面提振“十三五”行业和企业的发展信心。

2016年4月22日，中国饲料工业协会会长高鸿宾，全国畜牧总站副站长、中国饲料工业协会副秘书长沙玉圣等领导、嘉宾参观2016中国饲料工业展览会。

2016年5月10 ～ 13日，农业部专家组对陕西省三家开展部级《饲料质量安全管理规范》示范创建的企业进行了现场指导。

2016年5月16日，辽宁禾丰牧业股份有限公司与伊朗AGMT饲料有限公司正式签约，在伊朗合资建厂。

2016年6月23日，农业部畜牧业司（全国饲料工作办公室）饲料处王晓红处长赴天津昌农饲料有限公司、天津市现代天骄农业科技有限公司和天津通威饲料有限公司就饲料散装散运进行考察调研。

2016年6月28日，农业部畜牧业司饲料处魏宏阳调研员赴正虹集团调研。

2016年7月6日，天津市畜牧兽医局组织召开全市2016年畜产品质量安全监管和放心肉鸡重点工作中期推动会。

2016年7月12～14日，农业部专家组对陕西省3家申请《饲料质量安全管理规范》部级示范企业进行了现场审核和验收。

2016年7月15日，2016年山西省饲料质量安全管理规范培训班在太原举办。

2016年7月20日，甘肃省省委常委、纪委书记张晓兰及省发改、环保、城建等部门一行40余人赴甘肃傲农调研。

2016年8月5日，海南省农业厅举办全省饲料兽药行业安全生产管理培训班。海南省各市县畜牧兽医局主要负责人、省兽药饲料监察所负责人和全省兽药生产企业、饲料生产企业及自配料企业负责人共100多人参加了培训。

2016年8月16日，福建省农业厅在福州举办全省饲料法规暨安全生产培训班。福建省各市、县（区）饲料管理人员、省级行政许可专家、全省饲料及饲料添加剂生产企业负责人共460多人参加了培训。

2016年8月17日，全国畜牧总站副站长、中国饲料工业协会副秘书长刘连贵一行赴黑龙江省金富康农牧集团调研。

2016年8月22～26日，农业部畜牧业司（全国饲料工作办公室）饲料处王晓红处长带队赴山西省开展2016年饲料行业管理督导检查工作。

2016年8月22日，帝斯曼新和成工程塑料(浙江)有限公司举行开幕典礼。该公司由荷兰皇家帝斯曼集团与特种化学品生产商浙江新和成特种材料有限公司组建而成。双方于2015年5月宣布组建合资公司。

2016年8月23日，赤峰市大中高科技饲料有限公司顺利通过农业部《饲料质量安全管理规范》示范企业验收，成为内蒙古首家《饲料质量安全管理规范》国家级示范企业。

2016年8月29～31日，2016年全国饲料行政许可信息管理系统培训班在哈尔滨市召开。来自各省、自治区、直辖市饲料管理人员共70余人参加了本次培训班。农业部畜牧业司（全国饲料工作办公室）饲料处王晓红处长等出席会议。

2016年8月31～9月1日，由河北省饲料工业协会主办，河北省畜牧业协会、河北省农林科学院农业资源环境研究所以及河北省现代农业产业技术体系奶牛创新团队协办的河北省首届“粮改饲”促进草牧业发展峰会在石家庄市召开。

2016年9月5日，全国畜牧总站副站长、中国饲料工业协会副秘书长贠旭江出席2016宠物饲料（食品）研讨会。

2016年9月7日，全国畜牧总站、中国饲料工业协会党委书记何新天应邀会见由韩国饲料协会秘书长率领的代表团。双方就中韩两国饲料行业发展动态，发展与合作机遇等进行了探讨。

2016年9月7日，全国畜牧总站、中国饲料工业协会党委书记何新天应邀会见由印度畜牧业协会会长率领的代表团。双方均表示，中印经济互补性强，饲料畜牧领域合作潜力巨大，希望通过此次会谈，中印两国畜牧饲料行业建立长期的合作关系，进一步深入增进了解，寻求联动式发展合作的机会。

2016年9月12日，来自津巴布韦、莫桑比克、布隆迪、埃塞俄比亚、吉布提等国农业部官员组成的援非农业可持续发展高级别官员研修班赴四川省畜科饲料有限公司的参观考察。

2016年9月13日，由大连商品交易所主办、中国饲料工业协会作为特别合作单位的“第九届中国玉米产业大会”在大连举办。大会以“临储政策市场化改革中的发展机遇”为主题，聚焦玉米临储政策市场化改革中产业的风险管理与发展机遇。

2016年9月26日，环山集团向戎易教授教育基金捐赠仪式在中国农业大学动物科技学院举行。该教育基金由戎易教授学生于2016年发起设立，用于动物营养与饲料科学学科建设和人才培养工作以及对戎易先生的纪念活动。

2016年10月12～13日，由农业部畜牧业司组织的2016年饲料质量安全管理规范培训班在长沙举办，各省级饲料管理部门代表40余人参加了此次培训。

2016年10月13日，中粮饲料与华港农牧集团在中粮广场签署股权合作协议。这一合作的达成拉开了中粮饲料大举进军福建地区饲料市场的大幕。

2016年10月16～18日，为了解“粮改饲”试点工作情况，及时总结成绩经验，发现困难问题，督促各地落实2016年“粮改饲”试点工作任务，全国畜牧总站副站长、中国饲料工业协会副秘书长刘连贵一行赴河北省开展“粮改饲”调研工作。

2016年10月17～18日，浙江省饲料和兽药监督管理培训班暨秋冬畜产品安全监管工作部署会在嘉兴召开。浙江省各市、县（市、区）饲料和兽药监管人员以及全省饲料、兽药生产企业和部分兽药经营追溯试点企业共500余人参加。

2016年10月18～21日，黑龙江省畜牧兽医局分别在哈尔滨、齐齐哈尔举办了三期饲料质量安全管理规范培训班，对《饲料质量安全管理规范》法定实施范围内的企业实行全覆盖培训。黑龙江省各市(地)、饲料管理部门负责人，以及各浓缩饲料、配合饲料、精料补充料、添加剂预混合饲料生产企业主要负责人、质量负责人、生产负责人参加培训班。

2016年10月26日，由农业部畜牧（饲料）行业职业技能鉴定指导站举办的畜牧饲料行业职业技能鉴定考评员培训班在长沙召开，对100多名考评员进行了专业技能培训。全国畜牧总站石有龙总畜牧师出席培训班。

2016年11月6日，江苏省饲料工业协会组团赴广东开展行业考察交流活动，考察团成员包括江苏省市两级饲料管理部门代表和江苏配合饲料、饲料添加剂、饲料机械等生产企业代表。

2016年11月7～10日，农业部第八督导组对陕西省饲料行业行政许可、日常监管、《饲料质量安全管理规范》推进等管理工作进行了检查。

2016年11月10日，中国饲料工业协会在京举办全国饲料工业协会秘书长座谈交流活动。全国畜牧总站站长、中国饲料工业协会秘书长杨振海，全国畜牧总站副站长、中国饲料工业协会副秘书长刘连贵，农业部畜牧业司（全国饲料工作办公室）饲料处处长王晓红出席座谈。

2016年12月2日，2016年全国饲料生产形势分析研讨会在北京召开。全国畜牧总站站长、中国饲料工业协会秘书长杨振海，全国畜牧总站副站长、中国饲料工业协会副秘书长刘连贵，农业部畜牧业司（全国饲料工作办公室）饲料处副处长李大鹏以及各省（区、市）饲料工作（工业）办公室负责同志，企业代表等40余人出席会议。

2016年12月7～8日，2016年湖南省饲料行政执法培训班在长沙举办。湖南省各市州饲料办负责人200余人参加了此次培训。

2016年12月8～9日，湖南省饲料工业协会第六次会员代表大会在长沙召开。

2016年12月9日，在中国饲料工业协会第七次会员代表大会上，评选出2016全国十大领军饲料企业、2016全国三十强饲料企业、2016全国十强宠物饲料企业、2016全国二十强饲料添加剂企业，2016全国饲料优秀创新企业（20家），中国饲料工业协会先进集体（30家）、中国饲料工业协会先进工作者（60名）。

2016年12月27日，全国饲料工业标准化技术委员会换届大会在广东省广州市召开。全国畜牧总站副站长、中国饲料工业协会副秘书长、全国饲料工业标准化技术委员会主任委员刘连贵等相关部门领导出席大会并讲话。第五届全国饲料工业标准化技术委员会全体委员及特邀代表100余人出席会议。

2016年 12月28日，正大集团与阿里巴巴集团、蚂蚁金服集团在武汉举行战略合作签约仪式。三方基于良好的信任，着眼各方长远发展战略，强强联合，共同携手，在农牧食品、电子商务、金融服务、农业服务、物流、商业零售及精准扶贫方面达成战略合作关系。

全国饲料工作办公室、全国畜牧总站/中国饲料工业协会

单　位		电　话	传　真	地　址	E-mail
全国饲料工作办公室	综合处	(010)59192844 59192835	(010)59192869	北京市朝阳区农展馆南里11号(100125)	
	饲料处	(010)59192872 59193306 59193213 59192882	(010)59192848		xmjslch@agri. gov. cn
全国畜牧总站/中国饲料工业协会	办公室	(010)59194778 59194608 59194760	(010)59194611	北京市朝阳区麦子店街20号楼(100125)	bgsh-nahs@agri. gov. cn
	人事处(党委办公室)	(010)59194589	(010)59194611		rsch-nahs @agri. gov. cn
	财务处	(010)59194792 59194689	(010)59194611		cwch-nahs@agri. gov. cn
	项目与资产管理处	(010)59194581 59195113	(010)59194611		xmyzcglch-nahs@agri. gov. cn
	国际合作处	(010)59194778 59194753	(010)59194611		gjhzch-nahs@agri. gov. cn
	行业统计分析处	(010)59194369 59194643	(010)59194611		hytjfxch-nahs@agri. gov. cn
	体系建设与推广处	(010)59194712 59194606 59194618 59194755	(010)59194611		txjsytgch-nahs@agri. gov. cn
	质量标准与认证处(无公害畜产品认证中心)	(010)59194657 59194645 59191485	(010)59194779		zlbzyrzch-nahs@agri. gov. cn

（续）

单 位		电 话	传 真	地 址	E－mail
全国畜牧总站/中国饲料工业协会	牧业发展处	(010)59194610	(010)59194611	北京市朝阳区麦子店街20号楼(100125)	myfzch-nahs@agri. gov. cn
	草业处(全国草品种审定委员会办公室)	(010)59195177 59194616 59194721	(010)59194611		cych-nahs@agri. gov. cn
	饲料行业指导处	(010)59194582 59194594	(010)59194591		slhyzdch-nahs@agri. gov. cn
	奶业与畜产品加工处	(010)59194420	(010)59194611		nyyxcpjgch-nahs@agri. gov. cn
	协会工作处	(010)59194789 59194586	(010)59194611		xhgzch-nahs@agri. gov. cn
	饲料评审处(全国饲料评审委员会办公室)	(010)59194650 59194438	(010)59194584		slpsch-nahs@agri. gov. cn
	畜禽资源处(国家畜禽遗传资源委员会办公室)	(010)59194754 59194625	(010)59194375		xqzych-nahs@agri. gov. cn
	信息中心	(010)59194761 59194684 59194611 62145462	(010)59194611		xxzx427@163. com
	农业部全国草业产品质量监督检验测试中心	(010)60481123	(010)60480301	北京市朝阳区麦子店街20号楼(100125)	
	农业部种畜品质监督检验测试中心	(010)62894845	(010)62894803	北京市海淀区圆明园西路2号中国农科院畜牧所院内(100094)	

质量监督与检测机构

单　位	负责人	电　话	传　真	地　址	E－mail
国家饲料质量监督检验中心（北京）	苏晓鸥	(010)82106578	(010)82106580	北京市海淀区中关村南大街12号农科大道30号(100081)	feedgujunhua@sina.com
农业部饲料质量监督检验测试中心（呼和浩特）	杨红东	(0471)4960839 (0471)4960829	(0471)4911217 (0471)6372380	内蒙古呼和浩特市赛罕区昭乌达路新希望家园街(10010)	mmfeed@126.com
农业部饲料质量监督检验测试中心(沈阳)	李延山	(024)24194916	(024)24153310	辽宁省沈阳市沈河区小南街281号(110016)	—
农业部饲料质量监督检验测试中心(南京)	姜加华	(025)86263655	(025)86263656	南京市草场门大街124号江苏农业检测大楼(210036)	jjhnj@163.com
农业部饲料质量监督检验测试中心(南昌)	杨琳芬	(0791)88107671	(0791)88105710	南昌市高新技术开发区京东大道698号畜牧大楼(330029)	—
农业部饲料质量监督检验测试中心(济南)	翟桂玉	(0531)87198029	(0531)871988788	济南市槐村街68号(250022)	zhaiguiy@126.com
农业部饲料质量监督检验测试中心(广州)	林海丹	(020)34280305	(020)34291326	广州市海珠路万寿路113号(510230)	lhd@gdivdc.com

（续）

单　位	负责人	电　话	传　真	地　址	E－mail
农业部饲料质量监督检验测试中心（南宁）	许力干	（0771）3130234	（0771）3942564	南宁市友爱北路51号（530001）	xuligan@163.com
农业部饲料质量监督检验测试中心（成都）	李　云	（028）85598229	（028）85548413	成都市武侯祠大街4号（610041）	liyun_1111@163.com
农业部饲料质量监督检验测试中心（昆明）	张应国	（0871）65886803	（0871）65159462	昆明市盘龙区落索坡邮政局旁（650201）	—
农业部饲料质量监督检验测试中心（西安）	田西学	（029）86254585	（029）86254585	西安市莲湖区未央路28号（710016）	tianxiang0913@163.com

科研与教育机构

<table>
<tr><th>单　位</th><th>负责人</th><th>电　话</th><th>传　真</th><th>地　址</th><th>网　址</th><th>E－mail</th></tr>
<tr><td>中国中国农业科学院饲料研究所</td><td>齐广海</td><td>(010)82107317</td><td>(010)82106054</td><td>北京市海淀区中关村南大街 12 号 (100081)</td><td>www. caasfri. com. cn</td><td>zonghechu@caas. cn</td></tr>
<tr><td>农业部饲料工业中心</td><td>李德发</td><td>(010)62733583</td><td>(010)62733688</td><td rowspan="2">北京市海淀区圆明园西路 2 号 (100193)</td><td>www. mafic. ac. cn</td><td>tuzh @ mafic. ac. cr</td></tr>
<tr><td>国家饲料工程技术研究中心</td><td>李德发</td><td>(010)62829803
62829399</td><td>(010)62829803</td><td>www. nferc. org</td><td>nferc@nferc. org</td></tr>
<tr><td>中国农业科学院北京畜牧兽医研究所动物营养与饲料科学</td><td>佟建明</td><td>(010)62816061
62815851</td><td>(010)62819257</td><td>北京市海淀区圆明园西路 2 号 (100193)</td><td>—</td><td>tjm606@263. net</td></tr>
</table>

前 言

2016年我国饲料行业继续呈现新常态，饲料企业以加速转型和升级、切入养殖端、整合产业链等方式促进传统饲料业务转型，实现农牧食品生产的“供给侧改革”。2016年全国饲料产量2.09亿t，同比增长4.5%，实现了饲料工业“十三五”规划的良好开局。

2016年配合饲料产量18 395万t，同比增长5.7%；浓缩饲料产量1 832万t，同比下降6.5%；添加剂预混合饲料产量691万t，同比增长5.8%。2016年，广东、山东、河北、广西、湖南、河南、江苏、辽宁和四川9个省（区）产量超过千万t，占全国总产量64.8%。

根据各省（自治区、直辖市）统计数据来看，2016年全国饲料工业总产值为8 014亿元，同比增长2.6%。其中，商品饲料工业总产值7 294亿元，同比增长2.4%，饲料添加剂总产值654亿元，同比增长6.2%，饲料机械设备总产值为66亿元，同比下降3.8%，全国饲料工业总营业收入为7 778亿元，同比增长4.9%。其中，商品饲料工业营业收入7 090亿元，同比增长4.5%。饲料添加剂总营业收入623亿元，同比增长10.6%；饲料机械设备营业收入66亿元，同比下降4.5%。

《中国饲料工业年鉴（2017）》（以下简称《年鉴》）比较翔实地记录了2016年我国饲料工业及其相关行业的发展情况。

《年鉴》全文主要包括六个部分，即综合篇、专题篇、地方篇、企业篇、统计资料、大事记。在正文之前以图文并茂的形式介绍了领导视察、行业发展、企业采风、政务联络等；综合篇主要包括2016年公布的领导讲话等；专题篇主要包括2016年饲料加工工业概况、主要饲料产品及原料工业情况、饲料添加剂工业、饲料机械制造工业、饲料工业许可证管理、饲料安全管理、饲料质量监督与检测、科技与推广、饲料行业职业技能鉴定、饲料工业标准化、饲料工业质量认证、饲料工业行业信息体系；地方篇包括了除香港、澳门、台湾以外的全国所有省（区、市）饲料工业概况；企业篇包括重点企业经验介绍和企业简介；统计资料包括全国饲料工业统计资料、主要饲料原料进出口情况；大事记主要包括全国饲料工作办公室、中国饲料工业协会以及各地饲料工作办公室、饲料工业协会在2016年的主要工作与取得的成绩；附录主要包括一些地方政策法规。

《年鉴》图片部分从不同侧面反映了行业的发展。本《年鉴》文字内容丰富，覆盖面广，史实性强，是饲料行业行政事业单位、检测机构、科研机构等单位所必备的工具书。《年鉴》专题篇和地方篇的撰稿人主要是各饲料行业主管部门和行业相关专家学者。

《年鉴》反映的各省（区、市）和有关企业等文字材料及图片部分，只要涉及排序，都按全国省份的行政区划顺序排列；全国饲料工作办公室、中国饲料工业协会和各省（区、市）提供的大事记，除上述相应的排序外，都按时间排序。

《中国饲料工业年鉴》编辑部

2017年7月17日

目录

前言

综合篇

专题篇

地 方 篇

企 业 篇

统 计 资 料

大 事 记

综合篇

2016年全国饲料工业发展概况

2016年，饲料行业积极适应经济社会发展新常态，充分发挥联结上下游、延长产业链的中枢和纽带功能，创新发展方式，强化产品质量管理，加快产业融合整合，优化产业战略布局，进一步提升行业规范化和可持续发展能力，饲料工业“十三五”开局良好。

一、商品饲料总产量创历史新高

生猪、家禽、水产品养殖市场形势较好，玉米价格低位运行，促进了规模养殖场配合饲料用量。全国商品饲料总产量达20 918万t，同比增长4.5%，为近3年来最高增幅。其中，配合饲料产量18 395万t，同比增长5.7%；浓缩饲料产量1 832万t，同比下降6.5%；添加剂预混合饲料产量691万t，同比增长5.8%。从品种看，2016年猪饲料产量8 726万t，同比增长4.6%；蛋禽饲料产量3 005万t，同比下降0.5%；肉禽饲料产量6 011万t，同比增长9.0%；水产饲料产量1 930万t，同比增长1.9%；反刍动物饲料产量880万t，同比下降0.5%；其他饲料产量366万t，同比增长3.5%。

二、饲料产品质量安全稳定向好

饲料工业发展始终坚持“安全第一、优质取胜”的基本方针，以深入贯彻实施新的饲料法规制度为主线，创新行业管理方式，严把生产准入关，全面实施《饲料质量安全管理规范》，持续组织开展饲料质量安全监测，强化检打联动，着力完善事前、事中、事后有效衔接的饲料质量安全管理体系。全国商品饲料抽检合格率96.31%，连续6年稳定在95%以上。

三、饲料产业结构继续调整

在产品结构上，配合饲料使用比例继续提升，浓缩饲料用量继续减少，配合饲料、浓缩饲料、添加剂预混合饲料产量占总产量比重分别为87.9%、8.8%、3.3%；与上年相比，配合饲料占总产量比重提高1个百分点，浓缩饲料下降1个百分点，添加剂预混合饲料同比持平。在产业集中度上，大型饲料企业规模扩张迅速，饲料企业与养殖终端“场厂对接”合作不断深化，产业链融合发展加速，现有年产100万t以上的饲料企业34家，年产50万t以上的企业51家，比2015年分别增加2家和3家，产量分别占全国总产量57%和63%。广东、山东、河北、广西、湖南、河南、江苏、辽宁和四川9个省（区）产量超过千万吨，占全国总产量64.8%。

四、饲料工业总产值稳定增长

全国饲料工业总产值和总营业收入分别为8 014亿元、7 778亿元，同比分别增长2.6%、4.9%。其中，商品饲料工业总产值7 294亿元，同比增长2.4%，营业收入7 090亿元，同比增长4.5%；饲料添加剂总产值654亿元，同比增长6.2%，总营业收入623亿元，同比增长10.6%；饲料机械设备总产值和营业收入均为66亿元，同比分别下降3.8%、4.5%。

五、氨基酸、矿物元素等饲料添加剂产量大幅增长

饲料添加剂产品总量975.9万t，同比增长19.5%。其中，直接制备饲料添加剂922.3万t，混合型饲料添加剂53.6万t。在主要饲料添加剂品种中，赖氨酸、矿物元素等添加剂价格大幅

上涨，处于历史高位，产量增长较大。氨基酸总产量 201.8 万 t，同比增长 30.6%；矿物元素及其络合物 500.5 万 t，同比增长 19.1%；维生素 113.1 万 t，同比增长 3.6%；酶制剂 11.6 万 t，同比增长 18.2%。

六、饲料机械设备加工能力持续提升

饲料加工机械设备生产总量 27 088 台套，同比减少 52 台套，下降 0.2%。其中，成套机组 1 359 台套，同比增加 10 台套，增长 0.7%；单机 25 729 台，同比减少 62 台，下降 0.2%。在成套机组中，时产≥10t 的设备 1 029 台套，同比增加 61 台套，增长 6.3%；时产<10t 的设备 330 台套，同比减少 51 台套，下降 13.4%。

七、饲料行业高端人才比例提升

饲料企业年末职工人数为 47.6 万人，同比下降 8.3%。大专以上学历的职工数为 18.8 万人，占职工总人数的 39.5%，其中，博士 1 892 人，同比增长 0.8%；硕士 9 150 人，同比增长 4.1%；大学本科 69 302 人，同比下降 6.8%；大学专科 107 343 人，同比下降 10.9%；其他学历 288 436 人，同比下降 8.0%。技术工种 36 394 人，同比下降 4.2%。

（田建华　李大鹏）

领 导 讲 话

在粮改饲试点工作部署会上的讲话

农业部总畜牧师
王智才

（2016年6月21日）

同志们：

2016年的中央1号文件对“十三五”期间推进农业供给侧结构性改革、优化农业生产结构、扩大粮改饲试点提出了明确要求。4月下旬，农业部印发《全国种植业结构调整规划（2016—2020年）》，组织召开了工作推进视频会议，对种植业结构调整以及粮豆轮作、粮改饲等重点工作进行了全面部署。5月下旬，韩部长专门到山西调研农牧交错带玉米结构调整，对农牧结合、种养结合、粮改饲发展草食畜牧业给予了充分肯定，寄予了殷切希望。今天召开这次会议，主要任务是认真贯彻中央精神和农业部部署，交流工作经验，统一思想认识，明确任务目标，推动各地迅速行动，把粮改饲工作落实到位。从大家介绍的情况看，2015年已经开展试点的10个省区有了较好的工作经验，新增的7个试点省区也有比较清晰的工作思路。非常感谢计划司、财务司、种植业司和农机化司的同志，发表了很好的指导意见。总的看，在农业结构调整的大背景下，试点取得了明显成效，2016年起步快、开局好，搞好粮改饲大家的信心很足、决心很大，准备也很充分。下一步，关键是不折不扣地抓好落实。下面，我讲三点意见。

一、粮改饲试点取得了显著成效

2015年，农业部会同财政部在河北、内蒙古、黑龙江等10个省区，选择玉米种植面积大、牛羊养殖基础好、种植结构调整有潜力的30个县开展粮改饲试点，各地精心选点、上下联动，切实落实责任，探索机制模式，以全株青贮玉米为重点，推进草畜配套、种养结合。全年粮改饲安排种植150万亩①，实际落实286万亩，收储优质饲草料995万t，超出预期目标将近1倍，有力地推动了种植业结构调整和畜牧业节本提质增效，实现了种养双赢的良好效果，受到了农民和养殖场户的普遍欢迎。

一是降低了牛羊养殖成本。试点区域内的奶牛规模养殖场全面普及全株青贮玉米，种养结合更加紧密，奶牛日均产奶量增加3kg，黑龙江、宁夏等地参与试点的奶牛场平均单产水平达8t以上，单产提高10%左右，生产1t牛奶节约饲料成本300多元，乳蛋白、乳脂肪等质量指标也有明显提高。内蒙古在试点县推广全株青贮玉米饲喂肉牛，每育肥出栏一头可节约饲料成本近1 000元。山西在朔州市推广全株青贮玉米饲喂肉羊，6月龄羔羊体重平均增加了2.5kg。实践证明，粮改饲推动畜牧养殖提高质量、降低成本，是增强畜产品市场竞争力的关键一招。

二是保障了玉米种植收益。试点区域内的全株青贮玉米平均亩产3.5t，每吨收购均价410元，每亩地收入1 435元。同期试点区域玉米籽实平均亩产688kg，每亩地收入1 100元。粮改饲使每亩地增收335元，有效缓解了玉米价格下行对农民收入的不利影响。转变玉米利用方式，也减轻了玉米收储压力。由于效益好，山西朔州市集中连片发展，整市推进粮改饲；宁夏吴忠市利通区是奶牛养殖大区，种植的20多万亩玉米大多数都销售给奶牛场，制作成全株青贮饲料。

---

① 亩为非法定计量单位，1亩≈667m^2。——编者注

三是促进了种养紧密结合。粮改饲试点项目的实施，极大地调动了牛羊养殖场按规模化要求组织饲草料生产的积极性。在试点区域落实的粮改饲面积中，养殖场流转土地自种和订单种植带动的比例达到82%，300亩以上集中连片种植的占比超过50%，为提高生产效率创造了条件。在辽宁省3个试点县收储的全株青贮玉米中，养殖场自种的比例达到90%，实现了以养带种、种养一体化发展。

四是产生了显著的生态效益。通过将玉米全株青贮后饲用，试点区域共减少秸秆产生量240万t。再加上肉牛肉羊养殖中普遍将秸秆作为基础饲草料，与其他饲草料配合使用，试点区域秸秆饲料化利用总量达到1 830万t，有效控制了秸秆焚烧造成的大气污染。全株青贮玉米收获期比玉米籽实提前15d左右，还有利于秋后整地、茬口衔接、休耕轮作和地力保护。

五是提升了现代草牧业生产服务能力。在项目带动下，试点区域青贮饲料联合收获机等现代装备数量快速增长，专业化生产服务组织快速成长，“耕、种、收、贮”全程机械化作业水平大幅度提高，专业化的生产服务机制初步形成。青海省创新融资机制，突破瓶颈环节，机械作业面积达到14万亩以上，青贮设施新增9万m^3。河北省张家口秋实草业开展专业化青贮服务，全年作业量超过20万t；甘肃张掖市甘州区收储服务企业从2014年的1家发展到15家，为中小规模养殖场提供了及时高效的指导和服务。宁夏的3个试点县广泛采用大型联合收获机，水分含量控制在70%以内，全株青贮玉米的品质达到了国际先进水平。

2015年是第一年开展粮改饲试点，政策落地晚，谋划推动工作的时限紧，取得这样的成绩很不容易。各地在完成任务的同时，还立足长远，从促进种养紧密结合、建设现代饲草料生产体系、推动草食畜牧业转型升级等更高的目标出发，精心组织、因地制宜，探索创新、勇于实践，积累了很多经验，形成了很好的社会影响，必须给予充分肯定。在此，我代表农业部对各方面的大力支持和大家的辛勤努力表示衷心感谢！

二、准确把握粮改饲面临的形势与任务

2016年是“十三五”开局之年。农业供给侧结构性改革的主要任务就是调整和优化农业生产结构。粮改饲既是调整种植业结构、推动粮食“去库存”的重要切入点，又是推动草食畜牧业“降成本，补短板”、优化畜禽养殖结构的重要着力点。我们要从加快破解“三农”新难题、厚植发展新优势、切实转变农业发展方式的高度，从农业现代化建设全局出发，准确把握粮改饲面临的形势与任务，理清工作思路，突出发展重点。

第一，推进粮改饲面临难得的机遇。2004年以来，我国粮食生产实现“十二连增”，特别是玉米产量从1.16亿t增长到2.25亿t，增加接近1倍，阶段性库存压力巨大，迫切需要调整玉米种植和利用方式。根据全国总体规划，到2020年，玉米种植面积要调减5 000万亩以上，各主产省份都有任务。粮食供给形势的变化，为推进粮改饲消除了顾虑，提供了土地资源空间。2016年中央一号文件明确要求扩大粮改饲试点，加快建设现代饲草料产业体系；《国民经济和社会发展第十三个五年规划纲要》明确提出要推广粮改饲和种养结合模式，发展农区畜牧业；中央财政从2016年起将粮改饲补助范围扩大到整个“镰刀弯”地区和黄淮海玉米主产区。党中央、国务院做出的这一系列决策部署，传递出明确的政策信号，表明粮改饲是管长远的布局调整举措。2015年试点的实践证明，粮改饲在种植和养殖两个环节都具有明显的比较优势，从事种植和养殖的农户都可以得到实实在在的收益，更不会削弱国家粮食安全保障能力。见到了成效，大家的积极性也就更高了，动力也更强了。概括起来说，推进粮改饲，土地资源有空间，扶持政策有保障，参与主体有动力，我们一定要把握机遇，主动作为，顺势而为。

第二，推进粮改饲要攻坚克难。《全国种植业结构调整规划》提出，到2020年，饲草料面积发展到9 500万亩，其中青贮玉米面积要达到2 500万亩。我国70%以上的牛羊肉和牛奶由农区提供，农牧交错带也有很大的发展潜力。但是，将潜力转化为现实需求，也需要克服不少困难。粮改饲的效益有待进一步稳定。2015年饲草料集中收储期间，下调玉米临时收储价格的政策还没有公布，全株青贮玉米收购价格参照上年度确定，是种植环节比较效益大幅提高的重要原因。随着玉米价格走低，再加上奶牛、肉牛和肉羊养殖效益都呈下行态势，2016年全株青贮玉米收购价格下降的可能性很大。稳定粮改饲的效益，必须从提高饲草料生产和利用效率入手，建基地、创模式，以养带种、以种促养，尤为关键。粮改饲的潜力有待进一步挖掘。2015年的试点表明，奶牛规模化程度高，奶牛场资金筹集能力较强，对优质饲草料的需求共识高，在拉动粮改饲上发挥了主要作用。肉牛肉羊养殖量大，粮改饲的潜力更大，但受到规模小、认识不到位、条件不配套等因素制约，推进的难度较大。加快推广粮改饲，必须研究肉牛肉羊饲草料需求特点，加强技术指导，创新服务模式，调动肉牛肉羊养殖户积极性。饲草料生产性服务组织有待进一步培育。发展全株青贮玉米等饲草料，必须依托全程机械化作业，这是保障质量和效率的基础。大型收获机械价格贵、

作业利用时间短，一般养殖场不可能大量装备，收储全株青贮玉米，离不开专业化的生产服务组织。这几年饲草料生产性作业服务组织成长很快，但与市场需求相比还有很大差距，主要表现为总量不足、装备较差、地区间发展不平衡，需要加大扶持和培育力度。

第三，推进粮改饲要把握好三项基本的原则。推进粮改饲，不能照搬发展粮食的经验，要认真研究饲草料生产的特殊性，把握好推进原则。一要坚持以养定种，合理确定粮改饲面积。饲草料用途单一，养殖场用不了就无处可用，国家也不可能进行政策性收储，必须按照草畜配套、产销平衡的原则组织生产。粮改饲试点项目明确要求以饲草料收储环节为政策实施的着力点，就是要充分调动草食家畜养殖场、专业收储企业等需求主体的积极性，按照市场机制拉动种植业结构调整，根据实际需求合理确定粮改饲的面积，确保生产的饲草料销得出、用得掉、效益好。二要坚持因地制宜，合理确定种植品种。从全国的整体情况看，粮改饲的重点是发展青贮玉米，但也不能搞“一刀切”。种植饲草料不能违背自然规律，质量再好，种不出来或者产量太低也不行；产量很高，质量不好，养殖场不愿意要，也发展不起来。粮改饲试点将青贮玉米、燕麦、甜高粱、黑麦草、苜蓿等都作为选项，就是要各地充分考虑资源条件，尊重种养双方的意愿，合理选择适宜品种，多元化发展。特别是农牧交错地区，要立足区位特点，加强探索实践，筛选出适宜种植、适销对路的优质牧草品种，发展壮大饲草料产业，形成种养循环发展的新型农业结构。我非常赞同宁夏晁总的建议，包括改变传统种植习惯、加快“引草入田”、扩大“黑麦草-青贮玉米二茬种植”，并创新不同的种养结合模式。三要坚持规模种植，合理确定生产组织方式。建设现代饲草料生产体系，规模化种植是前提和基础。只有规模上去了，机械化作业才有效率，标准化生产才有条件。粮改饲试点之所以要明确资金到省、任务到省、责任到省，就是考虑到我国地区差异大，各地发展规模种植的模式多种多样，给予地方充分的自主权，可以更好地发挥地方的主动性。各地在制定落实政策时，要根据实际情况，把养殖场流转土地自种，养殖场与种植大户、种植合作社合作等种养紧密结合的生产组织方式作为优先支持方向，引导发展规模种植，提高生产效率。总之，推进粮改饲要遵循市场规律，尊重种养双方意愿，尊重地区差异，不搞强制性的任务安排，不搞指令性的行政推动。

三、加快推进粮改饲试点各项工作

近期，农业部和财政部联合下发《关于做好2016年农业结构调整试点工作的通知》，下达了1 100万亩调整任务，其中粮改饲600万亩，米改豆500万亩。据农情调度，东北四省区的春播已顺利结束，预计玉米调减面积3 000多万亩，青贮玉米等饲草料面积增加620万亩，势头很好。当前正值三夏的关键季节，各试点省区要迅速行动起来，采取切实有效措施抓好种养衔接，把工作落实到位，力争超额完成任务。

一是抓紧制订完善试点方案。重点是选好试点县，分解好目标任务，制定好实施细则。试点县遴选的要求是玉米种植面积大、牛羊养殖基础好、种植结构调整意愿强，特别是规模化养殖比例高的，要优先考虑。每个试点县定下来就要实施3年，在选择过程中一定要摸清底数、掌握实数，防止领了任务完不成、拿了经费用不掉、有了漏洞坏了事。目标任务分解的基本原则是每个试点县平均完成粮改饲面积6万亩，中央财政每年补助资金1 000万元。各省区可根据实际情况，对各试点县的指标做上下调整，但要遵循资金与任务相匹配的原则，要保证全省的总任务量达标。实施细则主要由各省区自主确定，哪些饲草料品种可以纳入补助范围，补助对象应该具备什么条件，按什么标准进行补助，按什么程序进行操作和兑现，都由各地根据实际情况确定。但是，补助对象必须是养殖主体或饲草料专业收购主体，规则设定既要体现公平兼顾存量和增量，更要有利于挖掘潜力，集中连片整县推进。在这方面，2015年试点的10个省区积累了很多好经验好做法，大家可以相互学习、相互交流，取长补短。

二是积极开拓思路，形成合力，重点是整合相关政策，集成技术支撑力量。近年来，各级政府围绕加快建设现代农业制定实施了一系列政策，形成了比较完备的农业支持保护体系。种植业涵盖了种子和耕种收各环节，草食畜牧业包括良种繁育、标准化规模养殖、饲草料基地建设、草原生态奖补等诸多方面，在支持农业新型经营主体发展、促进农村产业融合等很多方面也有政策。试点过程中，在用好项目补助资金的同时，要积极争取相关政策和资金支持，推动提升饲草料生产的现代装备支撑能力，提升饲草料收储主体的设施设备和融资能力，壮大生产性服务组织的综合实力。在技术支撑方面，农业部配套实施了全株青贮玉米示范应用项目，集成中央级科研院所、技术推广机构、牛羊现代产业技术体系等力量，开展粮改饲模式筛选、技术培训、推广和示范等活动。各试点省区和试点县也要积极整合各方面的技术力量，围绕饲草料品种筛选、种植、收获、加工调制、质量控制、利用等各环节，提供技术指导和示范推广服务，普及先进适用技术。

三是不断强化措施，抓好落实。重点是“四个到位”：组织领导到位，情况调度到位，宣传引导到位，考核评估到位。要按照“政府主导、部门主推、统筹协调、合力推进”的原则，督促指导试点县健全领导机构和工作机制，明确工作责任，保障工作条件，确保试点成效。要以补助资金受益对象为节点，沿着饲草料种植面积、生产方式、产量、效益和养殖户使用效果这条主线，对粮改饲试点基本情况实行精准统计，建一本明白账。要围绕种养一体化、生产服务社会化、饲草料品种多元化等发展方向，种植和养殖部门密切配合，及时总结试点过程中形成的典型模式和典型经验，通过新闻媒体加强宣传推介。各试点省区都要有专人负责宣传，及时“走下去”，把好模式、好经验、好效果“摸上来”，总结好，宣传好。要构建起“年初建账、年中查账、年底结账”的全程管理制度，在饲草料种植和收储等关键节点及时组织开展督导检查，在收储工作结束后及时组织开展总结验收和考核评估，过程管理与结果考评相结合，防止个别地方出纰漏，拖了全省乃至全国的后腿。我们将制订公布省级绩效考核评估方案，并组织开展现场抽查。

四是持续加强项目资金监管。依法依规使用资金，管好用好财政资金，是各项政策落实过程中都必须坚持的原则。粮改饲试点资金使用给予地方的自主权大，责任更大。我们既要按照最有利于工作推进的原则用好财政资金，确保实现政策预期目标，更要遵守最严格的规矩，建立最规范的程序，保证财政资金绝对安全，保证农牧部门干部的安全。各试点省区和部有关司局要主动配合财政、审计部门，加强资金监管，以试点工作实施各环节廉政风险点控制为切入点，以全程监管、绩效考核等手段为着力点，研究建立一套行之有效的监管机制，把资金监管与工作成效管理有机结合起来，用良好的机制管好人、办好事，为粮改饲试点实现预期目标奠定坚实的制度基础。

在这里，我还要强调一下农业防汛抗旱工作。受超强厄尔尼诺影响，入汛以来我国极端灾害性天气频发，农业防灾减灾任务十分艰巨。各地要按照统一部署，立足防大汛、抗大旱、救大灾，做好防灾减灾预案，加强监测预警，强化灾情调度，帮助农民解决实际困难。特别是加强畜禽养殖管理和动物疫病防控，做好各项应急准备工作，确保养殖场户安全度汛。

同志们，畜牧业是现代农业的标志性产业，粮改饲符合现代农业发展方向，顺应农业供给侧结构性改革要求，受到种养场户的普遍欢迎，意义重大。粮改饲也是各级畜牧兽医部门的一项新任务，需要探索解决的问题很多，责任重大。大家一定要抢抓机遇，扎实工作，切实把粮改饲试点工作抓好，为调整优化农业生产结构、推进畜牧业转型升级做出新的贡献。

谢谢大家！

推广粮改饲
构建新型种养关系

农业部畜牧业司司长、
全国饲料工作办公室主任
马有祥

（2016 年 12 月 27 日）

根据党的十八届五中全会精神，国务院印发了《国民经济和社会发展第十三个五年规划纲要》，明确提出推广粮改饲和种养结合模式，发展农区畜牧业。这是中央立足新时期农业农村工作全局做出的重大决策，我们要提高思想认识，认真总结试点经验，进一步强化工作措施，抓好政策落实，务求取得实效。

一、粮改饲是我国农业发展进入新阶段的必然选择

“十二五”时期，我国农业生产能力实现质的飞跃，粮食生产连年高位增产，主要农产品丰产丰收，总体供给形势处于历史最好水平。新形势下，农业主要矛盾已由总量不足转变为结构性矛盾，主要表现为部分农产品阶段性供过于求，一些市场需求旺盛的农产品供给不足。当前和今后一段时期，农业农村经济的重点任务是推进农业供给侧结构性改革，加快转变农业发展方式，着力构建粮经饲统筹，农林牧渔结合，种养加一体，一、二、三产融合发展的格局，形成与市场需求相适应、结构更加合理、保障更加有力的农产品有效供给。在新时期农业农村经济发展大局中，粮改饲是重要的着力点和突破口。

1. 粮改饲是优化种养结构的有力措施 在我国主要粮食品种中，玉米阶段性供过于求的问题最突出，调减种植面积的任务最紧迫。《全国种植业结构调整规划（2016—2020 年）》提出，到 2020 年，玉米种植面积调减 5 000 万亩以上，青贮玉米面积增加到 2 500 万亩。扣除 2015 年已有约 900 万亩基数，“十三五”期间青贮玉米面积要增加 1 600 万亩左右，粮改饲将为玉米种植面积调减做出 30%以上的贡献。从畜产品方面看，我国人均牛羊肉和奶类占有量分别约为世界平均水平的 2/3 和 1/3，是今后市场需求增长最有潜力的品种。好牛吃好草，当前发展草食畜牧业，优质饲草料不足是主要制约瓶颈之一，实施粮改饲正好补齐了这块短板。据测算，粮改饲面积达到 2 500万亩后，可以保证我国农区的奶牛都吃上优质青贮饲料，肉牛和肉羊规模养殖场的饲草料结构也将大幅优化，实现牛奶质量全面达到发达国家水平、牛

羊肉增产 160 万 t 等目标都有了基本保障。

2. 粮改饲是重构种养关系的有力措施 由于人多地少、生产力低等原因，在长达数千年的历史中，我国农业一直在围绕“吃饱”做文章，种植业首先要满足口粮需求，畜牧业处于从属地位，只能用剩余的粮食和农副产物作饲料，有啥用啥。改革开放以来，我国农业发展进入快车道，但直到 1990 年，全国粮食产量中用作口粮的比例仍高达 67%，饲用量仅占 10%左右。进入新世纪后，我国农业综合生产能力和居民收入水平持续提升，人均口粮消费持续下降，饲料粮消费快速增加。据估算，在 2015 年全国粮食消费中，口粮比重已下降到 46%左右，饲料粮比重增长到 38%左右。尤其是玉米，饲用消费量占总消费量的比重达到 70%。2004—2015 年，我国粮食总产量增加 1.52 亿 t，其中玉米增产占 63%，这是适应粮食用途变化的第一轮种养关系调整，生猪和家禽规模养殖快速发展是主要驱动力。未来 5～10 年，我国口粮消费每年预计减少 100 万 t 左右，猪禽养殖对玉米的需求增长也趋于平稳，而草食畜牧业发展对优质饲草料的需求进入快速增长期。推广粮改饲，将部分籽粒玉米改种为青贮玉米等优质饲草料，就是要坚持需求导向，按照为养而种的原则，需要啥就种啥，推动种养关系进行第二轮调整，形成粮草兼顾、农牧结合、种养一体的和谐格局，这是农业发展到一定阶段后的必然选择，是大食物观落到实处的重要体现。

3. 粮改饲是提高种养效率的有力措施 据科学测算，与籽粒和秸秆分开收获、分开利用相比，每亩全株青贮玉米提供给牛羊的有效能量和有效蛋白增加约 40%，生产 1t 牛奶配套的饲料地可以减少 0.1 亩以上，豆粕用量减少 15kg，精饲料用量减少 25%，秸秆总用量增加 23kg；生产 1t 牛羊肉配套的饲料地可以减少 3.5 亩以上，豆粕用量减少 210kg，精饲料用量减少约 40%，秸秆总用量增加 220kg。使用全株青贮玉米，还可以使我国奶牛的平均单产从目前的 6 000kg提高 7 000kg，肉牛肉羊的出栏时间明显缩短。总的看，推广粮改饲，既减少玉米等能量饲料种植的耕地需求，又减少豆粕等蛋白饲料的进口依赖，还有利于提高草食家畜的生产效率，带动秸秆等资源循环利用，最终提高种植和养殖两个产业的质量、效益和竞争力。

二、粮改饲试点取得了显著成效

2015 年，农业部会同财政部在 10 个省区 30 个县启动粮改饲试点，以青贮玉米为重点推进草畜配套，引导种养结合发展。2016 年，试点范围扩大到“镰刀弯”地区和黄淮海玉米主产区的 17 个省区，试点县达到 121 个。从两年试点的情况看，粮改饲有力拉动了种植业结构调整和畜牧业节本提质增效，实现了种养双赢。

1. 促进了玉米去库存和种植增收 据初步统计，2016 年试点地区落实粮改饲种植面积 677.9 万亩，其中全株青贮玉米 613 万亩，全株青贮高粱 11.6 万亩，苜蓿、燕麦等优质牧草 53.3 万亩，超出 600 万亩预期目标 13%。按照每亩籽粒玉米产量 500kg 测算，共减少籽粒玉米 33.9 亿 kg，占试点地区玉米总产量的 7.3%。全株青贮玉米平均亩产 2.9t，每吨收购均价 365 元，亩均收入 1 058.5 元；籽粒玉米平均亩产 538kg，每吨收购均价 1 320 元，亩均收入 710.2 元；粮改饲使农民亩均增收 348.3 元。2016 年东北部分试点地区受旱情影响，青贮玉米亩均产量 2.5t，较正常年份少 1t 左右，种植户亩均收入 750 元左右，但仍比未受灾地区种植籽粒玉米收入高 100 多元。

2. 促进了牛羊养殖增产增效 试点地区共补贴养殖场户和专业青贮公司收储优质饲草料 1 922.7 万 t，覆盖奶牛 213.2 万头、肉牛 90.7 万头、肉羊 202.3 万只。据调查，原年产奶 6t 左右的奶牛饲喂青贮玉米后，日均产奶量增加 3kg，乳蛋白、乳脂肪等质量指标也明显提高，一个泌乳年增加收入 3 000 多元，折算到每吨牛奶上成本降低约 350 元；肉牛饲喂青贮玉米，日增重提高约 0.4kg，达到标准体重出栏的时间缩短 30d 以上，每出栏 1 头的饲料成本降低 900 元左右；肉羊饲喂青贮玉米，日增重提高 0.05kg，达到标准体重出栏的时间缩短 15d 以上，每出栏 1 只的饲料成本降低 40 元左右。

3. 促进了种养结合循环发展 在落实的粮改饲面积中，养殖场流转土地自种、种养一体化经营的比例达到 30%，辽宁、新疆等省区超过了 60%。养殖场利用一体化经营优势，将牛羊粪便还田用于青贮饲料种植，基本实现了粪便污水“零排放”，减少化肥用量 40%以上，形成了种养循环发展的新型农业生产方式。宁夏利通区流转土地自种的全株青贮玉米良种普及率达到 100%，有机肥使用率达到 90%以上。试点地区专业化生产服务组织发展到 1 904 个，青贮饲料联合收获机等现代装备加快普及，“耕、种、收、贮”全程机械化作业水平大幅提高。

4. 促进了产业扶贫和草牧业发展 各地在政策落实过程中，还将粮改饲与扶贫攻坚、发展草牧业等工作紧密结合起来。在 121 个粮改饲试点县中，57 个是国家或省级贫困县，占比接近一半。青海门源县组织饲草料加工企业与 647 个贫困户签订合同，订单收购饲草料 5.2 万 t，与过去种植粮油作物相比，户均增收 4 171 元。山东阳信县引导贫困户与饲草料收储企业签订保护价收购协议，优先保障贫困户增收。

甘肃省甘州区种植饲草用于牛羊冬季舍饲，天然草场放牧压力减轻40%以上。宁夏利用冬闲田，开展黑麦草与青贮玉米轮作，不仅解决了牛羊冬春缺少青绿牧草的问题，每亩地还增加收入约600元。

两年的试点表明，粮改饲在种植和养殖两个环节都体现出了明显的优势，市场主体都得到了实实在在的好处，对提高土地资源利用效率、提升粮食安全保障能力、减轻粮食收储压力等方面具有重要作用，是一项符合农业现代化发展方向、顺应市场规律、受到农民普遍欢迎的好政策。

三、加快推广粮改饲和种养结合模式

“十三五”是农业现代化建设的关键时期，也是优化种养结构、构建新型种养关系的战略机遇期。要进一步统一思想，明确思路，强化措施，加快推广粮改饲和种养结合模式，力争在现有基础上，每年扩大粮改饲面积500万亩，减少籽粒玉米25亿kg，增加优质青贮饲草料供应1 500万t。

1. 把握原则有序推进 饲草料生产有其自身特点，不能完全照搬粮食生产经验。推进粮改饲，要认真研究饲草料生产的特殊性，把握好三项原则。一要坚持以养定种，合理确定粮改饲面积。饲草料用途单一，养殖场用不了就无处可用，必须按照草畜配套、产销平衡的原则组织生产。以饲草料收贮使用者为政策着力点，充分调动草食家畜养殖场、专业收储企业等需求主体的积极性，遵循市场机制拉动种植业结构调整，根据实际需求确定粮改饲面积，确保生产出来的饲草料销得出、用得掉、效益好。二要坚持因地制宜，合理确定种植品种。从全国的整体情况看，粮改饲的重点是发展青贮玉米。但不能搞“一刀切”、全统一。种植饲草料不能违背自然规律，品种再好，种不出来或者产量太低也不行；产量很高，质量不好，养殖场不愿意要，也发展不起来。青贮玉米、燕麦、甜高粱、黑麦草、苜蓿等都可作为选项。必须充分考虑各地资源条件，尊重种养双方的意愿，合理选择适宜品种。三要坚持规模种植，合理确定生产组织方式。建设现代饲草料生产体系，规模化种植是前提和基础。只有规模上去了，机械化作业才有效率，标准化生产才有条件。要把养殖场流转土地自种、养殖场与种植大户、种植合作社合作等种养紧密结合的生产组织方式作为优先支持方向，引导发展规模种植，提高生产效率。

2. 针对问题完善政策 目前，我国种植和牛羊养殖规模化产业化程度还不高，从现有种、养主体看，饲草料收储、技术配套应用等方面能力也不强。要在现有政策框架下，开拓思路、创新方式、综合施策，首先解决三个瓶颈问题。一是加快推动大型收储设备普及，解决规模化问题。全株青贮玉米用量大、作业时间窗口短，晚了就会影响品质，收贮机械化要求高。大型青贮作业机械效率高、收贮质量好，但价格高、用途单一，多数种养户买不起。要在落实好农机补贴政策的基础上，探索引入金融租赁和融资租赁等方式，鼓励社会资本购买大型收贮机械租赁给规模养殖场和专业收贮公司使用。二是加大金融服务支持力度，解决流动资金不足问题。青贮玉米一次收贮全年使用，需要占用大量流动资金，许多养殖场和专业收贮企业反映资金压力较大，影响收贮规模。要综合运用贷款、贴息等金融服务政策，探索以圈舍、设备、畜群、青贮饲料等实物作为抵押申请贷款的可行性，对规模较大的养殖场和收贮企业贷款进行贴息，解决融资难、财务成本高的问题。三是加快技术集成推广，提高种收贮用效率。目前，我国规模奶牛养殖中青贮饲料的使用已经比较普遍，但散户饲养的奶牛和绝大多数肉牛、肉羊养殖中使用的较少，还有很多地方不会用、用不好。要高度重视青贮实用技术的推广和普及，组织科研院所、技术推广机构、牛羊产业技术体系，围绕饲草料品种筛选、种植、收获、加工调制、质量控制、利用等各环节，开展技术培训、推广和示范，使养殖场户尽快掌握整套技术，获得更好的经济收益。

3. 联系实际抓好落实 今后一个时期，围绕落实好中央扶持政策，重点要抓好四个方面工作。一是放活基层，激发地方创造力。各地情况千差万别，粮改饲政策落实要坚持资金到省、任务到省、责任到省，给予地方充分的自主权，激发基层主动性和创造力，允许地方自行确定补助标准、对象和程序。二是精准管理，确保政策落实到位。以补助资金受益对象为起点，沿着饲草料种植面积、生产方式、产量、效益和养殖户使用效果这条主线，对试点基本情况实行精准统计，建一本明白账，确保补助资金到场到户。三是强化考核，建立能进能出的动态调整机制。建立“年初建账、年中查账、年底结账”的全程管理制度，在饲草料种植和收储等关键节点及时组织开展督导检查，在收储工作结束后及时组织开展总结验收和考核评估。结合工作考核情况，从考核排名靠后的地方调整出部分资金用于鼓励先进地区。四是总结模式，加强宣传扩大政策影响面。围绕种养一体化、生产服务社会化、饲草料品种多元化等内容，及时“走下去”把好模式、好经验、好效果“摸上来”，总结形成典型模式和典型经验，通过新闻媒体加强宣传推介，形成推进粮改饲的良好舆论环境和氛围。

饲料行业组织机构

全国各省、自治区、直辖市、计划单列市饲料工业（工作）办公室组织机构一览表

单位	主任	副主任	编制	级别	成立时间	性质	经费来源	隶属关系	隶属关系变更及时间	办公地址	联系人	电话/传真	邮编
北京市农业局	张毅良	张保延	8	处级	2000.06	行政	—	北京市农业局	2000年6月	北京市西城裕民中路6号	张保延	010－82031927 010－82031927（F）	100029
天津市畜牧兽医局	吴　浩	—	2	处级	1989.03	行政	财政	天津市农村工作委员会	1989年3月	天津市南开区华苑海泰信息广场A座	张志宏	022－28301388 022－28301388（F）	300384
河北省饲料工作办公室	檀苍中	—	8	处级	1990.07	行政	财政拨款	河北省畜牧兽医局	2005年10月	河北省石家庄裕华东路88号	郭文娟	0311－86256728 0311－86256728（F）	050031
山西省农业厅饲料奶站管理办公室	魏振兴	侯晋兰	与畜牧局合署办公	处级	1991.05	行政	无	山西省农业厅	1995年6月与省农业厅畜牧兽医局合属	山西省太原市迎泽大街312号	侯晋兰	0351－4044932 0351－4129732（F）	030001
内蒙古自治区农牧业厅饲料处	高雪峰	宗玉德	—	正处	2000.05	行政	—	内蒙古自治区农牧业厅	2000年5月10日由区经委划归区农牧业厅	内蒙古自治区呼和浩特市赛罕区乌兰察布东街70号	宗玉德	0471－6652037 0471－6652292（F）	010011
辽宁省饲料工作办公室	张建勋	—	6	处级	1983.06	行政	财政拨款	辽宁省畜牧兽医局	1990年前在省经委，1990年后在农村工作办，2004年5月归省畜牧兽医局	辽宁省沈阳市和平区太原北街2号	李　闯	024－23447222 024－23447222（F）	110011
吉林省饲料工作办公室	金亨吉	—	5	处级	2000.09	行政	财政拨款	吉林省畜牧业管理局	2000年09月	吉林省长春市人民大街1486号	韩　铁	0431－88906664 0431－88906875（F）	130051

（续）

单　位	主任	副主任	编制	级别	成立时间	性质	经费来源	隶属关系	隶属关系变更及时间	办公地址	联系人	电话/传真	邮编
黑龙江省畜牧兽医局	—	周春生	4	处级	1986.03	行政	省财政	黑龙江省畜牧兽医局	2000年6月由省农委划归省畜牧局	黑龙江省哈尔滨市香坊区文府街4-1号	王向红	0451-82636147 0451-82650907（F）	150000
上海市饲料工作办公室	—	施　彬	2	处级	1986	行政	财政拨款	上海市农业委员会	2001年1月由市商划归市农委	上海市大沽路100号2006室	何麒麟	021-23113090 021-63580987（F）	200003
江苏省动物卫生监督所	时　勇	颜京平	8	处级	2000.10.	事业	全额拨款	江苏省农委	2000年10月由省农业厅划归省农林厅	江苏省南京市龙江小区月光广场8号农林大厦	杨丽娟	025-86263352 025-86263054（F）	210036
浙江省饲料工作办公室	朱家新	袁国华	8	处级	2000.09	事业	省财政	浙江省畜牧兽医局	2000年9月归属省农业厅，2004年3月归省畜牧局	浙江省杭州市凤起东路29号	葛莉莉	0571-86757937 0571-86041245（F）	310020
安徽省饲料工作办公室	董卫星	田文钊	1	局级	1996	行政	政府拨款	安徽省农业委员会	1995年前属省粮食局，1996年后归属省农业厅	安徽省合肥市徽州大道193号省畜牧局	杨　林	0551-62616494 0551-62669100（F）	230001
福建省农业厅饲料兽药管理处	郑立威	—	3	处级	1996.06	行政	财政	福建省农业厅	2000年12月底属省农业厅	福建省福州市华林路123号	丘建华	0591-87851058 0591-87832712（F）	350003
江西省饲料工业办公室	刘碧堂	孙　新 徐晓云	10	正处	1986	全额事业	财政拨款	江西省农业厅	2002年2月由省计委划归到省农业厅主管	江西省南昌市东湖区省府东二路省农业厅内	李　丹	0791-86211805 0791-86217341（F）	330046
山东省畜牧兽医局饲料处（山东省饲料工作办公室）	徐秋团	孔凡德	—	处级	2000.04	行政	财政拨款	山东省畜牧兽医局	2000年4月	山东省济南市槐树街68号	边　琨	0531-87198995 0531-87198095（F）	250022
河南省畜牧局饲料处	蔡文军	—	4	处级	1995.10	行政	财政拨款	河南省畜牧局	1993年由省计委转畜牧局	河南省郑州市经三路91号	王　鹏	0371-65778589 0371-65778981（F）	450045
湖北省饲料工作办公室	董文忠	王仲才	3	处级	1985.05	行政	财政拨款	湖北省农业厅	1995年12月由省经委到省农业厅	湖北省武汉市武昌区武珞路519号	王仲才	027-87876982 027-87876982（F）	430070
湖南省饲料工业办公室	陈志军	赵　明 杨建武	9	正处	1985.10	行政性事业单位	全额拨款	湖南省畜牧水产局	2003年由省计委变更到省农业厅	长沙市韶山北路112号天心电子大厦	陈旭高	0731-82569227 0731-84445743（F）	410011
广东省饲料工作办公室	赵　苹	张永发 于秋楠	3	处级	2000	行政	财政拨款	广东省农业厅	2000年8月从省经贸委划归到省农业厅	广州市先烈东路135号2号楼409	于秋楠	020-37288189 020-37288294（F）	510500

（续）

单　位	主任	副主任	编制	级别	成立时间	性质	经费来源	隶属关系	隶属关系变更及时间	办公地址	联系人	电话/传真	邮编
海南省饲料工作办公室	严　坚		2	处级	1992	行政	财政拨款	海南省农业厅	—	海口市海府路59号省农业厅1306室	黄云青	0898－65316798 0898－65350395（F）	570204
广西壮族自治区饲料工业办公室	闭　强	—	—	处级	2000.04	行政	财政拨款	广西壮族自治区水产畜牧兽医局	2000年8月	广西南宁市青山路8号广西动物安全保障中心1113室	卢丽枝	0771－5829768 0771－5829872（F）	530022
重庆市农业委员会畜牧业发展处（饲料工业办公室）	许会军	向品居	7	处级	1986.08	行政	财政拨款	重庆市农业委员会	1997年由市农委划归市农业局	重庆市北部新区黄山大道中段186号	潘　川	023－89133142 023－89133141（F）	401121
四川省饲料工业办公室	周朝华	李宗明	4	正处级	1987.02	行政	财政拨款	四川省农业厅	1992年变更到省畜牧食品办公室（1995年改为省畜牧食品局）	四川省成都市武侯祠大街3号	严　华	028－85545641 028－85580420（F）	610041
贵州省草业饲料处	孙玉忠	—	4	正处	1998	行政	全额拨款	贵州省农业厅（副厅级）	1996年从省经贸委变更到省畜牧局	贵州省贵阳市延安中路62号	沈德林	0851－85280971 0851－85280971（F）	550001
云南省饲料工作办公室	徐祖林	张存焕	6	处级	2000.11	行政	财政拨款	云南省农业厅	2000年11月（云南省饲料办原名为云南省食品饲料工业办公室，成立于1980年9月）	云南省昆明市万华路169号	高婷婷	0871－65749524 0871－65749524（F）	650224
陕西省饲料工业办公室	—	刘万军 肖红年	17	处级	1986	事业	全额拨款	陕西省畜牧兽医局	2009年	陕西省西安市习武园27号	刘冬霞	029－87343729 029－87343729（F）	710003
甘肃省饲料工业办公室	瞿惠玲	—	6	正处	1996.06	参公事业单位	财政拨款	甘肃省兽医局	1989年前归省计委，1989年后改挂省畜牧厅	兰州市城关区平凉路106号	王秋娟	0931－8179292 0931－8179292（F）	730000
青海省饲料工业办公室	曾植俊	—	1	处级	1987.05	行政	财政拨款	青海省农牧厅	1995年5月由省经贸委挂靠省畜牧厅，2003年5月挂靠在省农牧厅	西宁市交通巷4号	张　茹	0971－3136033 0971－6136031（F）	810003

（续）

单　位	主任	副主任	编制	级别	成立时间	性质	经费来源	隶属关系	隶属关系变更及时间	办公地址	联系人	电话/传真	邮编
宁夏回族自治区饲料工业办公室	柴育东	王健林	5	处级	1986.11	事业	行政拨款	宁夏回族自治区农牧厅	2000年由区畜牧局划归区农牧厅	宁夏银川市金凤区北京中路159号	王建林	0951-5169887 0951-5169887（F）	750002
新疆维吾尔自治区畜产品质量安全监管处	王小民	—	5	处级	1989	行政	财政拨款	新疆维吾尔自治区畜牧厅	1992年末改为新疆区饲料工业领导小组办公室	乌鲁木齐市新华南路408号	于纪彪	0991-8567730 0991-8567730（F）	830000
青岛市饲料工作办公室	陶明森	—	5	正处	1990.02	行政	财政拨款	青岛市畜牧兽医局	2001年5月11日主管部门由经委变更市畜牧服务中心后归市农委	青岛市南区东海中路2号环海大厦24楼	陶明森	0532-85068590 0532-85065530（F）	266071
大连市农村经济委员会	刘成芳	—	4	处级	2001.12	行政	财政拨款	大连市动物卫生监督管理局	2001年12月前属市计委	大连市西岗区新开路87号金福大厦1317室	刘成芳	0411-83689265 0411-83689265（F）	116000
宁波市畜牧兽医局	葛民乐	余全法	6	正处	—	行政事业	财政拨款	宁波市农业局	—	宁波市宝善路220号	王芬露	0574-87483289 0574-87483286（F）	315012
深圳市饲料管理办公室	杨　平	—	5	处级	2001.11	行政	财政全额	深圳市农业和渔业局	2001年11月	深圳市福中三路市民中心西区一楼1075室	张碧华	0755-82001967 0755-82001957（F）	518035
厦门市农业局	徐坚忠	—	3	正处	1999	行政	市财政局	厦门市农业局	2003年初归市农业局畜牧兽医处	厦门市思明区湖滨北路67号3号楼	陈思榕	0592-2892288 0592-2892290（F）	361002

（李大鹏）

全国各省、自治区、直辖市、计划单列市饲料工业协会组织机构一览表

省别	会长	秘书长	副秘书长	成立时间	换届时间	隶属关系	办公地址	邮编	联系人	电话	传真	电子信箱
北京市	汪秀艳	王文娟	—	1986.02.26	2015.01.14	北京市农业局	北京市朝阳区安外北苑路甲十五号506	100107	李忠诚	010－63518890	010－63543914	bjslxh@126.com
天津市	瞿胜利	孙子宝	郝国强	1991.01.01	2012.09.05	天津市农村工作委员会	天津市静海经济开发区物海道18号	301600	张志宏	022－28301388	022－28301388	13323399179@126.com
河北省	檀苍中	薛艳军	杨　冬	1997.10.06	2013.03.17	河北省农业厅	河北省石家庄市裕华区兴苑街4号	050021	董美响	0311－85888039	0311－85888039	xyj86576603@163.com
山西省	雷郭堂	张艳梅	—	1997.04	2012.06	山西省农业厅	山西省太原市迎泽大街312号	030001	张艳梅	0351－8395315	0351－4129732	sxslb.zym888@163.com
内蒙古自治区	马红刚	杨红东	张连义	2000.02	2013.11.15	—	内蒙古自治区呼和浩特市赛罕区昭乌达南路	010020	张连义	0471－4961659	0471－4911217	nmgslxh@126.com
辽宁省	金卫东	武长胜	—	1986.11	2014.11.18	辽宁省畜牧兽医局	辽宁省沈阳市和平区15纬路25号群芳小区2－1－2	110000	孙　婧	024－23254820	024－23254820	xh23264033@163.com
吉林省	唐志富	丁日新	—	1991.01.30	2013.01.13	吉林省畜牧业管理局	吉林省长春市人民大街1486号	130051	韩　铁	0431－88906664	0431－88906664	—
黑龙江省	殷学中	张昭良	—	1986	2012.12	黑龙江省畜牧兽医局	黑龙江省哈尔滨市香坊区哈平路243号	150043	杨　威	13936507949	—	hljslgyxh@163.com
上海市	成国祥	许有宗	—	1984.12	2013.11.22	上海市农业委员会	上海市常德路1265号712室	200060	许有宗	021－62770093	021－62980344	972565790@qq.com
江苏省	黄　焱	姜加华	冯三令	1986.03	2013.10.25	江苏省农业委员会	江苏省南京市草场门大街124号309室	210036	冯三令	025－86263756	025－86263050	jiangsufeed@163.com
浙江省	蒋晓岳	曹军波	—	1999.11.07	2011.07.11	浙江省农业厅	浙江省杭州市江干区御云路111号	310021	曹军波	0571－86490268	0571－86490568	112485376@qq.com

（续）

省别	会长	秘书长	副秘书长	成立时间	换届时间	隶属关系	办公地址	邮编	联系人	电话	传真	电子信箱
安徽省	季学枫	章礼刚	吴皖榕	1999.09	2012.02.29	安徽省农业委员会	安徽省合肥市庐阳区徽州大道197号省皖西南培训中心6楼	230001	吴皖榕	0551-62626491	0551-62618130	Siliaoxiehui8888@126.com
福建省	曾丽莉	胡　春	陈婉如 汤忠民 洪　清	1994.12	2013.03.15	福建省民政厅	福建省福州市铜盘路6号农房大厦五楼	350003	洪　清	0591-87808486 0591-87848820	0591-87859740	fjfeed@163.com
江西省	张忠平	兰永清	刘金根 孙　新 黄　潮	1983.09	2002.08	江西省农业厅	江西省南昌市省府大院省农业厅2号楼4楼	330046	李　丹	0791-86263163 0791-86211805	0791-86217341	slb1813@163.com
山东省	黄炳亮	李祥明	—	2013.09	2013.09	—	山东省济南市槐村街68号	250022	李祥明	0531-87198033 0531-87198966	0531-87198588	sdfiamail@163.com
河南省	高天增	王志祥	付映新 陈贺庆 王　磊	1996.01	2012.12	河南省畜牧局	河南省郑州市经三路89号	450008	付映新	18903813026 0371-65778650	0371-65778885	wzxhau@163.com
湖北省	李汉洲	余汉林	—	1985.01	2014.05.12	—	湖北省武汉市武昌区丁字桥路25号	430064	胡　庆	13098859444	027-87500069	2594147190@qq.com
湖南省	陶一山 周细军 夏壮华 黄逸强 潘长咏	黄　勇	刘智萍 熊　宇 黄立宏	1985.01	2010.12.22	湖南省民政厅	湖南省长沙市韶山北路112号电子大厦507	410011	熊　宇	0731-84445743	0731-84445743	—
广东省	林海丹	江青艳	周　洪	1992.03	2015.06.05	广东省农业厅	广东省广州市先烈东路135号4号楼609房	510500	李　利	020-37288820	020-37287849	gdfeed@vip.163.com
海南省	杨小荣	—	—	1998.06	—	海南省饲料工作办公室	海南省海口市海府一横路1号海牧大厦5楼502	570203	杨小荣	13976591650	0898-65350395	nytslsye@163.com

（续）

省别	会长	秘书长	副秘书长	成立时间	换届时间	隶属关系	办公地址	邮编	联系人	电话	传真	电子信箱
广西壮族自治区	罗广烈	汤建榕	—	1985.06	2006	广西水产畜牧兽医局	广西壮族自治区青山路8号广西动物安全保障中心1113室	530022	汤建榕	0771－5829768	0771－5829872	gxslb2800023@163.com
重庆市	唐贻林	彭　晓	—	1986.	2015.07.17	重庆市农业委员会	重庆市江北区石马河下花园15号	400021	彭　晓	023－67654097	023－67651349	pengxiao700322@sina.com
四川省	陈代文	李　云	邹成义 李书伟 吴　德 赵建萍	1987.09	2013.01.15	—	四川省成都市武侯祠大街3号	610041	吴　岚	028－85545641	028－85580420	1443564063@qq.com
贵州省	晏秋波	章厉劼	陈　洪 童　江	1991.	2009.07.22	贵州省农委	贵州省贵阳市观山湖区金华镇998号	550003	章厉劼	13908509240	—	zhanglijie_83@163.com
云南省	杜建勋	陶　冶	—	1987.05	2013.07.09	—	云南省昆明市环城北路205号集丰北站庭院写字楼3－410	650051	陶　冶	0871－65616557	0871－65616557	ty521@126.com
陕西省	—	—	—	1989.	—	—	陕西省西安市习武园27号	710003	陈亦兵	029－87343729 029－87345955	029－87321764	cyb307@126.com
甘肃省	—	—	—	1991.12	—	农牧厅	甘肃省兰州市平凉路106号	730000	王秋娟	13609318102	0931－8179292	921978942@qq.com
青海省	阿　旺 尖　措	白凤奎	刘书杰 武秀云 唐国盛	1987.05	2003.11	省农牧厅	青海省西宁市交通巷4号	810001	张　茹	13997059696	0971－6136031	nmttgs0366@126.com
宁夏回族自治区	邢泽光	王　华	—	1986.12	2014.12.30	宁夏回族自治区民政厅	宁夏回族自治区银川市金凤区北京中路159号	750002	王　华	0951－5169661	0951－5169887	wh_pmo@163.com

（续）

省别	会长	秘书长	副秘书长	成立时间	换届时间	隶属关系	办公地址	邮编	联系人	电话	传真	电子信箱
新疆维吾尔自治区	陈如春	—	贾　俊	1999.	2015.02.03	新疆维吾尔自治区畜牧厅	新疆维吾尔自治区乌鲁木齐市天山区新华南路408号12层	830000	贾　俊	0991－8561015 13209980300	0991－8561015	172566431@qq.com
大连市	徐永平	王振刚	—	2004.	2015.03.16	大连市农村经济委员会	大连市开发区双D港生命1路58号-1	1166200	刘　扬	0411－87549455 18698638058	0411－87407133	57235619@qq.com
深圳市	黄邦银	金铁城	董塞新	1988.03	2012.03.26	深圳市民间组织管理局	深圳市福田区深南大道1006号深圳国际创新中心A幢18楼	518000	董塞新	0755－83252125	—	szxm0105@163.com
厦门市	叶根宗	高翠红	—	2000.12.04	2011.10.20	厦门市农业局	厦门市思明区槟榔西里148号B座16楼	361004	杨　立	0592－5031918	0592－5062631	1187242973@qq.com

（闫奎友　柏玉琴）

专题篇

饲料加工工业概况

2016年，我国饲料行业积极适应“新常态”，创新发展方式，加大结构调整力度、加快产业融合整合，优化产业战略布局，强化产品质量管理，进一步提升了行业规范化和可持续健康发展能力，产业体系更趋成熟，产业发展更加效能，实现了我国饲料产业由量到质的转变。实现了饲料工业“十三五”规划良好开局。

一、饲料生产基本情况

1. 全国商品饲料总产量恢复性增长 2016年全国商品饲料总产量20 918万t，同比增长4.5%。其中，配合饲料产量18 395万t，同比增长5.7%；浓缩饲料产量1 832万t，同比下降6.5%；添加剂预混合饲料产量691万t，同比增长5.8%（图2-1）。

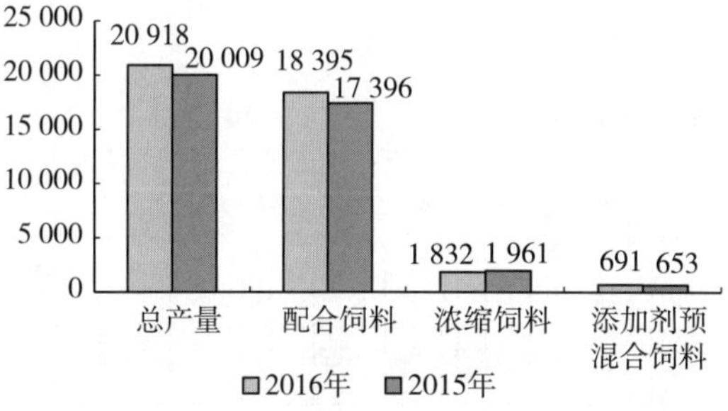

图2-1　2016年和2015年饲料产量对比

其中，猪饲料产量8 726万t，同比增长4.6%；蛋禽饲料产量3 005万t，同比下降0.5%；肉禽饲料产量6 011万t，同比增长9.0%；水产饲料产量1 930万t，同比增长1.9%，反刍动物饲料产量880万t，同比下降0.5%；其他饲料产量366万t，同比增长3.5%（图2-2、图2-3）。

在配合饲料中，猪配合饲料总产量7 175万t，同比增长5.5%；蛋禽配合饲料2 536万t，同比增长1.2%；肉禽配合饲料5 799万t，同比增长9.9%。

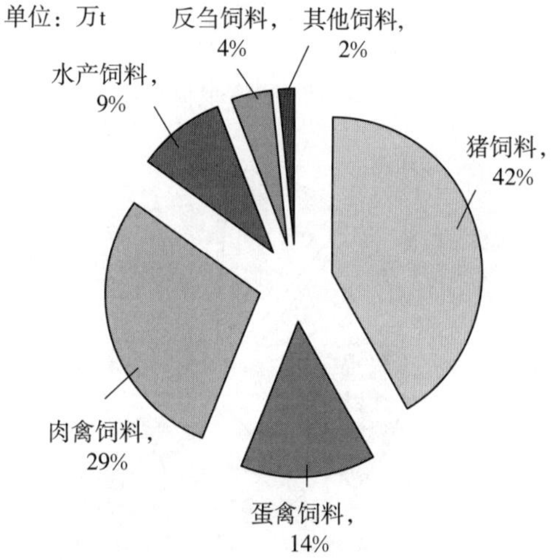

图2-2　2016年饲料品种结构图

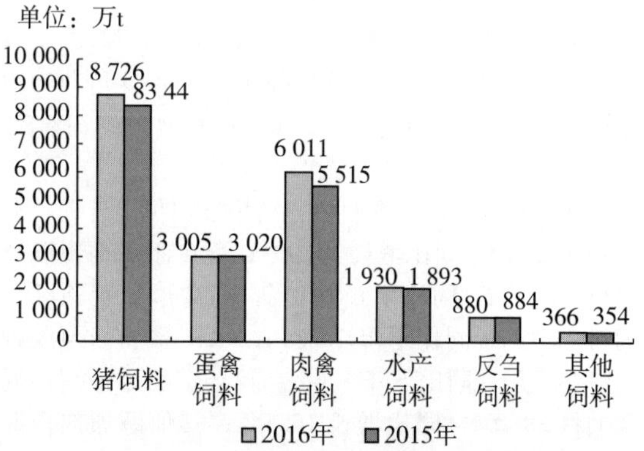

图2-3　2016年和2015年各品种饲料产量对比

水产配合饲料1 904万t，同比增长2.1%；精料补充料658万t，同比增长0.3%；其他配合饲料323万t，同比增长10.1%（图2-4）。

在浓缩饲料中，猪浓缩饲料总产量1 138万t，同比下降3.0%；蛋禽浓缩饲料317万t，同比下降

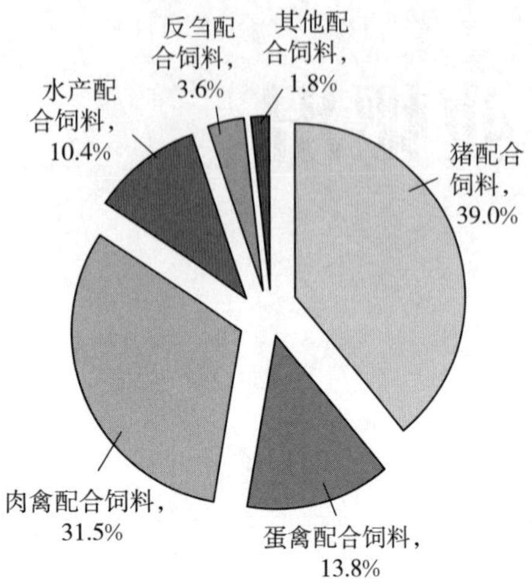

图 2-4　2016 年全国配合饲料结构图

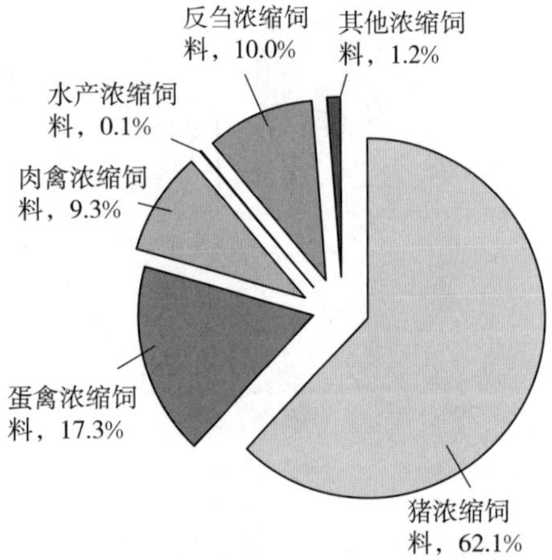

图 2-5　2016 年全国浓缩饲料结构图

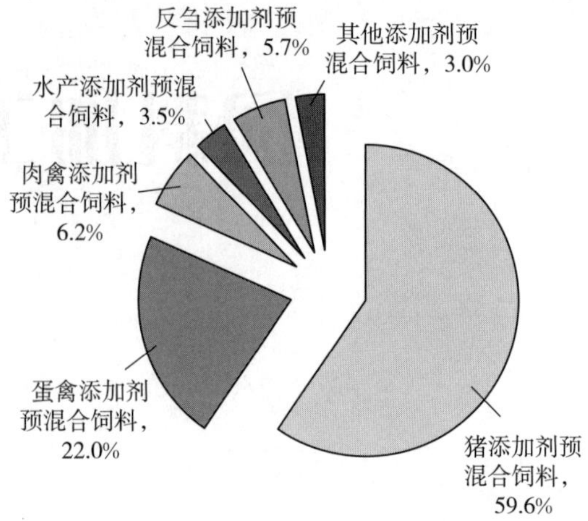

图 2-6　2016 年全国添加剂预混合饲料结构图

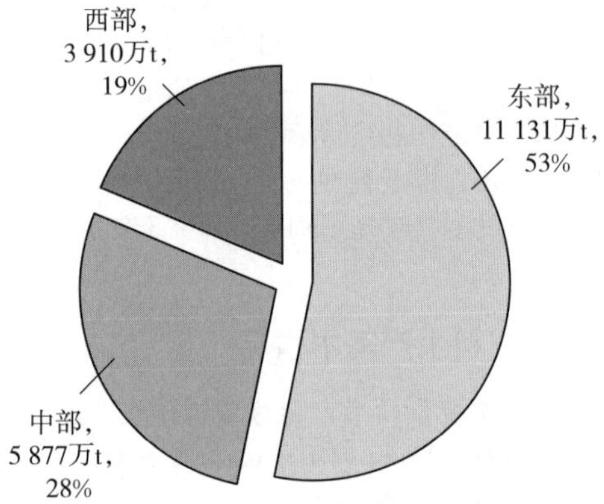

图 2-7　东部中部西部饲料产量占全国饲料产量比重

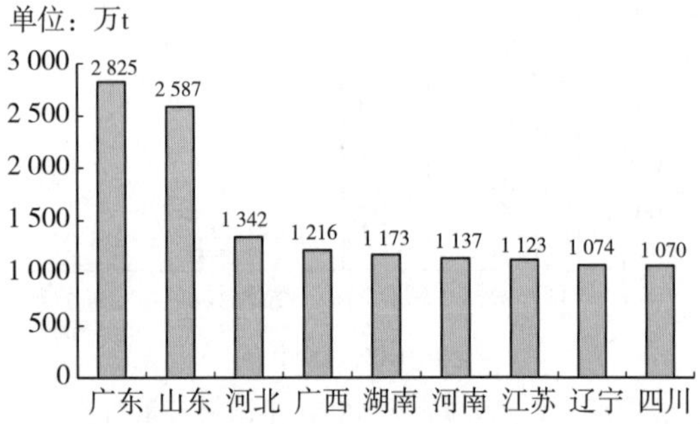

图 2-8　2016 年 9 省份饲料产量

13.0%；肉禽浓缩饲料 170 万 t，同比下降 9.4%；水产浓缩饲料 2 万 t，同比下降 45.5%；反刍动物浓缩饲料 183 万 t，同比下降 6.0%；其他浓缩饲料 22 万 t，同比下降 40.3%（图 2-5）。

在添加剂预混合饲料中，猪添加剂预混合饲料总产量 412 万 t，同比增长 11.9%；蛋禽添加剂预混合饲料 152 万 t，同比增长 0.8%；肉禽添加剂预混合饲料 43 万 t，同比下降 19.2%；水产添加剂预混合饲料 24 万 t，同比下降 1.2%；反刍动物添加剂预混合饲料 39 万 t，同比增长 16.1%；其他添加剂预混合饲料 21 万 t，同比下降 11.9%（图 2-6）。

2. 各省区市饲料发展情况　2016 年，东部地区、中部地区、西部地区的总产量分别占全国的 53%、28%和 19%，与 2015 年相比，东部地区增长 0.9%，中部地区下降 1.3%，西部地区增长 0.4%（图 2-7）。

2016 年过千万吨的省份 9 个，9 省饲料总产量 13 548 万 t，占全国总产量 64.8%，比 2015 年占全国总产量的比重提高 1.2 个百分点，新增地区为四川省。其中，广东、山东饲料产量过 2 000 万 t，分别达到 2 825 万 t 和 2 587 万 t（图 2-8）。

3. 饲料工业产值、营业收入稳定增长　2016 年全国饲料工业总产值为 8 014 亿元，同比增长 2.6%。其中，商品饲料工业总产值 7 294 亿元，同比增长 2.4%；饲料添加剂总产值 654 亿元，同比增长 6.2%；饲料机械设备总产值 66 亿元，同比下降 3.8%。

全国饲料工业总营业收入为 7 778 亿元，同比增长 4.9%。其中，商品饲料总营业收入 7 090 亿元，同比增长 4.5%；饲料添加剂总营业收入 623 亿元，同比下降 10.6%；饲料机械设备总营业收入 66 亿元，同比下降 4.5%。

4. 企业数量继续下降　2016 年按产品类型统计的企业总数量为 10 724 家，减少 1 578 家，同比下降 14.7%。其中，饲料加工企业（包含精料补充料生产企业数量）数量 7 388 家，减少 1 120 家，同比下降 13.2%；饲料添加剂 1 574 家，减少 117 家，同比下降 6.9%；单一饲料 1 694 家，减少 338 家，同比下降 16.6%；饲料机械 68 家，减少 3 家，同比下降 4.2%。

5. 行业集中度继续提高

（1）中大型饲料企业（集团）。2016 年，年产 50 万 t 以上的企业（集团）51 个，产量 13 172 万 t，占全国饲料总产量的 63%。其中，年产百万 t 以上的企业（集团）34 家，产量 11 968 万 t，占全国饲料总产量的 57%。

（2）年产 10 万 t 以上企业（单厂）情况。2016 年，年产 10 万 t 以上的企业（单厂）509 家，饲料产量 8 645 万 t，占全国饲料产量 41.3%（图 2-9）。

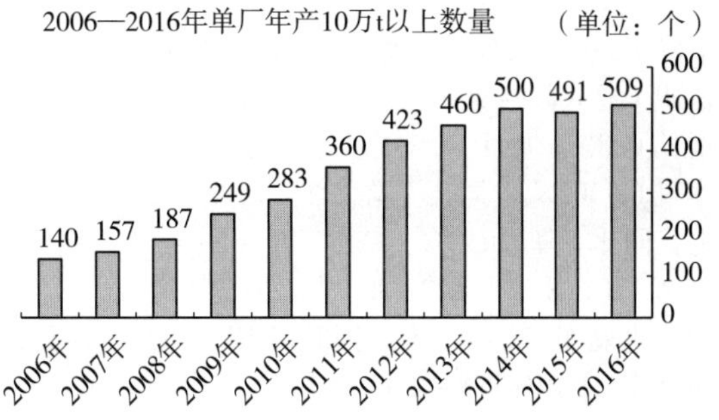

图 2-9　2006—2016 年年产 10 万 t 以上单位企业情况

6. 饲料添加剂产量大幅度增长　2016 年，饲料添加剂产品总量 975.9 万 t，同比增长 19.5%。其中，饲料添加剂 922.3 万 t，同比增长 20.7%；混合型饲料添加剂 53.6 万 t，同比增长 2.4%（表 2-1）。

2016 年饲料添加剂同比增长 20.7%，主要由于赖氨酸、矿物元素等添加剂价格大幅上涨到历年最高，部分企业释放产能，增加产量，带动饲料添加剂总产量同比大幅上涨；混合型饲料添加剂同比增长 2.4%，较 2015 年同比增长 35.5%相差较大，主要由于原Ⅱ型饲料添加剂归属于混合型饲料添加剂过渡期结束，产量波动恢复正常（表 2-2、表 2-3）。

表 2-1　2014—2016 年饲料添加剂产量

项　目	2016 年	同比	2015 年	同比	2014 年	同比
饲料添加剂产品总量	975.9 万 t	19.5%	816.4 万 t	1.7%	802.9 万 t	0.5%
饲料添加剂	922.3 万 t	20.7%	764.1 万 t	2.6%	744.5 万 t	−1.8%
混合型饲料添加剂	53.6 万 t	2.4%	52.3 万 t	35.3%	38.7 万 t	−4.4%

表 2-2　2016 年各类饲料添加剂产量

类　别	产量（万 t）	同比（%）
氨基酸	201.8	30.6
维生素	113.1	3.6
矿物元素及其络合物	500.5	19.1
酶制剂	11.6	18.2
抗氧化剂	5.0	−1.0
防腐剂、防霉剂	15.7	−38.3
微生物	11.4	4.9
其他类添加剂	116.8	43.5

表 2-3　2016 年各产品类型饲料添加剂产量

类　别	饲料添加剂（万 t）	同比（%）	混合型饲料添加剂（万 t）	同比（%）
氨基酸	200.4	31.7	1.4	−40.5
维生素	95.9	4.5	17.3	−0.7
矿物元素及其络合物	496.7	19.7	3.8	−28.8
酶制剂	5.2	3.6	6.4	33.4
抗氧化剂	2.7	−1.1	2.3	−0.9
防腐剂、防霉剂	10.0	−53.8	5.7	50.3
微生物	6.5	16.2	4.9	−6.9
其他类添加剂	105	49.3	11.8	6.9

7. 成套、大型饲料机械设备生产总量增长　2016 年，饲料加工机械设备生产总量 27 088 台套，同比减少 52 台套，下降 0.2%。其中，成套机组 1 359台套，同比增加 10 台套，增长 0.7%；单机 25 729台，同比减少 62 台，下降 0.2%。

8. 饲料行业从业人数下降，高端人才增长

2016年，饲料企业年末职工人数为47.6万人，同比下降8.3%。大专以上学历的职工数为18.8万人，占职工总人数的39.5%，其中，博士1 892人，同比增长0.8%；硕士9 150人，同比增长4.1%；大学本科69 302人，同比下降6.8%；大学专科107 343人，同比下降10.9%；其他学历288 436人，同比下降8.0%。技术工种36 394人，同比下降4.2%，其中，化验员22 003人，同比下降4.0%；维修工14 391人，同比下降4.6%。

二、饲料市场运行特点及简析

2016年，我国全面推动创业创新发展，转换新的发展动能，有效提升产业效率和竞争力的发展机遇；在畜禽环保政策不断推出，各地限养、禁养政策相继落实，养殖规模结构、品种结构、区域结构、养殖模式不断变化和调整的新业态下，饲料企业顺应经济大势，运用现代化发展手段，调整发展思路，转变发展方式，持续加快转型升级步伐，饲料企业工业化属性不断强化，机械智能化、散装料将逐渐普及，集团一体化，现代数据化，地区间、企业间联合互补化发展态势十分明显。与全国经济的互动关系进一步增强，参与性更紧密，饲料产品质量不断提高，核心竞争力不断攀升，有效地实现了饲料业创新发展的目标，奠定了我国十三五饲料业转型升级发展的新基石。2016年，从180家重点监测企业看，饲料市场呈现以下几方面特点：

1. 饲料生产与畜禽养殖市场景气度密切相关 和生猪市场一样，饲料总产量从2012年9月开始到2016年4月陆续经历35个月同比下降，从2016年5月开始，饲料产量出现恢复性增长。据180家饲料企业监测统计数据显示，2016年1～12月，农业部重点180家跟踪企业饲料产量同比增长5.4%，明显好于前3年。其中，配合饲料同比增长6.4%，浓缩饲料同比下降1.9%，添加剂预混合饲料同比增长5.0%。从不同品种情况来看，猪饲料和禽料发展形势较好，水产饲料降幅收窄，反刍饲料小幅增长（表2-4、表2-5）。

表2-4　2013—2016年1～12月180家企业不同类型饲料产量

年份	总产量（万t）	同比（%）	配合饲料（万t）	同比（%）	浓缩饲料（万t）	同比（%）	添加剂预混合饲料（万t）	同比（%）
2016	2 102.7	5.4	1 794.3	6.4	213.1	−1.9	95.2	5.0
2015	1994.4	−5.3	1 686.4	−5.0	217.3	−9.5	90.7	−1.5
2014	2 106.7	−4.7	1 774.4	−4.1	240.1	−7.6	92.1	−7.6
2013	2 209.7	−1.6	1 850.2	−1.5	259.8	−3.8	99.7	3.8

表2-5　2013—2016年1～12月180家企业不同品种饲料产量

年份	猪饲料（万t）	同比（%）	蛋禽饲料（万t）	同比（%）	肉禽饲料（万t）	同比（%）	水产饲料（万t）	同比（%）	反刍饲料（万t）	同比（%）
2016	759.0	2.4	370.3	7.8	661.6	13.1	163.1	−9.2	126.6	3.3
2015	741.3	−15.2	343.4	−1.1	584.9	14.3	179.8	−18.5	122.5	−3.2
2014	874.3	−4.8	347.0	−10.7	511.5	−4.4	220.7	−2.4	126.6	6.4
2013	918.7	3.2	388.6	−6.9	535.0	−6.2	226.2	−3.7	119.0	5.6

（1）生猪存栏缓慢恢复，猪饲料呈小幅增长。2015年3月，生猪市场结束长达21个月的亏损，逐渐转亏为赢，2016年生猪市场一直保持较好的价位，生猪养殖全年保持较好的盈利水平。据农业部公布数据显示，2016年我国生猪产能未恢复（图2-10至图2-12）。

与此同时，猪饲料从2014年3月开始到2016年4月，出现连续26个月下降，5月同比增长5.4%、环比增长6.9%。2016年1～12月猪饲料连续两年下降后迎来小幅增长，同比增长2.4%。总体判断，预计2016年猪饲料产量达到8 452万t，同比增长1.3%（图2-13、图2-14）。

（2）生猪养殖持续盈利与饲料产品价格低位运行扩展了商品饲料的增长空间。2016年1～12月毛猪价格均价19.08元/kg，同比增长23.0%；此外，2016年在饲料原料成本下降的带动下，配合饲料产品价格随之下调，自配料使用量减少，从而增加了商品饲料使用量（图2-15）。

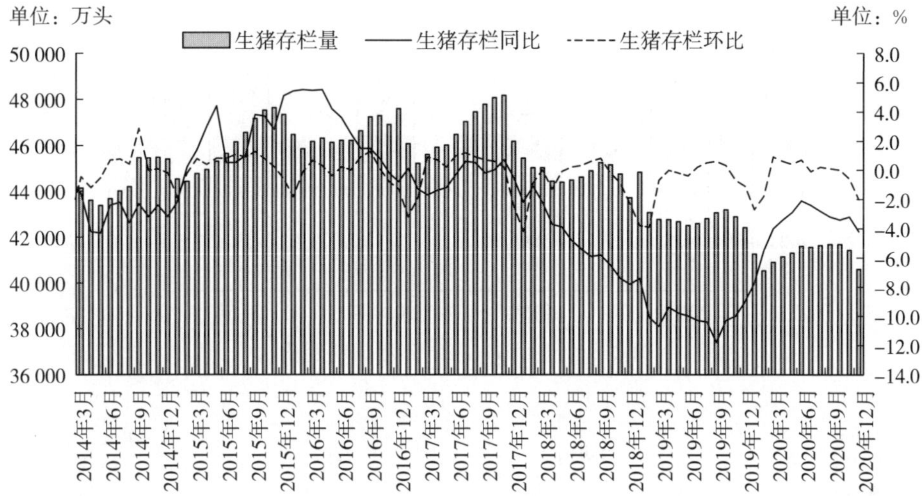

图 2－10　2010—2016 年 12 月生猪存栏同环比

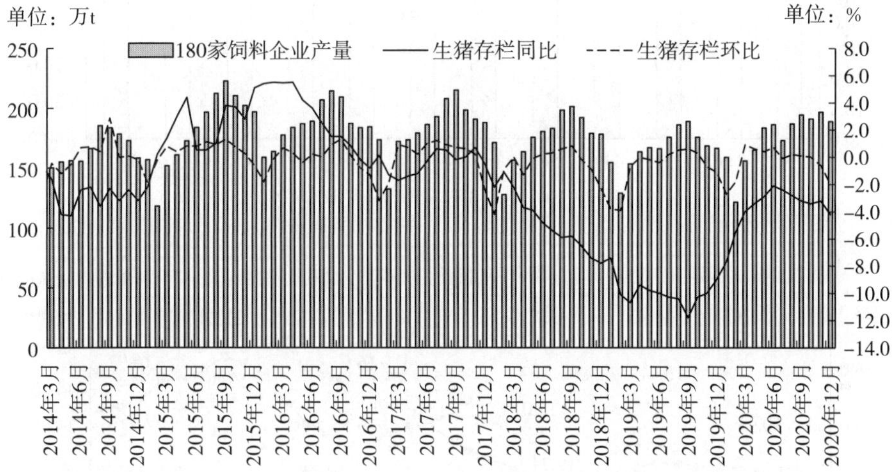

图 2－11　2010—2016 年 12 月生猪存栏和猪饲料同环比

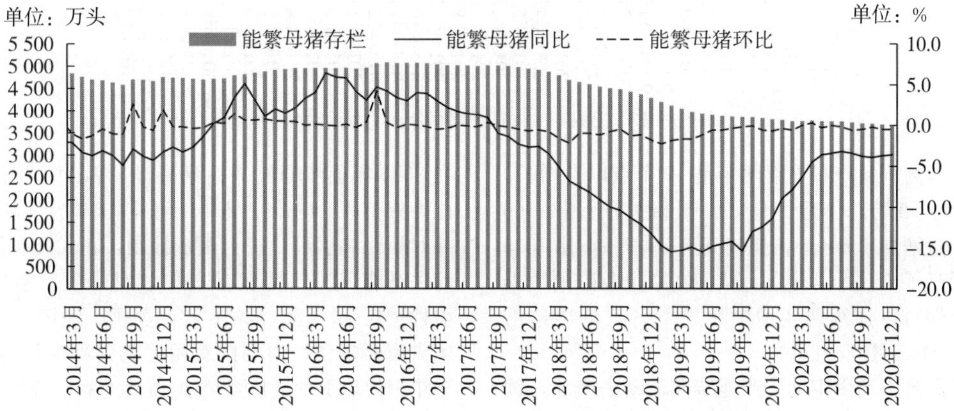

图 2－12　2010—2016 年 12 月能繁母猪存栏同环比

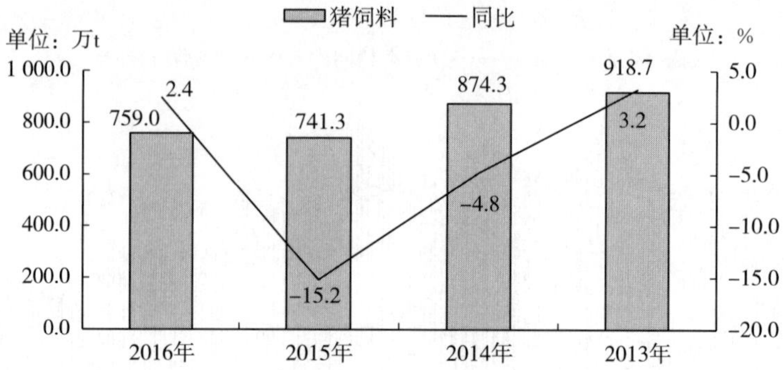

图 2－13　2013—2016 年猪饲料变化

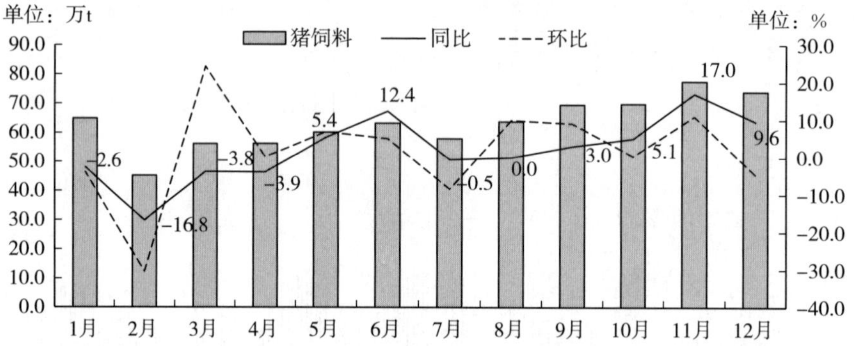

图 2－14　2016 年猪饲料月度变化

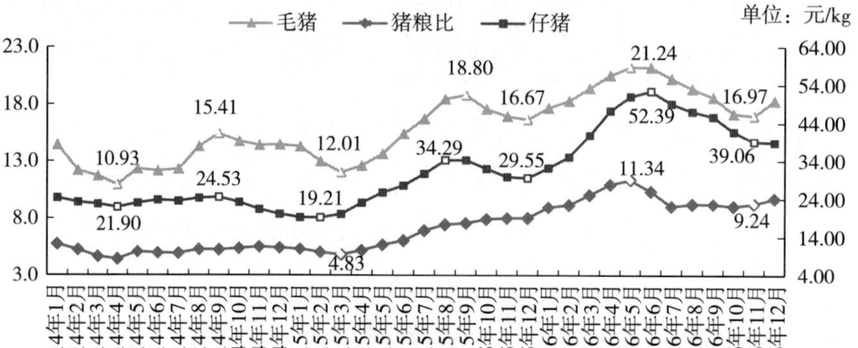

图 2－15　2014—2016 年仔猪、毛猪价格变化

（3）肉禽饲料产量连续两年呈 10 个点以上增长。2016 年禽类市场总体运行良好，据相关预计，2016 年禽肉产量增加 4.6%，占比提高至 22.5%，比 2015 年大约提高了 1.3 个百分点。从 180 家企业监测数据看，肉禽饲料以连续两年增幅超过 10.0%的增速增长（图 2－16、图 2－17）。

（4）肉禽市场由主动去产能转向被动去产能，饲料产量上升空间受限。一方面，据相关部门统计，2013 年及 2014 年，我国白羽肉鸡祖代鸡分别引种 154 万套和 114 万套，根据肉鸡生长繁育周期，产能在 2015 年逐步释放并达到高峰，因此，饲料需求同比大幅整张 14.3%。2014 年白羽肉鸡行业联盟成立，并对祖代鸡引种量进行配额控制，正式开启行业的主动去产能，2015 年美法等国相继爆发禽流感，全年引种量仅 72 万套。2016 年，美国、法国、荷兰再发生禽流感疫情，白羽肉鸡祖代鸡引种恢复持续延后，全年祖代鸡引种量将降至 40 万套左右，行业产能开始处于下降通道，饲料需求将逐步受到影响。另一方面，随着环保政策的相继落实，活禽市场的消失及冷链配送的市场变化导致肉禽养殖和活禽销售受到较大影响，

7～8月份洪水灾害，也成了影响2016年肉禽饲料的增长速度的重要因素，预计2016年肉禽饲料产量5 514.7万t，肉禽料同比增速下降1.2个百分点。

（5）蛋禽饲料呈现恢复性增长。2014—2015年蛋禽养殖市场持续利好，蛋禽养殖连续两年盈利，养殖户（企业）养殖信心逐渐恢复，补栏积极性逐步提高，蛋禽养殖市场存栏增加，正大、新希望等规模企业（集团）继续扩张布局蛋禽养殖项目，蛋禽养殖市场整体发展较为平稳，蛋禽存栏维持较好水平，奠定了2016年蛋禽饲料市场增长趋势。据180家饲料企业监测数据显示，2013—2015年同比均呈不同幅度下降，2016同比增长达7.8%（图2-18、图2-19）。

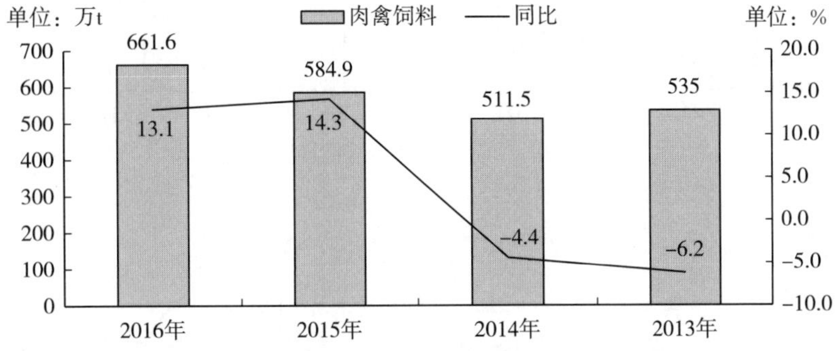

图2-16　2013—2016年肉禽饲料变化

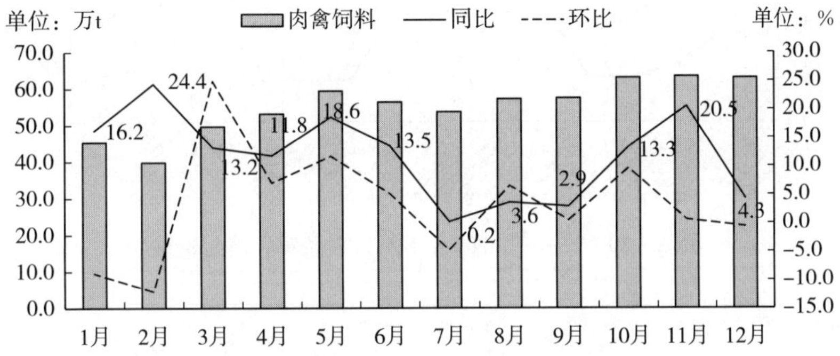

图2-17　2016年肉禽饲料月度变化

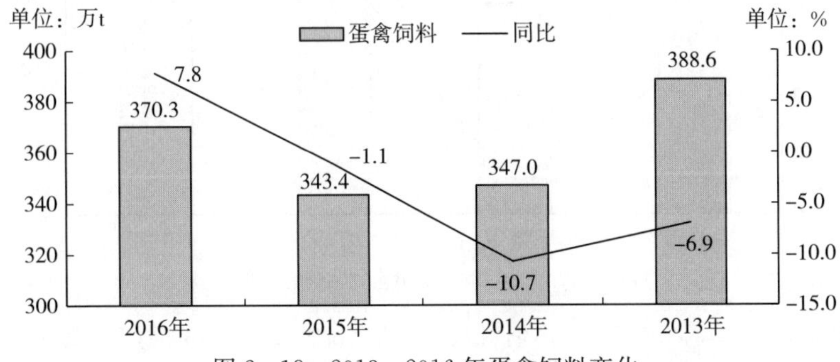

图2-18　2013—2016年蛋禽饲料变化

（6）蛋价下行但收益良好，蛋禽饲料呈稳中上升趋势。2016年，虽然蛋价持续偏弱运行，1～12月鸡蛋均价7.51元/kg，同比下降7.7%，但由于饲料原料成本年度均价低于往期，蛋禽养殖仍有盈利，据相关部门测算，蛋鸡价格2016年1～11月每只产蛋鸡累计收益11.9元，同比增长10.2%。饲料需求总体呈现稳中上涨趋势，预计2016年蛋禽饲料产量3 019.8万t（图2-20）。

（7）水产饲料持续呈下降态势。在2016年《水污染防治行动计划》有效落实，淡海水禁养、限养区内网箱养殖大量退出，养殖户存塘量不高，水产养殖整体处于调结构、去产能状态，造成水产饲料市场跟着去产能，需求逐年下降。2016年6～7月，浙江、安徽、湖北等地连续暴雨洪涝以及后期“鲇鱼”“莎莉嘉”“海马”台风对投苗进度及存塘量产生较大影响，造成水产旺季不旺，从而影响了全年水产饲料销

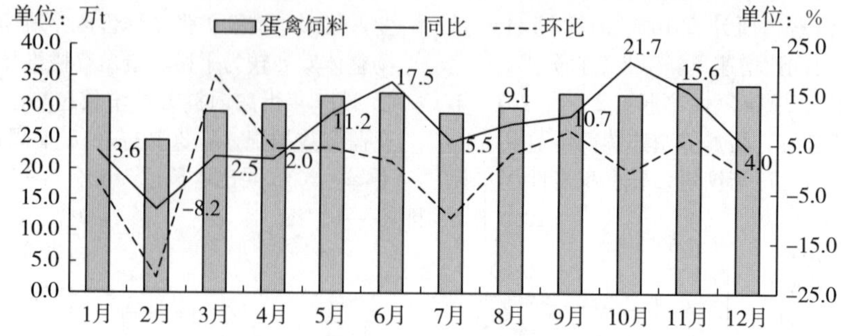

图 2-19　2016 年蛋禽饲料月度变化

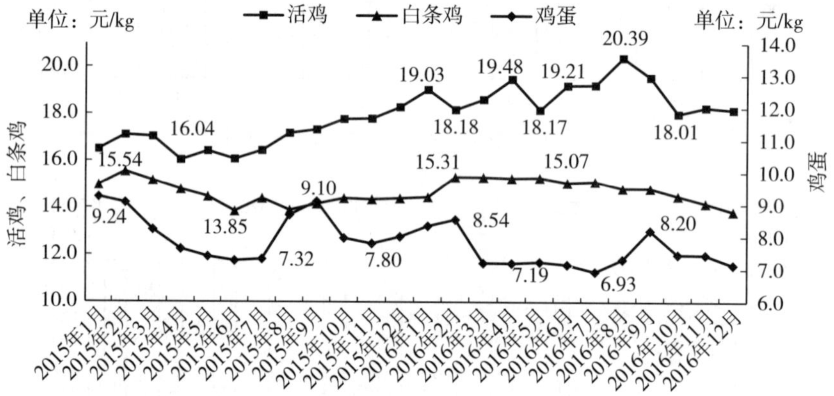

图 2-20　2015—2016 年活鸡、白条鸡、鸡蛋价格

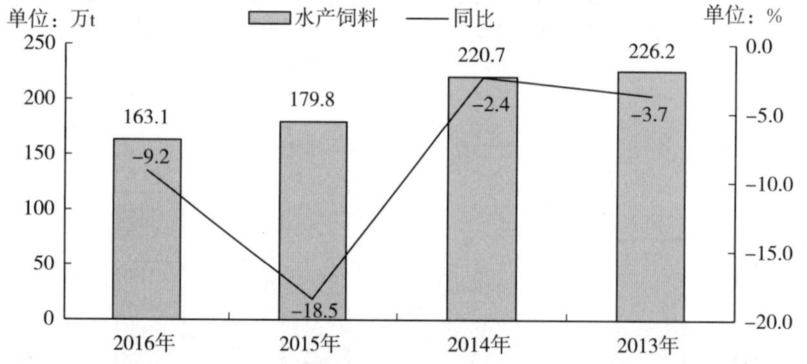

图 2-21　2013—2016 年水产饲料变化

量。据 180 家饲料企业数据监测显示，水产饲料从 2013 年开始连续 4 年下降，2016 年下降 9.2%，其中，2015 年下降幅度高达 18.5%（图 2-21、图 2-22）。

（8）反刍饲料增幅放缓。2016 年，我国牛羊肉产量占比稳定略增，反刍饲料同比增长 3.3%。根据 180 家饲料企业数据监测显示，年反刍饲料产量波动比较大。2015 年反刍饲料同比下降 3.2%（图 2-23、图 2-24）。

2. 饲料上市企业实现较好的盈利　从 2016 年上市公司年度报告看，前期致力于生猪规模养殖投入和猪饲料比重优势大的企业（集团）均获得高利润增长。2016 年温氏、牧原等 12 家养殖企业利润总额 237.7 亿元，同比增长 87.0%，净利润 220.7 亿元，同比增长 95.4%。其中，牧原股份、雏鹰农牧、温氏股份净利润稳步增长，同比分别增长 289.7%、277.9%、84.4%，同时，大康牧业、益生股份、圣农发展净利润均实现扭亏为盈，呈现大幅度增长，同比分别增长 668.2%、238.7%、236.8%。

新希望六和、大北农等 11 家饲料上市企业 2016 年利润总额 95.7 亿元，同比增加 27.2%，净利润

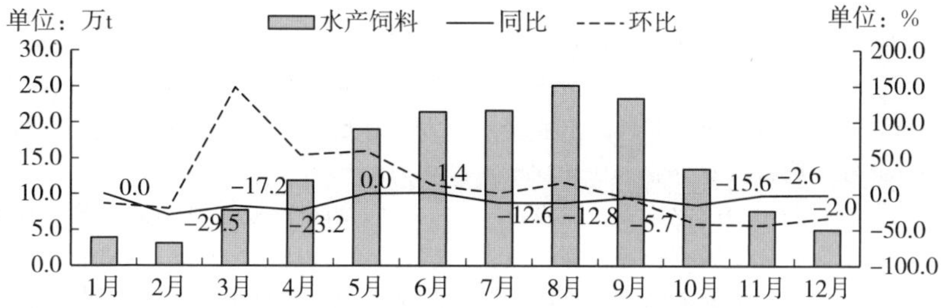

图 2-22　2016 年水产饲料月度变化

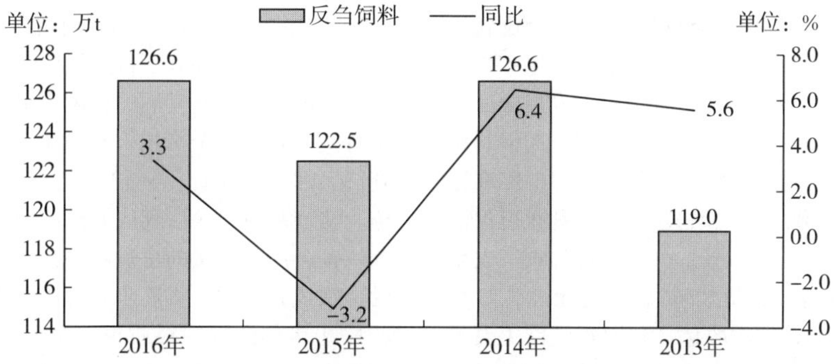

图 2-23　2013—2016 年反刍饲料变化

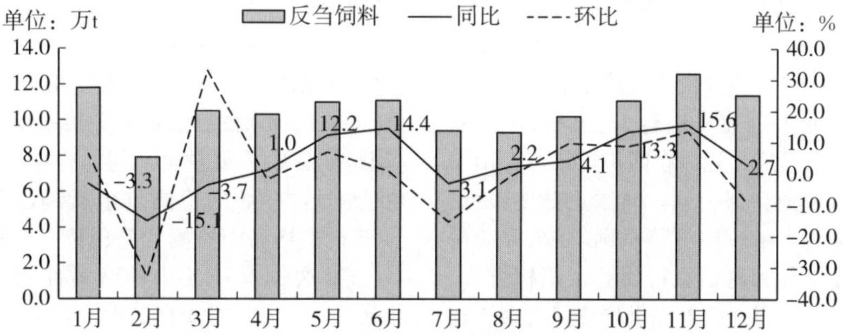

图 2-24　2016 年反刍饲料月度变化

86.6 亿元，同比增加 32.3%。其中，前期投资猪产业链为主的企业正邦科技、天邦股份净利润同比大增，分别增长 246.4%、209.1%；唐人神、金新农、天康生物、禾丰牧业、大北农稳步增长，净利润同比分别增长 68.4%、62.1%、59.3%、42.8%、32.1%；

从各季度的净利润显示，11 家饲料上市公司一季度、二季度、三季度的平均净利润同比分别增长 82.4%、62.8%、26.1%，但是四季度净利润同比下降 27.3%。

3. 智能化生产与现代化管理成为主流　目前，全自动智能机械生产设备在饲料企业中得到了广泛应用，有一定规模的饲料企业基本配备机械手和全自动配料系统。中粮、正大正逐步推广机器人码包、油脂喷涂，自动控制系统等软件操作系统，通过引进工业机器人和智能控制系统提高生产效率和饲料产品的稳定性；在仓储、物流等方面应用物联网技术，减少人工操作环节，基本实现从原料进厂到产品出厂的全程网上物流管理；在企业管理和技术创新上充分运用云计算、移动互联网、线上销售，应用大数据，产业云等现代信息技术进行精细化分析和预测，科学性的进行产业结构调整，创新发展方式和经营模式，有效提升了饲料工业现代化生产的综合水平和核心竞争力的培育。

4. 饲料企业布局养殖业，跨界合作与服务升级成为企业转型重要方向　年度调研发现，目前，不同规模的饲料生产企业均采取各种方式切入养殖板块，一方面收缩饲料扩张势头，积极发展企业与养猪户利益共同体，加强技术输出与转化，实现创新驱动；另一方面，着力布局产业链上的养殖板块。2016 年和 2015 年相比，在饲料、生猪、禽类养殖版块的扩张提高比率分别为 4.5%、68.8%、14%。在饲料企业未来投资意向中，70%的企业选择生猪养猪，45%的企业将会布局食品端，35%的企业考虑肉禽或蛋禽养殖，20%的企业将布局水产养殖板块，30%的企业会考虑跨界合作方式。此外，饲料行业企业正在理性审视饲料工业在整个大畜牧业态中的产业位置，随着产业链的快速变化，更加重视联合发展和跨界发展，更多饲料企业开始把自己定位于养殖服务商，从关注产业自身到更加重视产业终端消费需求，努力探索提升企业自身综合服务能力和核心竞争能力。

5. 金融担保服务与探索互联网＋饲料企业转型升级新的发展动力 近年来，饲料企业把握国家鼓励开展“三农”融资担保业务的良好契机，发展金融担保服务业务，为养殖户、经销商提供担保，向银行融资。2016 年上半年，新希望六和普惠投资担保有限公司普惠担保的担保户同比增长 43%，累计担保总额近 35 亿元，同比增长 32%。“智慧大北农”农信网累计协助客户获得各类贷款超过 15 亿元。2016 年 3 月，正邦科技拟增资 23.56 亿，利用互联网工具转型农业综合服务商，公司将从单纯的生猪和饲料的生产销售，转型为提供农业产品＋技术支持＋附加值服务的“现代农业综合服务商”。金新农集团发起设立产业投资基金和融资租赁公司，加强与优秀养殖企业的深度战略合作，积极打造规模化养猪企业综合服务平台。通威股份“龙头企业＋银行＋担保公司＋农户”的“四位一体”模式，先后在四川、江苏、山东和湖北设立了四家农业担保公司，与国家开发银行、光大银行、华夏银行、邮政银行等全国 10 余家股份制银行、地区商业银行和村镇银行建立了银担合作。唐人神金融租赁平台实现了朝着提供猪场托管理、饲料（生猪）交易平台、担保融资等一体化服务的多样化盈利模式。禾丰牧业采用“公司＋农户＋金融”三位一体的模式，支持客户扩大销量，提升市场份额，提高经营能力。可以说，在资金、技术、人才优势的基础上，运用互联网技术，金融担保服务和资本化运作成为解决养殖企业养殖周期长、资金周转瓶颈压力大的有效途径，也成了饲料企业转型升级新的发展动力。

6. 饲料行业管理日臻完善，饲料产品质量稳步提升 自 2013 年以来，农业部依据《饲料和饲料添加剂条例》相继出台了一系列配套规章，对助推行业发展起到积极深远的影响。从 2015 年 7 月《饲料质量安全管理规范》的出台完善了管理部门对生产企业“事前、事中、事后”的全程监管，加速生产企业的提档升级，有效提升了行业规范管理、企业生产规范化、标准化及行业发展的整体水平，成为保障质量安全特别重要的一个举措。有效促使了企业对其采购、仓储、加工、品控、运输等环节采取严格的管理措施，实现从原料入厂到成品出厂的全过程质量安全控制，饲料产品质量的可追溯特性得到大幅提高，小型的、跟风式的企业将逐步被淘汰。根据农业部办公厅 2016 上半年全国饲料质量安全监测结果显示，商品饲料中，共抽检各类商品饲料 3 227 批次，产品合格率为 97.43%，同比上升 0.6 个百分点。饲料中禁用物质监测，共从 3 101 个饲料生产、经营单位和养殖场户抽检各类饲料共计 3 480 批次，未检出克仑特罗、莱克多巴胺、沙丁胺醇、苏丹红、呋喃唑酮、地西泮、已烯雌酚、氯霉素等禁用物质。在 2 149 批次饲料样品中检测重金属铅，合格率 100%；在 1 377 批次饲料样品中检测重金属镉，合格率 100%；在 177 批次样品中检测沙门氏菌，合格率 97.74%；在 203 批次饲料样品中检测黄曲霉毒素 B1，合格率 100%；在 375 批次样品中检测砷，合格率 98.40%。

（陆泳霖）

全国饲料工业统计简况

2016年，我国饲料行业积极适应“新常态”，创新发展方式，加大结构调整力度，加快产业融合整合，优化产业战略布局，强化产品质量管理，进一步提升了行业规范化和可持续健康发展能力，产业体系更趋成熟，产业发展更加效能，实现了我国饲料产业由量到质的转变，实现了饲料工业“十三五”规划的良好开局。

一、商品饲料总产量恢复性增长

2016年全国商品饲料总产量20 918万t，同比增长4.5%。其中，配合饲料产量18 395万t，同比增长5.7%；浓缩饲料产量1 832万t，同比下降6.5%；添加剂预混合饲料产量691万t，同比增长5.8%。

配合饲料、浓缩饲料、添加剂预混合饲料产量占总产量比重分别为87.9%、8.8%、3.3%，与上年比，配合饲料占总产量比重提高1个百分点，浓缩饲料下降1个百分点，添加剂预混合饲料同比持平。配合饲料、浓缩饲料、添加剂预混合饲料三者比例为26.6∶2.7∶1，上年度为26.7∶3.0∶1。

二、产品结构继续调整

1. 各品种饲料总量情况 2016年，猪饲料产量8 726万t，同比增长4.6%；蛋禽饲料产量3 005万t，同比下降0.5%；肉禽饲料产量6 011万t，同比增长9.0%；水产饲料产量1 930万t，同比增长1.9%，反刍动物饲料产量880万t，同比下降0.5%；其他饲料产量366万t，同比增长3.5%（表2-6）。

2. 各产品类别情况 在配合饲料中，猪配合饲料总产量7 175万t，同比增长5.5%；蛋禽配合饲料2 536万t，同比增长1.2%；肉禽配合饲料5 799万t，同比增长9.9%。水产配合饲料1 904万t，同比增长2.1%；精料补充料658万t，同比增长0.3%；其他配合饲料323万t，同比增长10.1%。

表2-6 2016年不同品种饲料产品产量

类　别	产量（万t）	同比（%）
猪饲料	8 726	4.6
蛋禽饲料	3 005	−0.5
肉禽饲料	6 011	9.0
水产饲料	1 930	1.9
反刍饲料	880	−0.5
其他饲料	366	3.5

在浓缩饲料中，猪浓缩饲料总产量1 138万t，同比下降3.0%；蛋禽浓缩饲料317万t，同比下降13.0%；肉禽浓缩饲料170万t，同比下降9.4%；水产浓缩饲料2万t，同比下降45.5%；反刍动物浓缩饲料183万t，同比下降6.0%；其他浓缩饲料22万t，同比下降40.3%。

在添加剂预混合饲料中，猪添加剂预混合饲料总产量412万t，同比增长11.9%；蛋禽添加剂预混合饲料152万t，同比增长0.8%；肉禽添加剂预混合饲料43万t，同比下降19.2%；水产添加剂预混合饲料24万t，同比下降1.2%。

反刍动物添加剂预混合饲料39万t，同比增长16.1%；其他添加剂预混合饲料21万t，同比下降11.9%（表2-7）。

三、饲料产业集中度不断提升

2016年，产业集中度不断提升。饲料产量过千万吨的省份有9个，9省饲料总产量13 548万t，占全国总产量64.8%，比2015年占全国的总产量提高1.2个百分点，新增地区为四川省（图2-25）。

表 2-7 2016 年各品种分类别饲料产量

类 别	配合饲料（万 t）	同比（%）	浓缩饲料（万 t）	同比（%）	添加剂预混合饲料（万 t）	同比（%）
猪饲料	7 175	5.5	1 138	−3.0	412	11.9
蛋禽饲料	2 536	1.2	317	−13.0	152	0.8
肉禽饲料	5 799	9.9	170	9.4	43	−19.2
水产饲料	1 904	2.1	2	−45.5	24	−1.2
反刍饲料	658	0.3	183	−6.0	39	16.1
其他饲料	323	10.1	22	−40.3	21	−11.9

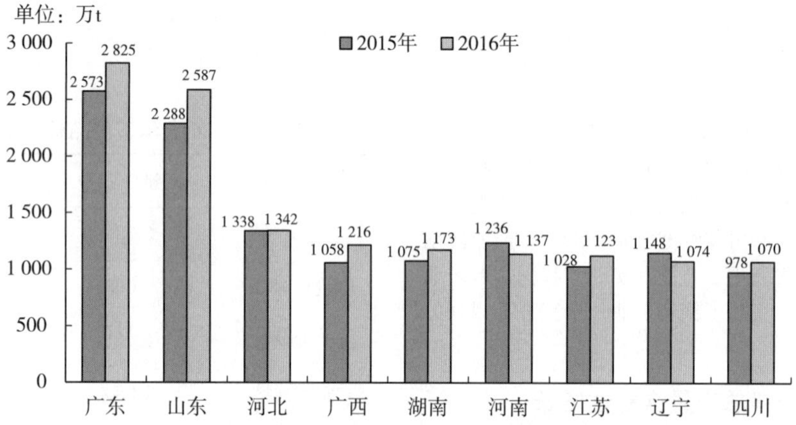

图 2-25 2015—2016 年 9 省饲料产量

四、饲料工业产值、营业收入稳定增长

2016 年，全国饲料工业总产值和总营业收入分别为 8 014 亿元、7 778 亿元，同比分别增长 2.6%、4.9%。其中，商品饲料工业总产值为 7 294 亿元，同比增长 2.4%；营业收入为 7 090 亿元，同比增长 4.5%；饲料机械设备总产值和营业收入均为 66 亿元、同比分别下降 3.8%、4.5%。

饲料添加剂总产值 654 亿元，同比增长 6.2%。其中，饲料添加剂 585 亿元，同比增长 4.6%；混合型饲料添加剂 69 亿元，同比下降 3.2%。

饲料添加剂总营业收入 623 亿元，同比增长 10.6%。其中，饲料添加剂 557 亿元，同比增长 8.5%；混合型饲料添加剂 66 亿元，同比增长 4.2%。

五、企业数量继续下降

（1）2016 年全国各经济类型饲料企业总数为 10 027 家，减少 25 家，同比下降 0.2%。其中，国有企业 164 家，减少 10 家，同比下降 5.7%；集体企业 43 家，增加 4 家，同比增长 10.3%；私营企业 5 448 家，增加 155 家，同比增长 2.9%；联营企业 64 家，减少 15 家，同比下降 19.0%；股份制企业 3 769 家，减少 136 家，同比下降 3.5%；港澳台企业 128 家，同比持平；外商企业 241 家，减少 5 家，同比下降 2.0%；其他企业 170 家，减少 18 家，同比下降 9.6%（表 2-8）。

（2）2016 年按产品类型统计的企业总数量为 10 724 家，减少 1 578 家，同比下降 14.7%。其中，

表 2-8 2009—2015 年按企业登记类型统计企业数量

单位：家

年份	登记类型总数	其中					
		国有	集体	私营类	港澳台	外商	其他
2016 年	10 027	164	43	9 281	128	241	170
2015 年	10 052	174	39	9 277	128	246	188
2014 年	9 584	189	41	8 797	121	243	193

说明：表中私营类是包括私营企业、联营企业、股份制企业的总数量。

饲料加工企业（包含精料补充料生产企业数量）数量 7 388家，减少 1 120 家，同比下降 13.2%；饲料添加剂企业 1 574 家，减少 117 家，同比下降 6.9%；单一饲料企业 1 694 家，减少 338 家，同比下降 16.6%；饲料机械企业 68 家，减少 3 家，同比下降 4.2%。近 4 年各类企业数量见表 2－9。

表 2－9　2009—2015 年企业数量（按产品类型统计）

单位：家

年份	企业总数	饲料加工企业	饲料添加剂企业	单一饲料企业	饲料机械企业
2016 年	10 724	7 388	1 574	1 694	68
2015 年	12 302	8 508	1 691	2032	71
2014 年	10 470	7 617	1 411	1 378	64

说明：设立企业数量（按产品分）的目的是分别统计饲料加工（包含精料补充料生产企业）、饲料添加剂、单一饲料、饲料机械等饲料工业体系中不同类型生产企业的数量。如果一家企业同时生产一类或一类以上产品，按产品类型统计会有重复计算。因此，按产品类型统计的企业总数大于按登记注册类型统计的饲料企业总数。

六、饲料添加剂产量大幅度增长

2016 年，饲料添加剂产品总量 975.9 万 t，同比增长 19.5%。其中，饲料添加剂 922.3 万 t，同比增长 20.7%；混合型饲料添加剂 53.6 万 t，同比增长 2.4%。

2016 年饲料添加剂产量小幅上涨，主要由于赖氨酸、矿物元素等添加剂价格大幅上涨到历年最高；部分企业增加产量、新建厂区导致同比小幅上涨；现在Ⅱ型饲料添加剂归属于混合型并且部分企业生产许可证即将到期没有列入统计，导致混合型饲料添加剂大幅上涨。

1. 氨基酸　2016 年总产量 201.8 万 t，同比增长 30.6%。饲料添加剂中氨基酸 200.4 万 t，同比增长 31.7%；混合型饲料添加剂中氨基酸 1.4 万 t，同比下降 40.5%。其中，饲料添加剂中，赖氨酸 111.7 万 t（含 65%赖氨酸），同比增长 16.7%；蛋氨酸 21.6 万 t，同比增长 82.4%；苏氨酸 52.6 万 t，同比增长 38.7%；色氨酸 1.6 万 t，同比增长 56.7%。

2. 维生素　2016 年总产量 113.1 万 t，同比增长 3.6%。其中，饲料添加剂中维生素 95.9 万 t，同比增长 4.5%；混合型饲料添加剂中维生素 17.3 万 t，同比下降 0.7%。

2015 年，维生素产量 109.1 万 t，其中，饲料添加剂 91.8 万 t；混合型饲料添加剂 17.3 万 t。

2016 年，维生素产量 113.1 万 t，其中，饲料添加剂 95.9 万 t；混合型饲料添加剂 17.3 万 t。

在饲料添加剂中，氯化胆碱产量 62.2 万 t，同比下降 2.3%；维生素 A 0.9 万 t，同比下降 3.9%；维生素 E 9.0 万 t，同比增长 38.4%；维生素 B_{12} 6t，同比增长 37.9%；维生素 B_2 6 794t，同比增长 1.5%；维生素 C 5.4 万 t，同比下降 19.8%。

3. 矿物元素及其络合物　2016 年总产量 500.5 万 t，同比增长 19.1%。其中，饲料添加剂中矿物元素及其络合物 496.7 万 t，同比增长 19.7%；混合型饲料添加剂中矿物元素及其络合物 3.8 万 t，同比下降 28.8%。在饲料添加剂中，硫酸铜 1.8 万 t，同比下降 36.5%；硫酸亚铁 17.8 万 t，同比增长 22.4%；硫酸锌 14.6 万 t，同比下降 5.1%；硫酸锰 11.2 万 t，同比增长 7.4%；磷酸氢钙（含磷酸二氢钙）354.4 万 t，同比增长 8.6%。

4. 酶制剂　2016 年总产量 11.6 万 t，同比增长 18.2%。其中，饲料添加剂中酶制剂 5.2 万 t，同比增长 3.6%；混合型饲料添加剂中酶制剂 6.4 万 t，同比增长 33.4%。

5. 抗氧化剂　2016 年总产量 5.0 万 t，同比下降 1.0%。其中，饲料添加剂中抗氧化剂 2.7 万 t，同比下降 1.1%；混合型饲料添加剂抗氧化剂 2.3 万 t，同比下降 0.9%。

6. 防腐、防霉剂　2016 年总产量 15.7 万 t，同比下降 38.3%。其中，饲料添加剂中防腐剂、防霉剂 10.0 万 t，同比下降 53.8%；混合型饲料添加剂中防腐、防霉剂 5.7 万 t，同比增长 50.3%。

7. 微生物　2016 年总产量 11.4 万 t，同比增长 4.9%。其中，饲料添加剂中微生物 6.5 万 t，同比增长 16.2%；混合型饲料添加剂中微生物 4.9 万 t，同比下降 6.9%。

8. 其他类添加剂　2016 年总产量 116.8 万 t，同比增长 43.5%。其中，饲料添加剂中其他类 105.0 万 t，同比增长 49.3%；混合型饲料添加剂中其他类 11.8 万 t，同比增长 6.9%（表 2－10、表 2－11）。

表 2－10　2016 年各类饲料添加剂产量

类　别	产量（万 t）	同比（%）
氨基酸	201.8	30.6
维生素	113.1	3.6
矿物元素及其络合物	500.5	19.1

（续）

类　别	产量（万 t）	同比（%）
酶制剂	11.6	18.2
抗氧化剂	5.0	−1.0
防腐剂、防霉剂	15.7	−38.3
微生物	11.4	4.9
其他类添加剂	116.8	43.5

表 2－11　2016 年各产品类型饲料添加剂产量

类　别	饲料添加剂（万 t）	同比（%）	混合型饲料添加剂（万 t）	同比（%）
氨基酸	200.4	31.7	1.4	−40.5
维生素	95.9	4.5	17.3	−0.7
矿物元素及其络合物	496.7	19.7	3.8	−28.8
酶制剂	5.2	3.6	6.4	33.4
抗氧化剂	2.7	−1.1	2.3	−0.9
防腐剂、防霉剂	10.0	−53.8	5.7	50.3
微生物	6.5	16.2	4.9	−6.9
其他类添加剂	105	49.3	11.8	6.9

七、大宗饲料原料消费总量增长

2016 年部分大宗原料消费总量 19 148 万 t，同比增长 7.0%。其中，玉米 10 497 万 t，同比增长 21.5%；小麦 1 101 万 t，同比下降 22.0%；鱼粉 185 万 t，同比下降 39.3%；豆粕 3 780 万 t，同比下降 1.5%；棉籽粕 355 万 t，同比下降 18.3%；菜籽粕 448 万 t，同比下降 5.0%；其他饼粕 492 万 t，同比增长 13.2%；磷酸氢钙 244 万 t，同比下降 16.3%；其他 2 047 万 t，同比下降 1.0%（表 2－12）。

表 2－12　2016 年大宗原料消费情况

类　别	产量（万 t）	同比（%）
玉米	10 497	21.5
小麦	1 101	−22.0
鱼粉	185	−39.3
豆粕	3 780	−1.5
棉籽粕	355	−18.3
菜籽粕	448	−5.0
其他饼粕	492	13.2
磷酸氢钙	244	−16.3
其他	2 047	−1.0
合计	19 148	7.0

八、成套、大型饲料机械设备生产总量增长

2016 年，饲料加工机械设备生产总量 27 088 台套，同比减少 52 台套，下降 0.2%。其中，成套机组 1 359 台套，同比增加 10 台套，增长 0.7%；单机 25 729 台，同比减少 62 台，下降 0.2%。

在成套机组中，时产≥10t 设备 1 029 台套，同比增加 61 台套，增长 6.3%；时产＜10t 设备 330 台套，同比减少 51 台套，下降 13.4%。

在单机设备中，粉碎机 8 319 台，同比增加 122 台，增长 1.5%；混合机 6 521 台，同比减少 141 台，下降 2.1%；制粒机 6 178 台，同比减少 1 498 台，下降 19.5%；单机其他 4 711 台，增加 1 455 台，增长 44.7%。

九、饲料产品、饲料机械出口有增有降

饲料产品出口量 9 万 t，同比增长 3.0%；饲料添加剂出口量 134 万 t，同比下降 8.1%；单一饲料出口量 33 万 t，同比下降 40.4%；饲料机械出口量 1 万台（套），同比增加 0.1%。饲料产品、饲料添加剂出口量占总产量比重分别为 0.04%、13.7%；饲料机械占总产量比重为 37.0%。

饲料产品出口额 6 万元，同比增长 36.5%；饲料添加剂出口额 123 万元，同比下降 3.0%；单一饲料出口额 9 万元，同比下降 36.2%；饲料机械出口额 15 万元，同比增长 6.8%。

十、饲料行业从业人数下降，高端人才增长

2016 年，饲料企业年末职工人数为 47.6 万人，同比下降 8.3%。大专以上学历的职工数为 18.8 万人，占职工总人数的 39.5%，其中，博士 1 892 人，同比增长 0.8%；硕士 9 150 人，同比增长 4.1%；大学本科 69 302 人，同比下降 6.8%；大学专科 107 343 人，同比下降 10.9%；其他学历 288 436 人，同比下降 8.0%。技术工种 49 059 人，同比下降 4.2%，其中，化验员 22 003 人，同比下降 4.0%；中控工 12 665 人，同比下降 4.2%；维修工 14 391 人，同比下降 4.6%。

注：以上统计数据来源于各省（自治区、直辖市）统计数据。

（陆泳霖）

主要饲料产品概述

中国饲料市场分布与概况

2016年是“十三五”开局之年，供给侧结构改革持续推进，饲料和养殖行业进一步优化产业结构，养殖市场走势良好，我国饲料产量保持稳定增长，实现饲料年产量20 917.5万t，同比增长4.5%。全国商品饲料工业总产值和营业收入分别为7 293.7亿元、7 090.3亿元，同比分别增长2.4%、4.5%。随着我国饲料行业加大结构调整力度、加快产业融合整合，截至2016年年底，全国共有饲料加工企业（包含精料补充料生产企业数量）7 388家，饲料添加剂企业1 574家，单一饲料企业1 694家；饲料机械企业68家。

一、饲料产量保持增长，反刍饲料首次小幅下降

2016年中国饲料产量为20 917.5万t，同比增长4.5%。其中，配合饲料产量18 394.5万t，同比增长5.7%，占全国饲料总产量87.9%；浓缩饲料产量1 832.4万t，同比下降6.5%，占全国饲料总产量8.8%；添加剂预混合饲料产量690.6万t，同比增长5.8%，占全国饲料总产量3.3%。

从近8年饲料产量来看，全国饲料产量增速逐年放缓，年均增幅为5.1%。其中，配合饲料、添加剂预混合饲料年均增幅分别为6.9%、2.2%，浓缩饲料年均下降幅度为5.3%（表2-18）。

从品种看，猪饲料、蛋禽饲料、肉禽饲料、水产饲料、反刍饲料、其他饲料年均增幅分别是7.5%、1.2%、4.3%、4.0%、5.9%、4.1%。其中，反刍饲料产量出现近8年的首次小幅下降（表2-19）。（表2-13、表2-14）。

从分布情况看，2016年，东部地区（北京、天津、河北、上海、江苏、浙江、福建、山东、广东、海南、辽宁）饲料总产量为11 131万t，同比增长6.3%，占全国饲料总产量53.2%；中部地区（山西、安徽、江西、河南、湖北、湖南、黑龙江、吉林）饲料总产量为5 877万t，同比基本持平，占全国饲料总产量28.1%；西部地区（内蒙古、广西、重庆、四川、贵州、云南、陕西、甘肃、青海、宁夏、新疆）饲料总产量为3 910万t，同比增长6.6%，占全国饲料总产量18.7%。

表2-18 2009—2016年全国饲料产量变化与增幅情况

年份	总产量	配合饲料	浓缩饲料	添加剂预混合饲料
2016	20 918万t	18 395万t	1 832万t	691万t
2015	20 009万t	17 396万t	1 961万t	653万t
2014	19 727万t	16 935万t	2 151万t	641万t
2013	19 340万t	16 308万t	2 398万t	634万t
2012	19 449万t	16 363万t	2 467万t	619万t
2011	18 063万t	14 915万t	2 543万t	605万t
2010	16 202万t	12 974万t	2 648万t	579万t
2009	14 813万t	11 535万t	2 686万t	592万t
年均增幅	5.1%	6.9%	−5.3%	2.2%

表 2-19 2009—2016 年各饲料品种产量变化与增幅情况

年份	猪饲料	蛋禽饲料	肉禽饲料	水产饲料	反刍饲料	其他饲料
2016	8 726	3 005	6 011	1 930	880	366
2015	8 343	3 020	5 515	1 896	884	354
2014	8 616	2 902	5 033	1 903	876	397
2013	8 411	3 035	4 947	1 864	795	288
2012	7 722	3 229	5 514	1 892	775	317
2011	6 830	3 173	5 283	1 684	775	316
2010	5 947	3 008	4 735	1 502	728	282
2009	5 243	2 761	4 478	1 464	591	276
年均增幅	7.5%	1.2%	4.3%	4.0%	5.9%	4.1%

二、不同品种饲料产量分布情况

1. 猪饲料 2016 年，猪饲料产量 8 725.7 万 t，同比增长 4.6%，占全国饲料总产量比重为 41.7%，较 2015 年持平。其中，猪配合饲料产量 7 175.3 万 t，同比增加 5.5%；猪浓缩饲料产量 1 138.4 万 t，同比下降 3.0%；猪添加剂预混合饲料产量 411.9 万 t，同比增加 11.9%。

从全国分布情况看，东部地区产量 38 56.2 万 t，同比增加 5.2%，占全国总产量 44.2%；中部地区产量 2 934.2 万 t，同比增加 1.1%，占全国总产量 33.6%；西部地区产量 1 935.3 万 t，同比增长 8.8%，占全国总产量 22.2%。

2. 蛋禽饲料 2016 年，蛋禽饲料产量 3 004.6 万 t，同比下降 0.5%，占全国饲料总产量比重为 14.4%，较 2014 年下降 0.7 个百分点。其中，蛋禽配合饲料产量 2 535.6 万 t，同比增加 5.5%，占全国总产量 84.4%；蛋禽浓缩饲料产量 316.9 万 t，同比下降 13.0%，占全国总产量 10.5%；蛋禽添加剂预混合饲料产量 152.1 万 t，同比增长 0.8%，占全国总产量 5.1%。

从全国分布情况看，东部地区产量 1 622.1 万 t，同比增加 0.1%，占全国总产量 54.0%；中部地区产量 946.1 万 t，同比下降 2.2%，占全国总产量 31.5%；西部地区产量 436.3 万 t，同比增减 1%，占全国总产量 14.5%。

3. 肉禽饲料 2016 年，肉禽饲料产量 6 011.3 万 t，同比增长 9.0%，占全国饲料总产量比重为 28.7%，较 2015 年升高 1.1 个百分点。其中，肉禽配合饲料产量 5 798.8 万 t，同比增长 9.9%，占全国总产量 96.5%；肉禽浓缩饲料产量 169.8 万 t，同比下降 9.4%，占全国总产量 2.8%；肉禽添加剂预混合饲料产量 42.7 万 t，同比下降 19.2%，占全国总产量 0.7%。

从全国分布情况看，东部地区产量 3 847.6 万 t，同比增长 11.7%，占全国总产量 64.0%；中部地区产量 1 199.2 万 t，同比下降 0.6%，占全国总产量 19.9%；西部地区产量 964.5 万 t，同比增长 11.6%，占全国总产量 16.0%。

4. 水产饲料 2016 年，水产饲料产量 1 930.0 万 t，同比增加 1.9%，占全国饲料总产量 9.2%，较 2015 年降低 0.3 个百分点。其中，水产配合饲料 1 904.0 万 t，同比增加 2.1%，占全国总产量 98.7%；水产浓缩饲料 1.6 万 t，同比下降 45.5%，占全国总产量 0.1%；水产添加剂预混合饲料 24.3 万 t，同比减少 1.2%，占全国总产量 1.3%。

从全国分布情况看，东部地区产量 1 198.8 万 t，同比增加 4.0%，占全国总产量 62.1%；中部地区产量 521.2 万 t，同比持平，占全国总产量 27.0%；西部地区产量 209.9 万 t，同比下降 4.1%，占全国总产量 10.9%。

5. 反刍动物饲料 2016 年，反刍动物饲料产量 879.9 万 t，同比下降 0.5%，占全国饲料总产量 4.2%，较 2015 年下降 0.2 个百分点。其中，精料补充料 657.5 万 t，同比增长 0.3%，占全国总产量 74.7%；反刍动物浓缩饲料 183.3 万 t，同比下降 6.0%，占全国总产量 20.8%；反刍动物添加剂预混合饲料 39.1 万 t，同比增长 16.1%，占全国总产量 4.4%。

从全国分布情况看，东部地区产量 406.5 万 t，同比增长 3.5%，占全国总产量 46.2%；中部地区产量 149.9 万 t，同比下降 5.8%，占全国总产量 17.0%；西部地区产量 323.4 万 t，同比下降 2.6%，占全国总产量 36.8%。

6. 其他饲料 2016 年，其他饲料产量 366.1 万 t，同比增加 3.5%，占全国饲料总产量 1.8%，较 2015

年持平。其中，其他配合饲料 323.3 万 t，同比增加 10.1%，占全国总产量 83.3%；其他浓缩饲料 22.3 万 t，同比下降 40.3%，占全国总产量 6.1%；其他添加剂预混合饲料 20.6 万 t，同比减少 9.2%，占全国总产量 5.6%。

从全国分布情况看，东部地区产量 199.9 万 t，同比增加 4.2%，占全国总产量 54.6%；中部地区产量 125.9 万 t，同比增长 3.6%，占全国总产量 34.4%；西部地区产量 40.3 万 t，同比增长 0.1%，占全国总产量 11.0%（图 2-34 至图 2-36）。

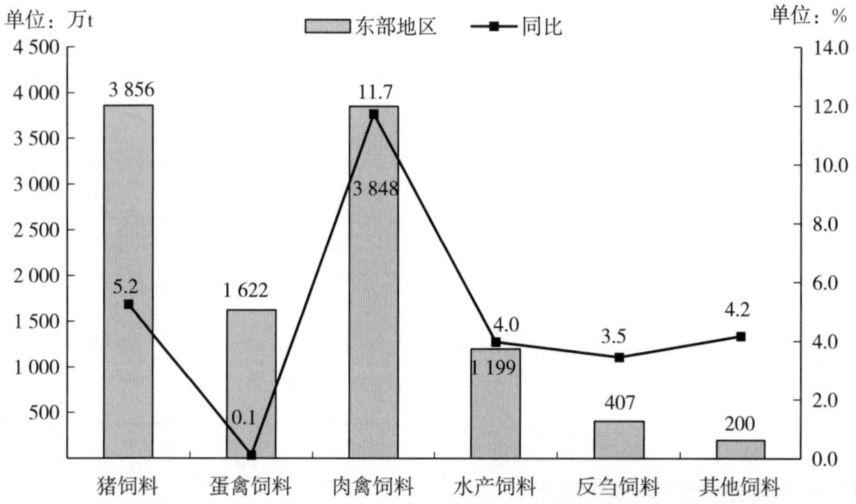

图 2-34　2016 年东部地区不同品种饲料产量及同比情况

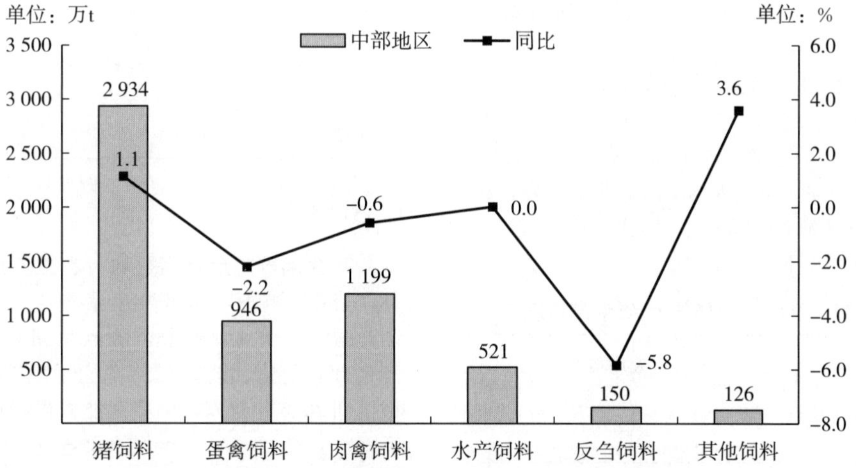

图 2-35　2016 年中部地区不同品种饲料产量及同比情况

《饲料和饲料添加剂管理条例》及《饲料标签》的实施有效提高了我国饲料质量安全水平，农业部办公厅发布的 2016 年上半年、下半年全国饲料质量安全监测结果显示，2016 年上半年抽检各类商品饲料共计 3 227 批次，产品合格率为 97.43%，同比上升 0.6 个百分点。其中，抽检配合饲料 1 374 批次，合格率 97.38%；抽检浓缩饲料 648 批次，合格率 97.99%；抽检添加剂预混合饲料 379 批次，合格率 94.46%。2016 年下半年共抽检各类商品饲料 3 298 批次，产品合格率 95.21%。其中，抽检配合饲料 1 415 批次，合格率 95.05%；抽检浓缩饲料 661 批次，合格率 94.10%；抽检添加剂预混合饲料 301 批次，合格率 93.02%；抽检精料补充料 141 批次，合格率 98.58%。全年未检出饲料中禁用的克仑特罗、莱克多巴胺、沙丁胺醇、苏丹红、呋喃唑酮、地西泮、己烯雌酚、氯霉素等物质。从监测结果看，饲料产品质量安全总体状况较好，饲料产品质量合格率维持在较高水平。

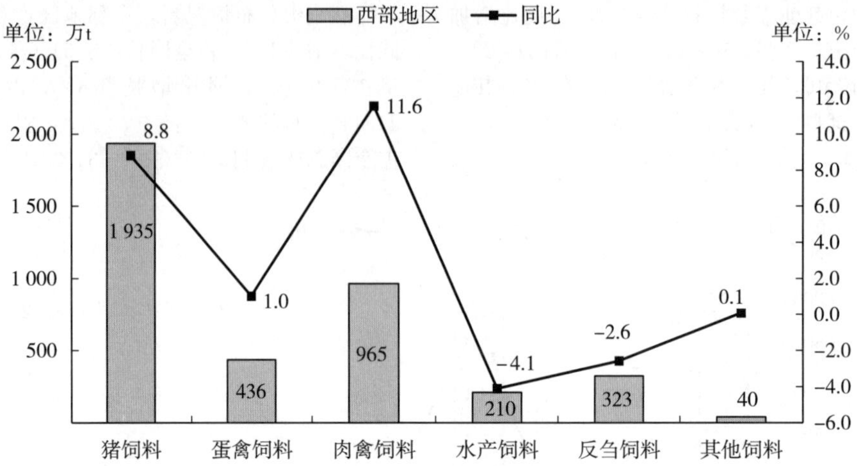

图 2－36　2016 年西部地区部同品种饲料产量及同比情况

（陆泳霖　杨义忠）

猪饲料

一、2016 年我国养猪业情况及特点

1. 全国猪肉产量及人均消费量降低　2016 年国内养殖业处于结构调整阶段，生猪养殖结构调整和去产能更为明显。据国家统计局发布的 2016 年统计公报显示，2016 年年末，全国生猪存栏 43 504 万头，下降 3.6%；全年生猪出栏 68 502 万头，下降 3.3%；猪肉产量 5 299 万 t，同比下降 3.4%，占比肉类总产量 62.0%，猪肉产量和占肉类比重连续两年下降。猪肉产量下滑，人均猪肉消费量下降，2016 年人均猪肉消费量 38.3kg/人，同比下降 4.0%，人均消费量连续两年下降（表 2－13）。

表 2－13　2005—2016 年生猪生产情况

年份	猪肉产量（万 t）	同比（%）	人均猪肉消费量（kg/人）	同比（%）
2005	4 555	4.9	34.8	4.3
2006	4 651	2.1	35.4	1.6
2007	4 288	−7.8	32.5	−8.3
2008	4 621	7.8	34.8	7.2
2009	4 891	5.9	36.6	5.3
2010	5 071	3.7	37.8	3.2
2011	5 060	−0.2	37.6	−0.7
2012	5 343	5.6	39.5	5.1
2013	5 493	2.8	40.4	2.3
2014	5 671	3.2	41.5	2.7
2015	5 487	−3.3	39.9	−3.9
2016	5 299	−3.4	38.3	−4.0
年均增长率	1.5%	—	1.0%	—

（续）

注：人均猪肉消费量＝2016 年猪肉产量/2016 年年末大陆人口总数。

2. 生猪养殖全年高盈利　在散养户大量退出和环保禁养影响下，2016 年生猪养殖大规模被动去产能，据农业部 4 000 个监测点生猪存栏信息显示，2016 年，生猪和能繁母猪存栏呈现明显下降趋势，截至到 2016 年年末，生猪和能繁母猪存栏同比分别下降 3.6%、3.5%，存栏量降至近六年最低水平，生猪供不应求，猪价整体全年持续高位运行。另外，根据农业部每月跟踪的主要饲料原料和饲料产品价格分析，2016 年，全国玉米均价 2.02 元/kg，同比下降 14.5%，豆粕均价 3.31 元/kg，同比下降 2.0%，猪配合饲料平均价格 3.06 元/kg，同比下降 5.1%，主要饲料原料和饲料产品较 2015 年同期降幅明显或保持低位运行。高猪价和低粮价，进一步抬高猪粮比价，2016 年，全年猪粮比价为 9.69∶1，远高于 5.5∶1 的盈亏平衡点，尤其年后随着猪价一路走高，5 月猪粮比价达到全年最高的 11.34∶1，2016 年全年生猪养殖处于盈利期，养殖利润回报丰厚（图 2－26）。

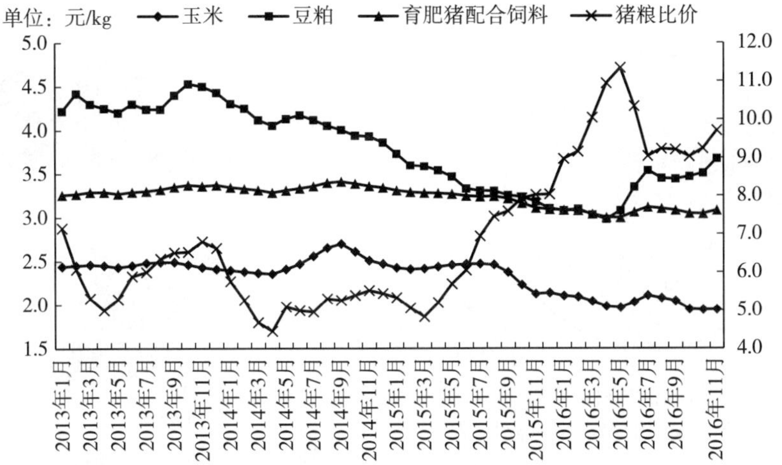

图 2-26　2013—2016 年主要饲料原料、饲料产品价格和猪粮比价走势

二、猪饲料发展特点及区域

1. 猪饲料产量小幅增长　国内饲料工业在经过快速发展阶段后，随着全国宏观经济进入"新常态"，增量式发展基本结束，饲料行业进入提质增效的产能结构调整期。2013—2014 年，饲料产量进入缓慢增长期，2013 年，全国猪饲料产量同比增长 8.9%，2014 年同比增长 2.4%，2015 年我国猪饲料产量 8 344 万t，同比下降 3.2%，出现首次下降，但饲料需要依然受到国内养殖周期的影响，2016 年全年猪价持续高位运行，高回报的养殖利润刺激生猪产能恢复和饲料需求，2016 年猪饲料产量 8 726 万 t，同比增长 4.6%（图 2-27）。

2. 猪配合饲料比重稳步提高　在近年适度规模养殖政策的推动下，我国生猪养殖规模化不断加深，规模化养殖比重不断提高，对商品全价配合饲料的需求稳步提高。同时在 2016 年养殖高效益刺激下，进一步提高了商品配合饲料的需求，猪配合饲料的比重不断升高。2016 年猪配合饲料总产量 7 175 万 t，同比增加 5.5%，占猪饲料总产量 82.2%，，比重提高 0.7%，占全国配合饲料总产量 39.0%；猪浓缩饲料 1 138 万 t，同比下降 3.0%，占猪饲料总产量 13.0%，比重下降 1.1%，占全国浓缩饲料总产量 62.1%；猪添加剂预混合饲料 412 万 t，同比增长 12.0%，占猪饲料总产量 4.7%，比重提高 0.3%，占全国添加剂预混合饲料总产量 59.6%（图 2-28）。

3. 猪饲料产品价格连续 3 年下滑　2016 年，国内生猪养殖依然处于产能淘汰阶段，生猪供应趋紧，猪价整体高位运行，养殖效益持续向好。同时，在饲料原料价格方面，玉米价格较 2015 年降幅明显，同比下降 14.8%，豆粕价格偏弱运行，同比下降 0.3%，受原料价格持续下降影响，年内多家饲料企业下调饲料产品价格，其中猪饲料价格继 2015 年后再次下降。据农业部重点跟踪企业价格数据显示，2016 年，育肥猪配合饲料平均价格 3.09 元/kg，同比下降 5.5%；育肥猪浓缩饲料平均价格 4.99 元/kg，

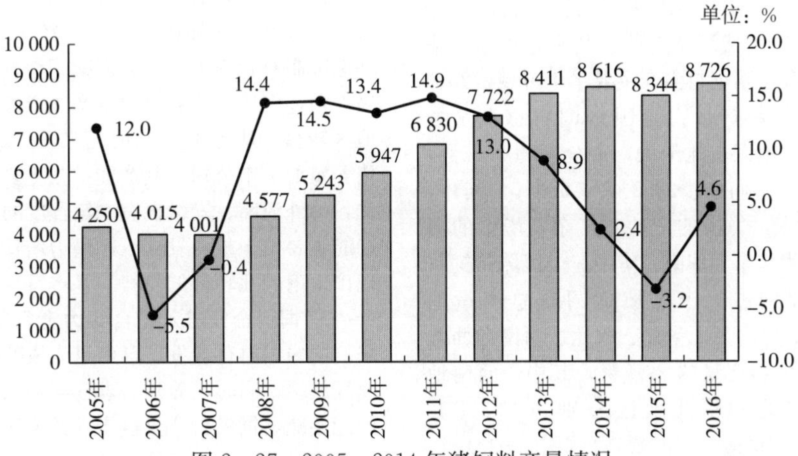

图 2-27　2005—2014 年猪饲料产量情况

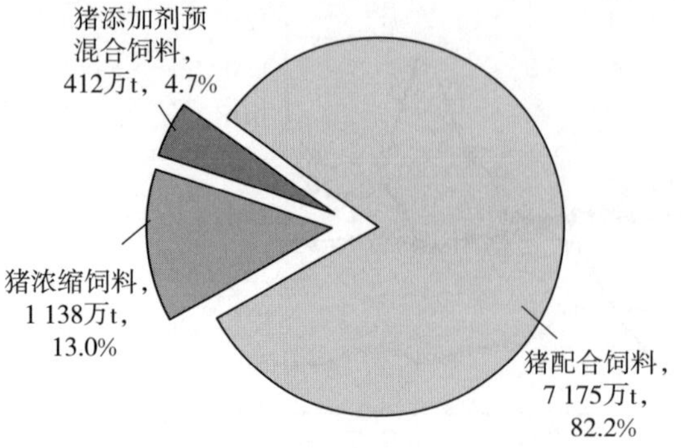

图 2－28　2016 年猪配合饲料、浓缩饲料和预混合饲料饲料产量占比情况

同比下降 1.6%；4% 大猪预混合饲料平均价格 6.04 元/kg，同比增长 0.8%（图 2－29）。

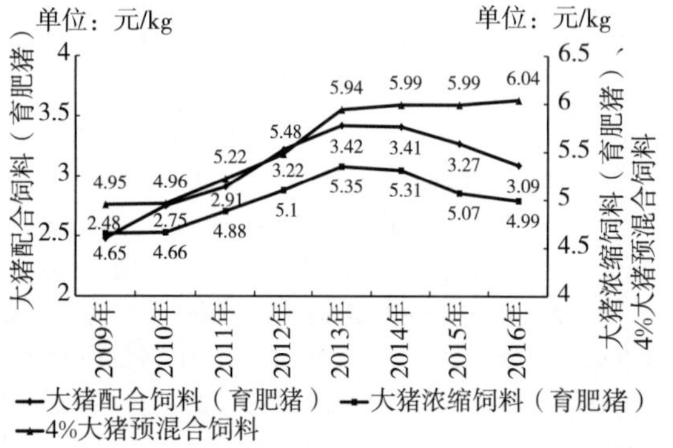

图 2－29　2009—2016 年育肥猪配合、浓缩饲料和 4%大猪预混合饲料产品价格

4. 猪饲料生产区未出现明显变化　《全国生猪生产发展规划（2016—2020 年）》和《全国饲料工业“十三五”发展规划》，明确了“十三五”期间国内生猪养殖和饲料生产发展布局。相对于 2015 年国内猪饲料生产区域分布来看，2016 年国内猪饲料产量分布尚未出现明显的区域调整变化，其中，华东、华中、华南依然是我国猪饲料生产主要集中区域，2016 年，三大区域猪饲料产量占全国猪饲料总产量的 70.3%，尤其华东地区占比最大，占全国的 28.2%，华南和华中地区分别占比 22.2%、19.9%。其中，华东的江西、山东，华南的广西、广东，华中的河南、湖南，分别为华东、华南、华中三个区域猪饲料的主产省份，分别占三个区域猪饲料总产量的 53.1%、82.3%、95.1%。华北、东北、西南和西北地区共占全国猪饲料产量的 29.7%，其中，西南地区占 12.0%，东北和华北地区分别占 7.3% 和 7.7%；西北地区产量最少，占 2.7%（图 2－30）。

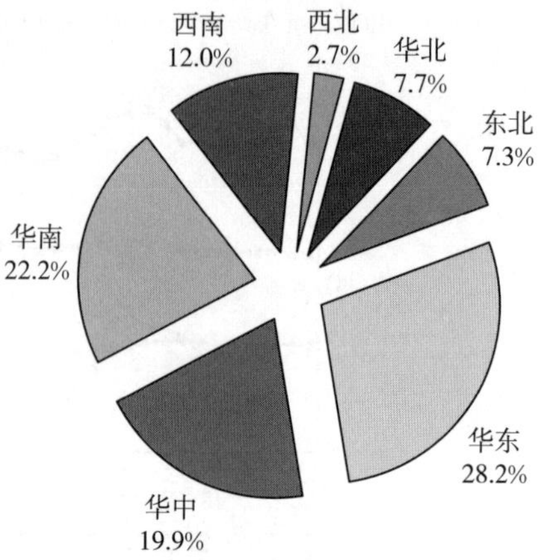

图 2－30　2016 年猪饲料产量各大区域占比

三、生猪养殖特点

1. 环保成为养殖业发展的重要影响因素　2014 年，《畜禽规模养殖污染条例》正式实施，2015 年，为贯彻落实国务院《水污染防治行动计划》，推进生猪养殖绿色发展，农业部发布了《关于促进南方水网地区生猪养殖布局调整优化的指导意见》，南方水网密集地区生猪养殖成为重点调减对象，并提出到 2020 年，实现生猪养殖污染基本治理和生猪生产基本稳定。2016 年，多省市先后颁布了畜禽禁养区划定和搬迁工作，以及非禁养区内猪场升级改造计划。在畜禽粪污综合处理上，要求进一步推动技术创新，实施农业废弃物资源化利用工程，促进畜禽粪便综合利用，使生猪规模化养殖业可持续发展。近年，随着国家畜禽养殖环保政策的密集出台和落实，环保问题已成为养殖业短期发展的重要影响因素。

2. 生猪养殖产业布局进一步优化　2016 年，农业部发布了《全国生猪生产发展规划（2016—2020 年）》，指出要综合考虑各地区环境承载能力、资源禀赋、消费偏好和屠宰加工等因素，优化生猪养殖区域布局，统筹种养加协调发展。2016 年，政策引导和环保限制双管齐下，重点调减了南方水网密集地区生猪养殖，引导生猪养殖向玉米主产区和环境容量大的地区转移。从新增产能情况来看，2016 年，涉及生猪养殖的上市公司，其产能扩张主要分布在西南、东北，另外河南、安徽也有一定程度的产能新建，新增产能主要位于重点发展区和潜力增长区，生猪产能表现出由南向北转移的趋势，基本符合规划布局。

3. 饲料企业进入综合实力竞争阶段　2013 年以来，国内饲料行业发展已经进入成熟阶段，整体增长速度放缓，同时，养殖需求逐渐趋稳，部分品种甚有产能调减，饲料行业供过于求的矛盾表现突出。部分中小饲料企业生存环境日益艰难，大型饲料企业不断调减落后产能，行业竞争愈演愈烈。在饲料企业竞争淘汰阶段，综合竞争能力越发重要，除饲料企业自身需要加大科研投入，通过企业与企业、科研机构与企业的合作，不断科技创新，提升饲料产品品质和利用率，增强企业核心竞争力外，在养殖环节也要求能够提供如技术服务、金融服务、信息服务等多种形式的增值服务，以更多方式帮助养殖者提高效率，增加收益。随着饲料行业相关政策的出台以及企业之间的竞争，中、小饲料加工企业不断被淘汰，国内饲料企业需要借此整合契机，优化产品结构，整合及延伸产业链布局，不断强化对市场和企业的服务功能，进一步提升企业综合竞争能力。

（杨义忠）

家禽饲料

2016 年我国饲料总产量 2.1 亿 t，其中蛋禽饲料 3 004.6 万 t（－0.51%），肉禽饲料 6 011.3 万 t（＋8.26%）；同期，禽蛋产量 3 095 万t（＋3.2%），禽肉产量1 888 万t （＋3.4%）。

一、禽蛋和蛋禽饲料生产

我国禽蛋品种结构丰富，饲养的蛋禽主要有鸡、鸭、鹌鹑、鹅、鸽子、鸵鸟等。其中鸡蛋占禽蛋总量的比例持续降低，2016 年仅为 71%。近年来因受流感、消费乏力等影响，鸡蛋价格起伏大、价值偏低；人们期望更加丰富的蛋品供给，蛋鸭等禽类饲养量增加明显，加工的鸭蛋、鹅蛋、鹌鹑市场销售较好。

1. 2016 年蛋鸡生产

（1）产能过剩。近年来，规划和正在建设的大型和超大型蛋鸡养殖场的产能每年都大于 1 000 万只；进口祖代 23.99 万套，国产 50.69 万套，平均存栏 60.09 万套，祖代过剩；父母代雏鸡累计销售 1 839.2 万套，其中进口品种 1 114.64 万套，国产品种 718.95 万套，在产父母代种鸡平均存栏 1 440 万套；雏鸡销售 12.62 亿只，产能过剩已从种鸡蔓延到商品鸡；小型商品鸡养殖户观望，期望他人淘汰，退出较慢；淘汰产蛋鸡量（14.32 亿只）大、价低。

（2）消费少。以壳蛋为主的禽蛋消费弹性较低，阴霾不散的疫情（始于 2016 年第 4 季度 H7N9）影响人们的消费意愿。

（3）商品鸡赔钱。蛋鸡饲料平均 2.45 元/kg，鸡蛋成本平均 7.3 元/kg、售价 7.04 元/kg；存栏蛋鸡 12.64 亿只（单产 17.39kg/只），产蛋 2 198.02 万 t（占世界总产量的 38%），其中，粉壳 59.47%、褐壳 38.01%、白壳 1.18%、其他壳色鸡蛋 1.34%。

2. 其他蛋禽养殖 因为腥味、消费习惯等，除鸡蛋外的禽蛋多以加工品（咸蛋、皮蛋、月饼的蛋黄等）消费，一年四季均有销售，受市场、疫情等的影响较小，发展稳定、快速。

养殖的蛋鸭有绍兴鸭、金定鸭、攸县麻鸭、连城白鸭、三穗鸭、微山麻鸭、缙云麻鸭、莆田黑鸭、荆江麻鸭、山麻鸭等，500 日龄产蛋 250～330 枚，料蛋比（2.6～2.9）∶1。2016 存栏约 2.9 亿只，产量约 600 万 t。

鹌鹑养殖有肉用和蛋用鹌鹑，因为价格受市场影响较小，大型养殖集团没有大面积投资，效益稳定可观，鹌鹑的养殖量持续增加，预计蛋用鹌鹑存栏约 7 亿只，产蛋大于 110 万 t；肉用鹌鹑也有 5 亿只。

其他蛋品还包括鹅蛋 60 余万 t 以及鸽子蛋等。

3. 蛋禽饲料 近年来，禽蛋产量连年增加，增加速度超过了蛋禽饲料产量的增加，尤其是 2016 年禽蛋产量大于蛋禽饲料产量，其原因是蛋禽养殖多采用自配料，工业饲料普及率较低，消耗了大量的预混合饲料和浓缩饲料，也反映出预混合饲料企业在关注蛋禽饲料市场（图 2－31）。因此，蛋禽饲料产量远远大于 3 004.57 万 t，根据禽蛋产量、保守的料蛋比，可以计算出蛋禽饲料需要量约为 6 880 万 t（表 2－14）。

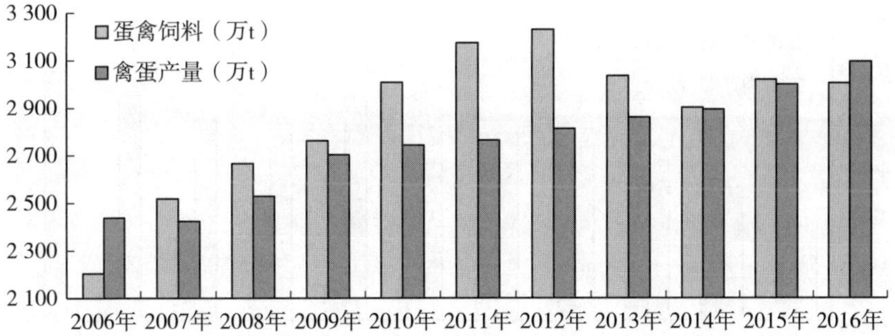

图 2－31　10 年来蛋禽饲料和禽蛋产量

表 2-14 蛋禽饲料细分

品　种	鸡蛋	鸭蛋	鹌鹑	鹅蛋	其他蛋类	合计
产量（万 t）	2 198	600	110	60	127	3 095
料蛋比（中等偏上生产水平）	2.1	2.6	2.7	1.5	2.5	
需要饲料（万 t）	4 615.8	1 560	297	90	317.5	6 880.3

二、禽肉和肉禽饲料生产

我国饲养肉禽有白羽肉鸡、黄羽肉鸡、白羽肉鸭、淘汰蛋禽（种鸡、商品蛋鸡、蛋鸭、鹌鹑等）、817系列肉鸡、肉鸽、鹅、番鸭和半番鸭、肉用鹌鹑等。

1. 鸡肉和鸽肉　据中国禽业协会统计，2016 年肉鸡出栏 82.1 亿只，鸡肉产量 1 244 万 t。其中，白羽肉鸡产量持平或微增，据博亚和讯测算，2016 年白羽肉鸡出栏 41 亿只，鸡肉产量 725 万 t，加上进出口逆差 10 万 t，供应量为 735 万 t；黄羽肉鸡增长 4%～6%；淘汰蛋鸡肉 170 万 t、817 系列 70 万 t、鸽肉 22 万 t。

2016 年白羽肉鸡祖代种鸡引种量 64.86 万套（每年需要量约 80 万套），创造了 10 年来（2007—2015 年分别为：68、75、92、94、121、132、154、119 和 70 万套）的新低，可提供商品雏鸡约 33 亿只，但因祖代、父母代种鸡的大量换羽（产能利用率提升 20%以上），使得种鸡整体规模并未明显减少，未影响到国内商品代白羽肉鸡的生产。2016 年全国父母代种鸡平均存栏量约 4 447.41 万套。

2016 年全国黄羽祖代种鸡的平均存栏量为 117.3 万套，较 2015 年减少 10.5%。其中，快速型减幅超过 20%，中速型减约 5%，慢速型减少约 7%；全国父母代种鸡平均存栏量约 3 646.7 万套。2016 年前三季度黄羽肉鸡毛鸡出栏总量达 31.5 亿只，全年出栏 39.2 亿只。2016 年淘汰蛋鸡 14.3 亿只。

2. 水禽　2016 年全国肉种鸭祖代存栏量 3 448 单元，月产父母代种鸭生产量 12 621 单元。肉鸭每年出栏约 35 亿只，占世界出栏量的 70%。2015 年，我国水禽出栏 35.8 亿只，其中肉鸭出栏 28.6 亿只，蛋鸭出栏量 2.2 亿只，鹅出栏量 5.0 亿只，生产鸭肉 693.8 万 t、鹅肉 150.5 万 t。

番鸭和半番鸭（骡鸭）的胸肉率高、皮脂率低、肉质细嫩，据推测，2016 年的出栏量为 3 亿只，主要生产区分布在福建、台湾、广东、广西和浙江等省区。

3. 肉禽饲料

从 2006—2016 肉禽饲料产量和禽肉产量的比值（1.93、2.31、2.53、2.58、2.63、2.83、3.02、2.75、2.87、3.02 和 3.18）可以看出，“料/肉”逐年增加，其原因是工业饲料普及率的提高、浓缩和预混合饲料用量减少以及还有一些肉鸡养殖户在使用浓缩饲料和预混合饲料（图 2-32）。因此即便是 3.18 也没有反映出真实的“料/肉”；2016 年肉禽行业工业饲料的普及率为 96.5%，农业部规划 2020 年肉禽和蛋禽工业（目前 86.4%）饲料普及率超过90%。

2016 年肉鸡配合饲料价格总体处于低位运行，各项成本下降，使得养殖利润较高，白羽肉鸡（1.24）和黄羽肉鸡（2.49 元/只）均有盈利。

2016 年家禽饲料生产情况见表 2-15。

三、饲料生产

奥特奇预测，中国的 1.87 亿 t 饲料中有蛋鸡料 2 940 万 t 和肉鸡料 5 490 万 t，各占 15.7% 和 29.4%，合计 45.1%；2016 年度全球禽料占饲料总产量（4.52 亿 t）的 43.8%，其中肉禽 63.6%，蛋禽 31.7%，其他 4.7%。

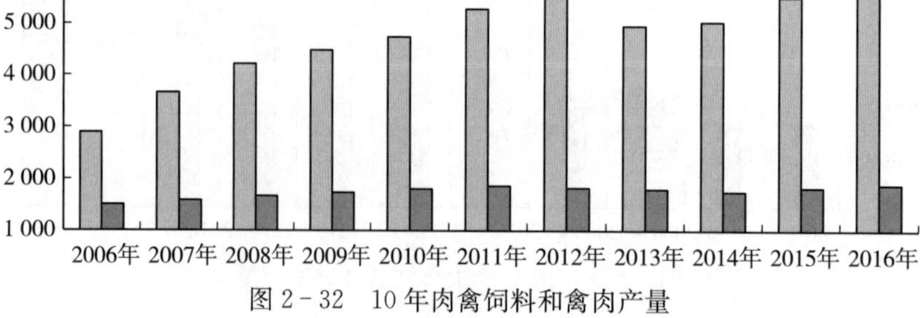

图 2-32　10 年肉禽饲料和禽肉产量

表 2-15 2016 年家禽饲料生产情况

品　种	总量（万 t）	蛋禽饲料（万 t）	比重（%）	肉禽饲料（万 t）	比重（%）
配合饲料	1 839.5	2 535.6	13.8	5 798.8	31.5
浓缩饲料	1 832.4	316.9	17.3	169.8	9.3
添加剂预混合饲料	690.7	152.1	22	42.7	6.2
合计	20 917.5	3 004.6	13.6	6 011.3	28.7

表 2-16 根据国家统计局动物产品产量计算的饲料需要量

动物产品	猪肉	牛肉	羊肉	禽肉	禽蛋	牛奶	养殖水产品	宠物粮	合计
产量（万 t）	5 299	717	459	1 888	3 095	3 602	5 156		
饲料效率	3.5	1	1	2.5	2.5	0.5	1.5		
合计（万 t）	18 546.5	717	459	4 720	7 737.5	1 801	7 734	30	41 745

还有机构预测，2016 年中国饲料的产量为 29 052 万t，根据国家统计局动物产品产量计算的饲料需要量为 41 745 万 t（表 2-16）。

玉米去库存压力较大，除大豆外，进口的高粱、大麦、干酒精糟及其可溶物（DDGS）等均比 2015 年大幅度减少；玉米和豆粕价格也均低于 2012—2015 年。

未来饲料需求增速降低，饲料企业会进一步减少，科技进步使得饲料利用率和动物生产性能改善。蛋白饲料依然依赖进口，应提高自给程度，并增加供应稳定性。饲料行业整合融合进度加快，饲料原料-饲料-养殖-肉品-熟品的全产业链布局企业增加。环保压力增加，家禽无抗养殖、洁净生产成为主流。

（武书庚　齐广海）

水产饲料

一、生产量与行业特点

2016 年，饲料行业进入量变转为质变的发展阶段，全国饲料产量保持在 2.1 亿 t 左右，水产行业总量达到 1 930 万 t，较 2015 年增长 3.2%；养殖水产品产量 5 562 万 t，增长 7.3%；捕捞水产品产量 2084 万 t，增长 5.5%。可以预见，随着经济形势日益转好，居民家庭可支配收入将在未来几年获得快速增长，水产消费品种、消费理念在不断升级和转型，我国水产品消费将会迎来长期增长，与此同时，水产品流通业、加工业将迎来新的发展机遇。与中国水产品养殖量和消费量世界第一的身份不符的是，我国的水产品加工业仍不算发达，有价值和市场影响力的品牌比较缺失，在追求产量和产能的条件下，中国水产人还应当在水产品品牌塑造上下功夫，争取打造世界一流的水产加工市场。生产全球化、贸易全球化以及电商、冷链物流发展会带来更多更优质的水产品出口，获得更多的价值。水产饲料企业在 2016 年仍然整体低迷且复杂，传统的营销模式已经很难适应行业未来的发展和变化，饲料企业简单的营销将被战略、资源、产业链等一体的全面竞争所替代，水产行业出现了一些新的气象。

1. 水产饲料企业模式百花齐放　水产行业竞争的加剧，使得广大水产企业开始探寻新的发展思路，大集团企业由于前些年黄金发展阶段的资本、品牌、客户群体积累，在部分强势市场开始打造属于自身的产业模式。海大集团在水产饲料总量保持不变的情况下，迅速扩张猪料、禽料市场，2016 年总量达 733 万 t，水产膨化料超过 20%的增长，同时水产板块开始推动产业链化，与产业链上下游各个环节的优势资源进行整合与合作，在担保、流通、种苗、动保、设备等方面取得了一定的成绩。大北农神爽水产科技集团在 2016 年继续发力，大力发展四百工程，匠心打造“互联网＋渔业一站式综合服务价值平台”，意欲成为水产界的阿里巴巴，“互联网＋”的概念吸引了相当一部分的客户加入大北农的利益共同体。澳华则在高端保健料上持续发力，保持利润的同时积极收购扩张，新成立了泰州澳华、安徽澳华、山东澳华、盐城事业部四家分（子）公司，2017 目标定位百万水产饲料企业，证明了高利润水产饲料企业仍有前景，并引领了市场高档料的井喷。粤海集团在 2016 年对泰山进行了顺利的过渡和交接，目前全资占有这家有着多年影响力的珠三角常规鱼料企业，标志着粤海从特种料向常规、多品种的转型。广州希望通过“四力驱动”模式，从打造产品力、强化营销力、重视整合力、提升服务力四个方面进行改进，同时积极进军东南亚市场，与之前的恒兴等公司一起，作为中国水产行业海外拓展的先头力量，使海外虾料、膨化料成中国水产料企业的下一个掘金口。大集团扩张加速、竞争态势加剧，广大中小企业也没有坐以待毙，他们通过一系列的差异化竞争，使部分优秀企业也获得了长足的发展，通过诸如品种细分、粒径细分、功能性饲料细分、配方细分等打造差异化优势。如加州鲈、黄颡鱼、螃蟹料、小龙虾、蛙料、河豚等品种，市场储量有限，但在短期内有着优秀的收益表现和市场容量，一些中小企业抓住机遇，在部分核心市场占据绝对话语权。除此之外，部分中小企业开始了“养殖场＋饲料厂＋流通”相结合的小产业链经营模式，自身有一定的养殖量，解决部分的产能问题，均摊一些生产费用，又能提供小企业的研发和试验平台，使企业的运营更加顺畅（表 2－17）。

表 2－17　2016 年全国不同省份水产饲料产量统计

单位：t

全国总计	19 329 354
广　东	4 532 268
江　苏	2 553 432
湖　北	2 502 842
湖　南	1 325 277
福　建	1 002 342
浙　江	903 240
江　西	653 255
河　北	558 245
四　川	649 838
广　西	706 580
河　南	456 732
天　津	435 655
辽　宁	436 576
云　南	437 689
海　南	492 022
山　东	386 756
安　徽	328 767
陕　西	253 833
黑龙江	158 244
新　疆	132 232
重　庆	142 398
北　京	100 900
上　海	88 034
贵　州	43 672
宁　夏	21 340
内蒙古	12 003
甘　肃	8 430
吉　林	6 100
山　西	652

2. 水产养殖业不断升级进步　养殖群体不断变化，目前，中国水产业的养殖主力已经逐渐由普通户进入专业户阶段，由散户进入合作化、规模化养殖阶段，由低水平管理者进入高水平规划者阶段。目前的养殖主力群体有能力养好鱼，同时也有鉴别不同品质饲料、鱼种、病害的能力。工厂化养殖、小棚养殖模式、大的深水网箱养殖模式、循环水养殖、集装箱高密度、生态养殖模式等新的养殖模式不断涌现，技术进步日新月异。

未来几年，养户层面的升级和洗牌还将继续加速。有的是品种型的，如养虾整体不景气到转养鱼、泥鳅等；有的是资源型的，养殖水平高的多做管理者和领导者，和周围的其他养殖户一起作为一个养殖合作群体，这样的模式有利于整体养殖水平的提高，也是水产品规模化、产业化、流通化的前期基础。大的养殖户或养殖公司现在更多地把养殖当做一种投资来看待，这也推动了水产行业的进步。

升级带来的变化给水产饲料企业提出了更高的要求，之前基础的水产技能服务和饲料服务已逐渐不能满足终端客户的要求，必须也要不断学习和提高；同时饲料企业也逐渐变得资源多样化，在融资、流通、技术、革新方面均要投入资源，进行能力储备，这是水产行业发展的必然趋势。

3. 环保和安全

（1）环境保护。中国经历了 30 年的快速发展，初始阶段的经济、利益导向对环境造成了不小的伤害，为保证中国经济和社会可持续发展，从 2016 年 4 月起，史上最严环保政令下达并实施，水产饲料企业虽然不是重污染型企业，但在此环境下，也必须进行严格的环保审查。生产环境优化、设施改善、三废处理等一系列整合整治；对于饲料厂，环保问题主要是减少和控制粉尘、噪声、气味、废水排放、饲料污染等。一部分靠近居住区域、商业区域的饲料厂进行停产整改，部分以代加工为主的中小企业，由于本身融资能力弱，处于开拓期，在刚刚经历的饲料生产许可证方面投入了资源，环保上严格起来，更是捉襟见肘，不排除一部分刚起步的小型企业因此夭折。同时，环保问题也带来不少正面的影响，首先是大集团完善了环保机制，增加了环保设备，的确减少了有害污染物的排放，提高了环保标准，使饲料企业的整体形象提升了，同时，也树立了一些行业环保标杆企业，在追求硬件设备环保可持续的情况下，对原料和生产进行改良，对于一些“三无”原料或有安全隐患的原料坚决采取治理措施，保障产品的环保和安全。未来几年，饲料企业的环保压力仍在持续，对于环保的支出和设施投入依旧是热门话题，这也增高了饲料行业的进入门槛。

（2）食品安全。随着人民生活水平的提高，对食品尤其是肉类食品的要求越来越高，水产品作为优质的蛋白类食物，消费量不断增大。食品监管部门为保障人民的卫生安全，自 2015 年不断发生的罗非鱼出口受阻，引起行业巨大损失后，有关部门加强了对水产品安全的检查力度，对一些药物和抗生素残留零容忍，其中孔雀石绿、磺胺、呋喃唑酮、呋喃西林、氯霉素、类抗生素等指标作为部分水产品流通市场的必检项目。未来，随着水产品加工行业的不断发展和水产品品牌的打造，高质量水产品势必更加注重健康和安全，部分水产品加工企业也在努力，不仅在体形、长速、色泽上下功夫，风味和营养指标同样重要。目前，我们对水产动物维生素及微量元素营养的关注还远远不够，而部分发达国家在这一块已经走在我们的前面了。

二、品种（鱼虾品种和加工料型）

产品升级明显，加工品需求暴涨。生产全球化、贸易全球化以及电商、冷链物流的发展带来了更多更优质的水产品进出口。

不同渠道类型对应的消费需求在变，对应的养殖品种及饲料需求也将产生变化：①消费者的经济水平变化，3 亿中产的崛起对营养、健康、安全水产品的需求暴涨，尽管中低档消费者群体仍然庞大，但他们的消费需求也在升级；②“80 后”新生代的生活经历、消费习惯使他们对加工、速食水产品的需求快速增长；③用工成本的增加进一步推动加工产品暴涨。

普通淡水鱼料仍是中国市场的绝对主流，2016 年，华东、华中、华北市场膨化料发展迅速，部分区域龙头企业成功推广了膨化水产料，但水产颗粒饲料销量仍占总销量的 65%。占据水产料 70%市场的依然是草鱼、鲤鱼、鲫鱼、罗非、鳊鱼、青鱼等传统淡水养殖品种，此类品种市场占有率高，水产饲料企业上量快且资金风险小，但同时也存在养殖效益常年稳定，空间较小的弊端。

草鱼价格在大部分时间持续低迷，2016 年 7 月、8 月，华中地区的洪涝灾害给水产养殖带来了不小的打击，对草鱼产量影响颇大，但是全国，尤其是华南市场的草鱼总量还是非常巨大，价格上涨空间有限。消费者目前可选择的水产品逐渐多样化，对草鱼、鲤鱼等品种的需求减弱。

草鱼膨化料在华南、广西区域有一定的市场，占总量的 40%左右，但是在其他区域则增速缓慢，尤其在草鱼价格低迷的情况下，增长更加困难，好在年底时草鱼价格有所回升，养殖户又恢复了积极性。

罗非鱼由于出口药物残留问题，订单锐减 7 成，在广东湛江、茂名等主要养殖区域，罗非鱼养殖量较 2014 年下降了 25%，且由于价格问题，不再出现对高端罗非料的疯狂追求，2016 年，饲料企业在这个品种上较为理性。料型方面，罗非对膨化料的接受程度较高，基本在后期出鱼前都会用膨化料来催肥，由于下半年，关闭了一些猪场，粤西地区猪鱼模式被迫改为全饲料喂养，使得罗非鱼料销量适当有所恢复。作为国内第二大罗非鱼出口供应集散地，海南罗非鱼产业在近几年逐步陷入困境。海南罗非鱼因为国外市场巨大的需求而得以发展，同时也正是因为有了现成的市场需求而导致产业对国外市场的极度依赖，不主动去开发市场，离消费者越来越远，也因此失去了对消费者的了解和把握。

一面是普通品种遇到了发展瓶颈，一面是消费者的不断消费转型，带来了特种品种的快速发展。虽然虾价理想，但受困于对虾多年以来的养殖成功率偏低、大部分养殖户亏损的现状，部分养殖户逃离或者转养其他品种。对外来品种的尝试不断进行，泰国斑节对虾、南美蓝对虾等品种也有人在尝试，除此之外，在广东以江门区域为中心，虾料养殖户很多转养台湾泥鳅，几年发展下来，养殖成功率较高，效益稳定可观，目前仅在广东珠三角区域，就有将近 4 万亩的养殖水面。料型方面，养殖户大多接受虾料工艺生产的虾料和泥鳅专用料，部分厂家尝试做膨化泥鳅料，也开拓了部分市场。

同时因为普通品种价格低迷、消费受阻，养殖户纷纷向名特优品种转移，如华中地区的泥鳅、黄颡鱼养殖掀起了一股浪潮，虽然发展年限比较短，但大部分养殖户在改变养殖结构的时候获得了成功。叉尾的全年价格可观，在华南区域的饲料容量也一度突破了 20 万 t，苗种缺乏、市场消费量增多是其维持高价的原因。

海南石斑鱼苗种的供应量达到全国的 90%以上，目前有苗种场 70～80 家，个体户和企业并存，部分企业意识到质量安全的问题，他们会选择双方合作或者多方合作，将特定的苗种给对方标苗，期间进行跟踪，不允许合作方违规用药，待标粗苗达到某规格后再收购。北方石斑鱼养殖市场也在不断扩张，其石斑鱼成鱼的流通价格也相对南方市场每千克高 20 元左右。有业内人士表示，北方石斑鱼都为工厂化养殖模式，虽然成本高但是产量稳定，风险也低。在价格方面，北方比南方高，虽然产量低，但如果能凭借工厂化养殖优势打造品牌鱼，北方市场或将前景广阔。

由于我国没有冷水鱼能够安全度夏的海面条件，多数冷水鱼养殖集中在西南、西北及东北等内地区域，受限于水域资源，冷水鱼总的养殖量偏少。以鲑鳟鱼为例，全球鲑鱼养殖产量超过 230 万 t，但我国虹鳟鱼产量仅 4 万 t 左右，占全球总产量的 1.74%。

我国三文鱼年进口量超过25万t，可见鲑鳟鱼在国内的发展空间广阔。国内水产养殖正处于调结构的阶段，冷水鱼养殖是一个不错的发展方向，国家也有相应的政策支持，业者要把握好政策福利。

鳜鱼的价格在2016年表现出众，年中价格一度飙升到100元/kg，鳜鱼养殖总量约30万t，其中广东约10万t。我国鳜鱼养殖主要集中在广东、江苏、湖北、江西、湖南和安徽，其他省份如广西、浙江、山东、四川和东北也有少量养殖。据不完全统计，近年来全国鳜鱼年养殖总量约30万t，其中广东约10万t。苗种方面，全国80%比例的鳜鱼苗来自广东，其中约50%的广东鳜鱼苗产于阳春市，佛山多为标粗。鳜鱼的高价带来桂花鲮鱼的高价，广东市场2015年鲮鱼料销量突破8万t。

传统养殖品种爆发乏力，未来的特种养殖品种仍要水产企业重点去开发，如加州鲈这个品种，众多水产饲料企业经过几年耕耘，目前全程加州鲈膨化饲料养殖取得突破，在养殖成本不增加的情况下，大大降低了劳动量，目前也占据了30%的冰鲜市场，这个全国容量近30万t的水产品种，在未来会有更多的饲料企业加入进来，成为水产饲料企业发展的新空间。同时，我们也要看到，特种养殖品种饲料技术门槛比较高，对企业的发展如同双刃剑，需要企业、高校、研究机构共同去研究和摸索，谁掌握了谁就更能占得先机。

从饲料料型来看，颗粒料的主导位置在几年内仍能保持，但膨化料发展速度也势不可挡。以营养角度来讲，膨化料有颗粒料所不具备的优势，原料的选择面更广，水产品种对膨化饲料的利用率更高。2016年年底，全国膨化线达到350条，其中华南区域有220条左右，产能接近600万t，已经严重过剩是不争的事实，所以水产饲料竞争也逐渐加剧。至于粉料市场，多年来的研究仍较少，局限于鳗鱼、甲鱼、河豚等品种，所占市场份额相对较小，受制于种苗、养殖环保、消费选择及出口等因素，这几个品种有进一步下滑的趋势。

三、区域特点

不同区域，由于发展阶段不同，所表现的差异也不同，具体体现在地域、竞争激烈程度等方面，也和膨化料的发展程度有关。

1. 传统水产饲料重地——华南市场 华南市场发展时间久，养殖历史长，且新科技、新方法、新理念容易推进和实施，故养殖水平和管理水平均最高，饲料总量几乎占据半壁江山，且多数大的优秀水产饲料企业总部多集中在广东，自然而然使华南成为水产饲料企业重点竞争之地。华南市场起步较早，部分集团性企业通过原始资本积累，目前在各个方面均有竞争优势，在华南这种大养殖量的地区势必以追求销量为目标，投入超量资金，利润最小化，造成中小企业竞争乏力，被迫退出，在某些品种上更是出现了一、两家独大的局面。但其他企业也不是没有机会，多走差异化竞争，避开大公司追求高量、高占比的市场竞争方式，转向特殊品种或小市场集中攻关，也有一定的发展空间，其代表有澳华、旺海等企业。

2. 潜力市场 华中市场长期以来养殖品种过于单一，以草鱼品种为主，两三年以来的行情低迷困扰着华中市场，逼迫养殖、饲料企业纷纷转型，恰逢养殖行情有所回升且名特优品种养殖热潮迎来了春天，2016年膨化料的推广是个亮点。华东区域养殖品种相对华中又适当丰富一些，涌现了众多优良的水产品消费品种，如河豚、黄骨鱼、大闸蟹等。华东市场的水资源丰富，养殖空间和储量仍然很大，未来有较好的发展前景，2016年，大集团的战火也已经烧到华中市场，未来1～2年，华中市场格局定会出现翻天覆地的变化。东北市场消费旺盛，但主要受限于水资源和气候因素，主养品种仍是草鱼、鲤鱼，膨化料推进较慢，需要当地企业进一步的开拓；在京津唐区域，不少企业已经看好了近海的水资源，以对虾、海参等品种为主的名特优品种发展迅速。

3. 挑战和机遇并存 虽说竞争激烈，但水产行业作为一个绿色、民生的行业，仍有广阔的发展空间。中国地大物博，历史悠久，水资源丰富，很多沿海滩涂都没有得到充分利用，西南、华北、西北区域养殖规模还很小，很多是因为技术因素，若能进行技术推广和市场开拓，大有可为；另有部分养殖区域，饲料的普及率还能低，需要时间去培育。

四、技术特点与障碍

一个行业的发展，取决于行业技术人员的创新性，消费的转型及竞争更需要技术来作为支撑，研究不同地区、不同时间、不同养殖品种以及饲料类型、养殖模式、原料应用等还有哪些方面的改进工作，也需要产学研的有机结合。

2016年，原料的态势与2015年大不相同。以动物性蛋白原料为首的鱼粉从5月开始就一路飙升，秘鲁鱼粉在7月的价格早早站上了12 000元。新的动物源性蛋白使用获得了突破性进展，美国鸡肉粉开始在水产饲料中得到广泛使用，效果优异，性价比高。除此之外，水产行业积极探索非主流国家的鱼粉资源，非洲以摩洛哥、冈比亚为代表，美洲以巴拿马、厄瓜多尔为代表的鱼粉得到饲料企业的认可，给了饲料企业原料使用上新的选择。植物性蛋白原料豆粕、菜粕、DDGS等较上年价格有所提升。国家自2016

年 3 月起，在东北三省和内蒙古自治区玉米临时收储政策正式取消，调整为“市场化收购”加“补贴”的新机制。这意味着长达近十年的玉米价格政府补贴政策结束了，今后中国玉米价格将逐步与国外价格接轨。国产大豆补贴也自 2016 年 12 月起正式实施，未来将要达到 10 万亩的养殖面积，未来饲料行业的大宗原料将由自己决定。饲料企业在小麦淀粉价格高企的情况下，积极探索新原料的使用，大麦、木薯在膨化料上的使用获得了突破。

在鱼类营养方面，仍需要解决鱼类对碳水化合物的吸收差的问题、鱼类保肝护胆的问题以及特种鱼的诱食性等；在疾病方面，草鱼的脂肪肝问题亟待解决，2016 年罗非养殖由于规模缩减，链球菌病少，但不代表后续不会再次大规模爆发。水产行业需要解决的技术难题仍有很多。

综合来看，未来水产行业的竞争不再是营销模式的竞争，而是“技术＋理念”的竞争，其中技术的储备和研究更要与时俱进，不同企业应根据实际情况加大对技术的重视和投入，如建立自己企业的研发平台及团队自己来研发，或联合一些知名的上游资源，如水产预混料方面做的优秀的企业来共同合作，或同部分有能力的研究机构做到产学研的一体化来增强企业的技术实力。

五、水产饲料安全

民以食为天、食以安为先。饲料是食品安全的前端，更需要从根本上进行预防，应严格依照国家法律法规相关规定，做好饲料企业自身安全工作。近年来，国家颁布的一些法规政策等都起到了很好的作用，如新的饲料生产许可等法规其实就是把门槛提高，规避饲料安全风险。一方面，饲料企业在选择上游原料合作伙伴的时候应多花些精力，从饲料源头避免安全风险；另一方面，饲料企业作为服务者，在引导养殖户养殖及投喂管理的时候要规范管理，从养殖源头规避安全风险。实现水产品真正放心安心和健康发展，行业人任重而道远，需要大家一起努力，继续奋斗。

（彭志东　杨勇）

反刍动物饲料

目前，我国已经发展成为世界第一饲料大国，年产商品饲料超过 2 亿 t，其总产值超过 8 000 亿元。然而，面对全球奶业产能过剩，以及进口奶制品、牛羊肉冲击较大的现状，反刍动物养殖举步维艰，反刍饲料工业正处于转型升级的调整时期，饲料增长压力较大。随着反刍动物养殖方式由放牧逐渐转变为规模化养殖，饲料需求不断增加，但受产能过剩以及原料价格上涨影响，反刍动物饲料增长乏力。

一、反刍动物饲料生产情况

近几年来，反刍动物饲料生产一直保持着良好的发展势头。从图 2-33 可以看出，反刍动物饲料产量从 2009—2015 年连续 6 年一直保持稳步的增长，而 2016 年反刍动物饲料产量比 2015 年低 4 万 t。2010 年反刍动物饲料产量较大幅度增长，比 2009 年增产 23.2%。“十二五”期间，反刍动物饲料产量仍然呈现稳定增长，其中 2015 年生产总量最高，比 2011 年增产 14.1%。截至 2016 年年底，我国反刍饲料总产量已达到 880 万 t，预计在“十三五”期间，我国反刍饲料总量有望突破 900 万 t。以上结果表明，我国反刍动物饲料生产总体相对平稳，产业集中性较强，还需要反刍饲料业全面延伸产业链，进行资源整合，全产业链发展是主流的发展方向。

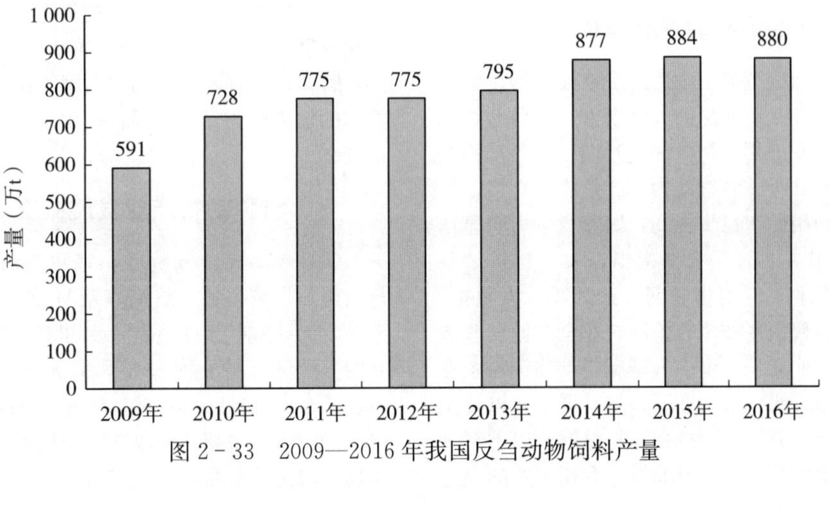

图 2-33　2009—2016 年我国反刍动物饲料产量

二、反刍动物饲料生产特点

1. 我国反刍动物饲料优势产区产量大，生产区域相对集中 由于市场的挤压，中小饲料企业更难生存。大型饲料企业通过收购、合并等方式使整个行业发展速度加快，成为推动、引导整个饲料业和养殖业发展的中坚力量。反刍动物饲料与其养殖量成正相关，而且饲料的优势产区也更为集中。2016 年，仅内蒙古、黑龙江、河北和北京地区的反刍动物饲料产量已达 456 万 t，占全国总产量的 52%。

2. 反刍动物饲料产品结构相对稳定 以产品的分类来看，2016 年反刍动物配合饲料产量为 658 万 t，同比增长 3.0%，较上一年度增长稳定，处于慢速增长期；浓缩饲料产量为 183 万 t，同比下降 6.6%，较上一年减少幅度有所增加；添加剂预混合饲料产量为 39 万 t，同比增 18.2%，较上一年增长幅度较大。可见，我国反刍动物配合饲料和添加剂预混合饲料继续呈增长趋势，而浓缩饲料仍然呈降低趋势。

3. 反刍动物饲料产品质量安全持续向好

（1）反刍动物饲养标准以及饲料标准的制定和应用，规范了反刍动物的饲料生产，提高了反刍动物饲料的技术含量要求。

（2）各级饲料管理部门依规开展新饲料和新饲料添加剂评审工作，动态更新《饲料原料目录》和《饲料添加剂品种目录》，满足生产需要，确保投入品安全。贯彻落实《饲料质量安全管理规范》，加强技术指导与服务，规范示范企业创建活动，提升饲料企业标准化和规范化水平。加大法规和标准宣传力度，营造全行业执法守法用法的良好氛围。

（3）反刍动物饲料市场竞争加剧，使得饲料企业提高了产品质量意识，从而保证了产品质量。经国内饲料质量监督检验机构对反刍饲料进行的检测，总体合格率达 90%以上。

三、反刍动物饲料的发展趋势

在全球经济深度调整、中国经济增速放缓、饲料产业供给侧结构性改革加深的大背景下，反刍动物饲料行业处在自身发展再平衡再调整时期。反刍动物饲料行业积极转型升级、调整结构，产量稳中有增，质量稳定向好，利用效率稳步提高，国际竞争力明显增强。2016 年“中央 1 号”文件指出，大力推进“互联网+”现代农业，应用物联网、云计算、大数据、移动互联网等现代信息技术，推动农业全产业链改造升级，已成为行业共识，许多大型反刍动物饲料企业在不断探索转型升级方式，在下一步发展中，以《全国饲料工业“十三五”发展规划》为总纲，以创新为核心，形成完整的配套饲料产业链，利用专业的服务及整合行业优势，提高企业整体管理水平和质量，进一步确保反刍动物饲料的安全生产。

在未来几年内，反刍动物日粮将会朝着幼龄化、母体化、环保化的方向发展。在饲料营养方面，精准化、动态化、分子化、净能体系化、调控化、器官营养化将成为发展大势。饲料原料的发展也向种类复杂化、应用区域化和采购国际化等趋势发展。饲料添加剂工艺逐渐朝着天然化、有机化、减量化、无抗化和功能化的方向发展。要做专做精饲料产品，做优做亮企业品牌，推动构建反刍动物精准饲料配方技术体系，加快推进植物提取物、饲用微生物等新型绿色饲料添加剂应用，依靠科技创新提升核心竞争力。大力推进绿色生产，实施绿色营养调控，推广低氮、低磷和低矿物质饲料产品，减少饲料药物添加剂的使用。

（孙海洲　张崇志）

特种动物饲料

随着我国农业产业结构的调整及农业供给侧结构性改革需求的引导，2016 年我国特种动物饲料产业的发展稳中有升，毛皮动物饲料市场规模比上一年度有所回升，茸鹿饲料及部分珍禽饲料领域的市场规模与上一年度持平，保持相对的稳定。毛皮动物貂、狐、貉为肉食动物，其饲料具有特殊性，动物的营养需求及饲料配制加工有其自身的特点，形成了独特的市场，主要有狐、貉干粉配合饲料、全价饲料及全价鲜饲料，水貂 20%左右比例配合干粉饲料及全价鲜饲料，各类预混料等产品。梅花鹿和马鹿在东北及新疆等地区饲养比较集中，随着规模化和集约化生产的发展，仔鹿及生茸期公鹿全混合日粮饲养逐渐成为市场趋势，同时鹿精饲料补充饲料、打包玉米青贮饲料的应用也越来越普及。兔的生产在我国南方较多地区已形成了特色产业，其皮肉兼用型的特点为产业的发展提供了强大的需求动力，饲料市场在集中饲养区专业化程度逐渐提高。部分珍禽，如雉鸡、鹌鹑、肉鸽、野鸭、火鸡、珍珠鸡、大雁等在局部地区形成了养殖的优势产业，但其饲料产业还未形成规模和特有市场。

一、特种动物产业发展概况

2016 年，毛皮动物受市场皮张价格地位上升运行的影响，貂、狐、貉饲养量与 2015 年度相比略有上升，为 5 200 万只左右，水貂和狐狸养殖量弱增，貉的养殖量保持相对稳定，饲养量为水貂 2 600 万只、狐 1 700 万只、貉 900 万只。受优质水貂皮价格坚挺的影响，水貂品种改良的步伐逐渐加快，大型养殖场进口优质水貂数量成倍增长，促进了我国水貂毛皮品质质量的改良提升。随着产业的快速发展及人工成本的增加，毛皮动物养殖集约化、机械化程度越来越高，而且大型养殖场逐渐增加，以前以家庭为单位的小型养殖单元逐渐被大型集约化饲养代替，这就为饲料配制及规模化生产提出了很多技术新课题，如水貂鲜饲料的配制、保鲜、配送、貉颗粒饲料配制及自动化加食技术等，都是毛皮动物饲料产业未来发展的新方向。

兔的主要产品为毛用、肉用或皮肉兼用，为草食性动物，饲养成本低，饲料来源丰富。在我国，饲养兔主要集中在四川、重庆、山东、江苏、福建、浙江、河南、河北、安徽等省市。兔养殖技术较易掌握，繁殖快，适宜于农户养殖，可利用农村闲散劳动力及当地饲草资源，市场风险也较低。但随着我国环保要求的提升及严格执法，兔的集约化饲养也逐渐增加，2016年，兔养殖量在3 600万只左右，兔肉价格为16元/kg左右，皮张价格受国际市场走势的影响，略有下行，一般质量皮张价格在30元左右，特级皮价格保持稳定，在45元左右。兔的毛皮属中低档产品，市场需求广泛，受国际经济走势的影响较小。

我国人工养鹿历史悠久，养殖品种主要是梅花鹿和马鹿，2016年的饲养量约129万头，主要饲养方式为人工圈养，在我国各省份均有饲养，东北三省为主要养殖区，占全国养殖数量的90%。梅花鹿、马鹿饲养的主要产品为鹿茸，每年鹿茸产量约520t，每年直接鹿茸产值达15亿元，带动其产品深加工、制药等相关产业产值达670多亿元，提供就业岗位80万个左右，在我国农村区域经济的发展中起到了越来越重要的作用。

我国茸鹿养殖的主要产品为鹿茸，其价格的变化带动着鹿价格的变化。2016年鹿茸价格较上一年度略有上涨，带动仔鹿价格有所上涨。2016年茸鹿饲料成本有所降低，主要是玉米及豆粕价格低位运行导致的。茸鹿的养殖实现盈利的空间逐步放大，但粗饲料由于人工成本的增加，价格逐渐上涨，如果粮改饲步伐加快，为种草养鹿提供更多优质粗饲料，会进一步提高养鹿的综合效益。当前，部分公鹿饲养多、平均产茸量较高的饲养场有相对较好的盈利，部分开展鹿茸深加工及制药的企业为了稳定鹿茸原料的供应及保证鹿茸原料质量，开展茸鹿养殖，有很好的综合经济效益。

我国饲养的珍禽品种主要有雉鸡、乌骨鸡、鹌鹑、肉鸽、珍珠鸡、贵妃鸡、火鸡、野鸭、孔雀、鸵鸟、大雁等，2016年其市场需求随着人们生活水平的提高及消费结构的变化逐渐提高，存栏数达到5.8亿只左右，增长率为4%左右。目前珍禽市场需求较为旺盛，人们的消费习惯和生活需求对珍禽情有独钟，但由于当前存在着市场流通与调控能力不强、健康养殖理念不到位、养殖规模小而散等特性，生产效率不高，未来开展规模化健康养殖、生态观光养殖，互联网销售模式等，控制产业各个环节，提升品牌价值、提高珍禽养殖附加值是必然之路。肉鸽、山鸡等珍禽养殖在资金、技术、销售信息和渠道上也可以走专业合作社模式，以适应市场需求的新形势，让珍禽养殖产品真正成为人们寻求健康生活的必需品。

二、特种动物饲料生产情况

2016年，毛皮动物貂、狐、貉鲜饲料、干粉及颗粒饲料需求近450万t，毛皮动物饲料企业生产商品狐貉粉料118万t，主要由膨化玉米、豆粕、肉粉、鱼粉、DDGS、麦麸、米糠、豆油、鸡油、预混料等组成，是市场中全价饲料的主体，部分养殖户在使用全价饲料的过程中，会结合当地饲料资源情况，添加部分海杂鱼、鸡架、鸡肠等鲜饲料，一方面可以提高饲料的适口性和采食量，另一方面也可以增加饲料的多样性，补充部分动物性饲料，利用当地屠宰下脚料，降低饲料成本。水貂商品干粉配合饲料年生产23万t左右，主要由膨化玉米、豆粕、DDGS、米糠粕、预混料等组成，用来代替水貂饲料中熟化植物性饲料，补充氨基酸、微量元素及维生素等成分，一般配比占水貂饲料的20%～30%。2016年水貂全价鲜饲料年需求55万t，主要由海杂鱼、鸡骨泥、鸭骨泥、鸡肠、膨化玉米、豆粕、预混料等组成，干物质含量约35%，采取每日配送的形式分派到养殖场，这种集约化的厨房式生产需要在水貂养殖较为集中的区域开展。鲜饲料适口性好、营养全面、动物对营养物质的利用率相对较高，发展有较大潜力，由于鲜饲料的配送专业化程度高、运费高，市场半径有限，目前在水貂养殖较为集中的威海地区、潍坊地区市场需求较为旺盛。毛皮动物各类颗粒饲料年生产35万t左右，当前貉颗粒饲料由于饲喂方便，人工管理简捷，在部分把养殖当第二产业的地方有较好的需求，水貂颗粒饲料在部分地方也有一定的市场。毛皮动物预混料年生产3.2万t左右，主要为微量元素、维生素、氨基酸、酶制剂、抗生素等的混合物，多为1%或4%的添加产品，部分以预防腹泻、增加毛皮品质等的功能性预混料产品也有一定的市场。毛皮动物商品饲料占市场需求将近50%的份额，其中狐貉饲料仅75%为商品饲料，而水貂饲料仅30%为商品饲料，其他均为养殖场自配料。整个毛皮动物饲料市场还有很大的潜力，其市场主要分布在山东、河北、辽宁、吉林、黑龙江等地区。

兔的养殖比较分散，以区域性农户为主，2016年兔专业性精料补充料依然以自配为主，部分形成产业地区有一定的市场，但大型专业化兔饲料公司还较少，市场约5万t，仅占市场需求的9%左右。

我国茸鹿的养殖98%为人工圈养，很少部分的鹿被实施草地放牧或围栏放牧，适当人工补饲，而且梅花鹿占茸鹿养殖的90%，饲料主要为梅花鹿精料补充饲料，占饲料市场的80%。因为鹿茸是我国茸鹿养殖的主导产品，所以在养殖生产中，对公鹿生茸期饲料的营养供给考虑得最多，而且精饲料占到日粮干物质总量的60%，其次是仔鹿生长期精饲料。随着人工成本的增加，粗饲料的收购价格提高，而且粗饲料在饲养过程中管理成本也较高，在仔鹿生长期和公鹿的生茸期，人们逐渐接受使用全混合日粮，即把精饲料和优质的粗饲料混合甚至制成颗粒来饲养鹿，以达到仔鹿健康快速生长和公鹿高产茸的目的。目前我国茸鹿的饲养主要以农户家庭圈养为主，大型集约化的养殖场较少，饲料的配制主要是自配精饲料在动物关键生产时期开展补饲，如仔鹿的生长期、公鹿生茸期、母鹿妊娠期和泌乳期开展补饲，集中饲养的吉林省每年公司化生产的全混合饲料和精料补充饲料的量在10万t左右，已初步形成了一定的市场规模。随着鹿这一特色珍贵资源深加工及高附加值科技成果的推广应用以及鹿茸价格的走高，茸鹿饲料产业也将在养殖集中区逐步形成稳定的产业。

珍禽养殖的区域非常广泛，相对分散，在局部地区形成了特色养殖优势产业，但其饲料产业还未形成自己的特色和规模市场，其饲料的配制多参考家禽的营养需求及饲料配方，有一定的现实意义，但专业性不强，不能很好发挥动物的遗传潜力和生产性能。每年珍禽的饲料市场需求在150万t左右，除部分自配饲料外，多被家禽饲料企业直接代替，严重地阻碍了产业的健康高效发展。未来相对专业性的肉鸽饲料、雉鸡饲料、野鸭饲料在大型珍禽养殖企业将形成一定规模，区域性特色养殖也将是未来珍禽产业发展的必然之路。

三、特种动物饲料发展特点

1. 受上年度皮张价格较低及原料玉米价格下降的影响，毛皮动物饲料价格竞争激烈，多元化结构增强 2016年毛皮动物全价饲料、配合饲料、颗粒饲料、鲜饲料及预混料等呈现多元化发展趋势，各类饲料市场总额均有不同程度的增长，养殖户自配饲料的比例下降。这表明商品饲料的市场化程度提高，专业化程度增强，更多的养殖户愿意使用商品化饲料开展毛皮动物养殖，从而减少人工成本，提高专业化分工。

受2015年皮张价格低位运行的影响，毛皮动物饲养户在饲料的选择上多选择价位低的饲料，同时受玉米价格的影响，膨化玉米的价格也不同程度下降，饲料成本降低，在市场选择压力和利润空间的调节下，低价位毛皮动物饲料销售较好，市场竞争激烈。在多元化结构的变化中，毛皮动物颗粒饲料因其饲喂简单、便捷，在一定程度上降低了人工成本，在部分狐貉集中养殖区应用呈现扩大的趋势。狐貉干粉饲料是2013年前毛皮动物饲料的主要品种，占商品饲料市场的近85%，随着产业的发展，越来越多的大型狐貉养殖场倾向于部分使用商品化的干粉饲料，减少由于饲料原料的购置、贮藏、加工等的繁杂程序及风险。水貂饲料不同于狐貉饲料，水貂是鼬科动物，是更严格的肉食动物，对食物的选择性强，适口性要求高，干粉饲料适口性相对鲜饲料差，而且在蛋白质的利用率上相对低，完全的干粉饲料饲喂水貂，难以获得较好的生产性能，在体重、皮张延展性、毛皮光泽度等方面都略逊一筹。水貂养殖场目前一般都选择自配鲜饲料，部分饲养场选购一部分水貂配合饲料，其主要组成为膨化玉米、豆粕及部分微量元素和维生素的添加物，减少了养殖场熟化玉米等谷物饲料的麻烦，而且添加了微量元素和维生素及氨基酸、酶制剂等物质，提高了饲料营养的全价性和功能性，这种饲料的市场需求还在上升过程中。水貂鲜饲料在水貂养殖集中区市场份额逐渐增加，因为中小型水貂养殖场在进行鲜饲料配制时，在鲜饲料采购的质量控制、鲜饲料的保存以及加工等方面面临着很多困难，鲜饲料加工配送公司生产的产品可以直接饲喂，适口性好、新鲜度高、营养的全价性好，这是未来水貂养殖集约化发展的必然趋势。

2. 毛皮动物优良品种的推广与扩繁将促进饲料技术的革新 毛皮动物皮张的价格很大程度取决于动物品种，2016年我国从国外引进的优良品种水貂数量较大，对改良我国水貂地方品种，提高皮张质量有很好的作用；蓝狐的人工受精技术也为体型大、毛质好的芬兰狐扩繁提供了技术支持。这些优良动物品种生产性能的发挥需要优质营养的饲料供给，特种动物优良品种的广泛饲养要求饲料进一步提高质量，特别是营养的全价性和平衡性，满足动物高产优质的生产性能发挥，针对新品种的营养需求开展的饲料供给技术研究也逐步展开。优良品种生产需要高质量的营养饲料，特别是鲜鱼、鲜肉或鱼粉、肉粉等优质蛋白质饲料，这也为鲜饲料配送企业提供了更多的市场机会，从而改变我国饲料市场的结构。

3. 自动化技术在毛皮动物生产中的应用促进了鲜饲料及颗粒饲料配制的标准化进程 随着我国经济的发展和劳动力成本的增加，我国已成为全球毛皮第一进出口大国。加工大国及消费大国，国际毛皮动物养殖逐渐向我国转移，我国也成为毛皮动物的第一养殖大国。毛皮动物养殖的结构和技术发生了很大变化，很多大型毛皮动物养殖场在动物饲养的品种、饲养模式、机械化程度、管理方式等方面，引进了美国或丹麦的模式。在新技术的应用上，机械化程度越来越高，自动喂食、自动饮水系统等生产技术的应用大大提高了生产的效益，节省了人工成本；同时，机械化自动化必须要求饲料均一稳定，颗粒饲料流散性好，鲜饲料干湿合理，推送自如，饲料能挂网，有利于毛皮动物的自由采食等。这就要求饲料配制中原料稳定、水分及黏度适宜等，饲料在生产中要标准化，才能生产出适宜规模化机械化喂食的饲料来。

4. 特种动物疾病综合防控及养殖废弃物利用技术的应用推进了特种动物饲料行业的健康发展 特种动物疾病种类多、危害性大，特别是毛皮动物貂、狐、貉犬瘟热，病毒性肠炎等烈性传染病以及各种原因引起的腹泻等，影响着动物饲料的有效利用。同时，养殖废弃物对环境及动物自身健康的影响很大，对特种动物疾病开展综合防控，减少环境污染，有利于产业的健康良性发展。当前各类疫苗的应用有效地控制了烈性传染病，但环境污染程度大、动物饲养密集、常规性消毒措施不力、动物福利考虑少等都加大了疾病防控失败的风险，饲料中过度添加抗生素形成了病菌耐药性，降低了动物抵御疾病的能力，同时也降低了饲料的有效利用。饲料氨基酸平衡技术的应用降低了氮磷的环境排放，动物疾病综合防控及养殖废弃物综合利用技术的应用近年越来越受到重视，推进了特种动物饲料行业的健康发展。

5. 全混合日粮、精料浓缩饲料及预混饲料将成为茸鹿及獭兔饲料市场的主要产品 我国茸鹿及獭兔的养殖分布范围广而分散，但饲料的专业性要求高，饲料远程配送成本较高，高密度建厂市场又有限，这一矛盾需要平衡解决才能有益于健康的特种动物饲料市场。对相对集中的养殖区，茸鹿和獭兔饲料全混合日粮比较省事，集中做市场也成为可能，补充以精饲料或浓缩饲料，将会成为市场的主体；对养殖分散的区域，浓缩饲料和预混饲料将成为主体。

6. 特种动物饲料市场专业化程度将逐渐加强 狐貉干粉或颗粒饲料技术的广泛应用，以及水貂鲜饲料的专业化配送，促进了产业的分工与专业化，让科学技术的应用更加方便快捷。由于特种动物与常规家养动物的生理特性及营养要求不同，随着特种动物营养需要研究的深入及饲料加工配制技术的提升，市场的专业化需要将加强。未来我国特种动物的养殖将从重数量到重质量的方向发展，相应饲料专业化程度必须提升，才能更好地发挥动物的生产性能，生产出高质高价的产品，这是产业健康、持续、稳定发展的方向。

（鲍坤）

饲料原料工业概况

主要饲料原料产量分布与概况

2016年全球主要饲料原料产量仍居历史高位，产量同比再创历史新高，全球饲料产量从2012年开始保持增长趋势，到2016年突破10亿t，同比增长3.7%，累计增长19%。饲料产量前10位的国家依次为：中国、美国、巴西、印度、墨西哥、西班牙、俄罗斯、德国、日本、法国。亚洲仍是全球最大的饲料生产地区，约占全球产量的36%，欧洲约占24%，北美占比19%，拉丁美洲占比约15%，中东和非洲合计约占7%。

一、玉米

1. 全球玉米生产情况 2016年全球玉米产量达到10.3亿t，玉米在全球三大谷物中，总产量和平均单产均居于世界首位，玉米的播种面积以北美最多，其次为亚洲、拉丁美洲和欧洲等。全世界每年种植玉米超过1.77亿 hm^2，总产量9.7亿多t，约占全球粮食总量的30%～35%，主要分布国家有美国、中国、巴西、阿根廷，这四个国家的总产量约占全球总产量的70%左右，其中美国占30%以上，中国占25%左右。2016年美国玉米种植面积为3 804万 hm^2，产量为3.86亿t，中国玉米种植面积为3 676万 hm^2，产量为2.19亿t。2016年以来，中国农业结构调整进展顺利，预计玉米调减面积超过3 000万亩，为近13年来首次减少。

2. 中国玉米生产情况 我国是玉米生产大国，总产量在全球仅次于美国，位居第二，占全球总产量的25%左右，产量超过2亿t。我国玉米在各地区的种植分布并不均衡，主要集中在东北、华北和西南地区，大致形成了一个从东北到西南的斜长形玉米种植带。种植面积较大的省份主要有黑龙江、吉林、河北、山东、河南、内蒙古、辽宁等，这些省份的玉米播种面积占全国总播种面积的66%左右。受玉米收购政策的调整，共种植结构也发生了深刻的变化，北方镰刀湾地区玉米播种面积大幅下滑，2016年我国玉米播种面积为3 676万 hm^2，比上年下降136万 hm^2（2 039万亩），降幅达3.57%，也是2003年以来首次播种面积下降。其中黑龙江面积减量最大，为73万 hm^2，占全国面积减量的54%（图2-37）。

3. 进出口情况 全球玉米的进出口贸易量为1.338亿t，全球主要的玉米出口国家包括美国、阿根廷、乌克兰和巴西，2016年，美国的玉米出口量为5 600万t，占全球玉米总出口量的38%，阿根廷

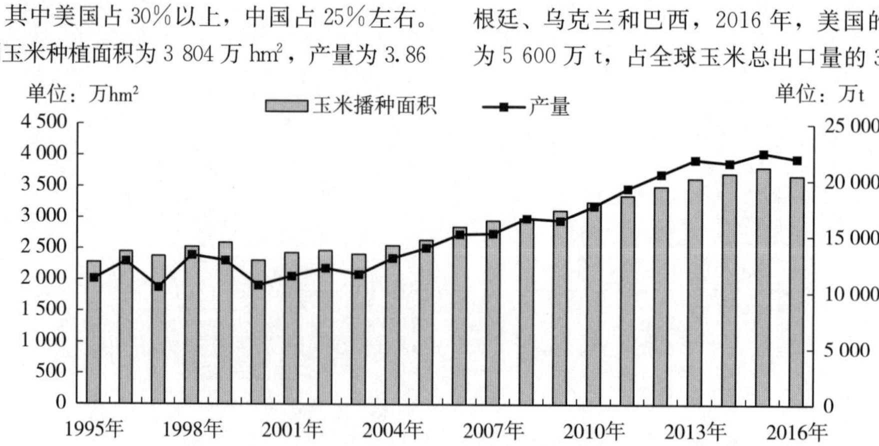

图2-37 1995—2016年全国玉米播种面积和产量

的玉米出口量为 2 700 万 t，占全球玉米总出口量的 18%，巴西的玉米出口量为 2 300 万 t，占全球玉米总出口量的 16%，乌克兰的玉米出口量为 1 900 万 t，占全球玉米总出口量的 13%。2016 年，欧盟是全球最大的玉米进口地区，进口量将达到 1 500 万 t，但是随着度玉米产量恢复，进口量将会减少 200 万 t。中国由于实施去库存政策，并限制进口，也低于 2016 公历年 320 万 t 的进口量，只相当于过去十年年均进口量的 1/3。

作为玉米生产和消费大国，根据中国海关统计，中国玉米进口量自 2008 年以来增长速度最快，2008 年进口值和进口量分别为 2 100 万美元和 84 500t，其中，2000 年以来我国玉米无论是进口量还是进口值都呈现递增状态，2010 年我国玉米进口量激增，达 157.2 万 t，同比增长 17.8 倍；进口额 3.7 亿美元，同比增长 16.9 倍，首次成为玉米净进口国；2012 年玉米进口激增至 520.7 万 t，为历史最高水平；2013 年以来，玉米进口量虽然有所回落，下降至 326.6 万 t，但依然非常可观；2014 年进一步下降至 259.8 万 t；2015 年恢复性增长至 473 万 t。2016 年中国政府取消玉米临时收储项目，降低对海外玉米的需求。下降至 320 万 t（图 2-38）。

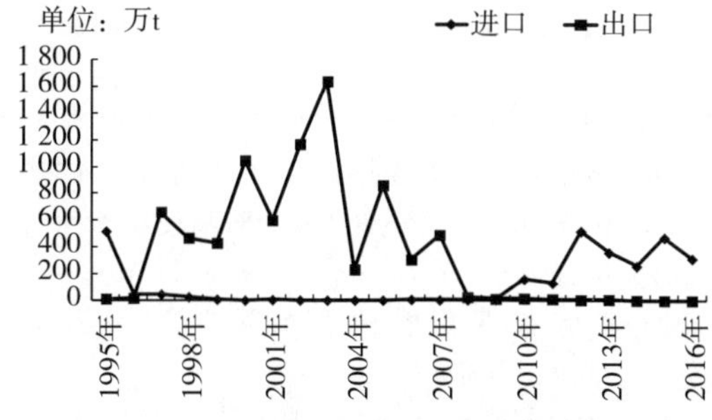

图 2-38　1995—2016 年中国玉米进口情况

二、大豆

1. 全球大豆生产情况　2016 年，美国、巴西及阿根廷作为全球最大的大豆生产出口国，2016 年大豆均实现丰产，美国农业部发布报告显示 2016/2017 年度全球大豆产量 3.38 亿 t，为 2011 年以来连续第 5 年增产。2016 年美国大豆单产达到创纪录的 52.1 蒲式耳/英亩*，助推美国大豆总产量达 1.17 亿 t 的历史新高。在巴西大豆产区，天气状况良好，早熟大豆已经开始收割，市场预期最终产量将能够达到预估，2016 年巴西大豆播种面积 3 380 万 hm^2，比上年增加 1.8%，大豆产量达 1.04 亿 t，出口量达 5 700 万 t。与巴西天气状况良好不同，阿根廷大豆产区正遭遇着洪涝与干旱的双重考验。2016 年阿根廷大豆产量达5 500 万t，略低于上年度的 5 680 万 t。

2. 生产情况　2016 年我国大豆生产种植面积同比大幅增加，全国大豆单产低于上年，2016 年大豆播种面积为 715 万 hm^2，较上年度增加 64 万 hm^2，2016 年大豆平均单产为 1.8t/hm^2，同比下降 2.8%；大豆总产量为 1 250 万 t，同比下降 5.9%（图 2-39）。

3. 进出口情况　2006—2016 年的 10 年间，除了 2011 年中国大豆进口量出现小幅下降外，其他年份大豆进口量一直保持增加的态势。2016 年我国累计进口大豆 8 391 万 t，再创历史新高，同比增加 222 万 t，增长 2.7%，增幅为近 5 年新低。

2016 年，中国全年累计出口大豆 13 万 t，较 2015 年全年累计出口量减少 4.8%。

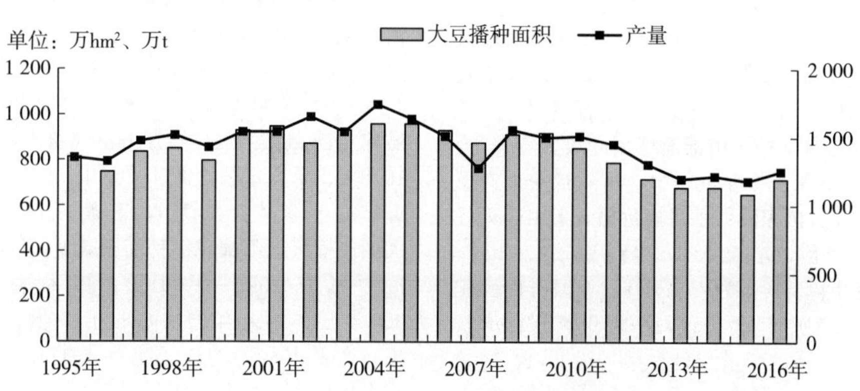

图 2-39　1995—2016 年全国大豆播种面积和产量

* 英亩为非法定计量单位，1 英亩≈4 047m^2。

三、油菜籽

1. 全球油菜籽生产情况 美国农业部发布报告显示，2016/2017 年度全球油菜籽产量 6 690 万 t，这也是油菜籽产量连续第三年下滑。2016/2017 年度欧盟油菜籽产量预计为 2 000 万 t，比上年减少 10%。产量下调的原因在于德国、英国和波兰的单产数据下调。

2. 国内油菜籽生产情况 国家粮油信息中心数据显示，2016 年中国油菜籽播种面积 710 万 hm^2，较上年的 753.4 万 hm^2 减少 5.76%；单位产量为 2.0t/hm^2，较上年的 1.982t/hm^2 减少 0.5%。预计 2016 年中国油菜籽产量 1 400 万 t，较上年的 1 493.1 万 t 减少 6.24%（图 2－40）。其中主产省湖北省 2016 年全省夏收油菜籽播种面积为 112 万 hm^2，较上年减少 9.1%；单产 2.1t/hm^2，与上年持平；产量为 232 万 t，较上年减少 9.1%。

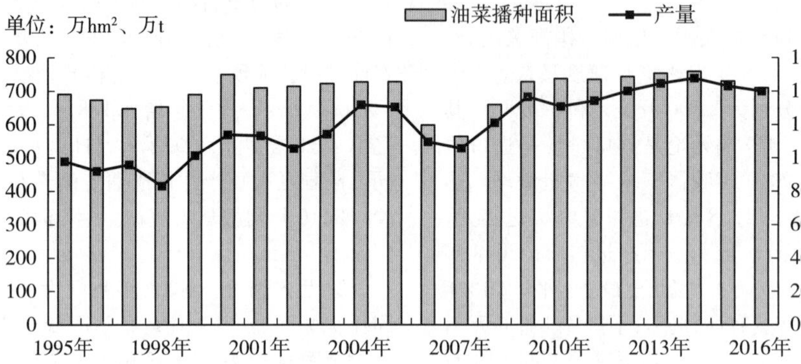

图 2－40 1995—2016 年全国油菜种植面积与产量

3. 进出口情况 2016 年我国油菜籽进口量为 380 万 t，较 2015 年的 447 万 t 大幅减少，减幅 15%。由于和加拿大在进口菜籽杂质率标准方面存在分歧，影响了企业进口油菜籽的积极性。其次，2016 年我国进行了两轮临储菜籽油的拍卖，临储菜籽油的大量供应，减少了我国对进口油菜籽的需求。

四、棉花

1. 全球棉花生产情况 根据国际棉花咨询委员会（ICAC）发布报告显示，2016/2017 年度，全球棉花产量预计为 2 290 万 t，消费量 2 430 万 t，连续第二个年度超过产量。2016/2017 年度印度植棉面积预计减少到 1 120 万 hm^2，同比减少 6%，多数地区的降水量等于或高于长期均值，平均单产预计增长 8%，达到 521kg/hm^2，因此棉花产量预计达到 580 万 t，同比增长 2%。中国植棉面积预计减少 7%，为 290 万 hm^2，连续第五个年度减少，虽然棉花生产成本高于其他作物且国家降低了目标价格，但由于天气良好，平均单产预计增长 4%，达到 1 623kg/hm^2，因此产量预计下降 3%，为 470 万 t。美国植棉面积预计增长 10%，为 360 万 hm^2，平均单产预计增长 8%，为 929kg/hm^2，产量预计达到 330 万 t，增长 19%。巴基斯坦植棉面积为 270 万 hm^2，同比减少 5%，平均单产预计恢复到 669kg/hm^2，产量预计达到 180 万 t，同比增长 20%。西非地区植棉面积预计增长 10%，达到 290 万 hm^2，平均单产预计提高 4%，达到 385kg/hm^2，产量预计增长 14%，达到 110 万 t。

2. 中国棉花生产情况 2016 年全国棉花产量 534.3 万 t，比 2015 年减产 26.0 万 t，下降 4.6%。播种面积减少是 2016 年我国棉花产量减少的主要原因。2016 年全国棉花播种面积为 337.6 万 hm^2（5 064.2万亩），比 2015 年减少 42.1 万 hm^2（630.8 万亩），下降 11.1%。分地区看，新疆棉花播种面积比 2015 年减少 9.9 万 hm^2（148.8 万亩），下降 5.2%；其他省棉花播种面积减少 32.1 万 hm^2（482.0 万亩），下降 17%。

国家统计局数据显示：从棉区看，黄河、长江流域主要棉区延续 2015 年减产较多的趋势。其中，黄河流域棉花面积减少 14.8 万 hm^2（221.7 万亩），下降 14.3%；单产每公顷增加 63.3kg（4.2kg/亩），提高 6.0%；产量减少 10.0 万 t，下降 9.2%。长江流域棉花面积减少 16.1 万 hm^2（241.1 万亩），下降 19.8%；单产每公顷减少 68.3kg（4.6kg/亩），下降 5.9%；产量减少 23 万 t，下降 24.6%。尽管我国最大的产棉区新疆棉花播种面积减少，但由于每公顷单产增加 151.5kg（10.1kg/亩），棉花产量仍达到 359.4 万 t，比上年增加 9.1 万 t，增长 2.6%。新疆棉花产量占全国的比重进一步扩大，达到 67.3%，比上年提高 4.8 个百分点。

3. 进出口情况 据中国纺织工业联合会信息统计部提供的数据显示，从 2016 年全年统计来看，棉花进口还是主要集中在五大来源国，分别排序依次为：印度、美国、巴西、澳大利亚和乌兹别克斯坦。

其中，2016年1～12月中国棉花进口总量达到89.44万t，进口总额为15.6亿美元；2015年1～12月中国棉花进口总量为147.27万t，进口总额为25.6亿美元。2016年中国棉花进口总量较2015年同比下降约39.1%，年平均进口价格约为1.75美元/kg，与2015年基本持平。

五、鱼粉

1. 全球鱼粉生产情况 2016年世界鱼粉总产量仅409万t，达到40年来的史上最低。主要生产鱼粉的国家为秘鲁、智利、美国和挪威。

(1) 秘鲁。秘鲁的渔业资源十分丰富，是世界渔业大国之一。据考察，秘鲁海域内有近800种海生动物，包括鱼类737种，目前仅有19%的鱼类被开发利用。近年来，用来加工成鱼粉、鱼油的鱼年产量为600万t左右，食用鱼年产量约50万t，鱼粉年产量为100万t左右，大部分用于出口。秘鲁出口的鱼粉主要销往中国、德国、西班牙、日本和美国等国家。秘鲁政府出于保护资源的考虑，每年3～7月属捕捞大季，11月～次年2月为小季，8～10月和2～3月为禁捕期。捕获量的不稳定使鱼粉的生产也不正常，当原料缺乏时，鱼粉厂就得停工待料或者停产。秘鲁捕捞的鱼主要是欧洲鳀鱼和鳕鱼，前者为制作鱼粉主要原料鱼，后者为食用鱼，可制作冻鱼。目前，秘鲁共有4 800条围网捕鱼船，捕捞能力超过每年国家规定的额度。目前，秘鲁政府渔业政策是：限量捕捞，限制鱼粉厂的盲目兴建，保护环境，扶持加工，开发市场，争取优价。

(2) 智利。智利拥有1万km海岸线，对外宣布200nmile经济作业区，鱼产品资源丰富，盛产鲑鱼、鳕鱼、海鳗、鳟鱼、石斑鱼、贝类和海蟹。近年来冷水海域养殖业发展很快。主要养殖三文鱼、鲍鱼、王蟹、扇贝、蚝等。智利现为仅次于挪威的世界第二大三文鱼养殖和出口国。

(3) 美国。美国鱼粉的用途较广，故其市场与其他国家较为不同。其主要用来生产的为油鲱鱼、金枪鱼及其他地层鱼，其中油鲱鱼的量较大，约占65%。油鲱鱼的捕获期为7～10月，而地层鱼则集中在1～3月及6、9、10月。生产的工厂约19家，其中有7家主要生产油鲱鱼。美国生产主要在7～9月，大部分为出口，其中捕获鱼的15%～17%用来生产鱼骨粉，3%则用来生产鱼油。

(4) 挪威。挪威生产的鱼粉年捕获量因最近增加BLUE WHITING项目后较为平稳，捕获季集中在5～7月及11月和12月，主要用来生产的为蓝鳕鱼、玉筋鱼、鲱鱼及其他，其中蓝鳕鱼的量最大，并持续增长，约占38%。其生产的工厂由20世纪80年代的70余家缩减至12家。

2. 中国鱼粉生产情况 中国国内年鱼粉生产规模大约为63万t，生产企业主要分布在山东、浙江和辽宁三省，三省合计占全国总产量的75%左右（表2-20）。中国是世界最大的鱼粉消费国，据估计年鱼粉消费量约为140万t。全世界鱼粉年产量为409万t左右，贸易量约400万t，中国每年进口鱼粉量约为103.7万t。

表2-20 2016年国产鱼粉产量

主产地	辽宁	浙江	福建	山东	广东	广西	其他
产量（万t）	8.2	17.5	5.1	21.7	6.8	2.6	1.1
占比（%）	13	28	8	34	11	4	2
企业数量（家）	46	19	10	70	15	8	7

3. 进出口情况 2016年我国累计进口鱼粉103.7万t，同比增长1.1%，进口量排名前8的国家占我国鱼粉进口总量的90.1%。其中除秘鲁、智利进口量同比下降外，其他国家进口量同比皆增长。秘鲁鱼粉进口量为44万t，占进口总量的42%，同比下降18.9%；智利鱼粉进口量为5万t，占进口总量的5.3%，同比下降16.1%；越南、美国、泰国、俄罗斯、厄瓜多尔、南非进口量分别为13万t、11万t、7万t、6万t、5万t和2万t。占进口总量分别为12.3%、10.7%、7.0%、5.7%、4.8%和2.4%，同比分别增长69.8%、22.4%、18.3%、1.4%、110.4%、96.7%（图2-41）。

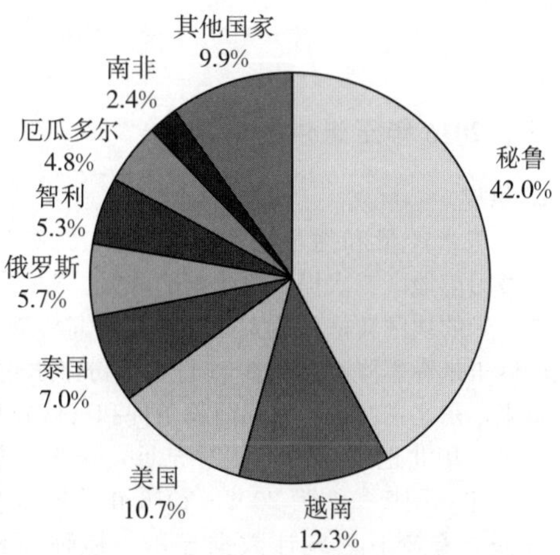

图2-41 2016年鱼粉进口产量占比

（陆泳霖 王欢）

玉米生产、贸易与市场情况

一、总体情况

2016 年，是我国玉米施行价补分离加市场化定价的第一年，也是我国玉米市场供需格局发生转变的一年。随着天量玉米临储收购结束，结余量足可以压制近几年玉米市场走势，而进口能量饲料替代量虽有所下调，但仍处于历史偏高水平。在总体供应量充裕的背景下，国内玉米市场压力重重，但玉米出库主要通过拍卖或者轮出等才可进入市场，操作烦琐导致可流通粮源出现阶段性的不足问题。2016 年玉米市场价格震荡寻底。

2016 年，国内玉米供应市场总体格局偏松。我国玉米在实施镰刀湾地区粮改饲的政策影响下，产量出现了 7 年来首次回调。玉米产量为 2.2 亿 t，下调了 2.2%。同时，2016 年玉米进口量下降，相关替代品的进口总量也有所回调，同比预计下降了 19.7%。2016 年，生猪和能繁母猪存栏量继续下挫，为 2010 年以来的新低，整体饲料消费增量放缓，而深加工企业虽然在国家相关补贴的刺激下加大开工力度，但下游消费疲弱，对玉米消费量增幅有限。

二、2016 年玉米价格进入新的价格区间

图 2-42 显示，我国玉米均价走势在 2015 年走势的下方运行，价格区间下移，可以说延续了 2015 年的下调走势。截至 2016 年 4 月 30 日，2015/2016 年度在东北三省一区累计收购 1.254 3 亿 t 玉米，创下临储收购以来的历史高位，这对玉米市场的供应形成巨大压力。上半年玉米价格同比跌幅为 13%～33%，虽然 6 月末 7 月初玉米价格出现短暂提升，但随着新玉米上市及产量回调幅度过小限制，玉米价格继续寻底，年初玉米均价为 2 007 元/t，同比下跌 13.4%。最高同比跌幅出现在 3 月下旬，跌幅超过 28.9%，全年最低价出现在年底，均价为 1 616 元/t，与年初比下跌了 341 元/t，跌幅为 17.4%，全年均价为 1 863 元/t，与 2015 年均价同比下跌了 397 元/t，跌幅为 17.6%。

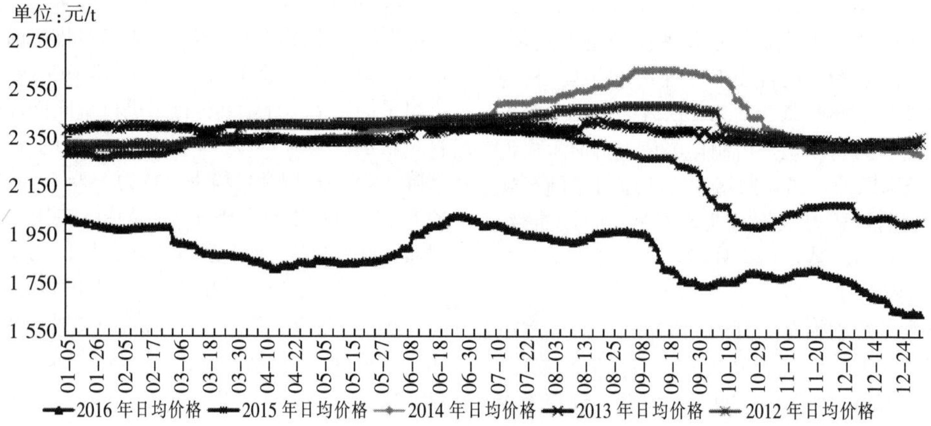

图 2-42　2012—2016 年玉米均价走势

三、2016 年玉米供需情况

1. 供应

（1）玉米产量和播种面积首次回调。2016 年，在我国镰刀湾地区首次提出粮改饲的政策，对于不适于种植玉米的地区转播种植大豆或者其他饲料草，东北主产区玉米春季降水量偏少，七八月份降水过多，总体看来，东北主产玉米面临面积条件和气候异常的双重压力，华北地区因雨水相对充足，玉米产量与 2015 年持平。图 2-43 为 2008—2016 年我国玉米播种面积及产量对比。统计数据显示，播种面积为 3 675.9 万 hm^2，同比下跌了 3.6%。2016 年我国玉米产量为 2.195 5 亿 t，同比下降了 2.2%，但仍高于 2014 年之前的各年的玉米产量。2016 年人工成本居高不下，机械化种植和收割玉米的农户总量增加，化肥及农药费用相对偏高，租地费用下降，2016 年我国玉米种植成本为 6 400～6 700 元/hm^2。

（2）2016 年玉米进口同比下降，但仍属偏高水平。图 2-44、图 2-45 显示，2016 年，我国玉米进口量 316.8 万 t，与 2015 年同期的 473 万 t 相比，下跌了 156.2 万 t，跌幅 33.0%，但进口量仍属于偏高水平，占我国的玉米进口配额 720 万 t 的 44%。进口高峰集中在三季度，进口量为 188 万 t，但低于 2015 年的同期水平。2016 年 1～12 月我国出口玉米 4 071t，2015 年出口 1.1 万 t，出口的国家主要为朝鲜。

图 2-46 显示，2016 年，我国玉米进口国家主要仍是乌克兰和美国。其他国家进口比例不断。其中从乌克兰进口 266 万 t，从美国进口 21 万 t，但 2016 年

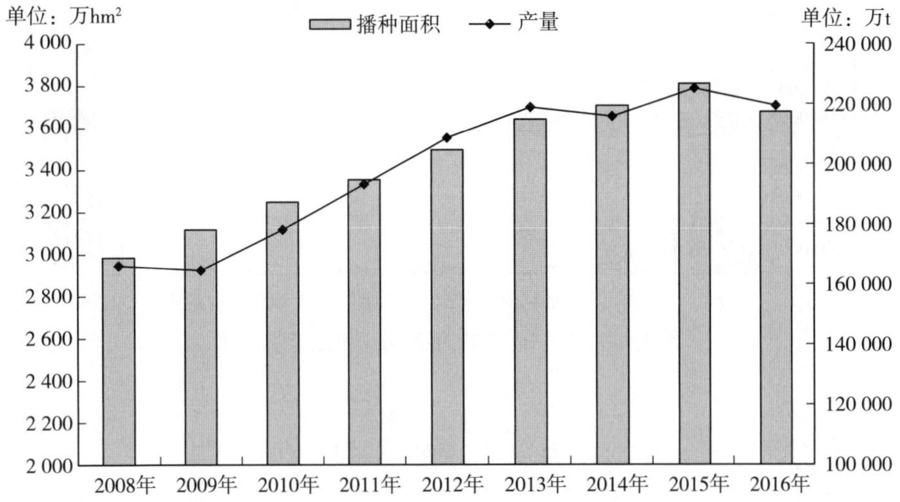

图 2-43　2008—2016 年我国玉米播种面积及产量对比

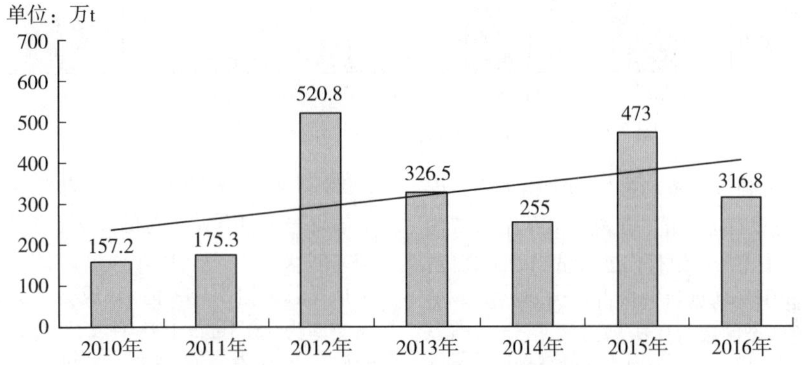

图 2-44　2010—2016 年中国玉米进口变化

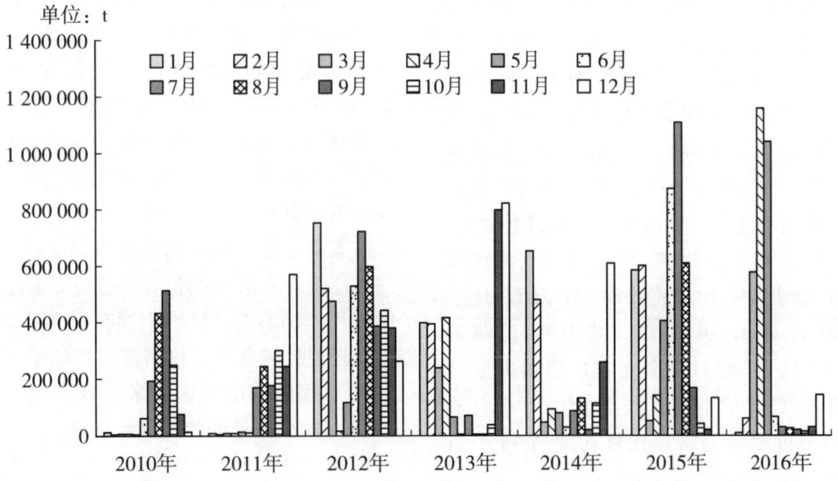

图 2-45　2010—2016 年中国玉米进口各月份变化情况

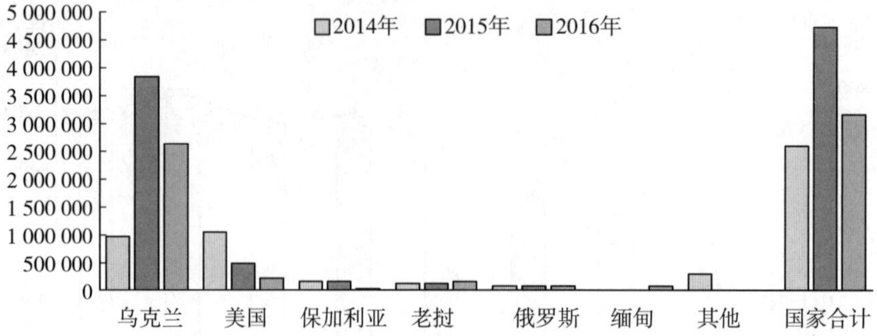

图 2-46　2014—2016 年各国玉米进口量占比

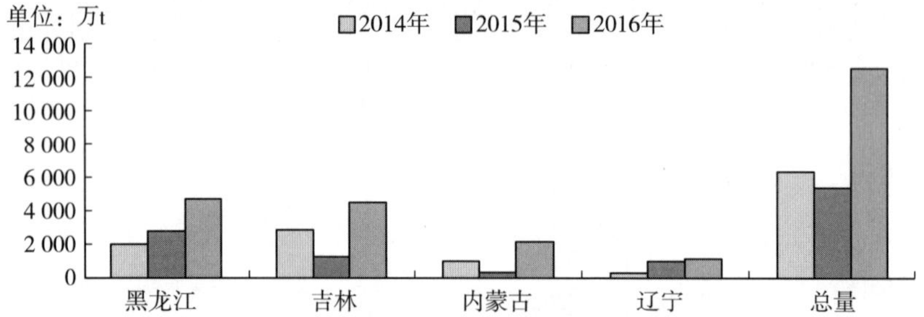

图 2-47　2014—2016 年东北各地区临储收购比例

从俄罗斯、老挝、缅甸等国家的进口均大幅下降。保加利亚在前 11 个月没有进口量。虽然，其他玉米替代品的进口比例也同步下调，但替代进口量仍处于高位。2016 年 1～12 月我国从乌克兰进口占比为 80.7%，美国为 7.0%。上述两个国家占比达 87.7%。

（3）临储收购取消，东北三省一区收购进度明显放缓。图 2-47 显示，从 2014—2016 年玉米临储玉米收购总量来看，2015/2016 年度临储收购玉米再次创下新高，本年度玉米收购总量为 1.254 3 亿 t，创下历史最高纪录，与 2014/2015 年度的 5 405 万 t 相比，提高了一倍多。2016/2017 年度，我国取消了临储收购玉米的政策，采用价补分离和市场化定价的机制，部分机械化比较高的地区，在新玉米上市初期，销售进度比较快，比如黑龙江地区。但新玉米上市的供应压力直接压制玉米的价格上行，终端农户售粮进度缓慢。

截至 2016 年 12 月 31 日，东北三省一区累计收购玉米 4 082 万 t。其中：内蒙古收购 512 万 t，辽宁 935 万 t，吉林 932 万 t，黑龙江1 702 万 t。监测显示，截至 2016 年 12 月 28 日，东北农户售粮进度为 44%，比月初提高 17 个百分点，同比偏慢 12 个百分点。华北农户售粮进度为 37%，比月初提高 10 个百分点，同比偏慢 5 个百分点。

（4）2016 年临储和进口玉米拍卖情况。2016 年，我国共进行临储和进口玉米拍卖 48 次，从 2016 年 5 月 27 日到 10 月 12 日。2016 年拍卖是在临储收购结束后近一个月开始进行的。鉴于拍卖价格偏低，整体拍卖的成交率要好于 2015 年。图 2-48 显示，2016 年拍卖总量达 1.042 亿 t，成交量为1 596 万 t，平均成交率为 15.3%。其中有 2 次流拍。整体市场参与度好于 2015 年，但随着三季度华北新玉米上市，成交量急剧下滑。成交均价最高 1 652 元/t，均价最低 1 450 元/t，低于 2015 年的成交均价 2 292 元/t。

（5）高粱、DDGS、麦麸等能量饲料原料在饲料中的使用常态化。2016 年，受我国玉米价格大幅回调的影响，玉米替代品的使用量有所下降。从图 2-49 可以发现，2015 和 2016 年玉米和 DDGS 的价差在扩大，2015 年的价格差为 144～812 元/t，而 2016 年的价差 457 元/t，到价差为负，此期间 DDGS 完全有替代优势，下半年贸易商进口 DDGS 的积极性非常高。从这两年的小麦数据来看，2015 年玉米始终与小麦存在着负的价差，因此，普通小麦的在饲料中使用比例不大，仅限于饲料麦和芽麦，而小麦麸的使用还是比较普遍，价格差一直处于 126～1 200元/t。2016 年第四季度后，玉米与麦麸的价差缩小，接近 51 元/t，小麦麸的使用受到抑制。

（6）DDGS、高粱和大麦进口量仍居高位。图 2-50显示，2016 年 1～12 月，我国累计共进口 DDGS 306.7 万 t，低于 2013 年以来的进口水平。其

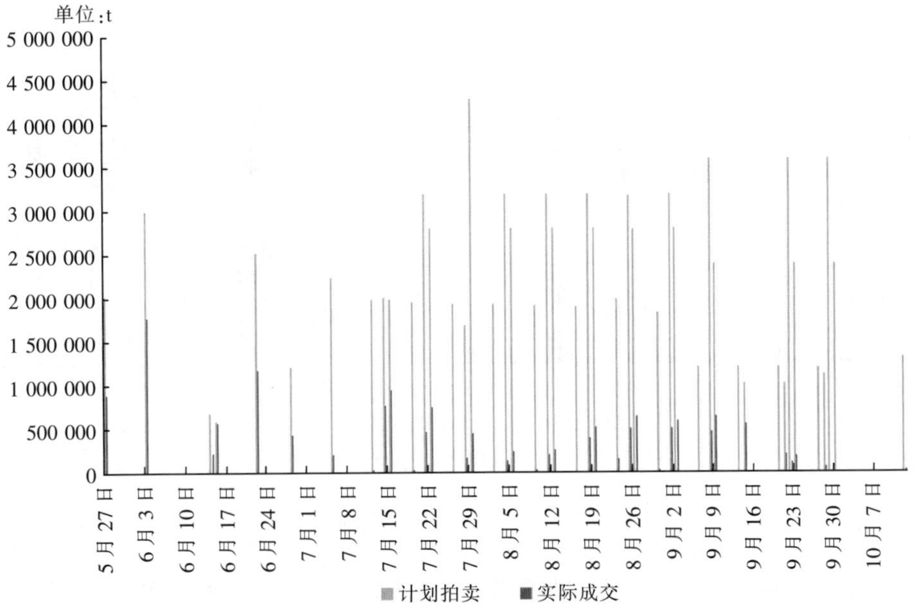

图 2-48　2016 年我国临储和进口玉米拍卖情况

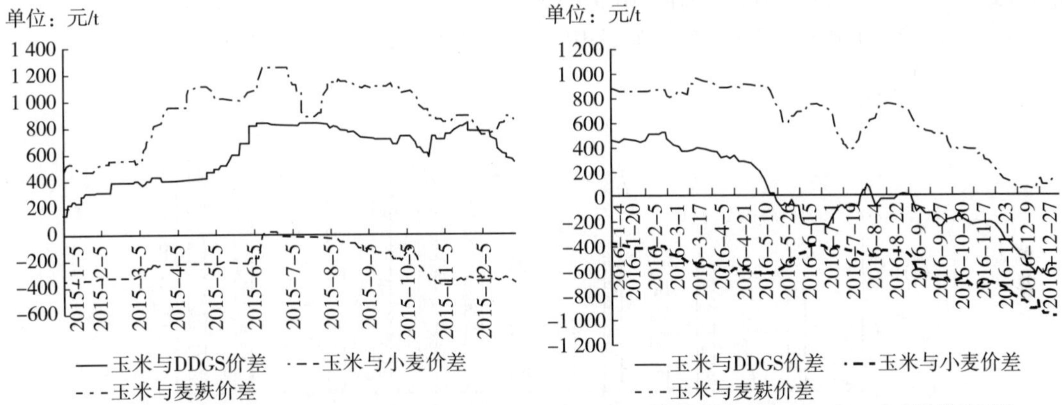

2015年玉米与DDGS、小麦、麦麸的价差对比

2016年玉米与小麦、DDGS、小麦麸价差对比

图 2-49　2015 年和 2016 玉米与 DDGS、小麦、麦麸的价差对比

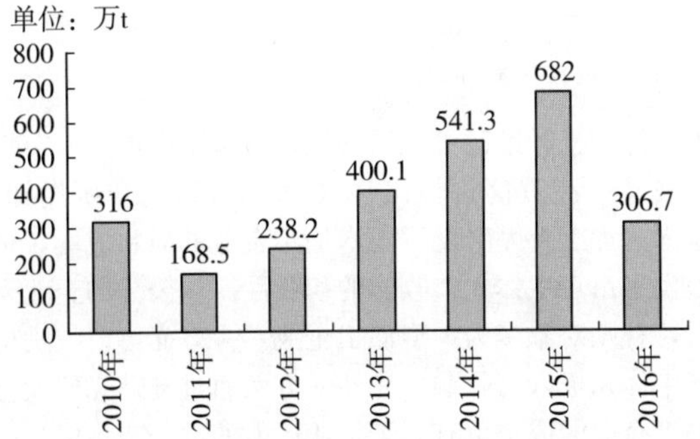

图 2-50　2010—2016 年进口 DDGS 总量对比

中来自美国的 DDGS 进口量仍占绝对优势，占据进口总量的 99.6%。其他国家如法国、日本、越南、巴西这四个国家有微量进口。美国是全球 DDGS 的贸易大国，DDGS 主要出口国仍为中国和墨西哥。国产 DDGS 产量相对稳定，为 350 万 t 左右。

图 2-51 显示，2016 年 1～12 月累计进口高粱 665 万 t，2015 年为 1 070 万 t，同比下降了 37.8%，但仍是属于历史第二高位，进口国家主要来自美国，澳大利亚占一少部分。大麦进口 500.5 万 t，苜蓿草进口 168.6 万 t，2016 年 1～12 月进口（玉米 316.8 万 t、小麦 337.4 万 t、大麦 500.5 万 t、高粱 665 万 t、DDGS 306.7 万 t、苜蓿草 168.6 万 t）共计 2 295万 t，低于 2015 年的 3 735 万 t，这些进口替代品的总量占我国玉米产量的 13.7%。此比例已经对我国能量市场产生一定的价格影响。从 2015 年 9 月份开始，我国开始对大麦、高粱、木薯 DDGS 等进行实时监控，已将其纳入自动进口许可管理。

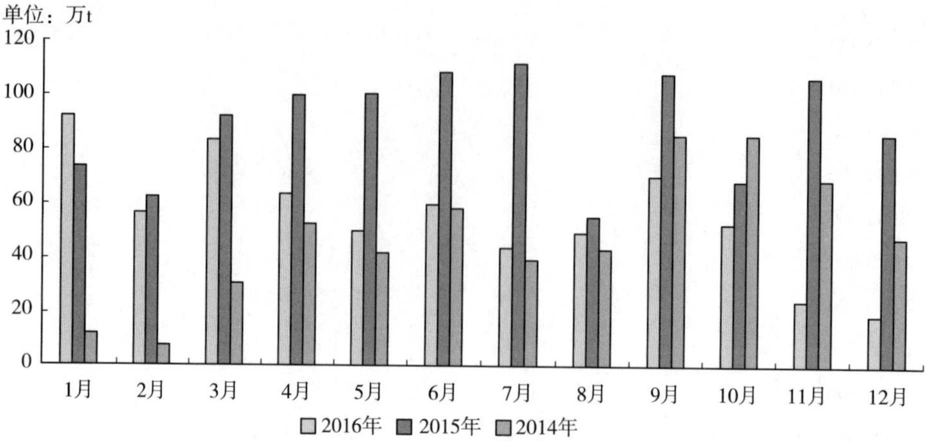

图 2－51　2014—2016 年 1～11 月高粱进口量对比

2. 需求

（1）生猪养殖深度调整，饲料产量增速放缓。2016 年，我国加快饲料和养殖产业的供给结构性改革，饲料和养殖产业布局均发生巨大转变。部分落后产能和环保未达标的企业退出市场，同时，饲料企业的销售模式也发生转变，散装配合饲料的使用比例提升，饲料产量向着配合饲料和添加剂饲料靠拢。2016 年，我国饲料产量为 2.091 8 亿 t，同比提高了 4.5%，配合饲料增幅占绝对优势。2016 年是我国生猪市场深度调整的一年，生猪和能繁母猪的存栏均降至近年来的历史低点。但配合饲料提升，绝对增量对饲料总量贡献率大，整体上饲料产量的实际增速放缓（图 2－52）。

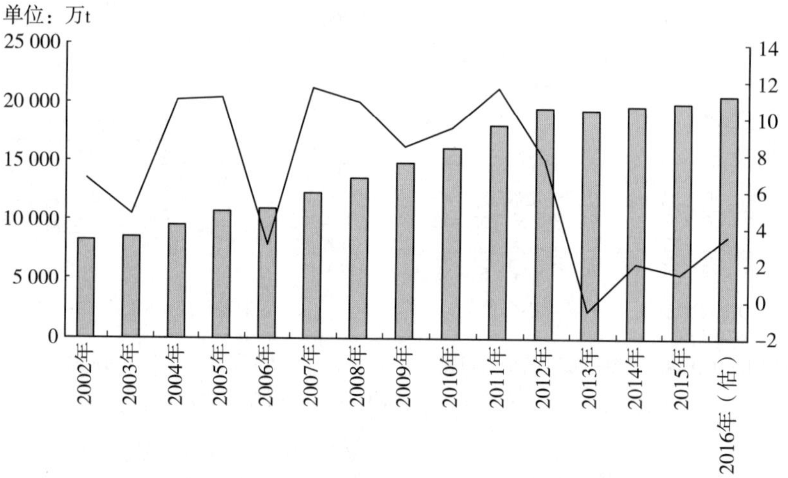

图 2－52　2002 年以来中国饲料产量及增长情况

（2）猪粮比年内稳居 6∶1 以上，猪价飙升而存栏量下降。如图 2－53 所示，2016 年能繁母猪和生猪存栏延续 2015 年的降幅，截至 12 月，我国能繁母猪存栏同比下降 3.6%，生猪存栏下降 4.2%，小型猪场及环保未达标的猪场淘汰加速，但下跌速度放缓，新的产能建设还未释放，2016 生猪价格创下历史高位，生猪市场整体需求增速放慢，2016 年年底，生猪存栏和能繁母猪存栏分别跌至 37 330 万头和 3 613 万头。对饲料消费的支撑作用削弱。

（3）玉米深加工补贴支撑玉米消费。2016 年东北三省一区实施玉米深加工补贴政策在 100～300 元/t，玉米深加工补贴政策先后落地，激起了国内玉米市场一波又一波震荡行情出现（表 2－21）。众所周知，玉米深加工补贴降低了玉米加工企业的原料成本，也激发了市场主体入市收购的积极性。从公示的企业来看，补贴对象多为大型加工企业，一方面可以鼓励市场主体积极入市收购，另外一方面通过补贴降低大型加工企业的成本也有利于行业产能的进一步集中。而从已经公布享受加工补贴企业的产品情况来看，玉米淀粉加工企业数量明显偏少，而酒精企业补贴的数量比较多。2016 年 8 月财政部《关于恢复玉米深加工产品出口退税率的通知》提到“自 2016 年 9 月 1 日

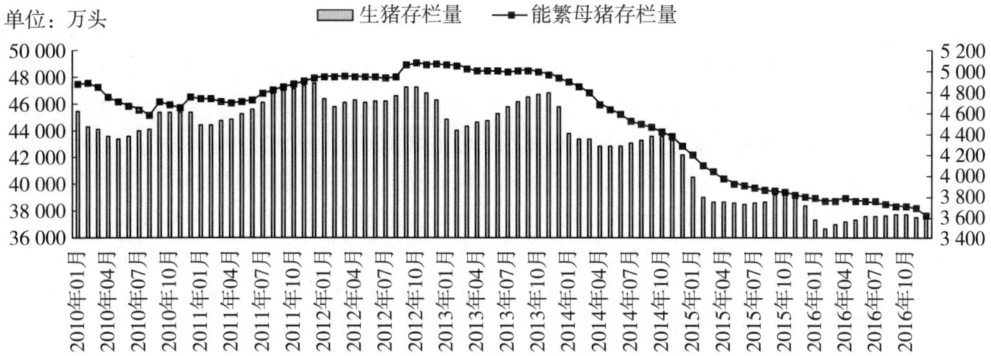

图 2－53　2010 年以来生猪存栏、能繁母猪存栏情况

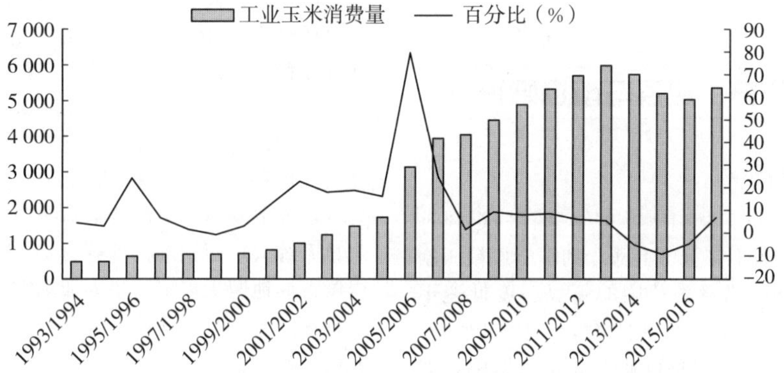

图 2－54　1993/1994 年度以来工业玉米消费量及增幅情况

起将玉米淀粉、酒精等玉米深加工产品的增值税出口退税率恢复至 13%”。这一政策的推出，很大地刺激了玉米深加工企业大量消化玉米的动力。2016/2017 年度工业玉米消费量为 5 400 万 t，同比提高 6.9%（图 2－54）。

表 2－21　深加工企业补贴条件和补贴标准

地区	补贴条件	深加工补贴（元/t）
内蒙古	销售收入在 2 000 万元以上的玉米深加工企业	100
吉林	省内具备 10 万 t 以上加工能力、就地采购加工且有自建仓储设施企业	200
辽宁	对产品为淀粉、淀粉糖、氨基酸、化工醇、酒精等且年主营业务收入 2 000 万元及以上的玉米深加工企业	200
黑龙江	销售收入 2 000 万元及以上或具备年加工能力 10 万 t 及以上深加工企业	300

3. 全球饲料需求增速放缓，工业需求增速居高

（1）全球玉米供需情况。美国农业部（以下简称 USDA）12 月份报告显示，2016/2017 年度全球玉米产量预估为 10.30 亿 t，同比提高了 0.70 亿 t。2016/2017 全球玉米期末库存预估为 2.181 9 亿 t，2015/2016 年度全球玉米期末库存为 2.094 亿 t，同比增加 879 万 t，涨幅为 4.2%。而全球玉米消费总量为 9.51 亿 t，同比小幅下调 200 万 t，乌克兰和俄罗斯玉米出口量上调。伊朗和沙特阿拉伯的玉米进口量有所提升。USDA 数据显示，2016/2017 年度美国玉米产量为 3.82 亿 t，同比上涨了 3 500 万 t，涨幅为 10%，预计 2015/2016 年度美国玉米出口为 5 652 万 t，同比上涨 27%。2016/2017 年度美国玉米期末库存预估为 6 105 万 t，同比上涨了 38.8%。2016/2017 年度我国进口玉米采购节奏放缓，同时，国内玉米价格下跌，国内外价差缩小，美国玉米出口节奏放慢。

（2）阿根廷和巴西的供需情况。USDA 数据显示，阿根廷 2016/2017 年度玉米产量为 3 650 万 t，同比上涨 1 090 万 t，增幅为 42%；本年度出口玉米 2 500 万 t，同比提高 900 万 t，占总产量近 68%；2015/2016 年度巴西玉米产量为 8 350 万 t，同比上升了 200 万 t。虽然国内需求提升，但出口量下降，加上巴西种植大豆效益高于玉米，玉米播种面积有所下降。2015/2016 年度巴西出口玉米 2 550 万 t，同比提高了 50 万 t，增幅 5%。2015 年年底阿根廷总统马克里上台后采取一系列的改革措施，对农业发展产生重大影响。最主要的改革是取消了玉米和小麦出口关税，并把大豆出口关税从 35%下调到 30%，同时，阿根廷比索汇率贬值 40%。这些对于阿根廷玉米种植户来说是一大利好，直接导致本年度阿根廷玉米大幅上涨，当地玉米种植面积大幅提升。由于巴西国内玉米价格飙升，也刺激种植户转播玉米倾向性更多。

（王长梅）

大豆和豆粕生产、贸易与市场情况

一、总体情况

2016 年我国大豆、豆粕市场整体呈震荡走强态势运行，从年初青黄不接豆价上涨，到国储放粮压制市场行情，而遭遇旱涝轮番肆虐的新豆一度低迷不振，进入四季度后有较大幅度的增长。国内来看，2016 年政策导向对大豆饲料行业有一定的影响，如政策补贴、封港政策等。另外，2016 年运输的变化也带给大豆行业突如其来的影响。全球来看，厄尔尼诺以及拉尼娜现象引发了一系列的天气炒作使大豆价格大涨大跌，全球贸易商形式的变化为大豆行业带来诸多变化。

2016 年 4 月初开始，豆粕价格连续暴涨 3 个月，7 月初涨至年内第二高点 3 613 元/t，涨幅高达 1 172 元/t。南美暴雨引发的产量减少担忧以及北美种植即将迎来的天气炒作期，导致了美豆盘面的走高，自然拉升我国豆粕的价格。在经历了一个回调期后，豆粕价格又一次出现阶段性震荡上涨行情，在 12 月中旬再度涨至高点 3 700 元/t 以上。而本次助涨因素与上一次不同的是，主要由于国内豆粕供应紧张造成的油厂持续挺价。整体看，豆粕上游，供应是稳定增加的，而需求虽然谈不上悲观，但更谈不上乐观。

1. 供需状况

（1）国产大豆生产情况。据统计，2016 年我国大豆播种面积为 715.6 万 hm^2，总产量为 1 310 万 t。播种面积较 2015 年增加 56.6 万 hm^2，增幅 8.6%，产量提高 149 万 t（表 2－22）。其中，东北地区大豆种植面积增加了 53%，黑龙江省增幅达 64%。黑龙江大豆播种面积为 280 万 hm^2，较 2015 年增长 40 万 hm^2，主要得益于种植结构的调整，黑龙江北部及农垦系统大豆面积增幅均超过 20%。但由于黑龙江、内蒙古局地遭受雹灾、旱灾和早霜，南方局地受暴雨灾害等出现减产，这使全国大豆产量增长幅度不及面积增长幅度。

自 7 月大豆抛储以来，国储大豆累计抛储 10 次，至新豆上市前，我国临储大豆累计抛储量约为 570 万 t，累计成交量为 157 万 t，平均成交率为 27.51%。

表 2－22　2008—2016 年国产大豆种植面积、产量及产量同比增幅

年份	2008	2009	2010	2011	2012	2013	2014	2015	2016
种植面积（万 hm^2）	912.7	919	851.6	788.9	717	679	640	659	715.6
产量（万 t）	1 555	1 498	1 508	1 449	1 305	1 195	1 150	1 161	1 310
产量同比增幅（%）	22.2	－3.7	1.5	－3.9	－9.9	－8.4	－3.8	1.0	12.9

（2）大豆和豆粕的进、出口情况。据中国海关统计显示，2016 年 1～12 月份中国进口大豆总量为 8 391万 t，同比上升了 2.7%。12 月份中国进口大豆总量为 900 万 t，同比下降了 1.4%。2011—2016 年的中国大豆进口量年均增长率为 12.6%，如图2－55所示。

2016 年我国豆粕出口量较 2015 年呈上升趋势，进口量反而下降。如图 2－56 所示，2016 年进口豆粕 1.81 万 t，比 2015 年的 5.97 万 t 下降了 69.7%，与 2014 年的 2.26 万 t 相比下降了 19.9%。2016 年主要进口国家和地区为丹麦、印度、荷兰、中国台湾等；其中从丹麦进口豆粕 1.08 万 t，同比上升了 36.28%；从印度进口豆粕 0.6 万 t，同比下降了 88.1%。2016 年我国全年出口豆粕 188 万 t，比 2015 年的 169.7 万 t 上升了 10.8%，比 2014 年的 209.1 万 t 下降了 10.1%，主要出口至日本、越南、荷兰、美国等国家。其中，向日本出口豆粕 117 万 t，同比下降了 3.0%；向越南出口豆粕 24.9 万 t，同比上升了 130.5%，向荷兰出口豆粕 7.44 万 t，同比上升了 16.8%。

根据中国海关数据显示，从大豆进口来源国看，中国进口的大豆来源地主要为：巴西、美国、阿根

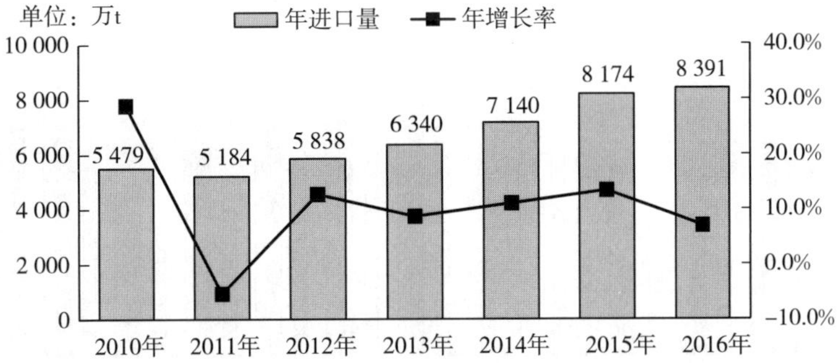

图 2－55　2010—2016 年大豆年进口量对比

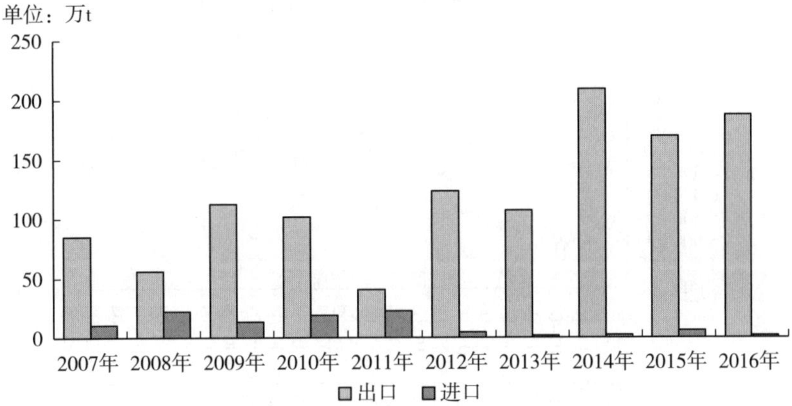

图 2－56　2007—2016 年豆粕进出口总量

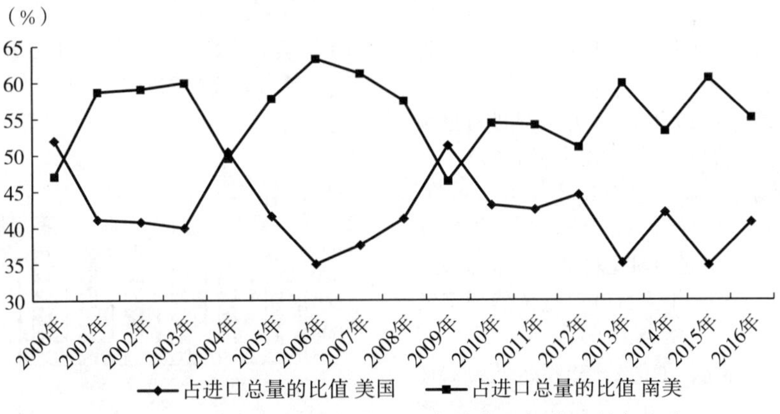

图 2－57　2000—2016 年美国和南美大豆年进口所占比重

廷。巴西为中国进口大豆的最大来源国，巴西和阿根廷进口占比为 57.35%；美国进口占比为 38.77%。图 2－57 显示，2016 年从美国进口大豆数量为 3 417 万 t，从巴西进口大豆数量为 3 820 万 t，从阿根廷进口大豆数量为 801 万 t，分别占总进口量的 40.72%、45.52%和 9.55%，2015 年从美国进口大豆数量为 2 841.5万 t，从巴西进口大豆数量为4 007.8 万t，从阿根廷进口大豆数量为 943.8 万 t，分别占总进口量的 34.78%、49.06%和 11.55%，2014 年从美国、巴西、阿根廷进口的大豆数量分别占进口总量的 35.38%、50.63%和 9.26%，与 2015 年相比较，美国进口大豆占进口大豆总量的比例有所上升，增幅为 6.34 个百分点，但巴西和阿根廷进口大豆占进口大豆总量的比例较 2015 年均有所下降，降幅分别为 3.54 个百分点和 2 个百分点，与 2014 年相比较，美国进口大豆占进口大豆总量的比例依旧有所上升，增幅为 5.34 个百分点，阿根廷进口大豆占进口大豆总量的比例同样呈现上升趋势，其增幅为 0.29 个百分

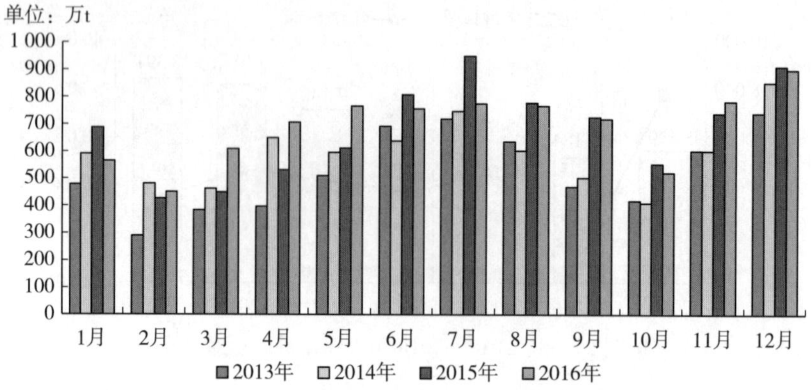

图 2－58　2013—2016 年月度大豆进口量

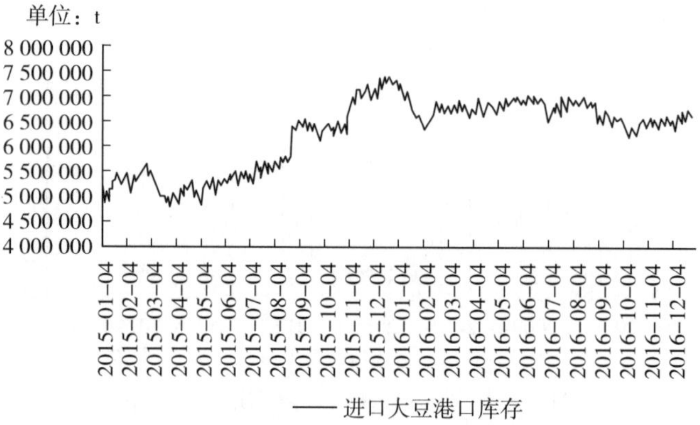

图 2－59　2015—2016 年进口大豆港口库存

点，巴西进口大豆占进口大豆总量的比例呈下降趋势，降幅为 5.11 个百分点。

从图 2－58 来看，2016 年 2～5 月大豆进口量高于 2015 年同期，8～9 月份进口大豆数量与 2015 年同期基本持平，其余各月进口量均低于 2015 年同期，其中除 12 月份大豆进口量为 900 万 t，为全年最高值。整体来看，各月大豆进口量比较平均，未出现过高或者过低进口量，2016 年大豆进口量依然处于增长状态。

（3）进口大豆库存量。如图 2－59 所示，从 2016 年港口大豆库存情况来看，2016 年基本呈现持续窄幅震荡趋势。截至 2016 年 12 月 30 日，国内主要港口的大豆库存量约在 678 万 t，2015 年同期库存为 640 万 t，同比增长 5.9%。

2. 国内豆粕供应量和消费量　数据显示（图 2－60），2016 年国内豆粕供应量为 6 541 万 t，消费量为 6 147 万 t，与 2015 年相比，供应量增长 277 万 t，幅度为 4.4%；消费量增长 352 万 t，幅度为 6.1%。如图 2－60 显示，国内豆粕供应量从 2007 年的 3 090 万t 增至 2016 年的 6 541 万 t，增长了 3 451 万 t，年均增长率 9.1%。消费量从 2007 年的 2 860 万 t 持续上升到 2016 年的 6 147 万 t，增长了 3 287 万 t，年均增长率 8.97%。

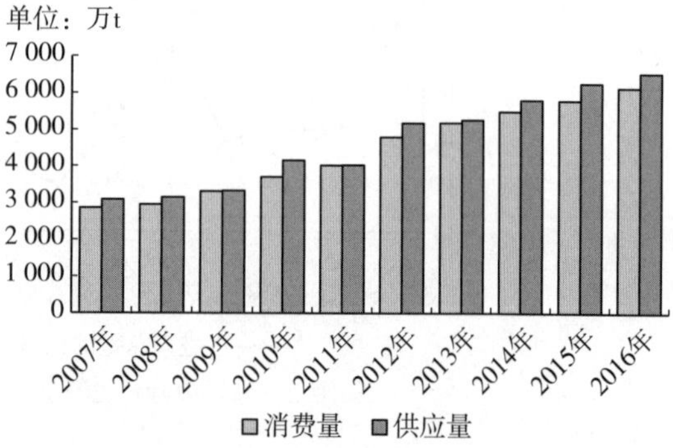

图 2－60　2007—2016 年国内豆粕供应量和消费量

3. 国内豆粕饲料消费量稳定增长　2016 年国内豆粕饲料消费量仍有所增长。市场预测显示，我国 2015/2016 年度豆粕饲料消费量为 5 850 万 t，同比增加 450 万 t；2015/2016 年度国内豆粕消费量预计为 6 000万 t，比 2014/2015 年度增加 455 万 t。2015/2016 年度我国饲用豆粕占总消费量比重为 97.5%，同比增长 0.11 个百分点（图 2－61）。

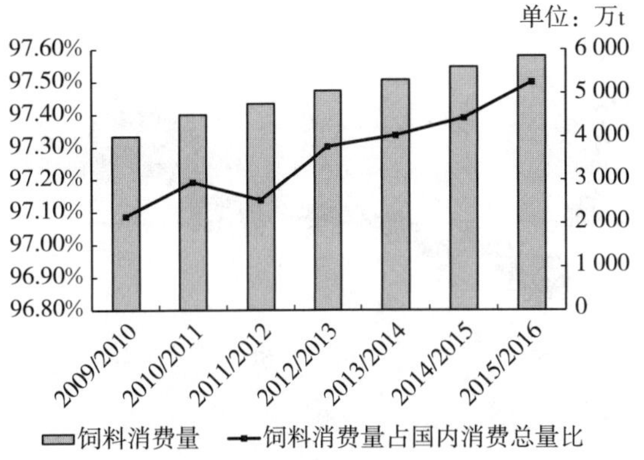

图 2-61　2010—2016 年度我国饲用豆粕消费量及其占总量比重

4. 大豆压榨情况　2016 年大豆压榨企业进口大豆积极性高涨。进口大豆成本低，相较国产大豆具有价格优势，因而压榨进口大豆利润更高。2016 年大连大豆压榨利润均值为 143 元/t，整体上比 2015 年压榨利润有所提高，利润增长了 764.55 元/t。我国进口大豆压榨利润逐年走低，最近两三年基本在 0 值以下波动，豆粕供给过剩在这里可见一斑。

图 2-62 显示，2015—2016 年度大豆压榨情况多数时间处于盈利状态，除 2015 年 10～12 月美豆大幅飙升，以及人民币加入特别提款权（SDR）国际化后，汇率波动加大，出现持续大幅贬值，人民币大幅贬值推高大豆进口成本，而大连盘豆粕持续下跌，连盘豆油也处震荡调整之中，令盘面大豆榨利处于亏损（亏损区间为 10～150 元/t）区间外。其他大部分时间均处于盈利之中。另外，随着国家加强融资监管，大豆融资性进口基本被堵住，使得大豆压榨回归本源，而只有在压榨利润为正的情况下，中国油厂才会加大进口。因此美豆和南美大豆为了维持销售份额，价格一直处于相对低位运行。2016/2017 年度大豆压榨产能将继续扩大，从目前跟踪的油厂产能扩建或新建情况来看，预计新作物年度全国大豆压榨总产能进一步提高至 1.81 亿 t，同比增幅 7.60%。

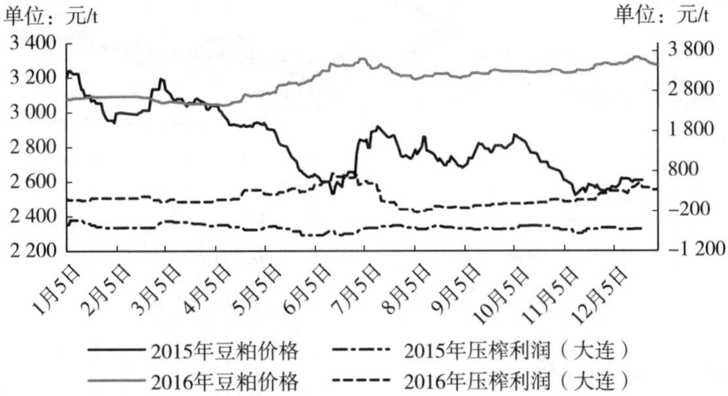

图 2-62　2015 年和 2016 年大连进口大豆压榨利润与豆粕价格走势

5. 进口大豆压榨利润与豆粕价格呈正相关　如图 2-63 所示，2016 年除 3～4 月以及 8～9 月中旬左右油厂压榨处于亏损状态之外，其他大部分时间段均有压榨利润。大豆压榨利润的盈亏由进口大豆成本价格、压榨后所产生的豆粕价格以及豆油的价格决定。豆粕价格在 4 月初开始呈上扬趋势，同时进口大豆压榨利润也处于一个上涨的趋势，直至 7 月初由于洪涝的灾情，抑制了豆粕上涨的趋势，进口大豆压榨利润开始下降，8 月初出现亏损状态。不难发现，仅在豆粕价格出现大幅上涨的时间段会有明显的压榨利润。由此可见，压榨利润与豆粕价格关系较大，在大豆压榨产生的产品中，2016 年，豆油价格相对弱势，所以，压榨利润倾向于油厂的豆粕价格。

6. 豆油和豆粕比价　如图 2-64 所示，2016 年全年豆油—豆粕比价处于 1.72～2.54 波动，较 2015 年的 1.7～2.3 波动区间有所扩大，较 2014 年的 1.62～2.02 上移，但仍然偏离正常的 2.2～3.0 区间。全年中，上半年油粕比在 2.0 以上，其他时间均在 2.0 附近震荡。年初豆油—豆粕比价由 2.3 上升到 2.54，之后下降至全年最低点 1.72，最后小幅回升，在 2.0 附近震荡前行。从近 3 年油粕比价，2016 年油粕比价高于 2014 年和 2015 年上半年的油粕比价，这说明豆油在油厂中对大豆的支撑作用要强于豆粕。二、三季度处于饲料消费旺季，且 4～9 月份处于北美大豆播种、生长及成熟期的天气炒作阶段，油粕比存在收窄的季节性趋势。一、四季度处于油脂消费旺季，饲料消费淡季，油粕比存在扩大的季节性趋势，新豆上市前后，供应会出现阶段性短缺，油脂的消费旺季，会直接推升比价扩大。

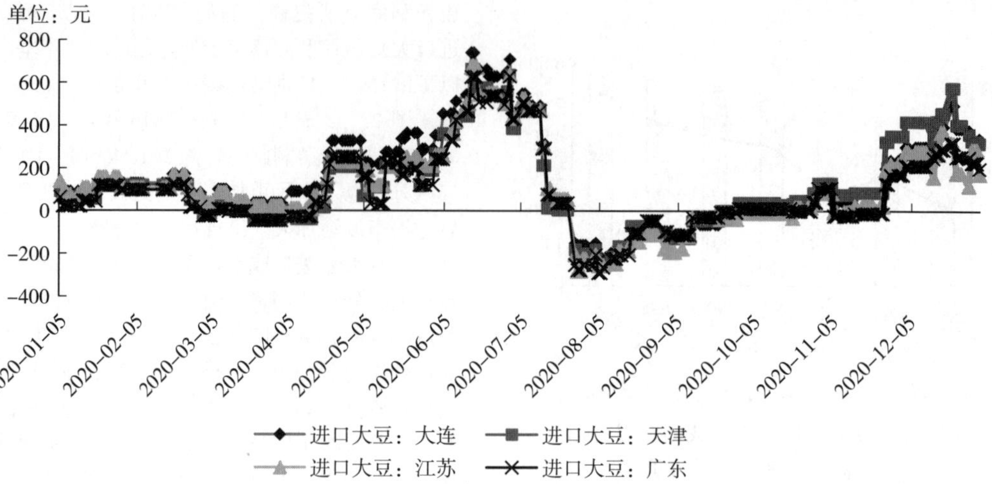

图 2-63　2016 年进口大豆压榨利润

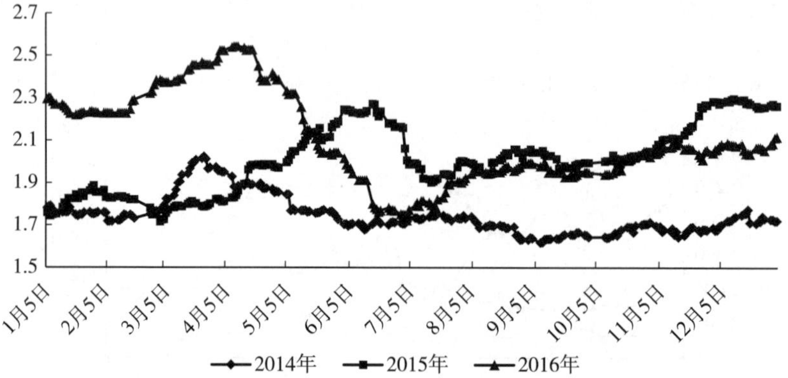

图 2-64　2015—2016 年大连豆油与豆粕比价

二、大豆、豆粕价格走势分析

1. 进口大豆分销价格分析　2016 年我国进口大豆港口分销价整体上处于震荡上升趋势（图 2-65），上半年价格低于 2015 年同期水平，下半年开始呈上升趋势。2016 年我国进口大豆港口分销价格均价为3 262 元/t左右，较 2015 年的 3 113 元/t 上涨了 149 元/t，涨幅为 4.8%。较 2014 年的 3 880 元/t 下跌 618 元/t，跌幅为 15.93%。全年价格在 2 971～3 664 元/t 的区间震荡。1～8 月份港口大豆分销价格相对平稳，之后一个小幅增长。全年的最高点出现在 10 月中旬，为 3 664 元/t，而最低点则在年初，价格为 2 971 元/t。

2. 国产大豆价格行情　2016 年国产大豆收购价格波动幅度呈宽幅震荡，震荡区间在 2 532～3 923 元/t

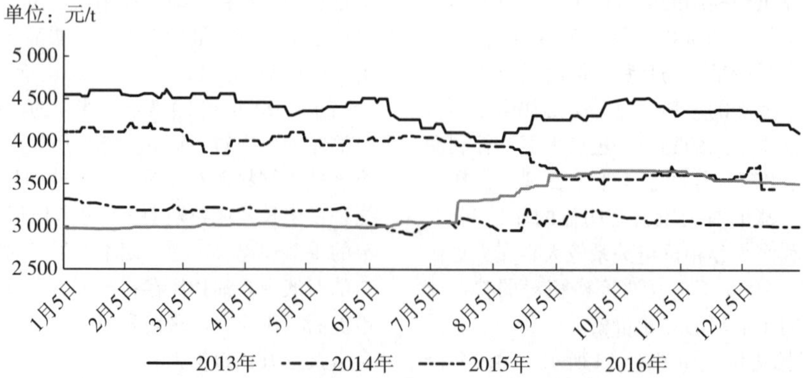

图 2-65　2013—2016 年港口大豆分销价

(图2－66)，最高达价差为1 391元/t，与2015年的波动幅度532元/t相比较，波动幅度增长一倍之多。与2014年的波动幅度为143元/t相比，增长近10倍。

2016年1～3月市场整体需求低迷，南方大豆价格行情趋于稳定，而北方市场大豆价格行情逐步趋弱。4～6月份整体大豆市场价格呈现逐步上涨的趋势。利好大豆的相关政策频传，首先是目标价格政策确定继续在东北三省和内蒙古自治区展开，然后是国家出台镰刀湾地区政策、一号文件等相关政策确立“玉米去库存”的决心，并严查港口大豆流向，直接导致4月份国产大豆价格触底反弹。7～9月份大豆市场经历短暂上涨后，随着大豆需求淡季到来，价格逐步回落。10～12月份国产大豆价格整体呈上涨态势，国庆节后，东北产区新豆陆续上市，由于2016年产区受旱情影响明显，新豆蛋白含量普遍低于往年，下游采购较差，大豆价格低迷不振；相较东北产区，安徽、河南等沿淮产区在国庆节后大豆价格上涨，豆价涨势一直持续到12月中旬才有所放缓。2016年年末，国产大豆受产区大豆余量较少以及地方直属库收购支撑市场影响，大豆价格有明显的上涨行情。

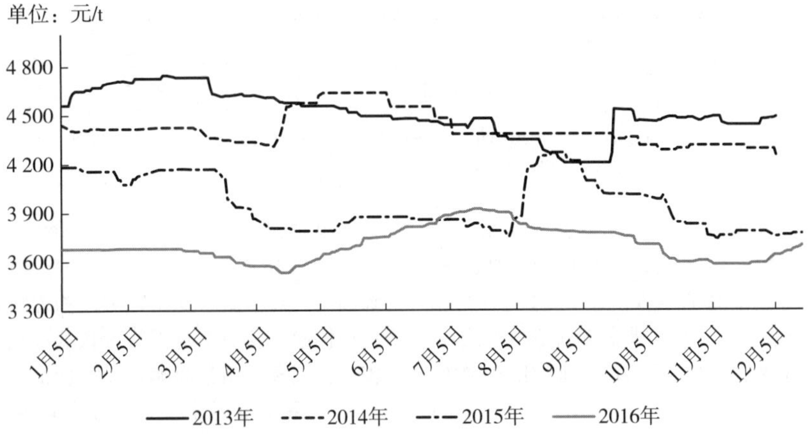

图2－66　2013—2016年国产大豆价格走势

3. 国内豆粕价格行情　2016年国内豆粕均价整体来看是先抑后扬，上半年整体价格低于2015年，从5月中旬开始至年末均高于2016年同期。全球油料丰产，美豆价格逐步走低，降低了国内豆粕生产成本。国内生猪养殖存栏仍偏低，水产养殖延后，影响了蛋白原料需求，市场炒作棕榈油减产，油脂价格强势，压制了豆粕价格。一季度国内豆粕处于低位运行。从2016年4月8日开始，由于南美天气炒作使得豆粕价格一路飙升至7月初。进入7月份，美豆产区天气良好，美豆优良率同比显著提升，单产调高预期增加，阿根廷大豆减产幅度低于前期预期，美豆开始回落，使得一路高涨的豆粕随之回落。8月份美豆优良率仍大幅高于2015年同期，美国农业部报告大幅调高了美豆单产，美豆跌破1 000美分/蒲式耳，9月份再次上调至历史最高水平，美豆维持弱势运行，国内豆粕跟随走弱。12月中旬豆粕价格再度涨至高点3 700元/t以上。而本次助涨因素主要由于国内豆粕供应紧张造就的油厂持续挺价。2016年国内整体豆粕均价格约3 044元/t，同比上涨7.6%。全年最高价出现在年底，价格为3 700元/t，与年初相比，上涨了1 095元/t，上涨幅度为42.03%。而最低价格出现在4月初，价格为2 441元/t，与最高价格相

迅速；而阿根廷却连降暴雨引发洪涝，使得大豆收割

比较，价差为1 259元/t，与年初相比较，价格下降了241元/t，下降幅度为6.3%。2016年全年豆粕均值与过去5年豆粕均值3 458元/t（图2－67）相比较，下降了414元/t，幅度为11.97%。

三、2016年大豆、豆粕市场的主要影响因素分析

1. 12月份美国农业部报告中性偏空　美国农业部12月份供需报告中维持2016/2017年度美豆出口预期的20.5亿蒲式耳不变。对全球大豆期末库存则从11月预计的8 153万t调高到8 285万t。即便如此，报告公布后，CBOT大豆不跌反涨，说明市场在经历过美国农业部连续5个月调高美豆产量后，对美豆丰产利空已经具有足够的免疫力，而更多集中在美豆出口节奏上。

2. 天气炒作，美豆库存下调，大豆、豆粕价格飙升　大豆主产区天气及美国大豆库存预估一直是搅动CBOT大豆期价上下波动的重要因素。由于大豆的播种、生长及收割均受到天气因素的严重制约，而主产区分布于南北半球，所以天气因素可以说是一年四季都影响大豆的生产。2016年3月底，同为南美产区的巴西地区天气较好，大豆质量较好，收割较为延迟，一大部分积水使得大豆被淹没，等洪水退去之

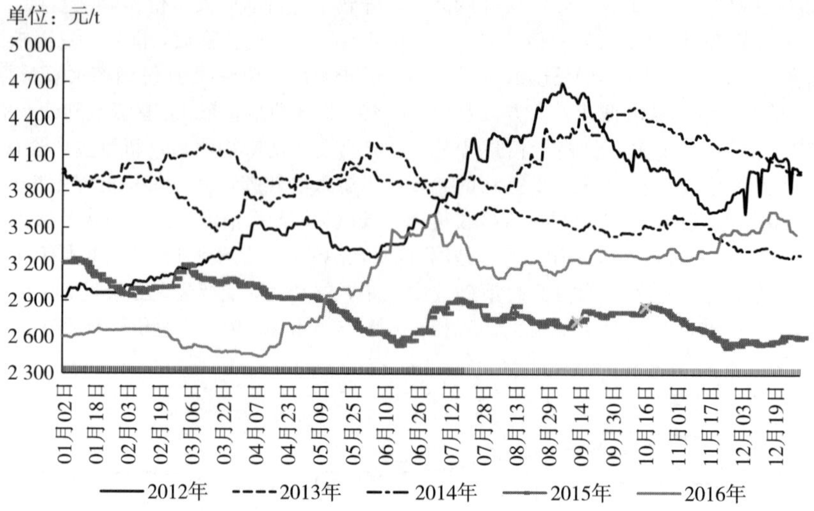

图 2-67　2012—2016 年豆粕价格走势

后大豆开始发芽，已经达不到上市销售的质量。期间，CBOT 美豆指数由 4 月 8 日的 910 美分/蒲式耳左右开始快速拉升，最高涨至 6 月 6 日的 1 134.75 美分/蒲式耳，涨幅达 24.7%，外盘期价在阿根廷大豆减产的配合之下，外盘期价一路飙升，而国内豆粕价格也随之上扬。大连豆粕指数自 4 月 8 日的 2 330 元/t 开始上涨，最高涨至 3 130 元/t，涨幅达 34.3%。同时，美国农业部月度供需报告一再下调阿根廷大豆产量，并且将减产的需求转至美国，美国大豆库存两次大幅下调，国内豆粕价格也随之发飙上涨了两次。

3. 进口豆失势，国产豆市场份额逐步恢复　2016 年东北大豆市场获得利好提振，美豆不断向上突破，出口强劲及中国榨利丰厚吸引基金做多，基金持有近 13 万手多单，美豆上涨势头良好，进而提振了国内大豆市场。同时，商检部门对港口进口分销豆流量依然把控严格，港口交易也处于停滞状态。进口分销豆进入市场量大大缩减，市场呈现货紧价高状态，进口分销豆以往的低价优势失去，国产大豆市场需求份额在逐步恢复。

4. 运输超限超载地实施极端性推升大豆、豆粕价格　2016 年自 9 月 21 日国家颁布高速公路限载限重政策，波及饲料的原料和成品饲料的运输问题，大豆市场也未能幸免，尤其对东北产区影响最大。大型汽运载重约由先前 40t 限制为 32t，也就是说以前 4 车能装走的货，却需 5 车才能运走，运输效率大大降低。2016 年又是国家取消玉米临时收储的第一年，铁路运输优先配给玉米的运输，东北产区大豆、大米同时面临车皮难申请的情况，汽运价格暴涨后居高不下推升主销区的原料价格；产区销区纷纷望高涨运价却步，尤其是运距较远的沿淮以南销区后期鲜有东北新豆运至。对国内大豆市场造成一定影响。饲料原料一度出现供不应求的局面，价格大幅攀升。除此之外，2016 年年底，环保组对全国环境进行严查，导致油厂因环保要求而出现大面积停机，影响了短期的豆粕供应，这对本身现货紧张的豆粕市场更是雪上加霜，受此利好消息影响，豆类价格涨势迅猛。

5. 洪灾重创养殖业，影响饲料消费　2016 年第三季度伊始，由于国内多地遭受强降雨袭击，大豆和豆粕运输受阻，重创了国内的养殖消费，下游养殖遭受损失，其中水产养殖折损 15%左右，生猪和禽类也受到一定影响，畜禽的大量死亡严重影响饲料终端消费。给养殖业带来严重损害，导致豆粕等饲料原料需求增幅放缓豆粕的消费，导致豆粕价格持续下跌。

6. 终端库存量下降，大豆供应调整空间有限　2016 年，豆粕供应持续紧张的原因，一方面是由于大豆到港延迟，随着铁矿石等大宗商品需求回暖，海运费大幅上涨，部分油厂为节约运费，绕行好望角，导致大豆到港时间延长半个月。另一方面，新实施的交规对超限超载严查，导致车辆运力异常紧张，部分工厂卸豆后运回工厂时因运力紧张推迟，令部分油厂因大豆暂时断货而停机，全国油厂开机率不均，国内各地豆粕供应出现阶段性的紧张，其中山东地区豆粕供应最为紧张。同时，饲料企业及经销商的物理库存处于较低水平，饲料企业豆粕库存可用天数减少至 10～15d。期现市场不断走高，以及担忧离春节越近，物流越紧张，买家提货积极性较高，国内豆粕库存紧张局面加剧提振豆粕价格。

7. 下游养殖业恢复缓慢，豆粕需求堪忧　国内生猪养殖业较 2015 年相比处于弱势运行，再加上“国庆”过后猪价呈现暴跌趋势，同时带来极大的恐慌情绪，后期国内生猪养殖也将受到严重的冲击。另外，国内进口猪肉及猪肉制品量不断增加。据统计，

2016年全年进口猪肉已经远远超过2015年的77.8万t，增幅达一倍以上。另外美国猪肉价格跌至7年最低水平，进口猪肉的价格折合人民币约在10元/kg，远远低于国内猪肉的平均价格15元/kg，因进口猪肉仍有较大的利润，国内进口猪肉量维持高位。下游养殖业存栏量的减少再加上进口猪肉的冲击，使得国内下游养殖业很难恢复较好的水平。当国内下游养殖业呈疲软态势之时，作为饲料主要原料的豆粕也受其影响而需求减弱。

（王长梅）

鱼粉生产、贸易与市场情况

2016年我国鱼粉市场仍围绕秘鲁捕鱼总量的多寡而出现涨跌，虽然第一季捕鱼开捕时间推迟，但由于全年蛋白饲料价格处于偏低水平，拖累鱼粉上涨的空间有限，随着第二季捕鱼的开捕，鱼粉价格震荡回调。2016年随着海洋生物被过度透支，市场资源制约，饲料企业配方调整等影响，鱼粉市场面临新的调整。另外，受秘鲁鱼资源持续下降影响，秘鲁捕鱼总量出现回调，出口总量下降，而其他国家如美国、越南、俄罗斯、厄瓜多尔等对我国的鱼粉总体出口量提升，相对来看，智利鱼粉对我国的出口量下降。2016年鱼粉市场在低位区间继续震荡。

一、2016年鱼粉市场情况

1. 鱼粉进口情况

（1）2016年鱼粉进口情况。据海关数据显示（图2-68），2016年我国累计进口鱼粉103.7万t，同比提高1.1%，其中9月份进口量最高，同比提高了4.2%，占总进口量的12.5%。而1月、2月、7月、8月、10月、11月份同比回调，其他月份同比出现上涨。2016年，从秘鲁进口了43.6万t鱼粉，同比下降18.9%，占总进口量42%，同比下降了10.4个百分点，从越南进口12.7万t，占总进口量的12%；从俄罗斯进口5.9万t，同比增加1.4%；从美国进口11.1万t，同比增加22.4%，占总进口量的11%，从智利进口5.5万t，同比下降16.1%；从墨西哥、巴拿马、泰国、巴基斯坦等其他国家共计进口17.6万t，占总进口量的16.9%。

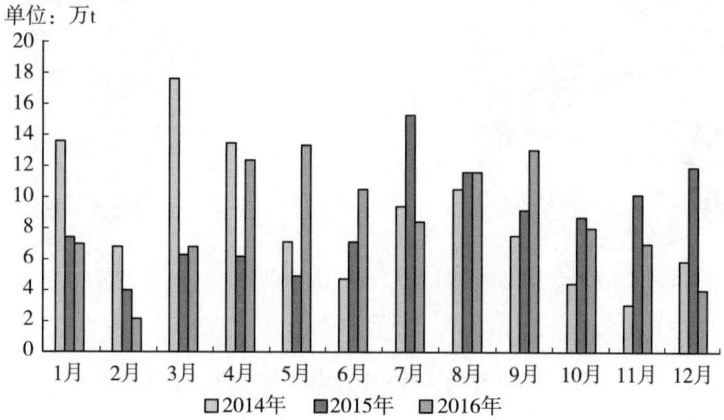

图2-68 近3年各月鱼粉进口情况对比

（2）2015年与2016年鱼粉进口情况比较。从图2-69可以看出，2016年我国从各国进口鱼粉的比例和2015年也有所不同，秘鲁鱼粉进口所占比例下降，由原来的52%，下降至42%，下调了10个百分点，美国鱼粉进口所占比例从9%，上升至11%，俄罗斯进口占比与上年持平，智利进口占比从2015年的6%，下降至5%，另外，越南2016年进口量大幅提升，一跃成为占据第二位的进口国家，占比达到12%，其他国家如厄瓜多尔进口量也上升至5%。2016年我国鱼粉进口国家更趋向多元化。

从图2-70发现，2016年我国各个港口鱼粉进口比例不同，各港口增减不一，也有新的港口加入鱼粉进口港口。其中黄埔、上海、福州、广州进口鱼粉所占比例分别为30%、25%、14%、9%，上述四个港口进口量占总进口的68%，同比下降2个百分点。大连港口进口量上升1个百分点，天津港口进口量很少，厦门和青岛进口量占比均为3%，其他港口进口量占比为9%。天津港因爆炸事件，进口量全年都没有恢复。

2. 2016年我国鱼粉库存情况 2016年我国鱼粉全年库存除了11月和12月份以外，均高于2015年的库存水平，全年库存均属于偏高水平。图2-71显示，年初鱼粉库存高达15.1万t，与2015年同期比提高了近两倍，与2014年相比提高了13.5%，一季度整体库存处于偏高水平，这与我国传统的节日备货有关，但由于二季度我国饲料终端消费提升缓慢，鱼粉走货量远远低于预期，港口库存处于在10万t以

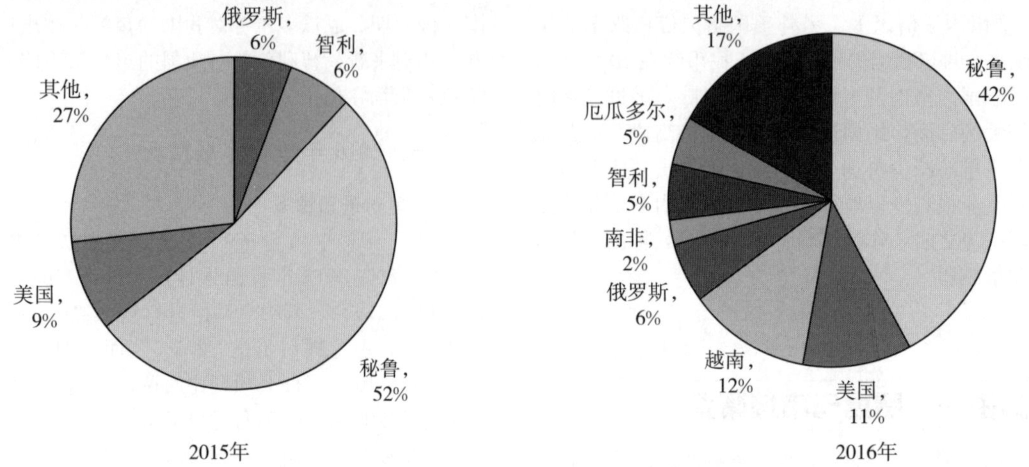

图 2－69　2015 年与 2016 年各国鱼粉进口量所占比例

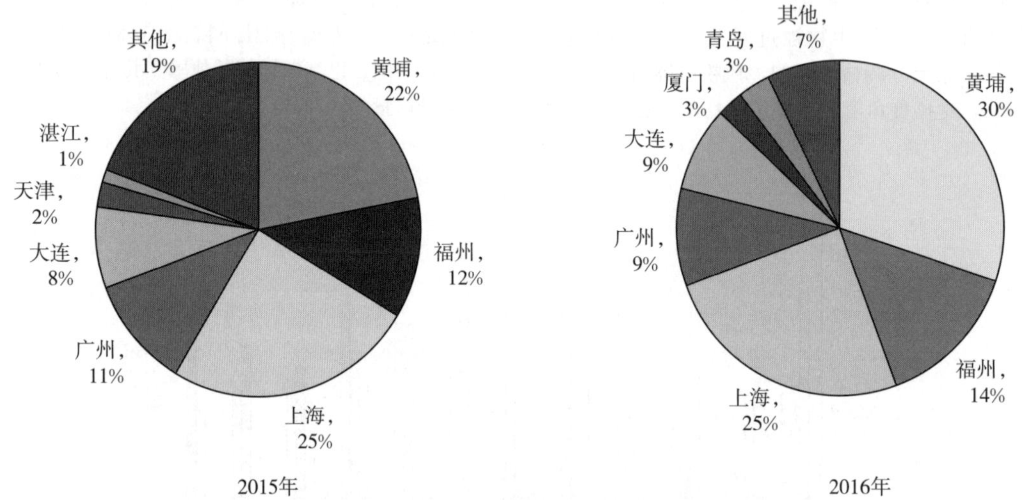

图 2－70　2015 年与 2016 年各港口鱼粉进口量所占比例

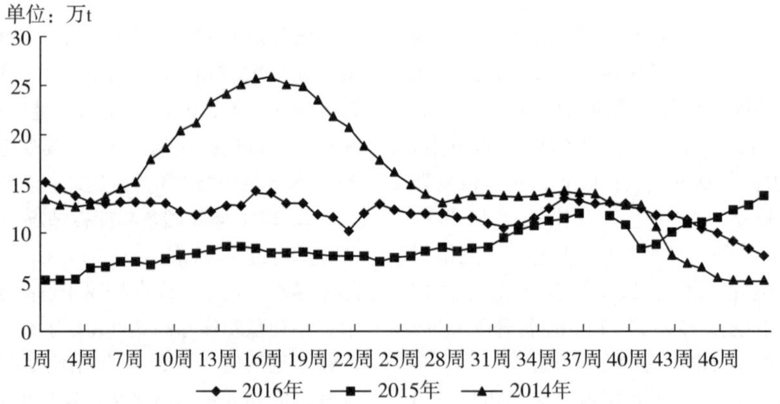

图 2－71　2014—2016 年我国港口鱼粉库存量变化

上。上半年库存平均在 12.76 万 t，与 2015 年同期比提高了 76.73%。下半年由于水产消费不理想，鱼粉消费节奏滞缓，从 11 月份开始鱼粉整体库存量下降，最低出现在 12 月底，为 7.6 万 t，同比下降6.1 万 t，但仍高于 2014 年的 5.1 万 t。

3. 2016 年鱼粉价格行情

（1）秘鲁超级蒸汽级别鱼粉价格。由图 2－72 可知，2016 年我国秘鲁超级蒸汽级别鱼粉现货报价在 11 500 元/t 以上，全年均价为 12 600 元/t，低于 2015 年均价的 14 110 元/t，同比下跌了 10.7%，但仍高于 2014 年均价的 11 540 元/t。2016 年鱼粉市场呈现向右倾斜的“M”走势，两次配额公布后价格均出现回调。一季度鱼粉价格维持在 11 900～12 500 区间震荡，主要在于“春节”前备货和节后终端饲料企业补库需求提升，加上人民币大幅贬值，鱼粉厂家看涨心态比较浓厚。5 月初秘鲁 Imarpe 的鱼资源调查报告显示只有 442 万 t 的偏低水平，加上秘鲁生产部正式宣布新季捕鱼在 6 月份前无法正常开捕，导致鱼粉价格在二季度出现大幅上调，最高涨至 14 200 元/t，并持续近一个月的时间，三季度国内需求低于预期，水产养殖需求缓慢，贸易商压力加大，鱼粉价格快速回调，至国庆节前，鱼粉价格下跌至上涨前的水平，价格为 11 800 元/t，与最高价格 14 200 元/t 相比下跌 2 400 元/t，进入三季度，鱼粉市场在等待秘鲁开捕，市场缺乏多空消息，鱼粉价格维持平稳。11 月份后，随着秘鲁生产部门公布新季中北部配额200 万 t的捕鱼配额后，超出市场预期的大配额导致市场承压继续回调，最低降至 11 500 元/t，但因秘鲁沿海幼鱼比例偏高，小禁捕不断及人民币贬值导致进口成本增加等利好影响，秘鲁大部分鱼粉厂在 11 月份选择暂时停盘后，国内鱼粉供应商开始持货挺价，12 月底，鱼粉价格上涨至 11 800～12 050 元/t。

（2）国产鱼粉价。比较图 2－72 和图 2－73 可以看出，我国的国产鱼粉价格走势与秘鲁超级蒸汽级别鱼粉价格的走势基本保持一致。但国产鱼粉与秘鲁鱼粉的价格差在 2 000 元/t，2016 年国产鱼粉全年均价为 10 028 元/t，同比 2015 年的 10 702 元/t，下跌近 674 元/t，幅度为 6.29%，但高于 2014 年的 9 360 元/t。由于国产鱼粉价格走势基本上受外盘进口鱼粉走势的影响，2016 年因外盘鱼粉进口国家的增多，国产鱼粉市场价格相对坚挺，受国内鲜鱼价格影响比较大。

（3）秘鲁全年捕鱼适中，鱼粉市场外在因素影响偏多。图 2－74 显示，2016 年秘鲁共抛出 380 万 t 的捕鱼配额，第一季和第二季共捕鱼 278.3 万 t，占比配额为 73.2%。分析两个捕季的具体情况来看，第一季捕鱼虽然与第二季捕鱼总体配额数相差不多，但具体捕鱼量相差比较大，第一季捕鱼仅完成配额的 50%，在第二次禁捕尚未结束时候匆匆收尾，捕鱼量为 86.5 万 t。第二季捕季秘鲁中北部海域配额为 200 万 t，从 11 月 11 日开始试捕，11 月 15 日正式开捕。本捕季秘鲁幼鱼保护措施较为高调，接连不断的局域性禁捕，重磅出击的预防性限捕，渔船捕捞的幼体比例直接上传生产部，在多方市场关注下，第二季捕鱼量为 191.8 万 t，但受天气影响，2016 年，我国鱼粉市场需求仍低于市场预期，水产养殖形势不佳，在人民币贬值等影响下，我国进口秘鲁鱼粉总量下降，但全年进口量小幅提升。

二、2016 年影响鱼粉市场因素分析

2016 年鱼粉市场主要受制于秘鲁鱼资源配额，加上智利逐渐退出国际贸易市场，多个国家加大鱼粉的出口力度，同时，我国环保因素不断加强，各方面因素制约国内鱼粉市场的走势。

1. 进口秘鲁鱼粉总量下降，多个国家进口量提升 中国国内鱼粉需求较为平稳，而国产供给不足，秘鲁行情多变，美国、厄瓜多尔、越南、摩洛哥等第三国抓住时机，补充了国内供需的缺口。从 2016 年 11 月的海关进口数据来看，美国、越南、厄瓜多尔

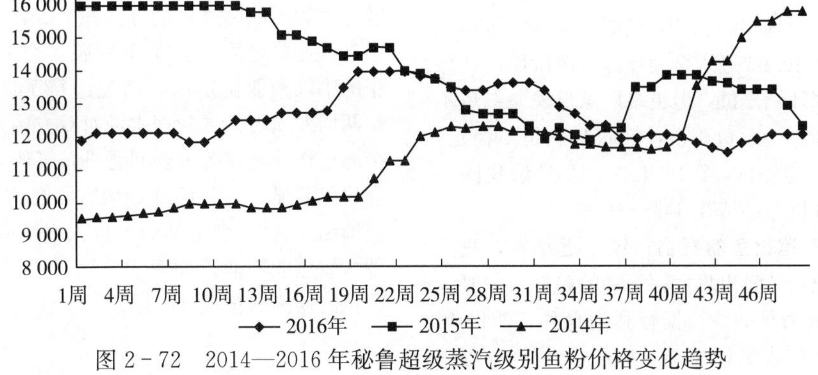

图 2－72 2014—2016 年秘鲁超级蒸汽级别鱼粉价格变化趋势

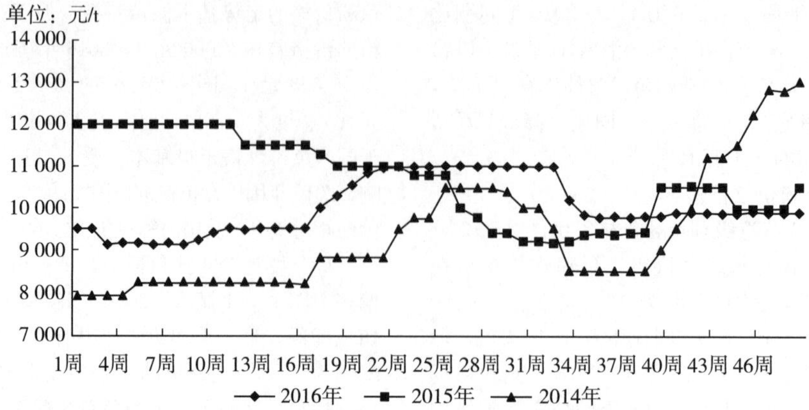

图 2-73　2014—2016 年山东 65%脱脂鱼粉价格变化趋势

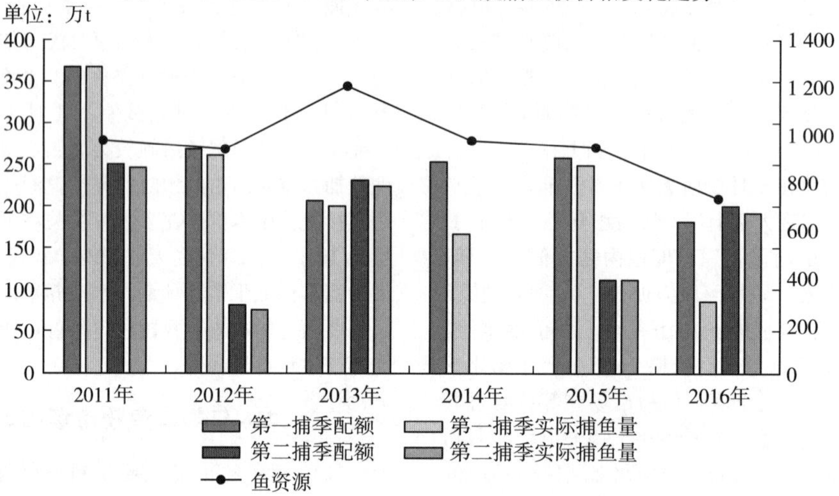

图 2-74　2011—2016 年秘鲁鱼资源和捕鱼情况

鱼粉合计进口量首超秘鲁。而从贸易商心态来看，更多的选择给了他们更多投资渠道和更高的保险系数，中国进口鱼粉模式或一改一家之言的态势，而转向百家争鸣的发展模式，但这尚需时日。

2. 国产鱼粉厂开机不足，国内鱼粉整体品质上升　2016 年 6 月全面休渔前，浙江地区有部分原料鱼供应，但是数量不足以支撑厂家满产，山东、辽宁等地大部分厂家并未开机，预计上半年我国国产鱼粉厂家开机率仅为 20%～25%。9 月份开始捕捞后，受原料鱼捕捞状况不理想的制约，同时，9 月中旬后鱼粉主产区——山东荣成进入全面环保整改阶段，环保无法达标的厂家陆续停机，但更多厂家反映原料鱼不足。随着天气渐冷，鳀鱼洄游，渔获量更是不稳定，部分厂家因此陆续停机。2016 年 9～12 月份我国国产鱼粉厂家的开机率维持在 30%～45%。

3. 智利逐渐退出鱼粉贸易市场　近年来，我国从智利进口的鱼粉总量出现大幅下降的趋势，主要缘于当地鱼粉产量明显减少，据智利消息称，2016 年智利海洋捕捞量初步统计为 114.9 万 t，同比下降了 29.8%，据了解，智利生产部在年初捕捞配额 140 万 t，智利当年捕捞量只占到了 82%。除了智利海洋资源限制外，当地气候异常也导致捕鱼量的下降。

4. 中韩渔业协定继续执行，制约我国鲜鱼的捕捞　2016 年，受山东荣成地区环保整治，加上我国沿海鲜鱼供应量有限的影响，全年我国的鱼粉库存量处于偏低水平，对其短期价格形成一定的支撑，另一方面，中韩渔业联合委员会双方达成协议后，对将加大我国渔民对韩国海域捕捞的监管力度，这在一定程度上制约了我国鲜鱼的捕捞量。2016 年 12 月 29 日，中韩渔业联合委员会第十六届年会上，双方就 2016 年的中韩渔业协定执行情况进行了回顾，也对 2017 年两国专属经济区管理水域对双方国入渔安排以及维护海上作业秩序等重要问题进行了谈判。达成共识的会议纪要显示，2017 年，双方各自许可对方国 1 598 艘渔船（含 58 艘辅助船）进入本国专属经济区域管理水域作业，捕捞配额为 57 750t。总体来看，我国鲜鱼的捕捞数量提升有限。

（王长梅）

饲料添加剂工业概况

中国饲料添加剂产量分布与概述

饲料添加剂作为饲料工业的核心，近几年得到了迅速发展，产品体系逐渐完善，产量不断攀升，对我国饲料工业发展起到了积极的推动作用。同时，从动物营养需求和食品安全等方面考虑，我国饲料添加剂逐渐朝着天然化、有机化、减量化、无抗化、无痕化和功能化等方向发展。新型安全饲料添加剂必然成为发展的主要趋势。截至 2016 年年底，中国已有饲料添加剂生产企业 1 574 家，较 2015 年减少了 117 家，同比下降 6.9%；饲料添加剂总产值 654 亿元，占饲料工业总产值 8.2%，较 2015 年度提高 0.3 个百分点，饲料添加剂总营业收入 623 亿元，占饲料工业总营业收入 8.0%，较 2015 年度提高 0.4 个百分点。

一、主要品种产量有增有降

2016 年我国饲料添加剂总产量保持增长，饲料添加剂总产量 975.9 万 t，同比增长 19.5%。主要品种中，氨基酸、维生素、矿物元素及其络合物、酶制剂和微生物产量同比增长，抗氧化剂和防腐防霉剂产量同比下降。从近 8 年生产情况看，我国饲料添加剂品种结构逐步完善，产量逐年增长，逐渐形成了一个较为完善的体系，为饲料工业的发展起到了积极的推动作用。同时，随着饲料添加剂科研资金的不断投入，饲料添加剂品种类别和科技含量水平不断提升，饲料添加剂工业将不断发展。从近 8 年主要品种产量看，氨基酸、维生素、酶制剂、防腐防霉剂和饲用微生物制剂平均增幅均在 10%以上，其中，防腐防霉剂平均增幅最高，达到 30.0%。如表 2 - 23 所示。

从全国分布情况看，东部地区（北京、天津、河北、上海、江苏、浙江、福建、山东、广东、海南、辽宁）饲料添加剂产品总量 298.1 万 t，同比增长 10.3%，占全国总产量的 30.5%；中部地区（山西、安徽、江西、河南、湖北、湖南、黑龙江、吉林）饲料添加剂产品总量 145.2 万 t，同比增加 42.7%，占全国总产量的 14.9%；西部地区（内蒙古、广西、

表 2 - 23　2009—2016 年国内饲料添加剂主要品种产量变化与增幅

单位：万 t

年　份	氨基酸	维生素	矿物元素及其络合物	酶制剂	抗氧化剂	防腐防霉剂	微生物
2016 年	201.8	113.1	500.5	11.6	5.0	15.7	11.4
2015 年	154.5	109.1	420.2	9.8	5.1	25.4	10.9
2014 年	125.6	89.2	467.7	10.8	4.0	27.1	11.6
2013 年	150.4	73.9	460.6	9.1	4.6	22.6	10.8
2012 年	133.4	79.3	488.4	8.0	5.2	5.5	10.2
2011 年	90.1	72.2	403.9	7.6	5.1	4.8	8.2
2010 年	71.3	62.5	384.5	8.5	3.9	3.7	7.3
2009 年	74.8	50.1	358.0	5.3	4.5	2.5	4.7
年均增幅	15.2%	12.3%	4.9%	11.8%	1.5%	30.0%	13.5%

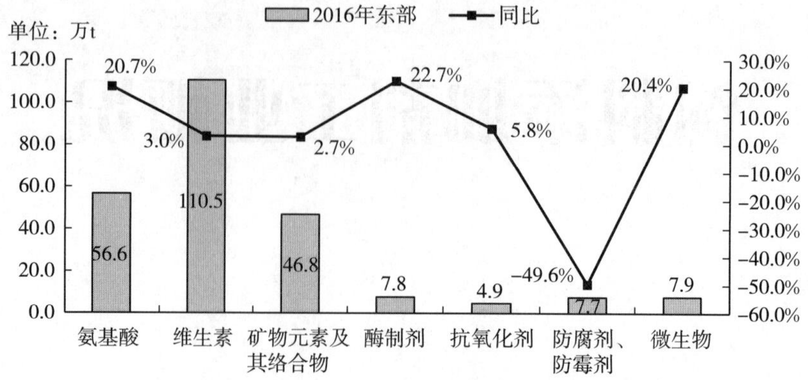

图 2-75 2016 年东部地区主要饲料添加剂产量及同比情况

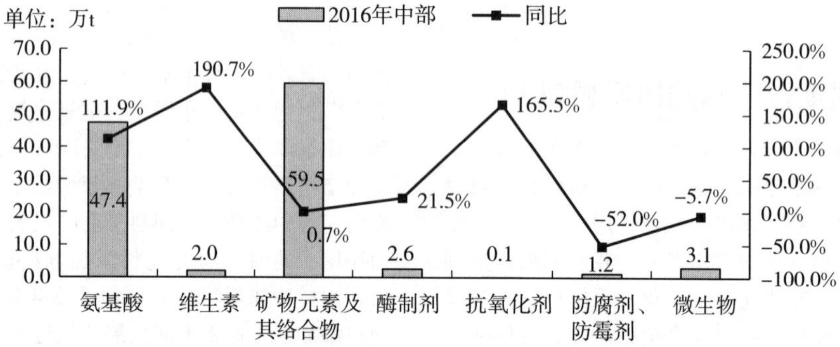

图 2-76 2016 年中部地区主要饲料添加剂产量及同比情况

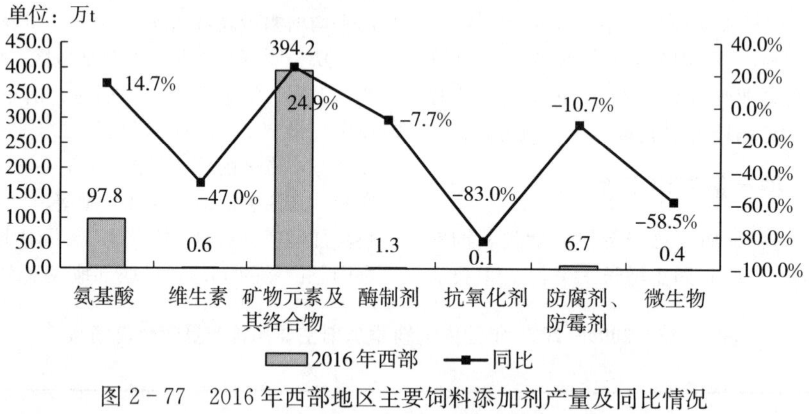

图 2-77 2016 年西部地区主要饲料添加剂产量及同比情况

重庆、四川、贵州、云南、陕西、甘肃、青海、宁夏、新疆）饲料添加剂产品总量 532.6 万 t，同比增长 19.9%，占全国总产量的 54.6%。

二、主要品种产量分布情况

1. 氨基酸 2016 年氨基酸总产量 201.8 万 t，同比增加 30.6%，占添加剂总产量的 20.7%，较 2015 年提高 1.8 个百分点。其中，蛋氨酸 21.6 万 t，同比增长 82.4%；赖氨酸 111.7 万 t（含 65%赖氨酸），同比增长 16.7%；苏氨酸 52.6 万 t，同比增长 38.7%；色氨酸 1.6 万 t，同比增长 56.7%。

从全国分布情况看，东部地区产量 56.6 万 t，同比增长 20.7%，占全国总产量的 28.1%；中部地区产量 47.4 万 t，同比增长 111.9%，占全国总产量的 23.5%；西部地区产量 97.8 万 t，同比增长 14.7%，占全国总产量的 48.4%。产量较大省区依次是新疆（35.3 万 t，同比增长 14.1%）、内蒙古（38.2 万 t，同比增长 28.0%）、山东（35.7 万 t，同比增长 29.0%）、宁夏（24.3 万 t，同比下降 0.6%）、吉林（31.7 万 t，同比增长 168.0%）。具体如图 2-75、图 2-76、图 2-77 所示。

2. 维生素 2016 年维生素总产量 109.1 万 t，同比增长22.3%，占添加剂总产量的11.6%，较2015年下降1.8个百分点。其中，氯化胆碱62.2万t，同比下降2.3%；维生素A 0.9万t，同比下降3.9%；维生素E 9.0万t，同比增长38.4%；维生素B_{12} 6t，同比增长37.9%；维生素B_2 0.7万t，同比增长1.5%；维生素C 5.4万t，同比下降19.8%。

从全国分布情况看，东部地区总产量110.5万t，同比增长3.0%，占全国总量97.7%；中部地区总产量2.0万t，同比增长190.7%，占全国总量1.8%；西部地区总产量0.6万t，同比下降47.0%，占全国总量0.5%。产量大省主要集中在东部地区，依次是河北（29.9万t，同比下降7.4%）、山东（50.9万t，同比增长15.0%）、浙江（17.3万t，同比增长12.6%）。如图2-75、图2-76、图2-77所示。

3. 矿物元素及其络合物 2016年矿物元素及其络合物总产量500.5万t，同比增长19.1%，占添加剂总产量比重为51.3%，较2015年下降0.2个百分点。主要品种中，磷酸氢钙（含磷酸二氢钙）354.5万t，同比增长8.6%；硫酸铜1.8万t，同比下降36.5%；硫酸亚铁17.8万t，同比增长22.4%；硫酸锌14.6万t，同比下降5.1%；硫酸锰11.2万t，同比增长7.4%。

从全国分布情况看，东部地区总产量46.8万t，同比增长2.7%，占全国总量9.3%；中部地区总产量59.5万t，同比增长0.7%，占全国总量11.9%；西部地区总产量394.2万t，同比增长24.9%，占全国总量78.8%。主导省份为西部地区的云南（184.6万t，同比增长32.7%）、四川（132.3万t，同比增长14.4%）。如图2-75、图2-76、图2-77所示。

4. 酶制剂 2016年，全国酶制剂总产量11.6万t，同比增长18.2%，占添加剂总产量比重为1.2%，较2015年持平。

从全国分布情况看，东部地区总产量7.8万t，同比增长22.7%，占全国总量66.9%；中部地区总产量2.6万t，同比增长21.5%，占全国总量22.3%；西部地区总产量1.3万t，同比下降7.7%，占全国总量10.8%。主导省份为东部地区的山东（2.7万t，同比增长33.7%）、北京（1.3万t，同比增长47.7%）、河北（1.3万t，同比增长39.1%）。如图2-75、图2-76、图2-77所示。

5. 抗氧化剂 2016年，全国抗氧化剂产量5.0万t，同比下降1.0%，占添加剂总产量比重为0.5%，较2015年下降0.1个百分点。

从全国分布情况看，东部地区总产量4.9万t，同比增长5.8%，占全国总量97.3%；中部地区总产量0.1t，同比增长165.5%，占全国总量1.3%；西部地区总产量0.1t，同比下降83.0%，占全国总量1.4%。主导省份为东部地区的江苏（3.6万t，同比增长8.5%）、上海（0.8t，同比增长0.3%）。如图2-75、图2-76、图2-77所示。

6. 防腐、防霉剂 2016年防腐、防霉剂总产量15.7万t，同比下降38.3%，占添加剂总产量比重为1.6%，较2015年减少1.5个百分点。

从全国分布情况看，东部地区总产量7.7万t，同比下降49.6%，占全国总量49.1%；中部地区总产量1.2万t，同比下降52.0%，占全国总量7.91%；西部地区总产量6.7万t，同比下降10.7%，占全国总量43.0%。其中，山东（3.4万t，同比下降70.9%）、内蒙古（5.7万t，同比下降14.7%）两省份产量占比最大。如图2-75、图2-76、图2-77所示。

7. 饲用微生物制剂 2016年微生物产量11.4万t，同比增长4.9%，占添加剂总产量比重为1.2%，较2015年减少0.1个百分点。

从全国分布情况看，东部地区总产量7.9万t，同比增长20.4%，占全国总量69.1%；中部地区总产量3.1万t，同比下降5.7%，占全国总量27.1%；西部地区总产量0.4万t，同比下降58.5%，占全国总量3.8%。其中，产量大省主要是河北（1.4万t，同比增长28.1%）、山东（4.4万t，同比增长19.4%）、湖北（2.4万t，同比下降3.2%）。如图2-75、图2-76、图2-77所示。

新《饲料和饲料添加剂管理条例》《饲料质量安全管理规范》相继实施和示范推广，进一步规范了我国饲料添加剂生产、经营和使用环节；打击违法违规行为、促进了饲料工业和养殖业健康发展。近年，饲料添加剂滥用导致的食品安全问题越来越受到公众所关注，我国进一步加强了饲料和饲料添加剂质量检测工作。2016年上半年全国饲料质量安全监测结果显示，抽检国产饲料添加剂102批次，合格率99.02%。2016年下半年全国饲料质量安全监测结果显示，抽检国产饲料添加剂90批次，合格率94.44%；抽检进口饲料及饲料添加剂268批次，合格率92.16%。从监测结果看，饲料添加剂产品质量安全总体状况较好，饲料添加剂质量合格率维持在较高水平。

（陆泳霖　杨义忠）

饲料级氨基酸

2016年，我国饲料级氨基酸厂家集中度继续提升，随着出口退税的调整，氨基酸的出口市场不断扩大，加上环保压力和企业安全考虑，氨基酸市场继续调整。随着饲料产业竞争日益同质化，小品种氨基酸如缬氨酸和精氨酸进入市场，国内和出口市场的需求具有显著作用。另外，生产要素中的劳动力成本提升，氨基酸的厂家转移至印尼、马来西亚、巴西、美国、俄罗斯等国家生产，这有望改变全球氨基酸市场供需的格局。

2016 年氨基酸总产量 201.8 万 t，同比增长 30.6%。饲料添加剂中氨基酸 200.4 万 t，同比增长 31.7%；混合型饲料添加剂中氨基酸 1.4 万 t，同比下降 40.5%。饲料添加剂中，赖氨酸 111.7 万 t（含 65%赖氨酸），同比增长 16.7%；蛋氨酸 21.6 万 t，同比增长 82.4%；苏氨酸 52.6 万 t，同比增长 38.7%；色氨酸 1.6 万 t，同比增长 56.7%。

一、赖氨酸

2016 年以来赖氨酸加工行业持续不断地在进行供给侧改革，加速去产能，供给侧改革引领行业再平衡，2016 年国内产能下降，人民币贬值利于出口，赖氨酸出口量不断冲高，另外，11 月份赖氨酸行业遭遇物流运输难题，即运输费用上涨后物流公司对氨基酸运输偏好降低，货运紧张推升赖氨酸市场价格涨幅超过 95%。但 2016 年我国玉米市场价格显著低于往年同期，另外虽然生猪养殖效益升至近年来最高水平，但由于养殖量偏低，总体来看饲料消费增速放缓。使得我国赖氨酸市场行情冲高后在 12 月份再次下跌。

1. 赖氨酸出口情况分析

（1）2016 年出口情况。据海关最新统计数据显示，2016 年我国赖氨酸出口形势大好，2016 年我国赖氨酸累计出口量依然较大，同比仍然呈现增长态势（图 2－78）。2016 年 1～12 月我国累计出口赖氨酸盐及酯 33.5 万 t，同比增加 7.5 万 t，增长 28.8%；相比于近 5 年的平均出口量增长 9.2 万 t，增幅为 27.5%。2016 年赖氨酸出口量持续高位也是我国赖氨酸市场供应持续保持平衡态势的主要因素之一。

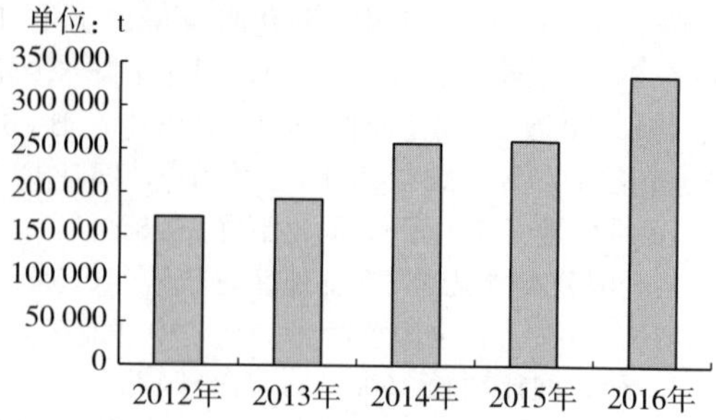

图 2－78　2012—2016 年赖氨酸年度出口总量对比

（2）月度出口情况。据海关最新统计数据显示，2016 年我国赖氨酸月度出口量仍居高位，月平均出口量比 2015 年同期提高了 6 000t。2016 年赖氨酸单月出口量均在 2 万 t 以上（图 2－79），尤其是 6 月、8 月和 11 月，赖氨酸出口量在 3 万 t 以上，出口量分别为 30 999.3t、32 651.4t 和 31 729.0t，8 月我国赖氨酸出口量创下历史新高，同比暴增近一倍之多。

（3）分国别出口情况。2016 年我国赖氨酸的出口国家主要有俄罗斯（62 001.4t）、荷兰（46 834.5t）、德国(30 116.1t)、比利时（9 133.3t）、立陶宛（17 058.9t）、越南（20 361.4t）、泰国（12 600.4t）、南非(10 362.3t)等。其中，我国对德国、荷兰和越南的出口比例与 2015 年相比，均有不同程度的增加，其中对德国的出口比例增加 2 个百分点，对荷兰的出口比例增加 4 个百分点，对越南的出口比例增加 1 个百分点。但与 2015 年相比，我国对俄罗斯、比利时和南非的出口比例分别下降了 6 个百分点、2 个百分点和 1 个百分点（图 2－80）。2016 年欧洲依旧是我国赖氨酸最大出口地区。由于 2016 年越南等东南亚地区饲料养殖业的快速发展，对赖氨酸的需求水平亦呈显著增长态势，因此对亚洲地区赖氨酸出口量增长速度与幅度均较为明显。

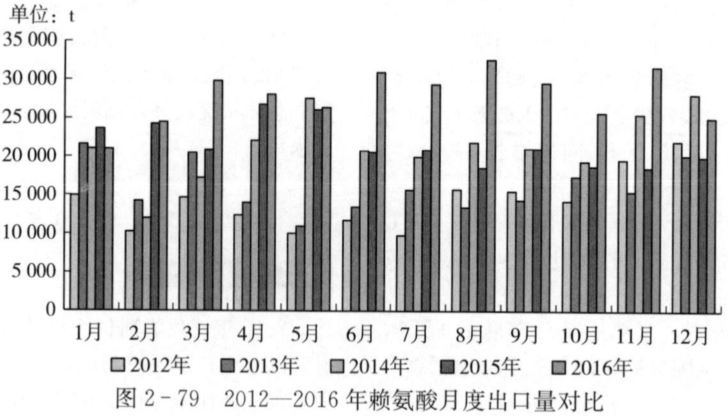

图 2－79　2012—2016 年赖氨酸月度出口量对比

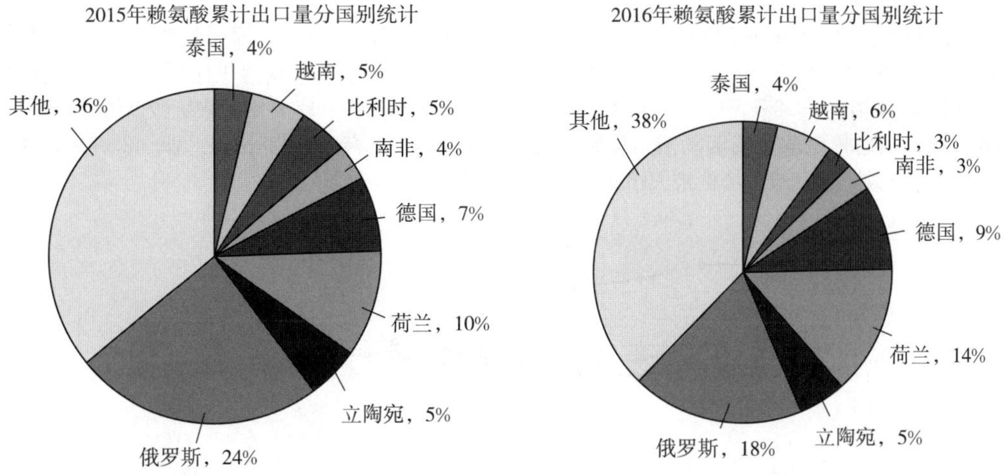

图 2－80　2015 年和 2016 年赖氨酸主要出口国家及所占比例对比

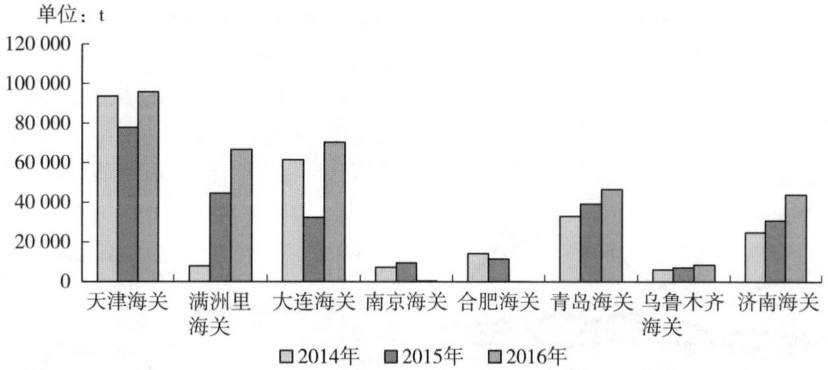

图 2－81　2014—2016 年国内主要港口赖氨酸出口量对比

（4）主要海关出口情况。2016 年我国赖氨酸出口的主要海关包括：大连海关（70 343.0t）、满洲里海关（66 708.1t）、天津海关（95 710.4t）、青岛海关（46 534.3t）、济南海关（43 872.5t）、乌鲁木齐海关（8 509.5t）等（图 2－81），除南京和合肥两个海关出口量大幅缩减之外，其余海关赖氨酸出口量较 2015 年相比均有不同程度的增加。其中满洲里海关、大连海关和济南海关同比出口量增幅分别高达 49.9%、117.1%和 42.4%。南京和合肥海关同比出口量降幅达 96.0%和 99.7%。2016 年大成生化恢复生产，出口量亦随之恢复至万吨水平。中粮生化的停产，令合肥港出口量连续数月降为“0”，而乌鲁木齐与满洲里海关则成为“新兴”出口主力港口。

（5）进出口均价情况。2016 年我国赖氨酸出口总额为 36 611.0 万美元，出口量比 2015 年同期减少 4 252.7t，同比下降 13.1%，赖氨酸的出口均价为 1.1 美元/kg，同比下降 12.1%。2016 年我国赖氨酸的出口均价以低位震荡为主，年内小幅波动。9 月份为 2016 年我国赖氨酸出口单价最高月份，均价为 1.21 美元/kg，较 1 月相比上涨 16.4%，同比上涨 16.4%。随后又继续下跌，12 月我国赖氨酸出口单价降至 2016 年年初水平（图 2－82），为 1.03 美元/kg，与 2 月出口均价相同，同比下降 6.4%。

2. 2016 年赖氨酸市场价格分析

（1）国内价格分析。2016 年受环保压力、运输以及其他因素影响，我国赖氨酸市场年均价格高于 2015 年同期水平，且四季度出现跳涨的情况，达到近 4 年来新高点。2016 年国内赖氨酸年均价格为 9.29 元/kg，同比上涨 12.6%，与近 5 年均值相比仍下跌 10.7%（图 2－83）。2016 年年初我国赖氨酸市场价格大体上呈弱势平稳走势，赖氨酸市场价格延续 2015 年年末的偏强走势，但从 3 月下旬开始，由于成本面、替代面均受利空影响，国内赖氨酸市场延续颓势行情，至 4 月下旬赖氨酸市场均价已跌至年内最低价 7.6 元/kg，较年初相比下降了 11.4%，同比下降了 14.3%。二季度随着赖氨酸市场购销逐渐转好，价格开始筑底反弹并持续上涨，6 月上旬已突破 2015 年同期价格，7 月末，我国赖氨酸市场均价已涨至

9.6元/kg，较年初相比上涨了12.9%，同比上涨了16.44%。三季度我国赖氨酸市场价格呈弱势下调态势，10月初赖氨酸市场均价降至8.0元/kg，较7月初的9.6元/kg相比，降幅达16.8%，但同比上涨2.2%。10月中旬开始，国内赖氨酸市场因物流运输紧张造成部分地区供应紧缺，赖氨酸市场价格大幅飙涨，11月末赖氨酸价格涨至16.00元/kg，较10月初价格低点相比上涨99.75%，同比上涨116.22%。随着运输缓解，赖氨酸市场现货供应增多，市场价格出现盘整、回调态势。12月末，赖氨酸市场价格降至12.12元/kg，较年初相比上涨42.09%，同比上涨45.67%。

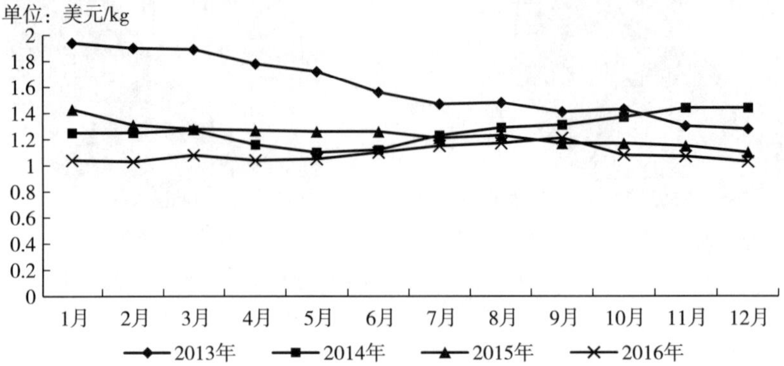

图2-82 2013—2016年赖氨酸出口均价对比

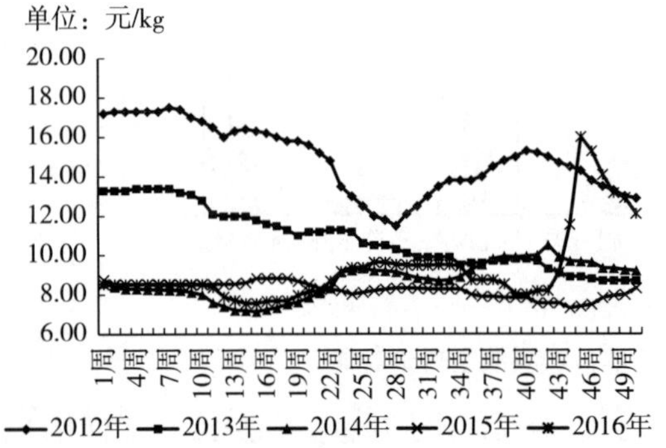

图2-83 2012—2016年国产98.5%赖氨酸国内价格走势

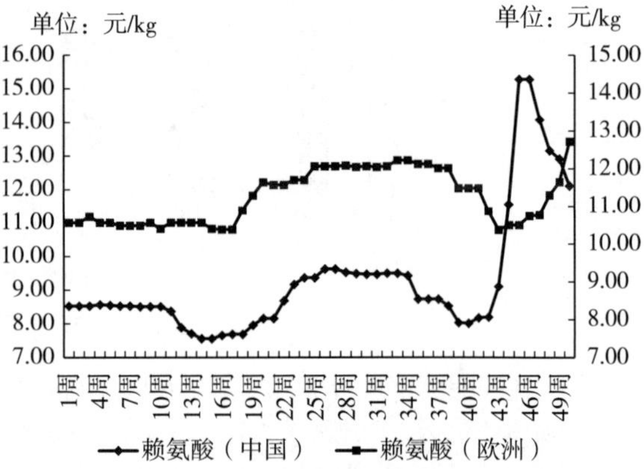

图2-84 2016年欧洲98.5%赖氨酸与国内98.5%赖氨酸价格走势对比

（2）欧洲价格分析。2016年欧洲赖氨酸市场均价走势与国内赖氨酸市场均价较为相似，但四季度欧洲赖氨酸市场价格反弹时间较国内推迟2周左右，且国内赖氨酸市场价格增幅与增速均高于欧洲赖氨酸市场价格（图2-84），2016年欧洲赖氨酸市场平均价格为11.2元/kg，同比上涨4.7%。

2016年第一季度欧洲因赖氨酸市场供应充足，整体以稳定为主，期间小幅波动。一季度欧洲赖氨酸市场价格在10.4～10.7元/kg波动。二季度中期开始，我国赖氨酸生产商提价，西方生产商供应量偏紧，欧洲市场趋坚，赖氨酸市价逐渐上涨，8月末，欧洲赖氨酸市场价格涨至12.2元/kg，较年初相比上涨了15.7%，同比上涨了29.6%。由于国内赖氨酸市场价格弱势下调，欧洲终端需求一般，市场价格止涨回落，11月中旬降至年初水平，均价为10.5元/kg，较8月高点相比降幅达14.1%，同比上涨4.2%。11月中国赖氨酸厂商受物流问题困扰，大幅提高赖氨酸盐酸盐和硫酸盐的报价，欧洲市场贸易商预期中国货源会延迟到港，加上中国一些大型厂商对外公布已将货物销售一空，导致欧洲现货市场报价出现强势上涨，12月末，欧洲赖氨酸市场价格涨至12.7元/kg，较年初相比上涨了20.5%，同比上涨了22.3%。

3. 市场行情主要影响因素

（1）去产能取得成效，国内赖氨酸产能下降。经过数年的发展，我国赖氨酸产能一度超过200万t，成为全球最大的赖氨酸供应国。同时，我国饲料养殖产业一体化加速，对赖氨酸的需求增长起到提振作用，但我国目前赖氨酸年需求量在70万～80万t，由此来看我国赖氨酸产能仍严重过剩，这导致近几年来国内市场价格相对低迷，尤其是2015年大部分时间中赖氨酸市场价格均围绕成本线上下运行，部分厂家陷入亏损境地，故转型或压缩、去产能化是摆脱行业困境的唯一道路。另外，由于环保压力，为稳定我国赖氨酸产业平稳过渡发展，提高赖氨酸行业的准入壁垒，提升赖氨酸产业市场竞争力，2015年以来赖氨酸行业持续不断进行产业结构性调整，进行供给侧改革，加速去产能化，使得2016年国内总产能降低至186.5万t（图2-85）。我国主要赖氨酸生产厂家排污费用开支很大，对生产成本面形成巨大压力，另外，我国环保所带来的企业停、减产也对市场供应面有很大影响，加上2016年冬季以来赖氨酸行业遭遇物流运输难题，氨基酸货运紧张这一重要因素的叠加，2016年11月期间我国赖氨酸市场价格同比涨幅超过110%。

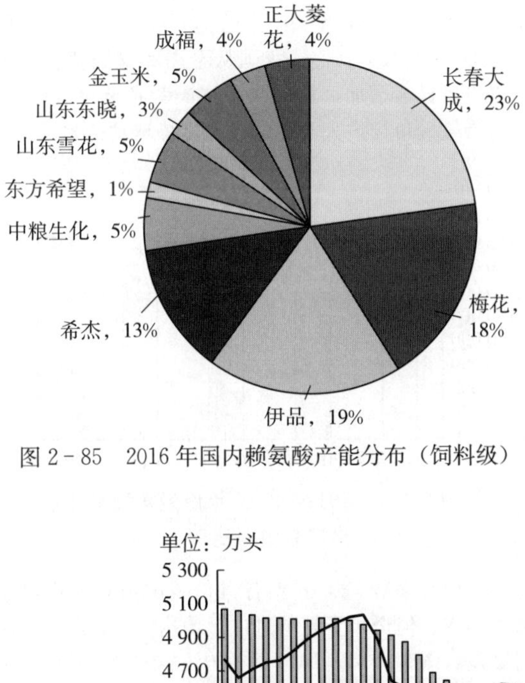

图2-85 2016年国内赖氨酸产能分布（饲料级）

（2）能繁母猪存栏持续下降，赖氨酸刚需削弱。据农业部公布，2016年12月份生猪存栏数据环比下降2.0%，同比下降4.2%；能繁母猪存栏量环比下降0.5%，同比下降3.6%。由于生猪市场去产能化、玉米价格偏低，以及政府主导下的环保要求日益严格，自2013年第三季度末开始，我国能繁母猪存栏量一直处于下降的通道，截至2016年年末，已经连续40个月无拐点出现（图2-86）。由于能繁母猪存栏水平的低下，国内生猪产能不足，饲料消费增速放缓。但2016年我国生猪养殖效益持续高企，短时间对推动赖氨酸市场消费形成显著的利好推动。

（3）赖氨酸出口量大幅增加，提振国内市场。2016年我国赖氨酸出口形势持续较好，出口总量同比增长近29%，同时，从出口目的国看，2016年我国出口至亚洲地区国家数量“激增”，较2015年同期增幅几乎达到一倍；此外，2016年大成生化恢复生产，出口量亦随之恢复至万吨水平。同时，我国赖氨酸出口单价则呈窄幅波动之势，受惠于人民币大幅贬值，出口企业利润趋好，这也是我国赖氨酸出口量持续保持高位的重要利好因素。赖氨酸出口量大幅增加是我国赖氨酸国内市场供应持续保持紧平衡态势的重要影响因素。

（4）玉米价格区间下移，赖氨酸成本下降。2016年，我国玉米产量为2.1955亿t，较2015年度相比下调了2.2%。8年临储收购结束，我国玉米逐步走向市场化，整体价格水平低于2015年同期15%～18%，赖氨酸生产企业生产成本下降。从历史价格来看，我国大部分时间内赖氨酸与玉米价格走势相符，但2016年以来玉米价格与赖氨酸市场价格走势却相背离。

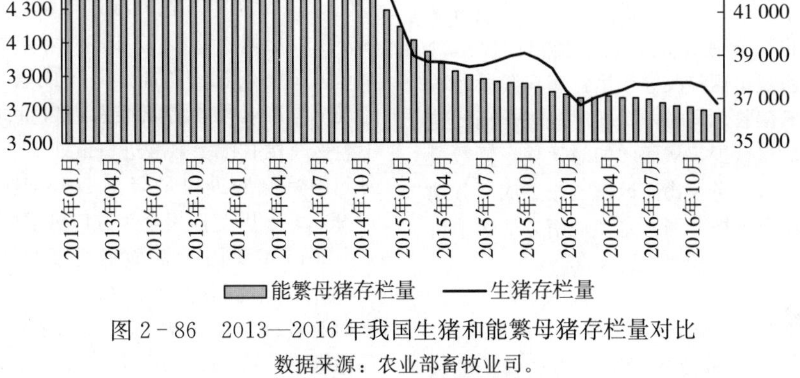

图2-86 2013—2016年我国生猪和能繁母猪存栏量对比

数据来源：农业部畜牧业司。

主要是因为2016年环保因素导致厂家产量下降，年内物流运输紧张改变了短期的市场供应格局，从而导致玉米价格和赖氨酸市场价格相背离的情况。

(5) 2016年人民币持续贬值，利好赖氨酸出口。2016年我国赖氨酸出口形势良好，其中人民币汇率贬值对提振出口功不可没。2016年贬值幅度超过5%，2016年人民币汇率贬值的三个阶段分别是：第一轮始于2016年年初，随着美联储加息预期及央行宣布人民币参考一篮子汇率，人民币对美元中间价从2015年11月5日开始到2016年1月7日贬值达3.9%；第二轮贬值始于2016年4月，由于美联储6月加息预期以及6月底英国意外脱欧，人民币从4月中旬一路震荡走弱至7月中旬，贬值幅度达4%；第三轮由于金融市场动荡，市场避险情绪增加，始于8月17日的高点，截至年末，贬值幅度达5.25%，人民币或继续贬值利好我国氨基酸出口市场。

(6) 环保要求趋高，生产企业成本增加。近年来我国赖氨酸产业高速发展，而"十三五"时期，环境保护的外部条件和内部动力发生重大变化，在国家环保重点监控企业名单上，部分赖氨酸厂家赫然在列。在环保趋于严格的整体大背景下，治污等费用的上升将显著增加生产企业的成本。同时环保所带来企业停、减产也限制产量的提升，对市场供应阶段性下降，对赖氨酸价格上涨起到重要的作用。不得不说环保是2016年我国赖氨酸市场价格与其成本、下游需求等相背离的一大重要原因。

(7) 物流运输紧张，致赖氨酸价格快速上涨。2016年2月1日，国务院印发了《关于煤炭行业化解过剩产能实现脱困发展的意见》，确立2016年煤炭去产能化任务，而国内煤炭行业去产能化过程十分顺利与迅速，加上我国钢铁行业煤炭供应异常紧张，因此南方"煤荒"的情况十分严重，水、铁、汽均以南运煤炭为主，饲料原料行业的运输均呈现一车难求的态势，这也波及赖氨酸行业，全国各地现货供应量愈发稀少，报价全面强势上行。2016年9月21日，新的《超限运输车辆行驶公路管理规定》开始施行，运费上涨，车辆紧张。一方面，司机能够获得的报酬减少，高额的罚款也会导致司机的利益受损而停运观望；另一方面，违规车辆整改导致运营车辆阶段性减少，造成运输车辆偏紧。同时，新规对违规车辆的整治会导致单程运输量减少，从而增加对运输车辆数量的需求。国内赖氨酸市场因物流运输紧张造成部分地区供应紧缺，从而令价格上涨，尤其是南方地区，价格涨幅十分明显。

二、蛋氨酸

2016年，国内蛋氨酸终端需求难言乐观，国内经济增速放缓，消费能力不足，原油价格仍会保持走低态势，成本面偏弱。与2014年、2015年相比，2016年我国蛋氨酸市场价格持续处于相对偏低的价格区间之内，全年呈现高开低走态势。一方面，全球蛋氨酸的扩产，市场供应相对宽松，激烈的价格竞争难出现较为突出的涨跌；另一方面，2016年我国家禽养殖形势虽然好于2015年同期，但仍不足以提振市场整体行情。

2016年国内蛋氨酸市场回顾

(1) 进口量分析。据海关最新统计数据显示，2016年我国蛋氨酸进口形势较好，我国累计进口蛋氨酸16.8万t，创5年来同期新高，同比增加1.0万t，增长6.0%。相比于近5年的平均进口量上涨17.9%（图2-87）。但2016年我国蛋氨酸总进口量同比增幅缩窄超过14个百分点。2016年，我国蛋氨酸产能大幅扩张，亚洲供应量显著增多，全球供应格局发生极大的改变。由于全球蛋氨酸产能增长，同比增加23.5万t以上，我国从希杰和德固赛新加坡的进口量显著增加，加上我国重庆紫光天化的供应，国内蛋氨酸市场供大于需的失衡之势越发扩大。

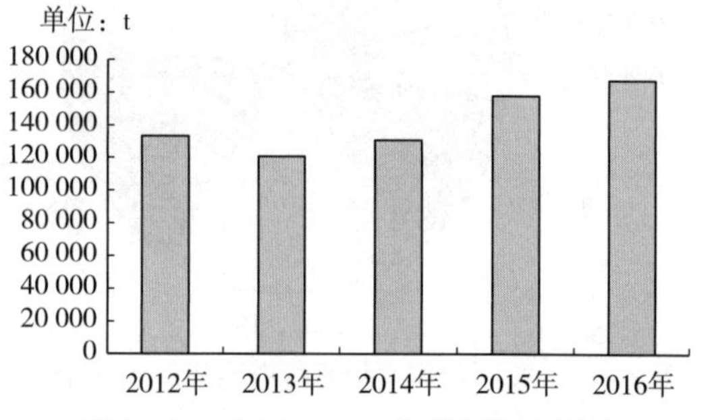

图2-87 2012—2016年份蛋氨酸累计出口总量对比

从单月来看，2016年各月份我国蛋氨酸进口量参差不齐，但全年蛋氨酸进口量均达到万吨以上的相对高位（图2-88），即便是在传统春节的2月份，进口量仍达到1.1万t以上，3月和7月进口量达到1.6万t以上，7月蛋氨酸进口量再创历史新高的天量水平，进口蛋氨酸17 132.0t，环比增加1 311t或增长8.2%，同比增加2 560t或增长17.6%。2016年前三季度，我国蛋氨酸总进口量同比高达22%以上。四季度我国蛋氨酸进口量处于全年最低水平，10月我国蛋氨酸进口量降至2016年以来的低点，仅10 256.0t，因此拖累全年进口量增幅仅为6.0%。

2016年我国蛋氨酸的主要进口国有：新加坡(44 080t)、比利时（34 900t)、日本（33 615t)、马来西亚（25 306t)、法国（17 632t)、美国（8 300t)和德国（3 630t)。2016年，我国主要蛋氨酸进口国

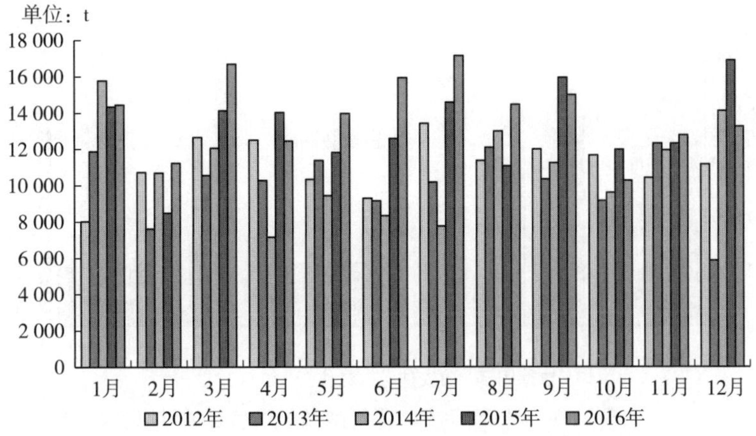

图 2-88　2012—2016 年各年度蛋氨酸月度进口量对比

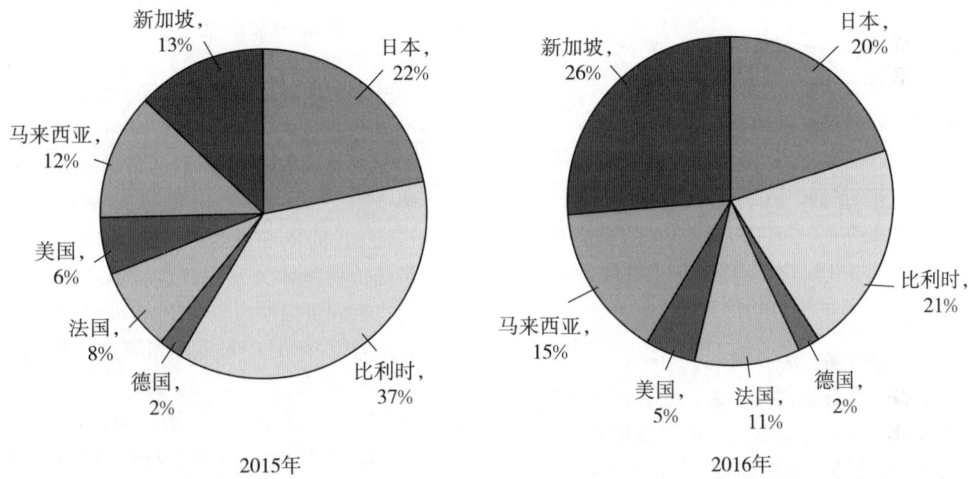

图 2-89　2015、2016 年蛋氨酸进口国别统计对比

中，各国市场份额较 2015 年相比有显著变化，新加坡、马来西亚和法国进口量显著提升，进口量占比较 2015 年相比分别提高了 13%、3%和 3%；比利时、日本和美国进口量显著降低，进口量占比较 2015 年相比分别降低了 16%、2%和 1%（图 2-89）。

据统计数据显示，2016 年我国蛋氨酸供应仍以进口为主，但蛋氨酸供应格局转换，主要进口厂家进口比例出现了变化，希杰和安迪苏市场份额增加，赢创和住友市场份额下降。2016 年，我国蛋氨酸进口企业中，赢创仍占据主要市场份额，从蛋氨酸进口总量来看，赢创进口量为 90 910t，同比上涨 1.3%，占进口总量的 54%；住友进口量为 33 615t，同比下降 2.7%，占进口总量的 20%；安迪苏进口量为 17 632t，同比上涨 35.1%，占进口总量的 11%；希杰进口量为 25 306t，同比上涨 29.3%，占进口总量的 15%（图 2-90）。2016 年，希杰和安迪苏累计进口量增幅十分明显，但 9 月份安迪苏与希杰进口量“突发性”大幅下降，其中安迪苏进口量环比降幅超过 50%，希杰环比进口量降幅超过 80%。12 月安迪苏进口量下降至 260t，同、环比降幅均达到 80%；此外，住友进口量同、环比降幅亦达到 30%以上，而希杰进口量环比增长达到 52%，因此，主要品牌市场份额在 2016 年内起了较大的波动。

（2）进口均价分析。根据海关统计数据显示，2016 年我国蛋氨酸的进口总额为 52 254.69 万美元，同比下降 20.9%，进口均价为 3.1 美元/kg，较 2015 年同期相比下降 26.2%，与近 5 年的平均进口单价 3.6 美元/kg 相比下降 14.4%。2016 年，我国蛋氨酸进口均价呈弱势下调走势（图 2-91），12 月降至 2.5 美元/kg，为年内最低单价，较 1 月相比下降 25.2%，同比下降 23.4%。蛋氨酸进口单价节节下滑，抵消了人民币汇率贬值所带来的不利影响。

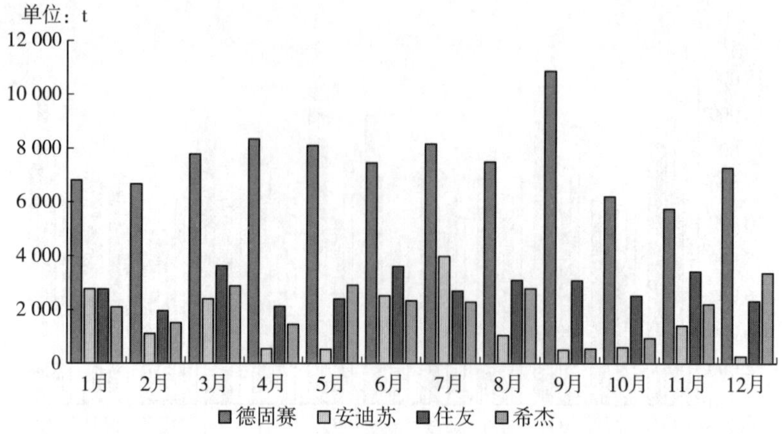

图 2-90　2016 年主流蛋氨酸品牌进口总量对比

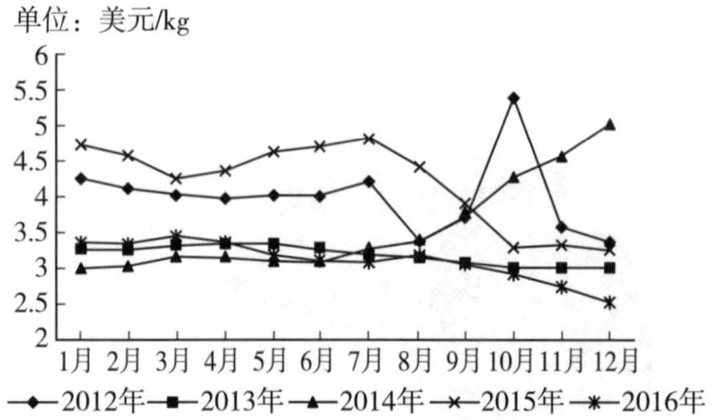

图 2-91　2012—2016 年各年蛋氨酸月度进口均价对比

（3）基本价格分析。

①国内市场价格分析。近年来，随着国内外蛋氨酸厂家的强势扩产，全球蛋氨酸产能迅猛增长，我国蛋氨酸市场价格持续处于相对偏低的价格区间运行（图 2-92），2016 年国内蛋氨酸全年均价为 28.8 元/kg，同比下降 33.4%，与近 5 年均值相比下降 20.7%。2016 年全年呈现高开低走态势，其中年内价格高点水平在年初 1 月时期，均价为 32.4 元/kg，同比下降 19.8%；年内价格低点水平出现在 10 月份，为 25.4 元/kg，较年初相比下降 21.6%，同比下降 24.2%；年底蛋氨酸价格小幅回升，12 月末均价为 26.4 元/kg，较年初相比下降 18.5%，同比下降 18.5%。

②欧洲市场价格分析。全球蛋氨酸市场经过生产企业多次竞争整合之后，正处于重塑新平衡的过程中，2016 年欧洲的蛋氨酸市场价格大体呈现稳步下跌走势（图 2-93）。2016 年欧洲蛋氨酸全年均价 26.8 元/kg，同比提高 42.1%。2016 年，欧洲的蛋氨酸市场价格整体分三个阶段：第一阶段，1 月～5 月中旬，欧洲蛋氨酸市场呈“去库存”状况，市场疲软，弱势运行，5 月中旬欧洲蛋氨酸市场均价由年初的 33.4 元/kg 降至 26.5 元/kg，较年初相比下降 20.7%，同比下降 12.1%；第二阶段，5 月下旬至 8 月中旬，欧洲蛋氨酸与中国市场行情较较为相似，价格在 25.8～27.3 元/kg 波动；第三阶段，8 月下旬～12 月末，欧洲蛋氨酸价格稳步下跌，也是国内蛋氨酸市场趋于弱势的依据之一；12 月末跌至 20.17 元/kg，较年初相比下降 39.6%，同比下降 22.6%。

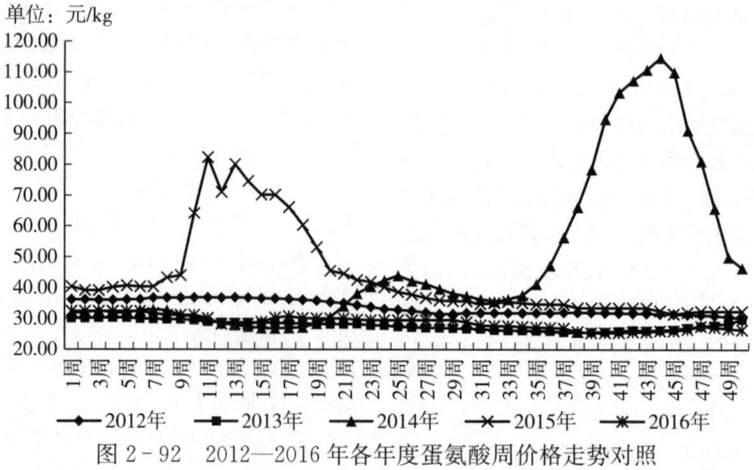

图 2-92　2012—2016 年各年度蛋氨酸周价格走势对照

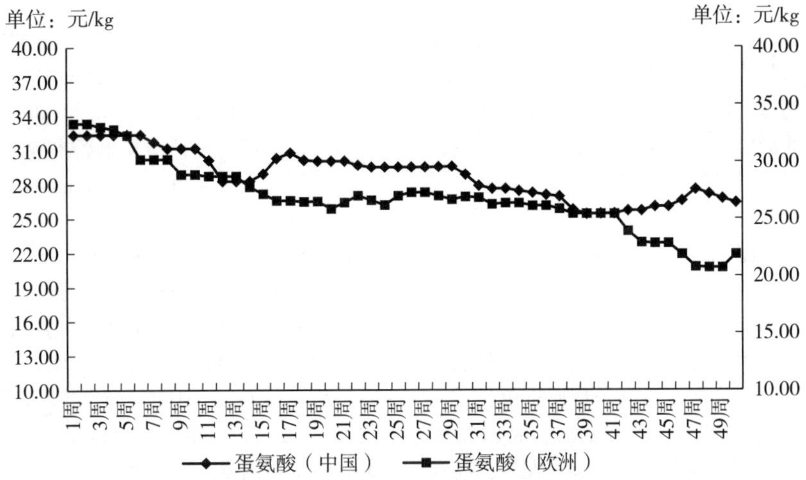

图 2-93　2016 年国内蛋氨酸与欧洲蛋氨酸周价格走势对比

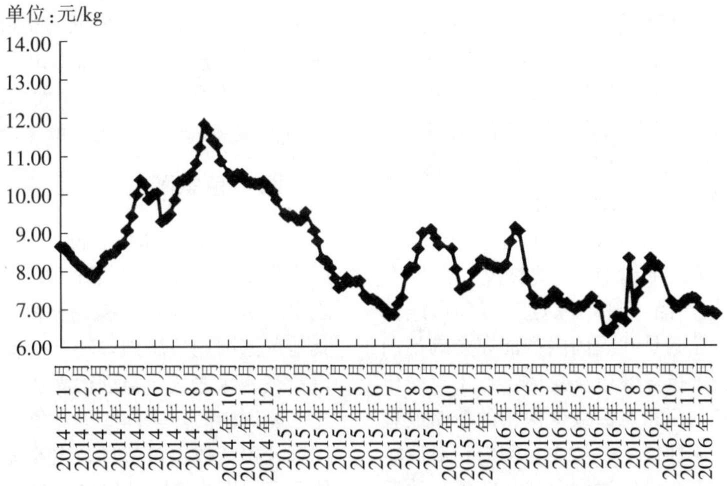

图 2-94　2014—2016 年产销区鸡蛋平均价格走势

（4）市场行情影响因素。

①蛋氨酸供应量大幅增加，市场价格低位运行。2016 年，我国多家生产企业进行投、扩产，我国已建成并投放的蛋氨酸产能有紫光 10 万 t 以及安迪苏 14 万 t 液蛋。新上产能包括新和成一期 5 万 t 以及和邦 10 万 t，亚洲地区产能由原来的 15%迅速增至 37%，而单中国地区蛋氨酸计划产能则占全球总产能比重超过 20%。我国蛋氨酸总体生产能力将较以往大幅提升，我国蛋氨酸供应量能达到 25 万～30 万 t，这已远超过我国年实际需求数量。从数量上看，完全足够满足国内市场需求，并有盈余。从进口上看，我国蛋氨酸进口量保持小幅增长态势，国内蛋氨酸市场总体供应将呈现大幅过剩态势。因此，在厂家间价格竞争愈发激烈的背景下，我国蛋氨酸市场价格逐步理性回归，全年蛋氨酸市场价格在低位运行，同时也加剧全球蛋氨酸市场的激烈竞争格局。

②蛋禽料消费增长，但不足以平衡蛋氨酸市场过度倾斜的基本面。2016 年，国内蛋禽类市场走势仍呈现季节性波动，但鸡蛋市场消费水平增幅小于市场供应增幅，供大于求的局面仍在持续影响整个蛋鸡市场行情，总体蛋价水平偏低（图 2-94）。1 月至 2 月中旬国内蛋禽养殖效益继续保持趋好态势，市场走势呈现出相对震荡偏强的格局，2 月初鸡蛋均价涨至 6.10 元/kg，较年初相比上涨 13.18%，同比下降 2.15%，对蛋氨酸市场需求面呈利好态势。2 月下旬开始，国内鸡蛋价格呈持续下跌态势，夏季高温使得家禽高温应激屡屡发生，抑制家禽采食量，且 2016 年我国鸡蛋供应充足，蛋禽价格持续低位运行。8 月初蛋价降至 6.46 元/kg，较年初相比上涨 19.65%，同比上涨 19.85%，抑制饲料市场采购积极性，不利于国内蛋氨酸市场消费形势的提升。进入 9 月，高温天气结束，蛋鸡采食量提高，猪肉价格较高，作为替

代消费的鸡蛋消费随之提高，蛋价涨至 8.30 元/kg，较年初相比上涨 3.23%，同比下降 9.16%。蛋价短暂的上涨后，年初补栏的一批蛋鸡进入产蛋高峰期，鸡蛋供应增加，鸡蛋市场消费水平增幅小于市场供应增幅，供大于求的局面影响整个蛋鸡市场行情，蛋价持续下行。12 月末蛋价跌至 6.82 元/kg，较年初相比下降 15.17%，同比下降 15.17%。2016 年，我国禽料呈现回升走势，蛋鸡存栏量大多处于满栏状态，但蛋价偏低，对蛋氨酸市场提振作用有限，这也是我国蛋氨酸市场成交仍十分谨慎的主要因素。从禽料消费的角度上看，虽同比有所增长，但远低于蛋氨酸供应量的增幅，故蛋氨酸价格下滑也是在所难免。

③环保要求愈发严格，延缓蛋氨酸价格过快下跌。2016 年，我国环保限制国产蛋氨酸的发展。在我国越来越重视环保，排污标准不断趋严的情况下，中国淘汰资源能源消耗高、环保不达标的落后设备，排污标准不断趋严。由于生产工艺原因，蛋氨酸企业或多或少都要面对环保问题的挑战，向远离社区的地方迁移厂房整合资源以及提高环保投入是多数厂家的发展方向，因此在后期全球蛋氨酸厂家激烈价格背景下，环保或是延缓价格过分、过快下跌的一大重要因素。

2016 年国内蛋氨酸市场依旧缺乏实质性的利好因素提振，尽管整体饲料消费会有所回升，但难抵蛋氨酸供应的快速增长。随着新厂家的投产，且在 2017 年或对市场投放产品，将对蛋氨酸市场供应面形成实质性的冲击，尤其是我国国内产能完全满足国内饲料生产需求。我国蛋氨酸市场总体供过于求的格局基本成定局，故部分厂家意欲减供保价的策略或难以对扭转行情起到实质性作用。加之，国内相对疲弱的下游消费形势难与上游供应过剩之势相匹配，故后期国内蛋氨酸市场弱势依旧。

三、苏氨酸

2016 年，我国苏氨酸市场继续延续供应过剩的格局，由于出口退税维持 13%的高比例，出口量占据市场的主导。全球苏氨酸的产能主要来自中国市场。2016 年，国内苏氨酸产能继续集中，其中，梅花、伊品、阜丰继续主导市场。成福增加产能，而星湖停产。国际产能主要是味之素、希杰、赢创。2016 年，苏氨酸市场继续深度调整，产量和出口主要厂家为梅花、伊品。2015 年苏氨酸主要厂家有梅花、味之素、希杰、宁夏伊品、成福、赢创德固赛、ADM、大成、浙江国光生化、山东恩贝、巨龙、阜丰集团共计 12 家企业。

2016 年，全球苏氨酸产能为 83 万 t，同比下降了 5 万 t，由于出口退税提高，加上原料成本下降，技术水平提升，中国苏氨酸整体产能维持高位。全球苏氨酸供应量为 53.5 万 t，需求量为 52 万 t，全球市场供应量相对充足。2016 年中国苏氨酸产能为 66.5 万 t，产量达到 52.6 万 t，同比增长 38.7%，其中出口量为 36.02 万 t，同比提高了 38.2%，占产量的 68.4%，梅花产量仍占据市场主导。

2016 年，苏氨酸市场仍在供大于求的背景下展开。出口市场的拉动作用，对苏氨酸的价格刺激不容小觑。全年平均价格在 8.6～12.5 元/kg。上半年，随着国内苏氨酸市场供应量增加，受国内需求不振的制约，苏氨酸价格不断探底，4 月份降至阶段性的低点 9 元/kg，随着出口力度加大，5 月份开始震荡回升，涨幅不大，6 月末反弹至 11 元/kg，与年初比下跌了 12%。下半年，出口订单成为左右苏氨酸价格走势的重要因素，受人民币贬值及预期贬值的作用，苏氨酸出口总量加大，其中 11 月份苏氨酸出口量出现翻倍的情况。出口利好大大降低了苏氨酸市场价格的下行速度，下半年最低价格降至 8.6 元/kg，出现在 10 月下旬，随着 11 月份出口大增，苏氨酸市场得以拉升，全年均价 10.88 元/kg，但整体价格低于 2015 年整体水平，同比下降 23%。

四、色氨酸

2016 年，全球色氨酸市场供需格局继续向几大厂家集中。全球厂家共计 8 家，包括希杰、巨龙、味之素、伊品、梅花、赢创德固赛、升华拜克、阜丰，其他厂家因竞争激烈，转产或者退出市场。全球市场以希杰、味之素、赢创德固赛为主导，国内市场中巨龙产能比较高，国内厂家竞争激烈，近两年来，国内厂家开始转战出口市场，主要集中在巨龙、阜丰，其他厂家如梅花和伊品出口量少。出口国家主要集中在北美洲、南美洲、亚洲及欧洲。2016 年，全球色氨酸的产量为 4.25 万 t，其中我国色氨酸产能 2.45 万 t，2016 年我国色氨酸产量 1.6 万 t，同比增长 56.7%。2016 年色氨酸出口为 6 860t，进口为 3 200t，进出口量均出现下降趋势。2016 年味之素退出中国市场，色氨酸进口主要来自希杰。2016 年希杰和赢创德固赛继续加大对欧洲市场的投放力度，未来色氨酸在欧洲市场的竞争将更为激烈。南美市场主要来自阜丰、巨龙、味之素、创赢德固赛的出口，味之素计划 2017 年在美国建厂。中国厂家除了成福扩产，厦门象屿计划在 2017 年投产色氨酸外，伊品大部分转产其他产品，中国色氨酸市场的竞争也堪忧。

2016 年色氨酸报价 44～75 元/kg。从 4 月份巨龙停产检修后，5 月份后希杰印度尼西亚停产检修 5～7 周，部分地区暂停报价，色氨酸价格出现缓慢提升，11 月份后最高上涨至 75 元/kg，低价出现在 4 月份，为 44 元/kg。色氨酸市场受技术进步，厂家整合加速，原料成本（淀粉）下降的作用，价格更趋理性。年底色氨酸价格为75元/kg，与年初相比上涨了35.1%。全年价格维持缓慢回升的走势。

五、缬氨酸和精氨酸

缬氨酸和精氨酸也是动物所需的必需氨基酸，在动物体内不能生产，必须从外界摄取。近年来，随着饲料产业集中化，养猪业一体化进程加快，提高饲料转化率成为各厂家竞争的主要核心之一，缬氨酸和精氨酸在提升动物生产性能，提高饲料使用效率方面具有很重要的添加意义。缬氨酸和精氨酸仍以医药级和食品级为主，饲料级用量处于起步阶段。2016年饲料级缬氨酸的生产厂家主要有梅花、希杰、星湖、阜丰、晶海。精氨酸厂家包括星湖、阜丰和希杰。2016年缬氨酸生产主要有希杰和阜丰，希杰占据出口市场。2016年我国饲料级的缬氨酸和精氨酸市场供应量分别为1 700t和300t。

（王长梅）

饲料级维生素

2016年，是我国"十三五"开局的第一年，在全球经济增长节奏放缓的背景下，畜禽养殖结构继续调整，饲料产业一体化继续深化，环保政策压力不断体现，维生素市场调整有望继续加快，维生素产业上游产业链向下延伸将成为常态。维生素在出口市场的拉动下将继续加强。传统的出口国家维持不变，新兴市场中的印度、非洲和南美洲国家的出口力度将加大。

2016年，环保及运输政策的具体实施，影响了我国维生素市场的供需格局。随着饲料消费结构升级，供给侧改革的不断深入，维生素生产企业和下游的养殖企业都面临前所未有的调整，2016年也成为维生素市场的一个重要转折年。

2016年维生素总产量113.1万t，同比增长3.6%。其中，饲料添加剂中维生素产量为95.9万t，同比增长4.5%；混合型饲料添加剂中维生素产量为17.3万t，同比下降0.7%。其中，氯化胆碱产量62.2万t，同比下降2.3%；维生素A 0.9万t，同比下降3.9%；维生素E 9.0万t，同比增长38.4%；维生素B_{12} 6t，同比增长37.9%；维生素B_2 6 794t，同比增长1.5%；维生素C 5.4万t，同比下降19.8%。

2016年，我国维生素类产品出口总量为29.6万t，同比2015年的28.8万t，提升了2.8%。其中，维生素C和维生素E和氯化胆碱出口数量仍占据主导，占出口总量的88.2%。占比较2015年提高了0.6个百分点。2016年，维生素A和维生素E出口下降，其他B族维生素和氯化胆碱均有不同幅度的提升。

一、维生素A、维生素E

1. 维生素A、维生素E总体市场情况 2016年中国维生素A产量为0.9万t，同比下降3.9%。维生素A全球产量2.53万t，同比下降了12.5%，主要是巴斯夫、金达威和新和成供应量下降。2016年中国维生素E产量9.0万t，同比增长38.4%。全球维生素E产量为6.65万t，同比上涨0.7%，增量来自巴斯夫，西南合成继续停产。

2. 维生素A市场及进出口基本概况 2016年，我国维生素A及其衍生物累计出口2 955t（图2-95），同比下降了15.6%；出口金额为9 180万美元，同比上升了20.6%。维生素A主要出口的国家有德国（883.7t）和美国（1 002.7t），占出口总量的63.8%，同比下降了3.8个百分点。2016年，我国维生素A及其衍生物累计进口1 169.9t，同比下降了10.5%；进口金额为1 863万美元，同比上涨了1.1倍。

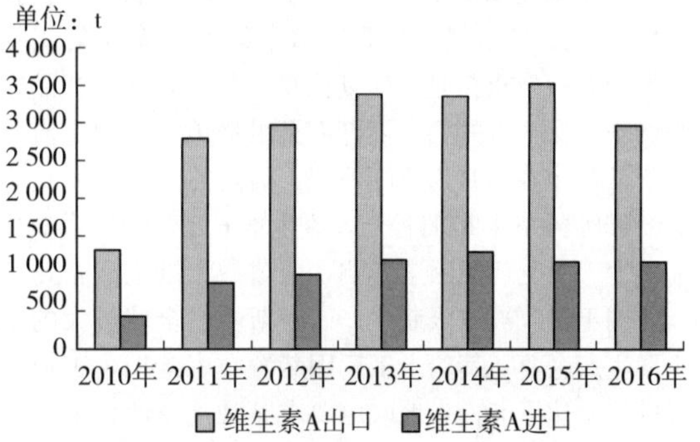

图2-95 2010—2016年我国维生素A进出口总量对比

维生素A的主要厂家为帝斯曼、巴斯夫、安迪苏、新和成、金达威、浙江医药6家生产企业。其中，国际巨头巴斯夫生产的柠檬醛为维生素A的核心中间体，其市场占有率达到了90%以上，10月份，德国巴斯夫集团总部工厂爆炸，加剧原料柠檬醛的紧张，直接推升了维生素A价格的上涨。但由于下游厂家及养殖业备货提前，需求偏弱，价格高位运行。另外，巴斯夫在马来西亚投建柠檬醛一体化工厂，并且扩大25%的维生素A产能，而金达威投资年产800t维生素A油的项目，浙江医药上马3000t柠檬醛。2016年，整体国内维生素A的产能市场供应更加集中，市场进一步偏向供应市场的格局。

2016年，维生素A出口均价为31.06美元/kg，同比上涨了43.1%。2016年，我国维生素A进口均价为33.88美元/kg，较2015年上涨了14.78美元/kg，幅度达77.4%（图2-96）。

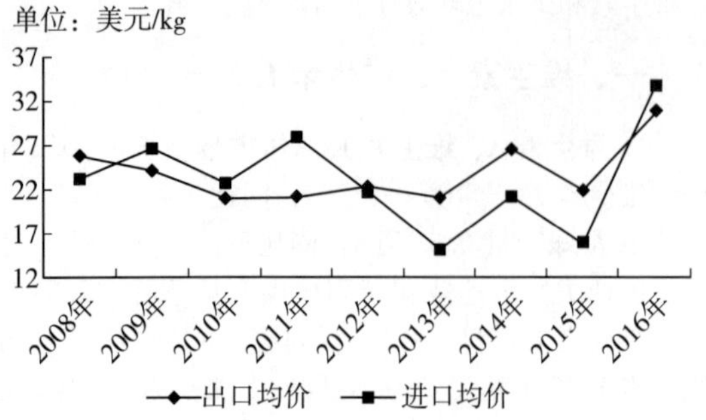

图 2-96 2008—2016 年我国维生素 A 进出口均价对比

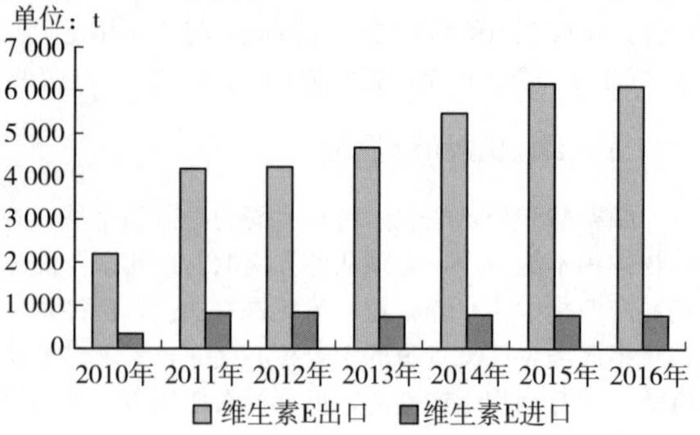

图 2-97 2010—2016 年我国维生素 E 进出口总量对比

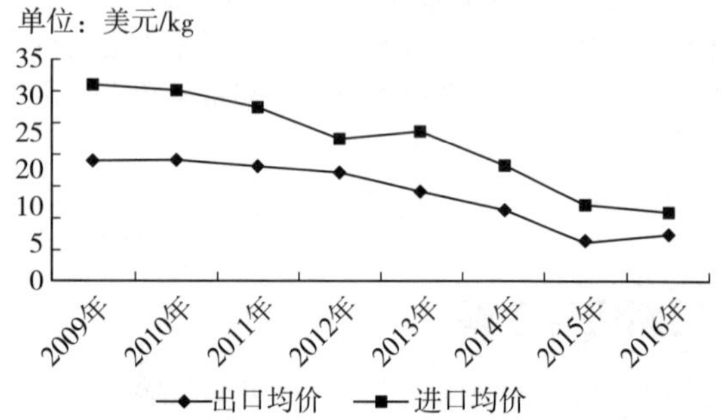

图 2-98 2009—2016 年我国维生素 E 进出口均价对比

3. 维生素 E 市场及进出口基本概况 2016 年，全球维生素 E 的生产厂家主要来自帝斯曼、巴斯夫、新和成和浙江医药。由于生产维生素 E 的生产工艺复杂，一般经过 20 多个环节进行化学反应制备维生素 E，市场中技术壁垒比较强。2016 年，由于上游厂家王龙集团厂区发生气体泄漏的事件，导致其生产的双乙烯酮在短期出现缺口，上游原料产品供应紧张导致维生素 E 市场供应量下降。同时，天成集团受环保问题被要求搬迁，短期内难以复产，上游产品紧张加剧。受 G20 峰会在浙江召开的影响，国内主流维生素 E 厂家在 8 月份逐渐停产，国内维生素 E 龙头企业浙江医药 8 月 20 日停产，维生素 E 市场货源供应逐渐减少。而受环保因素影响，全球最大维生素企业帝斯曼瑞士工厂被迫限制生产。帝斯曼是全球最大的维生素生产企业，其瑞士工厂因装置技术老旧，工业装置排放未达标准，当地政府要求其减产整改，限制污水排放，同时，政府给出明确排放目标，帝斯曼瑞士工厂被迫下降厂区 30%以上装置产能，导致全球维生素 A、维生素 E 产量分别下降约 10%、8%。

2016 年，我国维生素 E 及其衍生物累计出口 61 299t，同比下降 0.7%；出口金额 44 153 万美元，同比上涨 12.4%（图 2-97）。我国维生素 E 主要出口的国家有美国（17 773t）、德国（15 800t）、荷兰（6 511t）、日本（2 343t）、加拿大（1 432t）、泰国（1 795t）、巴西（2 653t）、越南（2 248t），向上述几个国家出口的维生素 E 占总量的 80.1%。

2016 年，我国维生素 E 及其衍生物累计进口 7 845t，同比增加 1.1%；进口金额为 8 543 万美元，同比下降 6.9%。2016 年，我国维生素 E 出口均价为 7.2 美元/kg，同比上涨了 12.5%；2016 年，我国维生素 E 的进口均价为 10.89 美元/kg，同比下降 7.9%（图 2-98）。

4. 2016 年维生素 A 和维生素 E 的价格走势

（1）维生素 A 内外竞争激烈，价格震荡回调。图 2-99 显示，2016 年维生素 A 价格出现大幅跳高后高位运行。9 月份后，随着终端签单意愿下降，价格震荡回调，但整体价格明显高于此前均价。年初维生素 A 价格在 100 元 kg，到 4 月份涨至 320 元/kg，上涨了 2.2 倍，7 月份国内厂家进入停产检修阶段，部分新和成停产 13～15 周，浙江医药也出现停产检修，国内维生素 A 价格报价最高涨至 380 元/kg，厂家限量签单为主。随着 G20 峰会的召开，维生素 A 价格开始回调整理，报价降至 300 元/kg，欧洲市场报价 50～55 欧元/kg，随着终端签单意愿下降，维生素价格弱势平稳，9 月 9 日，随着金达威大幅提高维生素 A 的报价至 380 元/kg，涨幅达 15%，其他厂家跟随上涨报价，浙江医药开始正常生产，新和成在 9 月底恢复生产。2016 年 4 季度，随着国内终端签单意愿不足，需求略显疲软，国内维生素 A 价格逐渐松动，价格回调至 265 元/kg，但与年初比仍上涨了 1.65 倍，与近 5 年的均值相比也涨了 1.3 倍。

（2）维生素 E。2016 年，维生素 E 的价格走势与维生素 A 的走势相似，前 3 个季度在一系列停产和限产的刺激下维生素 E 的价格震荡上行，从四季度开始震荡下降。4 月初，生产巨头浙江新和成、浙江医药停止接单停止报价后，国内贸易商开始观望，维生素 E 价格开始节节攀升，从年初的 41 元/kg 上涨至 6 月底的 88 元/kg，涨幅超过一倍。二季度国内外维生素 E 继续上行，4 月 6 日起，浙江新和成股份有限公司上调维生素 E 出厂价格至 72 元/kg，4 月 19 日，该公司对生产的维生素 E 执行停报停签。4 月 25 日，吉林北沙制药有限公司提高维生素 E 报价为 80 元/kg，较 4 月 8 日 73 元/kg 的报价上涨 9.6%。6 月末，维生素 E 价格上涨至 90 元/kg，三季度维生素 E 价格维持高位运行，随着出口报价逐渐疲软，欧洲市场弱势，报价回调至 73 元/kg，与年初比仍上涨了 73.8%（图 2-100）。

二、维生素 B_2

2016 中国维生素 B_2 产量为 6 794t，同比增长 1.5%。全球维生素 B_2 产量 8 000t，同比上涨了 1.2%。目前，国内主要生产企业有湖北广济、上海迪赛诺、宁夏启元、山东新发、山东恩贝等，国外主要生产企业有帝斯曼和巴斯夫。巴斯夫、帝斯曼、广济和海嘉诺占据主导，其他厂家为辅，由于价格居高，金玉米、神州生物有投产计划，同时，圣雪大成恢复生产，主要用于出口市场。

2016 年，我国维生素 B_2 及其衍生物累计出口 2 201t，同比上涨了 7.3%，出口金额 7 573 万美元，同比上涨了 21.4%。从海关数据可以看出，2016 年，我国维生素 B_2 及其衍生物主要出口美国、德国、荷兰、越南、印度、印度尼西亚等国家，2016 年越南和印度尼西亚进口量增幅比例提高，德国和美国持平略低。

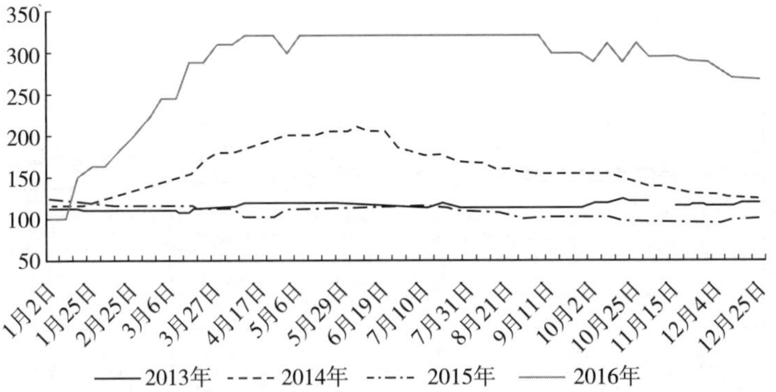

图 2-99　2013—2016 年维生素 A 价格走势

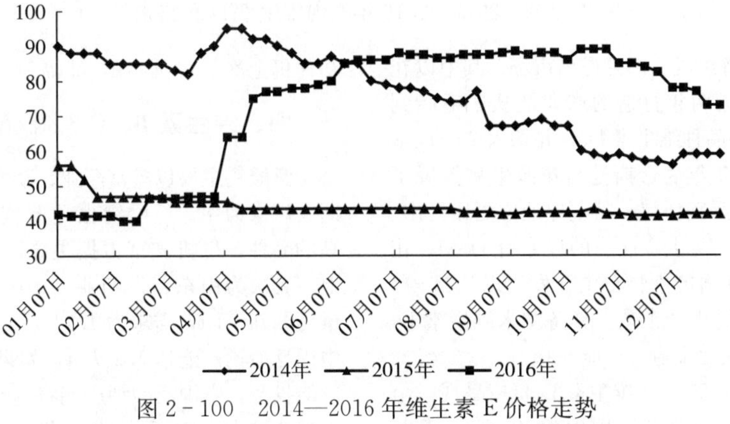

图 2-100　2014—2016 年维生素 E 价格走势

图 2-101 显示，2016 年维生素 B_2 市场从 2015 年年末上涨后，价格在高位运行。由于恩贝转产新产品后，价格普遍上调至 230～240 元/kg，上半年价格最高上涨至 275～280 元/kg，6 月底货源紧张推动市场价格，加上欧洲采购节奏加快，推动国内货源紧张继续上行，同比上涨了近一倍。下半年海嘉诺再次上调报价至 300 元/kg，部分闲置产能开始生产，但因国家环保政策限制，部分厂家限产，维生素 B_2 价格上涨后在年底回调至 270 元/kg，价格仍处于高位。

三、维生素 D_3

2016 年全球维生素 D_3 月产能 1.1 万 t，中国仍为维生素 D_3 产能的集中地。中国维生素 D_3 的产量为 5 700t，其中出口 2 950t，国内供应为 2 750t，无进口。国内需求为 1 350t。

2016 年，维生素 D_3 的生产厂家主要由浙江花园生物、浙江新和成、厦门金达威、浙江医药、东营天

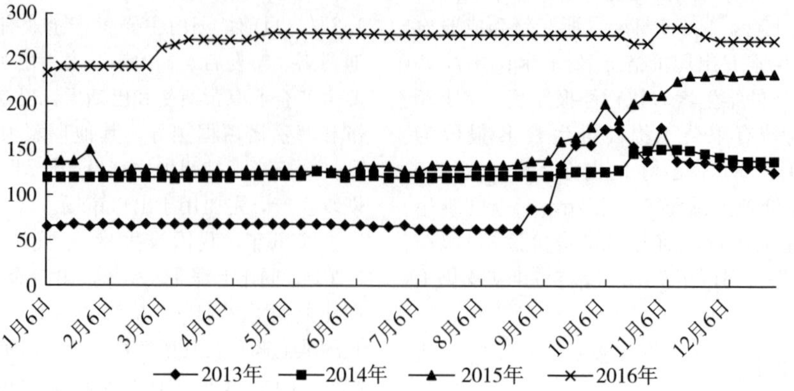

图 2-101　2013—2016 年维生素 B_2 价格走势

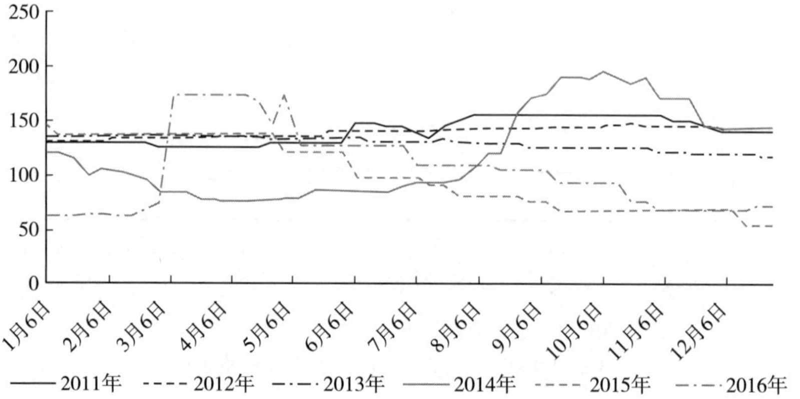

图 2-102　2011—2016 年国内维生素 D_3 价格走势

润、台州海盛及同辉组成。诺邦退出市场。其中以花园生物为主，其在近两年打造的产业链从羊毛脂到 NF 级胆固醇再到多品种维生素 D_3，并切入 25-羟基 D_3 高端市场，2015 年年底帝斯曼与花园生物签署了为期 10 年的胆固醇采购协议，其主导地位更加突出。目前，具有 25-羟基 D_3 生产能力的厂家有 DSM、花园生物，其余如山东海能生物自主开发出以"25-羟基维生素 D_3"的发酵生产工艺。具备纳米维生素 D_3 生产能力的厂家为陕西金冠，产能 500t。

图 2-102 显示，2016 年维生素 D_3 价格呈现一个靠左方"n"走势。上半年，国内维生素 D_3 震荡上行，花园生物最高报价 220 元/kg，新和成报价 210 元/kg，均价最高出现在 3 月份，达到 1 772.5 元/t，依持挺价心态，而 2016 年环保标准要求严格，加之"G20"峰会对江浙原料药企业的环保制约，维生素 D_3 看涨气氛浓厚。随着欧洲市场率先反弹，国内外维生素 D_3 市场价格重心逐步上移。维生素 D_3 用量虽小，国内年需求量在 1 350t，但市场波动较大。下半年随着需求转淡，贸易商库存庞大，维生素 D_3 走弱，年底价格跌至 72.5 元/kg，但与年初比仍上涨了 10 元/kg，涨幅 16%。

四、维生素 B_5（98%泛酸钙）

泛酸钙主要以鑫富药业、新发药业、帝斯曼、巴斯夫厂家为主。泛酸钙也是 B 族维生素中出口量居高的品种，亿帆鑫富占据主导，占全球份额 40%以上。其次为山东新发药业。2016 年，全球泛酸钙产量为 2.08 万 t，需求为 1.94 万 t，出口量 1.25 万 t，中国泛酸钙产能达 1.9 万 t，如果兄弟科技的 5 000t 产能投产，中国泛酸钙产能将达到 2.4 万 t。2016 年中国产量为 1.54 万 t，国内供应量为 2 900t，泛酸钙主要用到饲料中，近两年医药和食品的使用量也在逐渐提升。

2016 年，受上游产品丙烯腈市场价格整体偏高走势影响，同时，环保压力不断加大，部分中小企业退出市场，虽然泛酸钙下游需求一般，但泛酸钙在原料价格高位支撑作用下，价格下半年维持高位。2016 上半年，泛酸钙市场价格呈现直线上涨，直至高位稳定运行。截至 6 月底，国内泛酸钙市场成交价维持在 270～300 元/kg。一季度泛酸钙整体价格上行后相对平稳。4月份泛酸钙价格大幅上涨，部分厂家生产不正常，发货较为紧张，该月内泛酸钙厂家价格波动较大，最高报价为300～350元/kg，但实际成交价格与报价有所差距，厂家处观望状态。5月19日，亿帆鑫富提高泛酸钙报价至400元/kg，公开报价360元/kg，市场价格重心上移。6月份泛酸钙价格高位运行，实际成交价格为270～300元/kg，FOB出口报价涨至38～40美元/kg。下半年，随着企业库存下降，市场不断有厂家停报，泛酸钙价格持续高位运行。10月份，受环保督查进驻山东，山东厂家停产或者减产以及兄弟科技泛酸钙投产或延迟等因素影响，下半年泛酸钙价格继续高位运行。

五、叶酸

2016年叶酸产量1 350t，出口1 070t，国内供应为280t，实际需求为260t，2016年共计16家厂家生产叶酸，其中山东洪智、江西泰森、北沙制药恢复生产。国内叶酸市场格局再度分散，竞争相对激烈，出口主要集中在天新药业，其他三家恢复生产的厂家也挤占出口市场，出口国家主要为荷兰、美国、德国。

我国是叶酸的主要生产国。主要产能集中在新发药业、江苏牛塘化、江苏常熟市康瑞化工厂、河北衡水市冀衡药业等。由于2015年叶酸价格出现大幅上涨，刺激部分企业投入叶酸的生产，加上饲料企业调整饲料配方，导致叶酸价格开始理性回归。目前，世界市场上的叶酸原料基本上是人工合成产品，叶酸市场原来是由德国拜耳、瑞士罗氏和美国默克等大公司所垄断，近年已逐步退出产能，并转向亚洲地区的国家。2016年，我国叶酸价格经过前两年的高位回调后，全年维持区间震荡，年底价格295元/kg，与年初比下跌10.6%，与年中比跌21.3%。

六、维生素 B_4（50%氯化胆碱）

氯化胆碱在国内生产主要集中在山东、江苏、河北，共计有20多个厂家生产，占其中一半的企业出口氯化胆碱，2016年氯化胆碱产量62.2万t，同比下降2.3%。国内需求33万t，同比上涨了2.5%，出口量24.5万t，国内市场供应量37.7万t。由于氯化胆碱的生产工艺相对其他维生素产品更加简单，加上行业利润基本透明，其上游原料环氧乙烷的价格波动对氯化胆碱的价格影响比较大。近年来，随着国内主要厂家品牌效应显现，对部分氯化胆碱生产企业的关注度提升。

2016年，我国液体氯化胆碱的出口形势继续保持良好势头，累计出口67 218 t，同比上涨了0.42%；出口金额6 339万美元，同比上涨了12.1%。2016年，我国胆碱及其盐主要出口的国家有美国（4 783t）、加拿大（7 500t）、巴西（10 300t）、俄罗斯（4 445t）、土耳其（1 951t）、菲律宾（3 374t）、泰国（3 331t）、马来西亚（2 340t）、印度尼西亚（2 696t）阿联酋（2 077t）等。海关数据显示，2016年我国向美国、土耳其出口的胆碱及其盐均较上年同期有所下降，向巴西、加拿大、泰国、俄罗斯、印度尼西亚、阿联酋等国家地区出口有所增长；我国胆碱出货国家越来越分散，部分国家的进口比例上调。总体来看，2016年我国继续向南美以及亚洲地区出口胆碱及其盐的数量激增，这有助于提高我国胆碱及其盐在国际市场的影响力。2016年，我国胆碱及其盐的进口量为139t，同比上涨27.5%。

图2-103显示，2016年上半年，氯化胆碱市场呈降低走势。1月初饲料级氯化胆碱均价为4 825元/t，6月末均价为4 625元/t，跌幅为0.41%。一季度价格维持平稳，厂家开工率达到90%以上，贸易商走货顺利，库存低位。二季度氯化胆碱价格有所松动，加上下游环氧乙烷下跌，市场弱势明显。下半年氯化胆碱价格受环保压力制约，部分厂家开工率下调，到2016年年底价格为4 225元/t，同比上涨15.8%。全年均价为3 834元/t，与5年均值比下跌了24.2%。

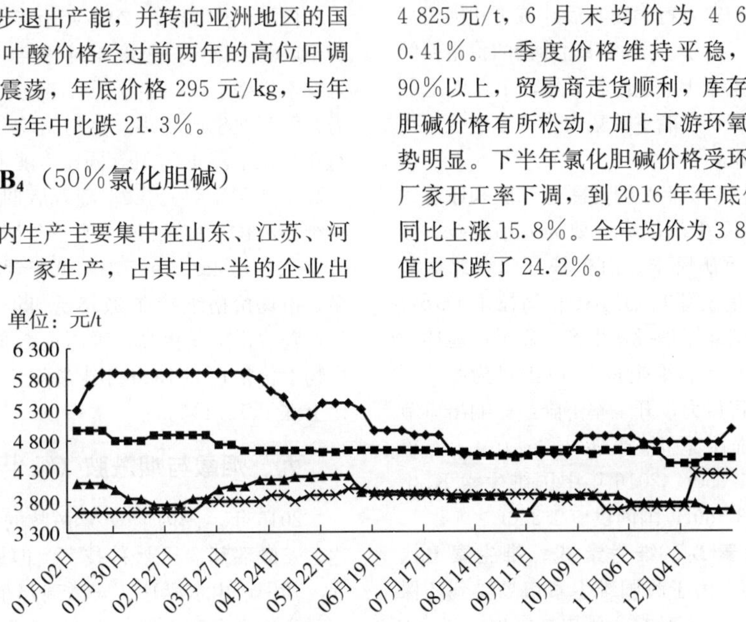

图2-103 2013—2016年氯化胆碱价格走势

七、维生素 B_1、维生素 B_6、维生素 B_{12}、维生素 K_3

1. 维生素 B_1 2016 年全球市场维生素 B_1 产量主要集中在中国，产能为 9 850t，其中我国维生素产量 6 700t，维生素 B_1 出口总量为 5 648t，同比上涨了 2.6%；出口金额 22 122 万美元，同比增长 50.8%。市场供应量 1 052t。维生素 B_1 产量中出口占据 84.2%，产量稳步增长，生产厂家主要集中在兄弟科技、华中医药、天新药业，外企以帝斯曼为主导，生产医药为主。出口国家主要是德国、美国和荷兰。其原料为乙酰丁内酯和盐酸乙脒，占其成本 30%～40%。

2. 维生素 B_6 2016 年全球维生素 B_6 全球产能为 1.34 万 t，国内产量 6 230t，国内供应量为 1 216t，维生素 B_6 出口总量为 5 014t，同比增加 2.0%；出口金额 14 708 万美元，增加了 33.3%。2016 年维生素 B_6 生产厂家较多，主要集中在江西天新药业、华中药业、海嘉诺、帝斯曼、惠生药业、江西森泰等，受环保影响，江西森泰因停产搬迁，而帝斯曼年产 2 200t 维生素 B_6 在上海投产。国内维生素 B_6 市场毛利率下降，厂家分散，天新药业占据出口市场，受帝斯曼新厂投产，未来出口市场有望继续扩大。

3. 维生素 B_{12} 2016 年我国维生素 B_{12} 产量 341t，其中 2016 年维生素 B_{12} 产量为 6t，同比增长 37.9%。2016 年，维生素 B_{12} 出口总量为 332t，同比增长了 31.7%；出口金额 14 263 万美元，同比上涨了 19.9%。从国内市场来看，河北玉星产量比较大，金维制药、河北华容和安万特紧随其后，威可达因工厂搬迁处于停产状态。由于上游原料葡萄糖的价格持续弱势走低，生产维生素 B_{12} 的成本下降，企业的毛利率上升，但厂家偏多，产能主要集中在 5 家企业，市场竞争仍比较剧烈。

4. 维生素 K_3 2016 年，随着新进产能和原有的众多厂家，维生素 K_3 生产厂家主要为兄弟科技、陆良和平、威尼达、重庆民丰、山东华升和湖北振华等，国外厂家主要是土耳其 Oxyvit 和乌拉圭 Dirox。其中，重庆民丰和湖北振华投入生产，新增产能冲击市场，对国内影响较大。维生素 K_3 以出口为主。下半年受夏侯铬粉销售压力，开工率下降，影响出口节奏。2016 年全球维生素 K_3 产能 1.26 万 t，需求 5 400t，中国需求 1 050t。2016 年中国维生素 K_3 生产约 4 600t，出口 3 350t，国内供应 1 250t。

5. 2016 年维生素 B_1、维生素 B_6、维生素 B_{12}、维生素 K_3 价格分析 由于我国维生素市场受到环保压力影响，2016 年上半年价格上涨更加突出，部分 B 族维生素价格进入提价期，上半年维生素 B_1 由 230～240 元/kg，上涨至 275～280 元/kg，涨幅为 16%～19%；维生素 B_{12} 由 178～180 元/kg，上涨至 245 元/kg，涨幅 35%～36%。维生素 B_6 和维生素 K_3 弱势回调，价格分别由 330～350 元/kg 和 48～50 元/kg，下降至 6 月底的 200 元/kg 和 45～48 元/kg，降幅分别为 39%～42.8%和 4%～6.3%。下半年，维生素 B_1、维生素 B_{12} 价格维持高位运行，年底价格分别为 375 元/kg 和 245 元/kg，与年初比分别上涨了 60.0%和 40%。而维生素 B_6 的价格年底回调至 230 元/kg，与年初比下降了 32.3%，维生素 K_3 从 10 月份后开始上涨，年底价格涨至 108 元/kg，与年初比上涨了 1.2 倍。

八、生物素（维生素 H）

2016 年，我国生物素市场仍以浙江医药、浙江新和成及浙江圣达为主，其他部分厂家停产或者减量生产，国外帝斯曼以生产药品级的生物素为主。2015 年，欧盟发布 2015/723 号法规，批准生物素作为所有动物的饲料添加剂使用，同时，帝斯曼营养产品公司宣布将与生物技术公司 MedDay 建立合作伙伴关系，共同投资生产药品级 D-生物素 MD1 003。

2016 年随着浙江医药恢复生产，生物素主要厂家浙江医药、浙江新和成、浙江圣达、富阳科兴生物、安徽泰格、海嘉诺等。虽然近年来生物素产量和技术不断提升，但受其生产工艺复杂、生产周期长等特点，环保对生物素的影响深远，生物素厂家分散，竞争格局错综复杂。2016 年中国生物素产量为 242t，出口为 200t，国内供给 42t，实际消费 30t。

图 2－104 显示，2016 年上半年，我国生物素市场价格震荡上扬，一季度相对稳定，从 3 月 24 日开始，生物素价格上调，部分厂家停报，部分厂家因环保压力，停产现象比较多，生物素均价上涨至 95 元/kg，与年初比上涨了 50%，同比上涨了 4.3%，本轮上涨的高价达到 100 元/kg。随着后期市场供应提升，价格维持高位平稳运行。6 月下旬浙江圣达将生物素提价至 120 元/kg，由于需求低于预期，市场观望者居多，市场价格维持在 97.5 元/kg 的均价左右。下半年，随着供应量提高，国内饲料企业需求增幅有限，生物素价格在 2016 年年末跌至 75 元/kg，但与年初比上涨了 18.1%。

九、烟酸与烟酰胺（维生素 PP）

2016 年，国内烟酸/烟酰胺的生产企业有山东泓达、安徽瑞邦、兄弟科技、兰博股份、四川威尼达等。其中，山东泓达、安徽瑞邦是从上游原料开始，相对竞争力会有一部分优势，由于原料的上涨，加上原料供应紧张，烟酰胺厂家提价意愿强烈。国外生产企业有瑞士龙沙、吉有联、凡特鲁斯。全球烟酰胺

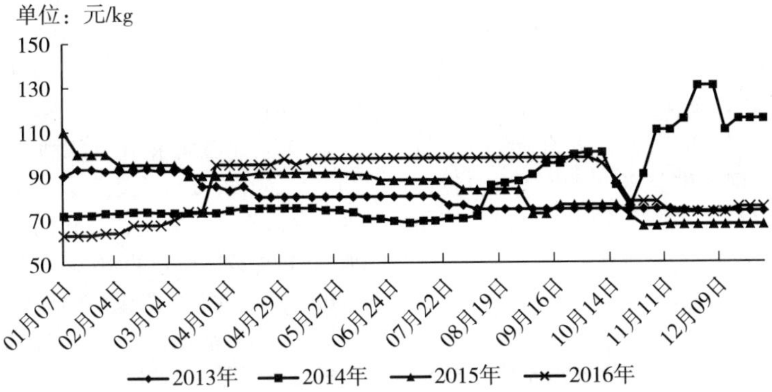

图 2-104　2013—2016 年国内生物素价格走势

2016 年产能为 10.1 万 t，其中国内产能高达 5.1 万 t，国外产能达 5 万 t，国内市场中，上游原料吡啶的生产厂家延伸产业链，对下游生产厂家的竞争压力较大，国内部分厂家有限制产量生产，其中，龙沙、威尼达和兄弟科技主要以出口为主。2015 年全球产量为 6.5 万 t，我国产量达 2.49 万 t，饲用消费 7 800t，国内供应 1.46 万 t。

由于汇率和环保因素的影响，3-氰基吡啶价格一直在高位运行，原料的价格是影响烟酰胺价格的重要组成原因。2016 年上半年，烟酰胺市场经过一个倒“n”形的走势后，价格区间整体在 36～42 元/kg 的区间内运行，价差为 16%。1～2 月份由于上游原料吡啶价格相对稳定，烟酰胺价格维持平稳为主，货源相对充足，市场订单量少，刚需补货意愿不强。随着春节采购意愿提升，下游采购节奏加快，烟酰胺价格有一个上涨过程。二季度随着上游吡啶市场交易清淡，走货量下降，加上百草枯的需求疲软，导致上游的吡啶价格回调，打压烟酰胺的出厂成本。同时，下游需求一般，导致市场支撑力度下降，下半年烟酰胺震荡下行，最低跌至 30 元/kg，10 月份后环保和运输因素影响，烟酰胺价格最高涨至 61 元/kg，与年初比上涨了 60.5%，与年底低价比上涨了一倍多。

十、维生素 C

2016 年，全球维生素 C 产能维持 20 万 t，产量 16 万 t，同比上涨 6.7%。2016 年饲用维生素 C 产量为 5.4 万 t，同比下降 19.8%。维生素 C 全年出口总量为 131 158t，同比 2015 年的 12 370t，上涨了 6.0%；出口总额为 43 108 万美元，同比下降 0.7%。目前，全球维生素 C 供应商有 6 家，除 DSM 苏格兰厂外，其余 5 家均在我国，分别是石家庄制药、东北制药、华药维尔康、江山制药以及鲁维制药。而到目前为止，我国这 5 家生产企业的产能就已经与全球维生素 C 市场需求量持平。国内市场处于明显供大于求的局面。近两年，从我国维生素出口区域结构来看，北美份额在下降，欧洲份额在增长。而出口增速也表明，欧洲是我国维生素近两年出口量猛增的引擎。受帝斯曼收购江山制药，山东天力继续扩大生产规模，华北制药搬迁的影响，国内维生素市场格局也在发生变化，加上上游厂家延伸进入，维生素 C 市场竞争格局逐渐明朗，食品和医药保健市场仍占据主导。

2016 年上半年，维生素 C 价格从 22～23 元/kg，上涨至 25～26 元/kg，涨幅 13%。在环保压力下，维生素 C 的市场价格弱势平稳。4 月份后，维生素 C 的需求开始转旺，加上上游磷酸酯供应相对紧张，价格小幅上调，但因供应充裕，市场再次恢复稳定，到 6 月份后价格再次疲软。10 月份后，维生素 C 市场逐渐回温，11 月份维生素 C 市场整体呈现“跳跃式”上涨，厂家报价由 24 元/kg 一路跳涨至 55 元/kg。主要受环保影响，维生素 C 厂家逐渐减少生产量，9 月 22 日，帝斯曼宣布提高中国生产的维生素 C 产品售价 10%后，石药集团、东北制药纷纷开始停止接单状态，维生素 C 市场强势运行。12 月份，石药集团、华北制药受环境污染影响被勒令停产，市场库存逐渐减少，维生素 C 供应逐渐趋于紧张。2016 年年底由于下游需求减少，维生素 C 市场出现小幅回调。由年初的 22 元/kg，上涨至 55 元/kg，涨幅 1.5 倍，为近年来高点。

十一、叶酸

2016 年，我国叶酸价格维持在 290～400 元/kg，受环保压力，仍有厂家未能开工生产，年初价格为 330 元/kg。3 月份后，上游原料供应影响，环保压力抑制部分主流厂家停产，叶酸价格上涨至 400 元/kg，部分厂家报价偏低，与年初价格 330 元/kg，相比提高了 21.2%，11 月份后，随着供应增加，价格回调，年底价格跌至 290 元/kg，与年初比下跌了 12.1%，与年中最高价格比下跌了 27.5%。

2016年叶酸厂家主要为牛塘化工、新鸿医药、新发药业、浙江圣达、冀衡药业、康瑞化，天新药业、河北科泰、山东洪智、新疆合兴、福建海新等，其中康瑞化工搬迁停产，冀衡药业转型到医药产品。2016年叶酸厂家超过15家。2016年叶酸产量1 355t，出口1 075t，国内供应280t。叶酸出口量继续大幅增加，主要为荷兰、美国及德国。新进入厂家挤占出口市场。

十二、小结

2016年，虽然我国养猪形势低迷，养猪生产出现结构性的变化，但2016年我国维生素总体产量仍继续小幅提升，出口也同步上行，其中B族维生素的出口仍继续提升，对于调整维生素市场的结构起到关键的作用。2016年，维生素的价格涨跌幅度扩大，部分技术含量低、产业链偏短的生产企业陆续淘汰，总体来看，维生素的供需结构已经发生本质变化。我国维生素仍面临国内市场的竞争压力，及与国外企业贸易摩擦问题。环保的制约加大维生素生产厂家的压力，影响2016年维生素市场价格的整体走势。

（王长梅）

微量元素氨基酸螯合物的研究及应用

在动物营养中，微量元素添加剂经历了无机盐类、简单的有机物和微量元素氨基酸螯合物三个发展阶段。微量元素氨基酸螯合物是一种新型有机矿物元素添加剂，被称为第三代微量元素添加剂。我们收集及整理了2016年1月1日至12月31日在我国期刊杂志上公开发表的有关微量元素氨基酸螯合物在猪、家禽、反刍动物、水产养殖、经济动物生产中的研究及应用文章，供研究、生产、应用者参考。

一、微量元素氨基酸螯合物在家禽生产中的应用研究

（一）微量元素氨基酸螯合物在蛋鸡生产中的应用研究

1. 有机复合微量元素在蛋鸡生产中应用研究

（1）提高血浆抗氧化能力。动物微量元素的营养状况对动物机体的抗氧化能力起着非常重要的作用，而复合微量元素的添加量及添加形式也是影响机体抗氧化能力的重要因素。为研究不同水平无机及有机复合微量元素对蛋鸡血浆抗氧化能力的影响，薛颖等（2016）选取22周龄的京红1号蛋鸡。1组为对照组，试验组分别在饲粮中按NRC（1994）推荐需要量的25%、50%、75%、100%、125%添加不同水平的无机（2～6组）或有机复合微量元素（7～11组），其中锰（Mn）、铁（Fe）、锌（Zn）、硒（Se）添加水平参照蛋鸡NRC（1994）标准，铜（Cu）添加水平参照肉鸡NRC（1994）标准。试验期24周。结果表明：

①与对照组相比，添加NRC推荐需要量的75%、100%、125%无机复合微量元素极显著提高了蛋鸡的血浆总超氧化物歧化酶（T-SOD）活性；添加NRC推荐需要量的100%、125%无机复合微量元素极显著提高了血浆谷胱甘肽过氧化物歧化酶（GSH-Px）活性；添加NRC推荐需要量的125%无机复合微量元素极显著提高了试验第8周和第24周时血浆总抗氧化能力（T-AOC）；添加NRC推荐需要量的75%、100%、125%无机复合微量元素极显著降低了试验第16周时血浆丙二醛（MDA）含量。

②与对照组相比，添加不同水平的有机复合微量元素均极显著提高了试验第8周时蛋鸡的血浆T-AOC，试验第4周、第8周和第16周时血浆T-SOD活性和试验第16周时血浆GSH-Px活性；添加NRC推荐需要量的50%、75%、100%、125%有机复合微量元素极显著降低了试验第4周和第16周时血浆MDA含量。

③添加NRC推荐需要量的75%水平时，试验第8周，有机组血浆T-AOC显著高于无机组；试验第16周和第24周，有机组血浆GSH-Px活性显著高于无机组。添加NRC推荐需要量的125%水平时，试验第16周，有机组血浆T-SOD活性显著高于无机组。试验表明，蛋鸡饲粮中添加NRC推荐需要量的75%以上无机复合微量元素有利于提高血浆的抗氧化能力；蛋鸡饲粮中添加NRC推荐需要量的25%、50%有机复合微量元素有利于提高血浆的抗氧化能力；在NRC推荐需要量的75%、125%水平时，有机复合微量元素对蛋鸡抗氧化能力的提高效果优于无机复合微量元素。

（2）提高蛋壳质量。产蛋鸡后期蛋壳的破损率显著升高，提高蛋壳品质是蛋鸡生产中所关注的重要问题之一。陈连民等（2016）旨在研究饲粮添加复合有机微量元素铁、锌、锰对产蛋中后期海兰褐蛋鸡蛋壳品质的影响。选择70周龄海兰褐商品蛋鸡。设对照组（基础饲粮）及试验组（基础饲粮分别添加0.05%，0.1%，0.2%，0.4%复合有机微量元素）。试验期为30d，测定蛋壳品质、元素组成和血液生化指标。结果表明：0.2%组破蛋率显著低于对照组；各试验组蛋壳强度着色深度均显著大于对照组，且0.2%组蛋壳强度在数值上均大于其他组，壳色均显著高于其他组；0.2%组钙、氮元素重量百分比显著高于对照组；0.2%组和0.4%组血清碳酸酐酶和血

钙浓度显著高于其他各组，且0.2%组血红蛋白浓度显著高于其他各组。综上，饲粮添加0.2%复合有机微量元素可以有效地改善产蛋中后期蛋鸡蛋壳品质。

（3）羟基蛋氨酸锌和锰对蛋品质的影响。改善产蛋中后期蛋鸡生产性能及蛋品质是养鸡生产的重要课题。罗阳等（2016）试验旨在研究日粮添加有机锌、锰对产蛋中后期蛋鸡生产性能及蛋品质的影响。选取65周龄海兰褐商品蛋鸡。对照组基础日粮添加无机锌 6.00mg/kg、锰 3.00mg/kg；试验组 1：锌 6.00mg/kg、锰 3.00mg/kg；试验组 2：锌 11.00mg/kg、锰 8.00mg/kg；试验组 3：锌 16.00mg/kg、锰 13.00mg/kg；试验组 4：锌 21.00mg/kg、锰 18.00mg/kg。试验期4周，每周测定其生产性能，测定蛋品质和血液生化指标。结果表明，试验组采食量显著高于对照组，且试验组2和试验组3料蛋比最小；平均产蛋数随时间增加显著减少；蛋壳颜色随时间增加显著变深；各试验组血红蛋白浓度均显著高于对照组，其中试验组2最高，显著高于其他各组；蛋黄颜色随时间的推移数值上减小，且第1和第2个时间点数值上显著大于第3个时间点；蛋白高度、哈氏单位在各组间及各时间点间差异均不显著。结果表明，日粮添加有机锌、锰可以有效地改善产蛋中后期蛋鸡生产性能及蛋品质，其中在日粮中添加有机锌 11.00mg/kg（羟基蛋氨酸锌 65.09mg/kg）、锰 8.00mg/kg（羟基蛋氨酸锰57.97mg/kg）效果最佳。

2. 蛋氨酸锰对蛋鸡的影响 提高蛋壳质量，降低破蛋率是家禽生产中的重要课题。为研究饲粮添加蛋氨酸锰对蛋鸡生产性能、蛋品质及血清生化指标的影响。周旻瑶等（2016）选用53周龄生产性能相近的“京红1号”商品蛋鸡。蛋鸡饲喂玉米-豆粕型基础饲粮（5%预混料中不含锰），对照组在基础饲粮的基础上添加60mg/kg硫酸锰（以锰计），试验组在基础饲粮的基础上分别添加20、40、60、80mg/kg 蛋氨酸锰（以锰计），正试期9周。结果表明：

（1）40mg/kg 蛋氨酸锰组蛋鸡的平均日采食量显著高于对照组，比对照组提高了3.23%；饲粮添加蛋氨酸锰对蛋鸡的产蛋率、平均蛋重及料蛋比均无显著影响。

（2）60、80mg/kg 蛋氨酸锰组的哈夫单位、蛋壳强度和蛋壳厚度均显著高于对照组，其中哈夫单位比对照组分别提高了8.42%及10.33%，蛋壳强度比对照组分别提高了12.13%及17.05%，蛋壳厚度比对照组均提高了8.57%；饲粮添加蛋氨酸锰对蛋白高度及蛋黄颜色无显著影响。

（3）80mg/kg 蛋氨酸锰组蛋鸡的血清尿酸含量显著低于对照组，比对照组降低了25.12%；饲粮添加蛋氨酸锰对血清碱性磷酸酶、谷草转氨酶、谷丙转氨酶活性及钙、磷、葡萄糖、总蛋白和白蛋白含量均无显著影响，但各蛋氨酸锰添加组的血清碱性磷酸酶活性、白蛋白和钙含量与对照组相比有上升的趋势。由此可见，饲粮添加蛋氨酸锰可改善蛋品质，抑制蛋白质的分解代谢，提高蛋白质的利用率。

（二）蛋氨酸螯合物在肉鸡生产中的应用研究

提高机体对微量元素的利用率，减少排泄物中微量元素的量，降低对环境而造成污染，这是当前养鸡生产中的热点。苟钟勇（2016）挑选432只1日龄科宝肉鸡。饲养试验期为38d。目的是为了评价蛋氨酸螯合的（Met-TM）或酵母蛋白盐类（Yeast-TM）铜、铁、镁、锌对肉鸡生长性能、骨密度和一些代谢指标的影响。负对照（NC）不补充任何微量元素，无机组补充提供无机微量元素（硫酸盐形式）预混料（无机ITM，1g/kg），蛋氨酸螯合物组补充提供蛋氨酸螯合微量元素（Met-TM，1g/kg），酵母蛋白盐组补充提供酵母蛋白微量元素盐类（Yeast-TM，0.5g/kg）。试验是：给肉鸡提供蛋氨酸螯合的或酵母蛋白微量元素盐类铜、铁、锰、锌均提高了肉鸡体重和饲料转化率（FCR），并显著降低了粪便中微量元素含量。本研究揭示用蛋氨酸螯合的或酵母蛋白盐类微量元素完全替代无机微量元素补充来提高肉鸡性能并降低排泄物中的微量元素进入环境中是可行的。

二、微量元素氨基酸螯合物在养猪生产中的应用研究

（一）氨基酸螯合物对断奶仔猪的影响

1. 小肽螯合铁对仔猪的影响 研究表明，小肽和游离氨基酸的吸收相互独立，互不干扰。而且二者在小肠内的转运吸收机制不同，小肽的吸收是通过小肽转运系统转运的，因此，理论讲二肽螯合微量元素可能比单一氨基酸螯合铁的吸收速度快、吸收率高。为了探讨二肽螯合铁对仔猪生长性能、血清铁和抗氧化指标的影响，张一鸣等（2016）选取40日龄健康三元杂交仔猪头，对照组和试验组饲粮中的铁添加量均为180mg/kg（以铁计），对照组仅添加硫酸亚铁，试验组仅添加二肽螯合铁。试验期21d。结果表明，与对照组相比，试验组平均日增重（ADG）提高了10.37%，料重比（*F/G*）降低了5.59%；试验组血清铁含量显著高于对照组，血清铁蛋白和血红蛋白含量高于对照组；试验组血清超氧化物歧化酶（SOD）活性显著高于对照组，血清丙二醛（MDA）含量显著低于对照组。由此可见，二肽螯合铁可明显促进仔猪生长，改善仔猪体内铁代谢状况，增强仔猪抗氧化能力。

2. 小肽螯合铜对仔猪的影响 在保证生产的前

提下，减少仔猪日粮微量元素的添加量，降低排泄量，尽量减少对环境的污染，是研究的热门课题。为了研究日粮中不同铜源对仔猪生长发育及粪便中铜排泄量的影响，殷晓风等（2016）选用35日龄杜×长×大断奶仔猪，对照组饲喂基础日粮，A、B、C三个处理组分别以氨基酸微量元素螯合物、小肽微量元素螯合物和有机微量元素配制低铜复合微量元素添加剂替代基础日粮中的微量元素，测定仔猪生长性能、粪便中Cu含量及相关生化指标。结果表明：与对照组相比，A、B、C组仔猪的日增重分别增加了6.67%、4.44%和6.67%，料重比分别下降3.78%、2.70%和3.78%；在试验第35天，A、B、C组仔猪粪便Cu含量分别下降66.44%、81.85%和49.37%，试验组血清中的Cu含量与对照组相比显著降低，总蛋白（TP）、白蛋白（ALB）水平与对照组相比显著增加，铜蓝蛋白、碱性磷酸酶（AKP）和胰岛素生长因子-1（IGF-1）无显著差异。以低浓度氨基酸微量元素螯合物、小肽微量元素螯合物和有机微量元素补充铜源，可维持仔猪正常生长发育和饲料报酬及生理生化过程，但能显著降低粪便中的Cu的排泄量，尤以小肽微量元素螯合物为好。提示采用微量元素螯合物低浓度有机微量元素补充技术是集约化养猪粪便铜减排源头控制的有效方法，应进行深入研究和推广。

3. 复合微量元素螯合物对仔猪的影响 为降低环境的污染，改善仔猪的生产性能，探讨小肽或氨基酸螯合微量元素添加剂是当前的热门课题。

（1）小肽螯合复合微量元素添加剂对仔猪的影响。为研究饲料中添加小肽螯合铜、铁、锰、锌、硒对仔猪生产性能、血清生化指标以及肝、肾、脾、胰、背最长肌、血清、粪中铜、铁、锰、锌、硒含量影响，李垚等（2016）选择健康、体重（12.44±0.41）kg 38日龄大约克夏仔猪144头，对照组为基础饲粮添加无机微量元素；试验1组为基础饲粮添加小肽螯合微量元素+无机微量元素；试验2组添加全有机微量元素，预饲5d，正式试验20d。结果表明。

①与对照组相比，试验1组和试验2组平均日增重、平均日采食量、料重比均无显著差异。

②与对照组相比，试验1组和试验2组总铁结合力、铜锌超氧化物歧化酶（Cu-Zn-SOD）、锰超氧化物歧化酶（Mn-SOD）、铜蓝蛋白、碱性磷酸酶均无显著差异，试验2组谷胱甘肽过氧化物酶（GSH-Px）活性分别比对照组和试验1组极显著提高8.55%、8.25%。

③与对照组相比，试验组血清和肝铜、铁、锰、锌、硒含量与对照组相比均无显著差异。

④与对照组相比，试验2组比对照组胰锰含量极显著提高55.96%，试验1组胰锰含量显著提高27.85%，试验2组粪锰含量显著低于对照组11.02%，其余组织锰含量未见显著差异。

⑤试验2组肾硒含量比对照组和试验1组分别极显著提高40.71%、31.90%，试验2组比对照组和试验1组脾硒含量极显著提高40.19%、22.95%，试验2组比对照组背最长肌硒含量极显著提高45.62%，其余组织硒含量未见显著差异。试验结果表明，小肽螯合铜、铁、锰、锌、硒部分代替可提高锰的吸收利用率；小肽螯合铜、铁、锰、锌、硒全部代替可提高锰、硒的吸收利用率。部分替代小肽螯合微量元素组可起到一定的代替效果，全小肽螯合微量元素组具备较高应用潜力。

（2）复合甘氨酸微量元素饲喂断奶仔猪的影响。试验探讨新型复合甘氨酸微量元素预混料替代常规饲粮用量无机微量元素预混料对断奶仔猪生长性能、饲粮养分消化率、机体健康状况和粪中微量元素排放量等方面的影响。任凤芸等（2016）选择平均体质量为7.3kg左右的（杜×长×大）断奶仔猪。分别饲喂常规无机微量元素饲粮（对照组）、复合甘氨酸微量元素替代低水平无机微量元素饲粮（试验1组）和低水平无机微量元素饲粮（试验2组），为期28d。结果表明：仔猪饲粮中使用较低水平甘氨酸微量元素替代常规用量无机微量元素，能一定程度上改善仔猪的生长性能、饲料养分消化率和机体健康状况；降低饲粮中无机微量元素的添加量，可改善仔猪皮毛外观，减少粪中微量元素排放含量，提高饲料养分的消化率。

（二）氨基酸螯合物对生长肥育猪的影响

1. 蛋氨酸铬对生长肥育猪的影响 为研究日粮长期添加不同水平蛋氨酸铬对生长肥育猪血生化指标、激素水平和免疫球蛋白影响，田耀耀等（2016）试验选用初始体重为（30.18±0.28）kg健康的杜×长×大三元杂交生长猪，按体重一致、公母各半的原则，随机分组。对照组饲喂基础日粮，处理组分别在基础日粮中添加100、200、400、800μg/kg蛋氨酸铬（以铬计）。试验期97d。结果表明：与对照组比，日粮添加800μg/kg蛋氨酸铬提高了生长肥育猪血清高密度脂蛋白胆固醇含量；血清胰岛素随蛋氨酸铬添加量的增加线性升高，日粮添加100～200μg/kg蛋氨酸铬显著降低了血清皮质醇含量；日粮添加100～800μg/kg蛋氨酸铬对猪血清IgA、IgG和IgM含量无影响。综上所述，日粮长期添加蛋氨酸铬对生长肥育猪血清免疫球蛋白含量无影响，促进胰岛素的分泌。此外，日粮添加100～200μg/kg蛋氨酸铬降低了血清皮质醇含量，添加800μg/kg蛋氨酸铬提高了血清高密度脂蛋白胆固醇含量。

2. 有机复合微量元素添加剂对生长肥育猪的影响 为探讨育肥猪饲粮中添加有机铜、铁、锌和锰对育肥猪生长性能和微量元素减排的影响，谭静等（2016）试验选取240头杜长大三元杂交猪作为研究对象，对照组采用2012版NRC推荐微量元素水平，试验组采用50%NRC水平，试验期90d。结果表明：添加50%NRC水平的有机微量元素对育肥猪的生长性能影响不显著，但平均日增重和腹泻率有显著改善；与对照组相比，50%有机微量元素最终分别使粪中锌、铜、锰分别降低了51.78%、21.71%和16.82%，粪铁降低的不明显。因此，饲粮中添加无机微量元素一半的有机微量元素不仅不会影响育肥猪的生长性能，同时还是育肥猪粪便微量元素减排的有效方法。

三、微量元素氨基酸螯合物在养牛生产中的应用研究

（一）氨基酸螯合铜对牦牛瘤胃发酵的影响

为了探究牦牛饲粮中微量元素铜的适宜含量，薛艳锋等（2016）以甘氨酸铜作为添加形式，以牦牛饲粮为底物进行体外瘤胃发酵，底物铜含量分别为5.0、10.0、15.0、20.0、25.0mg/kg，共发酵48h。测定发酵后的产气量、瘤胃发酵指标及消化酶活力。结果是：当底物铜含量为15.0mg/kg时，干物质消化率（DMD），微生物蛋白质（MCP）、丙酸、异丁酸、丁酸、异戊酸、戊酸、总挥发性脂肪酸浓度，脂肪酶（LPS）、胰蛋白酶（TYS）、纤维素酶（CLS）活力均达到最大值，分别为63.858%、4.289g/L、24.475mmol/L、0.470mmol/L、8.977mmol/L、1.159mmol/L、1.607mmol/L、81.583mmol/L、0.504U/mL、84.167U/mL、79.956U/mL，乙酸/丙酸最低为2.045；当铜含量为10.0mg/kg时，MCP、乙酸浓度达到最大值，分别为4.289g/L、51.075mmol/L，且其他指标也都处于较高水平。综合得出，在体外条件下，牦牛饲粮推荐铜含量为10.0～15.0mg/kg。

（二）氨基酸螯合铜对牛生殖激素的影响

为了探讨日粮中添加蛋氨酸铜为防治隐性发情提供理论依据，徐磊等（2016）选用膘情中等、生殖机能正常、隐性发情的空怀青年大别山牛母牛，研究补饲铜（蛋氨酸铜为铜源，日粮分别添加0、10和20mg Cu/kg DM）对隐性发情大别山牛发情周期中外周血生殖激素（E2、P、T、LH、FSH）分泌规律的影响和对隐性发情的防治效果。结果表明，添加铜20mg Cu/kg DM组提高了发情周期E2的平均浓度、降低P的平均浓度，同时20mg组显著改善了大别山黄牛的隐性发情，发情外部表现评分从4提高到8.125，正常发情率达到75%。结论：说明添加蛋氨酸铜源铜水平20mg/kg DM能够影响隐性发情大别山黄牛的生殖激素分泌，能有效地防治大别山牛的隐性发情。

四、微量元素氨基酸螯合物在水产养殖中的应用研究

（一）石斑鱼幼鱼对钴的最适需求量的研究

为了探讨石斑鱼幼鱼对钴的最适需求量的研究，刘云等（2016）选用初始体重为（60.02±0.42）g的珍珠龙胆石斑鱼幼鱼，在基础饲料中添加不同梯度的蛋氨酸钴（Co-Met，制成钴含量分别为0.30、1.75、3.42、6.73、12.56、25.50mg/kg的6组实验饲料，记作D1、D2、D3、D4、D5、D6组），检测指标为珍珠龙胆石斑鱼的生长、矿物元素沉积和肝脏酶活力，试验期8周。结论：在本实验条件下，如果以特定生长率（SGR）为评价指标，经折线回归分析，珍珠龙胆石斑鱼幼鱼对钴的最适需求量为3.25 mg/kg，即53.28mg（Co－Met）/kg（饲料）。

（二）研究军曹鱼幼鱼对不同硒源的利用率

实际生产中，常以亚硒酸钠补充硒，但其毒性高、生物利用率低。开发利用既能维持机体健康又能在鱼机体中高效沉积的硒源早已成为近年来的研究热点。杨原志等（2016）在研究硒源和硒水平对军曹鱼幼鱼生长性能、肝和血清抗氧化指标及组织硒含量的影响，以确定军曹鱼幼鱼对不同硒源的最适需要量。在基础饲料中分别添加0（对照）、0.3、0.6、0.9和1.2mg/kg（以硒计）的亚硒酸钠（Se－S）或蛋氨酸硒（Se－Met），配制9种试验饲料（共用对照饲料），饱食投喂初始体重为（22.18±0.35）g的军曹鱼幼鱼10周。结果表明：以蛋氨酸硒和亚硒酸钠为硒源，通过二次回归曲线分析得出饲料硒水平分别为1.29mg/kg和1.46mg/kg时军曹鱼幼鱼可以获得最大特定生长率（SGR）和增重率（WGR）。以SGR和全鱼硒含量为判据，军曹鱼幼鱼对蛋氨酸硒的生物利用率分别相当于亚硒酸钠的1.20倍和2.90倍。

五、微量元素氨基酸螯合物对育成期貉的影响

为了确定貉育成期饲料中螯合铜（Cu）、铁（Fe）、锰（Mn）、锌（Zn）、钴（Co）的添加比例，郑银伟等（2016）试验选择健康育成期貉，分为试验组和对照组。在微量元素总量一定的情况下，试验组中螯合铜、铁、锰、锌、钴以30%的比例分别替换饲料中相应的无机微量元素，对照组完全添加无机微量元素。通过饲养试验，对育成期貉的生产性能、营养物质消化率进行研究。结果表明：饲料中添加微量元素螯合物对貉育成期末体重、日增重、采食量、饲料转化率有提高作用，但差异不显著；添加微量元素螯合物的试验组粗蛋白质表观消化率与对照组相比显著降低，粗脂肪表观消化率显著升高。

黏结剂

近年来，随着我国畜牧水产养殖业的迅速发展，全价配合饲料的产量不断增加，饲料颗粒化的比重日益上升，黏结剂主要用于加工颗粒饲料，以改善粒料品质（包括含粉率、硬度、漂浮性、耐磨度等）、增加生产效率及延长铸模寿命，减少饲料粉尘，保持颗粒颜色稳定，特别是水产鱼虾、鳖鳗等饵料需要提高其在水中不散、不沉性，减少养分流失作用的添加剂。水产饲料对饲料黏结剂的要求较高，近年来，国内外对水产饲料黏结剂的研究非常活跃，新的黏结剂种类不断推出。研制出的黏结剂基本上可满足各种养殖对象的需要。

黏结剂的种类有很多，主要分类情况见表 2-24。

表 2-24　黏结剂种类

分类	代表产品	特　点
天然类	树木分泌的胶汁（龙胶、瓜拉胶、果胶等）	易因环境 pH、湿度、矿物质盐等物质而降低黏度，故未得到广泛应用
	稀土、黏土型黏结剂（膨润土、陶土、钠土、凹凸棒等）	黏度较低，添加比例较大，价格便宜
	植物淀粉（小麦、玉米、木薯、马铃薯等淀粉或变性淀粉）	其黏结力取决于淀粉类型、饲料加工设备、操作技术等，一般价格较高
	海藻类胶质（海藻酸钠、海带胶、琼脂等）	黏结力强，但价格贵，多用于试验研究饲料
人工合成类	羧甲基纤维素钠（CMC）	白色纤维状或颗粒状粉末，无臭、无味，有吸湿性，水溶液对热不稳定，其黏度随温度升高而降低。饲料中添加量不宜超过 2%
	脲醛树脂	在各种冷、热、湿和化学腐蚀等苛刻的环境中有良好的稳定性，且价格低廉，是颗粒饲料黏合剂比较好的备选材料。用量以 0.5%较为合适
	木质素磺酸盐	不均匀的醚聚合物，暗褐色，固态物吸湿性强，颗粒状饲料成品中含量不可超过 4%
	聚丙烯酸钠	水溶性高分子化合物，具有极强的增稠保水功能，水溶液黏度较高，约为 CMC、海藻酸钠等的 15～20 倍，为食品级的黏结剂

调查表明，颗粒饲料一般添加膨润土作黏结剂，制粒效果好、饲料品质稳定。研究表明，稀土可促进动物（哺乳、断奶仔猪等）生长。水产饲料中使用黏土性黏结剂可延长耐泡时间，且搬运时不易破损，对预防鱼病、改善水质均有积极作用。

研究表明，α-淀粉是目前黏结剂中的佳品，是使用量最大的黏结剂。中国是全球最大的水产养殖国，随着水产养殖业的不断发展，α-淀粉的生产规模越来越大，全国现有生产企业 50 余家，主要有广西百色华侨实业有限责任公司淀粉厂、赵县利民淀粉集团、广西隆安银丰淀粉有限公司、无锡泰花淀粉有限公司、浙江欣欣生化科技有限公司、广西武鸣泰源食品有限公司等。

与 α-淀粉等天然类黏结剂相比，人工合成黏结剂添加量少、成本低、效果好，已占据主流，得到饲料生产厂家认可，羧甲基纤维素钠（CMC）是其中的代表产品。我国 CMC 自 1956 年研制成功以来，经过几十年的发展，已形成一个有 40 多个骨干企业组成的行业，年产量 5 万 t，主要生产企业有威怡化工（苏州）有限公司、赫克力士化工（江门）有限公司、江苏宜兴市通达化学有限公司等。

目前来看，我国的黏结剂生产能力较强，可为饲料业的生产提供充足的产品。

（武书庚　任冰）

抗结块剂

抗结块剂是饲料中添加的防止结块，使饲料和添加剂保持良好流散性的化学物质，也称流散剂，多系无水硅酸盐，其颜色不一，密度较大，是微小颗粒，有流散性；除防止结块外，抗结块剂还可防止配料仓中饲料结拱，有利于配料的准确性和饲料的混合均匀。目前国内批准使用的抗结块剂有亚铁氰化钾、硅铝酸钠、磷酸三钙、二氧化硅、微晶纤维素、硬脂酸镁、碳酸镁、滑石粉等，其中亚铁氰化钾在“绿色”标志的食品中禁用。各种抗结块剂在配合饲料中一般不超过 2%。

应用较普遍的抗结块剂有二氧化硅、硅酸盐、天然矿物，如膨润土及其钠盐、球土、高岭土、硅藻土、某些黏土等；此外，常用的还有硬脂酸钙、硬脂酸钾、硬脂酸钠等。其中二氧化硅价格低，最为常用。调查显示，2016 年我国二氧化硅行业产量约 174.4 万 t，进口约 6.4 万 t，出口约 54.0 万 t，国内表现消费量约 126.8 万 t，国内销售市场规模约 86.53 亿元。

中国南方地区气候潮湿，饲料极易结块，而南方广东、四川、江西、湖南等省份都是配合饲料和养殖业比较发达的地区，所以对抗结块剂的需求量大。国内生产饲用抗结块剂的厂家很多，代表企业见表 2－25。

抗结块剂在生产中使用量较少，且非必需添加剂，因此国内生产量完全可以满足饲料行业的需要。

表 2－25　国内主要饲用抗结块剂生产厂家

企业名称	产品	生产能力（t/年）
罗地亚精细化工添加剂（青岛）有限公司	二氧化硅	—
重庆建峰工业集团有限公司	二氧化硅	20 000
齐河绿之源动物保健品有限公司	二氧化硅	1 500
广州中琦硅业有限公司	二氧化硅	50 000
晋江富联化工有限公司	二氧化硅	25 000
江西兴鼎科技有限公司	硅铝酸钠	7 000
广州正和生物科技有限公司	二氧化硅、三氧化二铝	30 000
泗县天力生物科技有限公司	二氧化硅、三氧化二铝	2 000

（武书庚　任冰）

乳化剂

乳化剂是一种表面活性剂，化学结构上一般有极性基和非极性基。极性基易溶于水，具有亲水性质，称为亲水基；非极性基易溶于油，故称为亲油基。其作用是乳化两种互不相溶液体中的一种，使其能够均匀地分布于另一种液体中，形成均匀的乳状液。乳化剂普遍应用于食品、医药、化妆品等工业领域，近年来因动物育种使得动物对能量需求大增，饲料中油脂含量较高，吸收利用不充分，使得乳化剂在饲料中的使用越来越多。

用于饲料中的乳化剂要求无毒、无残留、不影响其他营养物质（如微量元素、维生素等）吸收，且来源丰富、价格便宜。饲料中添加乳化剂的作用有：提高油脂的利用率；在保持饲料能量的前提下减少其他能量原料的添加，增加经济效益；促进动物生长，提高免疫力；改善肉品质；延缓油脂酸败，延长货架期；提供营养素等。

现阶段使用的乳化剂有数十种，用于饲料工业上的主要有磷脂类、脂肪酸酯、糖苷酯类和胆汁酸盐类乳化剂。商品化的乳化剂产品，为获得更好的乳化性能，通常将几种乳化剂按照合适的比率组成复合乳化剂（如美肥、超能等），这些不同乳化剂之间互相配合，加强了乳化剂对油脂的乳化能力。国内现有乳化剂生产企业百余家，主要饲用乳化剂生产企业见表 2－26，产品除用于饲料工业外，多用于食品工业中。

表 2－26　国内主要饲用乳化剂生产企业

企业名称	产品名称
九三集团北安大豆制品有限公司	大豆磷脂
广西渤海农业发展有限公司	大豆磷脂
中粮油脂（钦州）有限公司	大豆磷脂
德清麦特生物有限公司	大豆磷脂
泰安市泰山区孚瑞饲料厂	大豆磷脂
中纺粮油（沈阳）有限公司	大豆磷脂
德清县天丰磷脂饲料厂	大豆磷脂
沧州海通生物饲料有限公司	大豆磷脂
潍坊康地恩生物科技有限公司	蔗糖脂肪酸酯、大豆磷脂
潍坊雷曼生物科技有限公司	复合乳化剂
山东龙昌动物保健品有限公司	饲料级胆汁酸

（武书庚　任冰）

抗氧化剂

抗氧化剂是为防止或延缓饲料中某些活性成分氧化而添加于饲料中的制剂；营养素的氧化可以在饲料中发生，也可以在食糜中，甚至组织中发生，抗氧化剂不仅仅需要能防止饲料中营养素的氧化，还应该有改善动物体内氧化还原状态平衡的作用。常用的饲料抗氧化剂概念是狭义的饲料抗氧化剂，主要用于饲料油脂、含有高脂肪的饲料、含维生素的预混料等。广义的抗氧化剂，还应包括具有抗氧化功能的添加剂（如多酚类的添加剂：茶多酚、维生素 E 等），以及能在代谢过程中产生抗氧化功能的物质。

饲料在加工、运输和贮藏过程中易腐败变质，主要是因为饲料的自体氧化和微生物污染。饲料中的易氧化物质（不饱和油脂、维生素等）、促氧化物质（微生物活动、金属离子）较多。如饲料中油脂酸败后产生的短链脂肪酸、过氧化物和羟等，具有苦涩味、哈喇味，会影响适口性，动物摄入后，会造成免疫抑制、体内氧化还原状况失衡体内，影响生长潜能的发挥，甚至中毒死亡。饲料中添加抗氧化剂可以防止饲料的氧化酸败，为饲料摄入动物体内后发挥其营养功能起到辅助功能。

常用的抗氧化剂有：乙氧基喹啉、二丁基羟基甲苯（BHT）、丁基羟基茴香醚（BHA）、没食子酸丙酯（PC）和特丁基对苯酚（TBHQ）5 个品种，饲料中常用乙氧基喹啉。当前研究的具有抗氧化功能的添加剂有数十种，多在内体发挥抗氧化作用。农业部规定：人工合成抗氧化剂添加量不能超过 150g/t。国内主要饲用抗氧化剂生产企业情况见表 2－27。

表 2－27　国内主要饲用抗氧化剂生产企业情况

企业名称	产品名称
宜兴天石饲料有限公司	乙氧基喹啉、复合抗氧宝
建明工业（珠海）有限公司	储霸王、宝鲜
无锡大江中盛生物科技有限公司	乙氧基喹啉、BHT
安徽天浩生物技术有限责任公司	乙氧基喹啉、BHT、BHA
泰兴瑞泰化工有限公司	乙氧基喹啉、BHT、BHA
江苏中丹集团股份有限公司	乙氧基喹啉
广州立达尔生物科技股份有限公司	乙氧基喹啉、BHT
上海天昌饲料科技有限公司	乙氧基喹啉、BHT
泰州市丰润生物科技有限公司	乙氧基喹啉、BHT
北京昕地美饲料科技有限公司	乙氧基喹啉
广东溢多利生物科技股份有限公司	饲用乙氧基喹啉、饲用复合抗氧化剂
诺伟司饲料添加剂（上海）有限公司	乙氧基喹啉、BHT、PC

（武书庚　任冰）

防霉剂

饲料防霉剂是用来降低饲料中微生物的数量、控制微生物的代谢和生长、抑制饲料发霉变质和霉菌毒素产生，预防贮存期饲料营养成分损失，延长贮存时间的饲料添加剂。饲料中含有丰富的蛋白质、淀粉、维生素等营养成分，高温、高湿环境下，易因微生物生长而腐败。霉变后的饲料不仅影响适口性、降低采食量、影响饲料报酬，还能造成畜禽中毒死亡。随着近年来饲料原料霉菌毒素检出率非常高的报道频现，人们更加关注饲料防霉保鲜技术的开发和应用，饲料中添加防霉剂是一种行之有效的方法。

目前，常用的防霉剂主要有：有机酸及其盐类、有机酸酯类、复合防霉剂等。有机酸包括丙酸、山梨酸、苯甲酸、乙酸、脱氢醋酸和富马酸等。有机酸类防霉效果较好，但腐蚀性较强；有机酸盐或酯主要包括丙酸盐、山梨酸钠（钾）、苯甲酸钠和富马酸二甲酯等，防霉效果不如有机酸，但腐蚀性小；为了提高防霉剂的防霉能力和综合品质，除使用单方防霉剂外，还经常使用复合防霉剂。复合防霉剂广谱抗菌，防霉能力更强，适用范围更宽，常用复合防霉剂主要有万香保（丙酸铵、乙酸、富马酸、山梨酸等组成）、克霉霸（丙酸、乙酸、苯甲酸、氯化钠、磷酸钙等组成），此外还有“克霉灵”“克霉净”和“霉敌 101”等。复合防霉剂是目前国际上防霉剂使用的发展趋势。

除常见防霉剂外，还有中草药、天然植物提取物、植物精油等防霉剂，绿色环保、功能全面，来源广阔。未来的饲料防霉剂的研究和开发将朝着优质高效，绿色环保，低成本，多功能的方向发展。国内防霉剂的主要生产企业见表 2－28。

表 2－28　国内防霉剂主要生产企业

企业名称	产品名称
潍坊加易加生物科技有限公司	丙酸钙
建明工业（珠海）有限公司	克霉霸
成都三力科技	复合防霉剂（克霉特）
无锡大江中盛生物科技有限公司	丙酸、富马酸、双乙酸钠
齐河绿之源动物保健品有限公司	双乙酸钠、丙酸、丙酸钙
鹤山市南华动物药业有限公司	丙酸
济南品佳科技发展有限公司	丙酸、丙酸钙
江西兴鼎科技有限公司	丙酸钙
生物源生物技术（深圳）有限公司	丙酸钠、山梨酸钾
厦门牡丹饲料科技发展有限公司	丙酸、丙酸钙
广州立达尔生物科技股份有限公司	丙酸钙
北京大北农科技集团股份有限公司	山梨酸、富马酸、柠檬酸
安徽天浩生物技术有限责任公司	双乙酸钠、丙酸钙
诺伟司饲料添加剂（上海）有限公司	甲酸、甲酸铵、丙酸、丙酸铵、乳酸

（武书庚　任冰）

酸度调节剂

酸度调节剂亦称 pH 调节剂，是用以维持或改变食品酸碱度的物质，能降低饲料在消化道中的 pH，为动物提供最佳消化道环境，已在国内外得到广泛应用。酸度调节剂分为单一和复合酸度调节剂产品，复合酸度调节剂由有机酸和无机酸、酸和盐类复配而成，能迅速降低饲料 pH，保持良好的缓冲值和生物性能，添加成本较低。不同酸度调节剂之间往往有协同作用，如较高浓度的乳酸能增强醋酸对大肠杆菌的毒性作用。将不同酸度调节剂按比例复合使用，能提高酸化能力和预防疾病效果，优化复合体系是饲料酸度调节剂发展趋势。饲料中添加酸度调节剂，可降低消化道 pH，提高消化酶的活性，有助于机体对养分的吸收，提高蛋白质消化率，减少腹泻的发生，促进采食量等；增加动物抗应激能力和机体免疫能力；调控胃肠道中微生物菌群平衡，促进有益细菌的增殖，抑制有害菌生长，有替代抗生素的作用。2016 年 2 月美国的一项研究表明有机酸能够抵抗病原菌、减少腹泻次数、调节肠道菌群平衡，有望成为美国养猪业新亮点。

目前酸度调节剂已经广泛地应用于家禽、仔猪、肉牛、奶牛、羊等动物的饲料中。我国生产酸度调节剂的厂家较多，如上海正正生物技术有限公司、厦门惠盈动物科技有限公司、广州先至饲料添加剂有限公司、潍坊加易加生物科技有限公司、河南省瑞特利生物技术有限公司、北京大北农科技集团股份有限公司、诺伟司饲料添加剂（上海）有限公司等，有足够的生产能力可满足国内的饲料工业需求。

柠檬酸是酸度调节剂中的主要品种，约占总耗量的 2/3。我国生产能力为 300 万 t/年，实际产量不足 200 万 t/年。相比于欧美，我国对柠檬酸的需求并不大，每年的消费量仅在 20 万～30 万 t，其余产量全部依赖于出口。据统计，2016 年 1～12 月中国柠檬酸出口量 85 万 t，同比增长 3.1%；出口金额 61 669.3万美元，同比下降 3.8%。

乳酸是饲用酸度调节剂中常见的组成成分，也是目前国家政策优先扶持和重点发展的产品，我国现在的乳酸生产技术创新后劲十足，品牌在国际上的知名度也迅速提升。我国现有乳酸厂家约 40 家，总生产能力超过 20 万 t/年。近年来市场形势看好，年需求量增长 5%左右。国内已有多家企业准备建设 L-乳酸生产装置。目前，国内主要生产厂家有上海东亚橡胶厂、郸城金丹乳酸实业有限公司、湖南生物化工厂、常德乳酸厂、湖南安化乳酸厂等厂家。此外，磷酸、碳酸钠等酸度调节剂国内产量也十分充足，完全可满足饲料工业的生产需要。

（武书庚　任冰）

药物饲料添加剂

兽药是预防、治疗和诊断动物疾病的重要物资，是保障养殖业健康稳定发展不可或缺的投入品。促进兽药产业健康发展，提供安全、有效、质量可控的兽药，有利于增强动物疾病防控能力，提高养殖业生产效率和质量安全水平，促进农民增收。近年来，我国兽药产业发展迅速，产品质量不断提高，服务能力明显增强。但是，兽药行业“小散乱差”现象同时存在。企业数量多、规模小，创新能力不强，产业集中度低、产能利用不足、产品同质化较严重。假冒伪劣与生产经营使用不规范问题交织，市场秩序须进一步规范。

根据党中央、国务院关于食品安全工作的决策部署，以满足动物疫病防控需要、保障动物源性食品安全、公共卫生安全、生态环境安全为出发点和落脚点，农业部高度重视兽药监管和规范使用问题，并正在借鉴国际经验，组织开展存在风险隐患品种的安全性评价工作，研究禁止使用存在风险隐患抗生素品种和药物饲料添加剂的具体推进措施，切实规范兽用抗菌药及药物饲料添加剂的生产、经营和使用，有效保证动物源性食品安全。

一、禁止使用存在安全风险的兽药产品

（1）开展人兽共用抗菌药风险评估，自 2016 年 12 月 31 日起停止使用四种氟喹诺酮类抗菌药用于食品动物。

（2）组织修订药物饲料添加剂使用规范，健全药物饲料添加剂管理制度，2016 年 3 月组织召开专题会议研究硫酸黏菌素安全风险问题，修订了硫酸黏菌素预混剂质量标准，并于 11 月 1 日起执行新标准并将禁止其作为促生长剂使用。

二、持续强化兽药监管工作

（1）严格实施兽用抗菌药注册审批管理，严格遵循人医重要抗菌药禁作兽用的原则。近年来，农业部批准的兽用抗菌药，绝大部分属动物专用品种，并科学规定了用法用量、休药期和残留限量。

（2）规范兽药生产经营活动。2016 年农业部开展四期全国兽药质量监督抽检，并将兽用抗菌药物、抗生素药物饲料添加剂作为重点监测品种。

（3）提高批准文号申报技术要求。修订的《兽药产品批准文号管理办法》以及《兽药产品批准文号现场核查申请单》等 7 个配套文件对批准文号申请提出更高的要求，特别是要求开展比对试验，以证明申报产品的有效性和安全性，并制订了《兽药比对试验目录（第一批）》，其中对全发酵工艺生产的恩拉霉素预

混剂、那西肽预混剂、亚甲基水杨酸杆菌肽预混剂、杆菌肽锌预混剂、莫能菌素预混剂、盐霉素预混剂等具有畜禽促生长作用的兽药饲料添加剂产品，还需要提供大鼠至少 6 个月的饲喂试验资料以证明产品的安全性。

（4）加强兽药产品二维码配套体系建设。在 2015 年内蒙古、广西和广东成功开展兽药经营追溯试点工作的基础上，2016 年农业部在全国范围内组织了经营追溯试点，鼓励各省级兽医主管部门自建监管系统，并确保与国家兽药产品追溯系统对接。

三、规范兽药使用行为

为保障兽药使用的安全有效性，2016 年 5 月农业部发布了《兽药标签和说明书管理办法》（征求意见稿），明确规定了兽药标签和说明书的内容、印制、使用活动等内容；为进一步促进兽医临床合理用药，保障动物食品的安全，根据《兽药管理条例》和《兽用处方药和非处方药管理办法》规定，农业部组织制定了《兽用处方药品种目录（第二批）》。

2016 年农业部批准注册兽药品种简述如下。

1. 赛拉菌素滴剂　本品为赛拉菌素与异丙醇等配制而成的无色至微黄色液体。属于阿维菌素类抗寄生虫药，对体内（线虫）和体外（节肢昆虫）寄生虫有杀灭活性。与其他阿维菌素类药理作用相同，赛拉菌素可促进突触前神经元释放抑制性神经递质 γ-氨基丁酸（GABA），打开 GABA 及谷氨酸控制的氯离子通道，增强神经膜对氯离子的通透性，从而阻断神经信号的传递，使虫体发生快速、致死性和非痉挛性的神经性肌肉麻痹。用于治疗犬体内线虫和体外疥螨、蚤、虱的感染。以赛拉菌素计，外用，分开肩胛骨间的毛发，将药液滴在肩胛骨间外露的皮肤上，一次量，每 1kg 体重，犬 6mg。适用于 6 周龄和 6 周龄以上的犬。本品由浙江海正药业有限公司、浙江海正动物保健品有限公司、东北农业大学、中国农业科学院兰州畜牧与兽药研究所联合申请注册获得批准。

2. 地克珠利混悬液　本品为地克珠利与适宜辅料配制而成的白色至类白色混悬液。属于三嗪类抗球虫药，具有抗艾美耳属球虫的活性。对球虫主要作用峰期随球虫的不同种属而异，地克珠利对球虫生活史中无性或有性生殖阶段的虫体可发挥抗球虫效应。使用地克珠利后，可切断球虫生活史，是球虫卵囊停止排出约 2 周时间，有助于动物有效度过母源性免疫力下降的生长阶段。主要用于预防因牛艾美耳球虫、邱氏艾美耳球虫、阿拉巴艾美耳球虫和柱状艾美耳球虫等引起的犊牛球虫病。以本品计，单次经口给药：每 2.5kg 体重，犊牛 1mL。本品由 Lusomedicamenta 药业技术有限公司申请注册获得批准。

3. 乙酰氨基阿维菌素浇泼剂　本品为乙酰氨基阿维菌素与适宜辅料配制而成的紫色略黏稠液体。属于大环内酯类杀虫剂，对体内外寄生虫特别是线虫和节肢动物有高效驱杀作用，通过增加虫体的抑制性递质 γ-氨基丁酸（γ-GABA）的释放，以及打开谷氨酸控制的氯离子通道，增强神经膜对氯离子的通透性，从而阻断神经信号的传递，最终导致虫体神经麻痹、肌肉细胞失去收缩能力而死亡。主要用于治疗奶牛体内线虫和体外螨虫等寄生虫病。以乙酰氨基阿维菌素计，外用，沿着奶牛的背脊从鬐甲到尾根渐渐地倾注，每 1kg 体重，牛 0.5mg（即每 10kg 体重用本品 1mL）。本品由浙江海正动物保健品有限公司、浙江海正药业股份有限公司、中国农业大学联合申请注册获得批准。

4. 维他昔布咀嚼片　本品为维他昔布与适宜辅料配制而成的白色椭圆形片。属于非甾体类抗炎药中的选择性环氧化酶-2（COX-2）抑制剂。通过选择性抑制环氧化酶-2 来阻断花生四烯酸合成前列腺素而发挥作用。犬体外全血试验结果表明，维他昔布对 COX-2 的抑制活性 IC_{50} 为 0.34μg/mL，对 COX-1 的抑制活性 IC_{50} 为 19.40μg/mL，对 COX-2 的选择性为 56.96 倍。在治疗浓度下对 COX-1 没有抑制作用，可明显降低胃肠道副作用。用于治疗犬围手术期及临床手术等引起的急性、慢性疼痛和炎症。以维他昔布计，内服，每 1kg 体重，犬 2mg，一日 1 次。建议餐后给药，术前及术后可连续给药 7 天。对本品活性成分维他昔布或赋形剂中任何成分有过敏史的动物禁用。由于非甾体类抗炎药具有潜在的产生胃溃疡和/或穿孔的风险，因此在使用本品的同时应当避免使用其他抗炎类药物，如 $NSAID_S$ 或皮质类固醇类药。患有胃肠道出血、血液病或其他出血性疾病的犬禁用。繁殖、妊娠或泌乳雌犬，非常幼小的犬（如 10 周龄以下或体重小于 4kg 的犬）或疑似和确诊有肾、心脏或肝功能损伤的犬，应在兽医的指导下使用。本品由北京欧博方医药科技有限公司申请注册获得批准。

5. 恩诺沙星注射液（20%）　本品为恩诺沙星与适宜溶剂制成的灭菌水溶液。属于氟喹诺酮类畜禽专用的广谱杀菌药。对大肠杆菌、沙门氏菌、克雷伯氏杆菌、布鲁氏菌、巴氏杆菌、胸膜肺炎放线菌、丹毒杆菌、变形杆菌、黏质沙雷氏菌、化脓性棒状杆菌、败血波特氏杆菌、金黄色葡萄球菌、支原体、衣原体等均有良好作用，对铜绿假单胞菌和链球菌的作用较弱，对厌氧菌作用微弱。对敏感菌有明显的抗菌后效应。本品的抗菌机制是作用于细菌细胞的 DNA 螺旋酶，干扰细菌 DNA 的复制、转录和修复重组，使细菌不能正常生长繁殖而死亡。用于治疗猪敏感菌引起的乳房炎-子宫炎-无乳综合征（MMA）。肌内注射：一次量，每1kg体重，猪2.5mg，一日1次，连用3日。本品由天津市中升挑战生物科技有限公司、广东温氏大华农生物科技有限公司动物保健品厂、广州惠元生化科技有限公司联合申请注册获得批准。

6. 吡喹酮咀嚼片 本品为吡喹酮与适宜辅料制备而成的灰色至灰棕色片。属于抗蠕虫药，具有广谱抗绦虫作用。对各种绦虫的成虫具有极高的活性，对幼虫也有良好的活性。在体外低浓度的吡喹酮似可损伤绦虫的吸盘功能并兴奋虫体的蠕动，较高浓度药物则可增加绦虫链体的收缩。此外，吡喹酮可引起绦虫包膜特殊部位形成灶性空泡，继而使虫体裂解。内服：一次量，每1kg体重，犬5mg。本品由新疆畜牧科学院兽医研究所（新疆畜牧科学院动物临床医学研究中心）、北京中农华威制药股份有限公司联合申请注册获得批准。

7. 美洛昔康片 本品为美洛昔康与适宜辅料配制而成的浅褐色片。属于非甾体抗炎药，通过对机体环氧化酶的抑制尤其是对其Ⅱ型环氧化酶的抑制，阻断前列腺素的生成而发挥作用。主要功能为抗炎、抗渗出、镇痛、解热。美洛昔康抑制白细胞向发炎组织渗入，微弱地抑制胶原蛋白诱导的血小板聚集。用于治疗犬关节炎引发的关节肿胀和疼痛，骨外科或软组织手术后止痛。以美洛昔康计，内服：每1kg体重，犬0.1mg，一日1次，首次加倍。由于环氧化酶抑制剂类的非甾体抗炎药具有一定的肝、肾和胃肠道毒性，因此禁用于肝功能、肾功能严重损伤、出血异常，或胃肠道溃疡的动物。禁用于因其他非甾体抗炎药引发胃肠道出血或胃穿孔的动物。避免与糖皮质激素、其他非甾体抗炎药，包括Ⅱ型环氧化酶选择性抑制剂合并用药。本品由瑞普（天津）生物药业有限公司、江西省特邦动物药业有限公司、浙江海正动物保健品有限公司、保定冀中药业有限公司、天津瑞普生物技术股份有限公司联合申请注册获得批准。

8. 葡萄糖酸氯己定溶液（泌乳期） 本品为20%葡萄糖酸氯己定溶液与适量异丙醇、甘油等配制而成的深蓝色黏稠液体。属于消毒防腐药，氯己定为阳离子表面活性剂。对革兰氏阳性菌、阴性菌和真菌均有杀灭作用。主要通过与细胞膜内的酸性磷脂酸发生静电作用而改变膜通透性，从而导致细菌细胞壁的通透性改变、缺失。低浓度的氯己定可导致细胞内容物的渗漏引起细胞死亡；高浓度的氯己定可导致细胞内容物的凝结、沉淀。用于奶牛乳头消毒，预防泌乳期奶牛乳房炎。维护奶牛乳头皮肤和乳头末端健康。乳头消毒：取本品至少5mL置乳头浸润杯内，挤奶后立即将奶牛乳头浸入溶液中，确保乳头至少浸入3/4长度，使用过程中按需要适量添加。同一浸润杯如在不同奶牛间使用，应更换杯内产品。如浸润杯被污染，应清洗后再用，一日2次。本品由世德来有限公司申请注册获得批准。

9. 枸橼酸马罗匹坦注射液 本品为枸橼酸马罗匹坦的灭菌水溶液。属于神经激肽（NK1）受体拮抗剂。呕吐是呕吐中枢的一种复杂调整过程，主要由脑干的催吐化学感受区（CTZ）接收和整合来自中枢神经刺激、外周神经刺激以及血液循环和脑脊液中化学物质刺激而产生的反应。P物质为一类与呕吐有关的神经递质，阻断P物质与受体间的结合可有效抑制中枢神经性呕吐、外周神经性呕吐以及化学因素引起的呕吐。马罗匹坦能阻断中枢神经系统中的P物质与受体结合，起到止吐作用。用于预防和治疗犬使用化疗药物引起的呕吐；预防除运动性呕吐以外的呕吐。以马罗匹坦计，皮下注射：一次量，8周龄及以上犬，每1kg体重1.0mg，一日1次，最多连用5日。肝功能障碍的犬慎用；马罗匹坦对钙和钾离子通道有亲和性，患有心脏疾病的犬慎用，且不能与钙离子拮抗剂合用；马罗匹坦与血浆蛋白的结合率大于99%，应谨慎与其他高血浆蛋白结合率药物联合使用。本品由法瑞瓦公司法国生产厂申请注册获得批准。

10. 枸橼酸马罗匹坦片 本品为枸橼酸马罗匹坦与适宜辅料配制而成的淡橙色椭圆形片。用于预防化疗药物引起的呕吐；治疗和预防除运动性呕吐以外的呕吐。以马罗匹坦计，内服：一次量，8周龄及以上的犬，每1kg体重2.0mg，一日1次，最多连用5日。本品由法瑞瓦公司法国生产厂申请注册获得批准。

11. 马波沙星注射液 本品为马波沙星的灭菌水溶液。属于动物专用的氟喹诺酮类抗菌药。抗菌作用机理主要是抑制细菌脱氧核糖核酸（DNA）合成酶之一的回旋酶（Gyrase，又称Ⅱ拓扑异构酶，Topoisomerase Ⅱ）。回旋酶有A、B两个亚基，氟喹诺酮类药物主要作用于其A亚基，通过抑制回旋酶而抑制细菌DNA复制。氟喹诺酮类还可能抑制核糖核酸（RNA）的复制及蛋白质的合成而起到杀菌作用。马波沙星对广谱革兰氏阳性菌（特别是葡萄球菌属）、革兰氏阴性菌（大肠杆菌、鼠伤寒沙门氏菌、空肠弯曲杆菌、费氏柠檬酸杆菌、阴沟肠杆菌、黏质沙雷氏菌、摩氏摩根氏菌、变形杆菌、志贺菌属、猪胸膜肺炎放线杆菌、支气管败血性鲍特氏菌、多杀性巴斯德杆菌、克雷伯菌属、嗜血杆菌属等）及支原体有效。用于治疗猪乳房炎-子宫炎-无乳综合征（MMA）。以马波沙星计，肌内注射：一次量，每1kg体重，猪2.0mg，一日1次，连用3日。本品由保定阳光本草药业有限公司、瑞普（天津）生物药业有限公司、江西傲新生物科技有限公司、河北天象生物药业有限公司、保定冀中药业有限公司、天津万象药业有限公司、河北安然动物药业有限公司、青岛康地恩动物药业有限公司联合申请注册获得批准。此外，获得同品种批准的还有法国诗华动物保健公司。

12. 双氯芬酸钠注射液 本品为双氯芬酸钠的灭菌水溶液。属于非甾体类解热镇痛抗炎药。双氯芬酸钠的消炎、解热及镇痛作用比吲哚美辛强2～2.5倍，比阿司匹林强26～50倍。主要作用机制是抑制前列腺素合成酶，使前列腺素生物合成受阻。辅助用于外伤手术、炎症等引起的疼痛和发热。以本品计，肌内注射：一次量，每1kg体重，猪0.05mL。禁用于肝功能、肾功能损伤，胃溃疡的动物。本品由烟台绿叶动物保健品有限公司、扬州大学、山东省健牧生物药业有限公司、天津市中升挑战生物科技有限公司、山东省农业科学院畜牧兽医研究所联合申请注册获得批准。

13. D-氯前列醇钠注射液 本品为D-氯前列醇钠的无菌水溶液。属于前列腺素类药。D-氯前列醇是自然存在的前列腺素$PGF_{2\alpha}$的一种合成类似物，具有强效溶解黄体作用，D-氯前列醇比氯前列醇（外消旋混合物）活性强3～4倍。本品引起功能黄体的快速消退，从而导致孕酮产量的快速下降。黄体溶解后卵巢开始卵泡发育，母畜恢复正常发情与排卵。D-氯前列醇同时能引起子宫平滑肌收缩。用于孕期112～113d母猪的诱导分娩。耳后颈部肌肉注射：一次量，母猪1mL。禁用于因胎位异常、机械阻力等因素导致难产的母猪；禁用于患有心血管或呼吸系统疾病的母猪。本品由西班牙海博莱生物大药厂申请注册获得批准。

14. 西米考昔片 本品为西米考昔与适宜辅料配制而成的白色至米黄色片。属于非甾体类解热镇痛抗炎药（$NSAID_S$），通过抑制环氧合酶的活性，从而抑制花生四烯酸最终生成前列环素（PG1）、前列腺素（PGE－1、PGE－2）和血栓素A_2（TXA_2）；$NSAID_S$的镇痛机理是抑制前列腺素的合成；抑制淋巴细胞活性和活化的T淋巴细胞的分化，减少对传入神经末梢的刺激；直接作用于伤害性感受器，阻止致痛物质的形成和释放。体内和体外研究试验证实，西米考昔是一种选择性环氧合酶-2（COX－2）抑制剂，它在抑制炎症前列腺素合成的同时并不抑制生理性前列腺素的合成，用于抗炎治疗时，很少或不会发生类似经典$NSAID_S$对胃肠道、肾、血小板和肺的典型不良反应，具有强的抗炎、镇痛能力，广泛用于骨关节炎和类风湿性关节炎的治疗。用于犬进行整形外科手术和软组织手术前后的止痛；用于犬关节炎的止痛和消炎。以西米考昔计，内服：每1kg体重，犬2mg，一日1次。用于整形外科手术或软组织手术前后的止痛时，手术前2h使用一次，手术后连续使用3～7d；用于关节炎的止痛和消炎时，连用90d。禁用于患有胃病或消化系统紊乱或正在出血的犬；禁用于对西米考昔或产品中含有的其他成分过敏的犬；对患有脱水、低血容量或低血压的犬避免使用该药物；禁用于小于10周龄的幼犬；不可与皮质甾体类或其他非甾体类药物同时使用，对已经使用其他抗炎药物的犬使用该药物时，应间隔一段时间；繁殖期、怀孕期或哺乳期的犬慎用。本品由法国威隆制药股份有限公司申请注册获得批准。

15. 磷酸替米考星可溶性粉 本品为磷酸替米考星与无水葡萄糖配制而成的类白色粉末。属于动物专用半合成大环内酯类抗生素，抗菌作用与泰乐菌素相似，主要抗革兰氏阳性菌，对少数革兰氏阴性菌和支原体也有效。对巴氏杆菌和禽支原体的活性比泰乐菌素强。主要用于治疗鸡支原体感染引起的呼吸道疾病。以替米考星计，混饮：每1L水，鸡75mg，一日1次，连用3日。仅用于治疗，不用作促生长剂；蛋鸡产蛋期禁用；与其他大环内酯类、林可胺类因作用靶点相同，不宜同时使用。本品由青岛蔚蓝生物股份有限公司、广东温氏大华农生物科技有限公司动物保健品厂、江西傲新生物科技有限公司、河北维尔利动物药业集团有限公司、青岛康地恩动物药业有限公司、菏泽普恩药业有限公司、潍坊诺达药业有限公司、山东胜利生物工程有限公司、江苏南农高科动物药业有限公司联合申请注册获得批准。此外，获得同品种批准的还有保定冀中药业有限公司等6家单位。

16. 醋酸曲普瑞林凝胶 本品为醋酸曲普瑞林与适宜的辅料配制而成的稀薄透明至略显混浊的凝胶。属于激素类药，为人工合成的促性腺激素释放激素（GnRH）类似物，将天然GnRH第六位的甘氨酸以右旋色氨酸取代而成。GnRH为一个在下丘脑神经元细胞中合成并由其末梢分泌到垂体门脉循环的十肽，到达垂体前叶后，GnRH刺激促性腺激素细胞释放促黄体激素（LH）和促卵泡激素（FSH）。LH和FSH反过来又分别刺激性腺产生性类固醇和配子。为了发挥该作用，GnRH与其表达在垂体促性腺细胞上的质膜结合型促性腺激素释放激素受体相互作用，该作用激活钙动员，并经G蛋白活化磷脂酶C，随后蓄积的钙激活了介导促性腺激素释放的钙调素。用于诱导断奶母猪群同步排卵，有助于促进单次、定时人工授精。以本品计，母猪断奶后约96h，单次经阴道给药2mL（将施药器灌注管插入阴道距离子宫颈1～3cm），给药后20～24h内，对母猪进行人工授精。本品不得用于生殖道明显畸形的母猪；未批准用于后备母猪。本品由DPT实验室有限公司申请注册获得批准。

17. 利福昔明乳房注入剂（干乳期） 本品为利福昔明的灭菌油混悬液。利福昔明是利福霉素SV的半合成衍生物，主要通过与细菌依赖DNA的RNA聚合酶中β一亚单位不可逆地结合，来抑制细菌RNA的合成，从而达到杀菌的目的。其对革兰氏阳性菌（如金黄色葡萄糖球菌、无乳链球菌、停乳链球菌、乳房链球菌、棒状杆菌等）和革兰氏阴性菌（如大肠杆菌等）均有良好的抗菌活性。主要用于预防由金黄色葡萄球菌、链球菌及大肠杆菌引起的干乳期奶牛乳房炎。乳管注入：干乳期奶牛，每个乳室1支。本品由安徽中升药业有限公司、广东温氏大华农生物科技有限公司动物保健品厂、华秦源（北京）动物药业有限公司、天津瑞普生物技术股份有限公司、天津市中升挑战生物科技有限公司、青岛蔚蓝生物股份有限公司、青岛康地恩动物药业有限公司联合申请注册获得批准。

18. 盐酸恩诺沙星可溶性粉（蚕用） 本品为盐酸恩诺沙星与适宜辅料配制而成的白色或类白色粉末。属于氟喹诺酮类抗菌药，具有广谱抗菌活性，对革兰氏阴性菌、革兰氏阳性菌和支原体均有良好的作用。对敏感菌有良好的抗菌后效应。本品的抗菌机制是作用于细菌细胞的DNA旋转酶，干扰细菌DNA的复制、转录和修复重组，细菌不能正常生长繁殖而死亡。其作用有明显的浓度依赖性。用于防治家蚕黑胸败血病及灵菌败血病。以本品计，桑叶添食：一次量，取本品1包加水500mL溶解，喷洒于桑叶5kg，喷洒时以桑叶正反两面湿润为度。发现病蚕后第一日，喂饲含药桑叶24h，第二日和第三日分别喂饲含药桑叶6h。本品由湖北农科生物化学有限公司申请注册获得批准。

19. 茵栀黄口服液 由茵陈提取物、栀子提取物、黄芩提取物、金银花提取物等制备而成，具有清热解毒，保肝利胆之功能，主治鸡脂肪肝综合征。混饮：每1L水，鸡2mL，连用7日。本品由北京生泰尔生物科技有限公司、爱迪森（北京）生物科技有限公司、北京普尔路威达兽药有限公司、北京华夏本草中药科技有限公司联合申请注册获得批准。

20. 黄藿口服液 由黄芪、淫羊藿等药味制备而成，具有益气固本，补肾壮阳之功能，主要用于提高蛋鸡产蛋性能。混饮：每1L水，鸡2mL，连续用药一周，间隔一周后再用药一周。本品由河北安然动物药业有限公司、保定阳光本草药业有限公司、河北锦坤动物药业有限公司、河北农业大学联合申请注册获得批准。

21. 连蒲双清散 由黄连、蒲公英等药味组成，具有清热解毒，燥湿止痢之功效，主治鸡大肠杆菌病。混饲：每1kg饲料，鸡，2～4g，连用5日。本品由青岛蔚蓝生物股份有限公司、广西普大动物保健品有限公司、青岛农业大学、徐州天意动物药业有限公司、菏泽普恩药业有限公司联合申请注册获得批准。

22. 连蒲双清颗粒 由黄连、蒲公英等药味组成，具有清热解毒，燥湿止痢之功效，主治鸡大肠杆菌病。混饮：每1L水，鸡，2～3g，连用5日。本品由青岛蔚蓝生物股份有限公司、广西普大动物保健品有限公司、青岛农业大学、徐州天意动物药业有限公司、菏泽普恩药业有限公司联合申请注册获得批准。

23. 锦心口服液 由穿心莲、十大功劳、地锦草、虎杖、黄芩等药味制备而成，具有清热燥湿，止痢之功能，主治鸡大肠杆菌病。混饮：每1L水，鸡2mL，连用7日。本品由北京生泰尔生物科技有限公司、爱迪森（北京）生物科技有限公司、北京华夏本草中药科技有限公司联合申请注册获得批准。

24. 板黄口服液 由板蓝根、黄芩、金银花、黄连、山豆根、牛蒡子、桔梗、知母、甘草等药味制备而成，具有清热解毒、消肿利咽之功能，主治鸡传染性喉气管炎、鸡传染性鼻炎。混饮：每1L水，鸡10mL，连用7日。本品由中国农业科学院兰州畜牧与兽药研究所、湖北武当动物药业有限责任公司、成都中牧生物药业有限公司联合申请注册获得批准。

25. 玉屏风颗粒 由黄芪、白术（炒）、防风等药味制备而成，具有益气固表，提高机体免疫力之功能，主要用于提高猪对猪瘟疫苗的免疫应答。混饲：每1kg饲料，仔猪1g，连用7日。本品由保定冀中药业有限公司、保定阳光本草药业有限公司、保定冀中生物科技有限公司、河北农业大学联合申请注册获得批准。

26. 清营口服液 由水牛角、生地黄、玄参、竹叶、金银花、连翘、黄连、丹参、麦冬等药味制备而成，具有清营解毒，透热养阴之功能，主治温热病邪所致营分证。证见高热，精神萎靡，缩头，闭眼，昏睡，冠、肉髯发绀，有出血斑点等。混饮：每1kg体重，鸡1mL，连用3～5日。本品由山东省农业科学院家禽研究所、济南森康三峰生物工程有限公司联合申请注册获得批准。

27. 银黄注射液 由金银花、黄芩等药味制备而成，具有清热解毒，宣肺燥湿之功能，主治热毒壅盛，用于猪肺疫、猪喘气病的治疗。肌内注射：一次量，每1kg体重，猪0.15mL，一日2次，连用5日。本品由北京生泰尔生物科技有限公司、爱迪森（北京）生物科技有限公司、北京普尔路威达兽药有限公司联合申请注册获得批准。

28. 芪术玄参微粉 由黄芪、白术、防风、玄参、甘草等药味组成，具有补益正气，增强免疫之功能，主要用于提高鸡对新城疫、传染性法氏囊病疫苗的免疫应答。混饲：每 1kg 饲料，鸡 5g，鸡新城疫疫苗免疫后使用，连用 3 日；鸡传染性法氏囊病疫苗免疫前 7 日使用，连用 3 日。本品由河南省康星药业股份有限公司、山东亚康药业股份有限公司、北京方诚智盛生物科技有限公司、河南省康星常笑动物药业有限公司联合申请注册获得批准。

29. 扶正解毒微粉 由板蓝根、黄芪、淫羊藿等药味组成，具有扶正祛邪，清热解毒之功能，主治鸡传染性法氏囊病。混饲：每 1kg 饲料，鸡 10g，连用 5 日，预防量减半。本品由河南省康星药业股份有限公司、山东亚康药业股份有限公司、北京方诚智盛生物科技有限公司、河南省康星常笑动物药业有限公司联合申请注册获得批准。

30. 五味健脾颗粒 本品由白术（炒）、党参、六神曲、山药、炙甘草等药味配制而成，具有健脾益气，开胃消食之功能，主治脾虚泄泻，食欲缺乏，生长迟缓。混饲：每 1kg 饲料，仔猪 3g，连用 7 日。由保定冀中药业有限公司、保定阳光本草药业有限公司、保定冀中生物科技有限公司、瑞普（天津）生物药业有限公司联合申请注册获得批准。

31. 益母红灌注液 由益母草、淫羊藿、红花、延胡索、青皮、黄柏等药味配制而成，具有活血祛瘀，理气止痛，催情之功能，主治母猪产后恶露不尽，血瘀腹痛，发情迟缓。子宫灌注：用时将药液温浴至接近体温的温度，用输精器注入子宫内，每次 100mL，隔日 1 次，2～3 日为一疗程。本品由北京生泰尔科技股份有限公司、爱迪森（北京）生物科技有限公司联合申请注册获得批准。

32. 白苦败痢口服液 由白头翁、苦参、败酱草、厚朴、葶苈子等药味配制而成，具有清热解毒，燥湿止痢之功能，主治鸡大肠杆菌病。混饮：每 1kg 体重，鸡 1.5mL，连用 7 日。本品由天津生机集团股份有限公司、四川维尔康动物药业有限公司、亳州市乾元动物药业有限责任公司联合申请注册获得批准。

33. 山花黄芩提取物散 由山银花提取物、黄芩提取物等配制而成，具有抗炎、抑菌、促生长之功能，主要用于促进肉鸡生长。混饲：每 1kg 饲料，鸡 0.5g，可长期添加使用。本品由北京生泰尔科技股份有限公司、爱迪森（北京）生物科技有限公司联合申请注册获得批准。

34. 苋黄止痢口服液 由铁苋菜、黄连、甘草等药味配制而成，具有清热，燥湿，止泻之功能，主治鸡大肠杆菌病。混饮：每 1L 水，鸡 2mL，连用 3 日。本品由亳州市乾元动物药业有限责任公司、北京中农华正兽药有限责任公司、广东广牧动物保健品有限公司、江西博莱大药厂有限公司、广东海纳川生物科技股份有限公司、山西福瑞沃农业大学生物技术工程有限公司、南昌市力赛聚生物技术有限公司联合申请注册获得批准。

从近几年的兽药注册品种情况来看，畜禽、宠物用兽药产品不断丰富，尤其是现代中兽药制剂开发取得重大进展。2016 年《农业部关于促进兽药产业健康发展的指导意见》与《全国兽医卫生事业发展规划（2016—2020）》中均提到应支持中兽药产业发展，建立符合中兽药特点的注册制度，鼓励并支持对疗效确切的传统中兽药进行“二次开发”，加强中兽药和药物饲料添加剂研发，扶持饲用抗生素替代产品的创制。农业部研究起草了中兽药、天然药物预混剂通则技术要求，目前正在征求意见阶段；同时，农业部已审批一些植物提取物、中药提取物、微生态制剂、酶制剂等作为新兽药、新饲料产品，并已部分实现产业化。

（董义春　梁先明　徐倩）

饲料酶制剂

饲用酶作为一种高效、安全、绿色的生物催化剂，对解决饲料资源匮乏、畜牧业可持续发展等问题具有良好潜力，具有广阔的应用前景。随着科研工作的深入，饲用酶制剂将在畜牧业中发挥越来越重要的作用。

一、饲用酶制剂的产量及产值情况

相关统计显示全球 2016 年饲料首次超过 10 亿 t，同比 2015 年增长 3.7%，中国是最大的饲料生产国，2016 年中国饲料产能稳步增长，饲料行业市场由粗放型向集约型发展，规模化生产进一步发展，饲料质量安全继续提升。

酶是一类由活细胞产生的具有生物催化功能的高分子物质，酶制剂就是将生物体内产生的酶经过提纯加工后的产品，其作用条件温和、耗能低且化学污染小，而饲用酶制剂作为一种绿色的生物催化剂，能提高饲料资源利用率和经济效益，控制环境污染。随着饲料行业的发展及规模化加剧，饲用酶制剂产量由 2015 年的 11.5 万 t 增加 15%，约至 13 万 t，但是产值由 2015 年的 24 亿增加至 24.7 亿，仅增长 3%，说明产量增长大于产值增长，意味着行业竞争加剧，价格下降。

二、饲用酶制剂行业发展状况

1. 使用饲用酶制剂的面扩大 2016 年，饲料用酶制剂产销量继续增长，饲料中使用酶制剂的比率继续扩大，浓缩料和预混料中酶制剂的使用增幅较大。商品饲料中至少95%以上使用酶制剂，养殖自配企业的酶制剂使用量也接近于50%。

2. 使用饲用酶制的添加量增加 普遍存在的是植酸酶由5 000单位100g增加到10 000单酶100g甚至200～300g。由于植酸酶提高了植酸磷的利用率，因而添加适量植酸酶可减少畜禽日粮中无机磷的添加量，在某些富含植酸磷的饲料中添加植酸酶甚至可完全代替无机磷，随着用量的增加对底物中的植酸降解显著增加，释放植酸螯合的其他营养物质，价格下降性价比提高，所以超量添加植酸酶已经成为绝大多数企业的新常态。除了植酸酶的超量添加外，固体发酵的复合酶的添加量也在逐步加大。

3. 部分大型饲料企业使用招标采购单酶使用效果有待进一步评价 底物的多样性植物性饲料原料不仅具有物理结构坚硬的细胞壁，抗营养因子非淀粉多糖的组成也是多样的，底物非淀粉多糖的降解需要多种酶之间协同作用。动物的特殊性，动物品种乃至所处生长阶段的不同都会对酶制剂的种类产生要求。采购单酶使用是否匹配有待评估。

4. 市场竞争加剧，饲用酶制剂企业普遍在争夺市场，有的甚至存在恶意竞争 随着市场竞争加剧，甚至出现了低于成本价的销售，产品质量得不到保证，劣质冒充优质，恶性竞争，导致市场上酶制剂产品混乱，效果参差不齐，严重影响酶制剂企业的健康发展。

三、饲用酶制剂企业发展状况

1. 传统的饲料酶制剂企业稳健发展 2016年饲用酶制剂行业最受关注的活动莫过于广东溢多利生物科技股份有限公司生物产业发展与行业高端论坛珠海峰会暨成立二十五周年庆典。三大院士联袂登台，顶尖学者齐聚珠海。来自全球及全国各地的行业领导、企业老总、合作伙伴、专家学者等1 000多名嘉宾齐聚共贺，共同见证了溢多利25华诞的辉煌时刻。新华扬在武汉光谷生物城投资建设的8hm² 九龙酶制剂基地落成试生产。蔚蓝生物荣获“中国轻工业工业酶菌种选育重点实验室”“‘十二五’轻工业科技创新先进集体”。挑战集团旗下的生物饲料开发国家工程研究中心与中科院天津工业生物所达成战略合作。昕大洋“三君荟”系列产品召开新闻发布会。东莞泛亚太乳酶康正式发布。

2. 新进入的饲料酶制剂企业加入其中，有良好的起步 奕农集团专注于生物工程酶制剂，以研发生产植酸酶、木聚糖酶为起点，现已发展生物多样化的酶制剂企业。科为博是立足生物科技，致力规模发酵，是专业研发、生产、销售微生态制剂、酶制剂等产品为主的高新技术企业。盛拓达联合酶制剂行业由多位资深人士集体创立，建立起覆盖饲料、工业、食品等领域的完善的产品体系。这些新进入的饲料酶制剂企业加入到了竞争中，并取得了良好的起步，说明饲用酶制剂行业仍有较大空间和发展前景。

3. 有些饲料酶制剂企业开始走生物酶的多用化道路 溢多利除了饲用酶制剂还有造纸用酶制剂、酿造工业用酶、烘焙工业用酶、纺织用酶制剂、造纸用酶制剂等其他生物酶制剂。蔚蓝生物同样发展工业酶和食品酶。新华扬在发展食品酶、纺织酶及生物酵素等。大型酶制剂企业纷纷走向多样化发展道路。

四、饲用酶制剂技术发展状况

1. 饲用酶制剂的性能进一步得到优化，更适用生产使用 各大酶制剂厂家致力于提高产品性能。如溢多利迈特5 000新型耐高温植酸酶基因来源于肠道微生物，目标基因序列经过生物信息学的设计和计算，通过高通量筛选的方法得到，酶学性质较原始基因已有大幅度改良，显著提高了酶解效率及耐温性。在75～90℃的制粒温度区间，该产品的酶活保留率均为85%以上，显著优于国内外同类产品。多次动物试验证明，饲料中添加同样剂量植酸酶时其促生长性能优于国内外同类产品。

2. 功能性酶制剂不断涌现

（1）葡萄糖氧化酶。葡萄糖氧化酶是广泛应用在食品工业中的一种酶。近年来，人们开始将葡萄糖氧化酶作为药物促生长剂的替代品添加到饲料中，研究葡萄糖氧化酶对多种病原菌的抑菌效果。临床观察表明，葡萄糖氧化酶可以解除饲料中真菌毒素的危害，提高动物免疫能力，替代药物促生长剂使用。市场已取得认可的如溢多利的葡萄氧化酶，产品名称溢倍康，来自非转基因菌株，采用黑曲霉进行培育，是利用发酵工程技术经液体深层发酵制得的高效生物制剂。

（2）霉菌毒素解毒酶。饲料中含有丰富的营养物质，极易受到霉菌污染而发生霉变，不仅影响适口性，降低动物采食量和饲料营养价值，而且霉菌分泌的毒素会造成动物拒食、呕吐、腹泻、生长停滞、生产力下降甚至中毒死亡。另外，霉菌毒素还能通过乳汁、鸡蛋及其他产品转移到人体，对人类健康造成危害。因此，如何抑制饲料中霉菌的生长繁殖，减少饲料中霉菌毒素的含量成为饲料行业的研究热点。

近年来研究表明，某些酯酶和环氧酶可作为饲用酶制剂，用于降解饲料中的霉菌毒素，如玉米赤酶烯酮，所有的单端孢菌素，包括T-2毒素、呕吐毒素、瓜蒌镰菌醇等，而降解产物无毒无害。酯酶可裂解玉米赤酶烯酮的内酯环，环氧酶则可裂解单端孢菌素的12,13-环氧基，生成的无毒的降解产物被消化或排出体外。

五、母仔一体化的研究进展

随着国际畜产品一体化即将来临，随着我国人民生活水平的提高，人们在食品安全和环保等方面的意识也在加强。饲用酶制剂既能提高消化率和利用率，提高畜禽的生产性能，又能减少畜禽摄泄物中的氮、磷的摄泄量，保护土壤免受污染。猪的繁殖与营养密切相关，且猪繁殖周期的各生理阶段是密切相关的，某一生理阶段的营养会影响此阶段、后一生理阶段乃至全程的生产性能。母猪的抵抗力低会导致母猪奶水差、哺乳仔猪腹泻、仔猪断奶体重低，对断奶后仔猪的生长发育和后继生长性能产生严重的影响。酶制剂在畜产品一体化中起着重要作用，溢多利经过大量研究运用酶制剂改善了母子一体化生长、生产性能。

六、饲用酶制剂存在问题及挑战

（1）饲料酶制剂市场的恶性竞争。随着饲用酶制剂行业竞争加剧，市场上出现了使用工业酶的菌种替代饲用酶菌种现象，使用效果不良。有些酶的菌种不适用于饲料工业，劣配充当良配的现象时有发生，导致酶制剂市场产品混乱，评价方法多样，难于体现较好的使用效果。

（2）部分企业采购单酶自行复配，使用效果有待评价。随着我国饲料产量已进入稳定发展期，在行业竞争加剧的大背景下，有些饲料企业已开始使用单酶来降低酶制剂的使用成本，由于饲料原料底物的多边性，结果差异较大，酶制剂的特异性是一把钥匙开一把锁的关系，当前饲料行业中有很多是一菌多酶且不同单酶之间存在协同或拮抗作用，单酶的使用很难达到效果，饲料企业为降低成本使用单酶影响行业的进一步发展和使用效果。

（3）酶制剂使用的数据库有的是比较缺乏，有的是不够规范，各行其是，影响行业的规范使用。对饲用酶制剂使用的数据库，包括饲料原料抗营养因子数据库方面，需要行业主管部门和相关科研部门加强规划研究。总之，饲料酶制剂的使用方面任重道远。

（4）酶制剂在养殖企业的推广使用扩大，但对养殖新领域的应用研究，要根据养殖企业特点进一步细化，相关的技术规范有待于进一步研究。

（周镇锋　芦　雪）

饲料酵母

一、饲料酵母的应用

在我国，酵母在饲料上的应用是从 20 世纪 80 年代开始，时至今日，饲料酵母已经发展成为一个独立的细分市场。

饲料酵母以酿酒酵母细胞为主要组分，富含动物生长所需的多种营养物质，如蛋白质、氨基酸、矿物质、维生素、核酸和多糖等。酵母蛋白质中赖氨酸、精氨酸、亮氨酸、异亮氨酸等几种重要的必需氨基酸含量较高，而组氨酸、蛋氨酸、胱氨酸含量相对较低。

大量研究证明，饲料酵母在动物饲料中适当添加可以改善饲料适口性，增加采食量，提高饲料转化效率，是目前较为理想的廉价蛋白饲料之一。目前饲料酵母在市场上的应用主要集中在：单胃动物、反刍动物、乳猪教槽料和高端水产，从 2013—2016 年的消费数据来看（图 2 - 105），基本呈稳定性增长。

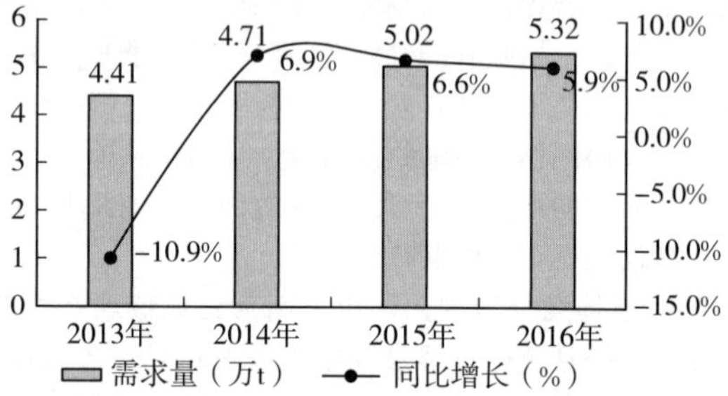

图 2 - 105　2013—2016 年中国饲料酵母消费量及增长情况

资料来源：中国发酵工业协会。

二、饲料酵母的产业链

饲料酵母的产业链结构分析有：上游原材料供应商，中游饲料酵母生产商，下游饲料生产企业，此外还有贯穿产业链的物流配送厂家等。饲料酵母的供应体系和供应链正处于快速发展和不断完善的过程当中，上、中、下游三方的关系很脆弱，不稳定性来自于啤酒厂每年一次的招投标合作方式和啤酒厂的啤酒产量。

三、行业的现状

最近 10 多年来，随着绿色健康饲料的概念深入人心，酵母作为无毒、无残留和无抗药性的饲料添加剂（饲料原料），逐渐得到市场的认可，前景广阔。下面，我们通过饲料酵母的产业链条（图 2 - 106）来分析一下饲料酵母行业的现状。

1. 上游市场　上游原材料的产量直接制约了中游饲料酵母加工企业的酵母深加工的产能，所以在未来的 3 年内酵母源生物产品的价格仍不会有大幅度的回落，而上升的可能性会更大。

当前，全国啤酒产销量达到基本饱和状态，啤酒

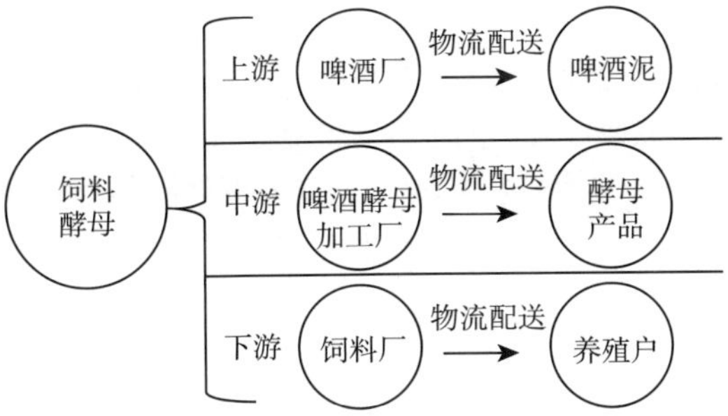

图 2-106 饲料酵母产业链条

酵母作为啤酒生产加工的副产物，产量也难有大幅提高的空间。据国家统计局数据显示：2016 年我国啤酒产量为 4 506.4 万 t，啤酒酵母泥约占啤酒产量的 0.15%（干物质）。据此推算，利用啤酒酵母泥生产出来的干态啤酒酵母总量为 6.76 万 t。目前国内啤酒酵母的 50%～55%作为饲料使用，20%～35%用于加工酵母抽提物，提取物应用于生物医药、食品调味料、休闲食品及生物培养基等领域；5%～10%被加工成营养功能食品等，这些都在挤占用于饲料行业的酵母用量。物以稀为贵，未来酵母很可能成为一个资源型产品，价格会升高，这将导致附加值低的酵母粉产量越来越低，迫使企业转向利用价值和附加值更高的破壁型酵母和酵母细胞壁产品。

2. 中游市场 从供求方面看，我国饲料酵母行业绝大多数产品处于供不应求的强竞争状态，总体生产能力小于市场需求，因而供应方处于市场强势地位，即卖方市场。从产能分布上看，目前全球酵母总产能约为 150 万 t，近年来中国成为全球酵母产能增长最为迅猛的区域，带动了亚太乃至全球酵母产能的快速增长，2016 年中国酵母类总产能达到 30 万 t。而根据中国发酵工业协会数据显示，2013 年我国饲料酵母产量达 6.31 万 t，同比下降了 9.4%。到 2016 年我国饲料酵母产量增长至 7.93 万 t，与上一年相比增长了 7.9%（图 2-107）。

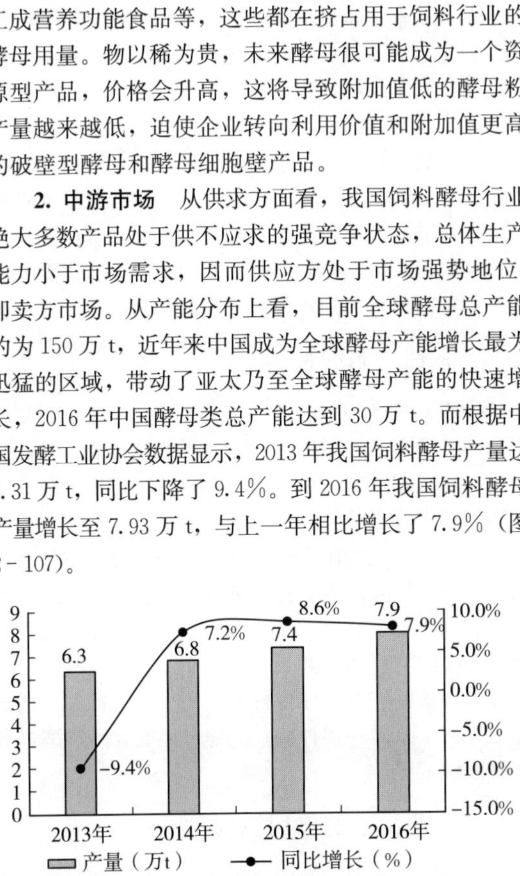

图 2-107 2013—2016 年中国饲料酵母产量及增长情况

资料来源：中国发酵工业协会。

还有一个不容忽视的情况，基于饲料酵母这个细分市场企业的起步门槛较低，到 2016 年我国饲料酵母规模企业增长至 27 家，小型加工厂高达 100 多家，小型的加工厂为了生存和盈利，进行低价销售，甚至有的进行散装掺假，滞后了饲料酵母的行业的发展。所以饲料酵母企业的规范化、集团化需求显著，这也是企业制胜的根本。

3. 下游市场 根据不完全统计，我国应用于饲料的酵母产品中，啤酒酵母粉所占市场份额最高，跟其他几种产品相比，其价格最为低廉。酵母酶解物增幅最大，这也说明了酵母酶解物在畜禽水产饲料中越来越受到用户的肯定。有研究表明，其在营养及适口性考究的乳猪教槽料上的应用，可有效替代配方中的血浆蛋白粉，且在转饲料保育料后的抗应激能力更强，后期增重速度更快。酵母细胞壁多糖和活性干酵母增速也超过 10%，表明其在养殖终端的应用也有了显着增长。

从消费市场上看，酵母消费市场增长不平衡，我国饲料酵母消费地区主要集中在华东和中南地区，这两个区域的饲料酵母消费量合计占全国总消费量的 70%以上。

四、机遇与挑战

1. 国家政策支持 2010 年 4 月，农业部召开的“对中小企业支持方案”研讨会中，再一次明确对酵母类微生态产品的支持力是 30 年不变。随后，中华人民共和国农业部公告（第 2038 号）公布，将酿酒酵母培养物、酿酒酵母提取物、酵母水解物及酿酒酵母细胞壁 4 个品种补充至《饲料原料目录》。

饲料行业抗生素滥用尤甚，我国农业部公告第 176 号制定了《禁止在饲料和动物饮用水中使用的药物品种目录》，第 193 号制定了《食品动物禁用的兽药及其他化合物清单》，明确了禁用抗生素种类。

2017 年 1 月 1 日起欧盟全面禁止使用抗生素，对于饲料酵母企业来讲，这既是挑战，但更是机遇。可喜的是饲料酵母功能性替代产品市场空间大。

2. 需求预测 中国发酵工业协会数据显示，2013 年我国饲料酵母需求量达 4.41 万 t，同比下降了 10.9%。到 2016 年我国饲料酵母需求量增长至 5.32 万 t，与上一年相比增长了 5.9%。预计 2017 年我国饲料酵母需求量将达 5.63 万 t，同比增长 5.8%。到 2022 年我国饲料酵母需求量将增长至 7.73 万 t，与上一年相比增长 6.9%，具体如表 2-29 所示：

表 2-29 2017—2022 年中国饲料酵母需求量预测

时间	需求量（万 t）	同比增长（%）
2017 年	5.63	5.8
2018 年	5.97	6.0
2019 年	6.34	6.2
2020 年	6.78	6.9
2021 年	7.23	6.6
2022 年	7.73	6.9

资料来源：中国产业调研网数据中心。

3. 行业威胁

（1）欧美等发达国家，已经开始积极在动物饲料中应用酵母源生物饲料产品，尤其是一些新开发的产品，如活性酵母、酵母细胞壁多糖、酵母硒等，在国际市场上的应用取得了很好的应用效果，并有逐步扩大应用范围的趋势。

（2）终端饲料厂消费成本高。目前酵母细胞壁、酵母提取物等产品在禽料中的应用效果其实非常好，但价格 1t 要万元以上，每吨禽料添加 1～2kg 的产品，其成本要增加 30 元左右，使本来就微利经营的禽料企业望而却步。因此，开发合理剂型，研究适宜包被技术，降低生产成本的工艺，是饲料酵母行业所需做的。

（3）目前饲料酵母的市场竞争主要体现在高档产品市场和中低档产品市场的竞争。我国饲料酵母的高档产品技术尚未掌握，创新能力不强和知识产权问题制约了这些高档饲料酵母的发展。我国饲料酵母的市场竞争的焦点不是数量，而是技术、标准和产品质量的竞争。

（4）由于产品众多，饲料酵母行业的标准、国家标准制定相对滞后，但随着经济水平的提高，国家及人们对食品安全的要求越来越严格。

五、饲料酵母企业如何应对

（1）我国企业要在饲料酵母的生产领域规模不断扩大，一定要与高校、科研机构进行紧密的产学研合作，转化研发成果，提高产品的质量和技术含量，优化生产能力和工序，制定行业生产、加工以及定制服务健康安全的标准，这样才能极大地提高我国饲料酵母生产企业的竞争力。

（2）企业需要具有远瞻性，在稳定现有产品的产销能力下，应用领域要走横向，拓展酵母在饲料行业的使用，同时在生物医药、清洁能源应用上找突破点。

（3）有规模的企业应该增强自身的产销能力，引进资本，与上游啤酒厂建立长期共赢的战略合作关系，降低原料成本，提高企业盈利空间。

（4）各中小企业应抛弃传统的单兵作战模式，迎接“抱团取暖”的时代，资源整合，形成利益共同体（战略联盟），推进行业的健康发展。

（5）在下游营销战略上，立足酵母行业，结合行业生态链，运用互联网思维，大胆创新，启动粉丝经济、物联经济、资本经济，实现多点盈利，多方共赢的局面。

（陈训银）

益生素应用研究进展

益生素（probiotics），又称微生态制剂或饲用微生物添加剂，是指可以直接饲喂动物并通过调节动物肠道微生态平衡达到预防疾病、促进动物生长和提高饲料利用率的活性微生物或其培养物。与抗生素对营养的辅助作用、杀菌作用相反，益生素是通过动物消化道微生物的竞争性排斥作用，促进肠道内某些有益菌的生长，抑制有害菌生长，形成优势菌群来发挥有益作用的。益生素是一种绿色、无公害的新型微生物类饲料添加剂，具有无毒、无抗药性、无残留、无副作用等特点，作为抗生素的优良替代品在畜牧生产中得到了广泛应用。益生素的使用为我国养殖业持续、稳定、健康发展提供了强有力的技术支撑，将对我国养殖业产生深远影响。2016 年，我国关于益生素的研究应用涉及家禽、猪、反刍动物、水产养殖、特种经济动物等领域，并取得了一批成果，为益生素在动物生产中的广泛应用提供了宝贵经验。

一、益生素的种类

益生素按菌种组成成分可分为单一型制剂和复合型制剂；按产品使用用途及其作用机制分为生长促进剂、多功能制剂和微生态治疗剂；按产品来源分为微生物发酵产物和培养物干燥剂型产品；按所用菌种类型则可划分为乳酸菌类、芽孢杆菌类和酵母类。目前动物生产中主要应用的益生菌有：①乳酸菌类，来源于乳酸杆菌属、乳酸链球菌属和双歧杆菌属的微生物，如嗜酸乳杆菌、粪链球菌、长（短）双歧杆菌；②芽孢杆菌类，地衣芽孢杆菌、短小芽孢杆菌、枯草芽孢杆菌、蜡样芽孢杆菌；③酵母菌类，酿酒酵母和产朊假丝酵母。

二、益生素的作用机制

目前，对益生素的作用机理比较公认的有优势菌群学说、菌群屏障学说和生物夺氧学说。益生素的作用主要体现在：饲料中添加益生素可有效调节肠道内微生物种类，形成优势菌群，维持肠道正常菌群平衡；益生素在生长代谢过程中，会产生抑菌、杀菌代谢产物，发挥窄谱或广谱的病原抑制作用，阻止肠道内有害物质（毒性胺、氨、细菌毒素和氧自由基）的合成；益生素可改善肠黏膜屏障功能，增加屏障的完整性，激发并调节免疫功能，增强机体的免疫功能；益生素在肠道内可以产生多种消化酶，如淀粉酶、蛋白酶、脂肪酶和纤维素酶等，促进营养物质的消化吸收，增强机体的消化能力，从而促进畜禽生长；饲料中添加益生素可以抑制有害物质的产生，减少环境污染。

三、益生素在畜牧生产中的应用

2016 年益生素在畜牧生产上的应用研究涉及家禽、猪、反刍动物、水产养殖、特种经济动物等领域。在研究对象方面，研究较多的依旧是家禽和猪；在益生素种类方面，研究较多的是乳酸菌、芽孢杆菌、酵母菌和粪肠球菌；在益生素应用形式方面，复合益生素及益生素与酶制剂、中草药、有机酸等配伍使用的研究较多；在益生素应用效果方面，益生素主要起到维持肠道菌群平衡、改善动物肠道健康、提高免疫性能、促进营养物质吸收利用，进而提高生产性能的作用。另外，益生菌发酵饲料和微囊化益生菌的制备为益生素在畜牧生产中的应用提供了新思路。以下将着重从 5 个领域总结 2016 年益生素在畜牧生产中的应用研究进展。

1. 益生素在家禽生产中的应用 综述 2016 年我国有关益生素在家禽生产中的应用研究，按照研究对象、益生素组成、添加剂量、试验期、应用效果等方面的内容归纳成表 2－30。从研究对象来看，益生素在家禽上的研究主要集中于肉鸡，另外在地方鸡和蛋鸡上也有一些研究，而鹅和鸭上研究较少。从益生菌组成来看，益生素在饲料中的应用有单一益生素、复合益生素或益生素与中草药、酶制剂、酸化剂配伍等形式。从应用效果看，益生素的使用能够提高家禽的免疫性能和抗氧化能力，维持肠道菌群平衡、促进肠道健康，提高养分消化率，从而提高生产性能。同时，益生素还可缓解家禽由于热应激和免疫应激引起的损伤，降低禽舍氨气和硫化氢浓度。综合分析，复合益生素的添加效果优于单一益生素。最佳添加剂量的差异可能是家禽种类、试验期和益生素的组成不同造成的。

2. 益生菌在猪生产中的应用 2016 年我国有关益生素在猪生产中的应用研究见表 2－31。从研究对象来看，断奶仔猪和保育猪研究较多，育肥猪、哺乳仔猪、母猪和地方猪上的研究相对较少。从应用形式看，益生菌的使用主要集中于复合益生素及益生素与寡糖、氨基酸、中草药、酶制剂、有机酸等配伍。从

表 2－30 益生素在家禽生产中的应用

研究对象	益生素组成	添加剂量	试验期	应用效果	参考文献
AA 肉鸡	乳酸菌制剂、丁酸菌制剂、复合菌制剂（乳酸菌、酵母菌和枯草芽孢杆菌的发酵液按照 1∶1∶1 混合），活菌数均＞2×10^9CFU/mL	1mL/kg 乳酸菌制剂，丁酸菌制剂和复合菌制剂	12～26 日龄，26～40 日龄	三种菌制剂均可提高肉鸡生产性能、增强免疫性能和优化肠道菌群，就应用效果来看，复合益生菌优于单一益生菌制剂	郭欣怡等
AA 肉鸡	抗菌肽与微生态复合物（屎肠球菌 5×10^9CFU/g、天蚕素抗菌肽 100 万 U/g）	200mg/kg 屎肠球菌，200mg/kg 天蚕素抗，400mg/kg 益生菌和抗菌肽复合物	1～46 日龄	微生态制剂与抗菌肽复合物能显著提高肉生长性能，提高免疫性能，降低禽舍氨气和硫化氢浓度，降低肉鸡的死淘率，应用效果优于单一成分	关静姝等

AA 肉鸡	海洋红酵母 BSH 单一菌剂，有效活菌数 1×10^{10} CFU/mL，海洋红酵母 BSH、枯草芽孢杆菌和乳酸菌配伍的复合益生菌，有效活菌数分别为 1×10^{10} CFU/mL，2×10^{11} CFU/g，1×10^{11} CFU/g	单一益生素：分别在饮水中添加 5×10^5、1×10^6 和 1.5×10^6 CFU/mL；复合益生素：3 种单一益生素的剂量均不同	1～21 日龄，22～42 日龄	海洋红酵母及复合益生素可提高肉鸡的生产性能、屠宰性能、小肠形态结构及养分表观消化率，综合来看，复合益生菌比单一益生菌试验效果好，均可部分替代抗生素的使用	孙锡凤
AA 肉鸡	发酵乳酸杆菌 F－6，活菌数为 2.0×10^{11}CFU/g	通过饮水分别添加 2.0×10^5、2.0×10^6 和 2.0×10^7CFU/mL	1～21 日龄，22～42 日龄	发酵乳酸杆菌 F－6 可以显著提高 21 日龄及 42 日龄 AA 肉鸡的血清抗氧化性能及肠道部分 VFA 含量	郭元晟等
AA 肉鸡	解淀粉芽孢杆菌，活菌数为 5.4×10^9CFU/g	分别添加 200、500 和 1 000mg/kg	1～21 日龄，22～42 日龄	提高肉鸡屠宰性能、肉品质和肌肉抗氧化能力，以 500mg/kg 效果最佳	杨敏馨等
AA 肉鸡	淀粉液化芽孢杆菌，活菌数为 5.4×10^9CFU/g	0.2%	1～21 日龄，22～42 日龄	缓解肉鸡免疫应激造成生长受阻和肠道损伤	李悦等
罗斯 308 肉鸡	复合益生菌制剂为固体粉末，主要包括短小芽孢杆菌、植物乳酸杆菌、酵母菌等菌种，总活菌数≥10^9CFU/g	分别添加 0.1%、0.2%、0.3%复合益生菌制剂	1～21 日龄，22～42 日龄	复合益生菌制剂可显著降低肉鸡的料重比、死亡率和淘汰率，其中 0.2%的添加剂量生产效果最好，经济效益最高	李渤南等
罗斯 308 肉鸡	益生菌和富硒益生菌（乳酸菌和酿酒酵母菌）	10^{11}和 10^9CFU/mL	1～21 日龄，22～42 日龄	富硒益生菌可提高生产性能和抗氧化能力	刘晓霞等

（续）

研究对象	益生素组成	添加剂量	试验期	应用效果	参考文献
罗斯 308 肉鸡	乳酸菌：短乳杆菌、粪肠球菌和盲肠肠球菌 1∶1∶1 混合，活菌数为 1×10^7 CFU/mL；乳菌复合物：乳酸菌+0.8%菊糖	3‰	1～21 日龄，22～28 日龄	乳酸菌复合物能促进盲肠肠道菌群数量，改善肠道形态结构，提高生产性能	玄家洁
罗斯 308 肉鸡	枯草芽孢杆菌，有效活菌含量 1.0×10^9 CFU/g	分别添加 0.1%、0.2%和 0.3%菌剂	1～21 日龄，22～42 日龄	提高肉鸡生产性能，降低肠道 pH，调节肠道菌群平衡	尹艳军等
商品代快大型岭南黄雌性肉鸡	分别添加中药复方、益生菌（双歧芽孢杆菌、嗜乳酸杆菌、粪链球菌等）	0.5%复方中药煎液；0.02%益生素	1～14 日龄，15～28 日龄	缓解热应激造成的生长抑制、肠道和肝损伤	杨梅梅
岭南黄肉鸡	枯草芽孢杆菌 B10 制剂，活菌含量 1.0×10^8 CFU/g	1 000mg/kg	18～57 日龄	增强肉鸡肠黏膜免疫功能、改善肉鸡抗氧化应激状态、促进机体对含氮营养物质的吸收和利用	王佰魁等
黄羽肉鸡	鼠李糖乳杆菌发酵中草药复合枯草芽孢杆菌，活菌总数 3.0×10^8 CFU/g	1%	1～42 日龄	1%发酵中草药微生态制剂能够抵抗大肠杆菌感染，提高免疫力，降低死亡率	谢全喜等
黄羽肉鸡	凝结芽孢杆菌制剂，活菌数含量为 1.0×10^{10} 个/g	分别添加 0.1%、0.15%和 0.2%	1～21 日龄，22～35 日龄	提高生产性能、屠宰性能改善肉品质	曹广军等
慢速黄羽肉鸡	植物乳杆菌菌液、发酵菌粉（枯草芽孢杆菌、地衣芽孢杆菌、酿酒酵母），活菌数分别为 1×10^8、0.5×10^7、5×10^7、1.5×10^7 CFU/g	1%发酵饲料，2%发酵饲料，2%发酵灭菌饲料	1～21 日龄，22～42 日龄，43～70 日龄	益生菌混合发酵饲料达 2%添加量时，能有效提高生产性能、粗脂肪代谢率、抗氧化性能、免疫性能和肠道屏障功能	张俊
科宝 500 白羽肉鸡	产酶益生素（含枯草芽孢杆菌、地衣芽孢杆菌、乳酸菌、酵母菌、丁酸梭菌，活菌总数≥2.0×10^8 CFU/g）和肽菌素	基础日粮+0.1%产酶益生素+0.1%肽菌素；基础日粮+0.1%产酶益生素	4～18 日龄，19～42 日龄	益生素有促进肉鸡饲料利用和促生长、保健康的效果，与肽菌素联合应用效果更明显	杜喜忠等
铁脚麻杂交育成鸡	分别添加复合益生素试验制剂、复合芽孢菌制剂（益菌乐 200）、嗜乳酸杆菌- CICC23 119 株	10×10^9 CFU/g	21～42 日龄，43～84 日龄	益生素制剂提高了杂交肉鸡的生产性能，改善了蛋白质代谢	文正常等

（续）

研究对象	益生素组成	添加剂量	试验期	应用效果	参考文献
青脚麻鸡	益生素（主要含有粪肠球菌、酿酒酵母和枯草芽孢杆菌）	分别添加 200g/t 和 400g/t	26～39 日龄	益生素有杀菌、抑菌、保证鸡肠道健康的作用，替代抗生素吉他霉素可行	吴东等
艾维茵肉鸡	枯草芽孢杆菌，活菌数 $>1\times10^9$ CFU/g	0.5g/kg 益生素	1～21 日龄，22～42 日龄	饲料中添加益生素能显著缓解 LPS 对肉仔鸡增重的负面影响	杨勇等
艾维茵肉鸡	产植酸酶纺锤形赖氨酸芽孢杆菌制剂，活菌数 $>1\times10^{10}$ CFU/g	分别添加 1.0×10^6、1.0×10^7、1.0×10^8 CFU/g	1～21 日龄，22～42 日龄	提高肉鸡的生产性能，改善肠道菌群，提高免疫器官指数，1.0×10^7 CFU/g 剂量应用效果最好	余祖华等
雪山草鸡	枯草芽孢杆菌 048（BS048，活菌含量为 5×10^8 CFU/g）和果寡糖（FOS）配伍	0.1% BS048，0.08% FOS	1～40 日龄，41～80 日龄	BS048 和 FOS 配伍使用，提高肠道消化功能，促进盲肠 VFA 产生，提高生产性能	朱沛霁等
罗曼粉壳蛋鸡	枯草芽孢杆菌、植物乳杆菌和戊糖片球菌	分别添加 1×10^7 CFU/g	1～32 周龄	不同益生菌均可提高育成期蛋鸡生长性能、产蛋性能和蛋品质，调节肠道微生物组成，影响基因表达	李天杰
罗曼粉壳蛋鸡	凝结芽孢杆菌，活菌数 10^6 CFU/g	分别添加 150mg/kg 和 200mg/kg	1～10 周龄	提高蛋鸡生产性能，综合效益考虑，选择 150mg/kg 的添加剂量	赵必迁等
罗曼粉壳蛋鸡	枯草芽孢杆菌、植物乳杆菌和戊糖片球菌	$>1\times10^7$ CFU/g	1～220 日龄	提高蛋品质	尤爱琳等
海兰褐蛋鸡	益生素（1∶1 地衣芽孢杆菌和枯草芽孢杆菌，活菌数均 $\geq1.0\times10^{10}$ CFU/g）和酵母细胞壁配伍	50g/t 益生素＋400g/t 酵母细胞壁	1～50 周龄	复合益生素提高蛋鸡的生产性能和蛋品质	薛萍等
海兰褐蛋鸡	抗菌肽与益生素复合物（屎肠球菌 5×10^9 CFU/g，天蚕素抗菌肽 100 万单位/g）	单一益生素 200mg/kg，复合益生素 400mg/kg	40～41 周龄	单一益生素和复合益生素均可改善蛋鸡的产蛋性能和蛋品质。综合分析，益生素与抗菌肽配伍效果优于单一成分	张江等
海兰褐蛋鸡	枯草芽孢杆菌 HD-RaBS1（有效活菌数 100 亿 CFU/g）	600g 枯草芽孢杆菌菌粉/1 000kg	280～300 日龄	缓解蛋鸡热应激引起的肠道损伤，免疫力下降	张盼望等

（续）

研究对象	益生素组成	添加剂量	试验期	应用效果	参考文献
樱桃谷肉鸭	微生态制剂（枯草芽孢杆菌和屎肠球菌，有效活菌数为200亿个/g）	300mg/kg	1～21日龄，22～42日龄	提高鹅生产性能，提高血清总蛋白、白蛋白和碱性磷酸酶水平，缓解热应激损伤	叶枝林
樱桃谷肉鸭	乳酸菌、枯草芽孢杆菌和酵母菌，有效活菌含量≥200亿CFU/g	100g/t和200g/t	1～42日龄	提高屠宰性能和生产性能	刘爱君等
樱桃谷肉鸭	枯草芽孢杆菌，活菌数1.98×10^{10}；屎肠球菌，活菌数0.02×10^{10}CFU/g	300mg/kg	1～21日龄，22～42日龄	提高免疫器官指数，提高十二指肠SIgA含量，并提高肠道绒毛高度、降低隐窝深度	曾兴友
五龙鹅	枯草芽孢杆菌（活菌数为2×10^9 CFU/g）与铜协同	250g/t	5～16周龄	枯草芽孢杆菌与铜协同作用可提高鹅生产性能、营养物质利用率和肉品质	张泽楠等
五龙鹅	枯草芽孢杆菌	250g/t	12～16周龄	提高鹅生长性能、屠宰性能及抗氧化能力	任民等
扬州鹅	巨大芽孢杆菌1 259制剂，活菌数1×10^{10}CFU/g	分别添加20mg/kg、40mg/kg和60mg/kg	1～28日龄，29～70日龄	60mg/kg巨大芽孢杆菌提高1～28日龄扬州鹅生长性能，提高70日龄屠宰性能；20mg/kg巨大芽孢杆菌改善脂代谢	蔡中梅等

表2-31　益生素在猪生产中的应用

研究对象	益生素组成	添加剂量	试验期	应用效果	参考文献
杜长大三元杂交断奶仔猪	枯草芽孢杆菌、地衣芽孢杆菌、免疫多糖、乳酸-酵母菌发酵培养物，活菌含量≥300亿/g	分别添加0.5g/kg和1.0g/kg	28d	减少仔猪腹泻，提高增重并能通过提高胆汁酸的途径降低胆固醇含量	郭红炳等
杜长大三元杂交断奶仔猪	益生菌和有机酸按比例混合而成的复合制剂	2 000mg/kg	1～14d和15～42d	改善肠道黏膜形态，降低腹泻率，提高饲料转化率，缓解断奶应激引起的仔猪免疫功能下降	郑文才等
杜长大三元杂交断奶仔猪	枯草芽孢杆菌，活菌数2×10^8个/g	分别添加1.5g/kg、2.0g/kg和2.5g/kg	30d	当添加剂量为2.0g/kg时，仔猪的生产性能提高，腹泻率下降	万根等

（续）

研究对象	益生素组成	添加剂量	试验期	应用效果	参考文献
长×大杂交断奶仔猪	复合益生菌制剂，包含植物乳杆菌（活菌数≥1×10^8 CFU/g）、地衣芽孢杆菌（活菌数≥1×10^7 CFU/g）、枯草芽孢杆菌（活菌数≥1×10^7CFU/g）和纤维寡糖配伍	0.3%	预试期4d，正试期35d(1～14d和15～35d)	添加复合益生菌制剂和纤维寡糖改善了断奶仔猪断奶后1～14d的腹泻情况，提高了15～35d的饲料利用效率	王杰等
断奶仔猪	乳酸菌活菌数≥200CFU/g，枯草芽孢杆菌活菌数≥200CFU/g	分别添加0.05%、0.1%和0.2%单一菌剂或复合菌剂	30d	添加乳酸菌枯草芽孢杆菌及其混合菌制剂均可提高早期断乳仔猪的生产性能和饲料转化率，且以二者按照1∶1比例混合在日粮中添加0.1%的剂量效果最佳	闻爱友等
断奶仔猪	植物乳杆菌（活菌数≥2×10^8CFU/g）＋NSP复合酶	分别添加1g/kg植物乳杆菌、NSP复合酶及其复合物	仔猪保育期，35d	添加植物乳杆菌和NSP复合酶提高生产性能，促进肠道微生态平衡，有益于仔猪健康	柴建民等
杜长大三元杂交保育仔猪	益生素由枯草芽孢杆菌、蜡样芽孢杆菌、乳酸菌、酵母菌和丝状真菌组成，酶制剂选用乳猪酶	分别添加100g、150g、200g益生素＋酶制剂	预试期7d，正试期28d	添加益生素和酶制剂各150g以上时能显著提高仔猪的生产性能，降低仔猪的腹泻率及死淘率；各添加200g时的效果最佳	梁兴龙等
杜长大三元杂交保育仔猪	益生素（两株枯草芽孢杆菌B＋N、两株乳酸菌LP和PP、丁酸梭菌Cb-2、海洋红酵母Y-69及其抑菌代谢产物、载体组成，活菌总数≥3×10^9 CFU/g）、功能性氨基酸和黄芪多糖配伍	0.15%	预试期5d，正试期30d	改善胃肠道健康，促进肠黏膜免疫系统发育，以谷氨酰胺＋益生菌的效果为佳	邹知明等
杜长大三元杂交保育猪	益生素含有枯草芽孢杆菌（5×10^8CFU/g）、乳酸菌（1×10^7CFU/g）和酵母菌（5×10^7CFU/g）＋甘露寡糖联用	1 000mg/kg	预试期7d，正试期28d	提高生产性能，降低腹泻率，调节肠道菌群。二者联用经济效益更高	苏成文等
大白育肥猪	微胶囊益生菌（肠球菌＞1.5×10^8CFU/g，酿酒酵母＞1.0×10^7CFU/g，麦芽糊精，淀粉酶1%，蛋白酶2%，纤维素酶3%）	分别添加0.25kg/t、0.5kg/t和1kg/t益生菌	56d	促进生长，降低腹泻率，提高屠宰性能，改善肉品质，最佳添加剂量为1kg/t	张慧等

（续）

研究对象	益生素组成	添加剂量	试验期	应用效果	参考文献
杜长大三元杂交育肥猪	乳酸菌类微生态制剂：乳酸菌、枯草芽孢杆菌、酵母菌及其代谢产物，有效活菌数200亿CFU/g	100g/t	31d	提高日采食量和日增质量，提高养殖经济效益	刘爱君等
哺乳仔猪	复合益生素由乳酸菌、芽孢杆菌、维生素C、酵母铁、酸化剂和低聚异麦芽糖等组成，其活菌总数≥10.0×10^8CFU/g	2%	试验于仔猪产后14d开始，28d断奶，试验期为14d	降低仔猪粪便中大肠杆菌数量，改善肠道健康，提高仔猪育成率，降低腹泻率和死亡率	亓秀晔等
长大二元杂交哺乳仔猪	枯草芽孢杆菌：乳酪杆菌：产朊假丝酵母为2：3：2，总的活菌数为70亿CFU/g	分别添加0.05%、0.10%和0.2%	7～28日龄	提高生产性能，降低粪便中大肠杆菌数量，提高乳酸菌含量	王国强等
杜长大三元杂交仔猪和生长猪	地衣芽孢杆菌，活菌数200亿/g	100mg/kg	各15d	提高仔猪生产性能，降低腹泻率，对生长猪无明显影响	林裕胜
长大二元杂交经产母猪+杜长大三元杂交仔猪	抗菌肽与微生态复合物(屎肠球菌5×10^9CFU/g，地衣芽孢杆菌5×10^9CFU/g，天蚕素抗菌肽100万单位/g)	2kg/t	怀孕54d到分娩后仔猪断奶	缓减妊娠母猪便秘的发生，提高哺乳仔猪的生长速度，提高仔猪的成活率和健康水平	张江等
陆川猪仔猪	—	分别添加0.05%和0.10%	预试期7d，正试期42d	促进仔猪生长，提高蛋白质代谢和免疫力，0.1%添加效果最好	杨昭远等
新美系母猪	复合益生菌菌剂（芽孢杆菌乳酸菌和酵母菌），活菌数>1×10^{10}CFU/g	0.15%	距离分娩30d至仔猪断奶哺乳期结束，共60d	调节肠道菌群平衡，提高母猪生产性能	刘晴等
莱芜黑猪（母猪）	补铁微生态制剂：由富铁酵母、硫酸亚铁和乳酸菌等组成，活菌数5×10^8CFU/g	0.2%	产前4周至分娩后4周，共8周	改善妊娠后期和哺乳期母猪的繁殖性能及仔猪的生长发育，提高乳汁中铁含量及仔猪的铁贮水平	辛国芹等
纯种妊娠母猪	微生态混合制剂：由枯草芽孢杆菌MORI-91、植物性乳杆菌K34、可溶性β-葡聚糖、功能性有机酸、核苷酸等组成	0.3%	预试期7d，试验期100d	提高母猪生产性能，提高母猪产活、健仔头数，减少仔猪死亡率和腹泻发病率，促进生长发育	杨立军等

应用效果看，益生素能够促进胃肠道发育、改善肠道健康、提高免疫性能，提高营养物质消化率、提高肉品质、降低腹泻率，从而促进猪生长发育，提高经济效益。另外，益生素的添加还能缓解断奶应激引起的仔猪免疫功能下降。

3. 益生素在反刍动物生产中的应用 将2016年国内有关益生素在反刍动物生产中的应用研究报告，从研究对象、益生素组成、试验期和应用效果等方面总结如表2-32所示。从表2-32中可以看出，反刍动物中使用的益生素主要为复合益生素，常用的益生菌有芽孢杆菌和酵母菌。单一益生素、复合益生素以及加酶益生素添加到反刍动物日粮中，能够提高奶牛的产奶量和乳脂率，预防乳房炎，提高育肥羊的屠宰性能，增加后备牛的采食量，促进营养物质消化吸收，提高免疫性能和生产性能，改善反刍动物的瘤胃发酵环境。

表2-32 益生素在反刍动物生产中的应用

研究对象	益生素组成	添加剂量	试验期	应用效果	参考文献
泌乳期荷斯坦奶牛	枯草芽孢杆菌≥5亿个/g，酵母菌≥3 000万个/g，双歧杆菌≥100万个/g，乳酸菌1 000万个/g	分别添加50g/d和100g/d	预试期10d，试验期60d	提高奶牛日平均产奶量和乳脂率，添加100g/d效果更佳	关文怡等
泌乳期荷斯坦奶牛	微生态制剂YLT：嗜乳酸杆菌+枯草芽孢杆菌+短链有机酸	分别添加10g/(d·头)和15g/(d·头)	90d	改善乳品质，降低乳中体细胞数，治疗和预防隐性乳房炎	丁昕颖等
泌乳中后期奶牛	酵母培养物（活菌数>3×10^9CFU/g）和芽孢杆菌（活菌数>1.2×10^{11}CFU/g）组成的复合益生菌	20g/d	试验期共计45d，其中预试期7d	改善奶牛瘤胃发酵环境，提高营养物质消化率及奶牛生产性能，增加养殖效益	夏天婵等
中国荷斯坦公犊牛	热带假丝酵母活菌制剂：活菌总含量为50亿CFU/g，地衣芽孢杆菌活菌制剂：活菌总含量为100亿CFU/g	500亿CFU/(头·d)热带假丝酵母+200亿CFU/(头·d)地衣芽孢杆菌	试验期28d，前后期各14d	增加后备牛的采食量，降低后血清中IgM的质量浓度	徐元庆等
羔羊	枯草芽孢杆菌、地衣芽孢杆菌、嗜酸乳杆菌及其代谢产物蛋白酶、淀粉酶、NSP蛋白酶等，活菌总数30亿CFU/g	2mg/g	预饲期7d，正试期60d	提高羔羊对蛋白、淀粉及非淀粉多糖的利用率，从而提高羔羊的育肥效果和营养水平	俄木曲者等
绵羊	四种微生态制剂	分别添加1.5%、0.15%、0.12%和0.3%	试验期4周	不同程度降低绵羊氨氮含量，提高干物质降解率	汪晓东等
杜泊(♂)×小尾寒羊(♀)杂交F1代成年羯羊	地衣芽孢杆菌：活菌数量1×10^{10}CFU/g	分别添加2.4×10^8、2.4×10^9、2.4×10^{10}CFU/(只·天)	试验期20d，其中预试期8d，正试期12d	降低肉羊甲烷排放量，提高营养物质的表观代谢率和能量利用率	肖怡等

4. 益生素在水产养殖中的应用 2016年我国有关益生素在水产养殖中的应用研究主要集中于凡纳滨对虾和刺参，鱼类上研究较少。应用于水产业中的益生菌主要有酵母菌、芽孢杆菌和乳酸杆菌。王晓琳等以芽孢杆菌 BZ_5 株和溶藻弧菌 VZ_5 株为研究对象，研究了注射和浸泡方式下对凡纳滨对虾免疫相关酶活力及抗白斑综合病（WSSV）的影响，结果发现注射和浸泡方式下，这两株益生菌能够有效提高凡纳滨对虾的超氧化物歧化酶、过氧化物酶活性和抗WSSV能力，其中芽孢杆菌 BZ_5 株效果更好。王春迪等试验发现，蜡样芽孢杆菌PC465也可以提高凡纳滨对虾抗WSSV感染能力。张盛静等研究表明，在饲料中添加地衣芽孢杆菌能够有效提高凡纳滨对虾抗哈维氏弧菌感染的能力，显著降低下肠道内的弧菌属，且溶菌酶和Toll受体mRNA的相对表达量有一定程度的提高。沙玉杰等在饲料中添加粪肠球菌NRW-2和戊糖乳杆菌HC-2及其发酵上清液，发现益生菌显著提高了凡纳滨对虾肠道中消化酶活性。

在对刺参和仿刺参的研究中发现，饲料中添加混合益生菌（神奇酵母、红酵母和芽孢杆菌）能够提高刺参的免疫性能和抗氧化性能，添加枯草芽孢杆菌 B_2 提高了仿刺参肠道内消化酶活性和机体免疫力。张坤在刺参饵料中添加胶红酵母，发现其对生长性能、免疫和消化活性、抗病和抗氧化能力的提高有一定的作用，且最佳添加量为 10^6 和 10^7 CFU/g。李石磊等研究了复合益生菌、水温、寡糖和配合饲料4种因素对仿刺参幼参生长的影响，发现益生菌的影响效果最大，并找到了各因素的最佳配比。有报道表明，芽孢杆菌通过提高刺参池塘底泥中的有机质、氨氮和亚硝酸盐等有机污染物，改善养殖池塘底质环境，提高机体免疫力，减少疾病频发。

另外，在鱼类上的研究表明，复合微生态制剂乳酸芽孢M3可以促进草鱼免疫器官的发育、增强鱼体免疫力，提高生产性能和成活率，改善水质和养殖环境。胡亚军等在黄鳝饲料中分别添加0.1%和0.2%复合益生菌（芽孢杆菌、乳酸菌和乳杆菌），结果发现复合益生菌在一定程度上提高黄鳝的免疫力，促进鱼体生长，且0.2%的添加量最佳。

5. 益生素在特种经济动物和其他动物上的应用 2016年我国有关益生素在特种经济动物中的研究，涉及的动物主要有梅花鹿和獭兔。崔一喆等通过研究复合益生菌制剂（主要菌种为酵母菌、乳酸菌和芽孢杆菌混合，总活菌数大于 9.6×10^9 CFU/g）对离乳梅花鹿生长性能、粪便菌群及血液生化指标的影响，发现复合益生菌制剂能显著提高幼鹿平均日增重，有利于幼鹿生长；提高幼鹿肠道中乳酸杆菌数量，抑制大肠杆菌的增殖，维持微生态平衡；对幼鹿免疫球蛋白含量有提高的趋势，有利于增强机体免疫功能。蒋立等在断奶獭兔基础日粮中分别添加0.1g/kg、0.2g/kg和0.4g/kg益生素（地衣芽孢杆菌与枯草芽孢杆菌按1∶1混合），结果表明适宜水平的益生素能显著降低獭兔的腹泻率并提高饲料转化率和免疫功能，且最佳添加量为0.2g/kg。

此外，陈如愿还研究了复合益生菌对断奶幼犬的影响。试验表明，复合益生菌能显著提高幼犬的日增重，促进幼犬的生长发育，降低肠道内容物的pH，提高肠道消化酶活性，调节肠道菌群平衡，提高抗氧化能力。该试验为益生菌在防治幼犬的断奶综合征以及提高成活率上的应用提供了理论基础。

四、小结

益生素作为饲料中抗生素的替代品或补充品，已被广泛应用于现代养殖业，对于建立可持续的生态畜牧业具有广阔的应用前景。无论是单一益生素、复合益生素，还是益生素与中草药、酸化剂、酶制剂等配伍使用，均有调节肠道菌群平衡、提高营养物质的消化吸收、增强机体免疫力、提高抗氧化能力和促进动物生长发育等良好作用。然而，目前还有许多问题制约着益生素的进一步发展，如新菌种的开发、菌种的使用剂量和时间、不同菌种之间的配伍以及益生素与其他添加剂的配伍等问题还有待进一步研究。因此，今后有关益生素的研究还应侧重于以下方面：一是加强益生菌的作用机制研究，充分地应用分子生物学方法来开发新菌种；二是注意益生素菌种的筛选，以安全性为出发点，同时要保证制剂中活菌的数量与稳定性；三是合理把握益生菌的使用剂量与时间，以确保使用效果；四是加强益生菌与酶制剂、中草药制剂等其他制剂之间的科学配伍研究，最大限度地发挥其益生功效。

（王恬　牛玉）

寡糖

寡糖作为无污染、无残留的绿色添加剂在农作物种植业、畜禽养殖业以及食品医药界的应用越来越广泛和深入，特别是畜禽养殖业中抗生素在动物产品中的残留所引起的人畜共患病越来越多，使得抗生素在各国饲料和养殖中的使用日益严格，在这样的情况下，寡糖替代抗生素的研究也逐渐成为热点。

一、寡糖在动物养殖中的应用进展

寡糖应用于饲料中的主要作用是抑制病原菌的定殖，促进有益菌的增殖，保护动物肠道健康，增强免疫力，降低粪便中氨气等有害气体。在饲料中，研究较多的有木寡糖、果寡糖、壳寡糖、甘露寡糖、大豆低聚糖等。近年来，寡糖在水产饲料和养殖中的应用研究最为广泛。

1. 在养猪生产上的应用 王杰等（2016）在断奶仔猪饲料中添加复合益生菌、纤维寡糖和二者复合物，发现断奶后15～35d纤维寡糖+复合益生菌组仔猪料重比显著低于对照组；断奶后1～14d二者复合物组仔猪腹泻率显著降低；试验14d、35d时各组仔猪粪便中芽孢杆菌数、乳酸菌数和大肠杆菌数无显著差异。

刘美思等（2016）研究发现壳寡糖可有效提升仔猪胸腺一氧化氮合酶（NOS）活性，尤其对胸腺结构型一氧化氮合酶（cNOS）活性有明显提高作用，可见壳寡糖对于提高仔猪的免疫性能有一定作用。

2. 在养禽生产上的应用 任冰等（2016）发现饲料中添加单一果寡糖对肉鸡的生产性能和谷胱甘肽过氧化物酶（GSH-Px）、总超氧化物歧化酶（T-SOD）、谷胱甘肽还原酶、过氧化氢酶活性均无影响，而果寡糖和地衣芽孢杆菌的复合物则显著提高了肉鸡日增重、GSH-Px和T-SOD活性。

李阳等（2016）研究发现壳寡糖（COS）、干酪乳杆菌及二者复合物均可改善肉鸡生长性能、肌肉品质和抗氧化性能，而单独添加120mg/kg壳寡糖效果最佳。

3. 在水产动物中的应用 寡糖在水产动物中的应用效果主要表现在提高非特异性免疫、改善生产性能及抗病能力等方面。研究最多的是甘露寡糖（MOS）、果寡糖（FOS）和壳寡糖。

牛志伟等（2016）用Meta分析法评估甘露寡糖试验，发现其对鱼类具有促进作用，鱼类增重率、特定生长率和饵料系数均得到改善。杨敏等（2016）在欧洲鳗鲡饲料中添加不同含量（0%～0.5%）甘露寡糖，发现相比对照组，MOS组鱼体水分含量显著降低，粗蛋白和粗灰分含量显著提高；0.2%～0.5%添加量的MOS可提高鳗鲡肠道胰蛋白酶、淀粉酶和脂肪酶活性；MOS组血清超氧化物歧化酶（SOD）、溶菌酶（LZM）、碱性磷酸酶（AKP）活性均有显著改善，血清总蛋白（TP）随MOS含量增加不断升高。

王杰等（2016）发现0.05%的果寡糖就可改善斜带石斑鱼的增重率和特定生长率，但0.1%以上的果寡糖才能显著提高石斑鱼肠道胰蛋白酶、淀粉酶和脂肪酶活性。

苏鹏等（2016）发现壳寡糖可显著改善红鳍东方鲀血清中碱性磷酸酶、溶菌酶、过氧化氢酶、超氧化物歧化酶活力和全血中血小板数量，显著提高肝脏组织中过氧化氢酶、超氧化物歧化酶活力，降低丙二醛含量，明显提高对迟缓爱德华氏菌和哈维弧菌的抵抗力。在饲料中添加壳寡糖能促进青鱼幼鱼肝和肠白介素的表达，降低血糖血脂含量，提升青鱼的抵抗力（许友卿等，2016）。壳寡糖在仿刺参的研究中也取得类似结果，COS提高了仿刺参的体质量，增强了免疫力，并且COS的效果优于褐藻酸钠寡糖（刘美思等，2016）。

4. 在反刍动物中的应用 徐晓锋和金亚东（2016）综述了寡糖对奶牛瘤胃发酵和乳脂调控作用，认为寡糖从调控瘤胃pH、纤维降解率和饲料能量利用率来改善瘤胃发酵，以及通过改变瘤胃脂肪氢化作用抑制乳脂下降。曾燕霞等（2016）研究发现甘露寡糖对绵羊体外粗蛋白质消失率（IVCPD）有显著影响，随着日粮中MOS添加量升高，IVCPD升高，且MOS添加量为1.2%时效果最好。

二、寡糖替代抗生素的研究

2017年国家明确规定硫酸黏杆菌素禁止在饲料中使用，使得抗生素替代研究进一步向前推进，其中寡糖替代抗生素的研究也比较深入。任冰等（2016）比较了不同添加量纤维寡糖和抗生素（抗敌素+速大肥）对肉鸡生长和抗氧化能力的影响，发现纤维寡糖组和抗生素组不论在肉鸡采食量、日增重还是饲料效率方面均无显著差异；但纤维寡糖组谷胱甘肽过氧化物酶显著高于抗生素组，总超氧化物歧化酶只有1 500mg/kg纤维寡糖组高于抗生素组，其他指标（谷胱甘肽还原酶、血清丙二醛）在纤维寡糖组和抗生素组无差异。

简运华等（2016）研究了甘露寡糖对中速型黄羽肉鸡的影响，发现1～21日龄，添加甘露寡糖与空白组、金霉素组在生产性能方面无显著差异，而22～42日龄时，添加MOS肉鸡采食量显著低于金霉素组。整个实验阶段，添加MOS组采食量和料重比均显著低于金霉素组。盲肠菌群分析结果：添加0.1% MOS有提高乳酸杆菌和双歧杆菌数的趋势。表明：MOS能促进黄羽肉鸡生长，提高饲料利用率，改善肠道微生态环境，添加量以0.1%较适宜。李溪等（2016）用体外法研究了甘露寡糖对沙门氏菌的抑制作用，不同培养温度下（35℃、37℃、39℃）不同浓度的MOS会在不同培养时间对沙门氏菌产生细胞凝集效果，但要求MOS添加量为0.9%以上。

徐小龙等（2016）研究了壳寡糖替代抗生素（BMD）对肉仔鸡生长及免疫功能的影响，发现日粮中添加100～200g/t壳寡糖与抗生素组相比，肉鸡生长性能和免疫功能无显著差异；由此可见，壳寡糖可提高肉仔鸡肠道健康和免疫功能，并且可部分替代饲料中的抗生素。

钱建瑛等（2016）用体外法比较了不同条件下壳

寡糖对大肠杆菌抑制效果的差异以及不同聚合度和单一聚合度壳寡糖抑菌效果的差异。结果表明：提高壳寡糖溶液浓度、降低 pH、提高脱乙酰度，能提高壳寡糖的抑菌活性；单一聚合度壳寡糖聚合度越高，对大肠杆菌的抑制作用越强。

三、寡糖在农业生产及医药上的应用研究

1. 寡糖在农业生产中的应用进展 王胤等（2016）研究发现5%氨基寡糖素（植物专用壳寡糖）对雄蜂授粉番茄有促生长效果，番茄株高增长明显，提早开花（开花率提高 8 个百分点），对病害的防效为60.64%，单果增重17.8%，单株增产15.9%，并且对授粉熊蜂未产生不良影响。同样的产品在诱导棉花抗枯黄萎病及相关防御酶活性方面也产生积极影响（袁新琳等，2016），喷施 3 次 5%氨基寡糖素后诱导棉花对枯萎病和黄萎病的防效分别为 73.39%和41.19%，并且诱导抗枯黄萎病的能力随着喷施次数的增加而提高；而氨基寡糖素使棉叶中的过氧化物酶（POD）、多酚氧化酶（PPO）和苯丙氨酸解氨酶（PAL）等植物体内比较重要的保护酶和防御酶活性不同程度上升。

张运红等（2016）研究了海藻酸钠寡糖（ADO）增效尿素对水稻产量和品质的影响，发现 ADO 增效尿素处理的水稻穗粒数、产量、精米率、整精米率和稻米蛋白质含量均显著高于不施氮肥组和普通尿素组；并且其他稻米品质检测指标 ADO 组也有显著改善。有研究证明海藻酸钠寡糖可提高菜心（brassica chinensis L.）类囊体膜光合电子传递速率，增加膜脂的不饱和度，维持类囊体膜的流动性和稳定性。此外海藻酸钠寡糖还提高了菜心希尔反应活力以及 Mg^{2+}－ATP 酶和 Ca^{2+}－ATP 酶活性（张运红等，2016），从而改善了类囊体膜的功能。

王梦雨等（2016）研究了壳寡糖对低温胁迫小麦幼苗的保护作用，发现喷施壳寡糖的小麦在低温胁迫48h后叶片损伤面积和丙二醛含量增幅较低，脯氨酸和还原糖含量增加，说明壳寡糖可促进低温抗性相关的次生代谢物的表达，提高了作物对低温的抵抗力。臧珉和陈斌（2016）体外法研究了壳寡糖清除自由基能力和总抗氧化能力，并采用生长速率法研究壳寡糖对植物病原真菌的抑制作用，发现壳寡糖对羟基自由基清除率 IC_{50} 为 3.78mg/mL，超氧阴离子清除率 IC_{50} 为 3.3mg/mL，5g/L 壳寡糖对棉花枯萎菌、烟草赤星菌菌丝生长的抑制率达 20%和 14%。由此可见，壳寡糖具有较强抗氧化能力，并且有一定抑菌作用。

2. 寡糖在医药上的应用进展 医药领域应用最多的寡糖多为植物提取的寡糖或者寡糖复合物。蔡志诚等（2016）对比了巴戟天寡糖胶囊与氟西汀对肠易激综合征（IBS）的治疗效果，发现二者均可改善疾病症状，焦虑、抑郁评分、IBS 生活质量也明显好转，并且巴戟天寡糖胶囊的改善效果更显著，不良反应发生率为 7.14%。

菊薯寡糖是菊薯所含有的大量菊淀粉型（inulin type）寡糖，与巴戟天寡糖结构类似，具有良好的抗抑郁活性（安磊等，2016）。以大鼠为模型时，50、100mg/kg 菊薯寡糖可显著增加大鼠 DRL 72s 强化数，其效果与腹腔注射西帕明类似。

有研究证明壳寡糖与抗性淀粉联合使用，可显著降低高脂饲料组大鼠的血脂指标，并且肠道菌群多样性也有显著改善（李莹等，2016），说明二者复合物可通过促进益生菌、抑制腐败菌改善消化道菌群平衡，从而调节脂质代谢，这为高脂血症的饮食干预提供了思路和依据。

刘玉英等（2016）对阿霉素诱导的肾病大鼠灌胃壳寡糖，发现 COS 各剂量组均可有效降低尿蛋白含量，明显降低血清肌酐、尿素氮、总胆固醇、甘油三酯、IL－1β、TNF－α、TGF－β1 含量，显著提高血清总蛋白、白蛋白含量以及肾组织中 GSH－Px、SOD 活力，表明 COS 对肾具有一定保护作用。

包书茵等（2016）发现沙蓬粗寡糖（AOS）可改善糖尿病 GK 大鼠糖耐量，增加胰岛素敏感性，并且可促进胰岛素释放，抑制胰岛组织病理改变，增加胰岛及胰岛细胞数量，表明 AOS 具有改善胰岛素抵抗和降低血糖的作用。

李筱筱等（2016）以海马区注射 Aβ1－42 建立的阿尔茨海默病的大鼠痴呆模型，测试了壳寡糖的干预效果，发现 COS 对痴呆大鼠有一定的改善和保护作用，其作用机制可能与 COS 可提高机体抗氧化能力有关。

（唐茂妍　陈旭东）

有机酸对肉鸡消化道内环境的调控作用

现代家禽业为提高饲料转化率和生产水平使用某些饲料添加剂是必不可少的，其中抗生素作为生长促进剂添加在家禽饲料中，在保持肠道菌群平衡、改善综合生产性、预防肠道疾病等方面发挥了重要作用。众所周知，抗生素耐药性、药物残留、超级细菌、食品安全等问题引起消费者的极大关注，因而研究人员在寻找抗生素替代品时，有机酸、有机微量元素、益生菌、益生元、酶制剂等已经被应用于饲料中，以减少抗生素禁用对生产带来的不利影响。在这些替代品中，由于有机酸具有对有害菌的抗菌作用，降低胃肠道 pH，用于改善家禽生产性能而备受重视。本文就

有机酸在肉鸡日粮中添加对消化道 pH 及其肠道菌群及养分利用进行探讨，以期阐明有机酸在肉鸡肠道内环境中的有关作用机制，为更好应用有机酸减少抗生素使用提供科学依据。

动物在幼龄时期消化系统发育不完善，在疾病或应激情况下消化系统出现缺陷时，必须依赖外源饲料中帮助“消化环境”改善的物质，有机酸不仅通过降低饲料在消化道中的 pH 而为动物提供适宜消化道环境，而且是可满足营养及抗病需要的一类饲料添加剂。

家禽日粮中酸化剂可以分为无机酸和有机酸，其中有机酸在家禽生成中应用更加普遍，有机酸即为羧酸，其化学结构为 R—COOH。然而并非所有的有机酸可用于家禽饲料中作为添加剂使用，只有短链脂肪酸如甲酸（C_1）、乙酸（C_2）、丙酸（C_3）、丁酸（C_4）及其他羧酸如乳酸、酒石酸、柠檬酸、苹果酸、富马酸等，因其具有羧基呈酸性，已被广泛应用于家禽日粮中。

一、有机酸对胃肠道 pH 的影响

有机酸的作用源于其酸化效应，即通过降低胃肠道中的 pH，保持最佳的消化道内环境。侯水生等（1998）分析认为胃内容物 pH 水平稳定在适宜范围内才能维持正常消化生理。高 pH 显著抑制胃蛋白酶原的活化及胃蛋白酶的活性。当胃内容物 pH 为 2.0 时，胃蛋白酶活化迅速；当 pH 提高到 4 时，活化速度缓慢。胃蛋白酶的适宜 pH 为 2.0～3.5。当 pH 大于 3.6 时，活性显著降低；当 pH 大于 6.0 时，胃蛋白酶失活。因此，消化道内 pH 对养分消化吸收等具有重要作用。

有机酸是弱酸，仅能部分解离，降低日粮及食糜中 pH 的程度有赖于各有机酸的解离常数 pK_a 及消化道中 pH 内环境。大量实验表明，肉鸡日粮的 pH 随日粮中添加剂量增加而显著降低（表 2－33）。其次，有机酸添加于肉鸡日粮中，导致在消化道不同阶段其食糜 pH 均降低，结果显示消化道上段（嗉囊、腺胃、肌胃）pH 降低幅度高于下段（如十二指肠、空肠、回肠、盲肠）。

在表 2－33 中的 7 个实验，13 个组中有机酸添加组合，有 11 个组嗉囊中 pH 下降，而且有 7 个组降低是显著的，表 2－33 中的 3 个实验中，随着柠檬酸等添加量增加，嗉囊中 pH 下降程度增大，嗉囊中 pH 降低和有机酸添加量有关，其 pH 平均下降 0.37，在消化道各位点嗉囊 pH 下降最大，这种现象除了与嗉囊中酸性较弱外，可能与有机酸在嗉囊中短暂停留有关（Thompson 等，1997）。综合 Paul（2007）、Samanta（2008）、Panda（2009）、Salgado-Tránsito（2011）所报道的 4 个实验中，10 组添加有机酸组合中，有 6 组 pH 在腺胃中与对照组相比下降，其中只有 1 个实验组是差异显著的；腺胃中 pH 平均下降 0.12，肌胃中下降 0.14，十二指肠下降 0.04，空肠下降 0.08，回肠下降 0.04，盲肠下降 0.03，这与与嗉囊 pH 相比，下降程度较低。据 Samanta（2008）等文献报道，十二指肠中 pH 显著降低，而在其他研究中在十二指肠 pH 没有显著变化，在空肠回肠盲肠有类似趋势，据 Hume 等（1993）报道，只有少量添加的有机酸可以到达肠道的后段，有机酸在上段吸收得比较快。上述研究数据表明，肉鸡日粮中添加有机酸对消化道 pH 的影响对消化道上段较大，这也许解释了添加有机酸对消化道后段 pH 降低程度较少的原因。

表 2－33　添加有机酸对肉鸡日粮及消化道食糜 pH 的影响

（Kim 等，2015）

有机酸	添加量(g/kg)	pH 在不同位点的变化[2]								参考文献
		日粮 pH	嗉囊	腺胃	肌胃	十二脂肠	空肠	回肠	盲肠	
柠檬酸	20		－0.15*		0.02	0.26	－0.11	0.13	－0.13	Esmaeilipour 等，2011
	40		－0.31*		0.12	0.28	0.19	－0.15	－0.05	
柠檬酸	6.25	－0.60*		0.10	－0.20	－0.10	－0.10	0.10		Salgado-Tránsito 等，2011
	12.5	－1.10*		0.00	0.00	－0.20	0.00	0.00		
	25	－1.70		－0.10	0.30	－0.20	－0.10	－0.10		
	50	－2.3*		－0.10	－0.10	0.10	0.00	0.10		
柠檬酸	10	－0.64*	－0.3		－0.40			－0.06	－0.20	Atapattuand Nelligaswatta，2005
	20	－1.14*	－1.1		0.20			－0.26	－0.23	

（续）

有机酸	添加量 (g/kg)	pH在不同位点的变化[2]								参考文献
		日粮 pH	嗉囊	腺胃	肌胃	十二脂肠	空肠	回肠	盲肠	
柠檬酸	30		−0.17*		−0.02	−0.01	−0.14*	−0.10		Nourmohammadi 等，2011
	60		−0.28*		−0.12*	−0.09*	0.40*	−0.06*		
柠檬酸	30							−0.08		Aydin 等，2010
丁酸	2		−0.57*	−0.30*	−0.24*	−0.12*	−0.13	−0.18		Panda 等，2009a
	4		−0.82*	−0.44*	−0.40*	−0.24*	−0.22	−0.22		
	6		−0.83*	−0.46*	−0.42*	−0.27*	−0.18	−0.08		
酸组合[3]	6		−0.28				0.12	0.24	0.46	Smulikowska 等，2010
酸组合[4]	1		0.15	−0.08	−0.64*	−0.32*		−0.03		Samanta 等，2008
甲酸铵	3		0	0.00	−0.21	0.30	−0.05	0.00		Paul 等，2007
丙酸钙	3		−0.1	0.20	−0.15	0.10	0.00	0.00		
平均值		−1.25	−0.37	−0.12	−0.14	−0.04	−0.08	−0.04	−0.03	
SE_5		0.27	0.10	0.07	0.06	0.06	0.04	0.03	0.13	

注：1. * 表示与对照组相比差异显著（$P<0.05$）。

2. pH 变化：饲喂有机酸测得肉鸡各位点 pH 减去未添加有机酸的 pH 之差。

3. 酸组合：乳酸＋甲酸＋柠檬酸及其盐。

4. 酸组合：甲酸＋丙酸＋丙酸钙＋正磷酸。

二、有机酸对肉鸡养分利用率的影响

消化道上段 pH 的降低，可提高养分利用率及饲料转化率。幼龄动物如肉鸡，因胃中 pH 降低，可以激活胃蛋白酶原及其他酶原，胃内酸度改变更接近于酶原所需的酸度，这些消化酶活性增强，可改善蛋白质及其他养分的消化率，酸性食糜还可延缓胃排空的时间，促进养分在肠道中更好地消化吸收（Kidder 等，1978；Mayer，1994），也有研究表明，日粮中添加有机酸，可促进蛋白质及其他养分的存储量，表 2-34 中 5 个实验的数据表明，饲以不同添加水平有机酸的肉鸡，其蛋白质干物质养分存留量较对照组高，干物质及蛋白质平均改进幅度分别达 1% 及 1.7% [其中去除了 Nezhad（2011）报道中较高的数据]。

在 14 个添加有机酸组合中，分别有 7 组和 9 组蛋白质和干物质的存留量增加，而其中差异并不显著。就添加有机酸而产生正效应及负效应的比例而言，肉鸡饲喂有机酸养分存留率具有较大的改善，但也显示了养分存留率与预期相比改进的幅度较低，这也许是不同的有机酸不同的日粮及动物的不同日龄阶段而导致的结果。

表 2-34 肉鸡日粮添加有机酸对干物质、蛋白质吸收率的影响

有机酸	添加量 (g/kg)	存留值改变[1]（%）		参考文献
		DM	Protein	
柠檬酸	15	−0.3	−1.4	Ao 等，2009
	20	1.3	2.1	
柠檬酸	20	0.9	−0.1	Esmaeilipour 等，2011
	40	4.4	2.9	
柠檬酸	25	7.2	27.9	Nezhad 等，2011
	50	−2.2	8.1	
甲酸	5	1.4	−1.6	Hernández 等，2006
	10	−1.4	−4.7	
甲酸	2	0.2	1.6	Panda 等，2009b
	4	−0.7	1.3	
	6	−1.7	5.9	
	8	−0.2	5.7	
	10	0.0	5.7	

（续）

有机酸	添加量 (g/kg)	存留值改变[1]（%）		参考文献
		DM	Protein	
富马酸	5	2.7	2.2	Pirgozliev 等，Pirgozliev 等
	10	6.4	5.5	
	15	0.8	−1.5	
平均值[2]		1.0	1.7	
SE3		0.60	0.88	

注：1. 存留量变化：添加有机酸组较对照组干物质和蛋白质存留值变化百分比。

2. 平均值：去除其中偏差较大的 Nezhad（2011）数值得到的平均值。

三、添加有机酸对有害病原菌的影响

在有关酸化剂效果的研究中，对肠道中有益菌乳酸杆菌和有害菌大肠杆菌的数量评价较多，同时所用酸化剂的种类也多以有机酸为主。研究的动物对象也以断奶仔猪和肉鸡等幼龄动物较多。消化道内正常菌群的功能包括防止有害菌感染、合成维生素、从未消化的物质中获取能量以及抑制肠道腐败物质及毒素的产生，提高免疫力等。在饲料中添加酸化剂改善了动物肠道内微生物区系，通过降低肠道内 pH，限制肠道内有害菌群的生存，达到降低有害菌群的数量，重新调整并维持动物肠道菌群的生态平衡。

一般而言，胃肠道中有害菌群增多，可导致肉鸡生产性能下降，发病率增加，因此在不用抗生素促生长剂条件下，预防有害菌过度增殖，提高生产性能最重要的策略就是饲料中添加有机酸制剂。通过饲料中添加有机酸，降低胃肠道 pH，可改变有害菌的适宜生存环境或直接抑制杀死病原菌，同时促进乳酸杆菌等有益菌的增殖。Easter 等（1988）报道病原菌如大肠杆菌、葡萄球菌、梭状芽孢杆菌在猪肠道中生长的最适 pH 分别是 6.0～8.0、6.8～7.5、6.0～7.5，pH 小于 4 则大量失活。因此添加有机酸具有双重作用，既减少了微生物的有害作用和对养分的浪费，又大大降低了消化道疾病，尤其是腹泻的发病率。

Akyurek（2011）报道，与添加抗生素组相比，饲喂添加有机酸组合的肉鸡，在肉鸡回肠中有益菌（如乳酸杆菌）较多，有害菌（如大肠杆菌、沙门氏菌）大量减少，这也许是由于胃肠道中因日粮有机酸导致 pH 下降，进而在日粮或体内环境发挥抑菌杀菌作用有关。综合表 2 - 35 的实验数据，发现在回肠和盲肠乳酸杆菌作为有益菌的菌落数较对照组分别平均减少 0.44 和 0.37，然而大肠杆菌在回肠和盲肠平均减少达 0.86 和 0.82，较乳酸杆菌减小幅度更大。这可能是由于乳酸菌或产乳酸菌受日粮添加有机酸的影响程度较小，或大肠杆菌在肠道中对 pH 降低更加敏感。

表 2 - 35　日粮添加有机酸对肉鸡消化道中微生物菌群的影响[1]

有机酸	添加量 (g/kg)	微生物菌落单位变化[2]log10 CFU				参考文献
		回肠		盲肠		
		LAC[3]	COL[4]	LAC[3]	COU[4]	
柠檬酸	30			−0.2	−0.2	Biggs 和 Parsons，2008
柠檬酸	30	0.2	−0.5*			Aydin 等，2010
富马酸	5	0.2	−1.7	−0.4	−1.0	Pirgozliev 等，2008
	10	−0.2	−1.1	−0.3	−0.5	
	15	−0.8	−0.6	−0.5	−1.4	
山梨酸	5	−0.6	0.2	−0.5	−0.6	Pirgozliev 等，2008
	10	−1.2	−1.1	−0.4	−1.8	
	15	−0.7	−1.2	−0.8	−1.6	
有机酸组合	3			−0.1	−0.2*	Kim 等，2009
	5			−0.1	−0.1*	
平均值		−0.44	−0.86	−0.37	−0.82	
SE6		0.20	0.23	0.07	0.22	

注：1. * 表示与对照组相比差异显著（$p<0.05$）。

2. 菌落单位变化：饲喂有机酸测得肉鸡菌落数减去未添加有机酸的菌落单位之差。

3. LAC：乳酸杆菌。

4. COLI：大肠杆菌。

对肉鸡而言，刚出壳的健康雏鸡消化道内通常是无菌的，后通过饮水、母鸡粪便、饲料等途径获得细菌，各种菌均很快开始大量增殖，至 20 日龄后趋于平缓，30 日龄才与成年鸡相一致，从而完成定植过程，且肠道微生物区系很容易受应激、饲料改变、环境等因素的影响。因此在肉鸡饲料中添加有机酸，通过对肠道微生物菌群的调控，促进有益菌双歧杆菌乳酸杆菌等增殖，达到预防疾病、提高生产性能的目的。

四、结语

用一种有机酸或几种混合的有机酸组合在肉鸡日粮中添加可具有类似于抗生素的抗菌效果。有机酸在饲料工业中应用已有数十年的历史，其中甲酸和丙酸在饲料保存防霉方面是特别有效的，因此甲酸、丙酸及其他几种有机酸（如乳酸、柠檬酸、富马酸、山梨酸）均具有抗菌活性。这些有机酸仅部分解离，其解离常数 pK_a 一般在 3～5，通过穿透进入细菌细胞壁形成 pH 跨膜梯度，对 pH 敏感的有害菌（如大肠杆菌、葡萄球菌、梭状芽孢杆菌等）不能正常生长繁殖，而有益菌（如乳酸杆菌双歧杆菌等）可形成优势菌群，对控制肠道疾病、促进营养物质消化吸收及增强免疫功能、提高饲料转化率及改善生产性能等方面，具有类似抗生素的作用，未来随着对有机酸在家禽饲料中应用研究的深入，在绿色高效安全优质的动物生产中有机酸的应用必将大有作为。

（李祥）

饲料机械制造工业概况

饲料机械制造工业

2016年，在全球经济深度调整，中国经济增速放缓，饲料产业供给侧结构性改革加深的大背景下，我国饲料行业处于自身发展再平衡、再调整时期，需求总量增速放缓，利润率维持在较低水平，企业生存压力增大。养殖规模、品种结构、区域布局、养殖模式的变化，对饲料行业产生了深远的影响，饲料工业和养殖业融合发展进一步加快。饲料企业不断探索转型升级方式，积极转型升级调整产品结构，适应畜牧生产形势的新变化。我国饲料产业集中度和工业饲料普及率进一步提高，饲料工业的发展进入稳定发展时期，品牌化、规模化、产业化程度不断提升。随着饲料企业数量的减少及产业集中度、规模的提高，先进的饲料生产技术及装备的使用有很大的发展，自动化和智能化的技术与装备的应用也得到了极大的推广，通过提升饲料加工技术水平和饲料加工装备水平，挖掘工艺、装备潜力，实现智能化、精细化、高效低耗、安全生产，来提升企业的核心竞争力。同时，随着国内饲料机械制造企业国际化视野与思路的创新，国际饲料行业的发展也影响着中国饲料机械制造工业的发展方向。

一、饲料加工成套机组生产情况

近3年饲料加工成套机组生产情况见表2－36。由表中可以看出，2016年共生产饲料加工成套机组1 359套，生产总数与2014年相比下降明显，减少了351套，下降幅度为20.53％，但与2015年基本持平，仅增加了10套，增幅为0.74％。其中，生产时产10t以上的大型饲料加工成套机组1 029套，与2014年相比下降明显，减少了256套，下降幅度为19.92％，与2015年相比略有增加，增加了61台，增长幅度为6.30％。生产时产10t以下的中小饲料加工成套机组330套，与2014年、2015年相比持续减少，分别减少了95台和51台，下降幅度分别为22.35％和13.39％。2016年饲料加工成套大型机组增加、小型机组减少、总数与2015年基本持平，主要与《饲料生产企业许可条件》提高了准入门槛有关，也与饲料行业整合速度加快、生产企业两极分化、向大型化规模化方向发展有关。中小型成套机组不能满足配合饲料、浓缩饲料的生产许可条件，主要用于预混料和特种饲料生产。

表2－36　饲料加工成套机组产量（套）

年度	生产时产≥10t的饲料加工成套机组	生产时产＜10t的饲料加工成套机组	合计
2013	1 024	612	1 636
2014	1 285	425	1 710
2015	968	381	1 349
2016	1 029	330	1 359

二、饲料加工机械生产情况

近3年饲料加工机械单机设备生产情况见表2－38。由表中可以看出，2016年共生产单机设备25 729台，与2014年相比减少了1 071台，下降幅度为4.00％，但与2015年基本持平，仅减少了62套，降幅为0.24％。粉碎机、混合机、制粒机等三大主机共生产21 018台，与2014年、2015年相比明显下降，分别减少了2 747台和1 517台，下降幅度分别为7.38％和6.73％。其中，粉碎机8 319台，与2014年相比下降明显，减少了554套，下降幅度为6.24％，与2015年相比略有增加，增加了122台，增长幅度为1.49％；混合机6 521台，与2014年、

2015年相比分别减少了530台和141台，下降幅度分别为7.52%和2.12%；制粒机6 178台，与2014年、2015年相比均大幅减少，分别减少了1 663台和1 498台，下降幅度分别为21.21%和19.52%；其他单机设备4 711台，与2014年、2015年相比大幅增加，分别增加了1 676台和1 455台，增长幅度分别为55.22%和44.69%。2016年出口13 323台，占生产总量的比例为51.78%，与2015年相比增加12台，基本持平，与2014年相比减少了1 150台，下降幅度为7.95%。与前两年相比，饲料加工机械三大主机生产总数呈小幅下降趋势，说明饲料加工企业进行技术改造、设备更新换代的速度有所放缓，也与饲料企业数量的减少有关。

表2-37 饲料加工机械单机产量（台）

年度	粉碎机	混合机	制粒机	其他	合计		饲料机械出口量
					三大主机	所有设备	
2013	8 783	7 468	8 080	2 175	24 331	26 506	13 778
2014	8 873	7 051	7 841	3 035	23 765	26 800	14 473
2015	8 197	6 662	7 676	3 256	22 535	25 791	13 311
2016	8 319	6 521	6 178	4 711	21 018	25 729	13 323

三、配合饲料加工设备发展特点

2016年，我国饲料行业已经进入稳定发展时期，品牌化、规模化、产业化程度不断提升，行业产能过剩、市场竞争加剧问题日益凸现。在饲料行业竞争日益白热化的今天，饲料加工企业延长产业链，加快规模化、规范化、差异化、专业化的“四化”进程，全面提升饲料加工工艺、技术水平和饲料加工装备性能，挖掘工艺装备潜力，实现智能化、精细化、高效低耗、安全生产，是企业开拓创新、提升核心竞争力、建立市场优势的重要途径。2016年配合饲料加工设备的发展呈现如下特点。

（1）饲料加工设备产品的更新换代及新产品继续推陈出新。为了提高市场竞争力及市场战略布局，饲料设备制造企业一直在不断地对饲料加工关键设备进行更新升级和原创性研发，全面提升其工作效率、节能效率和自动控制水平，使高能耗设备如粉碎机、制粒机、膨化机等向高产量、低吨料电耗、高产品稳定性和低故障率方向发展。牧羊集团推出了新型齿轮颗粒机、新型M8烘干机、新型冷却器等新产品，性能指标国际领先；正昌集团在“2016中国饲料工业展览会”上展示了先进智能的高品质制粒、舒化、膨化、后喷涂系统等，布勒（常州）机械有限公司展示了最新研发的大型膨化、制粒、粉碎以及清理设备。

（2）饲料加工设备节能技术、可靠性、智能化研究成为设备研发的关注点。①清理筛：随着饲料行业对原料清洁度要求的提高，清理产量大、清理效率高的组合清理筛受到越来越多饲料企业的追捧；②粉碎机：锤片式粉碎机通过转子结构设计和多片式筛板搭配等改进设计，既可用于细粉碎，也可用于粗粉碎，粉碎细度更好，有效提高粉碎效率、节能降耗；③新型多刀粉碎机（鲨鱼齿破碎机）使粉碎工艺实现了按不同饲料类型组合匹配不同粉碎设备的柔性加工过程；④混合机：通过改进设计机壳和出料门的强度和刚度，采用新型轴端密封机构和回风管道等措施，解决下机体喷灰、轴端漏料、出料门变形等混合机易出现的问题；⑤微量元素配料秤：最大程度实现微量组分的精准配料，提高自动化，最大限度避免人工操作带来的误投误放；⑥调质器及保持器：多点进汽系统，独特的桨叶形式，增强调质、杀菌效果，提高制粒的效率和外观质量；⑦制粒机：从制粒机的工作原理着手，结合颗粒的压制原理、粉体学以及力学相关原理对制粒室的结构和参数进行更进一步的优化，保证压制区分料均匀，使制粒机产量更大，制粒更平稳，生产效率更高，能耗更低；⑧易损件：通过对制造材料和热处理工艺的不断组合、调整和试验，提高制粒机环模和压辊、膨化机螺杆和模板等昂贵配件的表面耐磨性，提高其生产性能，延长其使用寿命。

（3）饲料加工工艺技术不断创新。饲料加工过程的高效热处理技术研究与相应设备开发是优质饲料产品生产的关键，已成为饲料加工及饲料机械制造企业的共识。饲料热加工过程是一个物料物理化学变化的复杂过程，其对后续无论是制粒还是膨化加工有着至关重要的作用，随着新型饲料资源的开发应用及对饲料产品差异化需求的增加，越来越多的饲料原料采用膨化（膨胀）技术进行原料预处理，以消除抗营养因子，提高饲利用率；为了提高饲料生产效率和饲料利用率，有效保护热敏性饲料添加剂，并提高饲料的安全卫生性，高熟化、低损失的畜禽饲料制粒新工艺将得到推广应用。为了降低主混合机的交叉污染，将液体添加工艺移出主混合过程，增加一级液体预混合工艺；奶牛配合饲料中糖蜜添加工艺的创新设计等。新的饲料加工工艺的提出，进一步体现了饲料加工工艺技术的精细化过程。

（4）水产饲料膨化设备大型化及智能化水平进一步得到提升。膨化水产饲料是一种低污染、低浪费、高效率、高转化率的优质环保型饲料，成为水产饲料行业的发展趋势，促进了水产饲料膨化设备的研发和膨化技术的进步。因此，许多饲料设备制造企业加快了膨化机、干燥机的研究开发和升级换代，在自动控制系统研究方面也取得了较大进展。通过对配方、工艺参数、膨化机核心螺杆、挤压模具等研究，使膨化产能、熟化度和产品质量稳定性等方面得到了较大提升，并在水产膨化饲料烘干原理、水分均匀性、干燥节能技术等方面也取得较大进展，成为提升产量和品质的重要手段。

（5）预混料加工成套生产线已实现管控一体化。生产线完全实现加药不加药预混线分开，多矿和多维预混料从投料至打包完全独立，配合微量配料系统和自动转盘药房系统，能最大程度控制残留、交叉污染和粉尘，提高自动化控制水平和减少人工操作失误率，保证工厂内外的环境，满足环保要求。

（6）饲料加工成套生产线继续向规模化、专业化方向发展，大产量生产设备成为行业趋势。成套设备在工程整体规划布局、加工工艺设计、设备选型、建筑设计、安全规范等方面更加合理，从原料卸料到加工生产到成品包装发货全程自动化程度普遍提高，提高了生产效率，降低了生产成本，减轻了劳动强度。

（7）饲料加工成套生产线自动化程度逐步提高。新建规模化饲料生产线遵循高效、自动化的原则，在粉碎、配料混合、调质制粒、液体添加等工序采用自动控制的同时，玉米投料采用液压翻板投料系统，豆粕储存采用豆粕钢板仓系统，打包采用自动码垛系统、吨袋包装等，这些工序的自动化、机械化，既提高生产效率，降低了工人劳动强度，又改善了工作环境。

（8）饲料加工智能化已成为我国饲料生产发展趋势。智能化控制系统包括整厂物流和信息流智能化管控系统、智能化原料出入库系统、智能化生产车间、智能化成品入出库系统等，将工艺过程控制和工厂运营管理结合在一起，实现关键控制点的数字化控制和细化到点的实时监控，全程可查可追溯，提高生产精度和产品质量品质，保证饲料安全，有利于推动企业软硬件管理升级，实现跨越式发展。

（李军国　王红英）

中国饲料机械企业情况

随着新修订的《饲料和饲料添加剂管理条例》的颁布，要求饲料行业提高准入门槛，饲料行业因此正在进行着市场结构和产品结构的转型。从饲料机械设备生产情况也可以看出，在成套机组中，时产＜10t的设备比2015年减少51台套，而时产≥10t的设备增加61台套。饲料生产企业只有通过规模化、集约化经营，才能适应发展。反之，在市场竞争的大潮中，一些规模小的饲料企业将会被淘汰。

一、全国饲料机械概况

2016年，饲料加工机械设备生产总量27 088台套，同比减少52台套，下降0.2%。其中，成套机组1 359台套，同比增加10台套，增长0.7%；单机25 72台，同比减少62台套，下降0.2%。

在成套机组中，时产≥10t设备1 029台套，同比增加61台套，增长6.3%；时产＜10t设备330台套，同比减少51台套，下降13.4%。

在单机设备中，粉碎机8 197台，同比增加122台，增长1.5%；混合机6 521台，同比减少141台，下降2.1%；制粒机6 178台，同比减少1 498台，下降19.5%；单机其他4 711台，增加1 455台，增长44.7%。

二、各省份饲料机械情况

2016年全国饲料加工机械设备总量27 088台套，主要集中在江苏省、四川省和湖南省，占全国的97.8%。其中江苏省23 634台套，比2015年增加1 567台套，占全国的87.2%，排名全国第一。其次是四川省，为1 386台套，比2015年减少384台套，占全国的5.1%。第三名是湖南省，为1 482台套，比2015年减少217台套，占全国的5.5%，具体如表2－38所示。

在成套机组时产≥10t设备中，江苏省912台套，比2015年增加121台套；四川省28台套，比2015年增加2套；湖南省0台套，比2015年减少17台套。

在成套机组时产＜10t设备中，江苏省221台套，比2015年减少4台套；四川省75台套，比2015年增加27台套；湖南省为0。

在单机设备粉碎机中，江苏省7 104台套，比2015年增加459台套；四川省303台套，比2015年增加71台套；湖南省725台套，比2015年减少76台套。

在单机设备混合机中，江苏省5 504台套，比2015年增加188台套；四川省255台套，比2015年增加188台套；湖南省679台套，比2015年减少116台套。

表 2-38 2016 年各省份饲料机械情况（台套）

省份	总计	成套机组		单机			
		时产≥10t	时产<10t	粉碎机	混合机	制粒机	其他
总 计	27 088	1 029	330	8 319	6 521	6 178	4 711
江 苏	23 634	912	221	7 104	5 504	5 905	3 988
四 川	1 386	28	75	303	255	115	610
湖 南	1 482	—	—	725	679	13	65
河 北	190	30	—	100	20	—	40
辽 宁	20	6	8	—	6	—	—
山 东	0	—	—	—	—	—	—
浙 江	114	16	15	29	25	21	8
上 海	208	27	11	33	23	114	—
陕 西	2	2	—	—	—	—	—
黑龙江	48	7	—	24	8	9	—
青 海	4	1	—	1	1	1	—

在单机设备制粒机中，江苏省 5 905 台套，比 2015 年减少 1 439 台套；四川省 115 台套，比 2015 年增加 56 台套；湖南省 13 台套，比 2015 年增加 2 台套。

在单机设备其他中，江苏省 3 988 台套，比 2015 年增加 2 242 台套；四川省 610 台套，比 2015 年减少 584 台套；湖南省 65 台套，比 2015 年减少 10 台套。

三、大型饲料机械企业

我国生产饲料机械的大型企业主要集中在江苏省和四川省，分别是江苏牧羊集团、江苏正昌集团、布勒（常州）机械有限公司、溧阳市裕达机械有限公司、四川光明众望畜牧机械有限公司、四川隆源机械有限公司。

江苏牧羊集团创建于 1967 年，是国家最早定点生产粮食饲料机械的企业，现已成长为集饲料机械与工程、粮食机械与工程、环保设备与工程、食品机械与工程、仓储工程、钢结构工程、自动化控制技术与工程等产品研发与制造，工程设计与安装为一体的著名企业集团。该集团先后获得国家重点高新技术企业、中国企业管理特殊贡献奖、中国科技名牌 500 强等荣誉，是行业内唯一同时拥有“中国驰名商标”和“中国名牌”的企业，也是唯一两次获得“国家科技进步奖二等奖”的企业。目前，牧羊集团已经在俄罗斯、巴西、印度等 15 个国家成立了办事处，将销售、技术和服务建立在离客户最近的地方；牧羊集团每年在世界各地召开各类技术研讨会 20 余场、参加国际展览会 40 多场，依靠在产品研发、技术水平上的过硬内功，在全球客户心目中树立起了全球领先的品牌形象，部分产品的性能达到了世界领先水平。

江苏正昌集团有限公司成立于 1918 年，是一家集饲料机械与工程、粮食加工装备与仓储、农牧饲料与油脂、房地产为一体的大型产业化集团。先后被授予中国行业内 ISO 9000 认证企业和国家级“守合同重信用企业”，并通过出口欧洲 CE 认证和俄罗斯 GOST-R 认证；是国家重点高新技术企业、全国模范劳动关系和谐企业，获得“亚洲名优品牌”“中国行业标志性品牌”等荣誉称号。目前已为全国 1 万多家饲料企业中 65%的企业提供了 8 000 多台套制粒机装备，在国内外已完成近 3 000 座整厂工程，项目涉及饲料机械成套设备、牛羊饲料成套设备、秸秆再生能源成套设备、农副产品综合利用、整体养殖、繁育项目、禽肉食品加工、复混肥工程成套项目、垃圾处理环境工程项目等领域。已成为国内饲料机械行业的领军型企业。

布勒（常州）机械有限公司成立于 2006 年，是瑞士布勒集团完全控股的独资公司，主要生产饲料机械、牧草机械、港口机械以及饲料、牧草成套工程。同时，还可以为客户提供成套交钥匙工程，饲料加工成套工程，牧草加工成套工程，啤酒花加工成套工程，仓储和输送成套工程，粮食港口成套工程等享誉业界的主导工程；源自欧洲的技术和专业、贴心的服务为布勒（常州）产品打开了通向全球的大门。作为布勒全球网络的重要成员之一，布勒（常州）秉承布勒集团“质量为本、服务为本”的一贯经营理念，致力于向全球消费者提供满意的产品，满足需求的解决方案，实现企业与用户之间的“互利”“共赢”。

溧阳市裕达机械有限公司成立于2003年，是一家专业从事粮油饲料机械、牧草机械、肥料机械制造的高新技术企业，通过了中国ISO 9001：2008质量管理体系认证、欧洲CE认证和SGS认证。裕达系列饲料制粒机、粉碎、微粉碎机、混合机、冷却器、碎粒机，环模配件，饲料成套机组、电控设备。均处于国内行业领先地位。为用户建立起完善的技术咨询、产品销售、技术培训和维修服务网络。

四川隆源机械有限公司创建于2010年，是一家集科学研究、生产销售，安装调试和售后服务为一体的饲料机械制造企业。公司产品通过ISO 9001：2008国际质量体系认证。产品涵盖了饲料生产线原料接收、清理、除尘、输送、粉碎、配料、混合、调质、压粒、膨化、筛选、包装及自动控制等各个工段。先后与国内多家大型饲料公司携手合作。公司提供的饲料机械成套生产线及饲料厂自动化控制系统为客户创造了良好的经济效益，深受用户的好评。

四川光明众望畜牧机械有限公司是一家西部地区饲料加工设备研发与制造的主要专业企业。目前公司已发展成为西部地区饲料加工设备研发与制造的主要专业公司。现已形成中大型饲料加工成套设备的设计与生产能力。主要生产各类添加剂预混合饲料加工设备，浓缩饲料加工设备，配合饲料及全价颗粒饲料加工成套设备和粉碎、混合、提升、制粒等各种单机，并且饲料加工成套设备常年出口越南、缅甸的生产制造商。国内销售20多个省、市、自治区。

（陆泳霖　王欢）

牧草机械与秸秆饲料加工机械发展概况

一、相关政策

2015年在河北、山西、内蒙古、辽宁、吉林、黑龙江、陕西、甘肃、宁夏和青海10个省及自治区，中央财政投入了3亿元，选择牛羊养殖基础好、玉米种植面积较大的县，建设以全株青贮玉米收储为主的粮改饲试点。2016年中央在《关于落实发展新理念加快农业现代化，实现全面小康目标的若干意见》中进一步要求扩大粮改饲试点，加快建设现代饲草料产业体系。

2015年初，农业部、财政部联合发布了《2015—2017农业机械购置补贴实施指导意见》，明确提出将青饲料收获机、割草机、捡拾压捆机、压捆机、铡草机、揉丝机、饲料粉碎机、饲料混合机和饲料搅拌机9类机械纳入农机购置补贴范围。2016年农机购置补贴政策将饲草料关键生产工具作为中央财政补贴的两个重点之一，并规定了挤奶机械单机的补贴额不超过12万元，高性能青饲料收获机单机补贴额不超过15万元。

2016年工业和信息化部、农业部、发展改革委经过充分的调研、研讨，完成了《农机装备发展行动方案（2016—2025）》（征求意见稿），其中明确了饲料机械的研制方向，重点开发青贮玉米、甜高粱等种植、收获、加工、储藏技术装备，苜蓿、燕麦等高产牧草精量播种、禾豆混播、草场生产管理、收割打捆、储运、节能干燥及加工、青贮机械等技术装备，饲草料营养安全保真加工技术装备。

在享受利好政策的同时，牧草机械与秸秆饲料加工机械也面临着新的约束。根据2016年环保部第5号公告，农机企业将分步实施《非道路标准》第三阶段标准。自2015年10月1日起，所有制造和销售的非道路移动机械用柴油机，污染物排放必须符合本标准第三阶段要求。自2016年4月1日起，农机发动机企业只能消化库存，不能再生产“国二”新产品。自2016年12月1日起，所有制造、进口和销售的农用机械将全部实行“国三”标准。

二、主要生产厂家与产品

2016年牧草机械与秸秆饲料加工机械在我国农机化事业发展的大潮中，也在同步朝技术密集型发展。饲草作物关键生产环节农机装备、成套设备和集成全程机械化解决方案的市场供给格局正在初步形成。重型柴油机、无级变速、电控技术、液压驱动等为代表的先进技术在牧草机械与秸秆饲料加工机械中日益得到运用，促进了饲草料生产与加工机械化技术可靠性和效能的提升。

约翰迪尔（John Deere）、纽荷兰（New Holland）、爱科（AGCO）、库恩（KUHN）、科乐收（CLASS）世界五大农机公司纷纷抢滩中国牧草机械与秸秆饲料加工机械市场。截至2016年，除库恩公司外，其他4家公司都在中国建厂并生产销售牧草机械与秸秆饲料加工机械。另外专业从事高秆作物青贮收获及饲草全程收获机械生产制造的德国KRONE（科罗尼）公司也开始进入中国市场。上述6家农机制造商都有成套的不同性能优势的饲草料生产和加工机械产品。表2-39中列出六大国际农机公司的典型饲草料收获机械机型。表2-39中未给出爱科（AGCO）和库恩（KUHN）公司的青贮收获机械，是因为他们生产自走式青贮机械动力超大，不适合中国市场，所以没有引入中国。虽然针对中国的市场，各家外国农机公司都开发了中小动力的小型机械，但总体仍然表现为大动力或者超大动力，产品系列化、配套化程度高，可为市场提供全过程饲草料生产加工机械化技术方案，而且设计制造精细，智能化控制水平高，作业效率高，作业质量好，但其价格昂贵，从十几万元到上百万元，价格是国内同类产品价格的十几倍以上，而且专业的调试人员缺乏。农机手多掌握一般的机械常识，但是对自动控制的高端技术束手无策，所以不适用于广大的中小牧草和秸秆饲料生产者。

根据农机360网站信息，国内有上海世达尔现代农机有限公司、新疆新联万国农牧机械有限公司、江苏沃得农业机械有限公司、呼伦贝尔市瑞丰农牧业科技有限公司、呼伦贝尔市蒙拓农机科技股份有限公司、呼伦贝尔市华迪牧业机械有限公司6家可为市场提供较为完备的饲草料生产与加工机械，它们也是国内生产牧草机械与秸秆饲料收获机械的专业公司。表2-40中列出了这些企业的饲草料收获机械部分产品的机型。

国内农机厂家生产牧草机械与秸秆饲料打捆机械产品较多。中机浩德（北京）科技有限公司、呼伦贝尔市蒙力农牧业机械制造有限公司、雷沃重工股份有限公司、中联重科股份有限公司、星光农机股份有限公司、山东润源实业有限公司、中机美诺科技股份有限公司、新疆机械研究院股份有限公司、山东五征集团有限公司等十几家农机厂商致力于饲草料打捆机产品的研制生产，为市场提供了适应中国国情的牧草机械与秸秆饲料加工装备，而且也呈现逐渐系列化趋势，主要机型和动力见表2-41。

国内农机公司生产青（黄）贮饲料收获机械产品者也较多。中联重科股份有限公司、中机美诺科技股份有限公司、新疆机械研究院股份有限公司、河北顶呱呱机械制造有限公司、山东五征集团有限公司、山东巨明机械有限公司、山东润源实业有限公司和石家庄美迪机械有限公司等近十几家农机厂商供应饲料收获机械产品，主要机型和动力见表2-42。

表2-39　国际农机企业饲草料收获机械产品机型和动力

品牌	割草机	搂草机、翻晒机	打捆机	青贮收获机
约翰迪尔	1. A400/R450 自走式割晒机，动力：140hp，200hp 2. 995/896 割台 3. 625/635/630 割草压扁机，动力：55～150hp	WR10 系列搂草机（8、10 和 12 轮三种型号）	1. 328/338/348 小方捆机，动力：40hp 2. 568/569 圆捆机，动力：75hp 3. L330/L340 大方捆机，动力：145hp 4. C441R/F441R 圆捆机，动力≥100hp	8000 系列自走式青贮收获机（8200/8300/8400/8500/8600），动力：396～574hp
纽荷兰	1. HW8040 自走式割草压扁机，动力：226hp 2. SR 系列自走式割草压扁机，动力：199hp 3. 488 割草机，动力：36hp 4. H7220 圆盘式割草压扁机，动力：65hp	1. 256 搂草机，动力：35hp 2. HT152/154 系列翻晒机，动力：50hp；55～60hp 3. Rolabar258/260 栅栏式搂草翻晒机	1. BC5000/BC5060/5070/508 方捆机，动力：61～82hp 2. BB 系列大方捆，动力：150hp 3. BR6080/6090 圆捆机，动力：120hp	FR9040 自走式青贮收获机，动力：424hp
爱科	1. MF-DM1358 圆盘式割草压扁机，动力：≥75hp 2. MF-DM1363 牵引式割草压扁机，动力：≥100hp 3. MF-WR9860 系列自走式割草压扁机，动力：183hp 4. MF9126 往复式割台 5. MF9196 圆盘式割台 6. MF5200/5300 割晒台	1. MF-SV410 盘式搂草机，动力：≥40hp 2. MF-PK3879 双转子搂草机，动力：≥48hp 3. MF-TD776 牵引式摊晒机，动力：≥40hp	1. MF1840/1844N 系列小方捆机，动力：≥35hp；≥75hp 2. MF2240/MF2270 大方捆机，动力：≥170hp；≥200hp 3. MF174 圆捆机，动力：40hp	—

（续）

品牌	割草机	搂草机、翻晒机	打捆机	青贮收获机
库恩	1. FC302/352RG 割草压扁机，动力：≥90hp；≥110hp 2. GMD 系列割草机，最小动力：21～36hp	1. GA8030 搂草机，动力：80hp 2. SpeedRake 盘式搂草机，最小动力：20～35hp	1. LSB870/890/1270/1290 大方捆机，动力：140～210hp 2. VB2260/2265 变腔圆捆机，动力：≥100hp；≥120hp 3. FB3130 固定腔圆捆机，动力：≥120hp 4. VBP2265 打捆缠膜一体机，动力：≥130hp	—
科乐收	1. DISCO 系列大型割草压扁机 2. DISCOCONTOUR 后置割草压扁机 3. DISCO 系列牵引式割草压扁机 4. DISCO 系列前置割草压扁机	1. VOLTO1100 摊晒机 2. LINER3100 中央搂草机 3. LINER800 侧置搂草机	1. QUADRANT3400/3300 方捆机 2. QUADRANT5200/4200 方捆机 3. QUADRANT2100/4200 方捆机 4. ROLLANT455/454/375/374 圆捆机 5. MARKANT650 方捆机	JAGUAR900/800 自走式青贮收获机，动力：≥300hp
科罗尼	1. EasyCut2800 割草机，动力：120hp 2. 9GC－203S 割草机，动力 70hp 3. BiGM420CRI 自走式割草压扁机，动力：423hp	1. 侧向集条式搂草机 2. 中央集条式搂草机 3. 牧草摊晒机	BiGPack870HDPXC/890XC/1290XC 系列大方捆机，动力：220hp；220hp；236hp	BiGX 自走式青贮收获机，动力：775hp

注：1. 表中信息多数来自于对应的公司官方网站及其微信平台和农机 360 网，少数通过咨询公司销售人员所得。
2. 马力为非法定计量单位，1hp=735.498 75W。

表 2－40　国内典型农机公司饲草料收获机械产品机型和动力

厂家（品牌）	割草机	搂草机、翻晒机	打捆机	青贮收获机
上海世达尔现代农机有限公司（世达尔 star）	1. 9GXD 系列（1.7/2.1/2.4）盘式旋转割草机，动力：25～50hp；35～80hp；50～100hp 2. 9GYQ－2.4 割草压扁机，动力：≥60hp	1. 9LXD－2.5（MGR 2500）搂草翻晒机，动力：18～50hp 2. 9LXD－4.0（MGR 4000）搂草机，动力：50～80hp	1. 9YFQ－1.4（THB2060）小方捆机，动力：25～50hp 2. YFQ－2.4Z 大方捆机，动力：100～125hp 3. 9YFQ－1.9Z（THB3000）小方捆机，动力：40～80hp 4. 9YGQ－1.2 圆捆机，动力：60～120hp 5. TSW2020C 捆包青贮一体机，动力：55～100hp 6. 9BM－122/120TW 包膜机，动力：37～59hp	

（续）

厂家（品牌）	割草机	搂草机、翻晒机	打捆机	青贮收获机
新疆新联万国农牧机械有限公司（新联万国）	92GZX－0.9/1.7/2.5系列圆盘式割草机，动力：≥18hp；40～50hp；55～65hp	9ZLZ－3.0/4.0/4.8系列指盘搂草机，动力：20hp；30hp；55hp	9YFQ－0.9/1.5系列圆捆机，动力：40～55hp；≥55hp	1. 9QS－2.7自走式青贮机，动力：180hp 2. 9LRZ－2.7自走式青黄贮秸秆收获机，动力：125～140hp
江苏沃得农业机械有限公司（沃得）	9GX－1.7/2.1/2.4系列旋转式割草机，动力：35～60hp；40～68hp；48～88hp	1. 9LZ－6.0/6.35系列搂草机，动力：25hp；45hp；60hp 2. 9LZ－6.0/6.35系列指轮式搂草机，动力：50hp 3. 9T系列翻晒机，动力：25hp；34hp	1. 9YFQ－1850方捆机，动力：60～80hp 2. 9Y－1900方捆机，动力：50hp	
呼伦贝尔市瑞丰农牧业科技有限公司（优牧达）	9GYQ－3.0牵引式割草压扁机，动力：≥80hp	9LS－6.2水平旋转搂草，动力：41hp	9YG－1.4/1.4A/1.4B圆捆机，动力：≥80hp	
呼伦贝尔市蒙拓农机科技股份有限公司（蒙拓）	9SG－4.2型双联刀往复式割草机，动力：≥24hp	1. 9ZCL－9型指盘式侧向搂草机，动力：≥35hp 2. 9ZPL－6.0型搂草机，动力：≥12hp	1. 9YG－1.3A/1.5圆捆机，动力：≥65hp；75hp 2. 9YG－1.3圆捆机，动力：≥55hp	
呼伦贝尔市华迪牧业机械有限公司（野田铁牛）	1. 9GHA－6.3牵引三刀组合割草机，动力：≥35hp 2. 9GSQ－4.2双联刀往复式割草，动力：≥24hp	1. 9GLHA－2.1～3.0牵引割搂组合机，动力：≥20hp 2. 9LZA－16牵引指盘式搂草机，动力：≥50hp	9YA－1.5型圆捆机，动力：≥80hp	

注：表中信息多数来自于对应的公司官方网站及其微信平台和农机360网，少数通过咨询公司销售人员所得。

表2－41　国内典型农机公司饲草料打捆机产品机型和动力

厂家（品牌）	打捆机	厂家（品牌）	打捆机
中机浩德（北京）科技有限公司（华德）	1. 9YG－1.4圆草捆打捆机，动力：35hp 2. 9YFC－1.7侧牵引方捆机，动力：≥25.8hp 3. 9YFS－2.0三道捆绳方草捆，动力50hp 4. 9YFQ－1.9正牵引打捆机，动力50hp	呼伦贝尔市蒙力农牧业机械制造有限公司（蒙力）	1. 9YFD－2.2型方草捆压捆机，动力：45hp 2. 9YFJ－2.2型秸秆方草压捆机，动力：805hp 3. 9YG－1.5型圆捆卷捆机，动力：60hp 4. 9YG－1.1型圆捆打捆机，动力：90hp

（续）

厂家（品牌）	打捆机	厂家（品牌）	打捆机
雷沃重工股份有限公司（雷沃）	1. MF6030/6040 系列小方捆机，动力：≥75hp 2. MF3030/3040 系列小方捆机，动力：≥40hp	中联重科股份有限公司（谷王）	9YF2000/2200S 方捆机，动力：70hp
星光农机股份有限公司（星光农机）	1. YLYQ1950II 方捆压捆机，动力：75hp 2. YLYQ1950 方捆压捆机，动力：35hp	山东润源实业有限公司（润源）	1. 9YFQ－1.9 方捆机，动力：35hp 2. 9Y－1600 打捆机，动力：90hp
中机美诺科技股份有限公司（美诺）	5120 圆捆机，动力：45hp	新疆机械研究院股份有限公司（牧神）	4KZ－300 自走式秸秆打捆，动力：125hp
山东五征集团有限公（五征）	MW1010H/1210 系列细碎型打捆包膜一体机，动力：30～100hp	黑龙江德沃科技开发有限公司（德沃）	9Y－1900 方捆打捆机，动力：50hp

注：表中信息来自于对应的公司官方网站及其微信平台和农机 360 网。

表 2－42　国内典型农机公司青（黄）贮饲料收获机械产品机型和动力

厂家（品牌）	青贮收获机	厂家（品牌）	青贮收获机
中联重科股份有限公司（谷王）	1. FS80-2/5（9QZ－16）青饲料收获机，动力：≥450hp 2. FL2800/3000/3000A 青饲料收获机，动力：≥450hp	中机美诺科技股份有限公司（美诺）	1. 9800/9265 自走式饲料收获，动力：260hp 2. 9080 牵引式饲料收获机，动力：80hp
河北顶呱呱机械制造有限公司（牧童）	4QZ－2100/2600/3000 型自走式青饲料收获机，动力：140hp；180hp；240hp	新疆机械研究院股份有限公司（牧神）	1. 4QX－1200/2200 青（黄）贮饲料收获机，动力：80hp；120hp 2. 4QSZ－2200 自走式青（黄）贮饲料收获机，动力：160hp 3. 2.4QZ－3000A 自走式青（黄）贮饲料收获机，动力：280hp
山东五征集团有限公（五征）	4QZ－3（SMR1000H）青饲料收获打捆机，动力：98hp	山东巨明机械有限公司（巨明）	1. 4QSJZ 系列，动力：160hp 2. 4QSZ3000 青贮饲料收获机
山东润源实业有限公司（润源）	4QZ－2200 型自走式青贮收割机，动力：1600hp	石家庄美迪机械有限公司（美迪）	9QZ－2900A/2900 系列青饲料收获机，动力：286hp

注：表中信息来自于对应的公司官方网站及其微信平台和农机 360 网。

从表 2-43 可以看出国内农机厂家生产的割草机械不仅动力较低，而且总数量较少，具有压扁功能的产品更少。

总体看来，国内生产的牧草机械与秸秆饲料加工机械整体动力比国外机械的动力低了很多。大量中小型生产厂家供应价格低廉的饲草料生产与加工机械，适用于我国当前不同种植区域的生产实际。比如，对于饲草料打捆机，区域市场供需作用形成了毫丰、科海廷、苜帮、花溪玉田、博远、利丰、鲁丰等几十个品牌；对于青饲草收获机，区域市场供需作用形成了鑫玉田、开元、中农机、益丰泰、博远、国丰、德乐、圣泰、渭牧王、迪马、龙牧、犇牛、牧泽等十几个品牌。

牧草机械与秸秆饲料加工机械流通销售形式呈现多样化。除了传统的实体店经营，多家农机生产厂具有了自己的网店。2006 年牧草和秸秆饲料加工机械的大多数农机生产商和经销商已经登录农机 360 网农机商城和阿里巴巴网络商城，部分企业已经具有了自己的微店，说明网络营销已经成为牧草和秸秆饲料加工机械销售的新型方式。

表 2-43　国内典型农机公司割草机械产品机型和动力

厂家（品牌）	割草机
保定冀旋农机装备有限公司（阳光）	1. 9GY-4.0 割草压扁机，动力：140hp 2. 4SZ-5.0 自走割晒机，动力：88hp
石家庄鑫农机械有限公司（鑫农）	1. 9G-1.2 自走式割草压扁机，动力：24hp
高密市益丰机械有限公司（益丰）	9GXQ-1.40/1.60/80 割草机，动力：40～50hp；24hp；20hp
保定冀旋农机装备有限公司（冀旋）	9GXY-1.7 割草机，动力：40hp

注：表中信息来自于对应的公司官方网站及其微信平台和农机 360 网。

2016 中国农机行业年度大奖评选活动中，中国农业机械化科学研究院呼和浩特分院生产的 9YFQ-1.9 型方草捆捡拾压捆机和凯斯纽荷兰工业（哈尔滨）机械有限公司生产的 FR9040 青贮收获机荣获金奖；山东五征集团有限公司生产的 4QZ-3 青贮收获机和约翰迪尔（中国）投资有限公司生产的 8000 系列青贮机荣获产品创新奖；石家庄美迪机械有限公司生产的 9QZ-2900 自走式青饲料收获机、凯斯纽荷兰工业（哈尔滨）机械有限公司生产的纽荷兰 BC5070 小方捆打捆机和新疆机械研究院股份有限公司生产的 4QZ-3000A 自走式青（黄）贮饲料收获机荣获市场表现力奖。牧草机械与秸秆饲料加工机械获奖产品占整机获奖产品的 18%。

三、机械化生产技术发展概况

1. 牧草播种、收割与打捆　我国近几年牧草机械化水平发展较快。随着草牧产业的发展，牧草产品的市场化程度提高，牧草打捆环节变得越来越普及，圆捆机和方捆机发展势头均很好；牧草刈割压扁工艺的重要意义也正在得到广泛的认可。目前牧草播种通常使用通用的播种机。牧草收获包括割草、翻晒搂草和打捆等环节。

割草机技术趋势是液压系统的普及运用，使机械的适应能力加强，可以适应多种牧草和多种地形；割茬高度调节方便，能满足用户对割茬高度的要求；大割盘相交区域大，能有效地减少漏割；使用压扁器，风干速度快，可以满足不良天气条件下的收获作业。国外的割草机械作业精度更高、输出更快、作业调整的灵敏度更高；切割器采用模块化设计，维修便捷，维护成本低；整机重量轻，拖拉机功率需求小。

从市场供给来看，牧草圆捆机的自动化控制程度在逐渐提高，捡拾打捆操作一体化，同时适用于多种作物秸秆的制捆作业。国外的圆捆机自动化程度更高，拖拉机内配备打捆控制及监视系统，农机手通过按键控制，可直接控制牧草捡拾、打捆、成型、草捆直径调节和草捆抛出等操作，方便快捷。

牧草方草捆打捆技术趋势体现在大草捆高密度和多功能性，喂入量大，二次加压，草捆紧实均匀，同时可以对多种作物进行打捆。国外方草捆机预压室普遍有密度感应传感器，压捆室通过自带的液压系统控制草捆密度，尺寸均匀一致；双打结系统结构保证捆形良好，易堆垛和运输；捡拾器具有仿形能力，捡拾干净、作业速度快，工作效率高；打结器风扇风量大，草捆清洁效果显著。

2. 青饲料收获　由于秸秆禁烧政策的强力实施和牛羊养殖业的加快发展，秸秆青贮机械化近几年发展强劲。青饲料收获机整体趋势正在朝向大型化、自走式、不对行收获技术发展，而且可以调整秸秆的切割长度。裹包青贮是近年在传统青贮的基础上研究开发的一种新型饲草料青贮技术，即将粉碎好的青贮原料用打捆机进行高密度压实打捆，然后通过裹包机用拉伸膜包裹起来，从而创造一个厌氧的发酵环境，最终完成乳酸发酵过程。这种青贮方式已被欧洲各国、美国和日本等世界发达国家广泛认可和使用，但欧美国家的包裹较大。针对我国的小规模分散养殖实际，需要的裹包较小，青贮的运输和使用比较方便，才有利于饲草料的商品化。小裹包青贮对于促进青贮加工产业化的发展具有十分重要的意义。世达尔 star9BM-122/120TW 包膜机和花溪玉田 9YB-5252 圆捆包膜机是目前市场比较适用的裹包青贮机械。中国农业大学工学院牧草体系机械研究团队正在研制一种集收获、装袋一体的青贮机械化技术。

四、饲草料机械相关标准

1. 机械分类 牧草机械与秸秆饲料加工机械已经成为农业机械中的重要组成部分，其行业地位正在逐步上升。关于牧草机械与秸秆饲料加工机械的分类，各信息渠道的分类方式与内容日益明晰，逐渐一致。农业机械行业综合服务平台农机 360 网站上，已经将牧草和秸秆的收获机械共同归入饲料收获机械。具体包括牧草收获机、割草机、翻晒机、搂草机、捡拾压捆机、饲草裹包机、青饲料收获机、其他饲料作物收获机械和压捆机。在约翰迪尔（John Deere）中国官方网站的产品展示条目下，也将牧草和青贮机械放在一起；在凯斯纽荷兰工业（哈尔滨）机械有限公司官方网站的产品展厅条目下，也将牧草和秸秆的收获机械共同归入饲料作物收获机械；爱科公司的中文官网中也将牧草和秸秆的收获机械共同归入牧草及秸秆收获设备。

2. 机械化技术标准 内蒙古自治区农牧业机械技术推广站牧机推广科“内蒙古天然草场牧草机械系列标准起草”项目组经过了一年多努力工作，于 2016 年 10 月完成了所有标准初稿，包括“内蒙古天然草场牧草补播机械作业质量标准”“内蒙古天然草场牧草补播机械作业技术规程”“内蒙古天然牧草收获机械作业质量标准”“内蒙古天然牧草收获机械作业质量规程”“内蒙古天然牧草搂草机械作业质量标准”“内蒙古天然牧草机械作业技术规程”“内蒙古天然牧草打捆机械作业质量标准”“内蒙古天然牧草打捆机械作业技术规程”8 个标准。

五、饲草料机械研发、推广、示范和机械化服务

中国草学会草业机械专业委员会 2016 年学术会议在张掖召开，7 月成立了“国家饲草料生产科技创新联盟”。该联盟将对牧草生产的关键技术进行联合攻关，以提升牧草的技术水平和创新能力。

2016 年 6 月 21 日，在宁夏海原县贾塘乡王塘村牧草机械化生产示范园区，召开了牧草机械化生产现场演示会。各级分管领导及农科人员、县农牧局全体工作人员、农机经销企业、专业合作社、养殖大户及当地群众等 500 余人参加了现场会。现场演示会旨在健全牧草机械化生产技术规程，加快推进海原县牧草全程机械化生产。现场进行了牧草机械整地施肥、精量播种、无人飞机植保、自走式喷洒植保、收割、搂草、打捆、青贮打包、加工等先进机械的作业演示。

2016 年宁夏彭阳县引进了克拉斯 9G-210RC 割草机、9GXQ-1.40 型割草机、9GXD-1.3 型割草机、世达尔 MRB0870 圆草打捆机、上海世达尔 SWM0810 包膜机、MF1839 方草捆压机、上海世达尔 MGR2500 搂草翻晒机等机械。在百万亩紫花苜蓿种植示范区，使用先进实用的收割机械，缩短了牧草干燥时间，加快了牧草收割速度，提高了牧草品质。

2016 年 7 月甘肃省张掖地区举办 2016 格兰集团牧草机械演示会，展示了格兰集团全系列的牧草产品，包括割草压扁机、摊晒机、搂草机、圆捆机，演示全方位牧草生产解决方案。参加大会的 100 多名用户及经销商主要来自甘肃、青海、宁夏、内蒙古，新疆的西北地区，他们对价位适中、性能稳定的国产机械非常关注。

农机社会化服务模式在牧草生产机械化领域开始渗透发展。内蒙古牧草收获机作业幅宽 3m，配套拖拉机动力一般在 40hp 左右，每亩的作业费在 30 元/亩，日作业量近 100 亩，作业周期 40d。通辽市等地的牧草农机户开始到蒙古国进行牧草机械化作业服务。

（王志琴）

中国饲料工业协会信息中心主要工作

中国饲料工业协会信息中心主要职能是负责总站、协会网络安全和信息化建设，开展饲料行业统计监测，以及负责“两网三刊”的运行管理等。多年来，中心紧紧围绕畜牧业司和总站、协会中心工作，认真履职，积极开拓，相关业务工作顺利开展。

一、网络安全和信息化建设工作

总站、协会及所办企业、代管协会共有 20 个网站和信息系统，现运行使用中的网站信息系统为 15 个（5 个已关停），保障网络信息安全是信息中心的重要职能。

1. 加强组织领导 成立了由站长、秘书长任组长的总站网络安全和信息化建设领导小组，负责总站信息化建设制度、规划制订、经费安排等。下设领导小组办公室，由分管站领导任主任、信息中心主任为副主任，开展具体工作。

2. 完善相关制度 制定了《全国畜牧总站、中国饲料工业协会网络安全管理规定》《全国畜牧总站、中国饲料工业协会电子信息保密管理规定》《全国畜牧总站、中国饲料工业协会突发信息网络事故应急预案》《信息系统建设管理办法》4 项站内制度。

3. 贯彻落实等级保护制度 网站信息系统等级保护制度是加强网络安全管理的核心，等级保护制度落实情况也是历次农业部检查的重点。信息中心通过组织各相关处室开展等级保护定级备案、等级保护测评，加强等保制度落实。

4. 加强安全检查 每年配合农业部开展年度网络信息安全检查；在重大活动期间按照农业部统一部署开展日报。多年来未发生网络信息安全责任事故。

二、饲料行业统计监测工作

受农业部畜牧业司（全国饲料工作办公室）委托，协会信息中心承担全国饲料工业统计监测工作。该项工作以《全国饲料工业统计报表制度》为依据，以中国饲料工业统计信息系统为平台，紧紧围绕饲料行业发展重心，大力开展统计监测工作，充分发挥监测预警职能，为管理部门和行业提供了高质量的统计服务。

（1）加强统计制度建设工作。为进一步加强统计工作，提高统计工作的科学性、准确性、真实性，适应行业统计大融合新形势，2016 年中心负责《全国饲料工业统计报表制度》的修订完善工作和中国饲料工业统计信息系统平台的设计开发和维护工作。

（2）大力推进全国饲料统计监测工作。一是及时完成了各项统计监测数据的收集、审核和汇总。2016 年完成 234 家重点跟踪企业 12 个月共 2 808 份基层月报、全国饲料企业基层季报和基层年报、各省级管理部门综合季报和综合年报表的催报和数据核查工作。二是着力做好饲料生产形势分析工作。全年完成 12 期饲料生产统计监测快报，以及各月度、季度、年度饲料生产形势分析。三是加强相关产品价格变化情况监测。受农业部市场与经济信息司委托，按月开展 16 种主要饲料原料和饲料产品市场价格监测工作。

（3）完成《全国饲料工业统计资料（2015）》和《中国饲料工业年鉴（2016）》编印工作。

（4）定期研判饲料生产形势。顺利召开 2016 年全国饲料生产形势分析研讨会，全面分析我国饲料行业基本情况、发展特点及总体形势，对我国饲料行业发展新趋势、新变化及面临的深层次问题进行了深入分析，并对下一步统计与监测工作进行了部署。

（5）切实做好统计服务工作。为各省饲料管理部门和农业部重点跟踪企业等相关单位提供 53 期《政府周报》行业动态信息，并及时发送 12 期全国饲料生产形势月度分析报告等。

（6）积极推进统计调研工作。为掌握新形势下全国饲料统计工作和生产形势的实际情况，2016 年

11～12月，协会信息中心组织开展了调研工作，实地调研北京、天津等12省（区、市）30家代表性饲料和添加剂企业，并完成了饲料统计核查和生产形势调研报告。调研反映，近年信息中心不断加强统计数据核查力度，各省区市饲料管理部门结合实际情况，采取有效措施积极推进饲料统计工作，统计数据质量不断提高。《全国饲料工业统计报表制度》指标设置的合理性和统计系统的便捷性、稳定性也得到了各级饲料管理部门、企业的高度认可。同时，新形势下对统计工作也提出了新要求：进一步提高统计指标与实际生产的匹配度；使统计系统更加智能化、更便利；多管齐下，保持并不断提高统计数据质量；加大信息公开力度，扩大资源共享范围，使统计数据利用价值更大化。

三、保证“一网两刊”的正常运行，策划年度展会宣传工作

（1）以一网两刊（中国饲料工业信息网、《中国饲料》杂志、《饲料广角》杂志）为依托，积极开展行业宣传。充分发挥行业宣传龙头的作用，积极引导社会舆论，为行业发展创造良好舆论环境。

（2）组织策划“2016中国饲料工业展览会”的宣传报道工作，在《中国饲料》《饲料广角》中国饲料工业信息网开辟专栏和专版。中国饲料工业信息网建立了展会网站和专题，《饲料广角》出版专刊，为企业会员服务，引领企业行业自律，发挥桥梁纽带作用。

四、下一步工作思路

（1）继续加强总站网络安全保障力度，确保不发生网络安全事故。以贯彻落实等保制度各项要求为抓手，完成所有网站信息系统的等保测评和整改。制定总站信息资源整合规划方案，力争在2～3年内，按照畜牧、饲料、草业、奶业四大领域，将站内信息资源整合为四大平台，实现各平台间的信息资源共享。

（2）认真开展饲料统计监测工作，提高统计数据质量。在全国饲料工作办公室领导下，修订统计报表制度，升级饲料统计信息系统，加强统计数据核查力度，不断提升统计数据的准确性和及时性。加强信息价值挖掘和信息公开，加强对饲料原料供需形势的监测分析力度，切实通过数据为管理部门开展调控提供支撑，为行业企业科学组织生产提供参考。

（3）充分利用信息化手段，做好行业宣传和舆论引导。对中国饲料工业信息网进行升级改造，加强对手机平台信息传播方式的利用。同时通过开展线上线下互动等方式，创新代管企业经营模式，实现国有资产保值增值。

（4）强化各项工作调研。调查研究，是谋事之基，成事之道。在当前形势下，增强调研意识，转变工作作风，对于改造我们主观判断，深入研究行业，提高行业的前瞻性、导向性具有重要的意义。

（田建华　杜伟）

进口饲料和饲料添加剂管理

根据《进口饲料和饲料添加剂登记管理办法》有关规定，批准爱德康欧洲有限公司等 219 家公司生产的 393 种饲料和饲料添加剂产品在我国登记或续展登记，并发给进口登记证（见附件 1 和附件 2）。批准美国礼来公司等 13 家企业变更生产厂家或申请单位名称，部分产品变更其商品名称，并换发进口登记证（见附件 3）。所登记产品的监督检验，按中华人民共和国国家标准或农业部发布的质量标准执行。

附件 1:

进口饲料和饲料添加剂产品登记证目录（2016）

登记证号	通用名称	商品名称	产品类别	使用范围	生产厂家	有效期限	备注
(2016) 外饲准字 001 号	混合型饲料添加剂 防霉剂 Feed Additives Mixture Preservatives	爱康乐 ADDCON XLM	混合型饲料添加剂 Feed Additives Mixture	养殖动物 All species or categories of animals	爱德康欧洲有限公司 ADDCON Europe GmbH，Germany	2016.02—2021.02	新办
(2016) 外饲准字 002 号	混合型饲料添加剂 维生素 氨基酸 Feed Additives Mixture Vitamin Amino Acids	康富好利得 NO.1 ADHEALTH	混合型饲料添加剂 Feed Additives Mixture	猪 Swine	台湾合台生化股份有限公司 Union Formosa Biochemistry Co. Ltd.	2016.02—2021.02	新办
(2016) 外饲准字 003 号	混合型饲料添加剂 抗氧化剂 酸度调节剂 Feed Additives Mixture Antioxidanta，Acidity Regulator	好克氧 MiaRadOx P2	混合型饲料添加剂 Feed Additives Mixture	养殖动物 All species or categories of animals	德国麦尔威股份有限公司 Miavit GmbH，Germany	2016.02—2021.02	新办
(2016) 外饲准字 004 号	混合型饲料添加剂 矿物元素 Feed Additives Mixture Minerals	未来之锌 MiaTrace Zn	混合型饲料添加剂 Feed Additives Mixture	家禽 Poultry 猪 Swine	德国麦尔威股份有限公司 Miavit GmbH，Germany	2016.02—2021.02	新办
(2016) 外饲准字 005 号	混合型饲料添加剂 维生素 E 亚硒酸钠 Feed Additives Mixture Vitamin E Sodium Selenite	富硒维 E 乳 VeyFo Vit E - Selen - aquosum	混合型饲料添加剂 Feed Additives Mixture	养殖动物 All species or categories of animals	维氏制药股份有限公司 Veyx - Pharma GmbH，Germany	2016.02—2021.02	新办
(2016) 外饲准字 006 号	混合型饲料添加剂 枯草芽孢杆菌 Feed Additives Mixture *Bacillus Subtilis*	超级赛克灵 ECO B. S	混合型饲料添加剂 Feed Additives Mixture	养殖动物 All species or categories of animals	韩国第一化学株式会社 Cheil Bio Co. Ltd.，Korea	2016.02—2021.02	新办

（续）

登记证号	通用名称	商品名称	产品类别	使用范围	生产厂家	有效期限	备注
（2016）外饲准字 007 号	混合型饲料添加剂 枯草芽孢杆菌 Feed Additives Mixture *Bacillus Subtilis*	发乐吨 BARODON - EX	混合型饲料添加剂 Feed Additives Mixture	养殖动物 All species or categories of animals	韩国第一化学株式会社 Cheil Bio Co. Ltd.，Korea	2016. 02—2021. 02	新办
（2016）外饲准字 008 号	混合型饲料添加剂 酸度调节剂 Feed Additives Mixture Acidity Regulators	六味酸 Orgacids	混合型饲料添加剂 Feed Additives Mixture	家禽 Poultry 猪 Swine	马来西亚宏诚生物科技有限公司 Sunzen Biotech Berhad，Malaysia	2016. 02—2021. 02	新办
（2016）外饲准字 009 号	混合型饲料添加剂 维生素 E 亚硒酸钠 Feed Additives Mixture Vitamin E Sodium Selenite	富硒维 E 乳 VeyFoE - Selenium - Mulgat	混合型饲料添加剂 Feed Additives Mixture	养殖动物 All species or categories of animals	维氏制药股份有限公司 Veyx - Pharma GmbH，Germany	2016. 02—2021. 02	新办
（2016）外饲准字 010 号	混合型饲料添加剂 维生素 矿物质 Feed Additives Mixture Vitamins Minerals	Ration Plus HNTM 家禽营养补充剂（干） Ration Plus HNTM for Poultry（Dry）	混合型饲料添加剂 Feed Additives Mixture	家禽 Poultry	细胞酶实验室有限公司 Cytozyme Laboratories Inc.，USA	2016. 02—2021. 02	新办
（2016）外饲准字 011 号	屎肠球菌 *Enterococcus faecium*	芯来旺-屎肠球菌 EF08 SYN LAC - Enterococcus faecium EF08	饲料添加剂 Feed Additive	禽畜 Livestock and Poultry	台湾生合生物科技股份有限公司 Synbio Tech Inc.	2016. 02—2021. 02	新办
（2016）外饲准字 012 号	植物乳杆菌 *Lactobacillus plantarun*	芯来旺 - 植物乳杆菌 LP28 SYN LAC - Lactobacillus plantarun LP28	饲料添加剂 Feed Additive	禽畜 Livestock and Poultry	台湾生合生物科技股份有限公司 Synbio Tech Inc.	2016. 02—2021. 02	新办

（续）

登记证号	通用名称	商品名称	产品类别	使用范围	生产厂家	有效期限	备注
(2016) 外饲准字 013 号	猫配合饲料 Cat Compound Feed	全方位保健型猫粮——三文鱼和白肉鱼类浸橄榄油 Holistic Cat——Salmon & White Fish With Olive Oil	配合饲料 Compound Feed	猫 Cat	澳大利亚 Aimmad Pty Ltd 公司 Aimmad Pty Ltd，Australia	2016.02—2021.02	新办
(2016) 外饲准字 014 号	犬配合饲料 Dog Compound Feed	全方位保健型无谷犬粮——鸡鸭肉配美味蔬菜 Holistic Dog Grainfree——Chicken With Duck &Garden Vege	配合饲料 Compound Feed	犬 Dog	澳大利亚 Aimmad Pty Ltd 公司 Aimmad Pty Ltd，Australia	2016.02—2021.02	新办
(2016) 外饲准字 015 号	犬配合饲料 Dog Compound Feed	全方位保健型幼犬粮——羊肉米饭配方 Holistic Dog Puppy——Lamb & Rice	配合饲料 Compound Feed	犬 Dog	澳大利亚 Aimmad Pty Ltd 公司 Aimmad Pty Ltd，Australia	2016.02—2021.02	新办
(2016) 外饲准字 016 号	犬配合饲料 Dog Compound Feed	全方位保健型成年犬粮——袋鼠肉米饭配方 Holistic Dog Adult——Wild Game with Rice	配合饲料 Compound Feed	犬 Dog	澳大利亚 Aimmad Pty Ltd 公司 Aimmad Pty Ltd，Australia	2016.02—2021.02	新办
(2016) 外饲准字 017 号	猫配合饲料 Cat Compound Feed	ORIJEN 六种鱼猫饲料 ORIJEN Six Fish Cat	配合饲料 Compound Feed	猫 Cat	加拿大冠军宠物食品公司 Champion Petfoods L. P.，Canada	2016.02—2021.02	新办
(2016) 外饲准字 018 号	猫配合饲料 Cat Compound Feed	ACANA 猫农场饲料 ACANA Wild Prairie Cat	配合饲料 Compound Feed	猫 Cat	加拿大冠军宠物食品公司 Champion Petfoods L. P.，Canada	2016.02—2021.02	新办

（续）

登记证号	通用名称	商品名称	产品类别	使用范围	生产厂家	有效期限	备注
（2016）外饲准字 019 号	猫配合饲料 Cat Compound Feed	ACANA 猫太平洋饲料 ACANA Pacifica Cat	配合饲料 Compound Feed	猫 Cat	加拿大冠军宠物食品公司 Champion Petfoods L. P.，Canada	2016. 02—2021. 02	新办
（2016）外饲准字 020 号	猫配合饲料 Cat Compound Feed	ORIJEN 成猫幼猫饲料 ORIJEN Cat And Kitten	配合饲料 Compound Feed	猫 Cat	加拿大冠军宠物食品公司 Champion Petfoods L. P.，Canada	2016. 02—2021. 02	新办
（2016）外饲准字 021 号	犬配合饲料 Dog Compound Feed	ACANA 犬太平洋饲料 ACANA Pacific Dog	配合饲料 Compound Feed	犬 Dog	加拿大冠军宠物食品公司 Champion Petfoods L. P.，Canada	2016. 02—2021. 02	新办
（2016）外饲准字 022 号	犬配合饲料 Dog Compound Feed	ACANA 犬农场饲料 ACANA Wild Prairie Dog	配合饲料 Compound Feed	犬 Dog	加拿大冠军宠物食品公司 Champion Petfoods L. P.，Canada	2016. 02—2021. 02	新办
（2016）外饲准字 023 号	犬配合饲料 Dog Compound Feed	ORIJEN 六种鱼犬用饲料 ORIJEN Six Fish Dog	配合饲料 Compound Feed	犬 Dog	加拿大冠军宠物食品公司 Champion Petfoods L. P.，Canada	2016. 02—2021. 02	新办
（2016）外饲准字 024 号	犬配合饲料 Dog Compound Feed	ORIJEN 成犬饲料 ORIJEN Adult Dog	配合饲料 Compound Feed	犬 Dog	加拿大冠军宠物食品公司 Champion Petfoods L. P.，Canada	2016. 02—2021. 02	新办
（2016）外饲准字 025 号	酿酒酵母培养物 *Sacharomyces cerevisiae* Culture	赛克灵 100 Saccharo Culture 100	单一饲料 Single Feed	养殖动物 All species or categories of animals	韩国第一化学株式会社 Cheil Bio Co.，Ltd.，456 - 2 Moknae - Dong，Danwon - Gu，Ansan - City，Kyeong Ki - Do，Korea	2016. 02—2021. 02	新办

（续）

登记证号	通用名称	商品名称	产品类别	使用范围	生产厂家	有效期限	备注
（2016）外饲准字 026 号	鱼粉 Fishmeal	红鱼粉（一级） Red Fishmeal（Ⅰ）	单一饲料 Single Feed	畜禽 Livestock and Poultry 水产动物 Aquaculture animals	辽宁远洋渔业有限公司 安兴海轮（编号 210001987080001） Liaoning Pelagic Fisheries Co. Ltd. Anxinghai （No. 210001987080001）	2016. 02—2021. 02	新办
（2016）外饲准字 027 号	鱼粉 Fishmeal	红鱼粉（一级） Red Fishmeal（Ⅰ）	单一饲料 Single Feed	畜禽 Livestock and Poultry 水产动物 Aquaculture animals	辽宁远洋渔业有限公司 连兴海轮（编号 210001981080001） Liaoning Pelagic Fisheries Co. Ltd. Lianxinghai （No. 210001981080001）	2016. 02—2021. 02	新办
（2016）外饲准字 028 号	鱼油 Fish Oil	鱼油（饲料级） Fish Oil（Feed Grade）	单一饲料 Single Feed	畜禽 Livestock and Poultry 水产动物 Aquaculture animals	巴基斯坦国际销售公司 Kanpa International Sales，Pakistan	2016. 02—2021. 02	新办
（2016）外饲准字 029 号	鱼粉 Fishmeal	红鱼粉（三级） Red Fishmeal（Ⅲ）	单一饲料 Single Feed	畜禽 Livestock and Poultry 水产动物 Aquaculture animals	秘鲁 Tenologica de Alimentos S. A. 公司 Vegueta 工厂 Tenologica de Alimentos S. A.，Plant Vegueta，Peru	2016. 02—2021. 02	续展
（2016）外饲准字 030 号	鱼粉 Fishmeal	红鱼粉（三级） Red Fishmeal（Ⅲ）	单一饲料 Single Feed	畜禽 Livestock and Poultry 水产动物 Aquaculture animals	泰国 Chawengwattana Fishmeal Holding Co. Ltd 公司 Chawengwattana Fishmeal Holding Co. Ltd，Thailand	2016. 02—2021. 02	新办

（续）

登记证号	通用名称	商品名称	产品类别	使用范围	生产厂家	有效期限	备注
（2016）外饲准字 031 号	鱼粉 Fishmeal	红鱼粉（二级） Red Fishmeal（Ⅱ）	单一饲料 Single Feed	畜禽 Livestock and Poultry 水产动物 Aquaculture animals	越南天发生产及贸易责任有限公司 Thien Phat Manufacturing and Trading Co.，Ltd，Vietnam	2016.01—2021.01	新办
（2016）外饲准字 032 号	鱼粉 Fishmeal	红鱼粉（二级） Red Fishmeal（Ⅱ）	单一饲料 Single Feed	畜禽 Livestock and Poultry 水产动物 Aquaculture animals	越南海安有限公司 Hai An Company Limited，Vietnam	2016.01—2021.01	新办
（2016）外饲准字 059 号	氨基酸锰络合物 Manganese Amino Acid Complex	氨维乐-锰 80 Availa - Mn 80	饲料添加剂 Feed Additive	猪 Swine 鸡 Chicken 牛 Cattle 马 Horse 羊 Sheep	美国金宝动物营养（国际）有限公司 Zinpro Animal Nutrition（International）Inc. USA	2016.03—2021.03	新办
（2016）外饲准字 060 号	氨基酸锌络合物 Zinc Amino Acid Complex	螯普美-锌 15% Optimin Zinc 15%	饲料添加剂 Feed Additive	养殖动物 All species or categories of animals	美国 FIEDLER ENTERPRISES INC DBA GREAT PLAINS PROCESSING 公司 FIEDLER ENTERPRISES INC DBA GREAT PLAINS PROCESSING，USA	2016.03—2021.03	新办
（2016）外饲准字 061 号	氨基酸铜络合物 Copper Amino Acid Complex	螯普美-铜 15% Optimin Copper 15%	饲料添加剂 Feed Additive	养殖动物 All species or categories of animals	美国 FIEDLER ENTERPRISES INC DBA GREAT PLAINS PROCESSING 公司 FIEDLER ENTERPRISES INC DBA GREAT PLAINS PROCESSING，USA	2016.03—2021.03	新办

（续）

登记证号	通用名称	商品名称	产品类别	使用范围	生产厂家	有效期限	备注
(2016) 外饲准字 062 号	氨基酸铁络合物 Iron Amino Acid Complex	鳌普美铁 15% Optimin Iron 15%	饲料添加剂 Feed Additive	养殖动物 All species or categories of animals	美国 FIEDLER ENTERPRISES INC DBA GREAT PLAINS PROCESSING 公司 FIEDLER ENTERPRISES INC DBA GREAT PLAINS PROCESSING, USA	2016.03—2021.03	新办
(2016) 外饲准字 063 号	氨基酸锰络合物 Manganese Amino Acid Complex	鳌普美锰 15% Optimin Manganese 15%	饲料添加剂 Feed Additive	养殖动物 All species or categories of animals	美国 FIEDLER ENTERPRISES INC DBA GREAT PLAINS PROCESSING 公司 FIEDLER ENTERPRISES INC DBA GREAT PLAINS PROCESSING, USA	2016.03—2021.03	新办
(2016) 外饲准字 064 号	酵母硒 Selenium Yeast Complex	英特硒 AB Tor-Sel	饲料添加剂 Feed Additive	家禽 Poultry 猪 Swine 牛 Cattle 水产动物 Aquaculture animals	澳大利亚 BPA 私人有限公司 Bio Processing Australia Pty Ltd, Australia	2016.03—2021.03	新办
(2016) 外饲准字 065 号	混合型饲料添加剂 植物乳杆菌、戊糖片球菌、屎肠球菌 Feed Additives Mixture *Lactobacillus plantarum*, *Pediococcus pentosaceus*, and *Enterococcus faecium*	贮康宝全效 200T Frondita All Forage 200T	混合型饲料添加剂 Feed Additives Mixture	青贮饲料 Silage	美国福蓝迪他生物集团有限公司 Frondita Biogroup, Inc., USA	2016.03—2021.03	新办

（续）

登记证号	通用名称	商品名称	产品类别	使用范围	生产厂家	有效期限	备注
（2016）外饲准字 066 号	混合型饲料添加剂 亚硫酸钠 硫酸钾 Feed Additives Mixture Sodium Sulphite Potassium Sulfate	青贮卫士 Silo Guard Liquid	混合型饲料添加剂 Feed Additives Mixture	青贮饲料 Silage	美国 ISF 公司 International Stock Food Company，USA	2016.03—2021.03	新办
（2016）外饲准字 067	植物乳杆菌 *Lactobacillus plantarum*	畜来顺 Bioshine	饲料添加剂 Feed Additive	猪 Swine	台湾贸晖实业股份有限公司 MORE WSEE ENTERPRISE CO.，LTD.	2016.03—2021.03	新办
（2016）外饲准字 068 号	枯草芽孢杆菌 *Bacillus subtilis*	可速必宁 CALSPORIN	饲料添加剂 Feed Additive	养殖动物 All species or categories of animals	可尔必思美国有限责任公司 Calpis America Inc.，USA	2016.03—2021.03	新办
（2016）外饲准字 069 号	混合型饲料添加剂 酸度调节剂 Feed Additives Mixture Acidity Regulators	五指酸 ACIDIFIER CN	混合型饲料添加剂 Feed Additives Mixture	猪 Swine 家禽 Poultry	意大利 Bioscreen Technologies SRL 公司 Bioscreen Technologies SRL，Italy	2016.03—2021.03	新办
（2016）外饲准字 070 号	混合型饲料添加剂 酸度调节剂 Feed Additives Mixture Acidity Regulators	酸佳灵 CHEILCID	混合型饲料添加剂 Feed Additives Mixture	养殖动物 All species or categories of animals	韩国第一化学株式会社 Cheil Bio Co.，Ltd.，Korea	2016.03—2021.03	新办
（2016）外饲准字 071 号	混合型饲料添加剂 矿物元素 柠檬酸钾 Feed Additives Mixture Minerals Potassium Citrate	补特 Top＃100	混合型饲料添加剂 Feed Additives Mixture	仔猪 Piglet	中国派斯德股份有限公司 China Bestar Laboratories Ltd.，	2016.03—2021.03	新办
（2016）外饲准字 072 号	混合型饲料添加剂 调味剂 Feed Additives Mixture Flavoring Agent	水产抑菌宝 Aromabiotic Aqua	混合型饲料添加剂 Feed Additives Mixture	水产动物 Aquaculture animals	比利时维他麦公司 Vitamex N. V.，Belgium	2016.03—2021.03	新办

（续）

登记证号	通用名称	商品名称	产品类别	使用范围	生产厂家	有效期限	备注
（2016）外饲准字 073 号	混合型饲料添加剂 调味剂 Feed Additives Mixture Flavoring Agent	奶牛用抑菌宝 Aromabiotic Dairy	混合型饲料添加剂 Feed Additives Mixture	奶牛 Cow	比利时维他麦公司 Vitamex N. V.， Belgium	2016. 03—2021. 03	新办
（2016）外饲准字 074 号	植酸酶（源自黑曲霉） Phytase（by *Aspergillus niger*）	特威宝 SSF（浓缩物） ALLZYME SSF CON-CENTRATE	饲料级酶制剂 Enzyme Feed Grade	养殖动物 All species or categories of animals	美国奥特奇公司 Alltech Inc.， USA	2016. 03—2021. 03	新办
（2016）外饲准字 075 号	混合型饲料添加剂酵母硒 维生素 C 蛋白酶（产自米曲霉） Feed Additives Mixture Selenium yeast Vitamin C Protease（by *Aspergillus oryzae*）	特优 E ECONOMASE	混合型饲料添加剂 Feed Additives Mixture	养殖动物 All species or categories of animals	美国奥特奇公司 Alltech Inc.， USA	2016. 03—2021. 03	新办
（2016）外饲准字 076 号	混合型饲料添加剂 甘油脂肪酸酯 丙三醇 Feed Additives Mixture Glycerine Fatty acid Ester Glycerol	斯福（3G） SILOHEALTH 104P	混合型饲料添加剂 Feed Additives Mixture	猪 Swine 鸡 Chicken 鱼 Fish	意大利 SILO 公司 SILO SpA，Italy	2016. 03—2021. 03	新办
（2016）外饲准字 077 号	赛鸽复合预混料 Premix for Racing Pigeon	比尔佳维酵粉 Belga Super Fit	添加剂预混合饲料 Premix	赛鸽 Racing Pigeon	荷兰比尔佳迪威德公司 Belgica de Weerd B. V.， the Netherlands	2016. 03—2021. 03	新办
（2016）外饲准字 078 号	奶牛维生素预混合饲料 Vitamin Premix of Dairy Cattle	维他能 FA VITA ENERGY FA	添加剂预混合饲料 Premix	奶牛 Dairy Cattle	韩国 ELT 药业公司 ELT Pharma Corporation，Korea	2016. 03—2021. 03	新办
（2016）外饲准字 079 号	猪复合预混合饲料 Premix for Pig	断奶 1 号 StartAid Electrolyte for Piglets	添加剂预混合饲料 Premix	猪 Swine	爱尔兰 Inform 营养有限公司 Inform Nutrition Ireland Ltd.， Ireland	2016. 03—2021. 03	新办

（续）

登记证号	通用名称	商品名称	产品类别	使用范围	生产厂家	有效期限	备注
(2016) 外饲准字 080 号	微量元素预混合饲料 Mineral Premix	强活力 IDRAVITA－X	添加剂预混合饲料 Premix	猪 Swine 鸡 Chicken	中国派斯德股份有限公司 China Bestar Laboratories Ltd.	2016. 03—2021. 03	新办
(2016) 外饲准字 081 号	犬配合饲料 Dog Compound Feed	纳特瑞克羊肉 Natural Core Lamb	配合饲料 Compound Feed	犬 Dog	韩国益乐本有限公司 EreBon Co. Ltd.，Korea	2016. 03—2021. 03	新办
(2016) 外饲准字 082 号	鱼粉 Fishmeal	红鱼粉（三级） Red Fishmeal（Ⅲ）	单一饲料 Single Feed	畜禽 Livestock and Poultry 水产动物 Aquaculture animals	越南越中煦日水产物料加工责任有限公司 XURI Viet Trung Aquatic Products Processing Limited Company，Vietnam	2016. 03—2021. 03	新办
(2016) 外饲准字 083 号	大豆浓缩蛋白 Soy Protein Concentrate	X－SOY 600 大豆浓缩蛋白 X－SOY 600	单一饲料 Single Feed	畜禽 Livestock and Poultry 水产动物 Aquaculture animals	巴西 Sementes Selecta S. A. 公司 Araguari 工厂 Sementes Selecta S. A.，Plant Araguari，Brazil	2016. 03—2021. 03	新办
(2016) 外饲准字 084 号	酿酒酵母培养物 Yeast Culture	核酵肽素 Green Culture	单一饲料 Single Feed	猪 Swine 鸡 Chicken 牛 Cattle	韩国大浩株式会社 DAEHO CO.，LTD，Korea	2016. 03—2021. 03	新办
(2016) 外饲准字 085 号	发酵豆粕 Fermented Soybean Meal	福鲜 GP 500	单一饲料 Single Feed	猪 Swine	台湾鸿福生态生技股份有限公司 Gene Agri－Aqua Ecosystem Biotech Co.	2016. 03—2021. 03	新办
(2016) 外饲准字 086 号	牛肉骨粉 Bovine Meat and Bone Meal	牛肉骨粉 Bovine Meat and Bone Meal	单一饲料 Single Feed	猪 Swine 家禽 Poultry 鱼 Fish	JBS 澳大利亚公司（Cobram 工厂） JBS Australia Pty Ltd（plant in Cobram），Australia	2016. 03—2021. 03	新办

（续）

登记证号	通用名称	商品名称	产品类别	使用范围	生产厂家	有效期限	备注
（2016）外饲准字 087 号	羊牛肉骨粉 Ovine/Caprine/Bovine Meat and Bone Meal	羊牛肉骨粉 Ovine/Caprine/Bovine Meat and Bone Meal	单一饲料 Single Feed	猪 Swine 家禽 Poultry 鱼 Fish	JBS 澳大利亚公司（Townsville 工厂） JBS Australia Pty Ltd（plant in Townsville），Australia	2016.03—2021.03	新办
（2016）外饲准字 106 号	氨基酸铜络合物 Copper Amino Acid Complex	氨维乐-铜 100 Availa - Cu 100	饲料添加剂 Feed Additive	猪 Swine 鸡 Chicken 牛 Cattle 马 Horse	美国金宝动物营养（国际）有限公司 Zinpro Animal Nutrition（International）Inc.，USA	2016.05—2021.05	新办
（2016）外饲准字 107 号	L-赖氨酸盐酸盐 L - lysine monohydrochloride	乐百瑞 LysiPEARL	饲料添加剂 Feed Additive	奶牛 Dairy Cow	意大利 KEMIN CAVRIAGO S. R. L. KEMIN CAVRIAGO S. R. L.，Italy	2016.05—2021.05	新办
（2016）外饲准字 108 号	DL-蛋氨酸 DL - methionine	美百瑞 MetiPEARL	饲料添加剂 Feed Additive	奶牛 Dairy Cow	意大利 KEMIN CAVRIAGO S. R. L. KEMIN CAVRIAGO S. R. L.，Italy	2016.05—2021.05	新办
（2016）外饲准字 109 号	蛋白锌 Zinc Proteinate	保福敏蛋白锌 Buffermin Zinc Proteinate	饲料添加剂 Feed Additive	畜禽 Livestock and Poultry	美国佳和生物技术公司 JH Biotech，Inc.，USA	2016.05—2021.05	新办
（2016）外饲准字 110 号	天然类固醇萨洒皂角苷（源自丝兰） YUCCA（Yucca Schidigera Extract）	佳丝兰 SaponAID（TM）Essential	饲料添加剂 Feed Additive	养殖动物 All species or categories of animals	美国佳路达国际公司 Garuda International，Inc.，USA	2016.05—2021.05	新办

（续）

登记证号	通用名称	商品名称	产品类别	使用范围	生产厂家	有效期限	备注
(2016) 外饲准字 111 号	乳酸片球菌 *Pediococcus acidilactici*	倍特赛 BACTOCELL	饲料添加剂 Feed Additive	猪 Pig 家禽 Poultry 水产动物 Aquaculture animals	拉曼动物营养英国有限责任公司 Lallemand Animal Nutrition UK Ltd.，UK	2016.05—2021.05	新办
(2016) 外饲准字 112 号	乳酸片球菌 *Pediococcus acidilactici*	倍特赛 BACTOCELL	饲料添加剂 Feed Additive	猪 Pig 家禽 Poultry 水产动物 Aquaculture animals	拉曼特种益生菌公司 Lallemand Specialties，Inc.，USA	2016.05—2021.05	新办
(2016) 外饲准字 113 号	混合型饲料添加剂 香味物质 丙酸钙 Feed Additives Mixture Flavoring substances Calcium propionate	纽埃特沙诺克 GM SANACORE GM	混合型饲料添加剂 Feed Additives Mixture	鱼 Fish 虾 Shrimp	比利时纽埃特国际营养公司（登德尔蒙德工厂） NUTRIAD International N. V.，Plant Dendermonde，Belgium	2016.05—2021.05	新办
(2016) 外饲准字 114 号	混合型饲料添加剂 酸度调节剂 香味物质 氯化钙 Feed Additives Mixture Acidity Regulators Flavoring substances Calcium chloride	克沙净 Fit-4 Fysal Fit-4	混合型饲料添加剂 Feed Additives Mixture	猪 Swine 家禽 Poultry	荷兰赛尔可公司 Selko B. V.，the Netherlands	2016.05—2021.05	新办
(2016) 外饲准字 115 号	混合型饲料添加剂 矿物元素 Feed Additives Mixture Minerals	赛多爱 PHYTO ASPI	混合型饲料添加剂 Feed Additives Mixture	养殖动物 All species or categories of animals	意大利艾格威公司 AGROVIT srl，Italy	2016.05—2021.05	新办

（续）

登记证号	通用名称	商品名称	产品类别	使用范围	生产厂家	有效期限	备注
（2016）外饲准字 116 号	混合型饲料添加剂 酸度调节剂 丙三醇 Feed Additives Mixture Acidity Regulators Propionic acid	巧妙酸（液体） SCHAUMACID DRINK C	混合型饲料添加剂 Feed Additives Mixture	鸡 Chicken 猪 Pig	德国里格拉纳有限责任公司 Ligrana GmbH，Germany	2016. 05—2021. 05	新办
（2016）外饲准字 117 号	混合型饲料添加剂 防腐剂 丙二醇 丙三醇 Feed Additive Mixtures Preservatives Propylene glycol Propionic acid	巧酸霉 TMR SCHAUMASIL TMR G	混合型饲料添加剂 Feed Additives Mixture	鸡 Chicken 猪 Pig	德国里格拉纳有限责任公司 Ligrana GmbH，Germany	2016. 05—2021. 05	新办
（2016）外饲准字 118 号	混合型饲料添加剂 维生素 Feed Additives Mixture Vitamins	ADE 多维油 VeyFo® Vit ADE - oleosum	混合型饲料添加剂 Feed Additives Mixture	养殖动物 All species or categories of animals	德国维氏制药股份有限公司 Veyx - Pharma GmbH，Germany	2016. 05—2021. 05	新办
（2016）外饲准字 119 号	混合型饲料添加剂 维生素 抗氧化剂 Feed Additives Mixture Vitamins Antioxidant	ADEC 多维乳 VeyFo® ADEC - Mulgat	混合型饲料添加剂 Feed Additives Mixture	养殖动物 All species or categories of animals	德国维氏制药股份有限公司 Veyx - Pharma GmbH，Germany	2016. 05—2021. 05	新办
（2016）外饲准字 120 号	混合型饲料添加剂 矿物质 酸度调节剂 Feed Additives Mixture Minerals Acidity Regulators	威力保 Wei Li Bao	混合型饲料添加剂 Feed Additives Mixture	畜禽 Livestock and Poultry	美国动物科学产品公司 Animal Science Product，Inc.，USA	2016. 05—2021. 05	新办

（续）

登记证号	通用名称	商品名称	产品类别	使用范围	生产厂家	有效期限	备注
（2016）外饲准字 121 号	混合型饲料添加剂矿物元素 香味物质 Feed Additives Mixture Minerals Flavoring substances	瑞威升 REVERSING	混合型饲料添加剂 Feed Additives Mixture	猪 Pig	意大利 METHODO CHEMICALS s. r. l. 公司 METHODO CHEMICALS s. r. l.，Italy	2016.05—2021.05	新办
（2016）外饲准字 122 号	混合型饲料添加剂 酶制剂 Feed Additives Mixture Enzymes	钻石强力酵素 NOPCOZYME Ⅱ	混合型饲料添加剂 Feed Additives Mixture	养殖动物 All species or categories of animals	新加坡大祥资源有限公司 Diasham Resources Pte. Ltd.，Singapore	2016.05—2021.05	新办
（2016）外饲准字 123 号	混合型饲料添加剂 酶制剂 Feed Additive Mixture Enzymes	钻石强力酶 BX+BG NOPCOZYME Ⅱ BX+BG	混合型饲料添加剂 Feed Additives Mixture	猪 Pig 家禽 Poultry	新加坡大祥资源有限公司 Diasham Resources Pte. Ltd.，Singapore	2016.05—2021.05	新办
（2016）外饲准字 124 号	混合型饲料添加剂 酶制剂 Feed Additives Mixture Enzymes	速健宝-CS Superzyme-CS 2X	混合型饲料添加剂 Feed Additives Mixture	猪 Pig 家禽 Poultry	加拿大 Bio-Systems 公司 Canadian Bio-Systems Inc.，Canada	2016.05—2021.05	新办
（2016）外饲准字 125 号	混合型饲料添加剂 酶制剂 Feed Additives Mixture Enzymes	速美宝-P 液体 Concentrase-P Liquid	混合型饲料添加剂 Feed Additives Mixture	畜禽 Livestock and Poultry	加拿大 Bio-Systems 公司 Canadian Bio-Systems Inc.，Canada	2016.05—2021.05	新办
（2016）外饲准字 126 号	混合型饲料添加剂 酸化剂 Feed Additives Mixture Acidity Regulators	普肥特 Prefect	混合型饲料添加剂 Feed Additives Mixture	养殖动物 All species or categories of animals	英国 Kiotechagil 公司 Kiotechagil，England	2016.05—2021.05	新办
（2016）外饲准字 127 号	混合型饲料添加剂黏结剂 Feed Additives Mixture Binders	速型 Mastercube	混合型饲料添加剂 Feed Additives Mixture	养殖动物 All species or categories of animals	英国 KIOTECHAGIL 公司 Kiotechagil，UK	2016.05—2021.05	新办

（续）

登记证号	通用名称	商品名称	产品类别	使用范围	生产厂家	有效期限	备注
（2016）外饲准字 128 号	混合型饲料添加剂 香味物质 Feed Additives Mixture Flavoring substances	美瑞高 Meriden－Stim Powder	混合型饲料添加剂 Feed Additives Mixture	猪 Pig 家禽 Poultry	英国美瑞康公司（英国安彭利集团下属企业） Meriden Animal Health，a division of Anpario plc，UK	2016. 05—2021. 05	新办
（2016）外饲准字 129 号	混合型饲料添加剂 酒石酸 香味物质 Feed Additives Mixture Tartaric acid Flavoring substances	速赛 4CYTECanine/Feline	混合型饲料添加剂 Feed Additives Mixture	犬 Dog	艾德龙公司 Alaron Products，New Zealand	2016. 05—2021. 05	新办
（2016）外饲准字 130 号	混合型饲料添加剂 酒石酸 香味物质 Feed Additives Mixture Tartaric acid Flavoring substances	萨沙 SASHAS BLEND	混合型饲料添加剂 Feed Additives Mixture	猫 Cat	双马（新西兰）有限公司 Aroma（N. Z.）Limited，New Zealand	2016. 05—2021. 05	新办
（2016）外饲准字 131 号	混合型饲料添加剂 微生物 Feed Additives Mixture Live Microbial－organisms	芯来旺 I-乳酸菌青贮剂 SYNLAC® I － Alfalfa Silage Inoculant	混合型饲料添加剂 Feed Additives Mixture	青贮饲料 Silage	台湾生合生物科技股份有限公司 Synbio Tech Inc.	2016. 05—2021. 05	新办
（2016）外饲准字 132 号	混合型饲料添加剂 植物乳杆菌 淀粉酶（产自地衣芽孢杆菌） Feed Additives Mixture Lactobacillus plantarum Amylase（from *Bacillus licheniformis*）	奥多佳 BIOTOCA	混合型饲料添加剂 Feed Additives Mixture	猪 Pig	台湾贸晖实业股份有限公司 MORE WSEE ENTERPRISE CO.，LTD.	2016. 05—2021. 05	新办
（2016）外饲准字 133 号	猪禽维生素预混合饲料 Vitamin Premix for Pig and Poultry	益维宝 MoreVita	添加剂预混合饲料 Premix	畜禽 Livestock and Poutry	台湾贸立实业股份有限公司 More－standing Enterprise Co.，Ltd	2016. 05—2021. 05	新办

（续）

登记证号	通用名称	商品名称	产品类别	使用范围	生产厂家	有效期限	备注
(2016) 外饲准字134号	混合型饲料添加剂 矿物元素 柠檬酸钾 Feed Additives Mixture Minerals Potassium Citrate	泌进如 MILKIN AID	混合型饲料添加剂 Feed Additives Mixture	猪 Pig	中国派斯德股份有限公司 China Bestar Laboratories Ltd.	2016.05—2021.05	新办
(2016) 外饲准字135号	鸡用复合预混合饲料 Compound Premix for Chicken	勉益强 IMMUNO - S	添加剂预混合饲料 Premix	鸡 Chicken	中国派斯德股份有限公司 China Bestar Laboratories Ltd.	2016.05—2021.05	新办
(2016) 外饲准字136号	猪用微量元素预混合饲料 Mineral Premix for Swine	大补帖-肥育猪 Bestgrow - FP	添加剂预混合饲料 Premix	猪 Pig	中国派斯德股份有限公司 China Bestar Laboratories Ltd.	2016.05—2021.05	新办
(2016) 外饲准字137号	菜籽粕 Rapeseed Meal	菜籽粕 Rapeseed Meal	单一饲料 Single Feed	养殖动物 All species or categories of animals	巴基斯坦 Global Oil Industries (Pvt) Ltd. 公司 Global Oil Industries (Pvt) Ltd., Pakistan	2016.05—2021.05	新办
(2016) 外饲准字138号	酿酒酵母细胞壁 Yeast Cell Wall of saccharomyces cerevisiae	爱力魔斯 AGRIMOS	单一饲料 Single Feed	养殖动物 All species or categories of animals	拉曼动物营养英国有限责任公司 Lallemand Animal Nutrition UK Ltd., UK	2016.05—2021.05	新办
(2016) 外饲准字139号	羊牛肉骨粉 Ovine and Bovine Meat and Bone Meal	羊牛肉骨粉 Ovine and Bovine - Meat and Bone Meal	单一饲料 Single Feed	畜禽 Livestock and Poultry 水产动物 Aquaculture animals	澳大利亚 Peerless Holdings 公司 Peerless Holdings Pty Ltd, Australia	2016.05—2021.05	新办
(2016) 外饲准字140号	鱼油 Fish Oil	鱼油（饲料级） Fish Oil (Feed grade)	单一饲料 Single Feed	畜禽 Livestock and Poultry 水产动物 Aquaculture animals	厄瓜多尔 Tadel 有限公司 Tadel S. A., Ecuador	2016.05—2021.05	新办

（续）

登记证号	通用名称	商品名称	产品类别	使用范围	生产厂家	有效期限	备注
(2016) 外饲准字 141 号	鱼粉 Fishmeal	红鱼粉（三级） Red Fishmeal（Ⅲ）	单一饲料 Single Feed	畜禽 Livestock and Poultry 水产动物 Aquaculture animals	厄瓜多尔 Tadel 有限公司 Tadel S. A.， Ecuador	2016.05—2021.05	新办
(2016) 外饲准字 142 号	猫配合饲料 Cat Compound Feed	塔狮成猫粮 Top Nutrition Gatos Adultos	配合饲料 Compound Feed	猫 Cat	阿根廷毕拉尔饲料集团有限公司 Grupo Pilar S. A.， Argentina	2016.05—2021.05	新办
(2016) 外饲准字 143 号	犬配合饲料 Dog Compound Feed	塔狮中型犬幼犬粮 Top Nutrition Perros Cachorros Razas Medianas	配合饲料 Compound Feed	犬 Dog	阿根廷毕拉尔饲料集团有限公司 Grupo Pilar S. A.， Argentina	2016.05—2021.05	新办
(2016) 外饲准字 144 号	犬配合饲料 Dog Compound Feed	塔狮小型犬幼犬粮 Top Nutrition Perros Cachorros Razas Pequenas	配合饲料 Compound Feed	犬 Dog	阿根廷毕拉尔饲料集团有限公司 Grupo Pilar S. A.， Argentina	2016.05—2021.05	新办
(2016) 外饲准字 145 号	犬配合饲料 Dog Compound Feed	塔狮中型犬成犬粮 Top Nutrition Perros Adultos Razas Medianas	配合饲料 Compound Feed	犬 Dog	阿根廷毕拉尔饲料集团有限公司 Grupo Pilar S. A.， Argentina	2016.05—2021.05	新办
(2016) 外饲准字 146 号	犬配合饲料 Dog Compound Feed	塔狮中型犬成犬粮 Top Nutrition Perros Adultos Razas Pequenas	配合饲料 Compound Feed	犬 Dog	阿根廷毕拉尔饲料集团有限公司 Grupo Pilar S. A.， Argentina	2016.05—2021.05	新办
(2016) 外饲准字 147 号	猫配合饲料 Cat Compound Feed	塔狮幼猫粮 Top Nutrition Gatitos	配合饲料 Compound Feed	犬 Dog	阿根廷毕拉尔饲料集团有限公司 Grupo Pilar S. A.， Argentina	2016.05—2021.05	新办

（续）

登记证号	通用名称	商品名称	产品类别	使用范围	生产厂家	有效期限	备注
(2016) 外饲准字 148 号	马配合饲料 Horses Compound Feed	威马乐-原活力 Hoveler Active	配合饲料 Compound Feed	马 Horse	威马乐特殊食品有限公司 Hoveler Spezialfutterwerke GmbH & Co.，Germany	2016.05—2021.05	新办
(2016) 外饲准字 149 号	混合型饲料添加剂 氨基葡萄糖 硫酸软骨素香味物质 Feed Additives Mixture Glucosamine Sulphate chondroitin sulfate Flavoring substances	润关节营养补充剂 FLEXY Powder	混合型饲料添加剂 Feed Additives Mixture	马 Horse	法国萨尔蒂伊工业有限责任公司 SARL Sartilly Industries，France	2016.05—2021.05	新办
(2016) 外饲准字 165 号	淀粉酶（产自米曲霉）Amylase (by Aspergillus oryzae)	奥优酶 AMAIZE	饲料添加剂 Feed Additive	肉牛 Beef 奶牛 Dairy Cattle	美国奥特奇公司 Alltech Inc.，USA	2016.07—2021.07	新办
(2016) 外饲准字 166 号	混合型饲料添加剂 酶制剂 Mixed Feed Additives Enzymes	特威宝 PS（浓缩物） ALLZYME PS CONCENTRATE	混合型饲料添加剂 Feed Additives Mixture	养殖动物 All species or categories of animals	美国奥特奇公司 Alltech Inc.，USA	2016.07—2021.07	新办
(2016) 外饲准字 167 号	混合型饲料添加剂 微生物 Feed Additives Mixture Microbial	活力美青贮饲料添加剂 I VIGROUS Silage additives I	混合型饲料添加剂 Feed Additives Mixture	养殖动物 All species or categories of animals	台湾博尧生物科技股份有限公司 Bioyo Biotech Co.，Ltd.	2016.07—2021.07	新办
(2016) 外饲准字 168 号	混合型饲料添加剂 卵磷脂 抗氧化剂 抗结块剂 Feed Additives Mixture Lecithin Antioxidants Agents Anticaking Agents	纽埃特乳速来 NUTRI-LYSO	混合型饲料添加剂 Feed Additives Mixture	养殖动物 All species or categories of animals	比利时纽埃特国际营养公司 Beveren-Waas 工厂 NUTRI - AD International N.V.，Belgium	2016.07—2021.07	新办

（续）

登记证号	通用名称	商品名称	产品类别	使用范围	生产厂家	有效期限	备注
(2016) 外饲准字 169 号	混合型饲料添加剂 防霉剂，酸度调节剂和抗结块剂 Feed Additives Mixture—Preservatives and Acidity Regulators, and Anticaking agent	纽埃特优酸宝 ULTRACID Lac Plus Dry	混合型饲料添加剂 Feed Additives Mixture	养殖动物 All species or categories of animals	比利时纽埃特国际营养公司 Beveren - Waas 工厂 NUTRI - AD International N. V.，Belgium	2016. 07—2021. 07	新办
(2016) 外饲准字 170 号	混合型饲料添加剂 维生素 Feed additives Mixture Vitamins	加 C 全维乳 VeyFo® Multi - C - Mulgat	混合型饲料添加剂 Feed Additives Mixture	养殖动物 All species or categories of animals	维氏制药股份有限公司 Veyx - Pharma GmbH，Germany	2016. 07—2021. 07	新办
(2016) 外饲准字 171 号	混合型饲料添加剂 维生素 矿物元素 Feed Additives Mixture Vitamins Minerals	全维乳 VeyFo® Multi - Mulgat	混合型饲料添加剂 Feed Additives Mixture	养殖动物 All species or categories of animals	维氏制药股份有限公司 Veyx - Pharma GmbH，Germany	2016. 07—2021. 07	新办
(2016) 外饲准字 172 号	酿酒酵母 Saccharomyces cerevisiae	益赛福 ACTISAF Sc 47 HR+	饲料添加剂 Feed Additive	养殖动物 All species or categories of animals	法国乐斯福工业公司 Societe Industrielle France	2016. 07—2021. 07	新办
(2016) 外饲准字 173 号	混合型饲料添加剂 蛋白酶 Feed Additives Mixture Protease	咕咕宝（粉体） Cody - nutro（Powder）	混合型饲料添加剂 Feed Additives Mixture	猪和家禽 Pig and Poultry	台湾生百兴业有限公司 Life Rainbow Biotech Co.，Ltd.	2016. 07—2021. 07	新办
(2016) 外饲准字 174 号	混合型饲料添加剂 枯草芽孢杆菌 Feed Additives Mixture Bacillus subtilis	长好康 Muco - defen	混合型饲料添加剂 Feed Additives Mixture	猪和家禽 Pig and Poultry	台湾生百兴业有限公司 Life Rainbow Biotech Co.，Ltd.	2016. 07—2021. 07	新办
(2016) 外饲准字 175 号	混合型饲料添加剂 微生物 Feed Additives Mixture Microbial	乐添加 Lac - Care Plus	混合型饲料添加剂 Feed Additives Mixture	养殖动物 All species or categories of animals	韩国真力生物科技有限公司 Genebiothch Co.，Ltd.，Korea	2016. 07—2021. 07	新办

（续）

登记证号	通用名称	商品名称	产品类别	使用范围	生产厂家	有效期限	备注
（2016）外饲准字 176 号	L-精氨酸 L-Arginine	L-精氨酸 L-Arginine	饲料添加剂 Feed Additive	养殖动物 All species or categories of animals	希杰印度尼西亚有限公司 PT Cheil Jedang Indonesia，Indonesia	2016.07—2021.07	新办
（2016）外饲准字 177 号	混合型饲料添加剂 屎肠球菌 果寡糖 氯化镁 Feed Additives Mixture Enterococcus Faeciumncimb Fructo-oligosaccharides Magesium chloride	帮止泻 FLORYBOOST PET	混合型饲料添加剂 Feed Additives Mixture	宠物 Pet	法国协力动保 Synergie Prod，France	2016.07—2021.07	新办
（2016）外饲准字 178 号	混合型饲料添加剂 维生素氨基酸 Feed Additives Mixture Vitamins and Amino Acid	旺多生 Wang Duo Sheng	混合型饲料添加剂 Feed Additives Mixture	养殖动物 All species or categories of animals	台湾宏玟实业有限公司 Hon Wun Food Co.，Ltd	2016.07—2021.07	新办
（2016）外饲准字 179 号	混合型饲料添加剂 山梨糖醇 氨基酸 维生素 Feed Additives Mixture Sorbitol Amino Acids Vitamins	益肝宝 Hepatonic Solution	混合型饲料添加剂 Feed Additives Mixture	畜禽 Livestock and Poultry	台湾贸立实业股份有限公司 More-standing Enterprise Co.，Ltd	2016.07—2021.07	新办
（2016）外饲准字 180 号	混合型饲料添加剂 矿物元素 Feed Additives Mixture Minerals	矿元种猪 COMWELL	混合型饲料添加剂 Feed Additives Mixture	畜禽 Livestock and Poultry	台湾贸立实业股份有限公司 More-standing Enterprise Co.，Ltd	2016.07—2021.07	新办
（2016）外饲准字 181 号	混合型饲料添加剂 氧化锌 Feed Additives Mixture Zinc Oxide	杰富锌宝 JEFO ZINCO-PLUS S+TM	混合型饲料添加剂 Feed Additives Mixture	猪 Pig	加拿大 Jefagro 科技有限公司 Jefagro Technologies Inc.，Canada	2016.07—2021.07	新办

（续）

登记证号	通用名称	商品名称	产品类别	使用范围	生产厂家	有效期限	备注
（2016）外饲准字 182 号	甘油脂肪酸酯 Glycerine Fatty Acid Ester	金维 M－60 动物能量补充剂 V－ester M－60	饲料添加剂 Feed Additive	猪 Pig 反刍动物 Ruminant	马来西亚格林威尔酯类有限公司 Greenwell esters Sdn. Bhd.，Malaysia	2016.07—2021.07	新办
（2016）外饲准字 183 号	甘油脂肪酸酯 Glycerine Fatty Acid Ester	英威®肠控宝 粉 AveMix®MCT Sil	饲料添加剂 Feed Additive	畜禽 Livestock and Poultry	比利时艾威生化有限公司 Aveve Biochem NV，Belgium	2016.07—2021.07	新办
（2016）外饲准字 184 号	甘油脂肪酸酯 Glycerine Fatty Acid Ester	英威®肠控宝 油 AveMix® MCT Oil	饲料添加剂 Feed Additive	畜禽 Livestock and Poultry	比利时艾威生化有限公司 Aveve Biochem NV，Belgium	2016.07—2021.07	新办
（2016）外饲准字 185 号	蛋白酶（枯草芽孢杆菌） Protease（Bacillus subtilis）	劲韩 Jinhan	饲料添加剂 Feed Additive	养殖动物 All species or categories of animals	韩国英赛得科技有限公司 Insect Biotech Co.，Korea	2016.07—2021.07	新办
（2016）外饲准字 186 号	混合型饲料添加剂 微生物 Feed Additives Mixture Microbial	施博特－益菌多禽畜水产养殖添加 Health Support	混合型饲料添加剂 Feed Additives Mixture	养殖动物 All species or categories of animals	台湾博尧生物科技股份有限公司 Bioyo Biotech Co.，Ltd.	2016.07—2021.07	新办
（2016）外饲准字 187 号	混合型饲料添加剂 酸度调节剂 矿物元素 微生物 酶制剂 Mixed Feed Additives Acidity Regulators Minerals Live Micro－organisms Enzymes	四合爱喜宝 2X（水溶性） ACID－PAK 4－WAY 2X WATER SOLUBLE	混合型饲料添加剂 Feed Additives Mixture	畜禽 Poultry and Livestock 犊牛 Calves 猪 Pig	美国奥特奇公司 Alltech Inc.，USA	2016.07—2021.07	新办
（2016）外饲准字 188 号	奶牛用水分散型复合预混合饲料 Feed Additive Premix in Drink Water for Dairy Cow	牧场卫士 乳维钙 Farm－O－San Reviva	添加剂预混合饲料 Premix	奶牛 Dairy cows	荷兰创荷美营养有限公司 Trouw Nutrition Nederland B. V.，the Netherlands	2016.07—2021.07	新办
（2016）外饲准字 189 号	仔猪配合饲料 Compound Feed for Piglet	宜生仔康 Birthrignt Acidified Baby Pig Milk Replacer	配合饲料 Compound Feed	仔猪 Piglet	美国瑞科动物营养公司 Ralco Nutrition，Inc.，USA	2016.07—2021.07	新办

（续）

登记证号	通用名称	商品名称	产品类别	使用范围	生产厂家	有效期限	备注
(2016) 外饲准字 190 号	犬配合饲料 Dog Compound Feed	欧冠羊肉米饭幼年中型犬粮 EURO PREMIUM Medium Puppy Lamb & Rice	配合饲料 Compound Feed	犬 Dog	比利时菲德氏宠物食品有限公司 Fides Petfood NV，Belgium	2016.07—2021.07	新办
(2016) 外饲准字 191 号	犬配合饲料 Dog Compound Feed	欧冠羊肉米饭成年中型犬粮 EURO PREMIUM Medium Adult Lamb & Rice	配合饲料 Compound Feed	犬 Dog	比利时菲德氏宠物食品有限公司 Fides Petfood NV，Belgium	2016.07—2021.07	新办
(2016) 外饲准字 192 号	犬配合饲料 Dog Compound Feed	欧冠羊肉米饭老年中型犬粮 EURO PREMIUM Medium Senior Lamb & Rice Lamb & Rice	配合饲料 Compound Feed	犬 Dog	比利时菲德氏宠物食品有限公司 Fides Petfood NV，Belgium	2016.07—2021.07	新办
(2016) 外饲准字 193 号	犬配合饲料 Dog Compound Feed	欧冠鸡肉米饭幼年小型犬粮 EURO PREMIUM Small Puppy Chicken & Rice	配合饲料 Compound Feed	犬 Dog	比利时菲德氏宠物食品有限公司 Fides Petfood NV，Belgium	2016.07—2021.07	新办
(2016) 外饲准字 194 号	犬配合饲料 Dog Compound Feed	欧冠鸡肉米饭成年小型犬粮 EURO PREMIUM Small Adult Chicken & Rice	配合饲料 Compound Feed	犬 Dog	比利时菲德氏宠物食品有限公司 Fides Petfood NV，Belgium	2016.07—2021.07	新办

（续）

登记证号	通用名称	商品名称	产品类别	使用范围	生产厂家	有效期限	备注
(2016）外饲准字 195 号	犬配合饲料 Dog Compound Feed	欧冠鸡肉米饭老年小型犬粮 EURO PREMIUM Small Senior Chicken & Rice	配合饲料 Compound Feed	犬 Dog	比利时菲德氏宠物食品有限公司 Fides Petfood NV，Belgium	2016.07—2021.07	新办
(2016）外饲准字 196 号	犬配合饲料 Dog Compound Feed	欧冠鸡肉米饭幼年中型犬粮 EURO PREMIUM Medium Puppy Chicken & Rice	配合饲料 Compound Feed	犬 Dog	比利时菲德氏宠物食品有限公司 Fides Petfood NV，Belgium	2016.07—2021.07	新办
(2016）外饲准字 197 号	犬配合饲料 Dog Compound Feed	欧冠鸡肉米饭成年中型犬粮 EURO PREMIUM Medium Adult Chicken & Rice	配合饲料 Compound Feed	犬 Dog	比利时菲德氏宠物食品有限公司 Fides Petfood NV，Belgium	2016.07—2021.07	新办
(2016）外饲准字 198 号	犬配合饲料 Dog Compound Feed	欧冠鸡肉米饭老年中型犬粮 EURO PREMIUM Medium Senior Chicken & Rice	配合饲料 Compound Feed	犬 Dog	比利时菲德氏宠物食品有限公司 Fides Petfood NV，Belgium	2016.07—2021.07	新办
(2016）外饲准字 199 号	猫配合饲料 Cat Compound Feed	欧冠运动配方猫粮 KATZ MENU FITNESS	配合饲料 Compound Feed	猫 Cat	比利时菲德氏宠物食品有限公司 Fides Petfood NV，Belgium	2016.07—2021.07	新办
(2016）外饲准字 200 号	猫配合饲料 Cat Compound Feed	欧冠幼年配方猫粮 KATZ MENU YOUNG	配合饲料 Compound Feed	猫 Cat	比利时菲德氏宠物食品有限公司 Fides Petfood NV，Belgium	2016.07—2021.07	新办

（续）

登记证号	通用名称	商品名称	产品类别	使用范围	生产厂家	有效期限	备注
(2016) 外饲准字 201 号	猫配合饲料 Cat Compound Feed	欧冠滋味配方猫粮 KATZ MENU FLAVOUR	配合饲料 Compound Feed	猫 Cat	比利时菲德氏宠物食品有限公司 Fides Petfood NV，Belgium	2016.07—2021.07	新办
(2016) 外饲准字 202 号	猫配合饲料 Cat Compound Feed	喵达幼猫猫粮 Meowstard Holistic Kitten Cat Formula	配合饲料 Compound Feed	猫 Cat	比利时联合宠物食品公司 United Petfood Producers NV，Belgium	2016.07—2021.07	新办
(2016) 外饲准字 203 号	猫配合饲料 Cat Compound Feed	喵达成猫猫粮 Meowstard Holistic Adult Cat Formula	配合饲料 Compound Feed	猫 Cat	比利时联合宠物食品公司 United Petfood Producers NV，Belgium	2016.07—2021.07	新办
(2016) 外饲准字 204 号	犬配合饲料 Dog Compound Feed	嚐达成犬犬粮 Woofstard Holistic Adult Dog Formula	配合饲料 Compound Feed	犬 Dog	比利时联合宠物食品公司 United Petfood Producers NV，Belgium	2016.07—2021.07	新办
(2016) 外饲准字 205 号	犬配合饲料 Dog Compound Feed	嚐达幼犬犬粮 Woofstard Holistic Puppy Formula	配合饲料 Compound Feed	犬 Dog	比利时联合宠物食品公司 United Petfood Producers NV，Belgium	2016.07—2021.07	新办
(2016) 外饲准字 206 号	猫配合饲料 Cat Compound Feed	海鲜王国皇室幼猫粮 Sea Kingdom - The Royal Cat Food for Kitten	配合饲料 Compound Feed	猫 Cat	泰国 Nutrix（Public）有限公司 Nutrix Public Company Limited，Tailand	2016.07—2021.07	新办
(2016) 外饲准字 207 号	猫配合饲料 Cat Compound Feed	海鲜王国皇室成猫粮 Sea Kingdom - The Royal Cat Food for Adult	配合饲料 Compound Feed	猫 Cat	泰国 Nutrix（Public）有限公司 Nutrix Public Company Limited，Tailand	2016.07—2021.07	新办

（续）

登记证号	通用名称	商品名称	产品类别	使用范围	生产厂家	有效期限	备注
(2016) 外饲准字 208 号	牛油 Bovine Tallow	牛油 Bovine Tallow	单一饲料 Single Feed	猪 Swine 鸡 Chicken	澳大利亚 A. J. Bush & Sons（生产者）有限公司 A. J. Bush & Sons（Manufactures）Pty. Ltd.，Australia	2016. 07—2021. 07	新办
(2016) 外饲准字 209 号	鱼油 Fish Oil	鱼油（饲料级） Fish Oil（Feed Grade）	单一饲料 Single Feed	畜禽 Livestock and Poultry 水产动物 Aquaculture animals	秘鲁 Austral Group S. A. A. 公司 Coishco 工厂 Austral Group S. A. A.，Plant Coishco，Peru	2016. 07—2021. 07	新办
(2016) 外饲准字 210 号	鱼油 Fish Oil	鱼油（饲料级） Fish Oil（Feed Grade）	单一饲料 Single Feed	畜禽 Livestock and Poultry 水产动物 Aquaculture animals	秘鲁 Tecnologica De Alimentos S. A. 公司 Callao 工厂 Tecnologica De Alimentos S. A.，Plant Callao，Peru	2016. 07—2021. 07	新办
(2016) 外饲准字 211 号	鱼油 Fish Oil	鱼油（饲料级） Fish Oil（Feed Grade）	单一饲料 Single Feed	畜禽 Livestock and Poultry 水产动物 Aquaculture animals	秘鲁 Austral Group S. A. A. 公司 Pisco 工厂 Austral Group S. A. A.，Plant Pisco，Peru	2016. 07—2021. 07	新办
(2016) 外饲准字 212 号	鱼粉 Fishmeal	红鱼粉（三级） Red Fishmeal（Ⅲ）	单一饲料 Single Feed	畜禽 Livestock and Poultry 水产动物 Aquaculture animals	越南月莊商业生产责任有限公司 Nguyet Trang Producing Trading Co.，Ltd	2016. 07—2021. 07	新办
(2016) 外饲准字 213 号	鱼粉 Fishmeal	毛里塔尼亚红鱼粉（三级） Mauritania red fishmeal（Ⅲ）	单一饲料 Single Feed	畜禽 Livestock and Poultry 水产动物 Aquaculture animals	毛里塔尼亚大陆海洋食品有限公司 Continental Sea Food SA，Mauritania	2016. 07—2021. 07	新办

（续）

登记证号	通用名称	商品名称	产品类别	使用范围	生产厂家	有效期限	备注
(2016) 外饲准字 214 号	鱼粉 Fishmeal	红鱼粉（三级） Red Fishmeal（Ⅲ）	单一饲料 Single Feed	畜禽 Livestock and Poultry 水产动物 Aquaculture animals	宏东国际（毛塔）渔业发展有限公司 Hongdong International（Mauritania）Fishery Development Co.，Ltd.，Mauritania	2016.07—2021.07	新办
(2016) 外饲准字 215 号	鱼粉 Fishmeal	红鱼粉（三级） Red Fishmeal（Ⅲ）	单一饲料 Single Feed	畜禽 Livestock and Poultry 水产动物 Aquaculture animals	龙海海产品加工并运输贸易股份有限公司 Long Hai Trading - transportation - sea product - processing JSC.，Vietnam	2016.07—2021.07	新办
(2016) 外饲准字 216 号	鱼粉 Fishmeal	红鱼粉（三级） Red Fishmeal（Ⅲ）	单一饲料 Single Feed	畜禽 Livestock and Poultry 水产动物 Aquaculture animals	印度 Yashaswi Fish Meal & Oil Company 公司 Yashaswi Fish Meal & Oil Company，India	2016.07—2021.07	新办
(2016) 外饲准字 217 号	鱼粉 Fishmeal	红鱼粉（三级至一级） Red Fishmeal（Ⅲ to Ⅰ）	单一饲料 Single Feed	畜禽 Livestock and Poultry 水产动物 Aquaculture animals	缅甸 Aung Myat Phyo 鱼粉厂 Aung Myat Phyo Fishmeal Factory，Myanmar	2016.07—2021.07	新办
(2016) 外饲准字 218 号	鱼粉 Fishmeal	印度红鱼粉（三级至一级） Indian Red Fishmeal（Ⅲ to Ⅰ）	单一饲料 Single Feed	畜禽 Livestock and Poultry 水产动物 Aquaculture animals	印度 United Marine Products 公司 United Marine Products，India	2016.07—2021.07	新办

（续）

登记证号	通用名称	商品名称	产品类别	使用范围	生产厂家	有效期限	备注
（2016）外饲准字 219 号	鸡肉骨粉 Poultry Meat and Bone Meal	60%鸡肉骨粉 Poultry Meat and Bone Meal 60%	单一饲料 Single Feed	畜禽 Livestock and Poultry 水产动物 Aquaculture animals	美国费戴尔农业公司 Fieldale Farms Corporation, USA	2016.07—2021.07	新办
（2016）外饲准字 227 号	混合型饲料添加剂 枯草芽孢杆菌 Feed Additives Mixture Bacillus subtilis	安惠华 TM PRO 201 CN Enviva Pro 201 CN	混合型饲料添加剂 Feed Additives Mixture	养殖动物 All species or categories of animals	丹尼斯克美国有限公司 Danisco USA Inc., USA	2016.08—2021.08	新办
（2016）外饲准字 228 号	混合型饲料添加剂 肉桂醛 百里香酚 Mixed feed additive Cinnamaldehyde Thymol	安惠华 TM EO 101G Enviva® EO 101G	混合型饲料添加剂 Feed Additives Mixture	猪 Swine 家禽 Poultry	法国 Innov'ia 3i 有限责任公司 Innov'ia 3i Sarl	2016.08—2021.08	新办
（2016）外饲准字 229 号	微量元素预混合饲料 Trace mineral premix	牧场卫士 犊维健 Farm - O - San Power-Fit	添加剂预混合饲料 Premix	犊牛 Calf	荷兰创荷美营养有限公司 Trouw Nutrition Nederland B. V., the Netherlands	2016.08—2021.08	新办
（2016）外饲准字 230 号	混合型饲料添加剂 桉叶油 维生素 酵母硒 Feed Additive Mixture Eucalyptus Oil Vitamin E Selenium Yeast	牧场卫士 犊咳健 LD Farm - O - San Pulmosure LD	添加剂预混合饲料 Premix	犊牛 Calf	荷兰创荷美营养有限公司 Trouw Nutrition Nederland B. V., the Netherlands	2016.08—2021.08	新办
（2016）外饲准字 231 号	混合型饲料添加剂 微生物 Feed Additives Mixture microbial	活力美青贮饲料添加剂Ⅱ VIGROUS Silage additivesⅡ	混合型饲料添加剂 Feed Additives Mixture	青贮饲料 Silage	台湾博尧生物科技股份有限公司 Bioyo Biotech Co., Ltd.	2016.08—2021.08	新办
（2016）外饲准字 232 号	谷氨酸钠 Sodium Glutamate	尼哺安 NeoPrime	饲料添加剂 Feed Additive	仔猪 Piglet	美国安然国际公司 Amlan International, USA	2016.08—2021.08	新办

（续）

登记证号	通用名称	商品名称	产品类别	使用范围	生产厂家	有效期限	备注
（2016）外饲准字 233 号	谷氨酸钠 Sodium Glutamate	维肠安 Varium	饲料添加剂 Feed Additive	猪 Swine 奶牛 Cow 家禽 poultry	美国安然国际公司（密西西比洲工厂） Amlan International (plant in Mississippi)，USA	2016.08—2021.08	新办
（2016）外饲准字 234 号	凝结芽孢杆菌 Bacillus coagulans	泰益康 Lacto - F	饲料添加剂 Feed Additive	肉鸡 Broiler 生长育肥猪 Growing - finishing swine	台湾丰展生物科技股份有限公司 Enriching Innovation Biotech Co.，Ltd.	2016.08—2021.08	新办
（2016）外饲准字 235 号	枯草芽孢杆菌 Bacillus subtilis	泰享吃 Appe Tide	饲料添加剂 Feed Additive	猪 Swine 鸡 Poultry 牛 Cattle	台湾丰展生物科技股份有限公司 Enriching Innovation Biotech Co.，Ltd.	2016.08—2021.08	新办
（2016）外饲准字 236 号	β，β-胡萝卜素-4，4-二酮（斑蝥黄） beta，beta-Carotene-4，4-Diketone（Canthaxanthin）	β，β-胡萝卜素-4，4-二酮（斑蝥黄）10% WSC/FG Canthatene 10% WSC/FG	饲料添加剂 Feed Additive	家禽 Swine	台湾立弘生化科技股份有限公司桃园工厂 Allied Biotech Corporation，Plant in Taoyuan	2016.08—2021.08	新办
（2016）外饲准字 237 号	β-胡萝卜素 beta-Carotene	β-胡萝卜素 10% WSC/FG Altratene 10% WSC/FG	饲料添加剂 Feed Additive	养殖动物 All species or categories of animals	台湾立弘生化科技股份有限公司桃园工厂 Allied Biotech Corporation，Plant in Taoyuan	2016.08—2021.08	新办
（2016）外饲准字 238 号	犬配合饲料 Dog Compound Feed	耐吉斯鸡肉米幼犬干粮 Holistic Recipe Solution Chicken And Rice Puppy Dry Dog Food	配合饲料 Compound Feed	犬 Dog	比利时联合宠物食品公司 United Petfood Producers NV.，Belgium	2016.08—2021.08	新办

（续）

登记证号	通用名称	商品名称	产品类别	使用范围	生产厂家	有效期限	备注
（2016）外饲准字 239 号	犬配合饲料 Dog Compound Feed	耐吉斯鸡肉米成犬干粮 Holistic Recipe Solution Chicken And Rice Adult Dry Dog Food	配合饲料 Compound Feed	犬 Dog	比利时联合宠物食品公司 United Petfood Producers NV.，Belgium	2016.08—2021.08	新办
（2016）外饲准字 240 号	犬配合饲料 Dog Compound Feed	耐吉斯鸡肉米玩赏犬干粮 Holistic Recipe Solution Chicken And Rice Toy Breed Dry Dog Food	配合饲料 Compound Feed	犬 Dog	比利时联合宠物食品公司 United Petfood Producers NV.，Belgium	2016.08—2021.08	新办
（2016）外饲准字 241 号	猫配合饲料 Cat Compound Feed	耐吉斯鸡肉米幼猫干粮 Holistic Recipe Solution Chicken And Rice Kitten Dry Cat Food	配合饲料 Compound Feed	猫 Cat	比利时联合宠物食品公司 United Petfood Producers NV.，Belgium	2016.08—2021.08	新办
（2016）外饲准字 242 号	猫配合饲料 Cat Compound Feed	耐吉斯鸡肉米成猫干粮 Holistic Recipe Solution Chicken And Rice Adult Dry Cat Food	配合饲料 Compound Feed	猫 Cat	比利时联合宠物食品公司 United Petfood Producers NV.，Belgium	2016.08—2021.08	新办
（2016）外饲准字 243 号	猫配合饲料 Cat Compound Feed	耐吉斯鸡肉米室内猫干粮 Holistic Recipe Solution Chicken And Rice Indoor Dry Cat Food	配合饲料 Compound Feed	猫 Cat	比利时联合宠物食品公司 United Petfood Producers NV.，Belgium	2016.08—2021.08	新办
（2016）外饲准字 244 号	猫配合饲料 Cat Compound Feed	耐吉斯鸡肉米奶糕犬粮 Holistic Recipe Solution Chicken And Rice Weaning Dry Dog Food	配合饲料 Compound Feed	猫 Cat	比利时联合宠物食品公司 United Petfood Producers NV.，Belgium	2016.08—2021.08	新办

（续）

登记证号	通用名称	商品名称	产品类别	使用范围	生产厂家	有效期限	备注
（2016）外饲准字245号	鱼油 Fish Oil	鱼油 Fish Oil	单一饲料 Single Feed	畜禽 Livestock and Poultry 水产动物 Aquaculture animals	越南海安有限公司 HAI AN Company Limited，Vietnam	2016.08—2021.08	新办
（2016）外饲准字246号	鱼油 Fish Oil	秘鲁鱼油（饲料级） Peruvian Fish Oil（Feed Grade）	单一饲料 Single Feed	畜禽 Livestock and Poultry 水产动物 Aquaculture animals	秘鲁 Pesquera Hayduk S. A. 公司 Vegueta 工厂 Pesquera Hayduk S. A.，Plant Vegueta，Peru	2016.08—2021.08	新办
（2016）外饲准字247号	鱼粉 Fishmeal	红鱼粉（三级） Red Fishmeal（Ⅲ）	单一饲料 Single Feed	畜禽 Livestock and Poultry 水产动物 Aquaculture animals	印度尼西亚 P. T. QLHasil Laut 公司 P. T. QLHasil Laut，Indonesia	2016.08—2021.08	新办
（2016）外饲准字248号	鱼粉 Fishmeal	红鱼粉（三级） Red Fishmeal（Ⅲ）	单一饲料 Single Feed	畜禽 Livestock and Poultry 水产动物 Aquaculture animals	马来西亚高运有限公司 Kauluan SDN. BHD.，Malaysia	2016.08—2021.08	新办
（2016）外饲准字249号	鱼粉 Fishmeal	三叉品牌白鱼粉（一级） Trident Brand White Fish-meal（Ⅰ）	单一饲料 Single Feed	畜禽 Livestock and Poultry 水产动物 Aquaculture animals	美国三叉海产品公司桑德伯恩特工厂 Trident Seafoods Corporation，Plant Sand Point，USA	2016.08—2021.08	新办
（2016）外饲准字250号	鱼粉 Fishmeal	三叉品牌白鱼粉（一级） Trident Brand White Fish-meal（Ⅰ）	单一饲料 Single Feed	畜禽 Livestock and Poultry 水产动物 Aquaculture animals	美国三叉海产品公司阿库坦工厂 Trident Seafoods Corporation，Plant Akutan，USA	2016.08—2021.08	新办

（续）

登记证号	通用名称	商品名称	产品类别	使用范围	生产厂家	有效期限	备注
(2016) 外饲准字 251 号	鱼粉 Fishmeal	三叉品牌白鱼粉（一级） Trident Brand White Fish-meal（Ⅰ）	单一饲料 Single Feed	畜禽 Livestock and Poultry 水产动物 Aquaculture animals	美国三叉海产品公司（工船加工，工船名 Island Enterprise，工船号 610290） Trident Seafoods Corporation (Produced on Board at Vessel "Island Enterprise", Official No. 610290), USA	2016.08—2021.08	新办
(2016) 外饲准字 264 号	饲料添加剂 木聚糖酶（产自长柄木霉） Feed Additive Xylanase (Source: *Trichoderma longibrachiatum*)	酶妙（浓缩物） FIBROZYME CONCENTRATE	饲料添加剂 Feed Additive	反刍动物 Ruminant	美国奥特奇公司 Alltech Inc., USA	2016.10—2021.10	新办
(2016) 外饲准字 265 号	混合型饲料添加剂 木聚糖酶（产自长柄木霉）天然类固醇萨洒皂角苷（源自丝兰） Feed Additives Mixture Xylanase (Source: *Trichoderma longibrachiatum*) YUCCA (Yucca schidigera extract)	酶妙 FIBROZYME	混合型饲料添加剂 Feed Additives Mixture	反刍动物 Ruminant	美国奥特奇公司 Alltech Inc., USA	2016.10—2021.10	新办
(2016) 外饲准字 266 号	丁酸钠 Sodium Butyrate	益福来 C4 VFA	混合型饲料添加剂 Feed Additives Mixture	养殖动物 All species or categories of animals	西班牙诺威讯 2002 公司 Novation 2002 S. L., Spain	2016.10—2021.10	新办
(2016) 外饲准字 267 号	氨基酸锌络合物 Zinc Amino Acid Complex	氨维乐-锌 100 Availa-Zn 100	饲料添加剂 Feed Additive	猪 Swine 鸡 Chicken 牛 Cow 马 Horse 羊 Sheep	美国金宝动物营养（国际）有限公司 Zinpro Animal Nutrition (International) Inc., USA	2016.10—2021.10	新办

（续）

登记证号	通用名称	商品名称	产品类别	使用范围	生产厂家	有效期限	备注
（2016）外饲准字 268 号	混合饲料添加剂 微生物 Feed Additives Mixture Microorganisms	霉百灵 M－Mobilize	混合型饲料添加剂 Feed Additives Mixture	养殖动物 All species or categories of animals	约翰森农场代工股份有限公司 Johnson Farms Blending DIV of IA Inc.，USA	2016.10—2021.10	新办
（2016）外饲准字 269 号	混合饲料添加剂 微生物 Feed Additives Mixture Microorganisms	维畜能 Visano	混合型饲料添加剂 Feed Additives Mixture	养殖动物 All species or categories of animals	梯万营养股份有限公司 Tier 1 Nutritional Inc.，USA	2016.10—2021.10	新办
（2016）外饲准字 270 号	布氏乳杆菌 *Lactobacillus buchneri*	拉曼优贮 FRESH HC LALSIL FRESH HC	微生物饲料添加剂 Microbial Feed Additive	青贮饲料 Silage	拉曼动物营养英国有限责任公司 Lallemand Animal Nutrition UK Ltd.，UK	2016.10—2021.10	新办
（2016）外饲准字 271 号	混合饲料添加剂 微生物 Feed Additives Mixture Microorganisms	拉曼优贮 CL HC LALSIL CL HC	混合型饲料添加剂 Feed Additives Mixture	青贮饲料 Silage	拉曼动物营养英国有限责任公司 Lallemand Animal Nutrition UK Ltd.，UK	2016.10—2021.10	新办
（2016）外饲准字 272 号	混合饲料添加剂 微生物 Feed Additives Mixture Microorganisms	拉曼优贮 COMBO HC LALSIL COMBO HC	混合型饲料添加剂 Feed Additives Mixture	青贮饲料 Silage	拉曼动物营养英国有限责任公司 Lallemand Animal Nutrition UK Ltd.，UK	2016.10—2021.10	新办
（2016）外饲准字 273 号	混合饲料添加剂 微生物 Feed Additives Mixture Microorganisms	拉曼优贮 DRY HC LALSIL DRY HC	微生物饲料添加剂 Microbial Feed Additive	青贮饲料 Silage	拉曼动物营养英国有限责任公司 Lallemand Animal Nutrition UK Ltd.，UK	2016.10—2021.10	新办
（2016）外饲准字 274 号	混合饲料添加剂 微生物 Feed Additives Mixture Microorganisms	拉曼优贮 COMBO HC LALSIL COMBO HC	混合型饲料添加剂 Feed Additives Mixture	青贮饲料 Silage	拉曼特种益生菌公司 Lallemand Specialties，Inc.，USA	2016.10—2021.10	新办
（2016）外饲准字 275 号	混合型饲料添加剂 抗氧化剂 防腐剂 Feed Additives Mixture Antioxidants Preservatives	克氧净 B024 SPECTRA B024	混合型饲料添加剂 Feed Additives Mixture	养殖动物 All species or categories of animals	西班牙埃特亚公司 Industrial Tecnica Pecuaria，S. A.，Spain	2016.10—2021.10	新办

（续）

登记证号	通用名称	商品名称	产品类别	使用范围	生产厂家	有效期限	备注
（2016）外饲准字 276 号	混合型饲料添加剂 抗氧化剂 防腐剂 Feed Additives Mixture Antioxidants Preservatives	克氧净 FR SPECTRA FR	混合型饲料添加剂 Feed Additives Mixture	养殖动物 All species or categories of animals	西班牙埃特亚公司 Industrial Tecnica Pecuaria，S. A.，Spain	2016. 10—2021. 10	新办
（2016）外饲准字 277 号	混合型饲料添加剂 抗氧化剂 防腐剂 Feed Additives Mixture Antioxidants Preservatives	克氧 5/15 液体 OXICAP 5/15 LIQUID	混合型饲料添加剂 Feed Additives Mixture	养殖动物 All species or categories of animals	西班牙埃特亚公司 Industrial Tecnica Pecuaria，S. A.，Spain	2016. 10—2021. 10	新办
（2016）外饲准字 278 号	丙酸钙 Calcium Propionate	爱康钙 ADDCONIC CalPro	饲料添加剂 Feed Additive	青贮饲料 Silage	爱德康欧洲有限公司 ADDCON Europe GmbH，Germany	2016. 10—2021. 10	新办
（2016）外饲准字 279 号	枯草芽孢杆菌 *Bacillus Subtilis*	优默菌 ECOPLUS	饲料添加剂 Feed Additive	猪 Swine 家禽 Poultry	韩国韩动株式会社 Handong CO.，LTD.，Korea	2016. 10—2021. 10	新办
（2016）外饲准字 280 号	混合饲料添加剂 微生物 Feed Additives Mixture Microorganisms	贮宝 Feedtech Silage F600 Feedtech Silage F600	混合型饲料添加剂 Feed Additives Mixture	青贮饲料 Silage	爱德康欧洲有限公司 ADDCON Europe GmbH，Germany	2016. 10—2021. 10	新办
（2016）外饲准字 281 号	混合型饲料添加剂 调味剂 Feed Additives Mixture Flavor Enhancement	馥蒂幼畜宝 S 193 P 10 CRISTALYOUNG S 193 P10	混合型饲料添加剂 Feed Additives Mixture	养殖动物 All species or categories of animals	法国馥蒂公司 Laboratoires Phode S. A. S.，France	2016. 10—2021. 10	新办
（2016）外饲准字 282 号	乳酸片球菌 *Pediococcus acidilactici*	麦特 5051 Mito5051	饲料添加剂 Feed Additive	宠物 Pet	美国医迈科技公司 Imagilin Technology，LLC，USA	2016. 10—2021. 10	新办

（续）

登记证号	通用名称	商品名称	产品类别	使用范围	生产厂家	有效期限	备注
（2016）外饲准字 283 号	植物乳杆菌 *Lactobacillus plantarum*	利普优 28 LPL28	饲料添加剂 Feed Additive	畜禽 Livestock and Poultry	台湾丰华生物科技股份有限公司台南厂 Glac biotech Co.，Ltd. （Tainan factory）	2016.10—2021.10	新办
（2016）外饲准字 284 号	混合型饲料添加剂 罗勒油 柠檬酸 Feed Additives Mixture Basil oil Citric acid	艾可美天然水剂 ALQUERMOLD NA-TURE LIQUID	混合型饲料添加剂 Feed Additives Mixture	养殖动物 All species or categories of animals	西班牙百卫公司 BIOVET S. A.，Spain	2016.10—2021.10	新办
（2016）外饲准字 285 号	复合预混合饲料 Premix	艾可肥维他 Alquerfeed Vitamin Aminoacidos L	复合预混合饲料 Premix	养殖动物 All species or categories of animals	西班牙百卫公司 BIOVET S. A.，Spain	2016.10—2021.10	新办
（2016）外饲准字 286 号	包被氯化胆碱 Encapsulated Choline Chloride	瑞信氯化胆碱 ReaShure	饲料添加剂 Feed Additive	牛 Cow	美国百尔康公司 Balchem Corporation，USA	2016.10—2021.10	新办
（2016）外饲准字 287 号	混合型饲料添加剂 矿物元素 Feed Additives Mixture Minerals	鱼佳宝 FISHMELA	混合型饲料添加剂 Feed Additives Mixture	水产动物 Aqualture	贸立实业股份有限公司 More - standing Enterprise Co.，Ltd	2016.10—2021.10	新办
（2016）外饲准字 288 号	混合型饲料添加剂 香味剂 Feed Additives Mixture Flavouring Agent	喉舒易 OralEase	混合型饲料添加剂 Feed Additives Mixture	养殖动物 All species or categories of animals	贸立实业股份有限公司 More - standing Enterprise Co.，Ltd	2016.10—2021.10	新办
（2016）外饲准字 289 号	犬配合饲料 Dog Compound Feed	活性益生菌三文鱼 & 大米成犬粮 ProBiotic LIVE Adult Dog（Salmon & Rice）	配合饲料 Compound Feed	犬 Dog	比利时联合宠物食品公司 United Petfood Producers NV，Belgium	2016.10—2021.10	新办
（2016）外饲准字 290 号	犬配合饲料 Cat Compound Feed	活性益生菌羊肉成猫粮 ProBiotic LIVE Adult Cat（Lamb）	配合饲料 Compound Feed	猫 Cat	比利时联合宠物食品公司 United Petfood Producers NV，Belgium	2016.10—2021.10	新办

（续）

登记证号	通用名称	商品名称	产品类别	使用范围	生产厂家	有效期限	备注
(2016) 外饲准字 291 号	猫配合饲料 Cat Compound Feed	活性益生菌鸭肉成猫粮 ProBiotic LIVE Adult Cat (Duck)	配合饲料 Compound Feed	猫 Cat	比利时联合宠物食品公司 United Petfood Producers NV, Belgium	2016.10—2021.10	新办
(2016) 外饲准字 292 号	猫配合饲料 Cat Compound Feed	活性益生菌鸡肉幼猫粮 ProBiotic LIVE Kitten (Chicken)	配合饲料 Compound Feed	猫 Cat	比利时联合宠物食品公司 United Petfood Producers NV, Belgium	2016.10—2021.10	新办
(2016) 外饲准字 293 号	鸽配合饲料 Pigeon Compound Feed	Top Flight 麦德氏高效赛飞料 Top Flight MIDAS Efficient Racing Diet	配合饲料 Compound Feed	赛鸽 Pigeon	保生实业股份有限公司 Pomp Shine Enterprise Corp.	2016.10—2021.10	新办
(2016) 外饲准字 294 号	鸽配合饲料 Pigeon Compound Feed	Top Flight 麦德氏高效营养料 Top Flight MIDAS Efficient Breeding Diet	配合饲料 Compound Feed	赛鸽 Pigeon	保生实业股份有限公司 Pomp Shine Enterprise Corp.	2016.10—2021.10	新办
(2016) 外饲准字 295 号	鸽配合饲料 Pigeon Compound Feed	Top Flight 麦德氏高效基础料 Top Flight MIDAS Efficient Maintenance Diet	配合饲料 Compound Feed	赛鸽 Pigeon	保生实业股份有限公司 Pomp Shine Enterprise Corp.	2016.10—2021.10	新办
(2016) 外饲准字 296 号	犬配合饲料 Dog Compound Feed	维吉机能性狗食-高级成犬 VegePet Functional Dog Food - Performance Formula for Active Adult	配合饲料 Compound Feed	犬 Dog	保生实业股份有限公司 Pomp Shine Enterprise Corp.	2016.10—2021.10	新办

（续）

登记证号	通用名称	商品名称	产品类别	使用范围	生产厂家	有效期限	备注
(2016) 外饲准字 297 号	犬配合饲料 Dog Compound Feed	VP 专业级狗食-成犬-无谷 VegePet Super Premium Dog Food - Adult - Grain Free	配合饲料 Compound Feed	犬 Dog	保生实业股份有限公司 Pomp Shine Enterprise Corp.	2016.10—2021.10	新办
(2016) 外饲准字 298 号	犬配合饲料 Dog Compound Feed	VP 专业级狗食-成犬 VegePet Super Premium Dog Food - Adult - Health	配合饲料 Compound Feed	犬 Dog	保生实业股份有限公司 Pomp Shine Enterprise Corp.	2016.10—2021.10	新办
(2016) 外饲准字 299 号	犬配合饲料 Dog Compound Feed	维吉机能性狗食-全犬种用 VegePet Functional Dog Food - Adult/Senior/Overweight Dogs	配合饲料 Compound Feed	犬 Dog	保生实业股份有限公司 Pomp Shine Enterprise Corp.	2016.10—2021.10	新办
(2016) 外饲准字 300 号	猫配合饲料 Cat Compound Feed	维吉机能性猫食-全猫用 VegePet Functional cat Food - Feline Formula	配合饲料 Compound Feed	猫 Cat	保生实业股份有限公司 Pomp Shine Enterprise Corp.	2016.10—2021.10	新办
(2016) 外饲准字 314 号	混合型饲料添加剂 酶制剂 Feed Additives Mixture Enzymes	宝卫酶 Biomifeed	混合型饲料添加剂 Feed Additives Mixture	养殖动物 All species or categories of animals	新水（泰国）公司 Sinsui（Thailand）Inc., Thailand	2016.11—2021.11	新办
(2016) 外饲准字 315 号	混合型饲料添加剂 淀粉酶 蛋白酶 纤维素酶（产自黑曲霉） Feed Additive Amylase Protease Cellulase (by *Aspergillusniger*)	好得益 BBGZyme	混合型饲料添加剂 Feed Additives Mixture	牛 Cow 猪 Swine 鸡 Chicken	韩国（株）Bigbiogen Bigbiogen Co., Korea	2016.11—2021.11	新办

（续）

登记证号	通用名称	商品名称	产品类别	使用范围	生产厂家	有效期限	备注
（2016）外饲准字 316 号	混合型饲料添加剂 酿酒酵母 Feed Additives Mixture *saccharomyces cerevisiae*	艾可肥去霉益生素 Alquerfeed Antitox Plus	混合型饲料添加剂 Feed Additives Mixture	畜禽 Livestock and Poultry	西班牙百卫公司 BIOVET S. A.，Spain	2016. 11—2021. 11	新办
（2016）外饲准字 317 号	混合型饲料添加剂 微生物 Feed Additives Mixture Microorganism	爱昵乐 Any－Lac	混合型饲料添加剂 Feed Additives Mixture	养殖动物 All species or categories of animals	奥佰特韩国有机生物技术有限公司 Organic Bio Tech Co.，Korea	2016. 11—2021. 11	新办
（2016）外饲准字 318 号	混合型饲料添加剂 丁酸甘油酯、甘油、乳酸 Feed Additives Mixture Butyric acid glycerides，Glycerol，Lactic acid	斯福 LACTO－BUTYRIN	混合型饲料添加剂 Feed Additives Mixture	养殖动物 All species or categories of animals	意大利 SILO 公司 SILO SpA，Italy	2016. 11—2021. 11	新办
（2016）外饲准字 319 号	混合型饲料添加剂 甘油脂肪酸酯 甘油 Feed Additives Mixture Glycerine Fatty Acid Ester Glycerol	斯福（1MG 液体） SILOHEALTH 108 H	混合型饲料添加剂 Feed Additives Mixture	养殖动物 All species or categories of animals	意大利 SILO 公司 SILO SpA，Italy	2016. 11—2021. 11	新办
（2016）外饲准字 320 号	枯草芽孢杆菌 *Bacillus subtilis*	未来 ML－F2 ML－F2	混合型饲料添加剂 Feed Additives Mixture	猪 Swine 鸡 Chicken	韩国未来资源 ML 株式会社 Milae Resources ML Co.，Ltd.，Korea	2016. 11—2021. 11	新办
（2016）外饲准字 321 号	混合型饲料添加剂 卵磷脂 Feed Additives Mixture lecithin	力思美 Fra Lecimax Dry	混合型饲料添加剂 Feed Additives Mixture	猪 Swine 家禽 Poultry 水产动物 Aquaculture animals	荷兰 Framelco B. V. 公司 Framelco B. V.，the Netherlands	2016. 11—2021. 11	新办

（续）

登记证号	通用名称	商品名称	产品类别	使用范围	生产厂家	有效期限	备注
（2016）外饲准字 322 号	添加剂预混合饲料 Premix	益适宝 SUPER ESP 8	添加剂预混合饲料 Premix	养殖动物 All species or categories of animals	新加坡大祥资源私人有限公司 DIASHAM RESOURCES PTE LTD，Singapore	2016. 11—2021. 11	新办
（2016）外饲准字 323 号	维生素预混料 Vitamin Premix	福乐健 FOLGEN	添加剂预混合饲料 Premix	畜禽 Livestock and Poultry	日本新水株式会社（小美玉工厂） Sinsui Inc.，Japan	2016. 11—2021. 11	新办
（2016）外饲准字 324 号	犊牛精料补充料 Supplementary Concentrate for calves	欧产康-C OptiPartum-C	精料补充料 Concentrate Supplement	犊牛 Calve	英联尼奥（捷克）有限公司 Bodit Tachov s. r. o.，Czech Republic	2016. 11—2021. 11	新办
（2016）外饲准字 325 号	犊牛精料补充料 Supplementary Concentrate for calves	安速能-C Axcelera-C	精料补充料 Concentrate Supplement	犊牛 Calve	英联尼奥（捷克）有限公司 Bodit Tachov s. r. o.，Czech Republic	2016. 11—2021. 11	新办
（2016）外饲准字 326 号	仔猪前期配合饲料 Compound feed for piglets	安速能-P Axcelere-P	配合饲料 Compound Feed	仔猪 Piglet	英联尼奥（捷克）有限公司 Bodit Tachov s. r. o.，Czech Republic	2016. 11—2021. 11	新办
（2016）外饲准字 327 号	羊牛肉骨粉 Ovine and Bovine Meat and Bone Meal	羊牛肉骨粉 Ovine and Bovine Meat and Bone Meal	单一饲料 Single Feed	猪 Swine 家禽 Poultry 水产动物 Aquaculture animals	JBS 澳大利亚公司（LONGFORD 工厂） JBS AUSTRALIA PTY LTD (plant in LONGFORD)，Australia	2016. 11—2021. 11	新办
（2016）外饲准字 328 号	酵母培养物 Yeast Culture	百奥奇 Bio-Yeasture	单一饲料 Single Feed	牛 Cow 畜禽 Livestock and Poultry 水产动物 Aquaculture animals	美国国际生物营养有限公司 Bio-Nutrition International，Inc.，USA	2016. 11—2021. 11	新办

（续）

登记证号	通用名称	商品名称	产品类别	使用范围	生产厂家	有效期限	备注
（2016）外饲准字 329 号	鸡肉粉 Poultry by-product Meal	鸡肉粉 Poultry by-product meal	单一饲料 Single Feed	宠物和水产动物 Pet and Aquaculture animals	美国 Mountaire Farms of Delaware，Inc. 公司 Mountaire Farms of Delaware，Inc.，USA	2016.11—2021.11	新办
（2016）外饲准字 330 号	鱼油 Fish Oil	秘鲁鱼油（饲料级） Peruvian Fish Oil（Feed Grade）	单一饲料 Single Feed	畜禽和水产动物 Livestock and Poultry，Aquaculture animals	秘鲁 Pesquera Diamante S. A. 公司 CALLAO 工厂 Pesquera Diamante S. A. - CALLAO Plant，Peru	2016.11—2021.11	新办
（2016）外饲准字 331 号	鱼油 Fish Oil	鱼油（饲料级） Fish Oil（Feed Grade）	单一饲料 Single Feed	畜禽和水产动物 Livestock and Poultry，Aquaculture animals	越南月莊商业生产责任有限公司 NGUYET TRANG Producing Trading Co.，Ltd，Vietnam	2016.11—2021.11	新办
（2016）外饲准字 333 号	鱼粉 Fishmeal	红鱼粉（三级） Red Fishmeal（Ⅲ）	单一饲料 Single Feed	畜禽和水产动物 Livestock and Poultry，Aquaculture animals	摩洛哥 COMPLEXE DE PECHE DU LITTORAL S. A. R. L. 公司（简称：COPELIT S. A. R. L. 公司） COMPLEXE DE PECHE DU LITTORAL S. A. R. L. Morocco	2016.11—2021.11	新办
（2016）外饲准字 334 号	犊牛用配合饲料 Compound Feed forCalf	犊牛代乳粉 UNIVOR EXPRESS Calf Milk Replacer UNIVOR EXPRESS	配合饲料 Compound Feed	犊牛 Calve	法国宝莱蛋白公司 Bonilait Proteins，France	2016.11—2021.11	新办

（续）

登记证号	通用名称	商品名称	产品类别	使用范围	生产厂家	有效期限	备注
(2016) 外饲准字 335 号	犊牛用配合饲料 Compound Feed for Calf	犊牛代乳粉 VODOR MAX Calf Milk Replacer VODOR MAX	配合饲料 Compound Feed	犊牛 Calve	法国宝莱蛋白公司 Bonilait Proteins，France	2016.11—2021.11	新办
(2016) 外饲准字 336 号	羔羊用配合饲料 Compound Feed for Lambs	羔羊代乳粉 AGNODOR EXPRESS Lambs and Kids Milk Replacer AGNODOR EXPRESS	配合饲料 Compound Feed	羔羊 Lamb	法国宝莱蛋白公司 Bonilait Proteins，France	2016.11—2021.11	新办
(2016) 外饲准字 337 号	鱼配合饲料 Fish Compound Feed	EFICO Alpha 牌鱼饲料 EFICO Alpha Fish Feed	配合饲料 Compound Feed	鱼 Fish	丹麦 BioMar 有限公司 BioMar A/S，Denmark	2016.11—2021.11	新办
(2016) 外饲准字 338 号	鱼配合饲料 Fish Compound Feed	EFICO Enviro 牌鱼饲料 EFICO Enviro Feed	配合饲料 Compound Feed	鱼 Fish	丹麦 BioMar 有限公司 BioMar A/S，Denmark	2016.11—2021.11	新办
(2016) 外饲准字 339 号	鱼配合饲料 Fish Compound Feed	EFICO Genio 牌鱼饲料 EFICO Genio Feed	配合饲料 Compound Feed	鱼 Fish	丹麦 BioMar 有限公司 BioMar A/S，Denmark	2016.11—2021.11	新办
(2016) 外饲准字 340 号	鱼配合饲料 Fish Compound Feed	INICIO 牌鱼饲料 INICIO Fish Feed	配合饲料 Compound Feed	鱼 Fish	丹麦 BioMar 有限公司 BioMar A/S，Denmark	2016.11—2021.11	新办
(2016) 外饲准字 341 号	鱼配合饲料 Fish Compound Feed	INICIO Plus 牌鱼饲料 INICIO Plus Fish Feed	配合饲料 Compound Feed	鱼 Fish	丹麦 BioMar 有限公司 BioMar A/S，Denmark	2016.11—2021.11	新办
(2016) 外饲准字 342 号	犬配合饲料 Dog Compound Feed	小型成犬粮家禽大米配方 Premium adult small dog rich in poultry and with rice	配合饲料 Compound Feed	犬 Dog	法国 ATM 宠物食品股份公司 ATM PETFOOD S. A. S，France	2016.11—2021.11	新办

（续）

登记证号	通用名称	商品名称	产品类别	使用范围	生产厂家	有效期限	备注
（2016）外饲准字 343 号	犬配合饲料 Dog Compound Feed	大型犬成犬宠物饲料 Adult Dog Basic	配合饲料 Compound Feed	犬 Dog	比利时联合宠物食品公司 United Petfood Producers NV, Belgium	2016.11—2021.11	新办
（2016）外饲准字 344 号	犬配合饲料 Dog Compound Feed	小型犬成犬宠物饲料 Mini Adult Pro	配合饲料 Compound Feed	犬 Dog	比利时联合宠物食品公司 United Petfood Producers NV, Belgium	2016.11—2021.11	新办
（2016）外饲准字 345 号	犬配合饲料 Dog Compound Feed	幼犬宠物饲料 Puppy Pro	配合饲料 Compound Feed	犬 Dog	比利时联合宠物食品公司 United Petfood Producers NV, Belgium	2016.11—2021.11	新办
（2016）外饲准字 346 号	猫配合饲料 Cat Compound feed	Primo 鸡肉三文鱼室内成猫粮 Primo Indoor Formula Chicken & Salmon Recipe	配合饲料 Compound Feed	猫 Cat	比利时联合宠物食品公司 United Petfood Producers NV, Belgium	2016.11—2021.11	新办
（2016）外饲准字 347 号	猫配合饲料 Cat Compound feed	Primo 鸡肉三文鱼幼猫粮 Primo Kitten Formula Chicken & Salmon Recipe	配合饲料 Compound Feed	猫 Cat	比利时联合宠物食品公司 United Petfood Producers NV, Belgium	2016.11—2021.11	新办
（2016）外饲准字 348 号	犬配合饲料 Dog Compound Feed	Primo 鸡肉甜薯全犬种成犬粮 Primo All Breed Formula Chicken & Sweet Potato Recipe	配合饲料 Compound Feed	犬 Dog	比利时联合宠物食品公司 United Petfood Producers NV, Belgium	2016.11—2021.11	新办

（续）

登记证号	通用名称	商品名称	产品类别	使用范围	生产厂家	有效期限	备注
(2016）外饲准字 349 号	猫配合饲料 Cat Compound feed	Primo 鸡肉三文鱼成猫粮 Primo Adult Formula Chicken & Salmon Recipe	配合饲料 Compound Feed	猫 Cat	比利时联合宠物食品公司 United Petfood Producers NV, Belgium	2016.11—2021.11	新办
(2016）外饲准字 350 号	犬配合饲料 Dog Compound Feed	Primo 鸡肉甜薯小型犬成犬粮 Primo Small Breed Formula Chicken & Sweet Potato Recipe	配合饲料 Compound Feed	犬 Dog	比利时联合宠物食品公司 United Petfood Producers NV, Belgium	2016.11—2021.11	新办
(2016）外饲准字 351 号	犬配合饲料 Dog Compound Feed	Primo 鸡肉甜薯幼犬粮 Primo Puppy Formula Chicken & Sweet Potato Recipe	配合饲料 Compound Feed	犬 Dog	比利时联合宠物食品公司 United Petfood Producers NV, Belgium	2016.11—2021.11	新办
(2016）外饲准字 352 号	犬配合饲料 Dog Compound Feed	B1 爸妈宠鸡肉大型犬成犬粮（无谷）24-14 B1 Brabanconne Adult Dog Large Breed Chicken (Grainfree) 24-14	配合饲料 Compound Feed	犬 Dog	比利时联合宠物食品公司 United Petfood Producers NV, Belgium	2016.11—2021.11	新办
(2016）外饲准字 353 号	犬配合饲料 Dog Compound Feed	B1 爸妈宠鸡肉大型犬高龄犬粮（无谷）25-11 B1 Brabanconne Senior Dog Large Breed Chicken (Grainfree) 25-11	配合饲料 Compound Feed	犬 Dog	比利时联合宠物食品公司 United Petfood Producers NV, Belgium	2016.11—2021.11	新办

（续）

登记证号	通用名称	商品名称	产品类别	使用范围	生产厂家	有效期限	备注
（2016）外饲准字 354 号	犬配合饲料 Dog Compound Feed	B1 爸妈宠鸡肉大型犬幼犬粮（低谷物）26 - 14 B1 Brabanconne Puppy Large Breed Chicken（Low Grain）26 - 14	配合饲料 Compound Feed	犬 Dog	比利时联合宠物食品公司 United Petfood Producers NV, Belgium	2016. 11—2021. 11	新办
（2016）外饲准字 355 号	猫配合饲料 Cat Compound Feed	B1 爸妈宠鸡肉米饭成年猫粮（低谷物）30 - 18 B1 Brabanconne Adult Cat Chicken Rice（Low Grain）30 - 18	配合饲料 Compound Feed	猫 Cat	比利时联合宠物食品公司 United Petfood Producers NV, Belgium	2016. 11—2021. 11	新办
（2016）外饲准字 356 号	猫配合饲料 Cat Compound Feed	B1 爸妈宠鸡肉米饭高龄猫粮（低谷物）28 - 18 B1 Brabanconne Senior Cat Chicken Rice（Low Grain）28 - 18	配合饲料 Compound Feed	猫 Cat	比利时联合宠物食品公司 United Petfood Producers NV, Belgium	2016. 11—2021. 11	新办
（2016）外饲准字 357 号	猫配合饲料 Cat Compound Feed	B1 爸妈宠鸡肉米饭幼猫粮（低谷物）32 - 20 B1 Brabanconne Kitten Chicken Rice（Low Grain）32 - 20	配合饲料 Compound Feed	猫 Cat	比利时联合宠物食品公司 United Petfood Producers NV, Belgium	2016. 11—2021. 11	新办

（续）

登记证号	通用名称	商品名称	产品类别	使用范围	生产厂家	有效期限	备注
（2016）外饲准字 358 号	犬配合饲料 Dog Compound Feed	B1 爸妈宠鸡肉小型犬成犬粮（无谷）27－16 B1 Brabanconne Adult Dog Small Breed Chicken（Grainfree）27－16	配合饲料 Compound Feed	犬 Dog	比利时联合宠物食品公司 United Petfood Producers NV，Belgium	2016.11—2021.11	新办
（2016）外饲准字 359 号	犬配合饲料 Dog Compound Feed	B1 爸妈宠鸡肉小型犬高龄犬粮（无谷）23－10 B1 Brabanconne Senior Dog Small Breed Chicken（Grainfree）23－10	配合饲料 Compound Feed	犬 Dog	比利时联合宠物食品公司 United Petfood Producers NV，Belgium	2016.11—2021.11	新办
（2016）外饲准字 360 号	犬配合饲料 Dog Compound Feed	B1 爸妈宠鸡肉小型犬幼犬粮（低谷物）32－20 B1 Brabanconne Puppy Large Breed Chicken（Low Grain）32－20	配合饲料 Compound Feed	犬 Dog	比利时联合宠物食品公司 United Petfood Producers NV，Belgium	2016.11—2021.11	新办
（2016）外饲准字 361 号	犬配合饲料 Dog Compound Feed	B1 爸妈宠鱼肉大型犬成犬粮（无谷）24－14 B1 Brabanconne Adult Dog Large Breed Fish（Grainfree）24－14	配合饲料 Compound Feed	犬 Dog	比利时联合宠物食品公司 United Petfood Producers NV，Belgium	2016.11—2021.11	新办

（续）

登记证号	通用名称	商品名称	产品类别	使用范围	生产厂家	有效期限	备注
（2016）外饲准字 362 号	犬配合饲料 Dog Compound Feed	B1 爸妈宠鱼肉大型犬高龄犬粮（无谷）25－11 B1 Brabanconne Senior Dog Large Breed Fish (Grainfree) 25－11	配合饲料 Compound Feed	犬 Dog	比利时联合宠物食品公司 United Petfood Producers NV, Belgium	2016.11—2021.11	新办
（2016）外饲准字 363 号	猫配合饲料 Cat Compound Feed	B1 爸妈宠鱼肉米饭成年猫粮（低谷物）30－18 B1 Brabanconne Adult Cat Fish Rice (Low Grain) 30－18	配合饲料 Compound Feed	猫 Cat	比利时联合宠物食品公司 United Petfood Producers NV, Belgium	2016.11—2021.11	新办
（2016）外饲准字 364 号	猫配合饲料 Cat Compound Feed	B1 爸妈宠鱼肉米饭高龄猫粮（低谷物）28－18 B1 Brabanconne Senior Cat Fish Rice (Low Grain) 28－18	配合饲料 Compound Feed	猫 Cat	比利时联合宠物食品公司 United Petfood Producers NV, Belgium	2016.11—2021.11	新办
（2016）外饲准字 365 号	犬配合饲料 Dog Compound Feed	B1 爸妈宠鱼肉小型犬成犬粮（无谷）27－16 B1 Brabanconne Adult Dog Small Breed Fish (Grainfree) 27－16	配合饲料 Compound Feed	犬 Dog	比利时联合宠物食品公司 United Petfood Producers NV, Belgium	2016.11—2021.11	新办

（续）

登记证号	通用名称	商品名称	产品类别	使用范围	生产厂家	有效期限	备注
(2016) 外饲准字 366 号	犬配合饲料 Dog Compound Feed	B1 爸妈宠鱼肉小型犬高龄犬粮（无谷）23 - 10 B1 Brabanconne Senior Dog Small Breed Fish (Grainfree) 23 - 10	配合饲料 Compound Feed	犬 Dog	比利时联合宠物食品公司 United Petfood Producers NV, Belgium	2016. 11—2021. 11	新办
(2016) 外饲准字 367 号	犬配合饲料 Dog Compound Feed	B2 爸妈宠 881 高龄犬粮 23 - 14 B2 Brabanconne 881 Senior Dog 23 - 14	配合饲料 Compound Feed	犬 Dog	比利时联合宠物食品公司 United Petfood Producers NV, Belgium	2016. 11—2021. 11	新办
(2016) 外饲准字 368 号	猫配合饲料 Cat Compound Feed	B2 爸妈宠 881 鸡肉高龄猫粮 30 - 21 B2 Brabanconne 881 Senior Cat Chicken 30 - 21	配合饲料 Compound Feed	猫 Cat	比利时联合宠物食品公司 United Petfood Producers NV, Belgium	2016. 11—2021. 11	新办
(2016) 外饲准字 369 号	猫配合饲料 Cat Compound Feed	B2 爸妈宠 881 易消化成猫粮 32 - 15 B2 Brabanconne 881 Adult Cat Digest 32 - 15	配合饲料 Compound Feed	猫 Cat	比利时联合宠物食品公司 United Petfood Producers NV, Belgium	2016. 11—2021. 11	新办
(2016) 外饲准字 370 号	犬配合饲料 Dog Compound Feed	B2 爸妈宠 881 易消化成犬粮 25 - 15 B2 Brabanconne 881 Adult Dog Digest 25 - 15	配合饲料 Compound Feed	犬 Dog	比利时联合宠物食品公司 United Petfood Producers NV, Belgium	2016. 11—2021. 11	新办
(2016) 外饲准字 371 号	混合型饲料添加剂 香味剂 Feed Additives Mixture Flavouring Agence	黄金水果 Golden Fruit	混合型饲料添加剂 Feed Additives Mixture	养殖动物 All species or categories of animals	瑞士 Meliofeed AG 股份公司 Meliofeed AG., Switzerland	2016. 11—2021. 11	新办

附件 2：

进口饲料和饲料添加剂产品续展登记证目录（2016）

登记证号	通用名称	商品名称	产品类别	使用范围	生产厂家	有效期限	备注
（2016）外饲准字 033 号	混合型饲料添加剂维生素 矿物元素 Feed Additives Mixture Vitamins Minerals	克补®软膏 Nutri Plus Gel	添加剂预混合饲料 Additive Premix	犬和猫 Dog and Cat	法国维克公司 Virbac S. A. ，France	2016. 02—2021. 02	续展
（2016）外饲准字 034 号	混合型饲料添加剂 矿物元素 酸度调节剂 Feed Additives Mixture Minerals Acidity Regulators	安补纳 PRENATAL	混合型饲料添加剂 Feed Additives Mixture	母猪 Sow	中国派斯德股份有限公司 China Bestar Laboratories Ltd.	2016. 02—2021. 02	续展
（2016）外饲准字 035 号	混合型饲料添加剂 甲酸 乳酸 正磷酸 富马酸 Feed Additives Mixture Formic acid Lactic acid Ortho－phosphoric acid Fumaric acid	幼畜宝干粉 Acidal Dry	混合型饲料添加剂 Feed Additives Mixture	养殖动物 All species or categories of animals	比利时英派克斯有限公司 Impextraco N V，Belgium	2016. 02—2021. 02	续展
（2016）外饲准字 036 号	混合型饲料添加剂 防霉剂 Feed Additives Mixture Preservative	乐达克霉灵液体 Nucleus Luctamold 51045Z	混合型饲料添加剂 Feed Additives Mixture	养殖动物 All species or categories of animals	西班牙乐达公司 Lucta S. A. ，Spain	2016. 02—2021. 02	续展
（2016）外饲准字 037 号	混合型饲料添加剂 维生素 Feed Additives Mixture Vitamins	饲虾维 Vitamin Premix For Shrimp Feeds	混合型饲料添加剂 Feed Additives Mixture	虾 Shrimp	台湾全兴国际水产股份有限公司 Ye Cherng Industrial Products Co. Ltd.	2016. 02—2021. 02	续展
（2016）外饲准字 038 号	酿酒酵母 *Saccharomyces cerevisiae*	新品素 NUSURE	饲料添加剂 Feed Additives	养殖动物 All species or categories of animals	美国新绿公司 Nugreen Company，USA	2016. 02—2021. 02	续展

（续）

登记证号	通用名称	商品名称	产品类别	使用范围	生产厂家	有效期限	备注
(2016) 外饲准字 039 号	酿酒酵母 *Saccharomyces cerevisiae*	化霉精 NUBOND	饲料添加剂 Feed Additives	养殖动物 All species or categories of animals	美国新绿公司 Nugreen Company，USA	2016.02—2021.02	续展
(2016) 外饲准字 040 号	白鱼粉 White Fishmeal	白鱼粉（三级至一级） White Fishmeal（Ⅲ to Ⅰ）	单一饲料 Single Feed	畜禽 Livestock and Poultry 水产动物 Aquaculture animals	美国北极风暴有限公司（工船加工，工船名 Arctic Storm，工船号 2943） Arctic Storm Inc. （Produced on Board at Vessel "Arctic Storm", Official No. 2943），USA	2016.02—2021.02	续展
(2016) 外饲准字 041 号	鱼粉 Fishmeal	红鱼粉（三级） Red Fishmeal（Ⅲ）	单一饲料 Single Feed	畜禽 Livestock and Poultry 水产动物 Aquaculture animals	智利 Blumar S. A. 公司（San Vicente 工厂） Blumar S. A.， Plant in San Vicente，Chile	2016.02—2021.02	续展
(2016) 外饲准字 042 号	鱼粉 FISHMEAL	红鱼粉（三级至一级） Red Fishmeal（Ⅲ to Ⅰ）	单一饲料 Single Feed	畜禽 Livestock and Poultry 水产动物 Aquaculture animals	智利 Camanchaca Pesca Sur S. A. 渔业公司 Coronel 工厂（No. 08351） Camanchaca Pesca Sur S. A.，Coronel Plant（No. 08351），Chile	2016.02—2021.02	续展
(2016) 外饲准字 043 号	鱼粉 Fishmeal	秘鲁红鱼粉（三级至一级） Peruvian Red Fishmeal（Ⅲ to Ⅰ）	单一饲料 Single Feed	畜禽 Livestock and Poultry 水产动物 Aquaculture animals	秘鲁 Pesquera Exalmar S. A. A. 公司 Tambo De Mora 工厂 Pesquera Exalmar S. A. A.， Plant Tambo De Mora，Peru	2016.02—2021.02	续展

（续）

登记证号	通用名称	商品名称	产品类别	使用范围	生产厂家	有效期限	备注
(2016) 外饲准字 044 号	鱼粉 FISHMEAL	红鱼粉（三级至一级） Red Fishmeal（Ⅲ to Ⅰ）	单一饲料 Single Feed	畜禽 Livestock and Poultry 水产动物 Aquaculture animals	智利 Camanchaca S. A. 渔业公司 No. 01075 Compania Pesquera Camanchaca S. A.，No. 01075，Chile	2016. 02—2021. 02	续展
(2016) 外饲准字 045 号	鱼油 Fish Oil	鱼油（饲料级） Fish Oil（Feed Grade）	单一饲料 Single Feed	畜禽 Livestock and Poultry 水产动物 Aquaculture animals	越南永环股份公司 Vinh Hoan Corporation，Vietnam	2016. 02—2021. 02	续展
(2016) 外饲准字 046 号	鱼粉 Fishmeal	红鱼粉（二级） Red Fishmeal（Ⅱ）	单一饲料 Single Feed	畜禽 Livestock and Poultry 水产动物 Aquaculture animals	越南永环股份公司 Vinh Hoan Corporation，Vietnam	2016. 02—2021. 02	续展
(2016) 外饲准字 047 号	白鱼粉 White Fishmeal	白鱼粉（三级至一级） White Fishmeal（Ⅲ to Ⅰ）	单一饲料 Single Feed	畜禽 Livestock and Poultry 水产动物 Aquaculture animals	美国 Premier 太平洋海鲜公司 Premier Pacific Seafoods Inc.，USA	2016. 02—2021. 02	续展
(2016) 外饲准字 048 号	鱼粉 Fishmeal	红鱼粉（三级至一级） Red Fishmeal（Ⅲ to Ⅰ）	单一饲料 Single Feed	畜禽 Livestock and Poultry 水产动物 Aquaculture animals	秘鲁 Pesquera Cantabria S. A. 公司 Coishco 工厂 Pesquera Cantabria S. A.，Plant Coishco，Peru	2016. 02—2021. 02	续展
(2016) 外饲准字 049 号	鱼粉 Fishmeal	秘鲁红鱼粉（三级至一级） Peruvian Red Fishmeal（Ⅲ to Ⅰ）	单一饲料 Single Feed	畜禽 Livestock and Poultry 水产动物 Aquaculture animals	秘鲁 Austral Group S. A. A. 公司 Chancay 工厂 Austral Group S. A. A.，Plant Chancay Peru	2016. 02—2021. 02	续展

（续）

登记证号	通用名称	商品名称	产品类别	使用范围	生产厂家	有效期限	备注
(2016) 外饲准字 050 号	鱼粉 Fishmeal	秘鲁红鱼粉（三级至一级）Peruvian Red Fishmeal（Ⅲ to Ⅰ）	单一饲料 Single Feed	畜禽 Livestock and Poultry 水产动物 Aquaculture animals	秘鲁 Austral Group S. A. A. 公司 Pisco 工厂 Austral Group S. A. A.，Plant Pisco，Peru	2016. 02—2021. 02	续展
(2016) 外饲准字 051 号	鱼粉 Fishmeal	秘鲁红鱼粉（三级至一级）Peruvian Red Fishmeal（Ⅲ to Ⅰ）	单一饲料 Single Feed	畜禽 Livestock and Poultry 水产动物 Aquaculture animals	秘鲁 CFG Investment S. A. C. 公司 Razuri 工厂 CFG Investment S. A. C.，Plant Razuri，Peru	2016. 02—2021. 02	续展
(2016) 外饲准字 052 号	鱼粉 Fishmeal	秘鲁红鱼粉（三级至一级）Peruvian Red Fishmeal（Ⅲ to Ⅰ）	单一饲料 Single Feed	畜禽 Livestock and Poultry 水产动物 Aquaculture animals	秘鲁 CFG Investment S. A. C. 公司 La Planchada 工厂 CFG Investment S. A. C.，Plant La Planchada，Peru	2016. 02—2021. 02	续展
(2016) 外饲准字 053 号	鱼粉 Fishmeal	秘鲁红鱼粉（三级至一级）Peruvian Red Fishmeal（Ⅲ to Ⅰ）	单一饲料 Single Feed	畜禽 Livestock and Poultry 水产动物 Aquaculture animals	秘鲁 CFG Investment S. A. C. 公司 Chimbote 工厂 CFG Investment S. A. C.，Plant Chimbote，Peru	2016. 02—2021. 02	续展
(2016) 外饲准字 054 号	鱼油 Fish Oil	秘鲁鱼油（饲料级）Peruvian Fish Oil（Feed Grade）	单一饲料 Single Feed	畜禽 Livestock and Poultry 水产动物 Aquaculture animals	秘鲁 Corporacion Pesquera Inca S. A. C. 公司 ILO 工厂 Corporaction Pesquera Inca S. A. C.，ILO Plant，Peru	2016. 02—2021. 02	续展
(2016) 外饲准字 055 号	鱼油 Fish Oil	秘鲁鱼油（饲料级）Peruvian Fish Oil（Feed Grade）	单一饲料 Single Feed	畜禽 Livestock and Poultry 水产动物 Aquaculture animals	秘鲁 Corporacion Pesquera Inca S. A. C. 公司 Bayovar 工厂 Corporaction Pesquera Inca S. A. C.，Bayovar Plant，Peru	2016. 02—2021. 02	续展

（续）

登记证号	通用名称	商品名称	产品类别	使用范围	生产厂家	有效期限	备注
（2016）外饲准字 056 号	鱼油 Fish Oil	秘鲁鱼油（饲料级） Peruvian Fish Oil（Feed Grade）	单一饲料 Single Feed	畜禽 Livestock and Poultry 水产动物 Aquaculture animals	秘鲁 Corporacion Pesquera Inca S. A. C. 公司 Razuri 工厂 Corporaction Pesquera Inca S. A. C.，Razuri Plant，Peru	2016. 02—2021. 02	续展
（2016）外饲准字 057 号	鱼油 Fish Oil	秘鲁鱼油（饲料级） Peruvian Fish Oil（Feed Grade）	单一饲料 Single Feed	畜禽 Livestock and Poultry 水产动物 Aquaculture animals	秘鲁 Corporacion Pesquera Inca S. A. C. 公司 Chancay 工厂 Corporaction Pesquera Inca S. A. C.，Chancay Plant，Peru	2016. 02—2021. 02	续展
（2016）外饲准字 058 号	鱼油 Fish Oil	秘鲁鱼油（饲料级） Peruvian Fish Oil（Feed Grade）	单一饲料 Single Feed	畜禽 Livestock and Poultry 水产动物 Aquaculture animals	秘鲁 Corporacion Pesquera Inca S. A. C. 公司 Chimbote 工厂 Corporaction Pesquera Inca S. A. C.，Chimbote Plant，Peru	2016. 02—2021. 02	续展
（2016）外饲准字 088 号	混合型饲料添加剂 酸度调节剂 Feed Additives Mixture Acidity Regulators	幼畜宝®饮水 Acidal ML	混合型饲料添加剂 Feed Additives Mixture	养殖动物 All species or categories of animals	比利时英派克斯有限公司 Impextraco N V，Belgium	2016. 03—2021. 03	续展
（2016）外饲准字 089 号	蛋鸡复合预混合饲料 Premix for Laying hen	蛋特力 Strong Egg	添加剂预混合饲料 Premix	蛋鸡 Laying hen	印度尼西亚美迪安有限公司 PT. Medion，Indonesia	2016. 03—2021. 03	续展
（2016）外饲准字 090 号	维生素 A 乙酸酯 Vitamin A Acetate	罗维素®A 1000 ROVIMIX® A 1000	饲料添加剂 Feed Additive	养殖动物 All species or categories of animals	瑞士帝斯曼营养产品有限公司 DSM Nutritional Products Ltd.，Switzerland	2016. 03—2021. 03	续展

（续）

登记证号	通用名称	商品名称	产品类别	使用范围	生产厂家	有效期限	备注
（2016）外饲准字 091 号	混合型饲料添加剂维生素 A 乙酸酯和维生素 D_3 Feed Additives Mixture Vitamin A Acetate and Vitamin D_3	罗维素® AD_3 1000/200 ROVIMIX® AD_3 1000/200	混合型饲料添加剂 Feed Additives Mixture	养殖动物 All species or categories of animals	瑞士帝斯曼营养产品有限公司 DSM Nutritional Products Ltd.，Switzerland	2016.03—2021.03	续展
（2016）外饲准字 092 号	β-胡萝卜素 β-Carotene	露佳定 10 Lucarotin® 10% Feed	饲料添加剂 Feed Additive	猪 Swine 牛 Cattle 马 Horse 兔 Rabbit 水产动物 Aquaculture animals	巴斯夫欧洲公司 BASF SE，Germany	2016.03—2021.03	续展
（2016）外饲准字 093 号	维生素 A 乙酸酯 Vitamin A Acetate	露他维 A 1000 plus Lutavit® A 1000 Plus	饲料添加剂 Feed Additive	养殖动物 All species or categories of animals	巴斯夫欧洲公司 BASF SE，Germany	2016.03—2021.03	续展
（2016）外饲准字 094 号	鱼粉 Fishmeal	秘鲁红鱼粉（三级至一级） Peruvian Red Fishmeal（Ⅲ to Ⅰ）	单一饲料 Single Feed	畜禽 Livestock and Poultry 水产动物 Aquaculture animals	秘鲁 Corporacion Pesquera Inca S. A. C. 公司 Razuri 工厂 Corporaction Pesquera Inca S. A. C.，Razuri Plant，Peru	2016.03—2021.03	续展
（2016）外饲准字 095 号	鱼粉 Fishmeal	秘鲁红鱼粉（三级至一级） Peruvian Red Fishmeal（Ⅲ to Ⅰ）	单一饲料 Single Feed	畜禽 Livestock and Poultry 水产动物 Aquaculture animals	秘鲁 Corporacion Pesquera Inca S. A. C. 公司 Bayovar 工厂 Corporaction Pesquera Inca S. A. C.，Bayovar Plant，Peru	2016.03—2021.03	续展
（2016）外饲准字 096 号	鱼粉 Fishmeal	秘鲁红鱼粉（三级至一级） Peruvian Red Fishmeal（Ⅲ to Ⅰ）	单一饲料 Single Feed	畜禽 Livestock and Poultry 水产动物 Aquaculture animals	秘鲁 Austral Group S. A. A. 公司 ILO 工厂 Austral Group S. A. A.，Plant ILO Peru	2016.03—2021.03	续展

（续）

登记证号	通用名称	商品名称	产品类别	使用范围	生产厂家	有效期限	备注
（2016）外饲准字 097 号	鱼粉 Fishmeal	秘鲁红鱼粉（三级至一级） Peruvian Red Fishmeal（Ⅲ to Ⅰ）	单一饲料 Single Feed	畜禽 Livestock and Poultry 水产动物 Aquaculture animals	秘鲁 Pesquera Caral S. A. 公司 Chancay 工厂 Pesquera Caral S. A.，Plant Chancay，Peru	2016. 03—2021. 03	续展
（2016）外饲准字 098 号	鱼粉 Fishmeal	秘鲁红鱼粉（三级至一级） Peruvian Red Fishmeal（Ⅲ to Ⅰ）	单一饲料 Single Feed	畜禽 Livestock and Poultry 水产动物 Aquaculture animals	秘鲁 Austral Group S. A. A. 公司 Coishco 工厂 Austral Group S. A. A.，Plant Chancay，Peru	2016. 03—2021. 03	续展
（2016）外饲准字 099 号	鱼油 Fish Oil	秘鲁鱼油（饲料级） Peruvian Fish Oil（Feed Grade）	单一饲料 Single Feed	畜禽 Livestock and Poultry 水产动物 Aquaculture animals	秘鲁 Austral Group S. A. A. 公司 Chancay 工厂 Austral Group S. A. A.，Plant Chancay，Peru	2016. 03—2021. 03	续展
（2016）外饲准字 100 号	鱼粉 Fishmeal	秘鲁红鱼粉（三级） Peruvian Red Fishmeal（Ⅲ）	单一饲料 Single Feed	畜禽 Livestock and Poultry 水产动物 Aquaculture animals	秘鲁 Pesquera Hayduk S. A. 公司 Tambo De Mora 工厂 Pesquera Hayduk S. A.，Plant Tambo De Mora，Peru	2016. 03—2021. 03	续展
（2016）外饲准字 101 号	白鱼粉 White Fishmeal	海之骄子牌美国白鱼粉（一级） Pride of the Sea Brand American White Fishmeal（Ⅰ）	单一饲料 Single Feed	畜禽 Livestock and Poultry 水产动物 Aquaculture animals	美国海鲜公司（工船加工，工船名 American Dynasty，工船号 951307） American Seafoods Company（Produced on Board at Vessel "American Dynasty"，Official No. 951307），USA	2016. 03—2021. 03	续展

（续）

登记证号	通用名称	商品名称	产品类别	使用范围	生产厂家	有效期限	备注
(2016) 外饲准字 102 号	白鱼粉 White Fishmeal	海之骄子牌美国白鱼粉（一级） Pride of the Sea Brand American White Fishmeal (Ⅰ)	单一饲料 Single Feed	畜禽 Livestock and Poultry 水产动物 Aquaculture animals	美国海鲜公司（工船加工，工船名 American Triumph，工船号 646737） American Seafoods Company (Produced on Board at Vessel "American Triumph", Official No. 646737), USA	2016.03—2021.03	续展
(2016) 外饲准字 103 号	白鱼粉 White Fishmeal	海之骄子牌美国白鱼粉（一级） Pride of the Sea Brand American White Fishmeal (Ⅰ)	单一饲料 Single Feed	畜禽 Livestock and Poultry 水产动物 Aquaculture animals	美国海鲜公司（工船加工，工船名 Ocean Rover，工船号 552100） American Seafoods Company (Produced on Board at Vessel "Ocean Rover", Official No. 552100), USA	2016.03—2021.03	续展
(2016) 外饲准字 104 号	白鱼粉 White Fishmeal	海之骄子牌美国白鱼粉（一级） Pride of the Sea Brand American White Fishmeal (Ⅰ)	单一饲料 Single Feed	畜禽 Livestock and Poultry 水产动物 Aquaculture animals	美国海鲜公司（工船加工，工船名 Northern Eagle，工船号 506694） American Seafoods Company (Produced on Board at Vessel "Northern Eagle", Official No. 506694), USA	2016.03—2021.03	续展
(2016) 外饲准字 105 号	白鱼粉 White Fishmeal	海之骄子牌美国白鱼粉（一级） Pride of the Sea Brand American White Fishmeal (Ⅰ)	单一饲料 Single Feed	畜禽 Livestock and Poultry 水产动物 Aquaculture animals	美国海鲜公司（工船加工，工船名 Northern Jaeger，工船号 521069） American Seafoods Company (Produced on Board at Vessel "Northern Jaeger", Official No. 521069), USA	2016.03—2021.03	续展

（续）

登记证号	通用名称	商品名称	产品类别	使用范围	生产厂家	有效期限	备注
（2016）外饲准字 150 号	万饲特活性酵母培养物 Western Yeast Culture	酿酒酵母培养物 Yeast Culture	单一饲料 Single Feed	养殖动物 All species or categories of animals	美国西方酵母股份有限公司 Western Yeast Company，USA	2016.05—2021.05	续展
（2016）外饲准字 151 号	混合型饲料添加剂 酶制剂 Feed Additives Mixture Enzymes	麦质素™- M（液体） WheatEase™- M（Liquid）	混合型饲料添加剂 Feed Additives Mixture	猪 Pig 家禽 Poultry	美国礼来公司印第安纳州工厂 Eli Lilly and Company，USA	2016.05—2021.05	续展
（2016）外饲准字 152 号	β-甘露聚糖酶（源自枯草芽孢杆菌） β - Mannanase（by *Bacillus subtilis*）	西梯酶 CTCZYME	饲料添加剂 Feed Additive	猪 Swine 鸡 Chicken	韩国西梯茜公司 CTCBIO INC.，Korea	2016.05—2021.05	续展
（2016）外饲准字 153 号	可食脂肪酸钙盐 Calcium Soap of Palm	乳美肥 PLUS RUMIFAT PLUS	饲料添加剂 Feed Additive	养殖动物 All species or categories of animals	马来西亚 Ecolex Sdn. Bhd. 公司 Ecolex Sdn. Bhd.，Malaysia	2016.05—2021.05	续展
（2016）外饲准字 154 号	L-色氨酸 L - Tryptophan	饲料级 98% L-色氨酸 L - Tryptophan 98% Feed Grade	饲料添加剂 Feed Additive	养殖动物 All species or categories of animals	味之素（法国）公司 Ajinomoto Eurolysine S. A. S.，France	2016.05—2021.05	续展
（2016）外饲准字 155 号	DL-蛋氨酸 DL - Methionine	饲料级蛋氨酸 DL - Methionine Feed Grade	饲料添加剂 Feed Additive	养殖动物 All species or categories of animals	赢创德固赛安特卫普公共有限公司 Evonik Degussa Antwerpen NV，Belgium	2016.05—2021.05	续展
（2016）外饲准字 156 号	羊牛肉骨粉 Ovine and Bovine Meat and Bone Meal	Wallace 肉骨粉（牛羊） Wallace Meat and Bone Meal（mixed）	单一饲料 Single Feed	畜禽 Livestock and Poultry 水产动物 Aquaculture animals	新西兰沃乐思有限公司 New Zealand Wallace Corporation Limited	2016.05—2021.05	续展

（续）

登记证号	通用名称	商品名称	产品类别	使用范围	生产厂家	有效期限	备注
(2016) 外饲准字 157 号	鸡肉粉 Poultry Meal	Wallace 鸡肉粉 Wallace Poultry Meal	单一饲料 Single Feed	畜禽 Livestock and Poultry 水产动物 Aquaculture animals	新西兰沃乐思有限公司 New Zealand Wallace Corporation Limited	2016.05—2021.05	续展
(2016) 外饲准字 158 号	鱼粉 Fishmeal	秘鲁红鱼粉（三级至一级） Peruvian Red Fishmeal（Ⅲ to Ⅰ）	单一饲料 Single Feed	畜禽 Livestock and Poultry 水产动物 Aquaculture animals	秘鲁 Pesquera Centinela S. A. C. 公司 Chancay 工厂 Pesquera Centinela S. A. C.，Plant Chancay，Peru	2016.05—2021.05	续展
(2016) 外饲准字 159 号	鱼粉 Fishmeal	秘鲁红鱼粉（三级） Peruvian Red Fishmeal（Ⅲ）	单一饲料 Single Feed	畜禽 Livestock and Poultry 水产动物 Aquaculture animals	秘鲁 Pesquera Hayduk S. A. 公司 Coishco 工厂 Pesquera Hayduk S. A.，Plant Coishco，Peru	2016.03—2021.03	续展
(2016) 外饲准字 160 号	鱼粉 Fishmeal	红鱼粉（三级至特级） Red Fishmeal （Ⅲ to Superfine）	单一饲料 Single Feed	畜禽 Livestock and Poultry 水产动物 Aquaculture animals	智利 Pesquera Bahia Cornoel S. A. 公司 Pesquera Bahia Coronel S. A.，Chile	2016.05—2021.05	续展
(2016) 外饲准字 161 号	鱼粉 Fishmeal	秘鲁红鱼粉（三级）Peruvian Red Fishmeal（Ⅲ）	单一饲料 Single Feed	畜禽 Livestock and Poultry 水产动物 Aquaculture animals	秘鲁 Pesquera Hayduk S. A. 公司 Razuri 工厂 Pesquera Hayduk S. A.，Razuri Plant，Peru	2016.05—2021.05	续展
(2016) 外饲准字 162 号	鱼粉 Fishmeal	秘鲁红鱼粉（三级） Peruvian Red Fishmeal（Ⅲ）	单一饲料 Single Feed	畜禽 Livestock and Poultry 水产动物 Aquaculture animals	秘鲁 Pesquera Hayduk S. A. 公司 Vegueta 工厂 Pesquera Hayduk S. A.，Vegueta Plant，Peru	2016.05—2021.05	续展

（续）

登记证号	通用名称	商品名称	产品类别	使用范围	生产厂家	有效期限	备注
(2016) 外饲准字 163 号	鱼粉 Fishmeal	秘鲁红鱼粉（三级） Peruvian Red Fishmeal (Ⅲ)	单一饲料 Single Feed	畜禽 Livestock and Poultry 水产动物 Aquaculture animals	秘鲁 Pesquera Hayduk S. A. 公司 Ilo 工厂 Pesquera Hayduk S. A.，Ilo Plant，Peru	2016. 05—2021. 05	续展
(2016) 外饲准字 164 号	鱼粉 Fishmeal	秘鲁红鱼粉（三级至一级） Peruvian Red Fishmeal (Ⅲ to Ⅰ)	单一饲料 Single Feed	畜禽 Livestock and Poultry 水产动物 Aquaculture animals	秘鲁 Pesquera Centinela S. A. C. 公司 Tambo de Mora 工厂 Pesquera Centinela S. A. C.，Tambo de Mora Plant，Peru	2016. 05—2021. 05	续展
(2016) 外饲准字 220 号	混合型饲料添加剂 丙酸 丁酸 Feed Additives Mixture Propionic Acid Butyric Acid	妙粒 Maxi－Mil HP	混合型饲料添加剂 Feed Additives Mixture	养殖动物 All species or categories of animals	美国安尼妥斯公司 Anitox Corporation	2016. 07—2021. 07	续展
(2016) 外饲准字 221 号	添加剂预混合饲料 Premix	应吉灵 Zero－Stress	添加剂预混合饲料 Premix	猪和家禽 Swine and Poultry	新加坡威发药业有限公司 Vetpharm Laboratories (S) Pte. Ltd.，Singapore	2016. 07—2021. 07	续展
(2016) 外饲准字 222 号	喷雾干燥猪血浆蛋白粉 Porcine Animal Plasma	喷雾干燥猪血浆蛋白粉 AP920	单一饲料 Single Feed	畜禽 Livestock and Poultry 水产动物 Aquaculture animals	美国蛋白质公司 APC，Inc.，USA	2016. 07—2021. 07	续展
(2016) 外饲准字 223 号	仔猪配合饲料 Compound Feed for Piglet	贝贝乐 Porcolac Extra	配合饲料 Compound Feed	仔猪 Piglet	荷兰纽维德公司 Nutrifeed，the Netherlands	2016. 07—2021. 07	续展
(2016) 外饲准字 224 号	仔猪配合饲料 Compound Feed for Piglet	贝贝乳 Porcolac Extra	配合饲料 Compound Feed	仔猪 Piglet	荷兰纽维德公司 Nutrifeed，the Netherlands	2016. 07—2021. 07	续展

（续）

登记证号	通用名称	商品名称	产品类别	使用范围	生产厂家	有效期限	备注
（2016）外饲准字 225 号	混合型饲料添加剂 酸度调节剂 Feed Additives Mixture Acidity Regulators	立必安 Lactiplus Coated	混合型饲料添加剂 Feed Additives Mixture	养殖动物 All species or categories of animals	威隆（意大利）大药厂 Vetoquinol Italia Srl.，Italy	2016.07—2021.07	续展
（2016）外饲准字 226 号	氯化胆碱 Choline	斯多利 STA－CHOL	饲料添加剂 Feed Additives	养殖动物 All species or categories of animals	意大利贝科瑞化工大药厂 Bioscreen Technologies Srl.，Italy	2016.07—2021.07	续展
（2016）外饲准字 252 号	酿酒酵母培养物 Saccharomyces Cerevisiae Yeast Culture	益康 XP Original XP Yeast Culture	单一饲料 Single Feed	养殖动物 All species or categories of animals	美国达农威公司 Diamond V Mills，Inc.，USA	2016.08—2021.08	续展
（2016）外饲准 253 号	混合型饲料添加剂 木聚糖酶（产自长柄木霉） Feed Additives Mixture Xylanase（by Trichoderma longibrachiatum）	麦质素-TM（液体） WheatEase-TM（Liquid）	混合型饲料添加剂 Feed Additives Mixture	猪 Swine 家禽 Poultry	美国礼来公司印第安纳州工厂 Eli Lilly and Company，Plant in Indiana，USA	2016.08—2021.08	续展
（2016）外饲准字 254 号	混合型饲料添加剂 啤酒酵母 Feed Additives Mixture Saccharomyces cerevisae	AG 活酵素 AG CYC	混合型饲料添加剂 Feed Additives Mixture	猪 Pig 家禽 Poultry 水产动物 Aquaculture animals 牛 Cattle 羊 Sheep	韩国真力生物科技有限公司 Genebiotech Co.，Ltd，Korea	2016.08—2021.08	续展
（2016）外饲准字 255 号	混合型饲料添加剂 酸化剂 Feed Additives Mixture Acidifer	诺酸宝 AFL Acidomix® AFL	混合型饲料添加剂 Feed Additives Mixture	养殖动物 All species or categories of animals	诺伟司德国公司 Novus Deutschland GmbH，Germany	2016.08—2021.08	续展

（续）

登记证号	通用名称	商品名称	产品类别	使用范围	生产厂家	有效期限	备注
（2016）外饲准字 256 号	羟基蛋氨酸类似物螯合铜 Copper Methionine Hydroxy Analogue Chelate	明微矿®铜 Mintrex®Cu	饲料添加剂 Feed Additive	奶牛 Dairy cow 肉牛 Beef cattle 家禽 Poultry 猪 Swine	诺伟司国际公司 Novus International，Inc	2016.08—2021.08	续展
（2016）外饲准字 257 号	羟基蛋氨酸类似物螯合铜 Copper Methionine Hydroxy Analogue Chelate	明微矿®锰 Mintrex®Mn	饲料添加剂 Feed Additive	奶牛 Dairy cow 肉牛 Beef cattle 家禽 Poultry 猪 Swine	诺伟司国际公司 Novus International，Inc	2016.08—2021.08	续展
（2016）外饲准字 258 号	羟基蛋氨酸类似物螯合锌 Zinc Methionine Hydroxy Analogue Chelate	明微矿®锌 Mintrex®Zn	饲料添加剂 Feed Additive	奶牛 Dairy cow 肉牛 Beef cattle 家禽 Poultry 猪 Swine	诺伟司国际公司 Novus International，Inc	2016.08—2021.08	续展
（2016）外饲准字 259 号	混合型饲料添加剂 百里香酚 香芹酚 Feed Additives Mixture Thymol Carvacrol	恩益 150 NEXT ENHANCE 150	混合型饲料添加剂 Feed Additives Mixture	牛 Cattle 猪 Swine 家禽 Poultry 水产动物 Aquaculture animals	西班牙诺伟司科泰色素有限公司 NOVUS CAROTENOID TECHNOLOGIES，S. A.	2016.08—2021.08	续展
（2016）外饲准字 260 号	氨基酸锌络合物 Zinc Amino Acid Complex	氨维乐-锌 120 Availa－Zn 120	饲料添加剂 Feed Additive	养殖动物 All species or categories of animals	美国金宝动物营养国际有限公司 Zinpro Animal Nutrition International Inc.	2016.08—2021.08	续展
（2016）外饲准字 261 号	氨基酸铁络合物 Iron Amino Acid Complex	氨维乐-铁 90 Availa－Fe 90	饲料添加剂 Feed Additive	养殖动物 All species or categories of animals	美国金宝动物营养国际有限公司 Zinpro Animal Nutrition International Inc.	2016.08—2021.08	续展
（2016）外饲准字 262 号	美国栗树叶提取物 Chestnut leaves	优可宝 Nutri p	饲料添加剂 Feed Additive	家禽 Poultry 猪 Swine	意大利 Silvachimica Srl 公司 Silvachimica Srl.，Italy	2016.08—2021.08	续展

（续）

登记证号	通用名称	商品名称	产品类别	使用范围	生产厂家	有效期限	备注
（2016）外饲准字 263 号	白鱼粉 White Fishmeal	白鱼粉（一级） White Fishmeal（Grade Ⅰ）	单一饲料 Single Feed	畜禽 Livestock and Poultry 水产动物 Aquaculture animals	俄罗斯 JSC “Tralflot” 公司工船加工，工船名称 “VASILYEVSKIY OSTROV” 工船批准号：CH－011 JSC “Tralflot” Produced on Broad at vessel “VASILYEVSKIY OSTROV”，Register No. CH－011	2016.08—2021.08	续展
（2016）外饲准字 301 号	混合型饲料添加剂 丙酸 丙酸铵 Feed Additives Mixture Propionic Acid Ammonium Propionate	露保康® Lupro－Grain®	混合型饲料添加剂 Feed Additives Mixture	养殖动物 All species or categories of animals	巴斯夫欧洲公司 BASF SE，Germany	2016.10—2021.10	续展
（2016）外饲准字 302 号	维生素 A 醋酸酯油剂 Vitamin A Acetate Oil	维生素 A 醋酸酯油剂 Vitamin A Acetate Oil	饲料添加剂 Feed Additives	养殖动物 All species or categories of animals	巴斯夫欧洲公司 BASF SE，Germany	2016.10—2021.10	续展
（2016）外饲准字 303 号	混合型饲料添加剂 酿酒酵母 海藻酸钠 Feed Additives Mixture Yeast Sodium Alginate	百霉克 Mycofix® Select	混合型饲料添加剂 Feed Additives Mixture	养殖动物 All species or categories of animals	百奥明新加坡私人有限公司 BIOMIN Singapore Pte. Ltd，Singapore	2016.10—2021.10	续展
（2016）外饲准字 304 号	混合型饲料添加剂 酿酒酵母 海藻酸钠 Feed Additives Mixture Yeast Sodium Alginate	百霉清 Mycofix® Plus	混合型饲料添加剂 Feed Additives Mixture	养殖动物 All species or categories of animals	百奥明新加坡私人有限公司 BIOMIN Singapore Pte. Ltd，Singapore	2016.10—2021.10	续展

（续）

登记证号	通用名称	商品名称	产品类别	使用范围	生产厂家	有效期限	备注
（2016）外饲准字 305 号	混合型饲料添加剂 酸度调节剂 Feed Additives Mixture Acidity Regulators	英添迪 复健酸 INNOVAD NOVYRATE® S	混合型饲料添加剂 Feed Additives Mixture	猪 Swine 家禽 Poultry	比利时 Innov AD NV/SA 公司 Innov AD NV/SA，Belgium	2016. 10—2021. 10	续展
（2016）外饲准字 306 号	混合型饲料添加剂 糖精钠 麦芽糊精 Feed Additives Mixture Sodium Saccharin Maltodextrin	英添迪 美乐 INNOVAD MELLIS®	混合型饲料添加剂 Feed Additives Mixture	养殖动物 All species or categories of animals	比利时 Innov AD NV/SA 公司 Innov AD NV/SA，Belgium	2016. 10—2021. 10	续展
（2016）外饲准字 307 号	混合型饲料添加剂 抗氧化剂 Feed Additives Mixture Antioxidants	英添迪 威氧灵 INNOVAD NOVINOX®	混合型饲料添加剂 Feed Additives Mixture	养殖动物 All species or categories of animals	比利时 Innov AD NV/SA 公司 Innov AD NV/SA，Belgium	2016. 10—2021. 10	续展
（2016）外饲准字 308 号	混合型饲料添加剂 酸度调节剂 Feed Additives Mixture Acidity Regulators	英添迪 福合酸 INNOVAD NOVICID® S	混合型饲料添加剂 Feed Additives Mixture	猪 Swine 家禽 Poultry	比利时 Innov AD NV/SA 公司 Innov AD NV/SA，Belgium	2016. 10—2021. 10	续展
（2016）外饲准字 309 号	混合型饲料添加剂 酸度调节剂 Feed Additives Mixture Acidity Regulators	英添迪 安生力 INNOVAD ESCENT® L	混合型饲料添加剂 Feed Additives Mixture	养殖动物 All species or categories of animals	比利时 Innov AD NV/SA 公司 Innov AD NV/SA，Belgium	2016. 10—2021. 10	续展
（2016）外饲准字 310 号	宠物级鸡肉粉 Pet Food Grade Poultry By-product Meal	宠物级鸡肉粉 Pet Food Grade Poultry By-product Meal	单一饲料 Single Feed	宠物 Pet 猪 Swine 家禽 Poultry 水产动物 Aquaculture animals	美国卡罗莱纳副产品公司 Fayetteville 工厂 Carolina By-Products，Inc.，Plant Fayetteville	2016. 10—2021. 10	续展

（续）

登记证号	通用名称	商品名称	产品类别	使用范围	生产厂家	有效期限	备注
（2016）外饲准字 311 号	白鱼粉 White Fishmeal	白鱼粉（一级） White Fishmeal（Ⅰ）	单一饲料 Single Feed	畜禽 Livestock and Poultry 水产动物 Aquaculture animals	俄罗斯 JSC FEU 公司 “Dalintorg”，F/V Eglaine，CH－154（工船加工） JSC FEU “Dalintorg”，F/V Eglaine（Official No. CH－154），Russia	2016.10—2021.10	续展
（2016）外饲准字 312 号	白鱼粉 White Fishmeal	白鱼粉（一级） White Fishmeal（Ⅰ）	单一饲料 Single Feed	畜禽 Livestock and Poultry 水产动物 Aquaculture animals	俄罗斯 Fishery Kolkhoz 公司“OGNIVOSTOKA”，F/V BUTOVSK，CH－281（工船加工） Fishery Kolkhoz “OGNIVOSTOKA”，F/V BUTOVSK，（Official No. CH－281），Russia	2016.10—2021.10	续展
（2016）外饲准字 313 号	复合预混合饲料 Premix	Troy Nutripet 高能量维生素浓缩营养膏 Troy Nutripet High Energy Vitamin	复合预混合饲料 Premix	宠物 Pet	澳大利亚 Troy Laboratories 有限责任公司 Troy Laboratories Pty Ltd，Australia	2016.10—2021.10	续展
（2016）外饲准字 332 号	鱼粉 Fishmeal	红鱼粉（三级） Red Fishmeal（Ⅲ）	单一饲料 Single Feed	畜禽 Livestock and Poultry 水产动物 Aquaculture animals	厄瓜多尔 Herco Cia. Ltda 公司 Herco Cia. Ltda.，Ecuador	2016.11—2021.11	续展
（2016）外饲准字 372 号	鱼粉 Fishmeal	秘鲁红鱼粉（三级至一级） Peruvian Red Fishmeal（Ⅲ to Ⅰ）	单一饲料 Single Feed	畜禽 Livestock and Poultry 水产动物 Aquaculture animals	秘鲁 CFG Investment S. A. C. 公司 Tambo de Mora 工厂 CFG Investment S. A. C.，Plant Tambo de Mora，Peru	2016.11—2021.11	续展

（续）

登记证号	通用名称	商品名称	产品类别	使用范围	生产厂家	有效期限	备注
（2016）外饲准字 373 号	鱼油 Fish Oil	秘鲁鱼油（饲料级） Peruvian Fish Oil（Feed Grade）	单一饲料 Single Feed	畜禽 Livestock and Poultry 水产动物 Aquaculture animals	秘鲁 CFG Investment S. A. C. 公司 Chimbote 工厂 CFG Investment S. A. C.，Plant Chimbote，Peru	2016. 11—2021. 11	续展
（2016）外饲准字 374 号	鱼油 Fish Oil	秘鲁鱼油（饲料级） Peruvian Fish Oil（Feed Grade）	单一饲料 Single Feed	畜禽 Livestock and Poultry 水产动物 Aquaculture animals	秘鲁 CFG Investment S. A. C. 公司 La Planchada 工厂 CFG Investment S. A. C.，Plant La Planchada，Peru	2016. 11—2021. 11	续展
（2016）外饲准字 375 号	鱼油 Fish Oil	秘鲁鱼油（饲料级） Peruvian Fish Oil（Feed Grade）	单一饲料 Single Feed	畜禽 Livestock and Poultry 水产动物 Aquaculture animals	秘鲁 CFG Investment S. A. C. 公司 Razuri 工厂 CFG Investment S. A. C.，Plant Razuri，Peru	2016. 11—2021. 11	续展
（2016）外饲准字 376 号	鱼油 Fish Oil	秘鲁鱼油（饲料级） Peruvian Fish Oil（Feed Grade）	单一饲料 Single Feed	畜禽 Livestock and Poultry 水产动物 Aquaculture animals	秘鲁 Pesquera Hayduk S. A. 公司 Coishco 工厂 Pesquera Hayduk S. A.，Plant Coishco，Peru	2016. 11—2021. 11	续展
（2016）外饲准字 377 号	鱼粉 Fishmeal	秘鲁红鱼粉（三级至一级） Peruvian Red Fishmeal（Ⅲ to Ⅰ）	单一饲料 Single Feed	畜禽 Livestock and Poultry 水产动物 Aquaculture animals	秘鲁 Pesquera Exalmar S. A. A. 公司 Callao 工厂 Pesquera Exalmar S. A. A.，Peru	2016. 11—2021. 11	续展
（2016）外饲准字 378 号	鱼粉 Fishmeal	秘鲁红鱼粉（三级至一级） Peruvian Red Fishmeal（Ⅲ to Ⅰ）	单一饲料 Single Feed	畜禽 Livestock and Poultry 水产动物 Aquaculture animals	秘鲁 Pesquera Exalmar S. A. A 公司 Carquin 工厂 Pesquera Exalmar S. A. A.，Peru	2016. 11—2021. 11	续展

（续）

登记证号	通用名称	商品名称	产品类别	使用范围	生产厂家	有效期限	备注
(2016）外饲准字 379 号	鱼粉 Fishmeal	秘鲁红鱼粉（三级至一级） Peruvian Red Fishmeal（Ⅲ to Ⅰ）	单一饲料 Single Feed	畜禽 Livestock and Poultry 水产动物 Aquaculture animals	秘鲁 Pesquera Exalmar S. A. A 公司 Chimbote 工厂 Pesquera Exalmar S. A. A.，Peru	2016. 11—2021. 11	续展
(2016）外饲准字 380 号	鱼粉 Fishmeal	秘鲁红鱼粉（三级至一级） Peruvian Red Fishmeal（Ⅲ to Ⅰ）	单一饲料 Single Feed	畜禽 Livestock and Poultry 水产动物 Aquaculture animals	秘鲁 Pesquera Exalmar S. A. A 公司 Razuri 工厂 Pesquera Exalmar S. A. A.，Peru	2016. 11—2021. 11	续展
(2016）外饲准字 381 号	鱼粉 Fishmeal	秘鲁红鱼粉（三级至一级） Peruvian Red Fishmeal（Ⅲ to Ⅰ）	单一饲料 Single Feed	畜禽 Livestock and Poultry 水产动物 Aquaculture animals	秘鲁 Pesquera Capricornio S. A. 公司 Callao 工厂 Pesquera Capricornio S. A.，Peru	2016. 11—2021. 11	续展
(2016）外饲准字 382 号	鱼粉 Fishmeal	红鱼粉（三级） Red Fishmeal（Ⅲ）	单一饲料 Single Feed	畜禽 Livestock and Poultry 水产动物 Aquaculture animals	智利 Pesquera Bahia Caldera 公司 Pesquera Bahia Caldera S. A.，Chile	2016. 11—2021. 11	续展
(2016）外饲准字 383 号	鱼粉 Fishmeal	SEAPACK 牌红鱼粉（二级） SEAPACK Brand Red Fishmeal（Ⅱ）	单一饲料 Single Feed	畜禽 Livestock and Poultry 水产动物 Aquaculture animals	缅甸 A. S. K. 安达曼有限公司 A. S. K. Andaman Limited，Myanmar	2016. 11—2021. 11	续展
(2016）外饲准字 384 号	鱼粉 Fishmeal	红鱼粉（一级） Red Fishmeal（Ⅰ）	单一饲料 Single Feed	畜禽 Livestock and Poultry 水产动物 Aquaculture animals	摩洛哥 KB 渔业股份公司 KB FISH sa，Morocco	2016. 11—2021. 11	续展
(2016）外饲准字 385 号	仔猪用配合饲料 Compound Feed for Piglet	速溶仔猪代乳粉 Rosalac Instant	配合饲料 Compound Feed	仔猪 Piglet	法国宝莱蛋白公司 Bonilait Proteins，France	2016. 11—2021. 11	续展
(2016）外饲准字 386 号	L-赖氨酸盐酸盐 L-Lysine Monohydrochloride	L-赖氨酸盐酸盐 L-Lysine Monohydrochloride	饲料添加剂 Feed Additive	养殖动物 All species or categories of animals	印度尼西亚 PT. Cheil Jedang 公司 PT. Cheil Jedang，Indonesia	2016. 11—2021. 11	续展

（续）

登记证号	通用名称	商品名称	产品类别	使用范围	生产厂家	有效期限	备注
(2016) 外饲准字 387 号	屎肠球菌 *Enterococcus faecium*	赐美健 ME10 LBC ME10	饲料添加剂 Feed Additive	养殖动物 All species or categories of animals	瑞士百福公司 Cerbios－Pharma SA，Switzerland	2016.11—2021.11	续展
(2016) 外饲准字 388 号	屎肠球菌 *Enterococcus faecium*	财来成 LBC ME20 plus CYLACTIN LBC ME20 plus	饲料添加剂 Feed Additive	养殖动物 All species or categories of animals	瑞士百福公司 Cerbios－Pharma SA，Switzerland	2016.11—2021.11	续展
(2016) 外饲准字 389 号	混合型饲料添加剂 植物乳杆菌 枯草芽孢杆菌 Feed Additives Mixture *Lactobacillus Plantarum Bacillus Subtilis*	依润－200 MORI－MAX	混合型饲料添加剂 Feed Additives Mixture	畜禽 Livestock and Poultry	韩国 Biotopia 株式会社 Korea Biotopia Co.，Ltd.，Korea	2016.11—2021.11	续展
(2016) 外饲准字 390 号	甘氨酸铁螯合物 Ferric Glycine Chelate	晶标铁 B－TRAXIM® 2C Fe－220	饲料添加剂 Feed Additive	畜禽 Livestock and Poultry 宠物 Pet	瑞士潘可士玛公司 Pancosma S. A.，Switzerland	2016.11—2021.11	续展
(2016) 外饲准字 391 号	甘氨酸铜螯合物 Cupric Glycine Chelate	晶标铜 B－TRAXIM® 2C Cu－240	饲料添加剂 Feed Additive	畜禽 Livestock and Poultry 宠物 Pet	瑞士潘可士玛公司 Pancosma S. A.，Switzerland	2016.11—2021.11	续展
(2016) 外饲准字 392 号	苯甲酸 Benzoic Acid	护酸美 ProveniaTM	饲料添加剂 Feed Additive	畜禽 Livestock and Poultry	诺伟司德国公司 Novus Deutschland GmbH，Germany	2016.11—2021.11	续展
(2016) 外饲准字 393 号	苯甲酸 Benzoic Acid	维乐妥 VevoVitall®	饲料添加剂 Feed Additive	猪 Swine	荷兰艾默卡公司 Emerald Kalama Chemical B. V.，the Netherlands	2016.11—2021.11	续展

科学评审 严把饲料行业准入关

——全国饲料评审委员会2016年主要工作

2016年，全国饲料评审委员会（以下简称“评审委”）紧密围绕农业部中心任务和饲料行业重点工作，以“保安全、强产业、促发展”为宗旨，着力加强饲料评审能力建设，科学、公正、公平开展新饲料技术评审，参与饲料行业法规体系建设，充分发挥了技术把关、咨询和建议等支撑作用。

科学开展新饲料评审工作。严格按照新产品评审流程，科学开展评审工作。全年组织召开专家评审会3次，对8个产品进行了评审，1个产品通过评审。创新工作方式，着力加强行政许可事前服务，为3个新饲料产品开展申报咨询研讨，组织方案论证，给企业新产品申报提出合理化意见和建议，提高新饲料行政许可效率。对获证新饲料添加剂纽甜进行跟踪检查，全面了解新产品上市后的安全性、有效性和质量可控性。

完善行业配套规章。根据行业实际生产需要，保持对《饲料原料目录》《饲料添加剂品种目录》的动态更新。对葵花籽油等5项《饲料原料目录》修订意见、焦亚硫酸钠扩大适用范围等4项《饲料添加剂品种目录》修订意见进行全面评价，科学提出两个“目录”的修订意见。组织编制饲料行业重要标准。为规范防霉剂和天然植物饲料原料的生产和经营，开展了《混合型饲料添加剂　防霉剂通则》《混合型饲料添加剂　调味剂》和《天然植物饲料原料通用要求》3项目重要国家标准的编制；为进一步指导我国宠物食品生产企业科学设计产品，积极推进《犬营养需要》和《猫营养需要》两项推荐性国家标准编制。

加强法规宣贯培训。为加强行业法规宣贯力度，提高行业从业人员的法规水平，举办1期进口饲料和饲料添加剂产品在华登记注册培训班和1期大型饲料企业法规培训班，企业代表和部分省级饲料管理部门共计200余人参加培训。为进一步加强评审能力建设，提高评审人员的理论与实践水平，组织召开饲料评价规程培训班，以近几年饲料有效性和安全评价试验中存在的问题为导向，对80余名评审与评价骨干人员进行了培训。

（胡广东）

丰富行业服务手段和能力 做好桥梁和纽带工作

——原料专业委员会、宠物饲料专业委员会

一、完成协会第六届理事会换届

根据国家有关协会改革精神，确定第七届理事会理事候选人名单，提出第七届理事会会长、常务副会长及副会长候选人名单。2016 年 12 月 9 日召开协会第七次会员代表大会，选举产生新一届理事会，召开第七届理事会第一次全体会议，选举产生新一届会长、副会长、秘书长以及新一届理事会，平稳实现理事会新老交替。农业部副部长于康震，农业部原副部长、协会第六届理事会会长高鸿宾等领导在会上做重要讲话。会议同期邀请邀请全国政协常委、全国政协经济委员会副主任陈锡文等专家学者就“三农”政策、畜牧饲料行业发展趋势、饲料科技发展动态和全球农业投资趋势做专题报告，为饲料企业家转型发展提供智力支持。组织 400 家会员单位发布《中国饲料行业发展宣言》，倡导提质增效、开拓创新、绿色生产、团结协作。

二、举办 2016 饲料原料论坛

在 2016 饲料工业展览会期间，连续 4 次举办饲料原料论坛。邀请国务院参事室特约研究员姚景源，部畜牧业司、种植业司等行业领导以及大型饲料企业负责人，就我国宏观经济态势、种植业结构调整、畜牧饲料业转型升级、玉米等大宗饲料原料市场供需等问题进行了研讨与交流。国内外 600 余名代表参加此次论坛。论坛已经打造成为行业的专业品牌会议，为广大企业准确研判饲料原料市场供需形势，有效利用资源搭建了共享信息、交流合作的高端市场服务平台。

三、举办 2016 饲料行业技术交流活动

为促进行业科学技术水平提高，助力行业转型升级，在 2016 年饲料工业展览会期间，特邀李德发等 4 名行业院士和知名专家学者，举办了以“创新、协调、绿色”为主题的饲料行业技术交流活动，就“互联网＋”和大数据环境下的精准营养、抗生素控制及替代技术等行业发展的热点与焦点问题做专题报告并交流研讨，600 余名行业代表参加了活动。

四、协办第九届国际玉米产业大会

协助大连商品交易所举办第九届国际玉米产业大会，以国家玉米收储政策调整对市场的影响、积极推广“保险＋期货”扩大试点为重点，围绕玉米行业形势、原料市场供需、企业持续发展、期货市场服务实体产业等热点问题进行深入分析，产生了良好的社会效益。

五、促进宠物食品行业发展

（1）2016 新增补中国饲料工业协会宠物饲料专业委员会单位委员 10 家，不断增强专委会凝聚力和影响力。

（2）举办第四届宠物食品论坛。邀请美国宠物食品协会、欧盟宠物食品协会特殊营养功能宠物食品特设工作组、美国德克萨斯农工大学等多位国内外宠物食品相关领域权威专家，就全球宠物行业发展趋势、关键工艺、最新法规等热点问题与国内企业代表进行交流研讨，分享全球宠物食品行业最新研究成果。

（3）充分调动会员单位积极性，与中牧集团共同举办了中国宠物食品安全、健康、可持续发展论坛，促进行业技术交流合作，帮助宠物食品从业人员理解政策，倡导合法经营，营造良好市场环境，为共谋行业健康有序发展搭建平台。

六、积极反映行业诉求

（1）向有关部门积极反映饲料企业玉米需求。针对临储玉米拍卖进度慢、质量差等问题，积极与国家

粮食局、国家发展和改革委员会、中储粮总公司等相关部门协调，要求加快玉米出库进度，同时增加优质玉米的投放数量的诉求，意见被采纳。

（2）在DDGS双反案件中积极反映饲料行业诉求。针对2015年底商务部启动的对原产于美国的干玉米酒糟的双反调查，一方面积极协调饲料企业，一方面向财政部、商务部等部委提出了具有针对性的政策建议和应对措施，为破解行业发展难题建言献策。

（胡广东）

饲料质量安全监管

2016年，农业部持续推动新的饲料法规制度贯彻落实，进一步创新行业管理方式，着力构建事前、事中、事后全程监管机制，全面加强饲料质量安全监管，切实保障饲料质量安全。

一是加强源头管控，以“准入”为重点强化事前监管。进一步规范原料和添加剂使用，禁止饲料企业使用目录和药物饲料添加剂以外的任何物质生产饲料。以确保安全、有效、环保为原则，对申请进入目录的新原料和新饲料添加剂实施严格审查。严格生产许可审批，以“提高门槛、减少数量”为目标，加强许可审核专家培训，指导各地饲料和饲料添加剂行政许可工作，明确厂房、设备、人员、制度等软硬件要求。全国饲料和饲料添加剂生产比最多时压减5 000余家。

二是推行过程管理，以“规范”为重点强化事中监管。贯彻落实质量安全“产”“管”结合要求。从“产”的方面，落实饲料企业生产主体责任，全面推动实施《饲料质量安全管理规范》，组织示范企业创建活动，创建部级示范企业174家。从“管”的方面，落实地方属地管理责任，以规范实施、行政许可和日常监管为重点，组织对湖南、湖北等12个省的饲料行业管理工作进行检查评估，要求地方管理部门按照“双随机一公开”要求开展日常监管巡查，对企业执行《饲料质量安全管理规范》情况进行逐条比对检查，严肃查处违法违规行为。

三是开展监测预警，以“执法”为重点强化事后监管。继续实施《饲料质量安全监测计划》，对饲料生产、经营和使用全环节进行监测，2016年饲料产品总体合格率达96.3%，连续6年保持在95%以上。积极推行检打联动，每年两次向社会公布抽查结果以及不合格企业和产品名单，2016年共通报不合格产品132个，处罚生产、销售主体163个。组织开展风险预警，针对行业反映集中、风险隐患突出的霉菌毒素、重金属等天然污染物进行预警监测，持续跟踪积累数据、掌握规律。加强敏感信息收集，针对违规使用“瘦肉精”等禁用物质、违法添加未经批准物质等线索，组织开展摸底排查和检测方法研发。

“瘦肉精”专项整治

2016 年农业部继续组织开展“瘦肉精”专项整治工作，针对问题多发地区加大检查力度，采取高压态势打击“瘦肉精”违法行为，严防问题反弹。

一是继续组织实施养殖环节“瘦肉精”监测计划。对全国 16 071 个养殖场户实施监督抽查，抽查检测 48 031 批次，检出率为 0.02%。“瘦肉精”异地拉网监测向牛羊养殖重点地区集中，在内蒙古、吉林、辽宁等 11 个重点省份（自治区）抽检 1 005 个养殖场户，对已公布禁用的 16 种“瘦肉精”类物质进行了全面排查，抽检样品 2 997 批次，检出率为 0。

二是加强对问题多发区域的督导抽查。针对近年来专项整治中发现的新动向，监督抽查中增加牛羊养殖场抽检数量，异地拉网监测中增加对外调活畜问题多发地区的突击抽检，对问题突出地区加大督促检查力度。根据屠宰地通报肉牛含“瘦肉精”问题，督促河北、内蒙、吉林等重点省（自治区）追根溯源，遏制苗头。

三是完善健全长效监管机制。健全上下联动、区域联动、部门联动的案件查处机制，加大跨省案件督办力度和工作薄弱地区督查力度。省际之间、部门之间协调配合渠道基本畅通，跨省案件通报协查、涉嫌犯罪移送等工作机制有效运转。继续组织开展“瘦肉精”速测产品质量评价，指定技术机构开展可疑样品筛查，强化对基层监管的技术支持。

饲料质量监督与监测

为加强饲料产品质量安全监督管理，提高饲料和养殖产品质量安全水平，根据《农业部办公厅关于印发2016年全国饲料产品质量安全监测计划等3项监测计划的通知》（农办牧〔2016〕5号）和《2016年养殖环节“瘦肉精”专项监测计划》（农办牧〔2016〕6号）的要求，北京市饲料监察所等35个饲料质检机构在各省（区、市）畜牧饲料主管部门的支持和指导下，2016年对全国30个省（区、市）、新疆生产建设兵团的饲料生产、经营和使用环节的饲料产品质量、瘦肉精、三聚氰胺等违禁添加物、养殖环节“瘦肉精”等进行了监测。

一、监测计划完成情况

2016年，全年计划监测58 780批次，实际完成了70 547批次，占全年计划的120.02%。其中，全国饲料产品质量安全监测完成6 525批次，为计划5 210批次的125.24%；养殖环节饲料中违禁添加物监测完成6 894批次，为计划6 880批次的100.20%；养殖环节“瘦肉精”专项监测中监督抽检16 071个养殖场（户）的48 031批次动物尿液，为计划37 500批次动物尿液的128.08%；重点省养殖场（户）β-兴奋剂类违禁物质排查监测完成2 997批次，完成计划3 300批次的90.82%；饲料中苯乙醇胺A、可乐定、赛庚啶专项监测完成1 094批次，为计划1 080批次的101.30%；奶牛养殖集中区域奶牛饲料中三聚氰胺监测完成470批次，为计划450批次的104.44%；蛋白饲料中三聚氰胺监测完成995批次，为计划880批次的113.07%；反刍动物饲料中牛羊源性成分例行监测完成3 541批次，完成计划3 480批次的101.75%（图2-108）。

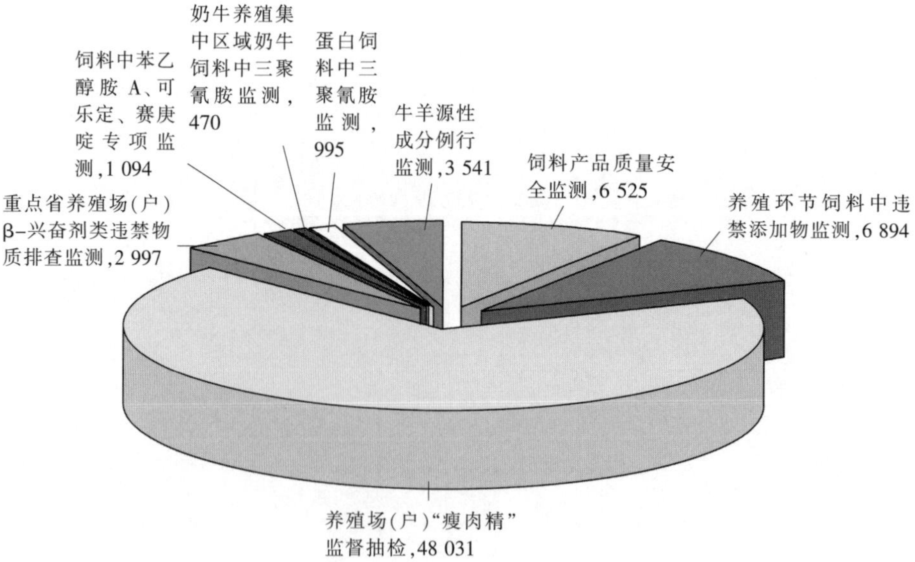

图2-108　2016年监测计划完成情况（批次）

二、监测结果总体情况

（一）饲料产品质量安全监测

对全国30个省（区、市）、新疆生产建设兵团3 402个饲料生产、经营企业的饲料产品进行了抽检，抽查检测6 525批次，合格6 284批次，合格率96.31%。与2015年（96.23%）相比上升0.08个百分点，其中配合饲料的合格率为96.20%，与2015年（96.35%）相比下降0.15个百分点；浓缩饲料的合格率为96.03%，与2015年（95.91%）相比上升0.12个百分点；复合预混合饲料的合格率为93.50%，与2015年（93.33%）相比上升0.17个百分点；微量元素预混合饲料的合格率为96.88%，与2015年（95.71%）相比上升1.17个百分点；维生素预混合饲料的合格率为93.55%，与2015年（93.85%）相比下降0.30个百分点；国产饲料添加剂的合格率为96.88%，与2015年（99.42%）相比下降2.54个百分点；动物源性饲料的合格率为95.80%，与2015年（96.30%）相比下降0.50个百分点；植物性饲料的合格率为98.85%，与2015年（99.53%）相比下降0.68个百分点。不同饲料产品合格率对比见图2-109。

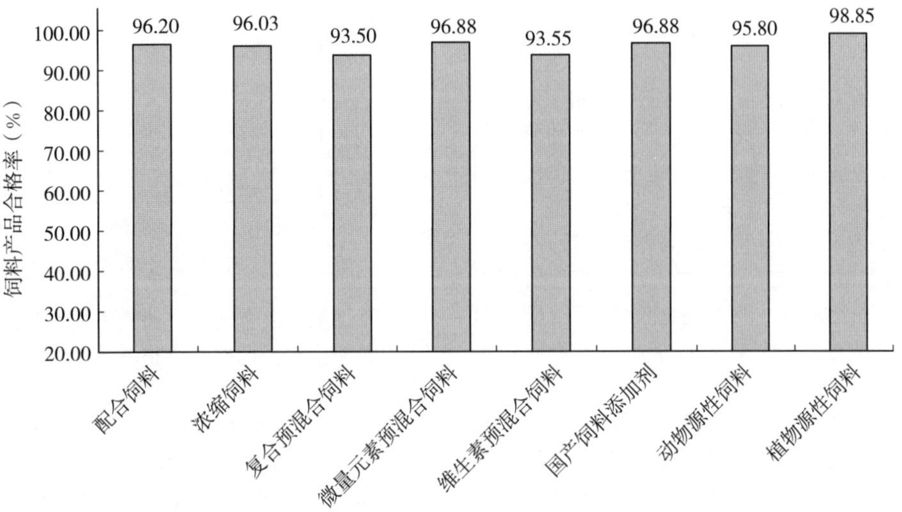

图2-109　不同饲料产品合格率

（二）饲料安全专项监测

1. 饲料使用环节违禁添加物专项监测　对全国30个省（区、市）、新疆生产建设兵团5 951个养殖场（户）的商品饲料和自配饲料进行了抽检，抽查检测6 894批次（猪用饲料3 015批次、家禽饲料1 762批次、水产饲料505批次、肉牛料1 109批次、肉羊料503批次），全部未检出违禁添加物。从2014年开始，已连续3年各类饲料中被监测的各种违禁添加物的检出率保持为0%。

2. 饲料中苯乙醇胺A、可乐定、赛庚啶专项监测　对河北、上海、浙江、安徽、福建、江西、山东、河南、湖北、湖南、广东、四川等12省的972个饲料生产和使用企业的育肥猪添加剂预混合饲料、浓缩饲料和配合饲料进行苯乙醇胺A、可乐定、赛庚啶等违禁添加物的专项监测，抽查检测苯乙醇胺A等违禁添加物1 094批次，全部未检出，检出率为0%。

3. 饲料中三聚氰胺专项监测

（1）奶牛养殖集中区域奶牛饲料中三聚氰胺监测。对北京、河北、内蒙古、黑龙江、山东、河南、陕西、甘肃、新疆等9省（市）253个奶牛养殖场（户）的奶牛饲料中三聚氰胺进行专项监测，共抽查检测470批次奶牛精料补充料、全混合日粮和自配饲料，全部未检出三聚氰胺。

（2）蛋白饲料中三聚氰胺监测。对全国范围内769个蛋白饲料生产、经营和使用者的蛋白饲料原料中三聚氰胺进行监测，共抽查检测995批次，全部未检出三聚氰胺。

（三）养殖环节“瘦肉精”专项监测

1. 养殖场（户）“瘦肉精”监督抽检　对全国26个省（区、市）16 071个养殖场（户）育肥后期的生猪、肉牛和肉羊尿液中克仑特罗、莱克多巴胺和沙丁胺醇进行了抽检，抽查检测48 031批次，检出率为0.02%。

2. 重点省养殖场（户）β-兴奋剂类违禁物质排查监测　2016年，对内蒙古、辽宁、吉林、黑龙江、安徽、福建、江西、山东、湖北、湖南等10省28县市1 005个养殖场（户）进行监测，抽检生猪、肉牛和肉羊尿液样品 2 997 批次，所有样品中均未检出克仑特罗、莱克多巴胺、沙丁胺醇、齐帕特罗、氯丙那林、特布他林、西马特罗、西布特罗、马布特罗、溴布特罗、班布特罗等 11 种 β-兴奋剂类违禁物质。

三、监测结果分析

（一）饲料产品质量安全监测结果分析

1. 不同饲料产品质量状况比较 配合饲料和浓缩饲料。共监测 4 098 批次配合饲料和浓缩饲料产品，不合格产品 158 批次，不合格率为 3.86%。不合格产品中有 36 批次饲料粗蛋白不合格，占不合格配合饲料和浓缩饲料产品的 22.78%，与 2015 年（55.29%）相比下降 32.51 个百分点。粗蛋白不合格是配合饲料和浓缩饲料产品不合格的主要原因。粗蛋白指标不合格的主要原因一是饲料原料价格上涨，劳动力成本上升，企业生产成本攀升，饲料销售难度加大，部分中小企业生产、经营困难，任意调低配方的粗蛋白等质量指标或使用低质原料，人为降低了饲料产品质量。二是部分企业生产设备落后，管理不善，质量控制意识和能力较差，原料进厂、产品出厂未检验。三是部分省（市、区）管理部门对质量指标不合格不处罚或处罚较轻，导致企业对质量问题不重视。

从配合饲料和浓缩饲料的卫生指标检测结果看，2016 年不合格的指标主要是沙门氏菌超标。配合饲料和浓缩料主要卫生指标不合格率见图 2－110。

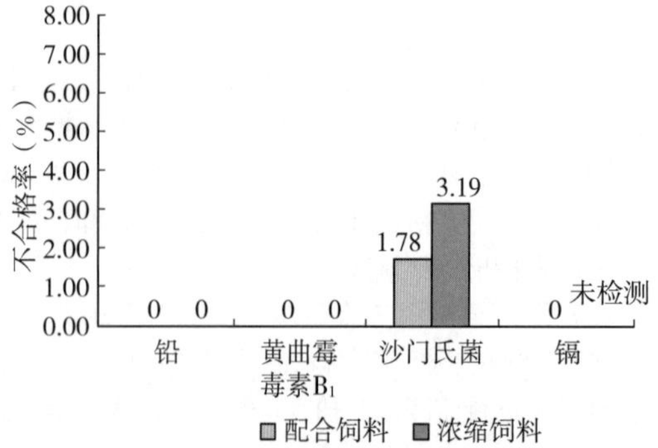

图 2－110 配合饲料和浓缩饲料主要卫生指标不合格率

动物源性饲料原料。共抽查 523 个生产、经营企业的动物源性饲料产品 571 批次，合格 547 批次，合格率为 95.80%。与 2015 年（96.30%）相比下降 0.50 个百分点。在 24 批次不合格的动物源性饲料产品中，其中有 9 批次是鱼粉（合格率 97.42%，2015 年合格率 96.25%）；8 批次是肉骨粉（合格率 60.00%，2015 年合格率 90.00%）；3 批次是肉粉（合格率 93.18%，2015 年合格率 100%）；3 批次是水解羽毛粉（合格率 92.86%，2015 年合格率 100%）；1 批次是血粉（合格率 95.83%，2015 年合格率 100%）。

从鱼粉的质量指标检测结果看，沙门氏菌污染是主要问题，检出率 7.79%，高于 2015 年的 2.17%；其次是粗蛋白不达标，不合格率 0.57%，比 2015 年的 1.38% 有所改善；再次是砂分，不合格率 0.29%，2015 年不合格率为 0.79%；镉超标率均为 0%，与 2015 年相同。鱼粉的质量指标不合格率见图2－111。

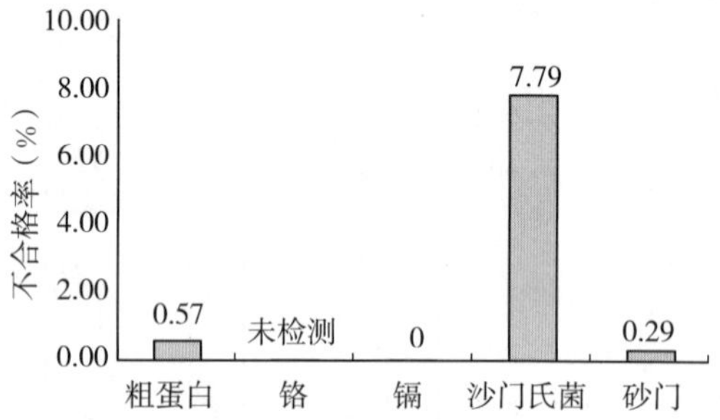

图 2－111 鱼粉主要质量指标不合格率

添加剂预混合饲料。抽检添加剂预混合饲料 680 批次，合格 638 批次，合格率为 93.82%。复合预混合饲料合格率为 93.50%，微量元素预混合饲料合格率为 96.88%，维生素预混合饲料合格率为 93.55%。其中，经营环节的复合预混合饲料、微量元素预混合饲料和维生素预混合饲料合格率分别为 95.38%、90.00%和 75.00%，复合预混合饲料合格率比 2015 年（90.34%）上升 5.04 个百分点，微量元素预混合饲料合格率比 2015 年（86.67%）上升 3.33 个百分点，维生素预混合饲料比 2015 年（66.67%）上升 8.33 个百分点。

抽检的 62 批次维生素预混合饲料中有 4 批次维生素 A、3 批次维生素 E 和 4 批次维生素 D_3 不合格。

国产饲料添加剂。抽检饲料添加剂 192 批次，合格 186 批次，合格率 96.88%。其中，抽检维生素添加剂 83 批次，其中氯化胆碱 73 批次，合格率 100%，与 2015 年（100%）相比持平；抽检 25 批次甜菜碱，合格 24 批次，合格率为 96.00%，与 2015 年（100%）相比下降 4 个百分点。从 2010 至 2016 年历次监测结果来看，氯化胆碱和甜菜碱质量逐渐趋稳。

进口饲料及饲料添加剂。共抽检了 15 个省份 58 家企业使用的 201 批次进口饲料及饲料添加剂样品及其标签，来源于 28 个国家（地区）74 个生产厂家生产的产品。201 批次样品中有 171 批次样品合格，30 批次样品不合格，合格率为 82.5%，不合格的 30 批次样品分别为微量元素 7 批次，酶制剂 2 批次，香味剂1批次，抗氧化剂1批次，其他类添加剂3批次、蛋白饲料原料14批次、能量饲料原料1批次和其他饲料原料1批次。其中，主含量不合格的样品8批次，卫生指标不合格的样品12批次，其他指标不合格的10批次。201个标签有107个合格，94个不合格，合格率为53.2%。

2. 主要卫生指标检测结果比较 对饲料产品的主要卫生指标进行了监测，结果表明：沙门氏菌超标较严重（3.62%）；其次是砷超标（1.04%），其中饲料添加剂超标较严重，为1.56%，有别于2015年添加剂预混合饲料的超标较严重的情况（0.82%）。

3. 配合饲料中铜、锌监测结果 为了解农业部1224号公告执行情况，在猪、禽和水产配合饲料中增测了铜和锌两项指标。两项指标依据1224号公告的限量规定作单项判定，且计入产品综合判定。

共检测2 371批次配合饲料中铜和锌含量，其中：猪配合料1 294批次，禽配合饲料852批次，水产配合饲料225批次。从检测结果看，铜合格率为99.20%，锌合格率98.78%，与2015年铜、锌合格率分别为99.18%、98.98%的情况基本持平。

按配合饲料的种类统计，铜合格率最高的是水产配合饲料，为99.56%，2015年为100%。其次是禽配合饲料，为99.41%，2015年为99.46%。猪配合饲料最低，为99.00%，2015年为98.83%。锌合格率最高的是禽配合饲料，为99.77%，2015年为99.78%。其次是水产配合料为99.56%，2015年为100%；猪配合饲料最低，为97.99%，2015年为98.24%。

4. 生产环节和经营环节的饲料产品质量对比 2016年全年，共抽查生产环节的配合饲料、浓缩饲料、饲料添加剂、添加剂预混合饲料和动物源性饲料3 505批次，合格3 376批次，合格率96.32%，与2015年（98.01%）相比下降1.69个百分点。抽查经营环节的配合饲料、浓缩饲料、饲料添加剂、添加剂预混合饲料和动物源性饲料1 225批次，合格1 158批次，合格率94.53%，与2015年（91.36%）相比上升3.17个百分点。生产企业产品合格率比经营企业高1.79个百分点。2015年，生产企业产品合格率比经营企业高6.65个百分点。如图2-112所示。

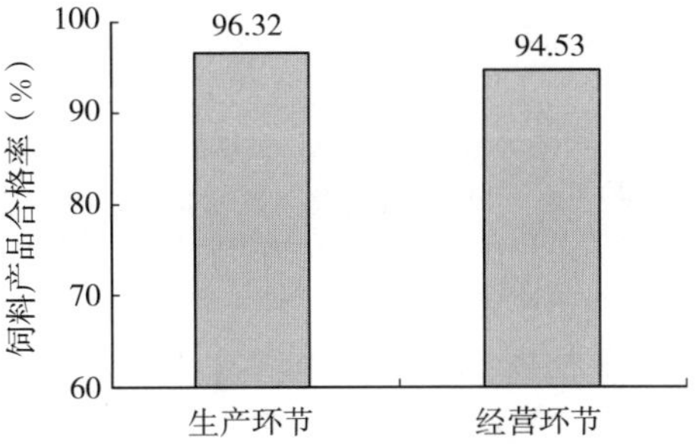

图2-112 生产环节和经营环节的饲料产品质量对比

（二）饲料安全专项监测结果分析

1. 饲料使用环节违禁添加物监测结果分析

（1）育肥猪饲料。抽检育肥猪饲料3 015批次，未检出克仑特罗、莱克多巴胺、沙丁胺醇等违禁药物，违禁添加物检出率为0%。

（2）肉牛饲料。抽检肉牛饲料1 109批次，未检出盐酸克仑特罗、莱克多巴胺、沙丁胺醇。

（3）肉羊饲料。抽检肉牛饲料503批次，未检出盐酸克仑特罗、莱克多巴胺、沙丁胺醇。

（4）禽饲料。抽检肉禽和蛋禽饲料1 762批次，未检出呋喃唑酮、氯霉素和苏丹红。

（5）水产饲料。抽检32批次大菱鲆、鳗鱼、甲鱼等特种水产饲料，未检出呋喃唑酮；抽检303批次草鱼、鲤鱼、河蟹和罗氏沼虾等水产饲料，未检出氯霉素、己烯雌酚；抽检170批次其他水产饲料，均合格。

2. 饲料中苯乙醇胺A、可乐定、赛庚啶专项监测 对河北、上海、浙江、安徽、福建、江西、山东、河南、湖北、湖南、广东、四川等12省的972个饲料生产和使用企业的育肥猪添加剂预混合饲料、浓缩饲料和配合饲料进行苯乙醇胺A、可乐定、赛庚啶等违禁添加物的专项监测，抽查检测苯乙醇胺A等违禁添加物1 094批次，检出率为0%。

3. 饲料中三聚氰胺专项监测

（1）奶牛养殖集中区域奶牛饲料中三聚氰胺监测。对北京、河北、内蒙古、黑龙江、山东、河南、陕西、甘肃、新疆等9省（市）371个奶牛养殖场（户）的奶牛饲料中三聚氰胺进行专项监测。抽查检测470批次奶牛精料补充料、全混合日粮和自配饲料，未检出三聚氰胺。

（2）蛋白饲料中三聚氰胺监测。对全国范围内769个蛋白饲料生产、经营和使用者的蛋白饲料原料中三聚氰胺进行监测。抽查检测995批次，检出率0%，与2015年（0%）相比持平。

4. 饲料中不同违禁添加物检出情况对比 检测饲料中克仑特罗、莱克多巴胺、沙丁胺醇4 627批次，检测齐帕特罗、溴布特罗、克仑普罗、妥布特罗、班布特罗、1 761批次，检测特布他林、西马特罗、马布特罗1 856批次，检测西布特罗1 768批次，检出率为0%；检测苏丹红1 067批次、氯霉素2 266批次、己烯雌酚303批次、氯丙那林1 761批次、呋喃西林1 794批次，呋喃唑酮、呋喃妥因、呋喃它酮

1 793 批次，检出率也为 0%。由此可见，饲料中克仑特罗、莱克多巴胺、苏丹红、呋喃唑酮、己烯雌酚、氯霉素等违规使用已经基本得到了抑制。

（三）养殖环节“瘦肉精”专项监测

1. 养殖场（户）“瘦肉精”监督抽检 对全国 26 个省（区、市）16 071 个养殖场（户）育肥后期的生猪、肉牛和肉羊尿液中克仑特罗、莱克多巴胺和沙丁胺醇进行了抽检，抽查检测 48 031 批次，检出 6 批次样品，检出率为 0.01%。

2. 重点省养殖场（户）β-兴奋剂类违禁物质排查监测 2016 全年，对内蒙古、辽宁、吉林、黑龙江、安徽、福建、江西、山东、湖北、湖南等 10 省（区）28 县市 1 005 个生猪、肉牛和肉羊养殖场（户）进行监测，现场筛查克仑特罗、莱克多巴胺和沙丁胺醇 3 种 β-兴奋剂类违禁物质。除现场筛查呈阳性的样品外，每个养殖场（户）选 1 份样品，实验室检测克仑特罗、莱克多巴胺、沙丁胺醇、齐帕特罗、氯丙那林、特布他林、西马特罗、西布特罗、马布特罗、溴布特罗、班布特罗等 11 种 β-兴奋剂类违禁物质，检出率为 0%。

共排查监测 475 个生猪养殖场（户），1 293 批次猪尿；471 个肉牛养殖场（户），1 412 批次牛尿；99 个肉羊养殖场（户），292 批次羊尿。共 1 005 个养殖场（户），2 997 批次动物尿液。未检出违禁药物。

四、存在的问题

（一）粗蛋白等质量指标制约提高饲料合格率

随着近年来饲料监测和处罚力度的加大，质量指标的合格率逐年提高，但合格率平均值仍低于卫生指标合格率。2016 年共抽检 4 098 批次配合饲料和浓缩饲料产品，不合格产品 158 批次，不合格率为 3.86%。不合格产品中有 36 批次饲料粗蛋白不合格，占不合格配合饲料和浓缩饲料产品的 22.78%。造成饲料粗蛋白不达标的原因主要是人为因素。少数中小企业人为调低配方中的蛋白原料的用量或选用低质原料，从而降低了饲料产品质量。部分企业仍缺少必要的检测化验设备，生产过程控制能力较差，没有对原料进厂和产品出厂进行有效控制；另外，也存在标签上标示质量指标虚高的现象。

（二）添加剂预混合饲料存在严重质量问题

抽检添加剂预混合饲料 680 批次，合格 638 批次，合格率为 93.82%。其中生产环节的复合预混合饲料合格率为 92.46%。经营环节的复合预混合饲料、微量元素预混合饲料、维生素预混合饲料分别为 98.18%、90.00%和 75.00%。造成生产环节复合预混合饲料严重质量问题的主要原因：一方面，部分企业故意造假，主要营养成分含量几乎为 0%；另一方面，部分添加剂预混合饲料生产企业的维生素检测能力不足，不能按照《饲料质量安全管理规范》的要求控制原料进厂和成品出厂的质量。经营环节中，微量元素预混合饲料、维生素预混合饲料存在严重造假现象，这些产品通过经营环节销售的主要是小包装产品。这类产品多为小公司生产，加之销售环节多，销售地点多为老少边穷地区，监管难度大，质量难以保证。

（三）猪配合饲料“高铜、高锌”问题比较突出

抽检 2 371 批配合饲料中铜和锌含量，其中猪配合料 1 294 批次，禽配合饲料 852 批次，水产配合饲料 225 批次。铜合格率为 99.20%，锌合格率 98.78%，与 2015 年基本持平。其中，猪配合饲料中铜、锌的合格率最低，分别为 99.00%、97.99%。依据农业部 1224 号公告，“高铜、高锌”问题突出，其中不乏国内知名饲料生产企业。有些企业利用该公告中“仔猪断奶后前 2 周配合饲料中氧化锌形式的锌的添加量不超过 2 250mg/kg”，标签上标明“仔猪断奶后前 2 周配合饲料”，但告知养殖场户可以饲喂断奶仔猪和生长肥育猪；存在标签上标明“氧化锌”，但实际添加硫酸锌的现象。

（四）动物源性饲料合格率较低

共抽查 523 个生产、经营企业的动物源性饲料产品 571 批次，合格 547 批次，合格率为 95.80%。与 2015 年（96.30%）相比，下降 0.5 个百分点。在 24 批次不合格的动物源性饲料产品中，其中 9 批次是鱼粉，8 批次是肉骨粉，3 批次是水解羽毛粉，3 批次是肉粉，1 批次是血粉。肉骨粉的主要问题是铬超标和沙门氏菌污染。鱼粉的主要问题是沙门氏菌污染和粗蛋白含量不足。铬超标与掺假有关。沙门氏菌污染与生产工艺和储存运输条件有关。同时，企业对沙门氏菌等病原微生物的防控意识缺失，病原微生物的检测能力较差。

五、对策措施和建议

（一）严格准入条件，规范企业饲料质量安全管理

近年来，随着监测工作的进一步加强，饲料产品的质量安全水平有了很大的提高，但由于饲料行业整体水平不高，受生产条件、管理水平、人员素质、检验化验条件和能力、市场因素等方面的影响，部分饲料产品质量不稳定，合格率波动较大。一些潜在安全隐患依然存在。因此，需要严格饲料生产企业，特别是添加剂预混料生产企业的准入条件，全面贯彻实施《饲料质量安全管理规范》，强化全程追溯管理。同时，加强销售环节从业人员的法规培训和教育，加强检验化验人员的持续培训和再教育。

（二）建立适合饲料行业的守信联合激励和失信联合惩戒制度，构建行业信用体系

要严格按照《饲料和饲料添加剂管理条例》的规定，对不合格产品的企业实施处罚并曝光，使监督检查取得成效。彻底改变部分地区“重查轻处或只查不处”的状况。逐步通过建立“黑名单”制度，定期通过有关媒体公布饲料产品质量指标严重不合格的劣质产品及企业，让市场淘汰制售不合格产品和违法添加违禁添加物的企业。增加对列入黑名单企业的检查频次，并将其产品列为重点监测对象。同时，根据《国务院关于建立完善守信联合激励和失信联合惩戒制度加快推进社会诚信建设的指导意见》（国发〔2016〕33号）的要求，逐步建立饲料行业的信用体系。

（三）转变工作思路，提高养殖环节“瘦肉精”监管成效

以提升养殖环节“瘦肉精”监管效能为目标，优化绩效考核和奖惩方式，鼓励发现问题和解决问题。同时，推进适度规模化养殖，完善各种补贴制度，提高养殖效益。加强养殖环节从业人员的法规培训。加强处理“瘦肉精”案件的透明度和宣传力度，使所有人都不敢碰这道高压线。另外，在监测计划范围内适当降低常规监测的比例，加大其他非法添加物预警的力度。

（四）开展监督抽查和预警监测，加强对动物源性饲料生产企业的监管和服务

动物源性饲料原料是畜禽配合饲料和浓缩饲料的重要组分，同时，除乳和乳制品外的动物源性饲料原料被禁止添加到反刍动物饲料中，因此，要依据《饲料和饲料添加剂管理条例》及配套规章，加强对动物源性饲料的监管。针对掺杂使假、沙门氏菌等病原微生物污染问题，持续开展监督抽查和预警监测。并对发现的问题线索，进行跟踪，查找问题，分析原因，提出整体解决方案，更好地服务企业，服务行业。

（五）加强监督检查，提高饲料质量安全和“瘦肉精”监测监测工作质量

随着饲料监管工作的深入，各省饲料质检机构承担的任务逐年增加，需要检测的新项目也不断增加，为确保饲料质量安全监测工作质量，应加强抽样人员、检测人员、结果处置和数据录入人员的培训，提高业务水平，增强工作责任心。加强检测技术培训和预警监测技术交流，提高监测技术水平。适时修订《农业部饲料质量安全监测工作规范（修订）》，完善抽样、异议处理等相关要求，增加阳性样品保存的相关要求。

（樊霞　李俊）

2016 中国饲料工业展览会

由中国饲料工业协会、全国畜牧总站主办的2016 中国饲料工业展览会于 2016 年 4 月 19 日至 23 日在合肥滨湖国际会展中心成功举办。全国政协委员、中国饲料工业协会会长高鸿宾等领导出席大会并参观展览。

本届展会是在全面深化改革和全面建成小康社会、加快建设现代畜牧业饲料工业的大背景下，以“筑牢安全防线，转变发展方式，提升增长质量”为主线，以“转型升级、铸造品牌”为主题，充分发挥展览会信息发布、技术交流、商贸洽谈等方面的权威平台作用，对于整个养殖饲料行业系统总结“十二五”发展成就、准确研判面临的机遇挑战、科学谋划“十三五”发展思路战略、加速推进转型升级意义重大。作为国内饲料行业最具影响力的专业品牌展会，本届展会规模和影响力进一步扩大，共设置展位近 2 000 个，展览面积超过 6 万 m^2，特装面积达 90% 以上。为进一步提高展示交易效果，方便大家参观展览，大会组委会首次策划按产品功能划分十二大展示交易区，共设大型饲料企业展区、饲料机械展区、饲料添加剂 A 展区（维生素和氨基酸类产品）、饲料添加剂 B 展区（酶制剂和微生态制剂类产品）、饲料添加剂 C 展区［矿物元素及其螯（络）合物类产品］、饲料添加剂 D 展区（着色剂、调味和诱食剂、抗氧化剂、防腐剂、防霉剂、酸度调节剂、黏结剂、抗结块剂、稳定剂、乳化剂等产品）、饲料添加剂 E 展区（药物饲料添加剂及动保类产品）、饲料添加剂 F 展区（多糖、寡糖、植物提取物和其他类饲料添加剂产品）、饲料原料展区（饲料原料目录规定的产品）、饲料和饲料添加剂综合展区、国外饲料企业展区、行业宣传媒体展区，受到展商和观众的一致好评。本届展会共吸引了 5 万多人次的畜牧饲料行业专业观众参展参会。

作为本次展会的另一大亮点，展会期间，全国饲料工作办公室和中国饲料工业协会精心组织策划了“中国饲料工业‘十二五’发展成就展”，在 500m^2 的区域内通过展板展示、视频播放和宣传册发放等形式，系统总结了我国饲料行业和企业“十二五”期间在产业发展、行业管理、科技创新、企业发展、行业服务等方面取得的成绩，全面提振“十三五”行业和企业的发展信心。

展会期间，中国饲料工业协会举办了 2016 饲料原料论坛，邀请国务院参事室姚景源特约研究员、全国农业技术推广服务中心吕修涛处长、农业部畜牧业司魏宏阳调研员、国家粮油信息中心李喜贵处长、北京大北农集团邵根伙董事长等围绕中国经济的根本问题、饲料养殖业发展与种植业结构调整、原料风险采购、互联网助推行业发展与热点问题进行了深度解读和专题互动。此次论坛主题突出，内容丰富，与会 600 多位代表从多角度、多层面对当前我国宏观经济形势、养殖饲料行业发展趋势、种植业结构调整、玉米等主要饲料原料供求关系和价格走势、互联网对饲料行业发展的影响等问题有了更加深入的了解，论坛在行业内的影响力进一步提升。展会期间，中国饲料工业协会还同期举办了 2016 饲料行业技术交流活动，邀请包括 4 位中国工程院院士在内的行业知名专家，就“互联网＋”和大数据环境下的精确营养、抗生素控制及替代技术等行业发展的热点焦点问题进行交流和研讨，以新理念、新思路、新技术不断拓展行业新的发展空间。

（闫奎友　赵之阳）

中国饲料工业协会第七次会员代表大会

为深入贯彻党的十八大和十八届三中、四中、五中和六中全会精神，系统总结协会第六届理事会成立以来取得的成绩和经验，科学谋划“十三五”期间协会工作的新思路、新目标，努力开创协会工作新局面，依据《中国饲料工业协会章程》的规定并报请相关部门批准，2016年12月9日，中国饲料工业协会第七次会员代表大会在北京会议中心召开。农业部副部长于康震、农业农村经济专家陈锡文、农业部畜牧业司司长（全国饲料工作办公室主任）马有祥、中国农业大学院士李德发、世界银行专家刘剑文就当前国内外经济形势、“十三五”期间畜牧饲料行业形势、饲料行业科技发展和全球农业发展趋势做专题报告。

农业部副部长于康震在会上强调，要抓住现代畜牧业建设和渔业转型升级的新机遇，大力发展饲料工业，推动粮食去库存和过腹转化，为农业供给侧结构性改革和养殖业绿色发展做出新贡献。

于康震指出，饲料工业一头连着种植业，一头连着养殖业，既是动物性食品安全的源头，又是大食物安全的前哨，产业链条长，发展空间大，已成为国民经济的重要门类。30多年来，我国饲料工业在充分的市场竞争洗礼中不断成长、发展、壮大。目前已形成了一个涵盖饲料原粮、蛋白质饲料、农副资源、食品副产物、矿物质饲料和添加剂等的大原料体系，创建了一批运用现代科学管理方式和先进技术的大企业集团，构建了一个国内外互通互融的饲料工业大市场环境，实现了产品产量与质量并举的饲料产品大安全格局，为现代养殖业发展和饲料工业强国建设奠定了坚实的基础。

于康震强调，“十三五”是全面建成小康社会的决胜阶段，也是饲料工业转型升级的战略机遇期。饲料工业作为依托种植业、服务养殖业的中枢产业，必须顺应农牧业结构调整的要求，加快推进转型升级，服务农牧业绿色发展，服务养殖业提质增效，服务农牧民增收致富。一要发挥企业的主体作用。加快实施转型战略，突破惯性思维，积极进行全产业链布局，推动种养加一体，一、二、三产业融合发展，把互联网思维、互联网手段有机融入到企业业务流程中去，利用新动能助推产业升级。二要发挥好科研机构的科技支撑作用。以安全、高效、生态发展为引领，紧紧抓住“自主创新”这个牛鼻子，在精准配方、资源高效利用、抗生素减量使用、粪污减量排放等方面加大技术攻关力度。三要发挥好协会的引领服务作用。中国饲料工业协会要切实加强自身建设，增强服务能力，努力帮助企业排忧解难，反映行业诉求，维护行业的正当利益。要加强行业自律，通过广泛宣传，提高企业信用意识，加强诚信体系建设，逐步健全企业信用制度，实现信用信息共享，营造企业守法经营的良好社会氛围。

会上，400家会员单位参加会议并共同发布了《中国饲料行业发展宣言》（以下简称《宣言》），表示要在国家产业政策指导下，齐心协力，开拓创新，做强产业，做优品牌，再续中国饲料工业辉煌。

《宣言》指出，饲料安全，行业健康。产品好企业大，企业大产业强，产业强国家兴。中国饲料工业协会会员企业愿与全国同行一道，在全面建成小康社会的决胜阶段，抓住饲料工业转型升级的战略机遇。一要提质增效，走质量效益新路。坚持把质量安全作为企业命脉，严格遵守法律法规，做专做精饲料产品，做优做亮企业品牌，确保产品质量安全。加强企业自律，练好发展内功，坚持质量标准，推进节本增效，勇担企业责任，对养殖户负责，对动物健康负责，为健康中国担当。二要开拓创新，提升核心竞争力。以自主研发和自主创新为战略，面向全球，着眼未来，加快新型、绿色饲料添加剂研发和应用，提升饲料加工水平和饲料加工装备水平，利用“互联网+”开辟饲料工业发展新途径，依靠科技兴饲，科技惠民，做大做强饲料产业，实现中国饲料工业“走出去”战略新跨越。三要绿色生产，促进可持续发展。积极响应国家生态文明建设对饲料产业绿色发展新要求，将可持续发展理念融入企业文化，大力推进节能减排，推广绿色营养调控，减少饲料药物添加剂的使用，从源头净化环境，实现高水平有效供给，保障消费质量安全和环境友好。四要团结协作，共建利益共同体。以保证饲料行业健康发展为己任，诚实守信，营造公平和谐的市场氛围。牢固树立共享发展理念，与广大养殖户结成利益共同体，共担风险，共享成果，紧密协作，共同发展，齐心协力维护行业健康发展新环境，开启饲料行业发展新征程，实现饲料强国新目标。

会议表彰了中国饲料工业协会先进集体和先进工作者，听取并审议《中国饲料工业协会第六届理事会工作报告》《中国饲料工业协会章程（修改草案）》《中国饲料工业协会财务报告》，选举产生中国饲料工业协会第七届理事会和第七届理事会会长、常务副会长、副会长、秘书长。

（闫奎友　赵之阳）

粮改饲试点工作

为贯彻落实国务院《国民经济和社会发展第十三个五年规划纲要》推广粮改饲和种养结合模式，发展农区畜牧业的重大决策以及农业部《全国种植业结构调整规划（2016—2020年）》的工作要求，按照草畜配套、种养结合、产销平衡的原则，2015年，农业部会同财政部在10个省区30个县启动粮改饲试点。2016年，试点范围扩大到“镰刀弯”地区和黄淮海玉米主产区的17个省（区）121个县。在项目实施过程中，各试点省（区）围绕种养一体化、生产服务社会化、饲草料品种多元化等发展方向，开拓进取，扎实工作，较好地完成了工作任务。

一、狠抓政策落实，确保粮改饲工作有序开展

2016年年初，在国家财政偏紧的情况下，农业部主动协调、积极沟通，粮改饲试点项目资金从2015年的3亿元增加到10亿元，实现了政策资金较大幅度增长。6月农业部组织召开粮改饲试点工作部署会，对粮改饲项目政策进行解读，对各地工作进行再动员、再部署。8月，全国畜牧总站、中国饲料工业协会配合农业部举办了粮改饲暨全株青贮玉米应用技术培训班。各试点省、市、县农牧管理部门积极行动，制订实施方案、细化任务分解、明确操作方式、加强宣传引导，开展了大量扎实细致的工作，推动粮改饲工作有序开展。

二、创新宣传方式，营造良好舆论氛围

农业部和各级农牧管理部门坚持将正确的舆论导向放在粮改饲宣传工作首位，有计划、有重点地邀请中央和地方各级媒体对粮改饲工作进行宣传报道，用老百姓的亲身感受和鲜活的数字反映粮改饲在促进种植业结构调整、玉米去库存、草食畜牧业提质增效、种养结合循环发展、产业扶贫和增草保畜等方面取得的实际成效。在中央电视台“新闻联播”“朝闻天下”频道、新华社和辽宁、山东、河南、内蒙古等地方新闻联播以及《人民日报》《农民日报》《中国畜牧兽医报》《内蒙古日报》《黑龙江日报》《云南日报》等报纸的重要版面发表粮改饲有关报道，在全社会引起热烈反响，为粮改饲政策落实营造良好的舆论环境。

三、及时组织开发信息系统，实现项目精细化管理

全国畜牧总站、中国饲料工业协会配合农业部畜牧业司，克服时间紧、任务重等不利因素，及时组织设计开发“粮改饲试点项目管理系统”，抓紧举办培训班，统一工作思路、明确录入规则，规范录入流程，使系统尽快投入运行，并进行实时监测。对数据波动较大的、不符合常理的情况，及时与相关省区沟通联系，予以纠正，了解反映系统使用中存在的困难和问题，确保粮改饲试点项目数据录入工作有序进行，实现了项目精细化管理，为及时准确反映粮改饲进展情况提供了精准数据支撑。

四、注重督导调研，促进工作落实

2016年10月中下旬，全国畜牧总站、中国饲料工业协会配合农业部畜牧业司，成立督导调研组，深入有关省、县集中开展粮改饲试点项目实施情况调研。通过听汇报、现场看、一线听、当面谈、现场议等多种方式，既准确掌握粮改饲项目进展情况，了解基层及企业所需所盼，又督促各单位扎实推进粮改饲项目。同时，通过总结、归纳和提炼项目实施中形成的典型经验与模式，全面推动粮改饲试点工作再上新台阶。

粮改饲政策顺应了农牧业发展的新形势，有力拉动了种植业结构调整和畜牧业节本提质增效，实现了

种养双赢，取得了显著成效。据统计，2016 年，粮改饲种植面积 677.9 万亩，其中，全株青贮玉米 613 万亩，全株青贮高粱 11.6 万亩，苜蓿、燕麦等优质牧草 53.3 万亩。通过实施粮改饲试点项目，全国共减少籽粒玉米 33.9 亿 kg，农民亩均增收 348.3 元，农牧民共计增收约 23 亿元。

（刘海良　粟胜兰）

科 技 推 广

2016年，由中国科学院亚热带农业生态研究所印遇龙院士等完成的“猪日粮功能性氨基酸代谢与生理功能调控机制研究”获得了国家自然科学二等奖。项目围绕猪氨基酸代谢与生理功能调控机制开展研究，揭示了精氨酸、亮氨酸等功能性氨基酸在猪肠道高效利用的规律及其对营养沉积分配和孕体发育等功能的调控机制，可为人类营养代谢与健康研究提供参考，推动功能性氨基酸在猪生产中的应用，产生了显著的经济和社会效益。成果发表在本领域顶尖期刊并被广泛引用。由东北农业大学单安山教授主持，山东新希望六和集团有限公司、辽宁禾丰牧业股份有限公司、谷实农牧集团股份有限公司等单位参与完成的“功能性饲料关键技术研究与开发”获得国家科技进步二等奖。项目针对困扰我国畜牧业快速发展的饲料与畜产品安全、质量和饲料资源短缺等问题，研发了功能性饲料关键技术及系列产品，研究了抗菌肽、益生菌、药用植物及其有效成分等功能性饲料的作用机理，开发出饲用抗生素替代技术及系列产品，消减了抗生素在畜产品中残留和耐药菌株的产生。研究了霉菌毒素对动物毒性作用机理，开发出高效解毒脱毒产品，降低霉菌毒素对猪、鸡毒害及在畜产品中残留。研究了猪、鸡肉质性状形成机理与调控技术，开发出多种新型绿色肉质改良剂，改善了猪、鸡肉品感观、风味和营养品质，解决了DDGS型饲粮导致猪、鸡肉质下降，货架期缩短等问题；开创了通过母体营养调控技术改善猪、鸡肉质新途径。开发出DDGS、血粉、富非淀粉多糖原料和生物硒高效利用技术。开发无抗饲料等8项关键应用技术，产业化推广38种相关产品，有效解决饲用抗生素替代、肉品质改善和饲料资源利用问题，取得巨大经济效益和社会效益，为推动我国畜牧业可持续发展做出了积极贡献。

2016年，科技部相继启动了一批重点研发计划，在“畜禽重大疫病防控与高效安全养殖综合技术研发”重点专项中，“畜禽营养代谢与中毒性疾病防控技术研究”项目获得批准立项。该项目由中国科学院亚热带农业生态研究所牵头，联合中国农业大学、南京农业大学、华中农业大学、扬州大学等28家单位共同承担，印遇龙院士为项目首席科学家。该项目立足于“早期诊断、源头控制”，主要针对畜禽常见的微量元素、维生素和能量代谢异常、饲料源重金属和霉菌毒素污染以及饲养环境变化和运输导致的应激问题，包括猪、禽和牛羊的微营养素供给和电解质失衡、糖类、蛋白质与能量代谢失衡、饲料源性中毒和应激综合征四大研究内容，拟在饲料配方营养失衡引起的代谢病和饲料源有毒有害物质引起的畜禽中毒病两方面开展研究，旨在防控畜禽营养代谢性疾病和中毒性疾病、缓解畜禽应激三个方面取得突破。

由中国农业科学院饲料研究所牵头的国家重点研发计划——政府间国际合作创新合作重点专项2个项目立项。由刁其玉研究员主持的“反刍动物甲烷排放测算模型及基于宏基因组学的减排技术”主要开展3个方面的研究。一是基于反刍动物生产状态模型，开展不同生长阶段温室气体排放研究，探明温室气体排放规律，确立适应于我国生产条件下的甲烷排放因子，提升我国畜牧行业生产效率；二是以宏基因组学技术为手段，系统研究反刍动物瘤胃产甲烷菌特征，明确瘤胃内甲烷的生成机制；三是开发日粮调控技术和外源性添加物调控反刍动物温室气体气体排放措施。由王金全主持的“中国-欧盟饲料霉菌毒素生物脱毒关键技术”将与山东农业大学、河北农业大学、天津科技大学及中国农业大学共同合作，围绕饲料霉菌毒素生物脱毒技术和霉菌毒素脱毒剂产品的有效性评价两个方面展开研究，通过借鉴欧盟先进经验和技术，开发我国自主知识产权的霉菌毒素生物解毒酶制剂，制定我国饲料霉菌毒素脱毒技术完全解决方案，提高霉菌毒素安全防控水平，提升自主知识产权的霉菌毒素生物脱毒制剂产品的核心竞争力。

为了贯彻实施《中华人民共和国农业技术推广法》和《中华人民共和国促进科技成果转化法》，调动广大农业科技人员积极性，加快农业科技成果转化应用，农业部组织开展了2014—2016年度全国农牧渔业丰收奖评审奖励工作（表2-44）。29项与饲料相关的项目获得了全国农牧渔业丰收奖农业技术推广成果奖一、二、三等奖及全国农牧渔业丰收奖、农业技术推广合作奖。

表2-44　获得2014—2016年度全国农牧渔业丰收奖饲料相关项目清单

序号	项目名称	第一完成单位	第一完成人	获奖类别
1	奶牛养殖提质增效技术集成示范与推广	天津市奶业发展服务中心	孟庆江	农业技术推广成果奖一等奖
2	猪低蛋白环保型饲料应用与推广	河北省畜牧站	李广东	农业技术推广成果奖一等奖
3	寒区优质高产抗性苜蓿新品种及配套生产技术推广应用	黑龙江省畜牧研究所	李红	农业技术推广成果奖一等奖
4	优质高产牧草新品种桂闽引象草的选育及推广应用	广西壮族自治区畜牧研究所	赖志强	农业技术推广成果奖一等奖
5	牛高效健康养殖关键技术研究与集成推广	四川农业大学	王之盛	农业技术推广成果奖一等奖
6	犊牛营养调控和培育关键技术研究与推广应用	中国农业科学院饲料研究所	刁其玉	农业技术推广成果奖一等奖
7	北京鸭生态健康养殖与质量安全控制模块化技术集成与应用	北京市畜牧总站	陈余	农业技术推广成果奖二等奖
8	生猪饲料饲养及健康保障关键技术集成示范与推广	天津市畜牧兽医研究所	李千军	农业技术推广成果奖二等奖
9	肉牛标准化养殖技术集成与推广	山西省生态畜牧产业管理站	杨子森	农业技术推广成果奖二等奖
10	肉羊健康高效养殖系列功能性饲料示范与推广项目	山西农业大学	张建新	农业技术推广成果奖二等奖
11	规模化猪场自动喂料系统技术集成与示范推广	浙江省畜牧技术推广总站	何世山	农业技术推广成果奖二等奖
12	优质鸡健康养殖技术示范推广	广西壮族自治区畜牧研究所	韦凤英	农业技术推广成果奖二等奖
13	肉用山羊舍饲养殖综合技术研究集成与推广应用	四川省畜牧科学研究院	熊朝瑞	农业技术推广成果奖二等奖
14	优良苜蓿品种引种试验示范及推广项目	陕西省草原工作站	李海英	农业技术推广成果奖二等奖
15	抗寒高产优质饲用黑麦新品种的选育及推广应用	甘肃省草原技术推广总站	孟祥君	农业技术推广成果奖二等奖
16	宁夏牛羊优质饲草高效利用关键技术示范推广	宁夏回族自治区畜牧工作站	张凌青	农业技术推广成果奖二等奖
17	毛皮动物健康养殖关键技术集成与推广应用	中国农业科学院特产研究所	李光玉	农业技术推广成果奖二等奖
18	中苜3号耐盐苜蓿新品种的推广应用	中国农业科学院北京畜牧兽医研究所	杨青川	农业技术推广成果奖二等奖

（续）

序号	项目名称	第一完成单位	第一完成人	获奖类别
19	奶牛规模化饲养关键技术试验与示范	河北省畜牧良种工作站	倪俊卿	农业技术推广成果奖三等奖
20	秸秆利用与肉牛育肥技术集成示范推广	通辽市畜牧兽医科学研究所	李良臣	农业技术推广成果奖三等奖
21	畜产品及兽药饲料质量安全控制关键技术示范及推广应用	河南省畜产品质量监测检验中心	张发旺	农业技术推广成果奖三等奖
22	氨基酸缓释剂在饲料中的研制与开发推广	河南省水产科学研究院	张卫东	农业技术推广成果奖三等奖
23	重庆市山羊标准化规模养殖技术示范与推广	重庆市畜牧技术推广总站	李发玉	农业技术推广成果奖三等奖
24	四川生猪标准化养殖技术集成与应用	四川省畜牧总站	应三成	农业技术推广成果奖三等奖
25	肉羊高效养殖关键技术集成与推广	西北农林科技大学	周占琴	农业技术推广成果奖三等奖
26	张掖市玉米秸秆饲料商品化生产配套技术研究与应用	张掖市草原工作站	权金鹏	农业技术推广成果奖三等奖
27	高效生物饲料的产业化技术集成与示范推广	中国农业科学院饲料研究所	丁宏标	农业技术推广合作奖
28	生猪标准化养殖关键技术示范与推广	全国畜牧总站	石有龙	农业技术推广合作奖
29	肉羊高效养殖综合配套技术示范与推广	宁夏农林科学院草畜工程技术研究中心	李颖康	农业技术推广合作奖

（吴子林）

饲料职业技能鉴定

农业部畜牧（饲料）行业职业技能鉴定指导站紧紧围绕农业部2016年农业职业技能开发工作要点和行业重点工作，积极开展饲料行业职业技能鉴定工作。

一、继续做好指导和服务工作

（1）严格把好发证审核关。加强对行业鉴定站指导管理，做好指导和服务。指导行业各鉴定机构开展培训约3 906万人次，通过审核发放国家职业资格证书3 524人次，其中高级1 912人、中级1 173人、初级439人。

（2）做好职业技能鉴定许可证的换发工作。组织完成饲料行业29个基层鉴定站《职业技能鉴定许可证》换发工作，确保职业技能鉴定工作顺利开展。

二、职业技能开发基础建设工作

国家职业标准编制工作。依据新修订的《中华人民共和国职业分类大典》（2015版）对行业标准教材试题库进行梳理，完成新职业《饲料加工工业》标准编制工作并通过专家评审。

三、职业技能开发人才队伍建设工作

（1）组织召开行业职业技能鉴定工作人员培训班。对新疆维吾尔自治区有关鉴定站120多名工作人员及考评人员进行了农业行业职业技能鉴定政策形势、职业技能鉴定工作程序、职业技能鉴定质量管理等以及新修订职业标准宣贯培训。

（2）职业技能鉴定考评员队伍建设。共举办3期职业技能鉴定考评人员培训班，有374人经过培训并通过了考评员资格认证考核。

四、职业技能鉴定现场督考工作

继续开展现场督考工作，对广东省饲料工业办公室等5个鉴定站开展了质量督导现场督考工作，提高了鉴定质量。

（王志刚　田莉）

饲料工业标准化

2016年，全国饲料工业标准化技术委员会（以下简称“饲料标委会”）在国家标准化管理委员会（以下简称“国家标准委”）和农业部农产品质量安全监管局、畜牧业司等主管司局的领导下，以提高饲料标准质量，保障饲料产品安全为目标，以认真贯彻落实国家标准化工作改革精神为主线，紧紧围绕饲料工作重点任务，大力推进饲料工业标准化工作，取得了明显的成效。

一、大力推进标准制修订

1. 做好标准立项申报评审 依据行业标准化工作重点，饲料标委会在饲料行业信息网上公开征集标准项目立项建议，形成年度标准项目指南，有重点、有针对性地组织相关单位提出项目立项建议。围绕项目的可行性、必要性和起草单位的技术支撑能力等，组织专家对申报项目进行审评论证，把好国家标准和行业标准申报质量关。2016年获农业部农业行业标准立项41项。

2. 做好标准审查报批 全年召开6次标准审查会，审查饲料标准31项，其中国标10项，行标21项。报批27项标准，其中国家标准11项，行业标准16项。推动发布标准18项，其中国家标准2项，行业标准16项；协助完成饲料卫生标准的国际通报工作。

二、完成强制性标准整合精简和推荐性标准集中复审工作

1. 完成强制性标准整合精简评估 根据《国务院办公厅关于印发〈强制性标准整合精简工作方案〉的通知》（国办发〔2016〕3号）的具体要求，饲料标委会完成96项强制性标准及计划项目的清理评估工作：强制性国家标准11项，建议继续有效1项，整合4项，修订1项，废止3项，转到实验动物标委会归口2项；强制性行业标准4项，建议转国家标准2项，转推荐性行业标准1项，废止1项；执行中的强制性标准计划项目81项，建议继续有效76项，整合1项，终止4项。同时，按照标准化工作改革的要求和饲料行业发展的需求，在清理评估的基础上提出了饲料强制性标准体系框架，相关建议上报农业部和国家标准委。

2. 完成推荐性标准集中复审 按照《推荐性标准集中复审工作方案》（国标委综合〔2016〕28号）的要求，饲料标委会组织开展了推荐性国家标准集中复审工作。完成了对257项推荐性国家标准的复审，建议继续有效77项，修订172项，废止8项；对执行中的94项推荐性标准项目计划进行了复审，建议继续执行74项、废止20项。

三、加强饲料标准化工作人员培训

为深入贯彻落实国家标准化工作改革有关文件精神和政策措施，进一步推动饲料标准项目工作进度，提高标准编制质量和项目完成率，饲料标委会于2016年5月26～27日在成都举办了饲料工业标准编制培训班，就当前标准化工作改革的形势和要求、《标准化工作导则》和《标准化工作指南》以及饲料标准制修订相关要求，对90余位标准主要起草人员进行了培训和辅导，对进一步提高饲料标准编制质量、规范标准制修订工作程序、提升饲料标准化工作水平发挥了积极的促进作用。

四、完成饲料标委会换届工作

按照国家标准委对全国饲料标委会换届及组成方案的批复，饲料标委会于2016年12月27日在广州召开换届会议，成立了第五届全国饲料工业标准化技术委员会，标委会人数由上一届的80人增加到91人。会议总结了上届标委会的工作，审议通过了新一

届标委会的章程、秘书处工作细则和工作计划，对11项标准项目报批材料进行了审查表决。换届会议还就当前标准化工作改革的形势和要求、标准制修订程序及相关审评要求对新一届委员进行了培训，为新一届委员更好履职打下了良好的基础。2016年发布的饲料工业国家标准和行业标准见表2-45。

表2-45　2016年发布的饲料工业国家标准和行业标准

序号	标准编号	标准名称
1	GB 32449—2015	饲料添加剂　硫酸镁
2	GB/T 17776—2016	饲料中硫的测定　硝酸镁法
3	农业部2483号公告-1-2016	饲料中炔雌醚的测定　高效液相色谱法
4	农业部2483号公告-2-2016	饲料中苯巴比妥钠的测定　高效液相色谱法
5	农业部2483号公告-3-2016	饲料中炔雌醚的测定　液相色谱-串联质谱法
6	农业部2483号公告-4-2016	饲料中苯巴比妥钠的测定　液相色谱-串联质谱法
7	农业部2483号公告-5-2016	饲料中牛磺酸的测定　高效液相色谱法
8	农业部2483号公告-6-2016	饲料中金刚烷胺和金刚乙胺的测定　液相色谱-串联质谱法
9	农业部2483号公告-7-2016	饲料中甲硝唑、地美硝唑和异丙硝唑的测定　高效液相色谱法
10	农业部2483号公告-8-2016	饲料中氯霉素、甲砜霉素和氟苯尼考的测定　液相色谱-串联质谱法
11	NY/T 2999—2016	羔羊代乳料
12	NY/T 3000—2016	黄颡鱼配合饲料
13	NY/T 3001—2016	饲料中氨基酸的测定　毛细管电泳法
14	NY/T 3002—2016	饲料中动物源性成分检测　显微镜法
15	NY/T 2985—2016	饲料中叶酸的测定　高效液相色谱法
16	NY/T 2986—2016	饲料中串珠镰刀菌素的测定　高效液相色谱法
17	NY/T 2987—2016	饲料中β-阿朴-8′-胡萝卜素醛的测定　高效液相色谱法
18	NY/T 2988—2016	饲料中斑蝥黄的测定

（王黎文　王荃）

饲料行业质量认证

一、认证行业工作概述

2016 年是“十三五”开局之年，中国认证认可工作围绕“四个全面”战略布局，以服务国家供给侧结构性改革为重心，加快改革创新步伐。

（一）认证行业规模

目前，我国经中国国家认证认可监督管理委员会（CNCA）批准的认证机构近 300 家，颁发的经中国合格评定国家认可委员会（CNAS）认可的现行有效认证证书超过 100 万张，连续 13 年位居世界第一。

（二）2016 年主要工作回顾

1. 供给侧结构性改革已见成效

（1）有效推进绿色产品认证体系整合工作，加快整合目前分头设立的环保、节能、节水、循环、低碳、再生、有机等产品评价制度，推动建立统一的针对覆盖产品全生命周期的环境友好、资源节约并兼顾消费友好等综合指标的“中国绿色产品”认证（合格评定）体系。

（2）出口食品内外销“同线同标同质”工程走进千家万户。2016 年，建设上线出口食品企业内外销“同线同标同质”信息公共服务平台，向社会公示了达到“三同”要求的 1 150 家出口企业及其产品，全年帮助企业新增国内销售额 55.6 亿元。

（3）服务“一带一路”，自贸区开放战略再添新成果。与新西兰、捷克等“一带一路”沿线国家分别签署了清真认证、产品检测认证、有机产品认证等双边互认安排，推动了对外经济贸易；实施出口食品企业“逐一帮扶”行动计划，出口食品贸易额逆势增长 4.6%；首次实现我国生鸡肉产品出口蒙古国、伊拉克、阿富汗等“一带一路”沿线国家；在上海自贸试验区内简化平行进口汽车 CCC 认证要求，推动平行进口汽车总量年增幅保持在 10%以上。

（4）助力国家战略新兴产业发展出台新举措。针对电商发展存在的源头质量控制困难、诚信缺失等瓶颈问题，加大认证认可“云桥”开放、电商认证等工作力度，认证认可“云桥”与阿里、京东、1 号店等主要电商平台和上海跨境电商公共服务平台等政府信息平台实现对接，覆盖电商业务总量 90%以上的 B2C 业务。建立国家有机产品认证示范区 57 个，获证面积达 200 万 hm^2，有机产品年销售额已达 360 亿元，有效推动了生态文明建设和现代农业发展。

2. 加强“事中事后”监管多元共治部门联动

中国合格评定国家认可委员会（CNAS）通过监督审核和确认审核这样的现场检查方式，并与中国国家认证认可监督管理委员会（CNCA）、中国认证认可协会（CCAA）的联动，充分发挥了专项监督警示作用，引导各类机构规范开展合格评定活动，确保行业健康发展。

二、饲料行业质量安全管理工作概述

（一）行业规模

根据农业部的统计数据，2016 年我国饲料总产量预计 20 917 万 t，我国的饲料总产量世界第一，已占到世界饲料总产量近 20%。

行业经过近几年的整合，集中度不断提高，2016 年全国年产 50 万 t 的饲料企业有 48 家，其产量占全国饲料总产量的 57.1%；年产 100 万 t 的饲料企业有 32 家，产量占比是 51%。企业集团延伸产业链，从饲料延伸到上游的原料、养殖，下游的食品，更关注整个链条的食品安全及人类健康。

（二）行业质量安全管理

对于饲料质量管理，《全国饲料工业“十三五”发展规划》提出了目标：《饲料质量安全管理规范》全面实施，全国饲料产品抽检合格率稳定在 96%以上，非法添加风险得到有效控制，确保不发生区域性、系统性重大质量安全事件。

农业部为推动《饲料质量安全管理规范》在饲料行业的全面执行，继续推进饲料质量安全管理规范示范企业的验收工作，全年共有 91 家企业通过了农业部专家组的验收。示范企业起到了标杆作业，促使行业全员质量安全意识得到提高，管理体系得以完善，业务各环节衔接和运行更加规范，产品质量和安全保障能力增强。

饲料产品的质量安全方面，农业部 2016 年上半年抽检各类商品饲料共计 3 227 批次，产品合格率为 97.43%。饲料中禁用物质监测，从 3 101 个饲料生产、经营单位和养殖场户抽检各类饲料共计 3 480 批次，未检出克仑特罗、莱克多巴胺、沙丁胺醇、苏丹红、呋喃唑酮、地西泮、己烯雌酚、氯霉素等禁用物质。饲料卫生指标检测方面，在 2 149 批次饲料样品中检测重金属铅，合格率 100%；在 1 377 批次饲料样品中检测重金属镉，合格率 100%；在 177 批次样品中检测沙门氏菌，合格率 97.74%；在 203 批次饲料样品中检测黄曲霉毒素 B1，合格率 100%；在 375 批次样品中检测砷，合格率 98.40%。

2016 年下半年抽检各类商品饲料 3 298 批次，产品合格率 95.21%。饲料中禁用物质监测，从 2 991 个养殖场户抽检各类饲料共计 3 414 批次，未检出克仑特罗、莱克多巴胺、沙丁胺醇、苏丹红、呋喃唑酮、地西泮、己烯雌酚、氯霉素等禁用物质。饲料卫生指标检测情况，在 1 699 批次饲料样品中检测重金属铅，合格率 100%；在 1 079 批次饲料样品中检测重金属镉，合格率 100%；在 209 批次样品中检测沙门氏菌，合格率 92.82%；在 398 批次饲料样品中检测黄曲霉毒素 B1，合格率 100%；在 298 批次样品中检测砷，合格率 99.66%。行业质量安全整体达到预期。

三、行业质量认证工作开展情况

2016 年，北京华思联认证中心（以下简称中心），作为畜牧行业专业的第三方认证机构，开展了如下工作：

（一）聚焦饲料及饲料添加剂行业，开展国内外认证业务

中心的发展宗旨是立足养殖和饲料行业，提供专业化认证服务，打造初级农产品加工产业链的专业认证机构。截至 2016 年年底，中心获证客户涵盖了国内开展认证的质量管理体系（QMS）、食品安全管理体系（FSMS）、良好农业规范（GAP）、环境管理体系（EMS）、职业健康安全管理体系（OHSMS）五大专业领域；涵盖了国际欧洲饲料添加剂和添加剂预混合饲料质量体系（FAMI－QS）、动物饲料生产中的良好生产规范（GMP＋）、全球食品安全标准（BRC）等细分的专业认证领域。从行业分布看，聚焦在畜牧行业的饲料生产企业、养殖企业、屠宰加工企业、食品生产企业及化工行业的饲料添加剂生产企业，上述获证企业占到中心总获证企业 80%以上，其中，饲料及饲料添加剂生产企业获证企业占比达到 85%以上，充分体现了中心聚焦战略的经营理念。

从中心各领域颁发证书数量与组织规模分析来看，获证客户中企业集团、大中型企业比例超过 50%，这些企业既有国有企业，亦有民营企业。通过为相关行业内领先企业提供认证、二方审核等服务，强化了中心具有的饲料及饲料添加剂、养殖、屠宰加工、食品及食品添加剂等领域认证的独特优势。

（二）国际合作认证业务稳定发展

2016 年，中心开展的欧盟 FAMI－QS 认证业务同比增长 30%左右，满足了饲料添加剂和添加剂预混合饲料生产企业出口欧盟的需要。为促进行业质量和安全管理能力的不断提升，中心持续关注 FAMI－QS 体系的更新并及时应用。

BRC 分包业务实现零的突破，已为 50 余家企业开展了认证 BRC 认证业务。

按照新西兰 Asure Quality 专家为中国规模化牧场量身定做的《牧场食品安全保障标准》，中心接受蒙牛集团的委托，对其合作牧场进行了二方审核。

中心作为荷兰 GMP＋International 授权可从事 GMP＋认证的唯一中国认证机构，在为企业提供了 GMP＋认证和增值服务的同时，持续对 GMP＋、英国 FEMAS 等饲料认证标准进行了跟踪研究，拟吸收其成熟有效的管控经验，为中国饲料行业质量和安全管理提供借鉴。

（三）承担政府项目，服务社会，为行业质量安全出谋划策

1. 为企业提供《饲料质量安全管理规范》，免费现场指导 按照《全国饲料工业“十三五”发展规划》中的发展目标，《饲料质量安全管理规范》要全面实施。中心深刻认识到推动《饲料质量安全管理规范》的全面落地是完成行业“十三五”规划的重要举措之一，是建立饲料产品大安全格局的重要保障，清楚自身作为行业认证机构，在推动《饲料质量安全管理规范》执行工作中的使命和责任。

2016 年度，中心在行业主管部门的支持下，按照事先策划，结合企业实际情况，组织有经验的专家，对选定企业进行全程《饲料质量安全管理规范》指导。共派出 320 人次，现场指导企业 52 家。其中 19 家企业接收了农业部组织的规范示范企业的验收并通过验收。

2. 上门帮扶 中心在汇总分析 2015 年《饲料质量安全管理规范》指导反映的问题时，认识到《饲料

质量安全管理规范》的贯彻落实，不仅需要有部分龙头企业的示范带头作用，更需要行业的广泛参与，整个行业内的企业都要动起来，都能认识到《饲料质量安全管理规范》的重要性，执行《饲料质量安全管理规范》的必要性。2016 年度，中心派出 247 人次，选取 166 家企业进行上门帮扶，为全行业执行《饲料质量安全管理规范》发挥了应有的作用。

3. 行业培训 2016 年度，根据各地饲料行业主管部门、行业协会以及大型企业集团的需求，中心积极组织相关专家应邀作为培训老师，参与了 4 次地方行业主管部门和行业协会举办的《饲料质量安全管理规范》培训班工作，培训 336 人次；为企业集团举办《饲料质量安全管理规范》培训 12 次，培训 694 人次。以上共计培训 16 次，培训 1 030 人次。

四、饲料行业质量及安全管理体系认证工作中存在的问题

饲料行业中开展质量及食品安全管理体系认证的单位仍集中于大型企业集团、非集团的大中型企业，这些企业按照 ISO 9001、ISO 22000 标准的要求建立起的质量和安全管理体系，实现了从原料采购、配方设计、产品加工到产品销售的全程质量控制，同时为实施《饲料质量安全管理规范》奠定了良好的管理基础，帮助部分获证企业通过了农业部组织的《饲料质量安全管理规范》示范企业的验收。

推动饲料行业内中小型企业开展认证仍是近年的难点，主要表现在：

（1）认证行业目前还是以价格竞争为主导，造成部分饲料企业认为质量安全管理体系就是文件化的体系，按标准要求编好文件，取得证书就完成了全部工作。

（2）部分企业为认证所编写的文件，与企业实际的运营管理脱节，造成质量安全管理体系运行与日常质量安全管理二者割裂，增加了管理成本。

（3）中小型企业产品质量和安全的风险控制意识不强，因经营效益等原因，用于保障产品质量和安全的投入也不足。

以上原因造成质量和安全管理体系第三方认证工作在饲料行业的中小型企业进展相对较慢。

五、建议

“十三五”期间，饲料行业全面实施《饲料质量安全管理规范》，这将全面提升行业全员质量安全意识，推动行业设备和技术的升级，督促各企业建立并不断完善质量管理体系。

ISO 9001 标准提出的质量管理体系要求，是世界范围内质量管理成功经验的浓缩和结晶，是世界范围内成功的质量管理方法的总结、提炼和固化（标准化）。特别是目前实施 ISO 9001 的 2015 版标准（国内等同转化为 GB/T 19001—2016，2017 年 7 月 1 日开始实施），明确提出将标准要求融入企业的业务过程，进一步强调了领导作用和承诺。饲料企业借助专业性认证机构的技术能力，通过开展质量和食品安全管理体系认证，借鉴世界范围内成功的质量管理方法，融入《饲料质量安全管理规范》的所有要求，建立起适合企业实际的系统的、规范的管理体系，为更好地执行《饲料质量安全管理规范》打下基础。

2016 年北京华思联认证中心部分获证企业名单如表 2－46 所示。

表 2－46 2016 年北京华思联认证中心部分获证企业名单

序号	企业名称	序号	企业名称
1	北京九州大地生物技术集团股份有限公司	13	广东科邦饲料科技有限公司
2	北京科兴大地饲料有限公司	14	黑龙江省荣耀牧业有限公司
3	上海朝翔生物技术有限公司	15	海南海壹水产饲料有限公司
4	江苏天成科技集团有限公司	16	河南普爱饲料股份有限公司
5	河南大陆农牧技术股份有限公司	17	上海黑马饲料有限公司
6	河南聚丰饲料科技有限公司	18	河南广安生物科技股份有限公司
7	沈阳正大畜牧有限公司	19	谷实农牧集团股份有限公司
8	金朝生物科技（上海）有限公司	20	广州市番禺区大川饲料有限公司
9	北京康华远景科技股份有限公司	21	广州南宝饲料有限公司
10	广东希普生物科技股份有限公司	22	广州市海维饲料有限公司
11	淮安通威饲料有限公司	23	广州市众望饲料有限公司
12	北京三元禾丰牧业有限公司	24	广州市骏宝饲料有限公司

（续）

序号	企业名称	序号	企业名称
25	通威（大丰）饲料有限公司	62	唐山天康饲料有限公司
26	北京英惠尔生物技术有限公司	63	深圳康达尔（邵阳）饲料有限公司
27	诺伟司饲料添加剂（上海）有限公司	64	北京三元种业科技股份有限公司滦平饲料分公司
28	西安通威饲料有限公司	65	河南雄峰科技有限公司新郑分公司
29	山东升索渔用饲料研究中心	66	北京福乐维生物科技股份有限公司
30	通威股份有限公司无锡分公司	67	广东天邦饲料科技有限公司
31	江门珊瑚饲料有限公司	68	江苏比利美英伟营养饲料有限公司
32	宇星饲料（德州）有限公司	69	内蒙古草原天邦饲料有限公司
33	天津彩虹饲料有限公司	70	内蒙古博瑞饲料有限公司
34	广州绿安康饲料科技有限公司	71	广西旺大饲料有限公司
35	蒲城兴盛饲料有限公司	72	天津通威饲料有限公司
36	烟台大韩饲料有限公司	73	北京菲迪饲料科技有限责任公司
37	厦门汇盛生物有限公司	74	北京亚禾营养高新技术有限责任公司
38	浙江大北农农牧科技有限公司	75	固安君德同创生物工程有限公司
39	柳州亿万饲料科技有限公司	76	湖北天海饲料有限公司
40	中粮饲料（佛山）有限公司	77	甘肃禾丰牧业有限公司
41	中粮饲料（茂名）有限公司	78	张家口九州大地饲料有限公司
42	广汉正大饲料科技有限公司	79	佛山市高明通威饲料有限公司
43	通威股份有限公司海南分公司	80	天津昌农科技有限责任公司
44	天津市圆鼎饲料有限公司	81	太仓安佑生物科技有限公司
45	北京科为博生物科技有限公司	82	滨州和达农牧有限公司
46	上海艾格菲饲料有限公司	83	山东和达农牧有限公司
47	山东佑润生物技术股份有限公司	84	潍坊硕昌中慧饲料有限公司
48	连云港通威饲料有限公司	85	山东惠康饲料有限公司
49	广东兴腾科生物科技有限公司	86	宁夏银川通威饲料有限公司
50	湖南旺大生物科技有限公司	87	山东博瑞饲料有限公司
51	广东雅琪生物科技有限公司	88	天津光明荷斯坦牧业有限公司
52	天津北英伟生物技术饲料有限公司	89	中粮饲料（黄石）有限公司
53	广东海因特生物技术集团有限公司	90	赤峰大北农农牧科技有限公司
54	康地饲料（银川）有限公司	91	西安禾丰饲料科技有限公司
55	南昌比利美英伟营养饲料有限公司	92	常德大北农饲料有限公司
56	爱科（三河）饲料有限公司	93	黑龙江九三农垦科菲特饲料有限公司
57	唐山禾丰饲料有限公司	94	梁平大北农饲料科技有限责任公司
58	青岛和美饲料有限公司	95	泰高营养科技（北京）有限公司
59	沈阳谷实饲料有限公司	96	泰高营养科技（湖南）有限公司
60	长春谷实饲料有限公司	97	饶阳大北农农牧科技有限责任公司
61	全能生物科技（天津）有限公司	98	诸城中慧饲料有限公司

（续）

序号	企业名称	序号	企业名称
99	青岛明慧饲料有限公司	117	大理东道农业产业有限公司
100	成都蜀星饲料有限公司	118	云南东道饲料有限公司
101	哈尔滨绿色巨农牧业有限公司	119	安徽申亚农牧科技股份有限公司
102	哈尔滨大北农牧业科技有限公司	120	广州市联鲲生物科技有限公司
103	通辽大北农牧业科技有限公司	121	广东君有饲料有限公司
104	中粮饲料（茂名）有限公司衡水分公司	122	茂名君有饲料有限公司
105	天津硕普饲料有限公司	123	青岛大信饲料有限公司
106	天津通和饲料有限公司宝坻分公司	124	新希望六和饲料股份有限公司邹平分公司
107	英赉动物营养（吉林）有限公司	125	莱阳新希望六和饲料有限公司
108	临沂市环山饲料有限公司	126	上海延华饲料有限公司泗阳分公司
109	吉林大北农农牧科技有限责任公司	127	武汉安佑饲料科技有限公司
110	山东龙昌动物保健品有限公司	128	漳州日高饲料有限公司
111	廊坊瑞康饲料有限公司	129	南通新希望饲料有限公司
112	陕西正立乳业有限责任公司泾阳饲料厂	130	邦基玖瑞（德州）农牧有限公司
113	北京首农畜牧发展有限公司饲料分公司	131	泰安六和经纬农牧有限公司饲料厂
114	凌源禾丰牧业有限责任公司	132	上海延华饲料有限公司奉贤分公司
115	赤峰家育饲料有限公司	133	上海延华饲料有限公司天津分公司
116	淮安禾丰饲料有限公司	134	嘉吉饲料（镇江）有限公司

（雷学锋）

国际交流与合作

一、积极参与重大国际饲料事务协调，全面提升与农业国际机构的合作关系

（1）中国饲料工业协会保持与国际饲料联合会经常联络和沟通。积极参与国饲联组织新加入的国际企业会员及国家会员资格的审议工作；跟踪其工作趋向，掌握工作动态；充分利用国际饲料联合会平台，推动与其他国家间饲料行业协会的交流与合作。2016年中国饲料协会主要参与了如下项目：①饲料原料及预混料的国际标识；②饲料污染物的国际标准；③全球协调系统实施指南；④饲料成分证书及分析证明的一致性。中国饲料协会就全球畜牧饲料业经济发展与治理、建立饲料安全及风险评估机制及抗生素的使用等方面建言献策，达成许多共识，还通过参与国饲粮的日常管理工作，建言献策，表达中方关切，增加话语权，就国际饲料联合会年度预算、会费使用、财务支出和年度工作计划的制定等事项提出建议和意见，推动并寻求更多的双方合作项目。

（2）中国饲料工业协会组织接待来自美国、巴西、韩国等国来访团组10批次，开展技术交流活动，并与澳大利亚国际商会、美国大豆协会、美国谷物协会等机构保持经常性联络，实现信息资源共享。

二、紧扣行业发展需求，寻求合作机遇。

1. 组织召开中印合作会议 9月8日，在2016中国国际集约化畜牧展览会（VIV China 2016）期间，全国畜牧总站党委书记何新天与印度畜牧业协会荣誉秘书长法尔克（Phalke）博士共同主持召开了中印合作会议。中印双方交流了各自饲料工业情况，并对中印双方共同关心的一些问题进行了探讨。

法尔克博士对中国饲料工业取得的成效表示赞扬，他全面介绍了印度畜牧业和饲料工业发展情况，表示愿与中方加强在诊断分析化验室仪器设备、饲料进出口质量安全分析设施，饲料加工技术及其推广和培训、冷链设施，家禽加工及粪污处理等领域的合作交流。他还表示，印度饲料领域市场前景广阔，欢迎中方到印度投资。

何新天表示，中方为印度在畜牧业和饲料工业方面取得的成就感到高兴，特别是印度在奶业发展方面有很多好的经验做法，值得中国借鉴。中印两国是友好邻邦，同为发展中国家且都是金砖国家，农业畜牧业互补性很强。希望通过这次会谈，中国饲料工业协会和印度印度畜牧业协会将来能够建立长期的交流合作关系，进一步增进了解，寻求更多的合作机会。

2. 组织召开中韩合作会议 为促进中国和韩国饲料产业发展，2016年9月8日，2016中国国际集约化畜牧展览会（VIV China 2016）期间举办了中韩合作会议。全国畜牧总站党委书记何新天与韩国饲料协会会长林原泽和韩国农业部食品及农村事务部主务官金城来带领的韩国代表团进行了交流。

何新天表示，中韩两国贸易这几年发展良好，在农业、畜牧业方面的合作也在不断扩大，希望能通过这次会谈增进中国饲料工业协会和韩国饲料协会之间的友谊，促进中韩两国畜牧业和饲料工业方面的了解，推动中韩双方在饲料领域合作。

会议对中韩两国饲料产业发展情况、市场动向以及双方发展面临的机遇等进行了探讨。韩方表示了在饲料添加剂方面加大合作的愿望。应韩方要求，中方还对中国饲料和饲料添加剂进口管理的相关规定和饲料进口需进行的审批程序进行了详细介绍。

（毕颖慧）

地方篇

北京市饲料工业

【饲料工业发展概况】

2016年北京市有各类生产企业256家，有生产许可证315个，饲料行业有职工8 631人，有博士130人，硕士416人。本科以上有2 170人，占职工人数的25%。年生产饲料262万t，产值138亿元。

【主要工作内容】

继续开展行政许可工作，严格执行专家评审制度。2016年共组织专家150人次，对61家饲料企业进行现场验收，召开专家委员会会议12次，59家企业获得生产许可证。

加强饲料安全监管。通过分析休眠条款、查处举报、模拟案例和协调沟通等措施，落实饲料质量安全管理规范，推进饲料经营环节互联网“线上”监管，积极与河南、天津等省（市）开展调查取证等案件查办，打击生产、经营质量不合格饲料和饲料添加剂、添加违禁药物和非法添加物等违规违法行为。2016年，饲料环节共出动执法人员3 155人次，检查监管单位1 658个，立案41起，罚没款400.99万元，创造历年新高，同比增长52%，没收不合格饲料逾8.3t；其中，百万元特大案件2起、超十万元案件4起、超万元案件11起。

完成饲料样品抽检1 391批次，抽检范围覆盖大兴、顺义、海淀、平谷、通州等13个区，样品来源涉及河北、天津、云南、内蒙古等十余个省（市）和部分进口产品，及北京市244家饲料生产经营企业、418家养殖场，检测项目包括：营养指标、微量元素、维生素、重金属、微生物、霉菌毒素、违禁添加物近40个参数共计6 000余批次，有14批次产品不合格，合格率为99.0%，不合格项目为营养指标、微量元素、重金属等。

风险监测饲料131批次，品种包括配合饲料、动物蛋白饲料、植物蛋白饲料、自配料，重点检测参数为重金属、霉菌毒素、饲料中药物添加剂等11个参数。大豆及制品霉菌毒素污染情况均较轻，棉粕及棉籽蛋白、玉米蛋白粉等玉米制品及副产物污染情况最为严重；“有机砷”在生猪养殖中的使用明显减少，重金属包括铜、锌、砷超标率大幅下降；饲料中兽药使用情况较规范，但是仍然存在个别规模较小的养殖场超范围、超剂量使用兽药，需要进一步进行整治。对70批次生鲜乳进行重金属、农药残留、防腐剂的监测，结果全部合格。

推进《饲料质量安全管理规范》。印发了《北京市饲料质量安全管理规范实施方案》，对重点工作、进度安排和保障措施都做了明确要求，到2018年12月，全市除饲料添加剂和单一饲料企业外，都要建立相关制度、操作规程文本和各种表单，记录齐全完整，厂区整洁，原料库、成品库、生产车间、化验室等现场管理规范有序，没有杂乱差现象，达到《饲料质量安全管理规范》要求。

开展不同形式不同层面的宣贯培训。2016年3月通州区农业局举办《饲料质量安全管理规范》培训班，顺义（9月18召开培训会，75人参加）、大兴等区农业局纷纷组织培训，到2016年年底全市组织《饲料质量安全管理规范》培训10余期，培训人员500人次。

2016年度全市共有6家生产企业荣获农业部饲料质量安全规范示范企业称号，它们是北京大北农科技集团股份有限公司、泰高营养科技（北京）有限公司、北京英惠尔生物技术有限公司、北京大伟嘉生物技术有限公司、北京福乐维生物科技股份有限公司、光大畜牧（北京）有限公司。

（北京市农业局）

天津市饲料工业

【饲料工业发展概况】

2016年天津市现有各类饲料企业150家，发放饲料和饲料添加剂生产许可证231份（不含变更），其中配合饲料、浓缩饲料和精料补充料许可证130份，预混合饲料57份，饲料添加剂9份，混合型饲料添加剂17份，单一饲料18份。天津市全年饲料工业总产量211万t，同比下降2.3%；总产值119.0亿元，同比下降2.73%。其中配合料（含精补料）140.2万t，同比下降4.3%；浓缩料42.8万t，与2015年持平；预混料28.0万t，同比上涨6.7%；添加剂和混合型添加剂产量为4.95万t，同比下降5.3%。

【组织机构】

天津市畜牧兽医局是天津市的饲料行政管理部门。

【主要工作内容】

我们按照年初制定的工作方案，突出重点，狠抓各环节监管工作任务落实，严格饲料生产条件准入管理，全面贯彻落实《饲料质量安全管理规范》，饲料安全生产专项整治行动取得成效，质量安全意识进一步增强，饲料质量安全维持在较高水平。

1. 全面实施《饲料质量安全管理规范》，提高企业产品质量控制能力 天津市区两级饲料主管部门组织开展《饲料质量管理规范》《饲料标签》国家标准等规章规范宣传培训人员12场次，培训人数280余人次。推荐5家饲料企业参加农业部组织的规范示范创建现场指导培训。对10家“市级示范企业创建”企业开展了现场检查指导和人员培训。分别组织西青区、静海、北辰、东丽饲料企业观摩部级示范企业并进行现场培训。

2. 加强落实《饲料和饲料添加剂管理条例》，强化依法监管 加强获证企业证后监管，组织开展饲料生产企业年度备案工作。完成全市164家饲料生产企业和14家委托生产备案。严格落实月巡查制度和经营门店登记备案制度，强化对生产企业和经营门店日常监管，全市各级饲料管理部门共出动执法人员4 300余人次，检查饲料生产、经营企业2 300余个次，排除安全隐患200余处，发放宣传材料2.5万份。落实食品药品安全大检查饲料环节监督检查工作，全年持续性开展饲料打假行动，对全市150家饲料生产企业、100余家饲料经营场所以及700余家成规模的养殖场进行了巡查和抽样检测，保障了天津市饲料产品质量安全。

3. 加大监测力度，落实检打联动机制 全年市级抽检饲料样品782批，检测项目3 611批次，检测结果全部合格。区级饲料主管部门抽检饲料样品372批，检测项目662批次，不合格批次有4批次。依法对不合格产品的生产企业进行了处罚。全市完成饲料样品检测3 669批次，全年饲料抽检合格率达到99.9%以上。

【存在问题】

一是经营门店监管难度较大。虽然我们采取向工商查询执照、利用乡镇、村级防疫员巡查等措施对经营门店进行了摸底，但由于人员、业务和经营者素质不高等原因，真正监管存在较大困难。二是各项统计信息上报不及时，准确性有待提高。部分饲料企业对材料报表管理体制不健全，对上报数据审查不严，数据准确性无法保证。三是执法队伍有待健全。目前，部分区县的畜牧兽医综合执法工作还没有整体推进，缺乏饲料执法队伍，监管和执法工作很难落到实处。一些区县虽然指定了专门的监督执法机构，但人员还需进一步充实、业务素质还需进一步提高、工作条件还需进一步改善。

（天津市畜牧兽医局）

河北省饲料工业

【饲料工业发展概况】

河北省饲料产量稳定增长。2016 年饲料总产量 1 342万 t，比上年增长 0.3%。其中，配合饲料、浓缩饲料和添加剂预混合饲料产量分别为 1 144t、184 万t 和 14 万 t，与 2015 年同比，配合饲料略有下降，浓缩饲料下降 4.7%、添加剂预混合饲料增长 16.7%。

生产企业数量有所增长。由于北京企业外迁及部分未获证企业升级改造，生产企业数量有所增长。截至 2016 年 12 月底，河北省共有获证饲料生产企业 952 家，比 2015 年同期增加了 132 家。其中浓缩饲料、配合饲料、精料补充料企业 573 家，较 2015 年同期增加 44 家，单一饲料企业 193 家，较 2015 年同期增加 20 家，饲料添加剂企业 117 家，添加剂预混合饲料生产企业 178 家，分别比 2015 年同期增加 3 家、21 家。产业集中度明显提高。饲料行业联合、重组、兼并步伐加快，生产经营方式转变呈现新格局。河北省 549 家浓缩饲料、配合饲料、精料补充料企业中，2016 年产量 10 万 t 以上的企业数量达到了 28 家，年产万 t 以上企业比例达到 90%以上。河北兴达饲料集团有限公司评定为全国饲料生产三十强企业。饲料行业"两个安全"得到有效保障。2016 年，省级以上饲料监督抽检合格率 98%以上，全年未发生安全生产事故，实现了饲料质量、饲料生产"两个安全"。宠物饲料和氯化胆碱两大特色产业健康发展。2016 年河北省宠物饲料总产量预计达到 22 万 t，较 2015 年增长 22.2%，占全国总产量的 50%以上，宠物饲料由单纯的宠物干粮不断向干、湿粮为主，宠物零食、奶糕等多品种发展。南和县已成为全国最大的宠物饲料生产基地。河北省荣喜、华兴两家宠物饲料企业被评选为全国十强宠物饲料生产企业。氯化胆碱产业通过采取有力措施，淘汰落后产能，培育大型企业。狠抓安全环保管理等措施，年产量 20 万 t，出口 8 万 t 左右，呈现出企业数量减少，产量增长的良好发展势头。"粮改饲"工作取得新突破。"粮改饲"工作在原有 3 个试点县的基础上新增了 10 个试点县，新增资金 9 287 万元，编制了《河北省推进 2016 年"粮改饲"试点工作实施方案》，拟定了《河北省推进"粮改饲"试点项目工作绩效考核实施方案》，13 个试点县"粮改饲"面积达到了 105 万亩，全省突破了 200 万亩。通过种植全株青贮玉米、燕麦等，种植户每亩增收 200～240 元，奶牛泌乳量增加 10%～14%，乳脂率提高 10%～15%，直接为种植户节本增收 4.8 个亿，为养殖企业（场）增收 6 个亿。

【组织机构】

2016 年 5 月 5 日，河北省农业厅、河北省省委省政府农村工作办公室合署办公，饲料处更名为草原与饲料处，新增部分职能，编制 8 人。主要职责为：负责贯彻执行国家饲料行业与草原法律、法规，起草地方性法规、政府规章草案和技术规范与标准；拟订草原建设与保护规划、计划并组织实施；负责草种、草原监督管理工作；组织草原资源普查、自然保护区及草原珍稀濒危植物保护工作；组织草种质资源保护与合理开发利用；指导草原鼠害、病虫害、毒草害及其他草原自然灾害的监测预警和防治工作；负责草原防火工作，承担省草原防火指挥办公室日常工作；拟订饲料业发展规划、计划并组织实施；负责饲料和饲料添加剂监督管理工作，指导饲料监督管理体系建设；组织饲料资源的普查和综合开发利用工作；承担饲料工业信息统计和运行监测工作；指导饲料与草原技术推广工作；负责饲料和饲料添加剂生产企业安全生产工作。

【主要工作】

1. 加大饲料法规培训力度 3 月份，河北省畜牧兽医局在石家庄市举办饲料工业发展峰会暨饲料法规培训班。各级饲料管理人员、生产企业、行业组织、科研院所、新闻媒体等方面代表 1 200 余人参加了会议和培训，收到了良好的培训效果。同时，各市举办各类培训班 129 期，累计培训 4 587 人次，有效提升了行业知法守法水平。

2. 推进了《饲料质量安全管理规范》的实施 印发了《河北省畜牧兽医局全面实施饲料质量安全管理规范的指导意见》，并对石家庄、沧州、邢台、邯郸、保定、唐山 6 个市的《饲料质量安全管理规范》开展情况进行了督导检查。对申报农业部《饲料质量安全管理规范》示范企业的 5 家企业进行了指导，通过努力，5 家企业全部一次性通过农业部专家组验收。指导各市有序开展《饲料质量安全管理规范》培训、市级示范企业创建活动，对保定、唐山、邢台、承德、辛集等市（直管县）进行了《饲料质量安全管理规范》培训，有力地提升了全省饲料监管队伍及企业人员对《饲料质量安全管理规范》的认知及执行能力。开展了《饲料质量安全管理规范》联合检查，2016 年 10 月份，由各市（直管县）饲料办主任组成 6 个检查组，对全省《饲料质量安全管理规范》推进情况进行了检查。

3. 加大安全生产监管力度 印发 2016 年度《饲料行业安全生产工作指南》，对 2016 年饲料安全生产工作进行了安排部署。对节后复工复产和全国两会期间安全生产工作进行督导检查。共出动 4 个检查组，对沧州、邢台、保定、廊坊等市 9 家饲料生产企业进行了检查，对发现的问题进行了整改。印发 2016 年河北省饲料行业安全生产月活动实施方案，组织开展河北饲料行业安全生产月活动。举办了 2016 年饲料生产企业安全生产应急演练暨安全风险管控现场培训会议。开展岁末年初安全生产大检查活动，通过自查、拉网式检查、抽查等方式对全省所有饲料和饲料添加剂生产企业进行检查，从源头上消除安全生产隐患。

4. 开展饲料监督监测抽检活动 制定了 2016 年饲料产品监测计划，并根据《2016 年全国饲料产品质量安全监测计划》及中国农业科学院饲料研究所《关于 2016 年饲料检测计划补充文件的函》的要求，商请河北省饲料监察所对河北省饲料和饲料添加剂抽样重点、检测项目进行了细化完善。配合中国农业科学院饲料研究所进行了风险预警监测抽样。完成了宠物饲料风险预警监测。配合 D20 峰会召开，对河北省所有奶牛精料补充料生产企业进行了抽样，并将检测情况及时向君乐宝乳业进行了通报。

5. 加强饲料执法及案件查处工作 督促各市加大饲料执法监督力度，对日常监管中发现的违法、违规行为及时进行查处。对各市上报的饲料查办案件及时分析汇总，并上报农业部。受理群众举报案件 9 起，全部依法及时查处，有效打击违法违规行为。对农业部通报的不合格产品进行了彻查，并将结果及时上报。参加了河北省农业厅召开的《全省农业法制工作暨综合执法现场观摩会议》，并在会上做了典型发言。

6. 进一步规范行政许可工作 修订印发了《河北省饲料和饲料添加剂生产许可工作程序》，对饲料和饲料添加剂生产许可的申报、受理、审核审批、送达等各环节进行了明确规定，全省共核发许可证 96 个，产品批准文号 1 210 个，未出现违规审批、逾期办理等现象。组织了饲料和饲料添加剂行政许可技术评审专家的推荐、考试工作，为组建新一届专家库奠定了基础。

7. 召开了全省饲料行业形势分析会暨统计培训班 为深入了解我省饲料行业整体形势，进一步提升饲料统计质量，2016 年 11 月底召开了饲料行业形势分析会暨统计培训班。各市（含定州、辛集市）饲料办主任及统计员、省局草原与饲料处、饲料监察所、饲料工业协会相关人员共 45 人参加了会议（培训）。会议（培训）听取各市汇报了本辖区 2016 年前 10 个月饲料工业生产形势，对饲料统计报表制度进行了解读，安排部署了下一步饲料统计工作。通过会议，全面了解了河北省饲料行业整体形势，为科学决策和管理奠定了基础。

8. 大力推动粮改饲工作 促进种植结构调整 积极争取国家“粮改饲”试点项目，新增资金 9 287 万元，新增 10 个试点县。年初编制了《实施“粮改饲”种植发展草食畜牧业推进方案》，明确了任务目标、重点工作和保障措施。为确保国家政策落到实处，制定了《河北省推进 2016 年“粮改饲”试点工作实施方案》，提前拟定了《河北省推进“粮改饲”试点项目工作绩效考核实施方案》。2016 年试点工作进展顺利，13 个“粮改饲”试点县发展青贮玉米、苜蓿、燕麦等优质饲草料面积 105 万亩。试点县泌乳牛全株青贮饲喂率达到 100%。牛羊养殖从玉米籽粒饲喂向全株青贮饲喂适度转变，促进草食畜牧业节本增效，牛羊养殖饲料成本降低 5%以上。通过种植全株青贮玉米、燕麦，种植户亩增收 200～240 元，奶牛泌乳量增加 10%～14%，乳脂率提高 10%～15%。全省共落实“粮改饲”面积 200.5 万亩，直接为种植户节本增收 4.8 个亿，为养殖企业（场）增收 6 亿多元。

9. 全株青贮玉米推广示范工作 2016 年河北省承担农业部全株青贮玉米推广示范应用项目，争取资金 150 万元。选定唐山中奥奶牛养殖有限公司和承德隆化益佳养殖有限公司承担示范工作。2016 年两个示范点种植青贮玉米 3 604 亩，完成全株青贮 11 820t，其中使用菌剂青贮 2 130t。奶牛、肉牛青贮饲喂试验于 2016 年 12 月正式开始，预计 2017 年 5 月完成试验。

10. 落实青贮种子补贴　加快饲草基地建设　2016 年乳粉业发展专项资金中乳粉用奶牛场青贮玉米种植饲料补贴资金 1 054.3 万元已经分三批全部下达各市。第一批分配下达 280 万元，第二批下达 420 万元，第三批分配下达 354.3 万元。共扶持 21 万余亩乳粉用奶牛场饲草基地建设，改善了奶牛日粮结构，促进了乳品质量提升，降低了饲养成本。

【存在问题】

通过各级饲料管理部门共同努力，2016 年河北省饲料产业保持了平稳发展的态势，但仍然存在一些问题。

1. 无证生产饲料和饲料添加剂行为仍然没有彻底根除　通过摸底调查，换证工作结束后仍有近 200 家未获证企业没有彻底转产或关停，这些企业部分转为合作社生产自配料，还有一部分存在无证生产的隐患。

2.《饲料质量安全管理规范》推行力度有待进一步加强　部分企业对《饲料质量安全管理规范》还没有充分认识和理解，没有按照《饲料质量安全管理规范》建章立制、组织生产。部分企业虽然按照《饲料质量安全管理规范》要求建立了相应的管理制度、操作规程以及记录表单，但存在着照抄照搬、制定制度不符合企业实际情况，不按《饲料质量安全管理规范》要求实施等问题。

3. 监管能力有待进一步提高　部分市、县监管队伍不稳定，不能够对企业进行有效监管。

（河北省农业厅草原与饲料处）

山西省饲料工业

【饲料工业发展概况】

2016年山西省饲料行业克服全球经济下行造成的压力，紧紧围绕农业供给侧结构性改革的目标任务，坚持畜牧业“保供给、保安全、保生态”的总体方向，去产能、去库存、去杠杆、降成本、补短板，从生产领域加强优质饲料供给，抓住国家产业整合、粮改饲和养猪业价格上行的有利时机，外搞创新，内挖潜力，拼质量，比服务，保持了饲料产量基本持平，产品质量稳定向好的发展态势，有力地支撑了养殖业的健康发展。

1. 饲料产能迅速提高，产品产量增长放缓，生产条件明显改善 随着饲料生产企业准入门槛的不断提高，生产许可条件越来越严。通过淘汰落后产能，严格行政审批，严把生产企业准入关，使饲料企业的整体水平上了一个新台阶。截至2016年12月，全省共有获证饲料生产企业181家，较2015年底的177家增加2.25%，增长幅度明显降低。其中，饲料加工企业136家，单一饲料20家，添加剂预混合饲料32家，饲料添加剂生产企业11家，混合型饲料添加剂企业4家。2016年新增饲料加工企业7家，新增单一饲料企业2家，新增预混料企业5家，这些企业大部分是新建企业，不仅起点高，投资规模大，生产条件好，而且人员素质高，产品技术含量高，发展潜力大。

2. 产能过剩明显，产品结构进一步调整，品种呈现特色性优化 2016年全省饲料总产量达285.7万t，比2015年同期增长0.3%，其中配合饲料256.3万t，同比增长5.2%；浓缩饲料26.3万t，同比减少31.6%；预混料3.1万t，同比增长8.8%。按饲喂对象来看，生产的猪饲料、蛋禽料、肉禽料、水产料、反刍料和其他料分别为60.3万t、96.6万t、113.5万t、0.1万t、10.1万t和5.10万t，同比增长分别为12.7%、6.6%、－0.4%、42.9%、7.1%和－70.4%。总体来看生产形势呈现以下特点：

（1）产能过剩现象普遍，开班率严重不足。按全省单班生产能力988.7万t计，开班率仅为28.9%，企业设备不能满负荷运行，大部分企业不能连续生产。

（2）产品结构不断调整，适应市场的能力越来越强。2016年由于猪价一路向好，养猪利润十分可观，养殖户热情高涨，补栏量迅速，并且也舍得投料，拉动了猪饲料总体消费量的增长，猪料增长明显。而作为山西省饲料大头的肉鸡料却不增反降。原因主要是由于山西省肉鸡养殖基本上是集团化放养，一条龙服务。大象集团、粟海集团、龙海公司作为肉鸡养殖的三巨头，占到总养殖量的90%以上，但其中之一的粟海集团濒临破产，肉鸡养殖项目严重萎缩，致使肉鸡存栏下降，导使肉鸡饲料产销量降低。最有代表性的山西大象农牧集团有限公司，作为山西最大的农业产业化龙头企业，一直以来以放养肉鸡为主要产业，而2016年却把发展重点放在了生猪产业链，以种猪场、商品猪场建设和生猪屠宰产业基地为载体，以“互联网＋全产业链技术服务”为保障，规划用5年时间，在全省建设20个年存栏6 000头的二元种猪场，50个年存栏5 000头的商品猪标准化示范场，通过“公司＋基地＋农户”模式带动养殖户饲养300万头以上生猪。

（3）浓缩饲料降幅较大，预混料明显增加。由于2016年度主要大宗原料玉米和豆粕价格一直在低价位运行，规模化养殖场又有技术和设备的优势，因此养殖厂大量选择购买预混料，自己加工饲料，以节约养殖成本，提高经济效益。

（4）品种更加专业化和特色化。山西大北农饲料有限公司、山西安佑饲料有限公司将产品重心集中到了投入成本大、技术含量高、利润回报好的教槽料、乳猪料、母猪料等品种上来，中小饲料企业也充分挖掘自身潜力，不贪多而求精，将产品研发集中到某种特定养殖动物和特定养殖阶段上来，努力将产品做到极致，稳定自己的销售市场。

3. 产业链条进一步延长，一条龙发展优势明显　以大象集团、晋龙集团、山西金粮为代表的大型龙头企业，实行饲料加工、畜禽养殖、屠宰加工一条龙经营，着力打造从田间地头到餐桌的模式，推广公司加农户的农业产业化发展模式，通过延长产业链，集团化管理等方式，趋利避险，在追求利润最大化上做文章，走出了一条产业化经营的路子。

【组织机构】

2009 年 12 月成立了山西省农业厅饲料奶站管理办公室，作为农业厅的独立行政处承担全省的饲料行业管理工作，结束了省级饲料管理部门长期挂靠畜牧部门的历史，管理职能进一步明确，监管力度进一步加强。现在，省市两级以及多数县（市）都设立有饲料行业管理机构，并能按照《条例》赋予的职能，有效地开展企业设立审查、行业监管和制定发展规划等行政管理行业监管工作。

【主要工作】

1. 认真实施农业部例行监测计划，确保饲料质量安全　根据农业部和全省监测计划，印发了《关于下达 2016 年饲料质量安全监测工作的通知》。会同省饲料兽药监察所分发采样器具，开展例行监测。对于全年例行监测中，农业部通报的不合格产品和企业，我们依据《饲料和饲料添加剂管理条例》，责成当地畜牧饲料管理部门予以了查处，并做好后续监管工作。总体看，通过多年的饲料质量安全监测监管，违法添加得到了有效遏制，饲料质量安全水平明显提高。

2. 扎实开展饲料日常监管工作　2016 年年初，我们同 11 个市饲料管理部门签订了《2016 年饲料质量安全监管责任书》，进一步强化了饲料生产、经营、使用环节的监管，层层落实了监管责任和生产经营企业的主体责任。同时，加大对于重点区域和重点企业的日常监管，重点对饲料生产企业的设备除尘、危化品管理，实行严格的责任落实制度，确保安全生产。8 月 22～26 日，农业部饲料检查组来山西省开展 2016 年饲料行业管理督导检查工作，检查组一行听取了省级饲料管理部门的监管工作汇报，并查阅相关的档案资料，对近两年的省级饲料生产许可、日常监督检查、管理规范推进和饲料安全生产进行了全面检查。检查组分别赴山西省太原市小店区、经济开发区，晋中市榆次区、祁县对市县两级的日常监管工作进行了实地检查，随机抽取 3 家饲料生产企业和 3 家经营门店进行实地核查。检查组对山西省饲料行业管理有机构，工作有经费，监管有人员，运行有制度，工作有创新给予充分肯定。

3. 积极推进饲料质量安全管理规范　从《饲料质量安全管理规范》正式实施后，我们制定下发了实施方案。通过全省上下努力，2015 年年底，山西大北农饲料有限公司顺利通过了农业部示范企业验收，为山西省饲料企业示范创建树立了标杆。2016 年 7 月，我们举办全省规范培训班，组织饲料企业对部级示范企业进行了现场观摩，取得了良好的效果。2016 年 8 月，全国饲料行业 4 名高级专家对山西省山西金粮饲料股份有限公司和孝义大象农牧有限公司进行了现场指导，在 12 月底山西金粮饲料股份有限公司顺利通过部级示范企业验收。

4. 组织开展随机抽查和交叉大检查　2016 年年初，我们印发了《关于印发〈2016 年全省生鲜乳和饲料质量安全专项整治行动方案〉的通知》，确保整治工作环环相扣、扎实有效。省里采取随机抽样，异地检查的方式对 50 个饲料和饲料添加剂生产企业的生产条件和质量控制两个部分共 68 个项目进行现场检查，随机抽取 100 个饲料样品进行检测。同时，对受查企业所在市、县饲料管理部门履行行业管理的情况进行了督查。

【存在问题】

1. 产品科技含量不高，新增产能过剩严重　由于山西省处于中西部地区，科技力量和人才相对缺乏，饲料产品中科技含量高、附加值高的饲料添加剂和预混料多数依赖从外省的经销商购买，严重制约了山西省饲料工业的全面发展。按照新的饲料生产许可要求，新获证的饲料企业产能大幅提高，但是受到市场和销售因素制约，多数企业的新增产能未能真正发挥作用。

2. 行政审批与饲料监管分离，增加了管理难度　从 2016 年 5 月山西省成立了行政审批大厅，饲料企业设立审核工作全部交由山西省农业厅行政审批处办理，饲料管理部门的工作重点转移到后续监管，工作还需要一个适应过程。

3.《饲料质量安全管理规范》工作的推进力度还不够，企业对《规范》重要性和必要性的认识依然不够。

（山西省饲料兽药监察所）

内蒙古自治区饲料工业

【饲料工业发展概况】

2016年饲料质量安全管理工作，以大力推进《饲料质量安全管理规范》为重点，认真贯彻落实《饲料和饲料添加剂管理条例》及其配套规章，圆满完成了年度工作任务，未发生饲料质量安全重大责任事故。

饲料产量和饲料质量安全总体情况

1. 饲料工业生产情况 2016年内蒙古自治区有饲料生产企业304家，获得生产许可证340个，其中双证企业25家，三证企业4家，四证企业1家。所获生产许可证中饲料添加剂生产许可证30个，混合型饲料添加剂生产许可证21个，添加剂预混合饲料生产许可证27个，单一饲料生产许可证55个，配合饲料、浓缩饲料、精料补充料生产许可证207个。

2016年全区饲料总产量为278.6万t，同比增长2.98%，饲料产量略有回升，总产值75.4亿元，同比下降6.1%，营业收入76.3亿元，同比增长1.77%，小幅上涨但低于产量增长幅度。

2016年全区饲料添加剂产量为48.1万t，同比增长17.5%，营业收入41.8亿元，同比增长39.7%，总产值42.4亿元，同比增长40.3%。

2. 饲料安全情况 饲料产品质量安全监测抽检完成1 172批次，合格1 093批次，合格率93.3%。较上年提高了1个百分点；养殖环节违禁添加物监测完成302批次，合格率100%；养殖环节“瘦肉精”专项监测抽检牛羊尿样6 815批次，合格率为100%；奶牛饲料和蛋白饲料的三聚氰胺监测完成1 240批次，合格率为100%。反刍动物饲料预警监测完成200批次，合格183批次，合格率100%；反刍动物饲料牛羊源性成分监测完成306批次，合格率100%。

【主要工作】

1. 严把准入关口，夯实安全基础 全面加强审核专家队伍建设和管理，不断完善饲料和饲料添加剂行政审批制度和程序，增强审核的科学性、规范性，严把生产许可审批的准入关。

2. 强制实施《饲料质量安全管理规范》，提升企业总体素质 按照农业部要求，在添加剂预混合饲料、浓缩饲料、配合饲料和精料补充料生产企业全部强制性地实施了《饲料质量安全管理规范》，稳步推进了饲料生产全过程质量安全管理制度的落实和法定职责义务的履行。开展了自治区级示范企业创建活动，先后6次组织专项督察组，对全区304家获证饲料生产企业进行了3次专项督察，并结合督查巡查，对企业实施《饲料质量安全管理规范》进行了面对面、一对一、点对点的培训。5月份邀请农业部专家组对内蒙古自治区申报国家级的2家企业进行了现场辅导。2016年下半年，3家饲料生产企业通过了自治区级示范企业验收，3家饲料生产企业通过了农业部国家示范企业验收（赤峰市2家、包头市1家）。

3. 强化检测力度，严厉查处不合格产品 为了有效监控饲料质量安全，加大了饲料质量安全监督抽检覆盖面，12个盟市监测工作覆盖了全区饲料生产、经营、使用旗县，各级饲料检测机构满负荷运行。全年各类饲料样品和牛羊尿液监测实际共完成10 041批次，完成计划9 155批次的109.7%。一是各类饲料样品监测完成3 226批次，完成计划3 080批次的104.8%，合格3 123批次，合格率96.8%。二是养殖场（户）“瘦肉精”专项监测牛羊猪尿样完成6 815批次，完成计划6 075批次的112.2%，合格率为100%。结合督察中随机抽样对获证饲料生产企业做到了监督抽检全覆盖，对各类已知风险和突出问题保持了持续的跟踪监督监测。6月份根据自治区财政新增400万元，及时下达增加监测任务5 600批次，进一步加大了监测覆盖面和抽检频次。截至11月10日，抽检各类饲料样品3 226批次，不合格103批次。新增饲料检测任务完成346批次，不合格40批次。依据上报监测抽检结果，及时通报属地监管部门对监测抽检不合格饲料企业和产品进行查处。目前，已经查处违规案件22起，处罚金额6.82万元；巡查发现问题240个，责令整改不合格项目243起，整治重点地区20个。

4. 严格落实巡查制度，全面排查安全隐患 坚持问题导向，提出了“发现问题是业绩，消除隐患是政绩”的履职新观念，依据《饲料和饲料添加剂管理条例》，规范执法行为，组成督查组，对全区各盟市、旗县饲料质量安全工作进行了全面督查和巡查，组织检测专业技术人员对盟市饲料质检机构开展技术指导，重点地区、重大节日、重点环节进行重点监测。结合行政许可现场审核对全区饲料生产企业检查达到了饲料生产企业全覆盖，三级饲料监管部门按照“212”巡查制度，到10月底，累计巡查11 628次，每月巡查分别都达到了2次和1次以上。累计出动监督执法人员13 618人（次），检查饲料生产经营使用企业4 843个，日常监督检查工作做到常态化、踪迹化和统一化。并根据《自治区党委、政府关于进一步加强食品安全工作的意见》（内党发〔2016〕8号）文件精神，组织2个专项督查组，从7月份开始对全区饲料行业管理工作进行了全覆盖督导检查。通过规范的监管和检测，积极主动发现问题、确保了不酿成区域性、系统性的问题。

5. “瘦肉精”专项整治保持高压态势 继续组织对禁止使用的“瘦肉精”类物质进行全面排查，对重点地区以旗县为单位进行网格化管理，100%落实安全责任告知，100%实行质量安全公开承诺。监测场所4 145个，“瘦肉精”专项监测抽查养殖场（户）1 363家，筛查动物尿液6 815批次，未检出11种β-受体激动剂类违禁物。累计出动监督执法人员9 418人（次），检查饲料生产经营企业和养殖场户3 625个（次），发放宣传资料44 300份。专项监测抽检“瘦肉精”等违禁添加物零检出。

6. 农副资源饲料化利用项目工作进展顺利 2016年农业部批复内蒙古自治区农副资源饲料化利用项目立项2个，争取国家财政投资680万元，目前正在项目建设中。组织对批复5个2015年秸秆养畜项目进行了中期检查；对2014年立项实施的6个秸秆项目进行了验收。通过检查项目财政资金已落实到项目旗县，项目工程建设进展顺利，对于项目建设中存在的共性和个性问题提出了限期整改意见。

【存在问题】

1. 生产企业整体素质有待提高 从生产体系看，多数饲料生产企业在加工装备、管理体系和技术创新能力等方面与现代化的要求相比还有差距，产品同质化问题突出，具有较强行业影响力的企业和品牌少。个别饲料生产企业生产过程质量安全控制不到位、制度不健全、品管不到位等安全意识不强现象仍然存在。从经营体系看，饲料生产企业与养殖场户对接不够紧密，产品销售零散、费用高，加之养殖企业自配饲料生产不断增多，饲料经营市场无序竞争的现象依然存在。

2. 质量安全形势复杂，监管压力增大 从监管体系看，技术支撑机构人才装备建设滞后，基层监督执法体制机制不健全，风险管控和日常监管没有全面落实到位。违规使用添加物、制售假冒伪劣饲料等问题还没有从根本上杜绝，而且花样翻新，形势不容乐观。从生产过程看，操作不当、饲料原料污染等非人为因素导致的质量安全问题也时有发生。

3. 政策扶持力度弱抗风险能力不强 饲料工业是微利行业，但在应对大宗原料价格波动、采用新技术新装备等方面缺乏政策支持，在建厂用地等方面受到越来越多的限制，抗风险和持续发展能力不强。

4. 粗饲料加工监管困难 目前，国家粗饲料加工标准体系还不健全完善，饲草加工未纳入行政许可管理，加之农业部也没有出台强制性标准，监管工作中存在一定困难。

（内蒙古自治区农牧业厅饲料处）

辽宁省饲料工业

【饲料工业发展概况】

2016年，受蛋价和肉鸡价格低迷影响，养殖户补栏积极性不高，存栏数量逐渐减少，饲料使用量减少。随着养殖规模化程度提高，散养户逐渐减少，玉米、豆粕等大宗原料价低位运行，养殖场自配饲料增加明显，添加剂预混合饲料产量明显增加。

饲料工业：据统计，2016年饲料产品总产量1 073.9万t，较上年同比减少6.5%；其中配合饲料787.3万t，同比减少4.2%；浓缩饲料267.2万t，同比减少13.9%；添加剂预混合饲料19.3万t，同比增长21.5%。全年实现饲料工业总产值350.4亿元，同比减少7.1%。

据统计，2016年单一饲料生产企业140家。单一饲料总产量528.2万t，同比增长4.1%。其中，豆粕产量为446.8万t，同比增长5.7%；鱼粉产量为8.2万t，同比减少20.4%。实现产值155.4亿元，同比增长1.6%。

饲料添加剂产量稳步增长。据统计，2016年饲料添加剂总产量为14.8万t，同比减少15.9%。其中氨基酸8.6万t，同比减少9.5%；维生素0.6万t，同比减少81.3%；矿物元素及络合物4.6t，同比增长2.2%。实现产值15.7亿元，同比减少32.9%。

饲料机械成套设备产量减少。据统计，2016年全省饲料机械企业生产饲料加工成套设备为14套，同比减少75.4%。其中时产10t以上成套机组6套，同比减少82.9%。生产单机台数为6台，同比减少95.7%。实现产值1 508万元，同比减少59.8%。

【组织机构】

辽宁省畜牧兽医局兽药饲料处（省饲料工作办公室）行政编制5名，负责拟订全省饲料行业发展规划和计划，承担饲料和饲料添加剂研制、生产、经营的监督管理工作，组织实施饲料行业质量管理规范。辽宁省兽药饲料畜产品质量安全检测中心负责饲料质量安全检测和质量安全基础理论、基础技术等方面的科学研究和技术推广工作。辽宁省畜产品安全监察所负责饲料生产经营和使用的质量安全监督执法工作。

【主要工作】

1. 开展“3·15”打假月和“放心兽药饲料”下乡进村宣传周活动 2016年3月1日～3月31日，全省开展了以“抓质量，保安全，促发展”为主题的“3·15”饲料打假月活动。2016年3月中旬至4月下旬，全省开展了“放心兽药饲料进乡村，监管服务到基层”为主题的“放心兽药饲料”下乡进村宣传周活动。全省利用电视台宣传35次，印发明白纸、宣传资料237 326份，制作标语、横幅718条。开展宣传周活动68次，出动科技和执法人员6 100人次，接待咨询群众1.4万人次。

2. 开展专项检查活动 开展了全省兽药饲料生产经营主体清理整顿专项行动，对全省兽药饲料生产经营企业进行了全面清理排查。专项整治共出动执法车辆650辆次，执法人员2 100余人次，检查兽药饲料生产经营企业9 000余家；查办案件14件，移送司法机关1件，罚没款32.482万元。

为加强饲料质量安全监管工作，开展了专项督查活动。共派出7个检查组对全省饲料行业监管和生产经营情况开展督查，重点对企业设备设施、人员素质、日常管理、质量控制、质量安全、生产安全等方面进行督查，发现问题均给企业留下整改意见，并由各地监督整改。

3. 推进《饲料质量安全管理规范》的实施工作 一是开展饲料质量安全管理规范示范创建工作。年初印发《关于开展饲料质量安全管理规范示范创建工作的通知》，按照“逐级创建、择优上报”的原则，各市按照通知要求进行了市级示范企业创建工作，并对通过市级示范创建的企业择优申报省级示范创建。截至目前，辽宁省共有 27 家企业通过市级示范创建，15 家企业通过省级示范创建，5 家通过农业部示范创建。二是结合日常检查督促企业严格落实规范要求。在对企业进行生产许可现场核查时，要求专家组对企业实施《饲料质量安全管理规范》情况进行核查，指导企业在生产中落实落实《饲料质量安全管理规范》要求，同时监督执法人员利用在日常监督执法，指导企业落实《饲料质量安全管理规范》要求，全面推进《饲料质量安全管理规范》的实施工作。

4. 强化监督监测和执法工作 全省共计监测饲料样品 6 184 批次，检测合格率 99.2%。全省畜牧系统完成饲料免税检测 2 505 批次，合格率 99.6%。充分发挥检打联动监管制度作用，检测、执法、管理部门三位一体对监督抽检中发现的不合格产品和假劣产品进行查处。共查办饲料案件 48 起，罚款 25.39 万元。其中省本级直办、督办案件 9 起，罚款 13.99 万元。

5. 推进“互联网+行政审批”实施工作 目前，所有饲料行政审批事项网上受理，网上申请、受理、审批、办结，快递方式送达办结件，不再提交纸质材料，基本达到与申请人不见面办理审批业务。在网站公布了办事指南、办理条件和程序、审批所需材料名称、规范格式文本、咨询监督电话等，审批结果与申请人手机链接，申请人通过手机短信就能收到办理结果，极大地方便了企业办事。目前辽宁省畜牧兽医局正与辽宁省政务服务中心一起研究饲料生产许可证的电子证照事宜，届时，饲料、饲料添加剂生产许可及饲料添加剂和预混料产品批准文号电子批准证件将具有防伪和信息查询功能的二维码，样式与纸质证照完全一致。

6. 开展饲料原料风险预警监测与分析 2016 年将饲料原料风险监测、肉骨粉中的皮毛动物成分监测列入辽宁省饲料监测计划。依托省检测中心大平台，吸纳 20 个大中型饲料企业的检测中心，集中饲料原料大数据，借助省检测中心技术，实现资源共享，跟企业一起分析饲料原料中存在的风险，帮助企业提高检测能力与水平，建立企业饲料原料质量安全意识。同时辽宁省还开展了饲料中抗生素和肉骨粉中狐貉成分的风险监测。

7. 开展年度备案工作 2015 年 11 月发布年度备案通知，由市县级饲料管理部门具体负责操作。由企业通过兽药饲料网络监管平台上传年度备案材料，县市级通过查看材料、现场审核，最终确定年度备案合格和不合格企业名单。2016 年 2 月底全省完成饲料备案工作并发布饲料年度备案通告。

【存在问题】

1. 少数中小企业对规范的重要性认识不足 部分企业建立的规章制度、规程、记录等不符合企业实际情况。个别企业虽然按照规范制定了相关制度、规程和记录，但在实际生产中并没有落实到位。

2. 基层饲料管理人员素质有待进一步提升 各地饲料管理部门人员变动频繁，部分地区管理人员并非畜牧兽医专业，对饲料管理工作缺乏专业素养，更对实施规范的重要性没有充分认识和理解，对实施规范的监管执法力度不够。

（辽宁省畜牧兽医局兽药饲料处）

吉林省饲料工业

【饲料工业发展概况】

2016年，吉林省以全面推进《饲料质量安全规范》为契机，以促进全省饲料行业全面升级为主线，以抓好“两个”安全（安全生产、质量安全监管）为重点，通过“抓培训，打基础；抓准入，促升级；抓规范，保安全”，全省饲料行业总体素质得到明显提升，饲料企业现代化水平显著提高，饲料质量安全得到了保障，为全省现代畜牧业发展提供了强有力的支撑。

2016年，吉林省共有注册饲料生产企业315家。全省饲料工业产品总产量321万t，其中，配合饲料产量230万t，浓缩饲料产量86万t，添加剂预混合饲料产量5万t。

【组织机构】

吉林省饲料工作办公室隶属于吉林省畜牧业管理局，与草原饲料处合署办公。在全省各市（州）、县（市、区）政府畜牧业管理部门中，都设立了饲料工业行政管理部门。在质量检验上，有3个具有资质的省级饲料质量检验机构，分别隶属于省畜牧业管理部门，省质量监督管理部门和省商检管理部门。全省有12个市级饲料质量检验机构，其中3个隶属于畜牧业管理部门，9个隶属于质量监督管理部门。目前，县级还没有设立饲料质量监督检验机构。

【主要工作】

一、生产许可证管理工作情况

重新调整了吉林省饲料生产许可审核委员会。吉林省于2012年成立了吉林省饲料和饲料添加剂生产许可专家审核委员会，建立了专家库，实行专家审核，饲料办签署意见，主管局长审批制度。2016年，根据饲料行业人员变动情况和行业发展要求，吉林省对专家审核委员会进行了调整。吸纳了一部分年轻有为，学有专长，且认真负责，敢于担当的有关人员进入了审核委员会，从而有效地加强了生产许可证的审核工作。

进一步完善了公开审批流程和网上申请审批制度。按照农业部和省政府的有关要求，吉林省制定了饲料和饲料添加剂申报审批程序及审批工作流程图，并在省政府网上政务服务中心平台上公开。2016年，省饲料工作办公室对审批事项类别、名称、法律依据、许可条件、材料要求、申请受理、现场审核、补正告知、审批时限、审批是否收费、经办部门、联系人及联系电话等内容，都做到了具体细化，确保了许可证审批工作的制度化、规范化、公开化。

二、饲料行业日常监管工作情况

1. 全面开展饲料质量安全和瘦肉精专项整治行动 按照农业部农资打假和省政府的有关要求，省饲料工作办公室制定下发了饲料质量安全专项治理行动实施方案，对饲料监管工作进行了全面部署。要求全省各级饲料行业主管部门，以查处非法生产经营和添加使用瘦肉精、三聚氰胺、非饲料原料等为重点，强化对饲料生产企业源头和经营使用环节的治理，依法严惩非法添加使用等违法行为。同时，组织开展饲料执法专项检查，督查活动。2016年，吉林省畜牧业管理局先后下发了《关于开展饲料行业安全检查工作的通知》（吉牧饲发〔2016〕59号）和《关于开展饲料生产企业执行饲料质量安全管理规范情况检查的通知》（吉牧饲发〔2016〕193号），从而在全省形成了严抓严管的态势。

2. 加大行政执法力度，提高依法行政能力 为全面提高依法行政能力，促进饲料行政管理部门严格规范，公正文明执法，改善经济发展环境，确保饲料行业健康发展，吉林省依据《饲料和饲料添加剂管理条例》的规定，制定了《吉林省饲料和饲料添加剂管理条例行政处罚自由裁量权标准》(试行)，并下发全省各地实施。

3. 组织开展饲料产品质量监测行动 一是认真组织完成年度饲料监测计划。2016 年初，吉林省畜牧业管理局就制定下发了《省本级饲料质量安全监测计划的通知》(吉牧饲发〔2016〕80 号)。全年实际抽样 2 500 批次，饲料总体抽检合格率 96.1%，违禁物检验合格率为 100%。对于农业部和省本级监测不合格的企业，对违法主体进行行政处罚。同时，将之作为监督重点，进行跟踪监测，防止不合格产品流入市场。

4. 认真落实农业部新的饲料统计报表制度 吉林省按照农业部报表制度的要求，将各类饲料企业纳入统计范围，确定管理部门和企业的饲料统计报表人与负责人认真完成月报和季报。从而及时有效地指导了行业和企业的发展，提高了饲料管理部门指导行业发展的前瞻性和科学性。

三、饲料质量管理规范推进工作进展情况

1. 积极开展规范示范企业创建工作 按照农业部的统一部署，吉林省从 2014 年起，就组织开展了示范企业创建工作。2016 年，吉林省畜牧业管理局组织专家，对长春博瑞饲料集团有限公司、长春金新农饲料有限公司、长春铁骑力士生物科技有限公司和吉林新方圆牧业科技有限公司进行了初审，并在此基础上，推荐长春博瑞饲料集团有限公司、长春金新农饲料有限公司、长春铁骑力士生物科技有限公司三家企业接受农业部验收。经过农业部专家组现场审核，长春博瑞饲料集团有限公司、长春金新农饲料有限公司通过了农业部验收，成为农业部授牌的全国饲料行业示范企业。

2. 大力推进了企业年度备案工作 按照吉林省畜牧业管理局下达的《吉林省畜牧业管理局关于开展 2016 年饲料和饲料添加剂生产企业年度备案工作的通知》(吉牧饲发〔2015〕268 号)要求，及时开展了企业备案工作，2016 年全省备案企业达到 322 家，并办理了相关手续。

【存在问题】

1. 饲料生产许可审核工作专项经费短缺 由于吉林省财政没有批准饲料生产许可审核专项经费的申请，只能从饲料常态化检测经费中划出部分资金用于饲料企业审核费用。但是，此项经费需要当年协调，而且数额有限，如果遇到换发许可证相对集中年份势必要影响工作的正常开展。

2. 饲料市场竞争激烈，部分企业经营不景气，甚至企业亏损，被迫减员 这种状况，对推进饲料质量安全管理规范造成了一定的影响。

3. 由于全省饲料企业产能过剩，市场竞争激烈，部分实雄厚的企业为了抢占市场 不惜赔本，压低饲料价格，在一定程度上，造成了市场的无序竞争。

(吉林省饲料工作办公室)

黑龙江省饲料工业

【饲料工业发展概况】

2016年，是“十三五”开局之年，黑龙江省确定2016年为“《饲料质量安全管理规范》实施推进提升年”，通过“抓换证、严执法、打禁物、促规范”，进一步提升了全省饲料产业素质及质量安全水平，为质量效益型现代畜牧产业建设提供了强有力的物质支撑。

2016年全省饲料工业生产经营情况

2016年，全省饲料工业克服了养殖方式转变的压力，充分发挥了企业集团力量和行业优势，着力转变饲料行业发展方式，饲料工业呈现出产业发展平稳态势，饲料产量与2015年同期相比下降。根据对全省部分市、县及重点跟踪企业所提供的数据统计，全年饲料总产量583万t，同比下降4.7%；饲料总产值203亿元，同比下降3.3%，原料波动大，饲料价格随之波动。

1. 产品结构随着原料价格的波动而调整　一是产品结构受大宗饲料原料价格的反弹波动影响，使饲料产品结构上发生变化，再加上畜禽产品价格低迷，直接购买原料价格较低，养殖户为降低成本，更多选择添加剂预混合饲料和适当选择浓缩料，表现为配合饲料使用量下降，预混料产量增长，而配合饲料在饲料总产量比重达50%以上，配合饲料的减少，会直接影响到饲料产量的总数量。二是随着大规模的农牧场的发展，为了提高养殖水平，在饲料方面也选择适合本农场的自配饲料，因此也推动了添加剂预混合饲料的产量。品种结构方面。猪料产量216.6万t，同比下降3.2%。其主要原因是近一年养殖形势经济价值处在高位运行，特别是生猪价格2016年一直处于高位运行，规模养殖场（户）控制母猪存栏数量，增加育肥猪养殖数量，可控制市场运营价格，散户因仔猪价格高、补栏意识较弱，所以，周期性猪肉价格下降不明显。蛋禽料产量139.9万t，同比增长2%；肉禽料产量101.0万t，同比增长2.2%。鸡、鸡蛋等鸡产品未受大疫病污染，百姓根据肉蛋价格比，摄取量平稳提高，规模养殖场（户）和散户有所增加，蛋禽料产量上涨。

2. 企业成本增加，效益增长缓慢，饲料企业市场竞争更加激烈　大型饲料企业产量、效益与历年相比稳步增长，黑龙江省截至2016年12月已有235家饲料生产企业获得生产许可证（浓缩、配合饲料企业），70%中小企业在新一轮换证中未取得生产许可资质，退出市场，而大型饲料企业依靠配方技术和产业链优势，依靠更高的管理、资金实力、原材料采购优势等，不断增强抗风险能力和竞争力，进一步拉大了与中小饲料企业差距。据黑龙江省重点跟踪监测的46家重点企业显示，2016年，月产量万吨以上的中大型饲料企业产量同比增长14.7%，月产量在万吨以下规模的小型饲料企业产量同比下降35.4%，而大型企业则快速发展，在市场占有率从30%增长到75%。如黑龙江大牧人牧业有限公司同比增长15%以上。

【主要工作】

在推进饲料行业发展及饲料质量安全监管方面，黑龙江省主要做了以下6项工作：

1. 认真组织开展新饲料条例规章宣传培训工作　一是利用媒体广泛宣传。利用《黑龙江畜牧兽医政务网》《东北饲料信息网》等有关媒体及时刊载新修订的《饲料和饲料添加剂管理条例》《生产许可管理办法》《饲料原料目录》《饲料标签》和新发布的《饲料质量安全管理规范》等，并通过龙广新闻（行风热线）、农村天地节目解答饲料政策法规，全省共发放有关宣传书籍及宣传资料5万余份，进行媒体宣传

20余次。二是通过活动宣传。连续5年组织开展了“放心饲料兽药下乡进村暨质量安全宣传周活动”，通过现场开展宣传咨询、培训讲座、优质饲料兽药产品展示推介、入户服务指导等，仅省本级发放资料2 000多份，现场参与人员400多人，培训养殖场户120多个。通过省、市、县三级宣传培训联动，使饲料从业者了解了新的法规规章内容，为确保饲料质量安全和质量效益型现代饲料产业发展营造了良好的法制环境和社会舆论氛围。

2. 依法健全完善和强力推行新的饲料许可审批制度 为进一步着力推进新许可制度的实施和企业整合提升、创新发展，黑龙江畜牧兽医局继续将2016年确定为“饲料许可换证及整合提升年”。一是做好行政审批清理。按照农业部和省政府的统一部署，黑龙江省饲料工业办公室按要求对承担的行政审批事项、权力清单和负面清单等认真进行了清理，制定了饲料行政处罚自由裁量权，经过清理、申报和省政府核准，由省政府统一进行了公示。二是及时将《饲料质量安全规范》纳入生产许可审核内容、依法严把审核审批关。黑龙江省从2015年7月1日起在许可审核时除按国家要求进行审核之外，还同时审核企业《饲料质量安全规范》执行情况。黑龙江省将规范内容转换成企业检查表并印2 000份，发放到地市县饲料管理部门。

3. 全面深入开展饲料质量安全专项整治行动 按照农业部农资打假的有关要求，黑龙江省饲料工业办公室起草制定了《2016年全省饲料兽药打假专项治理行动实施方案》（黑牧综〔2016〕6号）、《黑龙江省畜牧兽医局关于开展“2016年放心饲料兽药下乡进村暨质量安全周”活动的通知》（黑牧综〔2016〕11号），要求各级畜牧兽医部门以非法生产经营和添加使用“瘦肉精”、三聚氰胺、非饲料原料等为重点，强化饲料生产企业源头和经营使用环节治理，依法严惩非法添加使用和经营门店拆包分装、再加工、“前店后厂”等违法行为。据统计，全省共出动饲料执法人员1 500多人次，检查饲料生产经营使用企业（单位）3 000多家，查处问题300多个，立案查处27起，罚款12万余元。

4. 组织开展了《饲料质量安全管理规范》示范创建和实施推进工作 一是认真开展《饲料质量安全管理规范》宣传培训。黑龙江省在2016年年初制订《饲料质量安全管理规范》宣传计划，并于9月19日至25日，分别在哈尔滨、齐齐哈尔两个地市举办了三场培训班，聘请了东北农业大学、省兽药饲料监察所等单位的专家，对全省所有饲料生产企业的管理人员共计600余人进行了培训，取得了良好的效果。黑龙江省通过现场会议、讲座等形式对《饲料质量安全管理规范》、农业部关于全面实施《饲料质量安全管理规范》的意见、饲料质量安全管理规范现场验收表等进行宣传培训，使饲料从业者了解了《饲料质量安全管理规范》内容，为《饲料质量安全管理规范》实施营造了良好的法制环境和社会舆论氛围。

5. 全面推进和落实饲企安全生产管理工作 黑龙江省在抓好饲料质量安全工作的同时，切实把饲企安全生产摆上了重要位置，做到“两个安全”一手抓。

（1）安排部署安全生产工作。黑龙江省根据国务院安委办明电〔2015〕14号和省政府安委办《关于印发中省直有关单位安全生产检查流程和检查项目清单的通知》（黑安办函字〔2016〕31号）要求，制定下发了《黑龙江省饲料生产企业和畜禽屠宰加工企业日常安全生产检查工作实施方案》（黑牧综〔2016〕19号），确定了总体要求、工作目标、检查内容、检查方式、时间安排等，要求各地饲料管理部门和饲料企业严格按照文件要求自查，省里督查，防范饲料企业发生粉尘爆炸和重大饲料质量安全事件。

（2）成立安全生产监督检查组织领导工作组。黑龙江省成立了专门领导小组，领导小组组长由省畜牧兽医局分管副局长担任，副组长由省饲料办主任、省兽药饲料监察所所长担任。省本级组建了三个督导检查组，成员由省饲料办、药检所和部分专家组成。各市也相应成立了组织领导机构，具体统筹负责饲企安全生产监管职责和监督检查工作。

（3）组织开展全省饲料生产企业安全生产监督检查。按照年初黑牧综（2016）19号文件和省政府“两随机一公开”工作相关要求，黑龙江省制定了《黑龙江省畜牧兽医局饲料生产企业日常安全生产督导检查工作实施方案》（黑牧饲〔2016〕188号），并在局法规处、局纪检工作组的监督和参与下，在全省获证饲料生产企业中随机抽取了哈尔滨傲农饲料科技有限公司等31家进行重点检查。全省三个督查小组共检查了哈尔滨、齐齐哈尔、牡丹江、佳木斯、大庆、绥化等六个饲料重点市的31家饲企，对发现的除尘、机修车间、电源线路、开关、照明灯等方面的问题，提出了书面整改意见，并要求当地管理部门予以确认。对于黑河市、伊春市、鹤岗市、双鸭山市、七台河市和省农垦总局等非重点市所属饲企的检查工作，规定由其按照黑牧综〔2016〕19号要求进行自查，省局不再对其进行督导检查。

6. 开展饲料行业预测预警和指导服务

（1）认真落实农业部新的饲料统计报表制度。按要求将各类饲料企业纳入统计范围，确定管理部门和企业的饲料统计报表人员，认真完成月报、季报。及时对企业报表进行整理分析，对饲料市场和行业形势进行研判、预警，及时有效指导行业和企业发展，提高了饲料管理部门指导行业发展的前瞻性和科学性。

（2）积极帮助企业协调落实免税政策。经与黑龙江省国税部门多次协调沟通、共同市场调研，黑龙江省国税局原则同意对新建企业和老企业新上饲料品种随报随免，对初次检验结果有异议的可以申请复检，对企业检测品种和检测费用进行压缩，极大地减轻了企业负担。

（黑龙江省饲料工业办公室）

上海市饲料工业

【饲料工业发展概况】

2016年，上海市各级畜牧兽医部门、监督、监测机构和行业协会采取各种有效措施，围绕投入品安全监管和畜产品质量安全，以保障饲料质量安全为目标，以推进《饲料质量安全管理规范》实施为抓手，严格准入，强化监管，努力规范饲料生产、经营和使用行为，促进饲料行业不断向规模化、标准化、集约化方向发展。

强化监管，严格许可，做好2016年各项监管工作。

1. 行业结构调整，生产稳定发展　2016年，上海市共有128家饲料和饲料添加剂企业正常生产经营，其中：配合饲料、浓缩饲料、精料补充料生产企业和单一饲料生产企业饲料生产许可证生产企业68家（包括宠物饲料企业9家、单一饲料企业2家），饲料添加剂生产企业6家，混合型饲料添加剂生产企业34家，添加剂预混合饲料生产企业71家，行业发展保持稳定良好态势。2016年上海市饲料加工产品总产量162.2万t，同比增长1.9%，其中：配合饲料122.9万t，同比增长2.3%；浓缩饲料15.1万t，同比增长0.6%；添加剂预混合饲料24.2万t，同比增长1.2%。2016年上海市饲料添加剂和混合型饲料添加剂5.9万t，同比增加2.6%。2016年上海市饲料工业总产值达到81.5亿元，同比增长1.5%。

2. 严格行政许可，强化准入监管　上海市以许可审核为抓手，以贯彻落实《饲料和饲料添加剂管理条例》及其配套规章为要求，不断强化许可监管力度，严格行业准入门槛，确保行政许可的公开、公正、公平。

（1）继续推进上海市饲料和饲料添加剂生产许可审核专家队伍建设，不断完善专家审核制度，促进上海市饲料企业增强了生产安全防护设施，降低了生产安全隐患，在人员、场地与设施、生产工艺与设备、检化验仪器和功能室设立等软硬件方面的综合水平大幅度提升。2016年共完成审核发证38张，其中饲料生产许可证29张，饲料添加剂生产许可证9张，注销饲料和饲料添加剂生产许可证13张。

（2）将《饲料质量安全管理规范》的相关条件纳入配合饲料、浓缩饲料、精料补充料和添加剂预混合饲料生产许可审核工作，依法对企业的制度、规程和记录文件进行严格审核，不断完善饲料生产企业的生产质量管理体系，提升企业规范化和标准化程度，对不符合要求的不予核发生产许可证。

（3）强化属地管理职责，继续实行饲料和饲料添加剂生产企业年度备案审核，完善企业监管档案，加强获证企业后续跟踪监管，对备案企业进行全覆盖的现场审核，组织开展集中审核、评定和现场督察，并与日常监管情况相结合，2016年的通过率为97.7%。

（4）建立完善批准文号监管档案，2016年共核发产品批准文号653个，并按季度公示审核结果，不断提高批准文号审批许可事项的透明与公开程度。

3. 推进《饲料质量安全管理规范》实施，提升行业水平　全面组织实施《饲料质量安全管理规范》推进工作，建立事前事中事后紧密衔接、相互补充的饲料行业管理新机制，切实保障饲料产品质量安全。

（1）继续开展《饲料质量安全管理规范》部级示范企业的创建工作，组织专家组对上海市申报部级示范创建的企业开展了预验收和指导工作，并配合农业部专家组完成验收工作，上海市共有3家企业通过农业部部级示范企业的验收。

（2）组织实施《饲料质量安全管理规范》市级示范创建活动，制订《市级示范企业创建工作实施方案》和《饲料质量安全管理规范宣传手册》，举办了

《饲料质量安全管理规范》市级示范创建工作推进会，按照区遴选推荐、市办确定、宣传培训、专家咨询、现场指导、企业整改、检查验收、授牌公告、示范带动的程序实施市级示范企业创建工作，共有10家企业获评为《饲料质量安全管理规范》市级示范创建单位，上海市将继续以市级规范推进为契机，不断督促企业建立健全各项制度、完善管理体系，加速软硬件升级，提高企业规范化和标准化程度。

(3) 组织召开三期规范专题培训班，加强对市区行政及执法部门管理人员和企业负责人的培训，使其不断熟悉和掌握规范要求，共培训300余人次；组织开展了“规范示范创建企业现场学习会”，通过典型经验交流和现场参观学习，帮助企业从生产控制、质量监控、体系制度等方面进一步明确《饲料质量安全管理规范》的各项规定要求；各区根据实际情况，组织开展了多种形式的宣传培训活动，重点宣贯了《饲料质量安全管理规范》及相关配套政策、监管要求和企业实施具体要求。

4. 提高监测力度，保障产品质量 根据农业部和上海市饲料质量安全监测任务，依据各区生产实际，制定并下发了饲料质量安全监测计划和地产生猪出栏前“瘦肉精”及其替代品监测计划，保质保量完成了农业部和本市的饲料中违禁添加物监测任务。2016年完成监测计划总数为2 351批次、项目批次，完成饲料产品安全预警监测328批次，饲料安全状况总体可控。

加强对地产生猪的残留安全管理，重点加强对出栏前生猪的检测，强化源头管理和生产监控，及时掌控本市出栏生猪的质量情况，2016年全年累计共完成对生猪出栏前瘦肉精及其替代品产地监测46 850批次，飞行监测13 116批，检测项目包括盐酸克仑特罗、沙丁胺醇、莱克多巴胺、齐帕特罗、赛庚啶等，检测结果均为未检出。

上海市饲料检测机构不断加强技术创新和标准制订，2016年完成了上海市科技兴农攻关项目3项，新申请2项；完成市科技兴农攻关协作项目3项；承担了2016年上海市生猪产业体系建设项目动物营养与饲料组的科研任务，完成了饲料中益生菌数量测定方法的制定和饲料、粪便中铜、锌的ICP－MS/MS检测方法；承担了国家标准项目《饲料原料　酿酒酵母提取物》;《饲料中棉酚的测定》和《猪尿中赛庚啶残留量的测定》两个标准项目获得了上海市标准化优秀成果奖。

5. 强化执法力度，维护市场秩序 上海市依托行政审批、质量安全监测、案件查处三方联动机制，推行告知承诺制度，严查违法违规饲料企业，严格规范饲料安全用药。2016年全市累计出动执法人员8 650人次，检查相关生产经营企业、畜禽养殖场、批发市场等3 374家次，查处案件11起，维护和净化了上海市饲料市场秩序。

上海市不断建立健全市区两级监管网络，逐步形成了辖区管理、市所协调的二级监管网络体系；上海市建立企业诚信监管档案，实施诚信评级，开展企业分级监督管理制度，根据质量安全、生产运行、违规情况等项目实行企业评级，引导本市饲料行业进入自律、规范的良好发展状态；加强对获证企业的跟踪督查，建立完善饲料行业从业人员信息档案、设备档案、标准标签档案和监管档案；加强对过期证号的监管，坚决杜绝企业迁址后未获新证擅自生产的行为。

为深入贯彻落实《饲料质量安全管理规范》的实施，保障《饲料质量安全管理规范》在上海市的全面顺利实施，上海市组织开展了《饲料质量安全管理规范》系列专项检查行动，市区两级饲料监督部门共出动81人次，通过随机抽检的方式，对全市9个区共27家饲料生产企业进行了专项检查，检查依据为《饲料质量安全管理规范》内容中对生产过程控制环节的8项内容、共38项细目及标准要求，对于主观原因未按规定建立相关制度和记录的企业，由辖区监督执法部门依法予以处理。

6. 强化宣传培训，提升行业素质 上海市加强饲料新政宣贯培训工作，2016年市区两级饲料管理部门全年共开办饲料法规培训班11期，规范专题培训班3期，参加人员千余人次，发放《饲料法律法规文件资料汇编》《饲料质量安全管理规范宣传手册》800余份，进一步提高了从业者守法意识、安全意识和责任意识。一是组织对饲料从业人员开展多层次培训，针对负责人进行法规培训，明晰管理要求，提高守法意识，全年培训200余人次。二是针对标准化、行业统计管理人员，进行专业知识培训，提高统计工作质量和效率，全年培训100余人次。三是针对饲料行业特有工种人员，组织开展专业培训和职业技能鉴定考核，选拔优秀操作工人，全年培训200余人次。四是针对质检人员，组织开展精密仪器运用的检测能力提高班，全年培训100余人。

【主要工作】

2017年，上海市将按照农业部的统一部署，在市农委的正确领导下，以饲料质量安全管理规范的贯彻落实工作为抓手，以饲料质量安全整治为重点，在长效管理上下功夫，确保畜牧业投入品的质量安全，重点做好以下几方面的工作：

1. 进一步加强对饲料获证企业的监督力度 继续以《饲料质量安全管理规范》实施为抓手，加强各区属地化监管职能，督促引导辖区内饲料生产企业达到规范的各项各项标准条件；加强对获证企业的后续监管，监督检查覆盖率达到100%，重点加强对年度备案不合格，产品质量监测不合格以及许可证已过期失效企业的监管力度。

2. 继续深入开展《饲料质量安全管理规范》示范创建工作 严格示范创建标准和《饲料质量安全管理》审核要求，选择优秀企业参与部级示范企业的创建工作；继续实行市级示范企业创建工作，在2016年市级示范创建工作的推进基础上，遵循企业自愿、审核规范、结果公正的原则，继续推进一批示范标杆企业；组织召开规范专题培训班，加强对市区监督执法部门管理人员和企业负责人的培训，以确保《饲料质量安全管理》在上海市的顺利实施；加强对示范企业的后续监督，开展定期回访和检查。

3. 进一步强化饲料许可审核各项工作 继续落实饲料和饲料添加剂生产许可专家审核委员会专家审核制度，不断更新完善饲料许可审核专家库，加强专家审核队伍建设，强化专家库成员法规和专业知识的更新培训；继续将《饲料质量安全管理规范》的相关条件纳入饲料生产许可审核工作，依法对企业的制度、规程和记录文件进行严格审核。

4. 进一步加强饲料安全监测工作 继续加快对违禁物质及兽药残留的快速检测技术及标准的研究，健全饲料质量安全检测和安全评价体系；加强饲料预警监测工作力度，开展饲料中未知风险物质排查，将抽检工作和日常监督检查相结合，及早发现质量安全隐患；强化企业自检能力，开展企业检化验人员关于液相色谱仪等精密仪器操作、主成分监测和卫生指标检测等方面的专项培训，并继续开展好饲料特有工种的培训和技能鉴定考核工作。

（上海市饲料工作办公室）

江苏省饲料工业

【饲料工业发展概况】

2016年，全省畜牧业发展持续优化调整，饲料产业总体继续保持稳定增长态势。2016年全省饲料产量1 123.2万t，同比增长9.30%。其中配合饲料1 046.8万t，同比增长8.83%；浓缩饲料41.3万t，同比26.93%；预混合饲料35.1万t，同比增长5.53%。按养殖品种分，猪料339.5万t，同比增长13.01%；蛋禽料155.2万t，同比增长11.71%；肉禽料322.4万t，同比增长8.77%；水产料273.6万t，同比增长2.79%；反刍动物料12.0万t，同比增长68.37%；其他料20.5万t，同比增长10.13%。

2016年年底，全省共有各类饲料生产企业667个。其中，配合、浓缩饲料、精料补充料生产企业421个，饲料添加剂企业137个，预混料企业154个，单一饲料原料生产企业84个。

1. 产品结构优化趋稳 2016年度，全省工业饲料总产量为1 123.2万t，配合饲料、浓缩饲料、添加剂预混合饲料产量占总产量比重分别为93.2%、3.7%、3.1%，产品结构近年来基本保持稳定，配合饲料占总产量比重均在93%以上。猪料、蛋禽料、肉禽料、水产料产量占总产量比重分别为30.2%、13.8%、28.7%、24.4%。

2. 大型企业发展迅速 大中型饲料企业延伸产业链，进一步提升产能，贡献份额继续提高。年产量100万t以上的集团企业2家，年产量10万t以上的企业23家，年产量5万t以上的企业72家，年产5万t以上的总产量占全省总产量近65%。近几年大型企业扩张步伐加快，中粮、温氏、立华、安佑等企业产量持续增长。2016年，立华总产量达131万t，安佑126万t，同比增长分别达到26.0%、34.8%。截至2016年年底，安佑在全国建有40多家饲料厂。

3. 添加剂产业形成特色 2016年饲料添加剂总产量45.5万t，同比增长13.50%。其中饲料添加剂液体蛋氨酸10.7万t，维生素4.6万t，矿物元素20.0万t，酶制剂1.0万t，抗氧化剂3.8万t，防腐剂、防霉剂2.7万t，微生物4 129t。液体蛋氨酸、抗氧化剂、维生素C、叶酸、氯化胆碱等添加剂产量居各省前茅，在国际市场占有较大份额。

4. 饲料机械工业稳定发展 饲料加工机械发展势头强劲，产量和产值多年稳居全国第一，产量和产值均占全国70%以上。2016年，饲料加工机械设备成套机组1 133台套，同比增长11.52%；单机22 501台，同比增长6.89%。牧羊、正昌、布勒等企业注重科技创新，积极开拓境外市场。牧羊公司在全球40多个国家成立办事处，与110个国家有贸易往来。

5. 饲料原料总产量增长 2016年全省共有84家单一饲料原料企业，单一饲料总产量1 180.3万t，同比增长2.1%。其中粕类产品1 146.1万t，同比增长1.85%，豆粕产量达1 116.7万t；谷物及其加工产品13.5万t，陆生动物性产品10.6万t，微生物发酵类产品及副产品10.1万t。

【主要工作】

1. 规范行政审批，加强饲料行业准入管理 2016年，江苏省批准110家企业从事饲料和饲料添加剂的生产。配合、浓缩饲料、精料补充料生产企业新发证30个，饲料添加剂企业12个，预混料企业51个，单一饲料生产企业10个。15家企业增加生产线或产品，63家生产企业变更法定代表人或企业名称，注销饲料生产企业5家。2016年，江苏省共核发2 257个饲料添加剂和添加剂预混合饲料产品批准文号，批准193个产品批准文号变更事项。

2. 强化监管措施，保障饲料质量安全水平 着力强化监管措施，保障饲料安全。坚决打击无证生产、违法违规经营行为，全面落实监督巡查制度，不断加大对辖区内饲料生产、经营企业的巡查力度，规范监督检查记录，使日常巡查、监督检查和飞行检查工作都有迹可循。2016 年，全省共出动执法人员 21 675人次，查处各类畜产品安全违规案件 167 起，罚没金额 156.44 万元。2016 年，饲料产品质量监测合格率 98.26%，饲料中违禁添加物监测和反刍动物饲料中牛羊源性成分监测合格率均为 100%。

3. 推进《饲料质量安全管理规范》实施，提升行业管理水平 积极推进《饲料质量安全管理规范》建设。组织优秀企业积极参与部、省级《饲料质量安全管理规范》创建，派出专家对申报企业精心指导，督促企业全面实施规范化管理、标准化生产，切实提升企业管理水平。截至 2016 年年底，全省共有 13 家饲料生产企业通过部级《饲料质量安全管理》规范示范企业现场验收，28 家企业通过省级示范企业现场验收。

4. 开展“瘦肉精”专项整治，确保畜产品质量安全 继续开展饲料生产经营、养殖、收购贩运、屠宰等环节的“瘦肉精”整治，组织实施养殖环节和屠宰环节“瘦肉精”监测计划，增加了肉牛、肉羊抽检比例，加大突出问题溯源督办力度，建立养殖与屠宰环节“瘦肉精”溯源信息通报机制，健全上下联动、区域联运、部门联动的案件查处机制，确证阳性案件及时移交公安部门。严厉打击饲养环节非法使用和屠宰环节非法添加等违法犯罪行为。2016 年全省监测“瘦肉精”40 余万批。查获养殖环节“瘦肉精”阳性案件 3 起，全部移交公安部门。

（江苏省动物卫生监督所）

浙江省饲料工业

【饲料工业发展概况】

2016年，浙江省饲料产业在面临畜牧业转型升级不断深入推进的新形势下，加快推进饲料产业供给侧结构性调整，主动用好升级产品结构、转变经营模式、加快科技创新、推进绿色发展、开拓内外市场等抓手，积极应对，努力克服畜禽养殖过载区持续减量、养殖结构调整等不利影响，不断增强自身发展水平和市场适应能力，全省饲料产业发展在经历了前些年的持续低谷后出现小幅上升势头。

据统计，截至2016年年底，全省共有饲料和饲料添加剂生产企业395家，比上年增加16家。其中配合饲料、浓缩饲料、精料补充料生产企业204家，单一饲料生产企业58家，饲料添加剂和添加剂预混料企业134家。饲料和饲料添加剂总产量444.1万t，同比增长4.6%，其中饲料添加剂24.7万t，同比增加5.8%，配合饲料400.6万t，同比增加4.7%；全省饲料总产值达到278.4亿元，同比增长14.1%。

【主要工作】

2016年，根据饲料行政许可管理工作和畜牧业转型升级要求，依法承办和指导饲料行政许可工作，加强饲料行业规范化管理，推动环保型饲料和饲料添加剂推广使用，为畜牧业绿色发展保障护航。着重开展了以下几项工作：

1. 依法做好行政许可工作 根据行政许可管理规定，2016年全年完成饲料行政许可业务审查业务893件，其中饲料添加剂和预混料生产许可审核事项41个（新发28个、变更10个、注销3个）、审核饲料添加剂和预混料产品批准文号852个（饲添99个、混添37个、饲预716个），审核饲料产品自由销售证明近200份，办理饲料生产委托备案材料审查10件。在生产许可的同时，指导企业填写申请书，对企业的申请材料进行多次修改。在审核产品批准文号的同时，对所有产品的一式两份的标签根据《饲料标签标准》的要求进行审核和修改。同时，根据饲料生产企业年度备案工作要求，下发文件开展全省136家饲料添加剂和预混料企业生产许可证年度备案工作。

2. 扎实推进《饲料质量安全管理规范》实施

（1）下发《关于开展饲料质量安全管理规范省级示范企业验收工作的通知》，要求各地积极指导、培育《饲料质量安全管理规范》省级示范企业，组织专家对申报省级示范的企业进行检查验收，目前已有1家企业通过省级示范企业验收。

（2）组织开展全省《饲料质量安全管理规范》培训活动，邀请农业部专家对《饲料质量安全管理规范》各章节再次进行系统解读，全省所有饲料生产企业及各级饲料管理部门都派代表参加了培训。

（3）参加农业部组织的《饲料质量安全管理规范》培训班，学习了解农业行政执法程序及要求，进一步深入理解《饲料质量安全管理规范》的有关要求。

（4）结合生产许可审核，对饲料生产企业如何实施《饲料质量安全管理规范》进行现场指导。

3. 加强行业调研，引导饲料产业健康转型

（1）针对湖羊等草食动物良好发展势头，开展反刍动物饲料调研，指导宁波、嘉兴、湖州等地饲料企业和养殖企业利用农作物秸秆等农副产品开发TMR等反刍动物饲料，谋划在嘉兴、湖州等地开展秸秆等农副产品饲料化技术推广工作；针对宠物食品潜在市场前景，开展宠物饲料专项调研，指导嘉兴、绍兴等地饲料企业开发宠物食品；加强与农业部畜牧业司政策衔接，支持杭州市江干区建设跨境宠物食品电商集聚区，同时会同省宠物行业协会着手起草宠物饲料（食品）相关标准。

（2）随着公众对畜产品质量安全要求的提高，以及土壤污染治理等计划的实施，对畜牧业绿色发展提出更高要求。江苏省积极鼓励支持企业加强环保型饲料、低残留兽药研发，并邀请有关科研院所专家，专题研讨饲料中微量元素和养殖排泄物中有毒有害物质残留控制等问题，并研究制定对策，着力破解有机肥还田的安全问题。

【存在问题】

1.《饲料质量安全管理规范》的真正实施未全面落地 由于江苏省养殖政策的调整，畜禽养殖量锐减，造成饲料生产企业产量下滑严重，不少中小规模企业都处于停产和半停产状态，企业生存尚有问题，《饲料质量安全管理规范》的真正实施更是无从谈起。

2. 畜禽排泄物中重金属超标，矛头直指饲料产品 近几年来，有机肥的推广使用力度逐年加大，但推广难度也不小，有关部门将矛头直指饲料产品，认为是饲料产品中重金属超标导致畜禽排泄物和有机肥中重金属时有超标。对这两者的关联性研究是亟待解决的问题。

3. 自配饲料的监管仍是难中之难、重中之重 自配饲料的生产随意性大，安全隐患较多，但缺乏有效监管手段，监管难度大。尽快出台《自行配制饲料使用规范》，探索有效监管机制是当务之急。

（浙江省饲料工作办公室）

安徽省饲料工业

【饲料工业发展概况】

2016年安徽省饲料产品总产量598万t，与2015年的543万t相比增长10.2%，其中配合饲料564万t，浓缩饲料19万t，添加剂预混合饲料15万t，同比分别增长10.4%、10.8%、2.1%；各类单一饲料产量67万t。全省饲料工业总产值173亿元，与2015年的156亿元相比增长11%。2016年安徽省饲料产量排名前五的企业分别为萧县强英饲料有限公司、合肥华仁农牧集团、嘉吉动物蛋白（安徽）有限公司、安徽省正大源饲料集团有限公司、滁州温氏畜牧有限公司，合计产量为122万t，占全省饲料总产量的20.4%。

截至2016年年底安徽省共颁发饲料和饲料添加剂生产许可证（包括到期换证）351个，其中饲料添加剂生产许可证19个，混合型饲料添加剂生产许可证20个，添加剂预混合饲料生产许可证49个，单一饲料生产许可证76个，配合饲料、浓缩饲料、精料补充料生产许可证187个。

【组织机构】

安徽省饲料工作办公室和安徽省畜牧兽医局是一个机构两块牌子，负责全省饲料和饲料添加剂行政管理工作；省兽药饲料监察所负责饲料质量监测工作。行政主管部门为安徽省农业委员会。

安徽省饲料工业协会主要职责：调查研究省内外饲料行业的发展动态和趋势，向政府有关部门反映本行业要求，宣传、普及和推介饲料工业的新知识和新技术，组织经济贸易合作与科学技术交流，编辑出版饲料行业有关书籍、资料、期刊，做好宣传报道工作。

【主要工作】

1. 加强行政许可制度建设 为了做好行政许可审核工作，省畜牧兽医局广泛邀请相关专家，组建了省级行政许可（含项目）评审专家库，目前专家共有29人，分别在饲料研究与推广、饲料加工、饲料机械、饲料检测、饲料质量管理等岗位工作。制定了《安徽省畜牧兽医局行政许可工作规程（试行）》《安徽省饲料和饲料添加剂生产许可现场审核工作程序》，加强制度建设，减少人为因素，客观地进行行政许可工作。

2. 强化获证企业监管，规范饲料生产行为 2016年全省各类饲料、饲料添加剂生产许可证持证个数为342家，其中配合饲料、浓缩饲料、精料补充料182家，单一饲料73家，饲料添加剂36家，添加剂预混合饲料51家。获证企业年度备案现场检查为100%。

3. 落实监管责任，推行饲料质量安全管理规范 成立饲料专家评审委员会，现有委员9人，专家库成员有26人，做到每个申报生产饲料企业100%进行现场核实检查。全省共有3家企业通过农业部《饲料质量安全管理规范》认定，成为部级示范企业。2016年全省共出动行政执法人员13 000人次，对饲料生产经营和使用环节检查8 116次，检查重点区域193个，发放各种宣传材料70 000多份；各地共查处饲料违法案件5起，立案查处5起；“三环节”共抽检饲料样品325批，不合格7批，合格率97.8%，做到假劣饲料100%查处。

4. 开展特有工种职业技能鉴定工作 全年共有112家饲料企业231人参加培训鉴定，其中中控工合格39人，化验员合格122人，维修工合格42人，总体鉴定合格率87%。

5. 做好企业标准审查和信息服务工作 全年共召开标准专家会审6次，函审10余次，累计完成260余本标准备案工作，其中特殊标准近百本。编辑出版了《饲料与饲养》杂志4期，《饲料与饲养网》

全年更新文章300多篇，省饲料工业协会微信公众平台、行业QQ群和片区微信群也先后投入正常运行。

6. 完成饲料行业统计工作 全年共报送饲料工业统计季报4次，年报1次，并根据统计信息情况编辑讯息供领导参阅。

7. 通力协办2016中国饲料工业展览会，为全国展会首次在合肥举办取得圆满成功做出了应有贡献。

8. 举办饲料行业质量标准技术培训班以及召开行业商务促进工作研讨会 联合创新“互联网+饲料养殖+社会组织”工作，一期工程“指尖舌尖”电商平台已经试运行，二期工程——电商平台名称“壹产圈”，目前正在设计调整之中。

【存在问题】

1. 全年饲料生产企业盈利能力普遍下降 由于2016年上半年多数饲料原料价格下跌，饲料企业产品销售价格也普遍调低，但下半年多数原料价格有较大反弹，而饲料产品销售价格难以跟上原料价格反弹力度。

2. 产业整合融合艰难前行 大企业发展上下游产业链模式越来越明显，通过延伸产业链，力求降低中间环节成本。部分饲料生产企业开始为大型猪场开展饲料定制业务；部分大中型饲料生产企业加大托管养殖企业（主要是养猪场）力度；也有部分饲料企业与养殖户通过契约、股份合作等方式结成利益共同体，提升抗风险能力和服务能力，但面临的困难和问题也不断出现。

3. 生物饲料蓬勃发展，但亟待行业上进一步规范管理 普遍存在三个问题，一是菌种的选择，二是产品质量的稳定性，三是有效的检测手段，希望尽快出台规范性的政策要求。

（安徽省饲料工业办公室）

福建省饲料工业

【饲料工业发展概况】

2016年福建省共有饲料和饲料添加剂生产企业364家，颁发426个生产许可证，其中添加剂预混料生产许可证97个，饲料添加剂生产许可证30个，配合饲料、浓缩饲料、含精料补充料生产许可证243个，单一饲料生产许可证56个。

2016年饲料总产量882.5万t，同比增长8.1%，总产值309亿元；其中配合饲料842.6万t，同比增长8.7%；浓缩饲料15.0万t，同比增长1.6%；添加剂预混料24.8万t，同比减少3.9%。猪饲料409.3万t，同比增长1.2%；蛋禽饲料102.9万t，同比增长21.3%；肉禽饲料233.1万t，同比增长10.9%；水产饲料133.7万t，同比增长19.4%；反刍饲料0.02万t，其他饲料3.3万t。其中年产10万t以上企业25家，其产量占到全省产量的50%以上；圣农、华龙、大北农、傲农、华港和海新6个企业在福建省的饲料产量占全省总产量的40%以上，福建天马、福建傲农、福建华港被评为2016年全国饲料30强，福建天马科技集团股份有限公司成为福建省首家饲料行业的主板上市公司。

饲料添加剂产量6.0万t，产值5.5亿元，主要产品有α-淀粉、二氧化硅、维生素A、维生素D_3、酶制剂、微生物制剂等。

饲料原料（单一饲料）产量401.4万t，其中鱼油1.4万t，鱼粉5.1万t，豆粕217.3万t，膨化豆粕109.6万t，菜籽粕11.2万t，发酵豆粕1.4万t。

【组织机构】

福建省农业厅和各市、县、区农业局为饲料主管部门，省农业厅内设饲料兽药管理处，负责全省饲料行政管理的日常工作，福建省动物卫生监督所承担饲料行政执法职能；福建省农产品质量安全检验检测中心（福建省兽药饲料监察所）负责饲料质量检测工作。

【主要工作】

1. 简政放权，依法审批 2016年，依法核发58家企业饲料和饲料添加剂许可证；核发55家企业1 013个饲料添加剂和添加剂预混合饲料产品批准文号。

根据福建省政府《关于印发下放福州新区省级经济管理权限目录的通知》（闽政文〔2016〕128号）文件精神，饲料和饲料添加剂生产许可、饲料添加剂和添加剂预混合饲料产品批准文号核发审批事项下放至福州新区实施。

2. 开展饲料生产法规及安全生产培训工作 2016年8月，在福州举办饲料法规暨安全生产（含职业卫生）培训班，全省县级以上饲料管理人员和饲料生产企业450人参加培训，培训班上发放《饲料质量安全管理规范》实施指南，针对饲料生产许可、《饲料质量安全管理规范》实施和安全生产（含职业卫生）进行了授课。

3. 开展年度备案以及实地核实工作 根据《饲料和饲料添加剂生产许可管理办法》等有关规定，组织全省各地农业局开展饲料生产企业备案材料初审和企业实地核实工作，经省厅开展实地抽查，通报了年度备案情况。276家饲料和饲料添加剂（单一饲料除外）生产企业通过年度备案；45家单一饲料生产企业通过年度备案；18家饲料或饲料添加剂生产企业未通过年度备案；4家单一饲料生产企业未通过年度备案；28家企业饲料或饲料添加剂生产企业生产许可证予以注销。

4. 进一步推进《饲料质量安全管理规范》实施 根据2015年农业部对福建省饲料督查反馈意见，2016年5月，下发《进一步加强饲料监管工作的通知》，要求各地按照《饲料质量安全管理规范现场检查表》和《饲料和饲料添加剂生产企业监督检查记录表》开展检查，将《饲料质量安全管理规范》实施和安全生产作为检查的重点内容，定期上报检查结果，全面掌握规范推进情况。9月，印发《关于〈饲料质量安全管理规范〉实施进展情况的通报》，督促各地加快《饲料质量安全管理规范》实施进度。截至2016年年底全省共有8家部级《饲料质量安全管理规范》示范企业，12家省级《饲料质量安全管理规范》示范企业，19家市级《饲料质量安全管理规范》示范企业。

5. 开展饲料行业管理督导检查和安全生产专项整治工作

（1）监督检查，督促整改。5月，结合年度备案抽查工作，对福州、莆田、漳州、三明、南平5个设区市进行安全生产专项检查；11月，对厦门、泉州、龙岩、宁德4个设区市进行饲料行业管理督导检查暨安全生检查。检查中发现的问题，要求企业限期整改。

（2）开展2016年“安全生产月”活动。向国家安全生产监督管理总局宣传教育中心采购2016年“安全生产月”主题宣传画，分发给饲料和饲料添加剂企业张贴，进一步普及安全知识，提升安全生产水平。

（3）实施“黑名单”制度管理。根据国家安全监管总局关于进一步加强生产经营单位安全生产不良记录“黑名单”制度管理的通知，配合安监部门做好事故核实、告知等工作；对涉及严重违反安全生产、职业病危害防治法律法规行为和举报等信息，在履行“信息告知”程序后，按要求及时报送当地安监部门。

6. 饲料质量安全监测及饲料违法案件查处 根据农业部办公厅《2016年全国饲料产品质量安全监测计划》，全年计划抽检445批，合格442批，合格率为99.3%。其中饲料产品质量安全监测160批，合格157批，合格率为98.8%；饲料安全专项监测计划中养殖环节违禁添加物监测165批，合格165批，合格率为100%；蛋白饲料中三聚氰胺专项监测30批，合格30批，合格率为100%；饲料中苯乙醇胺A等违禁添加物专项监测90批，合格90批，合格率为100%。

实行检打联动，制定了福建省饲料产品质量和养殖场（户）自配料执法抽检方案并组织实施。全省共抽检了281批次，24批次不合格，合格率91.5%，对抽检不合格产品依法进行了查处。2016年共查处了28个不合格饲料产品案件，罚没款41.22万元。

7. 编制《福建省饲料工业“十三五”规划》 结合《全国饲料工业“十三五”发展规划》和福建省饲料行业情况，在征求全省饲料行业专家、大型饲料企业集团意见的基础上，编制印发了《福建省饲料工业“十三五”发展规划》，指导福建省饲料企业在“十三五”期间的发展。

（福建省农业厅饲料兽药管理处）

江西省饲料工业

【饲料工业发展概况】

2016年是全面实施《饲料质量安全管理规范》的起步之年，江西省坚持以饲料安全为中心，以推进《饲料质量安全管理规范》实施为抓手，严把许可准入门槛，实施专项整治，严打违禁品添加，全省饲料行政许可及质量安全监管工作取得明显成效，有力促进了饲料产业和畜牧业的健康持续发展。2016年开展饲料质量安全专项整治行动，加强对饲料生产和经营企业的监督、管理，切实做好指导、协调和服务工作，圆满实现了全省饲料工业目标任务。

1. 饲料产量稳步增长 2016年饲料工业总产量902万t，同比增长2.2%。饲料产值达314亿元，比2015年略有增加。不同规模饲料生产企业都呈现全面增长的好形势，但规模化大企业的增长大于中小型企业，尤其是一些产业链延伸到养殖行业的集团企业。

2. 示范创建工作卓有成效 全年江西省6家企业通过农业部示范创建专家组现场验收。2016年3月21～26日江西省的南昌双胞胎饲料有限公司、江西正邦科技股份有限公司吉安分公司、江西绿环饲料有限公司、9月27～29日瑞金双胞胎饲料有限公司、赣州朱师傅预混饲料事业有限公司、江西高安大北农饲料有限公司6家企业通过了农业部示范创建专家组现场验收。根据年初的工作安排，赣州正大饲料有限公司等14家企业申报省级示范创建，5月起江西省饲料工业办公室分批对申报示范创建的企业进行了检查指导，要求饲料企业按照规范的要求来组织生产、采购、销售，同时结合江西省饲料质量安全专项整治的要求，建立并执行一套严格的管理体系、操作规程和记录制度，促进企业全面提升质量安全的控制能力，提升产品质量的安全水平，2016年有东乡九鼎和江西旺大两家通过省级示范创建专家组验收。

3. 行业品牌名牌意识稳步提高 江西省双胞胎集团、正邦集团评为中国制造业500强、中国畜牧行业百强优秀企业，江西赣达饲料有限公司、江西科诺集团生物科技有限公司等6家企业被认定为农业产业化国家重点龙头企业，20家企业被认定为农业产业化省级重点龙头企业，34家企业被认定为农业产业化市级重点龙头企业。“双胞胎牌”猪饲料，“正邦牌”猪、禽饲料荣获中国名牌。赣达牌、华达牌、海联牌、加大牌和朱师傅牌饲料产品获得省政府名牌产品称号。正邦集团、南昌正大有限公司、赣州裕丰大成有限公司、江西赣达集团等企业以饲料产业为龙头，充分挖掘潜力，发挥优势，向产前、产中、产后延伸，形成了现代农业经营产业链，提高了产品附加值，取得了产量、产值和效益的同步增长，增强了企业的竞争水平，呈现出较强的抗风险能力。

4. 产业集中度进一步提升 全省各级饲料管理部门充分利用市场优势和现有饲料生产基地，抓住各地工业园、经济开发区招商引资的大好机遇，积极引导饲料企业进区入园，逐步形成了以正邦、正大、格力特为代表的南昌市经济技术开发区饲料产业集群，以南昌柯恩等为代表的南昌县小蓝工业园饲料产业集群，以加大、八维、朱师傅、宝宝仔为代表的赣州市经济技术开发区饲料产业集群，以傲农、华农恒青为代表的高安市八景工业项目区饲料产业集群，以正邦、联和、凯日、鑫达为代表的新干县城南（北）工业园饲料产业集群，以双胞胎、吉星、天邦为代表的新余市高新开发区饲料产业集群，以正邦、九鼎、饲料原料物流中心为代表的东乡工业园饲料产业集群等七大饲料产业集群。

【组织机构】

江西省饲料工业办公室为全额拨款事业单位，编制12人。内设机构3个，名称分别是：综合科、监督管理科、行业指导科。

职能：受饲料行政主管部门委托，负责全省饲料工业的行业管理工作。负责提出和编制全省饲料行业发展规划，并组织实施；负责组织全省饲料和饲料添加剂产品在生产环节、养殖环节、流通环节的质量安全监管；负责饲料添加剂和添加剂预混料生产许可证审核发放、产品批准文号的核准发放；负责饲料企业的培训、饲料行业职业技能鉴定、饲料标准化技术工作；牵头畜产品质量安全监督管理工作。

【主要工作】

1. 加强饲料安全监管，在全省范围内全力推进《饲料质量安全管理规范》的示范企业创建工作 2016年召开了全省《饲料质量安全管理规范》推进会和全省《饲料质量安全管理规范》培训班。

2. 加强饲料产品质量监测 一是2016年配合河南省药检所完成了江西地区年养殖环节“瘦肉精”专项监测工作，此次专项监测，采用测试卡现场快速检测猪尿、牛尿样300批，现场检测结果全部为阴性。二是重点对饲料和饲料添加剂产品的主含量指标、卫生指标、违禁药物、牛羊源性成分等进行监测。2016年完成饲料产品质量监测213批，合格率98.1%，比2015年提高2%；完成饲料中违禁添加物监测239批，合格率100%；完成反刍动物饲料中牛羊源性成分监测136批，合格率100%。三是检打联动。强化协同机制，织密监管网络，管理、执法、检测“三位一体”，对监督抽检中发现的不合格产品和假劣产品一律予以查处。

3. 开展饲料专项整治行动 2016年下发了《全省饲料质量安全专项整治行动方案》，根据2015年7月1日实施的《饲料质量安全管理规范》和江西省《全省饲料质量安全专项整治行动方案》的要求，把《全省饲料质量安全专项整治行动方案》与《饲料质量安全管理规范》的示范创建工作结合起来，深入各设区市、各饲料企业开展工作。

4. 加强全省饲料生产企业饲料添加剂氯化钠监管工作 为贯彻落实《农业部办公厅关于加强饲料添加剂氯化钠监管的通知》精神，规范饲料添加剂氯化钠的管理，转发了《农业部办公厅关于加强饲料添加剂氯化钠监管的通知》（赣农办字〔2016〕106号），下发了江西省农业厅办公室关于印发《江西省饲料添加剂氯化钠监管工作方案》的通知（赣农办字〔2016〕105号）两个文件，要求全省饲料生产企业要立即开展企业自查，8～9月份，县、市级饲料管理部门对辖区内饲料添加剂氯化钠获证生产企业、饲料添加剂氯化钠经营门店和饲料生产企业全面开展一次专项检查。通过专项检查，各级饲料主管部门加强生产、经营和使用环节的日常监管，既有效维护了饲料企业的合法权益，又杜绝了饲料添加剂氯化钠流入食盐市场的违法行为发生。

（江西省饲料工业办公室）

山东省饲料工业

【饲料工业发展概况】

经历了2015年下半年的低迷时期，2016年上半年生产形势有了明显好转，特别是第二季度开始止跌回升态势强劲，呈现V字形反弹。2016年实现饲料总产2 587.2万t，较去年同比增长13.7%，其中配合饲料2 392.2万t，同比增长13.7%，浓缩饲料117.9万t，同比增长19.1%，预混料76.9万t，同比下降11.1%。从畜种上来看，猪料658.8万t，同比增长8.4%；蛋禽料237.6万t，同比增长6.8%；肉禽料1 539.4万t，同比增长17.4%；水产料38.1万t，同比下降0.7%；反刍料61.4万t，同比下降2.6%。

行业发展呈现的主要特点：一是配合饲料在肉禽料、猪料持续恢复；二是原料价格波动明显，进一步挤压了浓缩饲料、预混合饲料市场，大部分预混合饲料转向企业集团自用；三是专业饲料集团大型企业政策红利空间压缩，一体化企业扩张势头强劲；四是受中小企业进一步分化，一些规模适中、产品针对性强、拥有核心客户群的中型企业成长起来。

【组织机构】

根据中共中央、国务院批准的《山东省人民政府机构改革方案》(厅字〔2009〕22号）和《中共山东省委山东省人民政府关于山东省人民政府机构改革的实施意见》（鲁发〔2009〕14号），设立山东省畜牧兽医局，由省农业厅管理。内设7个职能处室。

饲料处负责拟定饲料、饲料添加剂管理及草原（场）保护、建设的政策并组织实施；负责饲料、饲料添加剂、草原（场）和草种监督管理工作；负责饲料、饲料添加剂生产企业设立条件审查和动物源性饲料生产企业安全卫生审查；负责饲草资源的保护及开发利用；负责草种生产经营、草原（场）征占用审核审批；按规定负责有关饲料及饲料添加剂、牧草项目的筛选、实施和管理；承担省草场防火办公室的具体工作。对上可使用“山东省饲料工作办公室”的名义。

【主要工作】

1. 抓好行政审批工作 响应全国各级对于“放、管、服”相结合，简化行政审批程序，提高效率，侧重事中事后监管的精神要求，积极配合编办，逐步捋顺新形势下全省各级在行政审批中发挥的作用和角色，认真使用省政府网上行政审批系统开展审批工作，引入化工、安监、发酵、环保等方面的专家，进一步充实了许可专家库。截至2016年年底，共核换发生产许可证491个，发放产品批准文号4 240个，注销已到期生产许可165家及文号774个。

2. 开展饲料质量安全（养殖环节“瘦肉精”）**监督抽检** 2016年山东省继续下大气力开展饲料质量安全抽检和养殖环节“瘦肉精”监督抽检工作，经过缜密调研，有针对性地选取了14大类，30多种产品，设置检测参数30余个，并将任务平均分布到全年，检测各类产品达到1 200批次，选取全省600个育肥猪、肉牛、肉羊养殖场，抽检尿液2 500批次，饲料产品抽检合格率为98.2%，及时组织力量对发现的违法违规行为进行了查处或移送线索。同时，还对已检出“瘦肉精”的区域进行了飞行检查，处室领导亲自带队，还对泰安举报向饲料中添加“瘦肉精”的举报进行了现场取证，并已将线索转交公安机关。

3. 开展饲料生产经营使用企业（场、户）**监督监管** 组织省市检查人员，对全省180余家生产企业、经营企业（店面)、养殖企业（场户）进行了检查，检查重点放在了混合型饲料添加剂生产企业，检查内容涉及生产资质、产品标签和产品原料的采购使用等方面。省局将对生产企业的日常到场监管列为日常监管工作的质量组成部分，在审核验收企业的同时，随机选取部分生产企业进行现场检查，及时发现企业生产经营过程中存在的问题和市、县畜牧部门日常监管过程中存在的问题。

4. 开展涉饲案件查处 继续保持对各类违法添加、产品质量等案件依法严查的高压态势，检打联动，及时查处各类举报、监督抽检中发现的问题企业和个人。截至2016年年底，共查处各类案件160起，处理相关企业（责任人）170个（人）。

5. 推进《饲料质量安全管理规范》贯彻实施 以示范企业创建为重要抓手，山东省《饲料质量安全管理规范》推进工作进入实质推动阶段，积极组织专家和企业参加部有关培训，并每年开展示范企业甄别筛选，对积极性较高的企业开展专家服务，对已经具备条件的企业组织验收，并积极申报农业部示范企业。同时，将《饲料质量安全管理规范》检查纳入企业许可验收，对于增项增线、换证、续展的企业，参照农业部示范企业验收表，首先对其《饲料质量安全管理规范》运行情况进行检查，规范实际运行的企业才进行下一步许可审核工作。2016年，共组织验收通过了省级示范企业9家，迎接农业部示范企业验收3次，有6家企业通过了部级验收，全省目前共有19家企业通过部级验收，其中10家已被农业部授予“示范企业”称号。

6. “粮改饲”试点效益明显 2016年，试点县从2015年的8个扩大到19个。通过项目实施，全省项目县（区）落实补贴的专用青贮玉米等饲料作物达到22.9万亩以上，加工全株玉米等青贮饲料80万t以上，购买新型收获机械78台套，新建、改建和扩建青贮池14.8万m^2，2016年全省项目县实际全株青贮量达到325万t以上，按每亩平均全株青贮玉米3.5t计，试点项目县实际收贮全株青贮玉米种植面积达92.8万亩，带动全省收贮全株青贮玉米种植面积达200万亩以上，对发展草食畜牧业奠定了坚实基础。同时，项目承担单位以结对帮扶、资金支持、订单收购等方式，参与到扶贫工作中，全省“粮改饲”项目扶贫投入达2 774.23万元，帮助1 300个贫困户实现订单生产，实现了产业扶贫目标。

7. 积极发挥行业协会作用 充分发挥行业协会桥梁纽带作用，组织各类论坛培训3次，组织集团企业、副会长单位开展行业座谈和形势分析2次。通过政府购买服务的方式，由协会组织安排专家开展许可现场审核和示范企业指导审核工作。积极发挥协会的服务职能，对企业质量标准的制定做好技术咨询服务。

（山东省饲料工作办公室）

河南省饲料工业

【饲料工业发展概况】

2016年，河南省饲料工业受中小养殖场（户）逐渐退出市场等因素的影响，商品饲料总产量同比下降，市场竞争加剧，产能过剩严重。据统计，2016年，全年商品饲料总产量1 137.1万t，同比下降8.7%。其中：配合饲料产量948.3万t，同比下降10.8%；浓缩饲料产量125.5万t，同比下降24.8%；添加剂预混合饲料产量63.4万t，同比增长121.3%。全省饲料工业总产值293.2亿元，同比下降21.4%，全省饲料工业总产能达4.56万t/h。呈现出的主要特点：一是市场竞争加剧，中小饲料生产企业生存更加艰难；二是受上半年豆粕、玉米等大宗饲料原料价格低廉影响，添加剂预混合饲料快速增长，增幅较大；三是专业化、精细化作用显现，具有核心技术和专业化、精细化饲料产品供不应求；四是申报饲料添加剂或混合型饲料添加剂生产许可的兽药生产企业增多；五是行业转型升级加速，产业联合、整合，抱团取暖成为新趋势，两极分化势头显现。

【主要工作】

1. 严格饲料生产行政许可 认真梳理了行政审批权力清单和责任清单，进一步明确了饲料行政审批程序、时限、责任单位和责任人。认真落实行政审批大厅行政许可申报材料审核接收、受理、许可证送达等制度，严格审批（核）程序，继续实行地市预审核、专家现场审核、综合会议评审制度。为了进一步确保现场审核的规范性、严肃性、公正性和廉洁性，2016年1月26日在安阳召开了全省第二期饲料生产行政许可审核专家培训班，邀请农业部领导和农业部相关专家对饲料法律法规进行了深入培训，共培训了饲料审核专家61名，并召开了座谈会，对现场审核中发现的问题进行了认真梳理和统一标准，对专家现场审核工作提出了明确要求。为2016年以来全省饲料行政许可工作严格、规范地开展打下了坚实基础。据统计，全年共审核饲料生产企业178家，核发饲料生产许可证217个。其中：核发配合、浓缩饲料和精料补充料许可证90个、饲料添加剂许可证8个、混合型饲料添加剂许可证29个、添加剂预混合饲料许可证66个、单一饲料许可证24个。截至2016年年底，全省共审核验收饲料生产企业816家，核发饲料生产许可证915个。其中：核发配合、浓缩饲料和精料补充料生产许可证510个、饲料添加剂许可证26个、混合型饲料添加剂许可证47个、添加剂预混合饲料许可证204个、单一饲料许可证128个。核发添加剂和混合型添加剂批准文号1 536个、预混合饲料批准文号2 566个。

2. 深入推进《饲料质量安全管理规范》落实

（1）积极开展宣传指导。先后两次抽调《饲料质量安全管理规范》指导专家分组分赴各地开展指导，重点指导解决企业在推进《饲料质量安全管理规范》中遇到的困难和问题，指导《饲料质量安全管理规范》试点企业从原料采购、生产过程和产品检验、贮存、运输、追溯及召回等方面，严格按照《饲料质量安全管理规范》进行管理。同时，多次分派专家指导省级和部级示范企业。

（2）积极开展《饲料质量安全管理规范》示范创建活动。按照企业自愿、地市推荐的原则，分别于2016年3月份、6月份、9月份分3批对18个省辖市和10个省直管县（市）推荐的省级示范企业进行了现场审核验收，共审核验收申报省级示范企业42家，审核通过34家。同时，积极指导选拔推荐申报农业部《饲料质量安全管理规范》示范企业11家，通过农业部专家组验收9家，为全省全面推进《饲料质量安全管理规范》的实施树立了标杆。

（3）积极组织企业之间的交流学习。抽调由部分省、部级示范企业负责《饲料质量安全管理规范》落实的部门经理，组成交流学习组分赴郑州、新乡、周口、驻马店和濮阳5个省辖市相关企业学习交流实施《饲料质量安全管理规范》的经验和做法。

（4）认真开展《饲料质量安全管理规范》实施情况监督检查。为了促进《饲料质量安全管理规范》的全面落实，2016年6月13日至24日，抽调由饲料管理部门、畜产品质检机构、综合执法人员和省级《饲料质量安全管理规范》专家指导组成员组成4个监督检查组，对8个省辖市和5个省直管县（市）《饲料质量安全管理规范》实施情况开展了交叉监督检查，共抽查相关饲料企业21个，对检查中发现的问题进行了指导和责令整改，对发现的私自改变生产许可条件的行为进行了通报和依法查处。10月17日至23日，在下半年全省饲料质量监督检查中，又把《饲料质量安全管理规范》落实情况作为检查的重要内容，抽调人员，由部分地市分管局长带队分5个组对10省辖市和5个省直管县（市）进行了监督检查，通报了情况，明确了整改要求。

3. 加强饲料质量安全监督管理

（1）分别于2016年上半年和下半年开展了两次全省饲料质量管理监督检查。重点对各地饲料管理工作开展情况、饲料生产许可情况、饲料生产企业对饲料法律法规贯彻落实情况、《饲料质量安全管理规范》落实情况进行了监督检查，对饲料原料和水产饲料进行了监督抽检。两次共抽查饲料生产企业53家，抽检饲料原料和水产饲料样品40个。对检查中发现的问题进行了及时通报和责成整改。

（2）积极开展饲料质量监测。全年共制定下达了省级饲料产品质量检测计划1 210批次，共承担农业部抽检任务1 255批次。重点对饲料原料、浓缩饲料、配合饲料、饲料添加剂等不同的饲料品种设置了不同的检测项目，主要检测维生素、微量元素等质量指标、重金属、霉菌毒素等安全卫生指标及抗生素等违禁物质和牛羊源性成分。全年完成省级任务812批次，完成农业部任务1 255批次。其中：部级任务抽检“瘦肉精”306批次，合格率100%；抽检反刍动物牛羊源性成分监测215批次，合格率100%；质量专项抽检252批次，合格率96%；沙门氏菌专项抽检81批次，合格率96.3%。省级任务：饲料违禁添加药物检测300批次，合格率80%；饲料原料及饲料成品监测412批次，其中：浓缩、配合饲料61批次，合格率81.7%；饲料添加剂30批次，合格率93.3%，饲料原料321批次，合格率99.4%。

（3）深入开展饲料质量案件查处工作。依托畜牧兽医综合执法，对违法违规饲料生产、经营企业，建立“黑名单”制度并实施跟踪监管，严厉打击提供虚假资料、样品或者采取其他欺骗方式取得许可证明文件的行为，严厉打击假冒、伪造、买卖许可证明文件的行为，严厉打击未取得生产许可证生产饲料、饲料添加剂的行为，严厉打击在饲料、饲料添加剂和动物饮水中添加“瘦肉精”等违禁物质和滥用药物饲料添加剂等的不法行为，构成犯罪的，依法追究刑事责任。全省饲料共立案171起，处罚金额78.26万元，捣毁加工黑窝点1个。按照《农业部办公厅关于2016年上半年全国饲料质量安全监测结果的通报》（农办牧〔2016〕29号）要求，查处不合格产品企业8家。达到“发现一起，严打一起，警示一片”的效果。

4. 进一步规范草业管理工作

（1）开展了草原行政审批相关工作自查工作。按照农业部《关于开展已下放草原行政审批相关工作自查的通知》（农牧草便函〔2016〕第72号）要求，对河南省承接的草种进（出）口审批、草种质量检验机构资格认定、草种检验员资格认定、在草原上修建直接为草原保护和畜牧业生产服务工程设施使用70hm^2以上草原审批等4项行政审批事项开展情况进行了认真自查，自查情况及时上报了农业部畜牧业司。

（2）梳理制定了草业行政许可等一系列相关制度和审批程序、申报指南等。

（3）组建了草业行政许可审批现场审核专家委员会。聘任河南省农业科学院和河南省饲草饲料站等单位相关专家10名，并颁发了聘书，聘期3年，参照饲料和饲料添加剂现场审核专家管理办法进行管理。

（4）开展了草种生产经营情况调查。对全省草种生产企业、经营企业（门店）情况进行了全面摸底调查，经调查，全省共有草种生产企业家7家，共有草种经营企业或门店42家。

（5）按照《草种管理办法》核发了全省第一个草种经营许可证。

5. 积极推动饲料工业发展

（1）积极组织饲料生产企业参加全国饲料工业展会。河南省布展企业11家，参会企业30家，宣传了产品，开阔了眼界，增强了发展后劲。

（2）开展散装饲料调研。按照农业部规划要求，为了有效推动散装饲料健康发展，我们积极开展了散装饲料调研，充分了解了河南省散装饲料发展的现状、取得的经验、存在的问题，并提出了对策建议，撰写了散装饲料调研报告，为全面推广散装饲料打下坚实基础。

（3）开展了玉米产销、收储烘干和饲料利用情况调研。深入对河南省玉米供求情况、进口及外调情况、影响饲料加工企业使用的主要原因、产量分布及受雨情况、玉米烘干情况及其设备利用情况等进行了调研，针对调研情况提出了建议，并及时向农业厅推荐了玉米烘干试点县名单和产销对接饲料企业名单。

（4）组织召开玉米种植与饲料养殖用粮产销对接座谈会。省粮食局、郑州海关、中储粮河南分司、郑州粮食批发市场、华粮科技有限公司和正大集团、新希望六和集团、禾丰集团、广安集团、周口普爱、大用集团、永达集团、华英集团、南阳牧原、雏鹰集团等单位和企业领导参加了会议。对促进粮经饲三元结构调整，实现农牧有机结合和高效对接，推动农业供给侧结构改革征求了意见和建议。

（5）积极开展饲料生产形势分析。分别召开了一季度、二季度、三季度饲料生产形势分析会，通报情况，分析形势，研究对策，促进行业发展。

【存在问题】

2016 年全年饲料行业存在的主要问题：

1. 饲料行业从业人员政策法规水平有待进一步提高。

2. 饲料产品质量不容乐观，不合格产品时有检出，违法违规现象时有发生，饲料生产过程中超量、超范围添加使用药物饲料添加剂的现象依然存在。

3.《饲料质量安全管理规范》没有全面落实到位，农业部要求 2015 年 7 月 1 日后全面实行，河南省与全国各省份一样，相关中小饲料生产企业落实难度大，进展缓慢。

4. 饲料生产行政审批工作量大，人员缺乏，影响办理速度。2012 年国务院修订出台了《饲料和饲料添加剂管理条例》，饲料生产要求由原来的审查合格证全部换成生产许可证，2012 年年底至 2013 年年初全省饲料生产企业集中换证，且饲料生产许可证有效期 5 年，《饲料和饲料添加剂管理条例》要求提前半年换证，面临全省饲料生产企业集中到期换证，省饲料管理人员少，工作量大，按照行政许可时限要求办结难度大的问题。

（河南省畜牧局饲料处）

湖北省饲料工业

【饲料工业发展概况】

2016年湖北省饲料产业总体运行良好，饲料生产保持中高速增长。同时，受洪涝灾害、养殖政策调整、成本上升等成因影响，发展速度明显放缓。全年全省饲料和饲料添加剂生产总量921.7万t、增幅10.4%，总产值339.3亿元、增幅9.9%，饲料质量总体合格率98.86%。

1. 饲料生产情况 全年全省饲料生产总量876.1万t、增幅10.8%，总产值312.3亿元、增幅12.2%。一至四季度产量分别为168.3万t、216.9万t、243.3万t、247.6万t，占全年生产的19.2%、24.8%、27.8%、28.2%。按品种分，生产猪料306.1万t，同比增15.4%；蛋禽料189.1万t，增13.5%；肉禽料147.7万t，增18.7%；水产料233.2万t，增0.1%。按类型分，配合饲料829.1万t，同比增10.8%；浓缩饲料29.6万t，增7.6%；预混合饲料17.5万t，增16.7%。2016年生产饲料前10名的企业分别是：宜城襄大、荆州海大、襄阳正大、宜昌正大、浠水晨科、浠水海大、监利温氏、湖北海大、湖北正大、武汉正大，合计生产447.4万t，占总产量的51%。

2. 添加剂生产情况 全年全省生产各类饲料添加剂47.3万t，总产值30.2亿元。主要为矿物元素及其络合物、维生素、微生物、氨基酸、酶制剂。主导产品有磷酸氢钙32.4万t、硫酸亚铁4.4万t、微生物2.0万t、酶制剂1.1万t、赖氨酸0.4万t、蛋氨酸0.4万t、维生素B_2 0.2万t。

(1) 湖北省养殖规模存量为湖北省饲料快速发展提供了支撑。从存量数据分析看，2015年猪、禽、牛、羊出栏分别达到4 430.3万头、5.30亿只、159.7万头、571万只，水产品产量455万t。

(2) 大企业市场份额有显著提升。全省持许可证饲料企业441个，其中国有的6个、私营的285个、股份有限公司85个、股份责任公司47个、其他的18个。饲料产量进一步向大企业聚集，前10家企业生产饲料占全省饲料生产51%。

(3) 猪料禽料继续增长。究其原因，其一是生猪价格因素，2016年生猪价格一直维持平稳上扬态势，拉动猪饲料生产。其二是受养殖规模和放养、代养市场双轮驱动影响，自配料市场进一步萎缩，有利于商品饲料进入，饲料市场总体放大。其三禽料高速增长主要是家禽养殖规模扩张。以湖北省晨科农牧集团、农腾集团为代表的企业，加速整合上下游，在模式上采取扩充自有养殖场、托管养殖场形式快速扩张，在环保上利用新技术替代无处理的家禽养殖。同时，外省企业也加大对湖北家禽饲料投入，浠水海大是海大集团在湖北建设的第一条规模化的家禽料专业工厂，全年家禽饲料生产近20万t。

(4) 水产饲料受下游养殖影响较大。有两件事对湖北省水产饲料生产带来直接影响。洪涝灾害的影响：2016年6月以来，湖北省遭受多轮特大暴雨袭击，养殖业受损严重，渔业更是全面受灾，损失惨重，抑制了水产饲料生产，部分饲料厂因赊账代销面临收不回货款风险。围网拆除的影响：湖北省加大水产围网养殖拆除力度，2016年拆除35万亩，还有40万亩将拆除。各地也出台取缔措施，如十堰市郧阳区共取缔临江6个乡镇1 400户渔民网箱26 800个，斧头湖共有围栏109处1.3万亩将拆除围网、网箱。这些政策变化对水产饲料生产影响较大。

(5) 政策取向对饲料生产带来影响不容小视。环保新政方面：随着禁养区、限养区、适养区工作推进，养殖场的关闭搬迁对饲料生产产生深远影响：对于新建饲料厂的投入资金将更大，势必影响资本市场的进入；对于现有的养殖+饲料产业链经营的企业急需解决养殖污染问题；有相当一部分中小饲料厂因上游养殖场的关停、转产，面临客户流失、运输成本加大，甚至生存问题。车辆限载方面：《超限运输车辆行驶公路管理规定》已于2016年9月21日起施行。目前到厂原料价格基本上每车上涨30%，主要是每车运量下降了35%。

【主要工作】

1. 以“三个引导”为突破口，加速行业结构性调整 积极引导秸秆饲料化。2016年湖北省饲料办公厅承担了省人大《关于推进秸秆饲料化解决秸秆禁烧问题的建议》的提案办理工作，省人大常委会副主任王玲于11月1日在襄州区进行了现场督办。我们以提案办理为契机，积极引导传统饲料企业参入牛羊料的生产，提高秸秆饲料集约化生产、专业化加工能力；推广青贮、黄贮和微贮等处理技术为秸秆养畜配套；鼓励青贮合作社、青贮养殖大户、秸秆收储及加工企业等多种经营主体进入秸秆饲料精深加工和商品化销售。积极引导产业布局。积极引导新建配合饲料企业向二线城市布局，2016年，湖北省新投产企业18家，新增产能300万t。其中荆州5家新增产能90万t，荆门3家新增产能80万t，宜昌2家新增产能40万t。利用武汉科研实力雄厚的技术优势和国家生物产业基地政策，加速发展以东湖新技术开发区为核心的绿色环保型生物饲料生产，打造生物饲料、饲料添加剂为主的产业集群。积极引导特种饲料生产。引导饲料企业发展鳝鱼、虾、蟹等特种水产料和反刍动物饲料生产，突出发展食用率高、吸收率高、节能环保型膨化料。

2. 强力推进饲料质量安全管理规范建设 一是抓面上推动。2016年5月11日和5月13日，分别召开全省饲料工作会和《饲料质量安全管理规范》推进会；12月8～9日，在武汉市举办了全省饲料质量安全管理规范培训班，全省各市（州）饲料办主任和部分县、市、区饲料管理人员参加了培训。在措施上，坚持把示范企业创建活动作为推进《饲料质量安全管理规范》的重要抓手，从自愿申报农业部示范企业的30家企业中筛选出优秀企业进行重点指导；坚持把监督执法作为推进《饲料质量安全管理规范》的重要手段和措施，对不遵守《饲料质量安全管理规范》的依法进行严肃查处。二是抓企业验收。2016年11月24～29日和6月19～23日，农业部验收专家组分别来河北省实地验收，对申报的饲料企业进行了严格的检查评审，经综合评定，受检的湖北金新农饲料有限公司、宜昌双胞胎饲料有限公司、荆州安佑生物科技有限公司、黄冈新希望饲料科技有限公司、武汉正大水产有限公司、武汉伟嘉生物技术有限公司、仙桃嘉康生物技术有限公司、中粮饲料（黄石）有限公司等8家企业通过了“饲料质量安全管理规范示范企业”验收。

3. 持续抓好饲料质量安全监测 按照农业部农办牧2016年5号文件精神，拟制了全省2016年饲料产品质量安全监测计划。全年共抽查了17个市（州）生产、经营企业和使用环节的饲料产品1 188批次（其中普遍性检测305批、牛羊源性成分检测136批、违禁药物检测245批、产品型式检验410批），合格1 174批次，产品合格率98.86%，较2015年提高0.29%。对监测中发现的不合格产品，及时向全省通报，并督导所在市（州）监管部门跟进查处。

4. 及时做好生产许可证核发工作 对企业生产许可申报材料及时进行书面审核后，凡符合条件的企业及时协调专家组进行现场审核，做到“四个坚持”：坚持审批事项以清单方式挂网，坚持行业准入门槛，坚持以大专院校饲料专家牵头组织技术评审，坚持便利化服务，确保在规定时限内按时办结。全年共核发饲料生产许可证64个（添加剂11个、混合型10个、预混料11个、浓配25个、单一饲料7个）；核发饲料产品批准文号1 073个（添加剂产品260个、预混合产品813个）。

5. 严格年度备案管理 湖北省农业厅在全省开展了2015年度的饲料、饲料添加剂生产企业年度备案工作。到备案截至日期，有107家持饲料添加剂和添加剂预混合饲料生产许可证企业，249家持配合饲料、浓缩饲料及单一饲料生产许可证企业通过备案；有7家持饲料生产许可证的企业未通过年度备案；有54家持饲料和饲料添加剂生产许可证的企业未参加年度备案；有6家持饲料生产许可证的企业被注销。

6. 严格饲料监管，确保两个安全 一是开展专项检查。下发了《省农业厅办公室关于对全省饲料添加剂氯化钠生产企业进行专项检查的通知》（鄂农办函〔2016〕112号），重点检查产品质量检验、包装、留样、记录和生产粉尘控制、防爆设施等。二是开展无证生产、非法生产经营和添加使用“瘦肉精”、三聚氰胺等为重点的上下联动集中整治。三是及时查处。对饲料产品抽检、日常检查和群众举报中发现的问题采取严厉打击、重拳出击，先后查处了生产乳猪配合料锌不合格的企业2家、复合预混料中铜不合格生产企业1家和举报案件1起。四是“两个安全”一起抓。即把饲料生产安全与饲料质量安全摆在同等重要位置一起安排、一起检查，各地组织开展了饲料生产安全大检查，治理安全生产隐患16处，堵塞了生产安全漏洞。

7. 加强饲料生产统计和行业指导服务 一是认真落实农业部饲料统计报表制度。将各类饲料企业全部纳入统计范围，并确定管理部门和企业的饲料统计报表人员；及时、准确完成月报、季报、年报。二是认真做好生产形势分析研判。对企业报表进行数据分析，在分析的基础上对将来饲料市场和行业发展进行预测，及时有效指导行业和企业发展，切实提高饲料管理部门指导行业发展的前瞻性和科学性。三是切实为饲料行业和企业服好务。积极开展职业技能培训，全年培训化验员 57 人、中控工 28 人、维修工 26 人，解决了企业岗位人员需求。

（湖北省饲料工业办公室）

湖南省饲料工业

【饲料工业发展概况】

2016年，湖南省全年饲料总产量1 173.3万t，同比增长9.2%；产值435.0亿元，同比增长8.6%。其中配合饲料1 080.9万t，同比增长11%；浓缩饲料40.2万t，同比减少13.4%；预混合饲料52.2万t，同比减少4.64%；猪料840.7万t，同比增长10.8%；蛋禽料107.5万t，同比增长13.9%；肉禽料95.7万t，同比增长6.3%；水产料125.3万t，同比减少1.3%。

全省饲料行业发展呈现以下几个特点：

1. 产品结构进一步优化 浓缩料递减趋势依然明显，预混料略有回落，满足动物营养需要的配合饲料进一步提升。

2. 产品类别紧贴消费需求 猪料、水产料有所增长，蛋禽料增幅较大，肉禽料有小幅回落。饲料产品的专业化、特色化得到进一步凸现，新产品研发得到进一步加强。

3. 产业链条得到进一步延伸 饲料企业利用人才、技术、资金等方面的优势，整合业内资源，采取公司+农户、扩展融资平台等方式，投资养殖行业与屠宰加工业。

4. 产业集中度进一步提高 全省饲料产量过50万t 2家，过40万t 7家，过20万t 10家，过10万t 22家，22家饲料企业的产量占全省总产量的52%。全省饲料产值过60亿2家，过10亿8家，全省年产值过亿元的企业有93家（包括5家上市公司）总产量704万t，占全省总量的65%。五是企业创新步伐加快。企业在提高产品科技含量及营销方式等进行创新，如互联网+平台创新销售模式，湖南百宜仅双十一当天通过支付宝交易饲料产品968万元，居淘宝网畜牧养殖设备第一名。六是饲料产品质量稳步提升。饲料产品质量的抽检合格率常年都保持在98%以上，已经连续11年未在商品饲料中检测出违禁药物。

【组织机构】

湖南省饲料工业办公室，2015年10月起与湖南省饲料工业协会脱钩，编制10人，正处级，参照公务员法管理事业单位，隶属于湖南省畜牧水产局。

【主要工作】

1. 加强饲料质量安全抽样检测工作 省饲料办对省内饲料企业的抽样检测工作基本实现全覆盖。完成农业部下达的657批次饲料质量安全监测任务，合格率为99.2%；完成省局下达的703批次饲料质量安全监测抽检任务，合格率为99%。根据部、省抽样监测结果，对产品不合格的企业下达了案件查处通知，市县饲料管理部门依法对辖区内不合格产品的饲料生产企业进行了严肃查处。

2. 扎实开展饲料行政执法与专项整治行动 2016年，全省各级饲料管理部门共出动执法人员2.9万人次，检查饲料生产企业1 555个次，检查饲料经销门店8 421个次，检查养殖场（户）18 368个次，下达整改通知2 306份，查处违法违规案件55起，查获违法违规饲料93t，涉案金额29.83万元。3月中旬，省办配合省局质安处开展了养殖业农资打假专项治理行动，对邵阳、衡阳、郴州、娄底、湘潭、株洲等地的饲料兽药生产企业、经营门店和养殖场进行了地毯式检查和抽样，对现场检查不规范的企业和经营门店下达了整改通知书。4月和9月，省办配合省局质安处分别对桃江、桃源、汨罗、醴陵、浏阳、平江6县（市）开展了养殖环节“瘦肉精”专项拉网检查。郴州市开展了以“深化执法、服务民生”为主题的“2016年郴州市首届养殖业现场模拟执法比赛”，对饲料生产企业、经营门店和养殖场开展了模拟执法比赛，有效地提升了全市饲料执法人员依法行政能力、饲料生产经营者的守法经营意识和饲料系统服务民生的水平。

3. 严格规范饲料生产许可行政审批工作 省级饲料管理部门按照“网上政务”的统一要求，按受理→初审→现场审核→复审→决定→发证办结几个规定程序开展网上政务审核发证工作。每一程序均有时间限制，超时即亮红灯，绩效评比扣分。现场审核除外，从受理到发证时间由20个工作日调减至13个工作日，缩短了1/3的审批时间。截至2016年省饲料办对67个饲料企业的生产许可证申证和换证申请进行了材料审查与现场审核发证工作，办理了96个饲料添加剂和添加剂预混合饲料生产企业的产品批准文号2 294个。各个环节未出现超时亮红灯事故，办结率100%，群众满意率100%。

4. 全面推行《饲料质量安全管理规范》实施 为了全面推进《饲料质量安全管理规范》实施工作，省饲料办首先是强化组织领导、制订实施方案。成立了规范推进工作小组。制定《湖南省推进〈饲料质量安全管理规范〉实施方案》。印发了《2016〈饲料质量安全管理规范〉监督检查工作方案》。其次是加强督促检查。按照监督检查工作方案要求，上半年，对长沙、衡阳等地饲料管理部门推进实施《饲料质量安全管理规范》工作和企业落实运行《饲料质量安全管理规范》的情况进行了督导检查。检查组听取了饲料管理部门的情况汇报，抽查了13家饲料企业，查阅了相关文件资料，对企业实施规范过程中存在的问题提出了整改意见，并要求市县饲料管理部门督促整改落实。最后是开展示范创建工作。根据《2016全省饲料管理工作方案》安排，2016年湖南省继续开展了创建部、省级示范企业活动。10月份，湖南中农联成生物科技有限公司、湖南双胞胎饲料有限公司、湖南傲龙生物科技有限公司已顺利通过农业部专家组验收，省级示范创建企业验收工作正在进行中。农业部畜牧业司在2015年第64期《畜牧业工作动态》上刊登了湖南省题为“扎实推进规范实施　引领行业健康发展”的经验材料，为全国的饲料管理工作树立了榜样，值得各省学习借鉴。

5. 出色完成了农业部对湖南省饲料管理工作的督导检查 根据《农业部办公厅关于开展2016年饲料行业管理督导检查工作的通知》精神，6月底，由部畜牧业司魏宏阳处长带队的部级检查组，对湖南省饲料管理工作开展了督导检查。检查组听取了省局王元宝副局长的饲料管理工作情况汇报，查阅了全省开展饲料行政许可、生产企业日常监管、推进饲料质量安全管理规范情况的相关文件资料，还先后到长沙望城区、岳阳市岳阳县、屈原区两市三县（区），听取了市县两级的饲料管理工作汇报，实地检查了3家饲料生产企业、3家饲料经销门店。通过督导检查，检查组认为湖南的饲料管理机构健全，执法队伍整齐，监管工作抓得紧、管得严、违法违规案件查处及时，成效十分显著，在行政许可、安全监管、实施规范等方面做了大量工作，积累了一定的经验。

6. 按照规定开展年度备案工作 一是下发文件部署工作。2016年年初下发做好饲料生产许可证年度备案审查工作的通知，对年度备案审查工作进行全面布置。二是开展备案前执法检查。为了搞好年度备案工作，我们采取省办抽查，市县全查的办法，在年度备案前到持证企业进行综合检查。三是认真做好备案审查。2016年3月份，我们对持证企业进行年度备案审查，核实上报统计数据。2015年年底全省持证企业549家，通过年度备案的445家，未备案企业33家，71家企业未通过年度备案予以注销。年度备案的结果都在《湖南饲料》杂志上进行了公告，注销的企业名单及证号以省畜牧水产局文件发布。

7. 切实开展饲料职业技能培训与鉴定工作 省饲料办在省饲料工业特有工种职业技能鉴定站培训基地举办了“饲料检验化验员”“饲料厂中央控制室操作工”“饲料机械设备维修工”共2期职业技能培训与鉴定，共有358名从业人员通过了理论考试和实际操作考核并获得相应的资格证书。

8. 顺利完成了协会脱钩改革工作 根据省委、省政府《关于推进行业协会商会与行政机关脱钩的实施方案》的通知精神和脱钩试点工作领导小组的要求，省饲料工业协会按照“机构、职能、资产财务、人员管理、党建外事”等五分离、五脱钩的基本原则，分步骤、分节点已于2016年9月30日前完成了协会脱钩工作。脱钩后的协会依法直接在省民政厅社会组织管理局登记和运行，接受行业主管单位的业务指导和财政审计等部门的财务监督。

【存在问题】

1. 执法监管的工作积极性和违法案件的查处力度有待进一步加强 随着市县机构改革和公车等方面的改革及人员调整，部分地方的饲料管理人员由于对饲料法规专业知识掌握程度不够，交通工具不便，对生产企业、经营门店和自配料加工点检查的积极性不高，工作力度不大，特别是对违法违规案件查处不及时，监管责任没有完全落实到位。

2. 饲料企业还没有意识到实施《饲料质量安全管理规范》的重要性 多数企业还没有按照《饲料质量安全管理规范》建章立制、组织生产。对实施《饲料质量安全管理规范》的重要性还没有充分认识和理解，对实施《饲料质量安全管理规范》的监管执法力度也不够。

3. 对获证企业监管有待加强。

（湖南省饲料工业办公室）

广东省饲料工业

【饲料工业发展概况】

2016年，广东新增大型饲料企业投产较多，生产全面上量，饲料主原料价格、生产成本同比总体下降利于生产；养殖业形势向好，促进饲料与养殖企业"厂场对接"合作模式不断深化，配合饲料使用率进一步提高，需求增加。同时，饲料产业强强联合、优势互补、产销联动、产业延伸，向养殖终端融合发展，成为饲料企业发展的新的增长点。总体上，饲料业呈现生产发展、效益提高、素质提升的良好态势。主要特点如下：

1. 产业规模大 全省共有饲料和饲料添加剂企业909家，共持证1 088个，其中浓配饲料538个、单一饲料112个、添加剂预混料249个、饲料添加剂189个。饲料总产量2 824.8万t、产值908亿元，产量同比增长9.8%，再创历史新高，连续14年位居全国首位，占全国八强。在饲料总产量中，配合饲料2 709.4万t，增长9.9%，浓缩饲料47.2万t，增长7.66%，添加剂预混合饲料68.2万t，增长5.3%。在配合饲料产量中，猪料1 122.2万t、蛋禽料201.2万t、肉禽料911.8万t、水产料445.5万t、精补料3.4万t、其他饲料2.5万t，分别比上年增长7.7%、19.5%、13.5%、2.5%、15.6%、105.0%。饲料添加剂（含混合型）产量11.0万t，产值26.9亿元，产量同比下降3.5%。

2. 质量水平高 全省饲料产品质量安全水平持续提高，饲料产品质量例行监测抽检合格率99.82%，保持较高水平，饲料中"瘦肉精"等违禁添加物保持"零检出"，生猪养殖环节"瘦肉精"监测合格率100%，保障了畜禽水产产品质量安全。

3. 转型升级快 集团化、规模化及产业链融合发展进程明显加快，行业发展主体力量不断壮大，规模化、现代化水平进一步提高，转型升级加快。全省538个配合饲料企业平均产量5万t/个，远高于全国平均水平。年产10万t以上企业98个，产量占总产量67%；年产50万t集团企业9个，年产100万t以上企业5个。

4. 创新动力足 集团化大型企业高度重视科技投入，高度重视产品开发。不少企业建立研发中心，技术创新能力不断增强。饲料专业化和精细化加工快速发展，饲料膨化、微粉碎、高效调质、熟化等先进工艺应用日趋广泛，码垛机器人在大中型饲料企业快速推广。

5. 产品品牌响 饲料质量安全管理规范全面实施，饲料企业积极进行设备改造和产品升级，科技投入稳步增加，技术和经营管理模式创新能力明显增强，全省累计创建了部级示范企业11家，省级示范企业33家，位居全国前列；全省共有150个饲料产品为广东省名牌产品，占农业名牌产品16%。评出了"广东省饲料百强企业"，树立了行业标杆。

【组织机构】

广东省畜牧兽医局为省农业厅内设副厅级行政管理机构，负责全省畜牧、兽医防疫、饲料、兽药管理工作。内设3个处室：综合处、畜牧处（加挂省饲料工作办公室牌子）、兽医处。广东省饲料工作办公室具体负责饲料管理工作。

【主要工作】

1. 饲料工业法制建设进一步加强 进一步贯彻实施饲料行业管理新规，依法规范行政许可行为，将各类许可申请书申报格式、办事指南等相关许可文件和投诉方式、廉政制度及审批结果和监管措施在网上公开，在规定的时限内完成许可审批事项并及时在广东农业信息网公布公告审批结果，提高办事效率，促进依法行政；认真清理规范饲料和饲料添加剂生产许可审批中介服务事项，印发了《关于落实清理规范饲料和饲料添加剂生产许可审批中介服务事项的通知》(粤农函〔2016〕802号),明确了申请饲料添加剂(微生物、酶制剂类产品)、单一饲料(采用生物发酵工艺)生产许可"微生物菌种来源证明"项不再作为行政审批的受理条件,申请配合饲料、浓缩饲料、精料补充料及混合型饲料添加剂、添加剂预混合饲料生产许可"混合机混合均匀度检测报告"项不再作为行政审批的受理条件。要求各地饲料管理部门认真做好清理规范落实工作,及时宣传到辖区企业,确保饲料质量安全和安全生产。同时,进一步完善了生产许可专家审核委员会及专家库、广东省网上办事平台建设等,推进饲料管理法制建设。

2. 加强行业监管,做好饲料质量安全管理规范示范 通过强化宣传、办班培训,督导企业认真贯彻落实《饲料质量安全管理规范》,积极创建示范企业,树立行业标杆。2016年,全省通过农业部《饲料质量安全管理规范》示范企业验收6家、省级《饲料质量安全管理规范》示范企业验收14家。全省累计有《饲料质量安全管理规范》部级示范企业11家,省级示范企业33家。

3. 饲料行政许可。依法严把生产准入关 坚持扶强扶大,依法淘汰一批小、乱、差企业,向安全、集约、高效发展,规范生产经营,着力提升广东省饲料业规模化、产业化程度,提高饲料行业总体素质。对申请生产许可,严格按许可条件进行现场审核,并将企业实施《饲料质量安全管理规范》情况一并纳入考核。全年核(换)发饲料和饲料添加剂生产许可证105个,核发饲料添加剂和添加剂预混合饲料产品批准文号3 955个,注销生产许可证20个。

4. 做好饲料标准化 认真开展饲料标准化工作,省饲料专业标准化技术委员会完成农业部下达的"饲料中艾司唑仑的测定"和"饲料中左旋咪唑的测定"高效液相色谱法的标准制订,并通过全国饲料工业标准化技术委员会最终审查;指导由广州市科虎生物技术研究开发中心开发的"饲料添加剂(2-羧乙基)二甲基溴化锍"的新产品标准的制订,该企业正在向农业部申报新产品证书;完成国家饲料工业办公室下达的进口饲料注册登记标准120份,协助省饲料协会对饲料企业标准审核和修订100多份,完成了对现行的广东省饲料推荐性地方标准及立项标准9份进行复评审,协助全国饲料工业标准化技术委员会召开换届会议及"饲料中左旋咪唑的测定"高效液相色谱法的标准和饲料添加剂"甘氨酸"的标准的评审会议。

5. 紧抓畜产品质量安全

(1)强化日常监管。以辖区监管为主体,强化检查督导,督促企业依法依规完善各项管理制度,强化企业责任,提高企业责任意识和管理水平。同时,突出重点,强化督查,开展全省监督检查工作,并派出3个检查组对9个饲料生产大市在依法管理、实施《饲料质量安全管理规范》、安全生产等方面进行监督检查。全省共出动执法检查人员24 390人次,检查饲料生产企业1 402个次、饲料经营店4 482个次、养殖场(户)14 785个次。

(2)强化监督监测。2016年年初及时制订印发2016年饲料质量安全专项监测计划,突出抓好违禁添加剂物整治及重金属超标整治监测工作。据统计,全省各地共抽检饲料产品2 004个,合格率99.82%。省级直接抽检饲料企业570家,样品656个,检测合格率99.23%。

(3)强化执法监督。重点加大对举报案件及抽查检测中问题产品生产经营企业的查处力度,全省共查处饲料及饲料添加剂生产及经营企业案件27起,移送司法机关1起,涉案价值12.7万元,罚款26万元,无害化处理饲料19t。

(4)加强服务与指导。积极引导企业开展技术和管理创新,及时调整战略布局,推进"厂场对接",在全省开展评选饲料企业100强,树立行业标杆,壮大行业发展主体力量。开展7期饲料检验化验员、中控工、维修工培训班,培训612人。

(5)进行"瘦肉精"专项整治。一是制订方案、落实责任。二是落实经费,加大投入。2016年全省共投入监管经费2 752万元,其中省财政安排500万元,用于各地"瘦肉精"专项监管监测,为强化"瘦肉精"监管工作提供了有力的保障。三是精心整治、保障安全。认真开展饲料生产经营、生猪养殖和收购贩运、屠宰环节"瘦肉精"专项整治,重点强化生猪养殖、屠宰环节"瘦肉精"监测。认真组织实施养殖环节"瘦肉精"专项监测、屠宰环节"瘦肉精"监督抽查检测等,同时,各级管理部门不定期派出检查组对部分畜牧生产大市开展"瘦肉精"等违禁添加物飞行检查,强化监督检查。四是强化宣传,提高认识。据统计,全省各地共抽检"瘦肉精"企业(场、户)59 011个,抽检样品数(含饲料生产、养殖、屠宰等环节)2 320 821个,合格率99.99%;省级对养殖环节608个养殖场进行尿样"瘦肉精"现场筛查,检测1 346个样品,合格率100%;饲料产品"瘦肉精"保持"零检出。

【存在问题】

虽然广东省饲料业发展取得了较好成效,但仍然存在不足。一是部分企业不重视实施《饲料质量安全管理规范》,管理制度不完善,管理不到位。二是存在部分"僵尸企业"。一些企业处于一种按兵不动的

“熬”冬、减产或停产状态，尤其是小规模饲料添加剂和预混料生产企业。三是个别企业守法意识不强，发生套用、冒用产品批准文号情况，养殖环节滥用抗生素及违法添加“瘦肉精”案件仍然存在，畜产品质量安全存在隐患。四是创新能力不足。表现在科技创新、产业链融合发展、经营模式等方面存在不足。五是仍有部分部分小企业不重视统计工作，出现漏报、少报、报送不及时等情况。

（广东省饲料工作办公室）

广西壮族自治区饲料工业

【饲料工业发展概况】

2016年广西壮族自治区共有饲料和饲料添加剂生产企业267家，同比增长9.0%；饲料产品产量1 216.40万t，产值364亿元，同比分别增长14.9%、11.1%。全区饲料产品抽检合格率99.4%，同比基本持平，商品饲料和生猪尿样“瘦肉精”等违禁药物检出率为0%。

1. 饲料产量增幅明显，呈现浓缩饲料下降，配合饲料、预混料增长的结构模式 全年饲料产品产量1 216.4万t，同比增长14.9%，其中配合饲料1 183.5万t，同比增长15.4%；浓缩料16.8万t，同比减少13.3%；预混料16.6万t，同比增长23%。在产品结构上，猪料630.1万t，同比增长9.50%；蛋禽料60.6万t，同比增长54.5%；肉禽料468.8万t，同比增长19.8%；水产料56.9万t，同比增长8.5%。由于生产反刍精料补充料的生产企业要求单独生产线，广西目前只有一家企业获反刍精料补充料的生产资格，而皇氏乳业等本地乳企倾向于使用自配料，故反刍料仍然为0。

2. 集团企业扩张步伐加快，饲料生产集中度继续保持高位态势 2016年，广西饲料和饲料添加剂生产企业有267家（其中获饲料添加剂生产许可证企业45家，获添加剂预混合饲料生产许可证企业52家，获单一饲料生产许可证企业35家，获配合饲料、浓缩饲料、精料补充料生产许可证企业164家（其中交叉获双证28家，获三证1家），同比增长9.0%。全区年产量10万t以上的企业有42家，比2015年增加5家，占了同类企业数165家的25.5%，产量892.7万t，同比增长21.44%，占全区饲料总产量的73.4%，比2015年增长3.9个百分点，大型企业、集团企业所占份额越来越大。全区年产量50万t以上的集团企业有4个，产量690.5万t，同比增长20.41%，占全区饲料总产量的56.74%，比2015年增长2.6个百分点。

3. 发挥区位优势，豆粕、菜粕等植物蛋白原料聚集发展 广西壮族自治区年进口粮食达800多万t，约占全国进口总量的10%，其中进口大豆、油菜籽分别占全国进口量的10%和40%，已成为我国进口粮油加工重要产业基地，部分大型粮油加工企业看好广西沿海港口的区位优势和海运成本低廉优势，相继落户钦州、北海和防城港，全区豆粕、菜粕生产企业达9家。全年豆粕、菜粕、大豆浓缩蛋白产量686万t，同比减少3.9%。

【主要工作】

1. 积极争取支持，落实监管资金，确保监管工作有效开展 2016年共落实饲料质量安全监管经费303.25万元（其中自治区财政225万元、农业部78.25万元），用于全区饲料质量监测体系建设，饲料和饲料添加剂生产许可评审，饲料质量安全管理规范示范创建，饲料生产、经营、使用环节的质量监督抽查，饲料执法、法规宣贯培训等工作，有效确保了饲料监管等各项任务顺利完成。

2. 加强《饲料质量安全管理规范》宣传培训及指导，全面实施《饲料质量安全管理规范》，有序推进饲料质量安全管理规范示范创建工作 全年各级饲料主管部门共举办许可、规范培训班10期，培训人数达800多人次，其中举办省级饲料质量安全管理规范示范企业创建暨安全生产管理培训班1期，培训各市局（农委）饲料行政管理工作负责人、省级示范创建饲料生产企业、部分饲料和饲料添加剂生产许可证技术评审专家及执法人员共计150人。印制发放宣传材料3 500份（表格等）。继宾阳通威饲料有限公司通过农业部饲料质量安全管理规范示范验收后，2016年继续加大示范创建工作力度，多次邀请农业部专家到广西壮族自治区对广西商大、贵港海大、贵港漓源开展规范示范企业创建现场指导，通过努力，目前广西商大、贵港海大已通过省（区）级初审，并向农业部提出了部级验收申请。北海恒兴特种饲料有限公司、桂林正大有限公司通过省级饲料质量安全管理规范示范验收。派出自治区级专家对广西百跃、广西双胞胎公司开展省级规范示范创建企业现场指导工作，其余省级规范示范创建企业处于自查提高阶段。在国家级《饲料质量安全管理规范》示范企业、省级示范创建企业的带动下，饲料企业能自觉贯彻落实新的饲料法规体系，对照《饲料质量安全管理规范》要求修订、理顺、完善内部管理制度、操作规程和各种记录表格，严格按照《饲料质量安全管理规范》要求组织生产，认真执行各项制度、规程并做好各项记录，切实把好原料进厂关、产品出厂检验关，实现从原料采购到产品生产、产品销售的全程质量控制。

3. 抓住关键环节，突出监管重点，确保饲料质量安全 一是严格资格审核，从源头把关，对不符合条件的一律不予许可，全年共受理70家饲料和饲料添加剂生产企业许可申请，不予许可5家；共核发产品批准文号691个，其中饲料添加剂26个，添加剂预混合饲料665个。二是加大对获证生产企业日常监管，结合年度备案工作，各市对辖区内饲料生产企业实行全覆盖现场检查，对存在问题的及时查处溯源。三是加大对饲料生产企业的执法监督力度。在各市开展执法检查的基础上，9～11月组织开展了全区饲料执法监督检查工作，对全区26家饲料生产企业及每市2～3家饲料经营、养殖场（户）进行了监督执法检查，对检查结果予以通报，落实问题企业的查处。四是强化检打联动，落实对不合格产品及企业的追踪溯源。全年共抽检饲料和饲料添加剂生产企业、经营单位和养殖场（户）894家次的饲料和饲料添加剂样品1 879批次，合格率为99.57%。加强对不合格产品的追踪溯源，及时消除质量安全隐患。五是将监测不合格及被投诉、被举报企业作为重点监控对象进行认真排查，重点突击检查原料库房和使用记录，督促企业质量安全制度的落实。

4. 继续开展饲料和饲料添加剂生产企业防范粉尘爆炸安全专项整治，消除安全隐患 根据自治区安委会统一部署，自治区安监局牵头，自治区水产畜牧兽医局、公安厅、自治区工商局等多部门配合，继续在全区深入开展涉粉尘爆炸企业安全生产专项整治活动，努力防范和遏制重特大生产安全事故发生。全区全年累计组织检查组130个，检查人员438人，检查饲料和饲料添加剂生产企业755家，一般隐患排查127项，已如期整治完毕，确保所有涉问题企业隐患整改全部合格，巩固了专项整治成果，年内饲料和饲料添加剂企业没有发生涉粉尘爆炸事故。

5. 抓好饲料行业的基础性及服务工作 一是抓行业统计，督促企业及各市统计人员及时上报核实统计数据，分析饲料行业发展形势；二是继续配合南宁等市质监局，做好饲料标准技术指标的审核，全年组织审核企业标准180个，修改单50份，从产品标准入手引导企业生产优质高效的产品；三是积极主动与国税、粮食、质检部门沟通、联系，做好协调工作，确保饲料企业能公平享受优惠政策；四是加大饲料特有工种培训鉴定力度，年度全区共开展3期340人培训鉴定，有231获证，提高了饲料行业从业者的素质。

【存在问题】

1. 企业主体责任仍然难以落实到位 养殖户、饲料和饲料添加剂经营企业生产经营档案仍不规范、不健全，自我管理能力不足，发生产品质量安全问题后难以追溯，养殖环节不按规定使用药物，流通环节制售假冒伪劣饲料、无证生产饲料等问题依然无法杜绝。

2. 畜牧兽医综合执法工作还没有全部整体推进，执法人员依法监管的能力和水平仍然有待提高 部分市的畜牧兽医综合执法工作还没有全部整体推进，饲料执法仅靠几个行政管理人员，监管工作难以落到实处。一些市虽然将饲料执法委托给动物卫生监督所，但对委托执法情况未加强指导和监管，执法人员仍存在有案不会办、不敢办、不想办的现象。特别是随着《饲料质量安全管理规范》的实施，对企业执行规范的监管主要由县级执法人员承担，基层监管人员的监管能力迫切需要提升。

3. 自配料监管难度大 目前《饲料和饲料添加剂管理条例》对自配料侧重于对违禁品和限制性物质的使用管理，没有出台自配料使用规范，自配料仍是监管难点和薄弱环节。

4. 对《饲料质量安全管理规范》管理制度理解不一致 企业对“长期库存原料质量监控制度”的理解不到位，无法界定企业采购的原料品种是否需要作为长期库存原料，即使制定了制度，也没有相应的操作规程及记录表格。大部分企业还存在制度不完善，缺少与规范要求相匹配的内容，造成所有企业均未达到规范要求，是否是按《饲料和饲料添加剂管理条例》第四十条规定处罚，还是给企业整改期限，建议农业部对规范开展培训，厘清规则，便于县级以上饲料行政执法人员提高认识，统一尺度。

5. 饲料添加剂和单一饲料的监管问题 《饲料质量安全管理规范》只适用于添加剂预混合饲料、浓缩饲料、配合饲料和精料补充料生产企业，而不适用于饲料添加剂和单一饲料生产企业，造成前类企业有相应条款规范企业生产，而后类企业除了按许可要求及规范中共性的问题执行外，目前没有一套针对此类企业的使用规范。建议农业部出台针对饲料添加剂和单一饲料生产企业的许可条件及相应的质量安全管理规范。

（广西壮族自治区饲料工业办公室）

海南省饲料工业

【饲料工业发展概况】

2016年是实施"十三五"规划的开局之年，海南省饲料行业在农业部的具体指导下，按照饲料产品质量"产出来"和"管出来"的要求，采取"两手抓两手硬"的办法，紧紧围绕"稳猪、促禽、增牛羊"畜牧发展主线，认真抓好饲料行业监督管理和服务指导工作，不断规范企业生产行为，提升产品质量安全水平，有效促进饲料行业平稳发展，使全省饲料总产量、总产值继续保持两增态势，为海南畜牧业健康稳步发展提供坚实物质保障。据全省饲料统计，2016年全省商品饲料总产量242.5万t，同比增长7.7%，总产值72.7亿元，同比增长9.1%。其中配合饲料242.5万t，同比增长7.8%，添加剂预混合饲料0.2万t，同比下降47.4%。从不同品种看，猪饲料95.7万t，同比增长8.0%，蛋禽饲料18.0万t，同比下降1.4%，肉禽饲料94.8万t，同比增长19.1%，水产饲料34.0万t，同比下降12.8%。

另外，全省饲料添加剂180t，同比增长100%，单一饲料19 298t，同比增长151.5%。

【组织机构】

2006年海南省农业厅内设海南省畜牧兽医局，分设畜牧兽医局内设兽医处、畜牧处，海南省饲料工作办公室附属于畜牧处，2009年7月份经海南省编委批准，海南省农业厅增设饲料兽药管理处（加挂"海南省饲料工作办公室"牌子），现定编人员5人，主要承担全省饲料兽药、畜产品质量及饲料兽药行业监督管理职能。

海南省兽药饲料监察所主要承担农业部和省农业厅下达的各类产品抽样监测计划和本省兽药饲料产品质量安全监督、检验、委托检验、技术仲裁及提供监管技术支撑等工作职能。

全省18个市县畜牧兽医局分别负责辖区内的违禁药物查处、兽药饲料生产、经营和使用环节的监督执法管理和配合省饲料检测机构做好各类产品抽样、送样等工作。

【主要工作】

1. 认真做好饲料行政监管工作　2016年注重加强饲料企业事前、事中、事后的监管，严格执行《饲料和饲料添加剂管理条例》规定和行政许可审批程序，认真组织有关专家对企业申报材审核和实施企业生产现场核查工作，严格行业准入条件，确保全行业的整体素质。2016年全省新增饲料企业4家。同时认真抓好饲料生产证年度备案工作，3月初印发了《海南省农业厅办公室关于做好饲料生产企业年度备案工作的通知》，对全省所有企业实施年度备案，抽查了海口、文昌、澄迈等市县10多家饲料生产企业，按规定办理了4家饲料企业委托生产备案，保证全省饲料生产企业持证率100%，备案率100%，进一步促进企业规范管理，提高饲料行业自律能力。

2. 积极推进《饲料质量安全管理规范》实施工作　按照《农业部关于开展饲料质量安全管理规范示范企业申报工作的通知》（农办牧〔2016〕10号）要求，积极开展全省《饲料质量安全管理规范》示范先行活动，继续推行省部级示范企业，采取有效措施，确保推进成效。一是加强培训，提高能力。一方面各市县积极组织开展好辖区内的饲料生产企业《饲料质量安全管理规范》培训，另一方面选派专家或示范企业人员参加农业部组织培训班学习，同时组织省级《饲料质量安全管理规范》培训教育。2016年全省共培训饲料管理人员400多人次，进一步提高饲料管理队伍推行《饲料质量安全管理规范》实施能力。二是服务指导，示范带动。2016年先后2次组织省级专家进行饲料质量安全管理规范现场指导，推动企业按照《饲料质量安全管理规范》要求建立并运行各项管理制度，让更多企业成为省部级示范企业，全面带动全省饲料企业生产质量水平提高。

3. 督促做好饲料质量检测工作 按照《农业部办公厅关于下达2016年饲料质量安全监测计划的通知》（农办牧〔2016〕5号）要求，结合海南省实际，制定印发了《海南省农业厅关于下达2016年饲料、兽药及畜产品质量安全监测计划的通知》（琼农办〔2016〕8号），督促省兽药饲料监察所认真组织开展全省饲料产品质量安全监测与饲料安全（违禁药物）专项监测工作，在饲料生产、经营和养殖环节抽检了290家（其中饲料生产31家，经营企业130家，养殖企业129家），抽检各类饲料产品503批次，检测合格502批次，不合格1批次，总合格率为99.8%，比2015年提高0.6个百分点，违禁药物监测合格率100%，为确保饲料质量安全发挥好预警作用。

4. 加强饲料监督执法工作 结合2016年农资打假行动，强化饲料监督执法力度，开展了全省饲料质量安全大检查，突出检查执行原料进厂、产品出厂检验、各种登记统计、饲料标签、问题产品召回及报告等方面，发现问题限时整改。全年先后4次组织督查组重点对海口、文昌、琼海、万宁、屯昌、定安、澄迈等8个市（县）饲料批发市场、生产经营店及养殖场进行监督执法检查，严厉查处无证生产、违规生产和在饲料中非法添加违禁药物行为，进一步规范饲料生产经营市场秩序及质量安全。截至2016年11月28日，全省共出动饲料执法人员698人次，车辆280多台次，检查饲料生产企业89家，经营店995家，养殖场（户）158家，查处非法企业5家，罚没资金5万多元。现场抽样生猪尿快速检测“瘦肉精”等违禁药物1 000多头次，合格率100%。

5. 抓好玉米秸秆青贮饲料工作 2016年围绕“稳猪、促禽、增牛羊”畜牧养殖发展要求，分别在白沙、乐东、文昌、澄迈等市（县）组织开展玉米秸秆青贮饲料生产项目（100万元），实现生产玉米秸秆青贮饲料1.4万t，进一步推进秸秆饲料化利用，牵引种植业、支撑牛羊养殖业发展，有力推进循环农业工作。

6. 注重抓好饲料行业安全生产 2016年在抓好饲料质量安全的基础上，大力抓好饲料行业安全生产工作。按照各级有关安全生产文件精神，2016年年初制定了《2016年全省饲料行业安全生产工作计划》《2016年全省饲料行业安全生产工作方案》，下发了《海南省农业厅关于印发2016年饲料行业安全生产工作的指导意见的通知》（琼农字〔2016〕31号）、《海南省农业厅办公室关于印发海南省饲料行业2016年“安全生产月”和“安全生产万里行（西部）”活动方案的通知》（琼农办〔2016〕15号）、《海南省农业厅关于印发海南省饲料行业开展粉尘防爆专项治理工作实施方案的通知》（琼农字〔2016〕88号）等文件，全年重点抓好饲料粉尘防爆整治工作，采取全面整治与检查、突击检查与抽查相结合的方式，坚持落实安全生产工作监督制度，做到暗查抽查工作制度化、常态化、标准化，建立完善企业安全生产台账，确保全省饲料生产企业安全无事故。

同时，海南省加强安全生产培训教育，2016年8月5日组织了全省饲料行业安全生产管理培训班，专门邀请了省安监局古远新总工程师授课，有120多人参加了培训，进一步增强各级饲料管理人员和企业管理人员饲料粉尘防爆能力，全面提升全省饲料管理人员安全生产防患能力和责任意识水平。

【存在问题】

1. 预混料质量问题比重大 从2016年饲料抽检合格率来看，有一批不合格产品就是预混料，存在微量元素超标问题。

2. 全省饲料监管体制不完善，基层监管队伍力量薄弱，在养殖环节和经营环节中饲料监管不够到位，存在盲区死角。

3. 实施《饲料质量安全管理规范》有待于进一步深化。

（海南省饲料工作办公室）

重庆市饲料工业

【饲料工业发展概况】

2016年，重庆饲料工业按照“科学指导促发展，严格监管保安全”的总体要求，对全市饲料工业进行了合理规划、布局，科学引导、有效整合，综合生产能力和从业人员素质显著提高，优质工业饲料得到大力推广，饲料工业健康有序发展。同时，全市各级饲料管理部门进一步细化监管措施，加强监管力度，严格行政审批，有力地保证了重庆及周边地区饲料产品质量安全。

目前全市共有饲料生产企业142家，其中：浓配料生产企业104家，预混合饲料生产企业19家，饲料添加剂生产企业10家，混合型饲料添加剂生产企业13家，单一饲料生产企业10家。2016年全市饲料工业总产量231万t，同比增长11.6%。其中，配合饲料206万t，同比增长10%；浓缩饲料24万t，同比增长1.2%；添加剂预混合饲料0.5万t，同比下降41%。各类饲料添加剂总产量4.3万t，同比下降9%。不同品种饲料产量有增有降，总体产量增加。全市饲料工业总产值80.5亿元。

【组织机构】

重庆市饲料工业办公室于1986年正式成立，挂靠市农办。1996年转到市农业局后改为市农业局内设机构。2000年机构改革时不再是市农业局单独的内设机构，改为挂靠重庆市农业局畜牧兽医处。2005年重庆畜牧兽医体制改革，畜牧兽医处分为畜牧处和兽医处，重庆市饲料工业办公室挂靠在畜牧处。2008年成立市农委后，又挂靠在重庆市农委畜牧业发展处。

【主要工作】

1. 严格标准，着力强化行政许可 按照《饲料和饲料添加剂管理条例》及其配套规章的相关要求，对申请设立饲料生产企业的，我们组织饲料生产许可专家委员会成员，对饲料企业的申报材料及生产办公场地、人员配备、设备条件、检化验设施以及《饲料质量安全管理规范》要求建立的制度、记录记载表格等，逐条逐项严格审查和审核，对不符合许可条件的，要求企业按照专家组意见进行整改，整改不到位的一律不予通过发证。2016年，对24家饲料生产企业核发了《饲料生产许可证》，其中配合饲料、浓缩饲料生产企业4家；饲料添加剂生产企业2家；添加剂预混合饲料生产企业13家；混合型饲料添加剂生产企业5家。

2. 检打联动，净化生产经营环境 为维护良好的生产经营环境，规范饲料企业生产经营行为，2016年以来，各级饲料管理部门联合农业行政执法部门进一步加大检查频率和打击违法违规行为的力度，对超出许可范围生产饲料、饲料添加剂的，对生产许可证有效期届满继续生产、销售饲料的等不法行为，一律按照《饲料和饲料添加剂管理条例》的相关规定从严、从重处罚。2016年，立案查处11起违法行为，其中4起为在饲料中添加其他物质的不法行为，3为超许可范围违法生产饲料添加剂的行为，3起为生产许可证有效期届满继续生产销售饲料的行为，1起对配合饲料进行拆包分销的行为。通过监督执法工作的有力开展，有效打击了各种违法行为，净化了饲料生产经营环境。

3. 加强监督检测，饲料产品质量稳步提高 2016年，根据《农业部办公厅关于印发〈2016全国饲料产品质量安全监测计划〉等3项监测计划的通知》（农办牧〔2015〕5号）文件的精神，全市继续开展了“全覆盖”饲料质量安全监督检查行动，并下发了《重庆市农业委员会关于下达2016年重庆市饲料质量安全监测计划的通知》（渝农发〔2016〕35号），在全市抽检饲料500批次，合格497批次，合格率99.40%。同时，重庆市自开展“瘦肉精”项目监测以来，连续15年未检出“瘦肉精”。

4. 加强行业宣传，增强守法意识 为提高饲料行业的遵纪守法意识，2016年全市各级饲料监管部门通过发放宣传资料，现场咨询、答疑，播放影像资料等多种形式，大力宣传《农产品质量安全法》《饲料和饲料添加剂管理条例》等法律法规；宣传饲料质量安全的重要性、饲料及畜产品安全知识、饲料及畜产品质量安全生产技术。全市共印发《农产品质量安全法》《饲料和饲料添加剂管理条例》《饲料药物添加剂使用规范》《标签标准》《饲料识假辨假常识》《饲料安全使用须知》以及其他相关方面的宣传资料共32 470份（册）。媒体宣传报道13次，开展现场咨询答疑活动36场次，参加人数3.6万人次。通过这些工作，提高了饲料生产、经营和使用企业的法律法规意识和产品质量意识。

5. 切实加强饲料数据统计分析使用 2016年，我们进一步加强了对饲料数据的统计工作，举办培训班对所有区县饲料管理人员及饲料企业相关人员进行培训，同时要求饲料生产企业普及信息统计系统应用，实行专人负责上报，实现数据报送网络化。目前，通过网络上报农业部的生产数据的饲料企业占总企业数的91%，其中包括农业部重点跟踪的企业6家。通过多方收集整理与行业密切相关的各种信息，为饲料行政管理部门和企业提供了科学决策的依据。

【存在问题】

1. 监督执法工作有待进一步强化 执法机构设置不健全，缺人、缺经费、缺手段，造成部分地方、部分环节管理“真空”，监督、服务不到位，造成工作主动积极性不高，管理连续性脱节。

2. 工作经费投入不足，饲料质量安全监管举步维艰 对饲料生产、经营、使用环节的产品进行检测，需要相应的工作经费，特别是三聚氰胺、瘦肉精等化学物质的检测费用特别高。而从目前的情况看，各级财政特别是区县一级对饲料检测的经费投入不足，从而影响饲料质量安全监管工作的效果。

（重庆市饲料工业办公室）

四川省饲料工业

【饲料工业发展概况】

2016年年底，四川省共有饲料和饲料添加剂生产企业567家，其中饲料加工企业364家，加工能力5 945t/h。在全省饲料和饲料添加剂企业中，取得预混料生产许可证的企业99家，添加剂生产许可证企业60家，混合型添加剂生产许可证企业32家，配合、浓缩、精料补充料生产许可证企业289家，单一饲料生产许可证企业121家。

2016年受猪肉价格持续走强影响，全省饲料生产形势良好。饲料总产量达到1 070.3万t，同比增9.2%；饲料工业总产值403.9亿元，同比增4.5%。从饲料种类来看，配合饲料产量979万t，同比增9.8%，配合饲料产量占全省总产量的91.5%；浓缩饲料产量62.6万t，同比增4.9%；添加剂预混合饲料产量28.5万t，同比增8.4%。从饲料品种来看，2016年全省猪饲料产量656.2万t，同比增11.4%，猪饲料产量占全省总产量的61.3%；蛋禽料产量109.1万t，同比增7.2%，肉禽料产量209.8万t，同比上涨9.4%；水产料65.3万t，同比下降0.2%；反刍料12.4万t，同比下降10.7%。

全省饲料质量安全水平稳中向好。2016年，全省监督抽检生产、经营和使用环节饲料样品共2 781批次，合格率99.4%，较2015年提高0.8个百分点，连续7年产品合格率稳定在98%以上。未检出“瘦肉精”、三聚氰胺、苏丹红等违禁物质，氟苯尼考、氟喹诺酮类等禁止在商品饲料中使用的兽药，反刍动物饲料中牛羊源性成分检出率均为0%。全省未发生饲料质量安全事件。

【主要工作】

1. 严格许可审核，加大后续监管 认真执行国家规定的许可条件，严把行业准入关，从产前、从源头入手加强饲料质量安全监管。2016年，共受理各类许可资料217件，书面评审合格190件，合格率87.6%；现场审核100件，合格85件，合格率85%。同时加强许可后续监管，对监督检查和年度备案中发现的问题，及时进行通报，开展跟踪检查，实行分类处理。2016年共注销15家企业生产许可证。

2. 全力推进《饲料质量安全管理规范》实施 继续以《饲料质量安全管理规范》示范企业创建为抓手，加大宣传培训力度，开展执法检查，全力推进《饲料质量安全管理规范》贯彻实施。在成都专门举办《饲料质量安全管理规范》培训班，邀请全国知名专家授课，并派出专家赴各地进行培训指导；组织市州管理部门和饲料企业考察学习部级示范企业；开展部省级《饲料质量安全管理规范》示范企业回头看，确保按《饲料质量安全管理规范》要求运行。2016年，全省新增《饲料质量安全管理规范》省级示范企业9家，国家级示范企业2家。目前，全省《饲料质量安全管理规范》省级示范企业达到23家，部级示范企业达9家，位居全国前列。

3. 完善检打联动，保障饲料安全 继续实施“全覆盖”监测。制订下达了2016年全省饲料质量安全监督抽检计划并监督实施。全省共监督抽查各类饲料样品2 781批次，不合格产品16批次。省农业厅专门发文对“全覆盖”监测中检测出的不合格饲料产品和生产经营单位进行通报，并对所在地饲料管理部门提出具体的处理要求。目前，处罚案件全部结案，罚没金额16.6万元。

4. 加强执法检查，强化市场监管 制订印发了《2016年全省饲料行业监督检查工作方案》《生产企业检查记录表》《经营单位检查记录表》，实行痕迹化管理，确保监督检查的规范性、实效性。2016年以来，共组织检查组深入德阳、资阳、遂宁、乐山、南充、绵阳、宜宾、达州、广安、泸州、内江等地开展监督抽查，始终对违法违规行为保持高压严打态势。

2016年，省级直接开展监督抽查企业数达30家。首次开展全省饲料行业管理督导检查工作，对遂宁市、泸州市饲料管理工作进行督导检查，督促监管责任落实到位。

5. 切实抓好饲料资源开发工作 一是组织2014—2015年承担秸秆养畜项目建设的10个单位进行自查，对部分项目进行了抽查；二是完成了宣汉、蓬安、高坪、邻水县秸秆养畜项目的验收；三是积极争取2016年农副资源饲料化利用项目，目前国家已立项下达2个建设项目，争取财政资金1 120万元。

6. 完成省饲料工业协会脱钩工作 省饲料工业协会是全省首批脱钩试点单位，也是省农业厅3家试点脱钩单位之一。按照省、厅统一部署要求，认真做好饲料工业协会脱钩工作，确保协会工作平稳有序过渡。一是制订实施方案。专门成立了脱钩领导小组，主持制定了具体的脱钩方案。二是完成各项脱钩事项。委托审计机构开展清产核资，主动与省编委、省财政厅、省外办、省机关事务管理局、省民政厅社团党委就机构、职能、编制、人员、资产、外事、房产、党建等分离事项进行对接，全面完成各项脱钩事项。三是做好协会换届工作。召开协会第六次会员大会，选举产生了协会新一届理事会，顺利完成协会换届工作。

【存在问题】

2016年，四川省饲料行业发展虽然取得了一定成绩，但也存在一些问题，一是行业整体素质仍需提升；二是贯彻实施《饲料质量安全管理规范》推进不平衡；三是基层执法力度和执法条件需要加强和完善。

（四川省饲料工业办公室）

贵州省饲料工业

【饲料工业发展概况】

2016年，贵州省进一步贯彻《饲料和饲料添加剂管理条例》及配套法规，大力开展饲料质量安全专项整治，全省工业饲料产销量稳中有升，行业整体生产技术水平持续提高。全省共有饲料生产企业83家，比2015年增加4家，其中，配合（浓缩）饲料生产企业58家，添加剂生产企业11家，饲料原料（单一饲料）生产企业14家。2016年全省工业饲料生产量为123.4万t，同比增长24.7%，其中配合饲料产量88.2万t，同比增长30.1%，浓缩饲料产量35.21万t，同比增长13.1%。

【组织机构】

贵州省饲料工作办公室为贵州省农业委员会内设机构，与草业饲料处合署办公，正处级行政单位，编制5人，在编2人。主要负责全省饲料监管与服务工作。全省9个市（州）农业行政管理部门均设立了饲料工作办公室。

【主要工作】

1. 加大宣传培训，提升行业管理水平 一是组织开展了2期全省《饲料质量安全管理规范》培训班，省、市、县饲料管理部门和各饲料生产企业负责人共150余人参训，为《饲料质量安全管理规范》的顺利实施打牢了基础；二是到铜仁市石阡县参与了“放心农资进农村监管服务到基层”的农资下乡活动，邀请了黔东南新希望农牧科技有限公司、遵义嘉好饲料有限公司、贵州一鸣农业科技有限公司、贵州武陵集团生物科技有限公司等企业参加了本次活动，企业免费发放饲料产品1 000余kg，优惠销售饲料产品4 000余kg，发放各类宣传资料2 000余份。同时，督促各市州饲料管理部门开展各类宣传20余场次，发放宣传资料10 000余份，宣传效果较为明显。

2. 严格企业准入制，推进行业规范化建设 一是依法严格审核。严格要求各市州饲料管理部门按要求进行严格审核许可，确保企业规范化水平进一步提高，按时完成了玉屏温氏畜牧有限公司、贵州兴邦农业科技有限公司、遵义圣宝蛋白饲料有限公司、贵阳白云鼎盛工贸有限公司、贵阳倍隆化工有限公司等5家企业生产许可证、批准文号的核发工作；按时完成贵阳贵联饲料有限公司（法人）、黔东南新希望农牧科技有限公司（法人变更）、黔西南州恒瑞达饲料公司（增加水产料）、贵州创新思维农牧科技有限公司（变更法人及名称）、贵州大龙汇成新材料有限公司（变更法人）等5家企业变更法人、名称或增加生产线等工作。二是全面推进《饲料质量安全管理规范》实施。为全面推进《饲料质量安全管理规范》施行，树立行业标杆，积极引导企业申报部级、省级示范企业，目前已有4家企业通过省级示范验收，3家企业通过部级示范验收。同时，积极引导玉屏温氏饲料厂、特驱希望、正大等企业申报部级、省级示范企业，根据企业要求和工作需要，多次到企业指导示范创建工作。三是严把企业质量关。按照《省农委关于下达2016年全省饲料质量安全监测计划的通知》（黔农发〔2015〕207号）要求，督促各地对照2016年检测任务抓好落实；转发了《农业部办公厅关于2015年度“瘦肉精”免疫速测产品评价结果的通报》《农业部办公厅关于加强饲料添加剂氯化钠监管的通知》等文件，加强饲料生产行业监督管理，确保饲料产品质量安全。

3. 强化监督检查，确保饲料质量安全 一是开展执法检查行动。督促各市（州）对辖区范围内的饲料生产经营企业进行检查，重点查处不符合规定的证号、产品质量标准、产品质量检验合格证和饲料标签，全省各市（州）查处违法生产、经营饲料及饲料添加剂案件2起。二是严厉打击非法添加剂和使用违禁药品的违法行为，严厉查处在饲料生产经营和使用环节非法添加和使用三聚氰胺等有害物质的违法行为，要求在生产环节饲料生产企业对购进的饲料原料和生产的产品要批批检测，确保饲料产品不含三聚氰胺等有害化学物质。三是加强饲料抽样监测。全年饲料检验计划为 750 批次，检测合格率为 94.5%；完成国家抽检任务 356 批，完成率 107.9%。其中：饲料产品质量安全监测计划完成 150 批，实际完成 158 批，完成率 105.3%，合格 147 批，合格率 93.0%；饲料使用环节违禁添加物计划 160 批，实际完成 173 批，完成率 108.1%，合格 173 批，合格率 100%；蛋白饲料中三聚氰胺监测计划 20 批，实际完成 25 批，完成率 125.0%，合格率 100%。

【存在问题】

一是原料供应不稳定。其中玉米、豆粕、鱼粉等大宗原料主要依靠外省购入，购入价格约占饲料成本的 60%以上；鱼粉、氨基酸、药物添加剂、单项维生素主要依靠进口。二是企业投入不足。饲料工业的科技投入不足，行业的整体技术水平同全国有较大差距，大量外省产品涌入贵州，目前贵州省工业饲料产量仅占市场销售量的 50%左右。三是企业布局不合理。饲料工业主要集中在贵阳周边，加工能力相对较强，而在其他市（州）则较少，制约了全省养殖业的协调发展。四是从业人员素质不高。饲料企业职工尤其是生产工人文化水平、技术水平较低，整体素质不高，大专以下学历从业人员占 60%。

（贵州省饲料工作办公室）

云南省饲料工业

【饲料工业发展概况】

2016年，云南省认真贯彻中央一号文件精神，进一步加强对饲料工作的领导，狠抓饲料产品质量安全管理，积极引导饲料工业做大做强，全省饲料工业生产克服了多重困难，实现了“十三五”的良好开局，呈现稳中有升的良好态势，为养殖业和经济社会发展提供了有力支撑。

1. 饲料产销量稳定增长 截至2016年年底，全省有配合饲料、浓缩饲料、精料补充料生产企业206家，添加剂预混合饲料生产企业31家。饲料添加剂生产企业有36家，单一饲料生产企业有22家。2016年全年饲料总产量366万t，同比增长11.4%，其中配合饲料总产量264万t，同比增长9.4%；浓缩饲料总产量96.1万t，同比增长18%；添加剂预混合饲料总产量5.7万t，同比增长3.7%。饲料添加剂总产量185万t，同比增长33.1%。全省饲料工业总产值202亿元，同比增长11.2%。从饲料产品品种来看，猪料和反刍料产量增幅较大，禽料、水产料稳定增长。全年配合饲料中猪料为84.1万t，比2015年增长22.9%；肉禽料为91.8万t，比2015年增长3.1%；蛋禽料为38.6万t，比2015年增长1.1%；水产料为43.9万t，比2015年增长5.8%。饲料添加剂工业实现同步增长，作为云南省资源优势产业的饲料级磷酸氢钙产量达到176.6万t，比2015年增长29.7%。

2. 竞争激烈，大型企业产业化优势明显 2016年，云南省饲料工业竞争更加激烈，优胜劣汰更加明显，一批小规模的落后企业面临被淘汰的局面，而大企业凭借在技术、产品、人才、资金、市场等方面的优势，在原料价格急剧波动和畜产品价格下跌的不利形势下，仍然表现出较快的发展速度，尤其是实行产业化经营的大企业，在竞争中有效地规避了市场风险，稳定地占有市场。2016年云南省排名前20位的饲料企业产量约167万t，占全省总产量的46%左右。

【主要工作】

1. 加强监管，严格执法 在巩固监管成果的基础上，全省各级（畜牧）饲料管理部门逐步形成整治合力，采取专项检查与综合治理相结合、法规宣传与执法检查相结合的工作方式，以饲料企业和畜禽养殖基地为重点，对饲料和饲料添加剂生产、经营、使用环节以及规模养殖户等进行全面检查，严厉打击非法企业、非法产品及违规使用饲料原料及饲料添加剂行为，使制售假冒伪劣饲料和饲料添加剂及非法使用饲料原料的违法行为得到有效遏制。2016年在全省共出动饲料执法检查16 000人（次），检查饲料生产经营企业10 640户、规模养殖场6 570个。

2. 组织抽检，加强监督 为保证饲料和畜产品质量安全，2016年云南省进一步加大力度，狠抓饲料产品质量安全监督抽检，并结合抽检情况，采取抽检与执法联动的方式，加强对不合格企业的查处，严厉打击违法违规行为。以饲料和饲料原料中违禁药物、卫生指标等为重点，在全省组织抽检饲料产品1 486批，产品合格率为95.5%。结合抽检工作，进一步加强对不合格生产、经营和养殖企业的整治力度。

3. 加大宣传，舆论监督 各级畜牧饲料主管部门进一步加大宣传，利用网络、报刊、印发宣传资料等各种形式，加大对饲料法律法规、饲料安全、饲料配制技术等的宣传及培训力度，提高饲料生产者、经营者和使用者的安全意识和守法意识，并动员全社会参与饲料安全监督，震慑不法行为。

4. 实施许可，严格准入，加快推进《饲料质量安全管理规范》进度 为从生产源头加强对饲料产品质量的控制和监督，加快推进《饲料质量安全管理规范》进度，2016 年，云南省仍把生产许可和规范推进有机结合起来，进一步加强对饲料和饲料添加剂生产企业的行政许可工作。对申报饲料、饲料添加剂的企业，严格按照农业部《饲料和饲料添加剂管理条例》要求颁布实施的配套规章的要求，对实行生产许可证管理的饲料添加剂、添加剂预混合饲料、混合型饲料添加剂、配合饲料、浓缩饲料、精料补充料、单一饲料等饲料生产企业生产许可申报材料严格把好准入关，对企业条件进行逐项审核，达不到要求的坚决不予审批，杜绝达不到条件的企业进入饲料行业。在进行生产许可评审时，将《饲料质量安全管理规范》的相关要求纳入其中，积极引导和帮助企业按照《饲料质量安全管理规范》要求建立健全企业质量管理制度、相关控制程序及记录表单，坚持高标准、严要求，牢固树立企业产品质量和安全意识，把提高饲料产品质量和安全工作放在首位。截至 2016 年年底，云南省已有 14 家企业通过了省级饲料质量安全管理规范示范创建验收，7 家企业通过部级验收。通过示范创建，进一步完善了饲料企业从原料采购、检化验、生产加工、出厂销售全过程的饲料产品质量安全控制和可追溯制度，为《饲料质量安全管理规范》的全面实施树立了样板、奠定了基础。

5. 日常监管，机制长效　云南省饲料质量安全监管工作以日常监管长效机制、完善信息制度建设、层层落实责任、注重时效为目标，要求各县（区、市）组织进行，每半年各地饲料管理部门至少对辖区内的饲料生产、经营企业巡查一次，规范填写饲料生产、经营企业日常检查表，由检查单位和被检单位认可签字。2016 年，按照《农业部办公厅关于开展 2016 年饲料行业管理督导检查工作的通知》（农办牧〔2016〕21 号）文件要求，云南省还成立了三个检查组，对各州市饲料管理部门、饲料生产企业、饲料经营门店开展 2016 年饲料行业管理督导检查工作，全面落实《饲料和饲料添加剂管理条例》及其配套规章，了解饲料行业管理工作情况和存在的问题，建立行业管理新机制，强化饲料安全生产工作，增强饲料产品的生产者、经营者、使用者关注饲料质量的责任感，使饲料质量安全意识逐步深入到相关的日常工作中，为建立良好的饲料质量安全环境打下了坚实的基础。

（云南省饲料工作办公室）

陕西省饲料工业

【饲料工业发展概况】

2016年陕西省工业饲料总产量301.2万t，总产值109.3亿元，较2015年的总产量427万t、总产值155.2亿元分别下降了29.5%和29.8%。其中配合饲料212.8万t，比2015年的272.5万t下降21.9%；浓缩饲料77.8万t，比2015年的136.8万t下降43.1%；添加剂预混合饲料10.6万t，比2015年的17.7万t下降40.1%。在饲料总产量中，猪料比重50%，蛋鸡料比重27.9%，肉鸡料比重11.7%，水产料比重2.7%，反刍料比重7.5%，其他料比重0.2%。从饲料类别看，配合饲料比重70.7%，浓缩饲料比重25.8%，添加剂预混合饲料比重3.5%。在主要饲料品种中，猪料150.7万t，比2015年的182.9万t下降17.6%；蛋禽料84.1万t，比2015年的113.2万t下降25.7%；肉禽料35.2万t，比2015年的50.1万t下降29.7%；水产料8.1万t，比2015年的24.9万t下降67.5%；反刍料22.6万t，比2015年的46.7万t下降51.6%；其他料0.5万t，比2015年同期的9.2万t下降94.6%。

2016年饲料企业由单一饲料生产向养殖、加工方向发展，部分养殖企业也加入了饲料行业拓展产业链，石羊、正大、正能等饲料公司进入养殖行业，本香、温氏、杨晨、牧原等养殖公司进入饲料行业。大型规模饲料企业饲料产量增长快，在市场上的产品占有率提高。对40家饲料企业统计监测结果显示：40家企业总产量172.5万t，占全省饲料工业总产量的57.3%，比2015年增加了10.6%。

陕西省饲料监测所执行农业部在陕西省的饲料产品质量安全监测抽样150批次、饲料安全专项监测抽样270批次、牛羊源性成分例行监测抽样180批次，监测合格率均为100%。全省饲料中“瘦肉精”连续十七年未检出。

【主要工作】

1. 部署落实年度工作任务 按照陕西省农村、农业工作会议，春季动物防疫暨畜牧业发展工作会议精神以及中、省农资打假专项治理行动电视电话会议等一系列重要会议精神，为切实抓好落实工作，陕西省饲料工业办公室结合会议精神修改完善印发了《2016年全省饲料工业工作要点》，并于2016年4月6日在西安召开了全省饲料工业工作暨《饲料质量安全管理规范》推进会。会议总结了“十二五”期间以及2015年全省饲料工业发展情况，对“十三五”和2016年重点工作进行了安排部署。陕西省饲料工业办公室（以下简称“省饲料办”）与12个市（区）行业监管部门签订了2016年饲料质量安全监管责任书，与165家饲料生产企业签订了2016年饲料企业质量安全生产责任书。对2015年评选的32个饲料产品质量安全专项整治行动先进单位、51名先进个人、31家全省饲料行业精神文明建设先进单位、38家诚信农企进行了表彰。会上建立了行业诚信联盟，发布了诚信宣誓誓词，印发了《致全省饲料行业的一封信》，组织100家企业开展了诚信宣誓活动。2016年7月6日在西安组织召开了上半年全省饲料行业统计培训暨生产形势分析会，进一步对半年工作进行总结，落实厅、局新的要求，推动重点工作落实。同时，会议对所有与会代表进行了《饲料质量安全管理规范》专题培训。2016年10月17日在西安组织召开了全省饲料工业生产第三季度形势分析暨行业新规培训会，进一步夯实了完成年度各项工作任务的基础。

2. 开展饲料安全专项整治工作 制订下发了《2016年陕西省饲料质量安全专项整治行动实施方案》，部署了饲料原料、违禁添加品、饲料生产企业检化验室、饲料产品标签、饲料产品标准和饲料经营企业六个专项检查任务。各市饲料行业管理部门结合属地实际情况，制订了专项整治工作实施方案。对西安市、县两级执法人员以及辖区饲料企业负责人开展了一次监管执法业务培训。2016 年 3 月，省饲料办结合全省饲料行业“转变作风、树新理念、促进工作”活动的开展，分三个组对省内饲料行业相对集中的西安市、渭南市和杨凌示范区共 15 家企业开展了一次监督检查工作。2016 年 8 月底，省饲料办组织各市区饲料管理部门人员分两个组对西安、渭南、咸阳、宝鸡四市和杨凌示范区开展了全省饲料行业跨市（区）交叉检查工作。

3. 强化饲料行业质量安全监管 在开展专项整治，强化企业日常监管的基础上，根据《饲料和饲料添加剂管理条例》规定，结合年度全省饲料产品质量安全监测工作，起草印发了《关于下达 2016 年全省饲料质量安全监测计划的通知》，召集全省 8 家饲料监测机构，在西安召开了 2016 年全省饲料监测工作座谈会，对饲料质量安全监测工作进行了座谈，并对年度相关工作进行了安排部署，安排符合资质条件的 4 家饲料监测机构开展了 600 批次饲料产品抽检工作。为确保饲料安全生产，年初省饲料办下发了《关于认真做好“双节”期间饲料企业安全生产和质量安全监管工作的通知》，要求全省饲料行业开展一次安全隐患全面排查，并印发了《关于开展 2016 年全省饲料行业“安全生产月”活动的通知》等文件，要求各饲料生产企业进一步明确安全生产责任，细致排查安全隐患，各级饲料管理部门结合饲料质量安全专项整治工作，对辖区内所有饲料生产企业开展拉网式巡查，在全行业形成了齐抓共管、确保安全生产的良好局面，近年来未发生一起安全生产责任事故。

4. 严格执行行业准入标准 深入推进简政放权，省饲料办下发了《关于取消饲料标签审核认可工作的通知》，自 2016 年 4 月 1 日起，全面取消了饲料标签审核认可工作，变事前监管为事后监管。组织进行了陕西省饲料生产许可证专家审核委员会换届座谈会，对专家审核委员会专家进行了换届更新，表决通过成立了主任委员会。依据《饲料和饲料添加剂生产企业许可管理办法》规定，于一季度完成了 2015 年 219 家饲料生产企业的年度备案工作。同时，依据新的饲料生产许可条件，严格对申报生产许可证的企业进行现场审核。2016 年，全省共核发生产许可证 35 个（其中浓缩饲料、配合饲料、单一饲料 6 个，动物源性单一饲料 2 个，添加剂和预混料 27 个），注销 19 家饲料生产企业 20 个生产许可证。截至 2016 年年底，全省共获证 265 个（其中生产企业 122 个，单一饲料 40 个，添加剂和预混料 88 个，动物源性单一饲料 15 个），比 2013 年年底的 520 个证减少 49%。全省配合饲料、浓缩饲料、精料补充料加工企业数量由 257 家减少到 122 家，淘汰率达 53%。认真实施行业技能鉴定培训支撑许可准入，2016 年 7 月组织开展了一期特有工种人员职业技能鉴定，共培训鉴定 89 人。严格标准，依法许可，全年共核发 18 家企业 583 个产品批准文号。

5. 推进《饲料质量安全管理规范》示范企业创建实施 组织全省饲料企业开展农业部《饲料质量安全管理规范》实施，以示范企业创建工作为抓手，制定下发了《关于开展 2016 年〈饲料质量安全管理规范〉示范企业创建工作的通知》，采取措施，全力推动，《饲料质量安全管理规范》示范创建成效突出，陕西石羊农业科技有限公司蒲城猪饲料分公司、陕西华秦农牧科技有限公司和西安禾丰饲料科技有限公司通过农业部现场验收。正能、渭南大北农和宝鸡新希望三家企业通过部级《饲料质量安全管理规范》示范企业省级初审，上报农业部申请验收。2016 年，省级《饲料质量安全管理规范》示范企业验收合格 3 家。特别是西安市饲料工业办公室创新形式，采取以奖补资金带促的形式，全年共支出 39 万元奖励资金，推进《饲料质量安全管理规范》示范创建，在全省乃至全国创出经验。

6. 改革行业统计工作机制 创新改革，采取有力措施，建立以饲料企业直报为核心、市级汇总为基础、省级复核监督保结果、据实统计全省饲料工业信息的新机制。2016 年 5 月 16 日，在西安召开了全省饲料行业统计工作座谈培训会，全面分析了目前陕西省饲料工业统计工作中报表报送不及时、技术保障不健全等 9 个突出问题，明确了统计工作报表情况与企业年度备案相结合、与各市区各项考评选优相结合的新举措。同时，省饲料办制定下发了《关于进一步加强全省饲料工业统计工作的通知》，要求在今后统计工作中采取企业填报、市级饲料管理部门汇总核查、省级复核的办法，确保行业统计工作的时效性和准确性，基本实现了全省饲料统计信息饲料企业直报全覆盖。

7. 做好行业精神文明建设工作 制订下发了《全省饲料行业开展“诚信农企”创建活动实施方案》，组织 100 家饲料生产企业开展“诚信农企”创建活动，下发了《全省饲料行业精神文明建设工作实施方案》，对行业精神文明建设工作进行了安排部署，确定了 30 家行业文明示范企业。2016 年 9 月 27～28 日，由省饲料工业办公室主办、西安市饲料工业办公室协办、西安禾丰饲料科技有限公司承办的全省饲料行业（禾丰杯）男子篮球比赛在临潼区体育馆成功举办，共计 11 个代表队、132 名运动员参加了比赛。各项精神文明建设活动的开展，树立了行业新形象，凝聚了人心，营造了健康和谐的行业发展氛围，加强了省市饲料行业管理部门和饲料企业间的相互了解、相互交流、相互学习、相互促进，对全面提升全省饲料行业精神文明创建水平起到了积极的推动作用。

（陕西省饲料工业办公室）

甘肃省饲料工业

【饲料工业发展概况】

1. 饲料企业发展良好 2016年全省有各类饲料生产企业93家，比2015年增加8家。其中配合饲料、浓缩饲料、精料补充料生产企业62家，添加剂预混合饲料企业16家，饲料添加剂企业4家，单一饲料生产企业11家。企业从业人数4 300余人，其中博士生8人，硕士生30人，大专以上学历1 000余人。

2. 饲料产量保持平稳 2016年饲料总产量92.7万t，比2015年增长6.2%。其中配合饲料68.4万t，比2015年同期增长2.7%；浓缩饲料23.1万t，比2015年同期增长17.2%；添加剂预混合饲料1万t，同比增长11.1%；总产值37亿元，比2015年同期增长8.8%。

3. 产品质量进一步提高 当前饲料质量安全监测合格率94%，在反刍动物饲料中，牛羊源性成分例行监测合格率100%；瘦肉精、三聚氰胺等违禁药物专项监测合格率100%，养殖环节“瘦肉精”专项监测合格率100%。

4. 生产能力不断加大 按照饲料生产企业生产条件的规定，甘肃省企业全部进行了生产厂区和设备改造。2016年有配合饲料、浓缩饲料和精料补充料企业62家，其中25家拥有畜禽和反刍饲料两条生产线，每条生产线能力达10t/h以上，生产设备全部为电脑控制、自动配料的成套设备。目前生产能力达到430万t，比2014年增加100万t。

5. 企业管理更加规范 2016年，《饲料质量安全管理规范》已全面实施，甘肃省饲料生产企业按照规范要求，从原料采购与管理、生产过程控制、产品质量控制、产品贮存与运输、产品投诉与召回等方面制定了完善的管理制度、操作规范和各生产全过程记录，并在生产过程中组织实施。

【主要工作】

1. 加强宣传培训 一是完善了饲料生产企业负责人12 316短信息平台，每月在甘肃农业信息网上发布饲料简报4篇，及时宣传发布饲料行业各类信息。二是在白银市举办了全省饲料行政执法培训班，特邀农业部专家讲解饲料发展形势和法律法规知识，培训市（州）、县（区）饲料行政执法工作人员和饲料企业负责人200余人。三是组织省兽药饲料监察所、有关市（州）饲料管理人员和准备实施国家级或省级《饲料质量安全管理规范》示范企业具体从事该项工作的人员共计20人参加了农业部饲料质量安全管理规范培训班。四是在甘肃农业大学饲料职业技能考评基地举办了饲料检验化验员培训班，对148名饲料检验化验员进行了理论和技能操作培训，鉴定合格率为100%。

2. 规范行政许可 一是制定了饲料添加剂和添加剂预混合饲料产品批准文号核发程序，规定了核发产品批准文号的送样要求、申报材料要求、主要检测指标、检测机构的确定及工作程序等，规范了饲料添加剂和添加剂预混合饲料产品标签和说明书内容。二是对所有发证企业进行网上公示，经公示无疑议的，予以核发“饲料生产许可证”，并对发证情况进行网上公告。目前完成市（州）上报的15家饲料生产企业的许可审核工作，审核率达到100%。其中核发饲料生产许可证7家，饲料添加剂生产许可证2家，换发增加生产线许可证6家。三是按照文号核发程序要求，对企业申报材料、产品检测项目和产品标签进行严格审查，核发7家企业饲料添加剂和添加预混合饲料批准文号58个，并附产品标签样本，进一步规范了标签内容，也利于执法检查。

3. 强化日常监管 一是开展了2016年饲料生产企“双随机”抽查工作。制订了“双随机”抽查工作方案，随机抽取了12名执法人员和25家饲料生产企业，于2016年7月26～31日进行了监督抽查，并对抽查工作情况进行了通报，要求各地对未开展“双随机”抽查的企业进行检查。通报中对辖区企业不合格项目，提出整改意见，限期督促整改，对涉嫌违法的企业要依法立案查处。二是开展饲料生产企业日常监督检查。结合饲料企业现场审核，对全省已取得“饲料生产许可证”的企业进行了摸底检查，现场指出其存在的问题和隐患，要求企业限期整改。三是开展了2016年全国饲料质量安全监测、省级配套质量安全监测及“双随机”抽查不合格企业的查处工作。对甘肃省的43家生产、经营企业的43个不合格饲料产品和24家“双随机”抽查中的不合格项依法进行严肃查处。四是推行饲料生产企业安全生产承诺制。制定了《甘肃省饲料生产企业安全生产承诺书》，选择饲料生产企业代表在全省饲料执法培训班上做出承诺，要求全省所有饲料生产企业签订承诺书，签定率要达到100%。五是开展饲料生产企业年度备案工作。2015年12月31日前已取得生产许可证（“饲料添加剂生产许可证”“饲料生产许可证”）的企业共计85家，全部上报了“饲料和饲料添加剂生产许可证年度备案表”，上报率100%。六是加强饲料添加剂氯化钠监管。及时转发了农业部办公厅《关于加强饲料添加剂氯化钠监管的通知》（农办牧〔2016〕31号），积极配合盐业体制改革工作，加强了饲料添加剂氯化钠经营和使用监管，严防饲料添加剂氯化钠流入食盐市场。

4. 开展监督监测 一是制订下发了《甘肃省2016年饲料质量安全监测及监督检查实施方案》，上半年完成农业部监测任务392批，其中饲料质量安全样品104批，合格98批，合格率为94%；牛羊源性成分例行监测107批，违禁药物监测任务181批，合格率均为100%。二是制订下发了《2016年养殖环节“瘦肉精”专项监测计划》，完成农业部抽检养殖场（户）“瘦肉精”专项监测任务498个，合格率100%。三是在抽样过程中紧密结合现场，对抽检中的不合格产品现场查封，对企业的安全隐患督促整改。全省查处饲料生产、经营企业43家，不合格饲料产品43批。

5. 规范经营使用 一是制订了《2016年甘肃省饲料经营使用专项整治行动实施方案》，明确了指导思想、工作目标和总体要求，建立了黑名单制度，确定重点监管对象，完善饲料监管工作机制和企业诚信、自律机制。二是积极推行饲料质量安全告知承诺制度，要求饲料经营企业和规模养殖场签订承诺书，签定率达到100%。三是各地积极开展饲料经营使用专项整治。白银市在专项整治中，检查饲料经营企业93家、饲料生产企业11家、规模养殖场（户）268家，关停取缔饲料加工点5处；平凉市检查饲料生产企业5家、饲料经营门店108家、养殖场757家，发放《饲料质量安全告知书》870份，签订《饲料质量安全承诺书》113份、《饲料使用安全承诺书》757份；天水市检查饲料经营门店148户，下发整改通知单25份，并对整改情况进行了跟踪督促。

6. 统计工作扎实 甘肃省对统计工作高度重视，将饲料工业统计作为一项重要的工作来抓。省上安排专人负责统计报表的汇总、审核及上报工作，并层层分解任务，把信息统计工作深入到市（州）、县两级。各市、县饲料管理部门确定信息统计员，专门负责统计工作，直接接触企业。每个统计人员都必须树立“诚信统计”理念，对每一个可疑数据决不放过，严把各类报表质量关，采取各种积极措施，保质保量完成了饲料基层报表、季度报表和年度报表，并结合饲料生产和养殖形势，做出可靠的分析报告，发放到饲料厂和养殖户手中，为饲料和养殖生产进行政策指导，提供决策服务。

（甘肃省饲料工业办公室）

青海省饲料工业

【饲料工业发展概况】

2016年，青海省采取项目补贴和饲料企业自筹的方式，年内扩建或新建年加工能力2.5万t以上的饲料和饲料添加剂企业2家，随着新修订的《饲料和饲料添加剂管理条例》的颁布，要求饲料行业提高准入门槛，饲料行业因此正在进行着市场结构和产品结构的转型。全省有饲料获证生产企业15家，年单班加工能力达到65万t。全省年实际生产各类饲料和饲料添加剂122.4万t，工业商品饲料和饲料添加剂12.4万t，自配料110万t。其中配合饲料类11.2万t，单一饲料（菜子饼）0.2万t，饲料添加剂1.04万t，工业产值近30 826万元。

【组织机构】

青海省饲料工作办公室隶属青海省农牧厅，与厅草原处合署办公，草原处处长兼任饲料办主任。

【主要工作】

1. 开展饲料法规宣传培训工作 举办全省“养殖场环节‘瘦肉精’现场筛查技术培训班和饲料质量安全管理规范暨饲料质量安全监管培训会”，累计培训6州（市）20县（市、区）饲料主管部门、专家审核委员会及获证企业210余人，重点讲解和宣贯饲料法律法规和规范性文件，并现场培训“瘦肉精”监测样品采集方法及操作技术要点，确保落实属地监管责任、强化许可现场审核条件、明确主体责任及“瘦肉精”整治工作有序开展。

2. 重视备案工作，提高饲料监管水平 在各级农牧（饲料）管理部门的配合下，完成了13家饲料生产企业年度审查备案工作，备案合格率为92%，通过备案工作，进一步加强了饲料企业的监管力度，规范了企业的生产经营行为。

3. 加大“瘦肉精”专项整治力度，确保饲料产品质量安全 按照农业部的安排布置，青海省加强了“瘦肉精”的整治工作，及时举办了6州（市）20个县“瘦肉精”专项整治及样品采集培训班，安排落实“瘦肉精”监管经费6.6万元，共抽样检测400个生猪、牛羊养殖场（户）尿液样品802批次。其中抽检生猪养殖场（户）40个、80批次，61个肉牛养殖场（户）、122批次样品，300个肉羊养殖场（户）、600批次，监测结果均为阴性，合格率为100%。同时组织各级农牧（饲料）管理部门开展“瘦肉精”整治行动。截至2016年12月底，全省共出动“瘦肉精”专项整治执法人员1 200人次，执法车辆70车次，检查饲料生产经营企业（户）186余家，现场指导培训54场次，培训人员2 000人次，发放宣传材料14 000余份。通过开展整治工作，青海省饲料生产、经营和养殖场（户）进一步提高了遵纪守法的意识，自觉遵守饲料添加剂和饲料药物添加剂使用规范。

4. 强化饲料质量监测，保证饲料质量安全 根据农业部《关于印发2016年全国饲料质量安全监测计划》等3项监测计划的通知，及时制定下发了《青海省2016年度饲料产品质量安全监测工作通知》。全年共完成对西宁市及辖县、海南州等6个州（市）15个县（区）240家饲料生产企业、经营企业、饲料加工点和养殖企业（户）的483批次饲料产品抽样检测任务。其中，饲料产品质量安全监测计划160批次，合格159批次，产品合格率为99.3%；饲料中违禁添加物专项监测计划180批次，产品合格率为100%；饲料中三聚氰胺专项监测计划23批次，产品合格率为100%；反刍动物饲料产品和动物源性饲料产品抽样120批次，产品合格率为100%，与上年同期保持一致。完成饲料委托性检验199批次。

5. 依法履行饲料生产行政许可职责，严格实行饲料生产许可制度 截至目前，完成全省2家饲料生产企业预混合饲料添加剂现场审核工作，注销2家饲料生产企业预混合生产许可证和批准文号，并及时发布公告。

6. 组织开展饲料行业职业技能鉴定工作 2016年7月协调相关部门开展青海省饲料行业职业技能鉴定培训班，并对具备条件的饲料检验化验、饲料厂加工设备维修工和中控工从业人员进行技能鉴定培训工作，共培训31人次。

7. 强化饲料企业监管，及时开展饲料执法工作 根据农业部办公厅《关于下达2016年饲料质量安全监测计划的通知》精神和省农牧厅具体安排，查处饲料产品质量监测不合格的饲料生产企业和责任人，对青海省2016年下半年和2016年上半年全省饲料产品质量抽检情况进行了通报，各市、州农牧部门按照通报要求，依照规定及时进行了查处。同时，现场检查获证饲料企业8家，发出整改通知8家，并督促企业在规定时间内完成整改工作。下达饲料质量安全监管工作经费30万元。

【存在问题】

1. 基层监管体系不健全，饲料行业从业人员水平普遍较低 一是市（州）、县（区）监管体系不健全，监管力量较为薄弱。从业人员大多数都为兼职，人员流动较快导致专业人员缺乏，致使基层监管力量薄弱，监管难度很大。二是检测体系薄弱。全省质检机构只有省级1家，人员较少，检测任务繁重，导致产生饲料检测与饲料工业发展要求和落实监管、许可不相称的问题。三是基层监管经费不足，经营和使用环节监管乏力。

2. 经营和养殖环节监管薄弱 生产企业有生产许可证和《饲料质量安全管理规范》来约束，但经营企业和养殖环节因受法规权限等因素的影响，加之青海省区域广，基层人员缺少，故对经营和养殖环节监管难度较大，无法实施有效监管。

3. 宣传工作还需加强 在监督和抽样监测工作中发现，各级农牧饲料主管部门和养殖场（户）从业人员对饲料法律法规及违禁添加物的认识不足，部分饲料从业人员思想认识淡薄，监督和抽样监测中工作难度较大，需加大宣传和培训力度。

（青海省饲料工作办公室）

宁夏回族自治区饲料工业

【饲料工业发展概况】

全区现有饲料生产企业 29 家，全年生产各类饲料 28.2 万 t。其中，配合饲料 22.2 万 t，浓缩饲料 4.7 万 t、添加剂预混合饲料 1.3 万 t，单一饲料 2.7 万 t，饲料添加剂 44.7 万 t，全区生产的赖氨酸、苏氨酸、蛋氨酸等添加剂产品畅销国内外。全区饲料企业职工 8 613 人，固定资产 95.2 亿元，企业销售收入 51.5 亿元。产品质量安全监测合格率达到 99.6%，饲料产业继续保持稳定向好的发展态势，为畜牧水产养殖业健康发展提供了坚实的物质保障。

【组织机构】

宁夏回族自治区饲料工业办公室是参照公务员法管理的公益一类全额预算事业单位，核定编制 5 名，核定主任 1 名（正处级）、副主任 1 名（副处级）。其主要职责包括：贯彻实施国家自治区有关饲料和饲料添加剂管理法律、法规、规章；组织拟订实施饲料产业发展政策、规划，指导全区饲料产业布局和结构调整；依法开展饲料及饲料添加剂生产企业设立登记和审核工作；负责饲料产品监测和饲料产品质量安全管理工作；负责组织饲料资源的保护及合理开发利用工作；完成农牧厅委派的其他工作。

【存在问题】

缺乏切实有效的抗生素替代技术方案，企业采用新技术新装备实现持续发展的能力不强；规模化标准化养殖水平不高，饲料产品销售环节多费用高；基层监督执法体制机制不健全，日常监管没有全面落实到位；养殖环节饲料安全使用标准规范还有“空白”，自配料监管还有“死角”。

（宁夏回族自治区饲料工业办公室）

新疆维吾尔自治区饲料工业

【饲料工业发展概况】

1. 饲料企业情况 截至2016年年末，全区共有在有效期内的饲料、饲料添加剂生产许可证235份，饲料生产企业221家。其中，饲料添加剂12家，添加剂预混合饲料生产企业17家（14家重复取证），配合饲料、浓缩饲料、精料补充料生产企业75家，单一饲料生产企业138家。

2. 饲料生产情况 2016年，全区饲料总产量190.8万t，同比增长10.9%。其中，配合饲料172.6万t，同比增长11.9%；浓缩饲料14.3万t，同比增长5.14%；添加剂预混料3.9万t，同比减少6.1%。各类饲料中，配合饲料占饲料总量的90.5%，浓缩饲料占7.5%，添加剂预混合饲料占2.0%。饲料添加剂总产量35.5万t，2016年饲料工业总产值81.5亿元。

（1）从产品结构看。配合饲料：猪料占16.8%，蛋禽料占27.4%，肉禽料占23.9%，水产料占7.3%，反刍料占24.4%，其他料占0.3%。浓缩饲料：猪料占50.5%，蛋禽料占25.6%，肉禽料占10.8%，水产料占比例0.04%，反刍料占12.9%，其他料占0.2%。添加剂预混合饲料：猪料占34.9%，蛋禽料占14.2%，肉禽料占5.4%，水产料占2.8%，反刍料占35.4%，其他料占7.2%。

（2）从畜禽品种看。猪料：2016年猪饲料产量37.5万t，比2015年增长19.3%。其中猪配合饲料、浓缩饲料都有增长，且配合饲料增长幅度达24.2%。添加剂预混合饲料产品有所减少，同期相比下降9.2%。蛋禽料：2016年蛋禽饲料产量51.6万t，同比增长2.3%。其中配合饲料47.4万t，同比增长3.8%；浓缩饲料3.7万t，同比减少10.1%；添加剂预混合饲料0.6万t，同比下降22.6%。肉禽料：2016年肉禽饲料产量42.9万t，同比增长17.5%。其中，肉禽配合饲料41.16万t，同比增长17.4%；浓缩饲料1.5万t，同比增长24.4%；添加剂预混合饲料0.2万t，同比下降7.13%。水产料：2016年水产料产量12.7万t，同比下降7.1%。其中配合饲料12.6万t，同比下降6.8%；浓缩饲料56.5t，同比下降49.7%；添加剂预混合饲料0.11万t，同比下降33.5%。反刍料：2016年反刍动物饲料产量45.3万t，同比增长18.8%。其中反刍动物精料补充料42.1万t，同比增长19.6%；浓缩饲料1.9万t，同比增长16.6%；添加剂预混合饲料1.4万t，同比增长0.5%。

【组织机构】

2014年3月，根据新疆维吾尔自治区分类推进事业单位改革工作领导小组办公室《关于印发〈新疆维吾尔自治区畜牧厅所属事业单位分类改革方案〉的通知》（新事改办〔2014〕19号）精神，撤销“自治区饲料工业领导小组办公室（自治区饲料行业管理办公室）”，职能归畜牧厅。

新疆各地州（市）饲料管理职能归畜牧兽医局。具体饲料监管工作由地州（市）畜牧兽医局或兽医局委托动物卫生监督所、兽药饲料监察所等机构承担。

新疆维吾尔自治区兽药饲料监察所（加挂新疆饲料质量监督监测站）为国家级监测机构，承担全区饲料质量的监督监测工作；石河子市、阿克苏地区、喀什地区3个地州设有自治区级饲料监（检）测站（所）。全区3所农业院校（新疆农业大学、石河子大学、塔里木大学）均设有动物营养及饲料专业；新疆畜牧科学院设有饲料研究所。

【主要工作】

1. 深入开展饲料行业法律法规宣贯工作 2016年根据农业部饲料工作要点，结合新疆维吾尔自治区实际，先后组织地州（市）饲料管理机构、企业相关负责人等 30 多人次前往兰州、厦门、江西等地参加农业部、中国饲料工业协会组织的饲料法规培训班；协助阿克苏、巴州、昌吉州等地州举办了饲料管理人员及生产企业负责人饲料法规培训班。全年共举办各类培训班 18 期，培训人员 2 000 多人次。

2. 积极开展饲料质量安全监测和专项监测工作

2016 年完成饲料监测任务 5 151 批次。一是对饲料生产、经营企业进行监督抽查，共抽取饲料质量安全监测样品 575 批次（农业部任务 250 批次），合格率为 100%。二是对养殖场（户）进行违禁药物的专项监督抽查，共完成饲料中违禁添加物专项监测样品 760 批次（农业部任务 260 批次，蛋白饲料中三聚氰胺监测任务 50 批次），合格率为 100%，各环节均未检出以上违禁药物。三是抽取反刍动物饲料中牛羊源性成分例行监测任务 459 批次（农业部任务 220 批次），反刍动物饲料产品品种包括：精料补充料、养殖户自配饲料、复合预混料等，总体合格率 100%。四是完成报批复核检验样品 19 批次、免税检验 71 批次、其他委托检验 592 批次。五是对全疆饲料生产企业、经营企业、养殖环节等环节完成三聚氰胺专项监测样品 459 批次、盐酸克伦特罗专项监测样品 459 批次、莱克多巴胺专项监测样品 459 批次，合格率 100%。六是完成生猪、肉牛（羊）尿液 1 298 头（批），涉及养殖场（户）893 家，监测项目为盐酸克仑特罗、莱克多巴胺、沙丁胺醇，监测结果全部合格。

3. 审查备案工作 按照“一证一备”的要求，对企业备案材料认真审查、核实、确认，共审查备案 196 份饲料生产许可证。

4. 严格标准，规范饲料生产企业许可 根据《饲料和饲料添加剂管理条例》及相关规章和规范性文件的要求，结合农业部提出的“提高门槛、减少数量，转变方式、增加效益，加强监管、保证安全”的总目标，不断规范审核程序，严格审核标准，审核工作落实责任制，一级向一级负责，有效地把住了饲料行业入行门槛。2016 年共审查企业上报材料 58 份，实际审核发放饲料生产许可证 16 份，对 6 家企业核发产品批准文号 110 个，备案 76 家企业 125 个产品企业标准。

5. 强化监督检查，规范饲料企业管理 饲料产品质量安全直接影响到畜牧业的发展，甚至影响到社会的稳定，多年来，有关部门始终把饲料产品质量安全作为头等大事来抓，对饲料产品质量安全实行“零容忍”，把日常监督检查作为把控饲料产品质量的重点手段。2016 年自治区畜牧厅组织检查组对巴州、伊犁、博州、喀什、阿克苏 5 个地州的 45 家饲料生产企业进行了监督检查，对不太放心企业抽取饲料产品样品 13 份，经检测，全部合格。2016 年全区共出动执法人员 1 000 多人次，检查饲料生产企业 350 多家（次），检查饲料经营门店 620 多家（次），2016 年，新疆维吾尔自治区没有发生大的区域性饲料案件。

6. 推进《饲料质量安全管理规范》实施，提高饲料生产企业管理水平 针对个别企业对规范实施的模糊认识，自治区饲料管理部门积极引导，加强宣传，强化培训，有效地提高了企业对规范实施的认识。2016 年新疆泰昆集团昌吉饲料有限责任公司被农业部命名为“示范企业”。 2016 年经企业自愿申报，自治区筛选“新疆大北农牧业科技有限责任公司”“新疆北泉天康饲料科技有限公司”两家企业作为示范创建对象，先后两次邀请农业部、北京华思联认证中心的专家老师对新疆维吾尔自治区规范创建工作进行现场指导，目前，两家企业已正式上报农业部验收。

7. 加强秸秆养畜项目管理 按照农业部《2016 年农业建设项目监督管理工作方案》的要求，会同自治区农业综合开发办、畜牧总站、驻厅纪检监察室及地州畜牧兽医局、财政局、农发办等部门对新疆维吾尔自治区 2014—2015 年度 8 个承担秸秆养畜示范项目的项目县进行了抽查验收这 8 个县是新疆禾润畜牧股份有限公司、新疆巴州尉犁县、新疆阿克苏沙雅县、新疆石河子市、新疆阿勒泰福海县、新疆伊犁哈萨克自治州特克斯县、新疆伊犁哈萨克自治州伊宁县和新疆阿克苏温宿县）。

8. 上报工作 完成了全区 2015 年度饲料工业统计综合上报及 2016 年度各季饲料统计上报工作。

【存在问题】

饲料管理机构不健全，执法人员力量弱，缺乏专业的执法队伍。饲料质量安全监测体系建设不够完善，与饲料产品质量安全要求有差距。饲料生产企业、经营者、养殖（场）户等人员饲料法规意识弱，专业知识不强。《饲料质量安全管理规范》推进慢，企业创建示范积极性不高。

（新疆饲料行业管理办公室）

大连市饲料工业

【饲料工业发展概况】

2016年，大连市以饲料产品质量安全和饲料生产安全为重点，继续深入贯彻实施《饲料和饲料添加剂管理条例》，依据《饲料和饲料添加剂生产许可管理办法》《饲料质量安全管理规范》，按照“提高门槛、减少数量，转变方式、增加效益，加强监管、保证安全”的要求，严把饲料行业行政许可准入关，全面加强饲料产品质量和生产安全监管。在全行业人员的共同努力下，行业秩序更加规范，产品质量进一步提高。

2016年，通过政策引导、产业结构调整，新增饲料企业4家。全市共有饲料生产企业122家，其中饲料添加剂生产企业10家，添加剂预混合饲料生产企业10家，单一饲料生产企业41家，浓缩饲料、配合饲料和精料补充料生产企业61家。各类饲料产品产量345.3万t，其中配合饲料140.4万t，浓缩饲料13.0万t，添加剂预混合饲料1.2万t，饲料添加剂0.5万t，鱼粉等单一动物源性饲料10.0万t，豆180.3万t。累计饲料工业产值103.3亿元。

【组织机构】

大连市政府对饲料工业发展十分重视，设立了大连市饲料工作办公室，主管全市的饲料工业工作，8个涉农区市县也设立了相应的饲料工作办公室。大连市兽药饲料监察所，编制35人，其中，中、高级以上专业技术人员18人，配有大型检测仪器设备194台套，其检测资质通过省级资质认定，分别承担着部、省、市三级饲料质量检测任务。大连市饲料工业协会为独立的法人社团组织，是联系政府与企业的桥梁与纽带，对饲料行业发展起到了应有的作用。全市企业职工总数1 935人，其中博士14人、硕士39人、大学学历259人、大专学历339人，分别从事着企业管理、产品开发、产品生产、产品检验、产品销售及售后技术指导等工作，在饲料行业发展、产品质量提高等方面发挥了重要作用。

【主要工作】

1. 加强饲料生产企业安全监管 按照“管行业必须管安全，管业务必须管安全，管生产经营必须管安全”的要求，下发了《关于印发大连市饲料生产企业安全生产监管工作方案的通知》，制订了《大连市兽药饲料生产企业安全生产百日整治活动实施方案》，在全市范围内组织开展了安全生产百日整治活动，共检查饲料生产企业236家次，覆盖率达100%。按照上级有关部门要求，组织开展了饲料生产企业安全生产统计摸底调查、安全生产大检查行动，期间，与118家饲料生产企业签订了《安全生产承诺书》，对企业安全生产管理制度进行了核实，重点对生产现场粉尘防爆、生产设备以及消防等安全生产隐患排查。制订并下发了《大连市饲料生产企业安全管理体系建设实施方案》，积极组织开展安全管理体系建设，据统计，已有大连盐化集团等9家饲料生产企业完成了安全生产标准化达标工作。

2. 推进饲料质量安全管理规范实施 通过组织企业进行集中培训、专家指导、外出参观、示范引导等方式，推进饲料生产企业饲料质量安全管理规范实施。全市有68家饲料企业严格按照《饲料质量安全管理规范》要求，建立并完善了各项管理制度、记录表单以及设备、工艺等档案。

3. 加强饲料产品监测 为掌握全市饲料产品质量安全状况，提高风险预警应对能力，组织区市县主管部门、市兽药饲料监察所，按照《2016年大连市饲料产品质量安全监测方案》要求，在全市范围内组织开展了生产、经营和使用环节饲料产品质量监测工作，全年共监测饲料产品500批次，合格率为96.4%。同时，完成了农业部、省畜牧兽医局下达的饲料产品质量监测任务。

4. 加强执法监管 一是专项整治与日常监管相结合，组织各区市县饲料办按照属地化管理原则，对全市饲料生产、经营企业进行了全面检查，重点加大对三聚氰胺、瘦肉精等违禁物质及饲料原料的清理检查力度，坚决取缔无产品质量标准、无产品批准文号、无产品标签的“三无”饲料生产企业，依法坚决取缔无生产许可证行为。

二是以监督监测为依据，强化风险预警，落实“检打联动”工作机制，加强饲料产品质量安全监管。全年对抽检的18批次不合格饲料产品，下发了查处督办单，做到了检测不合格样品发现一起查处一起，对违法违规者予以打击，产生了较强的震慑力。

三是按照省局的统一部署，完成了饲料生产企业年度登记备案工作，全市共有117家企业通过年度备案，对5家未达标企业，不予备案，建议吊销生产许可证。

5. 积极发挥行业协会作用 市饲料工业协会组织全市饲料生产企业认真学习《饲料和饲料添加剂管理条例》等法规规章，加强政策宣传，通过服务、引导、行业自律，提高了企业依法生产经营意识，规范了生产经营行为，杜绝生产企业在饲料中非法添加违禁物质。

动态掌握会员单位产品质量安全情况，举办了全市饲料生产企业法人和技术质量负责人培训班，完善了饲料生产企业管理制度和表单记录，全面贯彻《饲料和饲料添加剂安全使用规范》，积极开展《饲料标签》宣贯、产品质量标准自查工作，积极组织企业参加职业技能培训，企业普遍达到了特有工种持证上岗的要求。

【存在问题】

1. 缺乏有效监管手段、管理不到位 由于基层受编制所限，监管执法人员不足，监管人员业务能力不高，加之企业自律意识不强，至使行业管理难以到位，产品质量难以保证。

2. 产业素质较低、技术落后 由于大连市饲料生产以肉鸡产业化一条龙和鱼粉、鸡油等单一动物源性饲料为主，虽然产业资源得到了有效配置、饲料原料资源得到了开发利用，但大型企业较少，小微型企业偏多，相当一部分饲料生产企业职工，尤其生产工人的文化水平及技术水平低，整体素质差，人员不足，资金缺乏，设备、工艺、配方一成不变，没有自己的品牌，产品市场占有率低，经济效益低下。

3. 外部影响因素加大、盈利水平下滑 畜产品价格受国际国内各种因素影响而频繁波动，导致养殖业生产不确定性加剧，同时，能源、运输、劳动力等价格大幅上升，行业整体盈利水平下滑。

（大连市饲料工作办公室）

青岛市饲料工业

【饲料工业发展概况】

2016年，青岛市饲料工业克服畜牧养殖业下滑、饲料市场疲软等困难，保持了较稳定的态势，饲料生产企业优胜劣汰局面更加明显，规模化企业继续增加，规模化较小、竞争力较弱的企业逐步退出市场，饲料总产量呈下降趋势。截至2016年12月31日，全市共有饲料生产企业130家，比2015年同期增加4家，全年新建饲料生产企业10家，注销生产资质6家。全年饲料类产品总产量244.8万t，同比增长6.35%，总产值达85.9亿元；单一饲料原料类产品达230万t。从业人数近5 000人。

【组织机构】

1. 饲料产量趋稳回升 2016年，全市饲料生产企业数量与产量同步增长，饲料类总产量较2015年增长近15万t，同比增长6.35%。

2. 产业规模化程度不断提高 2016年，受市场规律的调节，一批小型企业自动退出市场，较大规模企业及非传统、高附加值高端特色饲料产品企业设立，先后有青岛华理琅新技术产业股份有限公司、青岛科源海洋生物有限公司、东海药业有限公司、青岛贝宝海洋科技有限公司等研发能力强、产品特点突出、起点高企业相继设立；青岛兴业生物工程有限公司、青岛安普动物营养制造有限公司等6家企业予以注销生产资质，退出了市场。

3. 产品质量趋于稳定 2016年，青岛市按照问题导向科学制订抽检方案，有针对性地增加了往年问题产品较多的重点企业和经信息化监管发现问题企业的抽检频次，全年监督抽检326批次，飞行抽检80批次，合格率均为97.29%，虽然合格率较2015年降低了1.2个百分点，但反映问题更加客观、更加真实。

4. 安全生产意识增强 2016年，在全市范围内开展饲料行业安全生产培训，提高了从业人员的生产安全意识。根据“管行业要安全，管业务要管安全，管生产经营要管安全”的总要求，全市各级饲料管理部门多次进行安全生产隐患排查，强化了从业人员的安全生产意识，通过消防验收的企业逐年增加。

5. 理顺监管与许可关系 2016年，按照省政府有关部门的文件要求，取消了市级行政管理部门对饲料生产行政许可的初审，减少了审查的程序，提高了行政许可的效率，明确了监管、执法、检测各部门的职责边界。

【主要工作】

2016年，全市饲料行业管理工作以行政许可、专项整治和案件查办为抓手，狠抓“四项”制度的落实；按照“管行业要安全，管业务要管安全，管生产经营要管安全”的总要求，严格安全生产资质审查，强化属地化监管责任，加强源头治理和市场秩序整治，监管工作扎实有效，饲料产品质量稳步提升，市场秩序得到规范和净化。

1. 持续开展饲料监管专项整治行动 2016年，青岛市相继开展了饲料标签专项整治、饲料原料专项整治、动物源性饲料专项整治、饲料生产企业原料使用专项整治及蚕用饲料专项监管等活动，进一步规范了青岛市饲料生产、经营、使用环节秩序。

2. 组织开展“检打”联动 全年市级饲料产品监督抽检406批次，不合格11批次，对不合格产品全部及相关企业合进行了查处。

3. 严格落实案件线索移交制度 按制度移交兽药饲料违法行为案件线索33件，有效规范和净化了兽药饲料市场秩序。

4. 落实企业信息公示制度 为提高全市饲料质量安全监管水平，促进企业建立完善诚信体系，对全市 130 家饲料生产企业全部建立了信息档案，做到了“一企一档”。

5. 切实抓好行业安全生产 按照“管行业必须管安全，管业务必须管安全”的要求，以及属地化管理的原则，定期对 130 家饲料生产企业开展了安全隐患大检查和专项整治，同时邀请第三方安全机构对部分重点企业进行安全生产评估，发现问题及时整改，保证了饲料企业生产安全。对仍未整改到位和未通过消防验收的及时函告安监、消防等部门。监管部门与生产、经营企业、养殖场（户）逐个签订责任书、承诺书，签订率达 100%。企业自律意识不断提高，饲料生产、经营和养殖环节能够合法生产、守法经营、规范使用。

6. 强化饲料行业遵纪守法意识 全市各级畜牧兽医局主管部门通过举办培训班、张贴公告、发放明白纸等媒介宣传、咨询活动，强化对饲料生产、经营和养殖环节的指导，使生产企业、经销商、养殖户都能了解、熟悉、掌握饲料行业有关政策和法律法规。监管部门与生产、经营企业、养殖场（户）逐个签订责任书、承诺书，签订率达 100%。企业自律意识不断提高，饲料生产、经营和养殖环节能够合法生产、守法经营、规范使用。

【存在问题】

1. 质量安全形势更加复杂 存在个别饲料生产企业非法添加使用药物现象，超范围生产行为仍然存在；制假售假和无证生产等违法行为没有完全根治。

2. 安全生产风险依然存在 部分企业建厂时间久，厂房简陋，设施简单，线路老化，消防设施、压力容器不符合要求现象不同程度存在；近二分之一的企业厂房等设施没有通过公安消防机关消防验收或备案抽查，安全隐患不同程度存在。

（青岛市饲料工作办公室）

宁波市饲料工业

【饲料工业发展概况】

2016年宁波市各类饲料加工产品产量74.3万t，饲料工业总产值29.9亿元。其中配合饲料21.4万t，同比增长7.8%；浓缩饲料产量2 363.8t，同比下降27.6%；添加剂预混合饲料产量909.9t，同比下降31.1%；鱼粉产量6.8万t，豆粕产量44.41万t。目前，全市共有饲料和饲料添加剂持证生产企业27家，其中配合饲料生产加工企业12家，鱼粉等单一饲料生产企业9家，添加剂和预混料生产企业6家，产品遍及畜禽、水产系列，饲料种类较为齐全。

总体来看，2016年，宁波市猪料和水产饲料产量有不同程度增加，家禽饲料呈下降趋势。

1. 猪料产量有较大回升 2016年，全市猪料产量93 608.7t，与2015年同期产量79 249.5t相比增长了18.1%，其中，配合料90 548t、浓缩料2 363.8t、预混料696.9t。

主要原因及分析：猪料产量增加与猪价维持高位运行和饲料原料价格下降有关。2016年，宁波市生猪饲养量182.1万头，同比下降20.5%。至2016年年底，生猪存栏61.4万头，其中，能繁母猪存栏6.0万头，全年生猪出栏120.7万头，同比分别下降31.1%、22.5%和13.8%，较2015年10.4%、20.3%和1.9%的降幅进一步拉大。与此同时，生猪价格继续维持高价运行，全年均价19.4元/kg。其原因一是随着新环保法和水十条的实施，2016年度畜禽养殖污染治理和散养户扩面整治力度加大，大批畜禽养殖户尤其是散养户加速永久退出生猪养殖行业；二是2015年年底至2016年年初生猪疫情形势严峻，仔猪成活率大幅降低造成供应不足；三是养殖场追涨杀跌心态所致的非理性压栏，进一步加剧了猪价持续高位。下一步，生猪产业污染治理已步入尾声，但生猪产业布局调整因土地等因素制约面临落地困难，后续产能补充乏力，预计2017年生猪养殖降幅有望收窄并逐步企稳，猪价仍将持续高位运行。在饲料原料方面，2016年大宗饲料原料价格呈下降趋势，玉米均价2.2元/kg，豆粕3.2元/kg，麸皮1.4元/kg。综合考虑人工和治污成本的上升，2016年，宁波市生猪生产成本仍为14.4元/kg左右，按平均出栏体重120kg计算，每头猪盈利600元左右。在此基础上，猪料的生产也做出相应调整，四个季度的猪料产量分别为19 656.3t、20 760.5t、23 401.8t和29 790.2t，呈逐渐增加趋势，下半年尤甚，预计饲料生产企业将继续加大产量以保证充足的市场供应。

2. 禽料产量大幅下降 2016年，全市禽料总产量40 098t，与2015年同期产量49 138t相比下降18.4%。其中蛋禽料12 468t，同比下降7.2%；肉禽料27 630t，同比下降22.6%。

主要原因及分析：2016年，宁波市家禽饲养量1 657.4万羽，同比下降18.7%，存栏513.7万羽，出栏1 143.8万只，同比分别下降35.5%和8.0%。其中，鸡存栏351.38万羽，同比下降2.6%，出栏617.6万羽，同比增加11.7%；鸭存栏121.7万羽，出栏379.0万羽，同比分别下降66.9%和21.9%；鹅存栏40.5万羽，出栏147.1万羽，同比分别下降40.6%和27.9%。2016年家禽存出栏的降幅与2015年的16.9%和21.8%的降幅相比，存栏大幅下降，出栏下降稍缓，尤其是鸭和鹅的饲养量大幅下降，这与宁波市下半年水禽扩面整治工作有关，预计2017年，家禽养殖和禽料生产仍将保持下降态势。

3. 水产料产量有较大增幅 2016年宁波市水产料总体生产较往年有一定增长。水产料总产量为82 360.0t，其中海水饲料69 407.2t，淡水饲料12 952.8t，生产多以海水饲料为主；与2015年同期相比总产量增加了15.2%，海水饲料、淡水饲料分别增加了17.7%、3.6%，水产料总体生产水平上升。

【组织机构】

2016 年 3 月，宁波市畜牧兽医局（宁波市农业综合执法支队）组建完成，原宁波市饲料工作办公室撤销，由宁波市畜牧兽医局（宁波市农业综合执法支队）负责全市的饲料和饲料添加剂管理工作。

【主要工作】

1. 全面贯彻实施《饲料质量安全管理规范》 为切实规范饲料企业生产行为，全面贯彻落实好《饲料质量安全管理规范》，宁波市畜牧兽医局于 6 月份启动了饲料质量安全管理规范实施情况检查，并开展了饲料质量安全管理规范省级示范企业申报工作，并确定余姚天邦股份有限公司、北京伟嘉人生物技术有限公司宁波分公司参评省级饲料质量安全管理规范示范企业。2016 年，宁波市畜牧兽医局在全市范围内共抽取猪、牛尿液 14.9 万份，进行“瘦肉精”检测，其中养殖环节 20 502 份，合格率 100%，屠宰环节 12.9 万份，56 份为阳性，合格率 99.9%。

2. 切实把好饲料行政许可审核关 加强饲料质量安全监管，行政许可工作是第一关口，宁波市畜牧兽医局高度重视，严格按照《饲料和饲料添加剂管理条例》和《饲料质量安全管理规范》等法律法规的有关规定，对申请饲料生产许可证的企业进行认真审查、分类指导，严格把好准入审查关。2016 年新获饲料生产许可证的企业 1 家。

3. 圆满完成饲料和饲料添加剂生产企业年度备案工作 按照省饲料办开展饲料和饲料添加剂生产企业年度备案工作的要求，市饲料办督促生产企业如实、规范填写备案表，并要求企业认真开展自查自纠，对发现的问题要及时进行整改。2016 年度全市圆满完成了 27 家饲料生产企业备案工作。

【存在问题】

1. 综合监管能力不足 由于当前宁波市监督监测体系不够完善，机构设置不够合理，市县两级均未设立专门的饲料管理机构和化验检测实验室，管理人员大多为兼职，严重制约了饲料和饲料添加剂监管工作的开展。

2. 饲料产品质量安全问题仍然突出 当前，饲料市场竞争日趋激烈，部分企业片面追求生产效益和增长速度，忽视了饲料产品的质量安全。再加上部分饲料生产企业存在经济实力不足、创新能力不强、经营规模较小、技术水平相对落后、管理方式粗放、缺乏从原料入厂到成品出厂的全过程质量安全控制等原因，导致饲料产品质量安全问题依然突出，隐患难除。在 2016 年下半年农业部开展的饲料质量安全监测工作中，宁波市正大农业有限公司生产的对虾幼虾配合饲料以及宁波裕祥海洋生物科技有限公司生产的鱼粉沙门氏菌含量超标。

（宁波市畜牧兽医局）

深圳市饲料工业

【饲料工业发展概况】

截至2016年年底，深圳市饲料企业有34家，饲料生产总量60.9万t，比2014年减少2.7万t，同比略降5%；总产值329 053.5万元，比2015年减少19 408.9万元，同比下降6%。其中配合料、浓缩料和预混料合计28.0万t，总产值181 483.6万元，同比分别下降19%和20%。

【主要工作】

完成全市34家企业2016年年度备案工作，制订《2016年深圳饲料产品质量安全监测抽样方案》，并按照农业部、省农业厅有关工作部署，分别于上、下半年各组织一次全市性饲料安全监督执法行动，对饲料企业生产质量安全规范实施情况进行抽查，共抽查了25家饲料生产企业，未发现有违规行为。

（深圳市饲料管理办公室）

企业篇

重点企业经验介绍

激情奋斗创伟业 志在兴农圆嘉梦

——北京大伟嘉生物技术股份有限公司

在“中国硅谷”中关村这片无数世界级创业者，不懈奋斗的文化热土上，滋养孕育着一个农牧高科技企业——大伟嘉股份。多年来，大伟嘉人凭借着对“创伟嘉品牌，圆百年梦想”的执著追求，倾注了满腔的热情和动力，也正因为及时的变革和创新，使大伟嘉从一个名不见经传的小企业成长为现在名扬全国的农牧高科技企业集团。

自诞生之日起，大伟嘉就以生产销售高科技含量的预混料为主营业务，并高标准、严要求，严把质量关，先后通过 ISO 9001 质量体系认证和 ISO 22000 食品安全管理体系认证。当前，大伟嘉股份的生产制造基地均已通过 ISO 9001：2008、ISO 22000：2005 质量管理体系认证和危害分析的临界控制点（HACCP）体系认证。动物保健品生产基地均已通过 GMP 认证。伟嘉（通州）科技园、开封伟嘉、长沙伟嘉等饲料生产基地，先后通过省级《饲料质量安全管理规范》示范企业，并成为全国仅有的 82 家国家农业部《饲料质量安全管理规范》示范企业，彰显出伟嘉在质量安全方面所下的硬功夫。

大伟嘉在做好预混料主营业务的同时也在努力寻求预混料市场发展的其他方式，为解决我国农业科技成果高效转化寻求新路子。大伟嘉把预混料做得风生水起，很快荣列预混料业三强、饲料行业百强，这个斐然成绩的取得，为大伟嘉的发展壮大和向其他方面的业务拓展奠定了坚实的基础。

在千禧之年，大伟嘉吹响了进军动物保健品市场的号角，动保产业的开拓，揭开了大伟嘉成长历程中的新篇章。

2004 年收购湖南农业大学动物药业有限公司让大伟嘉向动物保健品产业迈进。对湖南农业大学药业公司的收购，填补了大伟嘉在针剂等剂型产品在科研、开发、生产中的空白，增强了企业的研发实力。另外，公司还与辉瑞制药结成战略联盟，代理辉瑞的动保产品，形成强强联合的战略格局。通过合作，大伟嘉的动保系列产品得到了更有力的补充，增强了市场竞争能力。

借国家政策的东风，大伟嘉事业做得如火如荼，自 2000 年收获了第二产业后，大伟嘉专心致志地做好饲料和动保两大主营业务，坚持“两手抓”，两大产业并驾齐驱向前发展，坚持全方位多渠道地为用户提供有形及无形价值。在保持饲料板块实力的同时，动保领域的实力也在猛增，荣列动物保健品行业十强，水产药品在华北市场占有率第一。从 2002 年起，大伟嘉的饲料添加剂和动物保健开始走出国门，先后销往苏丹、俄罗斯、越南、埃及、波兰、菲律宾等国家与地区。

在巩固这两大主营产业的强势地位以后，大伟嘉开始布局辐射其他产业，于 2008 年成立辽宁嘉跃肥业有限公司，进入肥料产业；2009 年成立黑金刚农业有限公司，进军现代养殖服务产业；2010 年成立大伟嘉盛邦生物技术有限公司，进入微生态产业，目前拥有 35 家分（子）公司，在北京通州、辽宁沈阳、河南开封、山东青岛、湖北武汉、湖南长沙、江西南昌、吉林四平、广东肇庆等地拥有 7 个现代化的产业园和 11 个制造基地，其中有国家级《饲料质量安全管理规范》示范企业 3 个、农业部批准的生物兽药 GMP 生产企业 3 个，并在全国建有 17 家畜禽健康检测与评价云中心。近五年来，公司全力向养殖端发力，在辽宁、湖南、河北、黑龙江和山西建立了多家种猪和蛋鸡现代化示范场，在河北和辽宁等地养殖并放养生猪近 100 万头，并在 10 多个省协管、托管、租赁经营 320 多家规模猪场；自养、协管和托管 180 多家规模蛋鸡场，近 2 000 万只蛋鸡，大伟嘉已成为集畜禽养殖及健康养殖服务、生物饲料、生物兽药、生物酵解工程、产业互联网于一体，专注农牧业科技产品制造及畜禽健康养殖全服务链经营的现代服务型农牧业高科技企业集团。

目前大伟嘉股份已成长为农业产业化国家重点龙头企业、国家认定企业技术中心、国家博士后科研工作站、国家科技进步二等奖获奖企业，系中国畜牧业协会副会长单位、中国兽药协会副会长单位。大伟嘉股份是中国农牧企业中仅有的几家进行养殖业全服务链经营的大型民营企业，被评为“中国十大行业隐形冠军企业”，是中国饲料工业协会常务理事单位、北京市高新技术企业协会副理事长单位、北京市中关村农业生物技术产业联盟副理事长单位。

经过 20 多年的沉淀和发展，“伟嘉”已成为全国农牧业的知名品牌，生物饲料和兽药、微生态制剂等已经在华北乃至全国确立了绝对优势品牌地位，其中“嘉得康”产品在全国首届农业博览会上被评为名牌产品。大伟嘉股份持续践行“把服务当做产业来做”的服务战略，整合内外部资源，以各种立体化平台为广大用户传递服务价值，400 热线有 3 条线、3 个专家，服务 2 万余人次；畜牧大集网、猪场动力网、蛋鸡产业网每年通过 10 万多篇资讯和专业文章、5 万多名会员、30 多万个论坛发帖和 8 389 万的访问量，给广大作户普及养猪和蛋鸡养殖知识。猪和蛋鸡产业线等板块每年有 1 000 多场辐射全国各地的大型会议，培训养殖人员累计 10 万余人次。公司多方式、全方位、多角度、立体化地为养殖户提供服务，传递服务价值。

多年来，大伟嘉以科技创新为先导，汇集了以博士、专家为群体的科研力量，形成了伟嘉创新研究院、国家级博士后科研工作站、国家企业技术中心“三位一体”的研发组织格局。近三年，大伟嘉在新产品及新技术开发、工艺改进、环保及低碳减排等工作中取得了丰硕成果，先后承担了国家科技支撑计划等 50 多个项目，取得国家发明专利 31 项，其中“仔猪肠道健康调控关键技术及其在饲料产业化中应用”荣获国务院颁发的“国家科技进步二等奖”，藤茶黄酮项目获得了“新饲料添加剂证书”，多项研发成果荣获“国家重点新产品”证书。目前，大伟嘉股份已经转化近 100 项科技成果，并做了大量的科技成果应用推广工作，其中，藤茶黄酮等高技术产业化项目已经在武汉伟嘉生物技术有限公司率先应用。

大伟嘉非常注重“自主研发”，并建立了自身的核心优势和竞争力，真正实现研发及产品驱动，做好研发创新、研发服务，体现了自身的核心竞争力，并将科研和市场有机融合。对研发人员实行自主化管理，将研发价值与个人价值融合到一起，并形成研发人员的晋升机制和通道体系。

创新研究院及下属北京市饲用微生态制剂工程技术研究中心发酵饲料历时 5 年，从专利菌株库的建立到生产工艺设备的开发，创造性地打造了生物酵解工程成套产品与集成技术，首创“微生态＋”畜禽生态循环养殖的新理念、新技术、新模式，并成功地应用于规模养殖场的生态循环养殖模式的建立，实现了微生态技术在生态循环养殖中的全覆盖。

大伟嘉在环保及低碳减排等工作中取得了丰硕成果。大伟嘉已被国家发展和改革委员会列为绿色农用微生物技术产业示范基地，在全国率先提出“无抗维生素解决方案”，以改善畜产品质量，提高养殖效益，推动畜禽养殖向健康、低排放、高产出、生态循环方向发展。该模式在“大众创业，万众创新”生态循环养殖模式关键技术创新大赛中，荣获创新大赛二等奖，同时参加了北京市发展和改革委员会组织的第二届“北京市节能环保低碳创业大赛”，获得一等奖。

大伟嘉一直以推动行业进步为己任，真抓实干，强势出击，获得了政府和行业的高度认可。2016 年农业部韩长赋部长视察大伟嘉并听取产业互联网平台建设的汇报，给予高度肯定和认可。大伟嘉积极投身国家扶贫攻坚事业，采用“公司＋家庭农场＋产业扶贫”的模式，在四个省开展了产业扶贫工作，并取得重大突破；联合京津冀蛋鸡产业联盟成员和优势科研院所，共同发起成立了“京津冀蛋鸡产业协同创新研究院”，推动京津冀地区蛋鸡产业规模化、标准化和产业化的协同创新发展。

为了向更多的养殖户提供更好的产品、技术和服务，大伟嘉全力向养殖端发力，建立现代化示范场，放养生猪，协管、托管、租赁规模猪场，自养、协管和托管规模蛋鸡场，致力于促进中国畜禽健康养殖事业迈向新高度。

产业资源及经营管理要素的整合创新是大伟嘉人的核心竞争力，大伟嘉将以超级服务平台为基础，在产业链中做横向延伸，实施纵向延伸和横向一体化战略，以寻求自身成长和价值创造的新空间。大伟嘉愿同更多的养殖客户共创、共享服务价值。

未来五年，大伟嘉股份将加快现代养殖技术、互联网和物联网的技术应用，实现“优良种群＋精准营养＋标准化养殖＋种养结合生态循环＋健康食品＋金融服务＋产业扶贫＋互联网及数据平台”的发展模式，发展绿色生猪 500 万头，蛋鸡 6 000 万只；继续保持生物饲料、生物兽药在产业的领先地位，成为一家具备国际影响力、专注农牧业科技产品制造及畜禽健康养殖及全服务链经营的现代产业服务型农牧业高科技企业集团。

追求卓越的大伟嘉，将坚守核心价值观，在农牧产业永续耕耘，打造令人尊敬的公众化公司，保健动物成长，服务人类健康！追求卓越的大伟嘉人一定会以自己的实际行动，务实高效的工作作风，笃实守信的做事态度，激情奋斗的创业热情，为大伟嘉的农牧产业梦想而持续奋斗！

三专饲料来领航 兴农富民谱华章

——北京市华都峪口禽业有限责任公司

北京市华都峪口禽业有限责任公司（简称“峪口禽业”）始建于20世纪70年代，是世界三大蛋鸡育种公司之一，是农业产业化国家重点龙头企业、中国畜牧业协会禽业分会会长单位、北京饲料工业协会副会长单位。

峪口禽业隶属北京首都农业集团，占地3 000亩，总资产10亿元。现有原种6万只，祖代38万套，父母代400万套，18万t饲料厂三座，销售网络覆盖31个省份。

作为高新技术企业，峪口禽业不仅成功培育了四个自主知识产权的“京红1号、京粉1号、京粉2号、京白1号”高产蛋鸡品种，打造了“峪口蛋鸡”中国第一品牌，打破了国外蛋鸡在国内的垄断，而且研发并生产“专业、专一、专用”的功能型的蛋鸡饲料，成为蛋鸡饲料知名品牌，带领中国亿万养殖户增收致富。

峪口禽业从商品蛋鸡饲养到蛋种鸡饲养，再到国产蛋鸡品种的培育和推广，在40年的发展历程中，探究了不同品种、不同代次、不同阶段鸡群的生理特点和需求，秉承“产、学、研”相结合的研发理念，通过与国内外顶尖科研院所合作开展数百次试验研究，建立了“京系列”蛋鸡品种营养需求标准，并坚持“以科技为龙头，以创新为动力”，以打造“蛋鸡精品饲料，提高产品科技含量”为核心建设产品研发服务体系。400万套高产种鸡是峪口高端饲料品质的最佳验证。

峪口饲料拥有北京、山东、湖北3个现代化饲料厂，年生产加工能力合计54万t，是一家只专注于蛋鸡营养研究的饲料生产企业，产品覆盖配合饲料、添加剂预混合饲料两大系列28个品种。

公司从2005年开始结合ISO 9001、HACCP、ISO 22000、饲料产品认证等国际及国内先进的管理标准及《饲料质量安全管理规范》的要求，建立公司51项制度和操作程序、14项作业指导书及73项记录表格，实现了从原料到产品的可追溯。投入品管理、供应商评价、原料验收等制度及标准的落实，确保原料货源优质；在常规检测设备基础上，引进近红外分析仪、原子吸收光谱仪、高效液相色谱仪、单胃动物仿生仪等先进检化验设备，确保水分、蛋白、钙、磷等8大常规项目检测的快捷、准确，并实现了微量元素、维生素、重金属、药残等微量分析，保证了进场原料和出厂成品批批检验，原料入库合格率、产品出厂检验合格率均达到100%，保证养殖户使用安全、放心。

峪口饲料以营养需求和采食量为基础，通过分析研究不同品种、不同代次、不同阶段蛋鸡在不同温度条件下的维持需要、产蛋需要、增重需要，建立了操作简单、普遍适用的蛋鸡全程“菜单式”日粮供给方案，使用者可根据鸡只情况选择对应的配方方案，同时结合科学的“顿服”饲喂方法，确保鸡群吃得好、吃得饱、吃得全，实现养殖效益最大化。

峪口禽业坚持“以客户为中心”，以真诚和温情打动消费者，将饲料产业定位为“服务增值产业”，让养殖户不仅能引进最高质量4A级雏鸡，也能用上配套的优质饲料产品，实现鸡群高产和稳产，获得更多的经济效益。

“6186”工程是以体重为核心，以采食量为基础的高产后备鸡培育工程，其旨在提供饲料满足鸡只营养需求的同时，解决鸡只生长过程中存在的问题，确保鸡只最大限度的发挥优良生产性能。该理念以解决现阶段养殖户最为关注的蛋重、蛋壳颜色以及淘汰鸡体重为出发点，针对养殖户容易忽视育雏、育成期蛋鸡的体重、体重均匀度、采食量、抗体水平、体成熟与性成熟的同步等一系列的问题，通过对其采食量的关注，来关注鸡群的健康。

“6186”工程依托40年的蛋鸡饲养经验及蛋鸡研究院的科研成果，结合蛋鸡的生理特点，将高产蛋鸡培育过程划分为四个阶段：育雏前期（0～14日龄），育雏期（15～42日龄），育成期（43～98日龄），预产期（99～130日龄），并提出以1 000只鸡为例，保证鸡群在各阶段分别采食6袋强化Ⅰ型颗粒料（25kg/袋）、1t强化Ⅱ型颗粒料、8袋5%青年鸡预混合饲料（25kg/袋）和6袋5%预产期预混合料（25kg/袋），再配套峪口饲料完善的售后追踪服务，即可确保鸡群达到标准体重、均匀度和较高抗体水平，使体成熟和性成熟同步，顺利实现高产，帮助养殖户增收致富。

“325”稳产工程是菜单式营养供给方案的体现，通过不同产品的供应，满足不同品种、不同代次、不同阶段、不同温度下的营养供给，达到鸡群产蛋“前期上的高、中期产蛋稳、后期下降缓”的目标，实现“72周入舍鸡只产蛋数量超过325枚，产蛋阶段料蛋比2.0∶1，全程死淘率低于5%”。

“325”稳产工程根据鸡群产蛋和生理特点，将其划分为产蛋前期（19～32周）、产蛋高峰期（33～56周）、高峰后期（57～72周）等几个阶段，并总结制定出各个阶段的饲养管理目标：产蛋前期体重1 920g，26～28周产蛋率>96%，料蛋比为2.08∶1；产蛋高峰期体重2 030g，产蛋率>88%，可以持续8个月以上，料蛋比为1.85∶1；高峰后期体重2 080g，产蛋率>80%，平均每周降幅<0.5%，料蛋比2.15∶1。产蛋期饲养目标的明确，便于养殖户从菜单中合理选用饲料产品级饲喂模式，使之更容易实现“1290”的高产目标，即12个月平均产蛋率达到90%以上。

饲料产业以峪禽大学为依托，一方面充分利用“晨、周、月、季、年”五个课堂的运作机制，积极搭建学习和交流平台，提升服务团队的饲料专业知识和服务意识；另一方面利用健康养殖学院饲料销售分院的“1+1+1”培训模式，即开展“业务员+代理+客户”三类人群的培训，大力提升业务人员、代理的业务能力和服务水平，以更好地对外推广健康养殖技术，为客户提供全面、专业、优质的服务，帮助客户用好料、养好鸡。

公司利用40年专业养鸡优势，依托全产业链资源，应用大数据、云计算等互联网技术，建设“智慧蛋鸡”服务平台，推送养鸡人最需要的信息和技术，提供线上线下一体化服务，帮助养殖场（户）“快快乐乐养好鸡、轻轻松松卖好蛋”。

在线上，通过智慧蛋鸡APP为养殖场（户）推送其最需要的信息和技术，提供生产记录和数据分析服务，并根据数据分析结果，提供“一场一批一策”的饲养管理预案；配套“坐堂兽医”在线一对一技术服务，在第一时间解决养殖疑难问题，让养殖户快快乐乐养好鸡。

在线下，将流动蛋鸡超市布局全国，根据线上服务需求，在线下组织现场鸡群免疫服务、疾病诊断服务、饲料原料监测服务等，解决养殖场（户）在养殖过程中的“痛点”和“难点”，为鸡群健康保驾护航。

随着公司蛋种鸡产业的快速发展，养殖户对优质安全“三专”饲料的需求日益增长。为适应市场需求，更好地服务养殖户，峪口禽业完善饲料供应战略，斥资5 000万元在山东济宁、湖北荆州建立了2个年产18万t的饲料厂，并于2016年在继续投资1 000万元在北京平谷新建预混料车间，全部配备国内最先进的生产工艺；在饲料厂辐射距离超过600km的区域设立中转库房，供应周边的养殖户及代理；在偏远地区开展联合饲料生产企业运作的模式，在利用大中型饲料剩余产能的同时最大限度地降低养殖户运输成本。峪禽饲料供应战略的完善，昭示着峪口禽业正在向全国蛋鸡饲料行业尖端企业全力进军！

风雨四十载，峪口禽业具有自主知识产权的蛋鸡新品种缔造了种业辉煌，也探索出了一条中国特色蛋鸡饲料发展之路；奋斗四十载，峪口禽业用400万套的蛋种鸡饲养规模彰显龙头风范，饲料产业跻身北京市饲料行业20强；拼搏四十载，峪口禽业用4A级最高质量标准塑造王者品质，“三专”饲料深入人心。相信，在不远的将来，峪口“三专”饲料将成为中国饲料行业一颗耀眼的明星！

实在　实际　实干　实效

——北京挑战生物技术有限公司

北京挑战生物技术有限公司是一家集科研研发、生产经营、技术服务、国内国际贸易于一体，并以高科技含量的饲料添加剂为主要发展方向的国家级高新技术股份制企业。北京挑战生物技术有限公司是行业内第一家运用液体发酵技术的企业、国家第一家专业从事植酸酶生产的企业，也是当前拥有单酶发酵技术最多的企业。公司现有博士生导师2名、博士9名、硕士20名，并投建了自己的“饲料生物技术研发中心”，为产品研发、生产及应用提供了坚实的基础。公司现已研制开发出10多个系列近200种饲料添加剂和添加剂预混合饲料产品，涵盖了猪、牛、羊、鸡、鸭、鱼等各种畜禽水产添加剂和添加剂预混合饲料，具有较高的科技附加值和广泛的市场适用性。耐高温植酸酶、非淀粉多糖酶、木聚糖酶、β-葡聚糖酶、半乳糖苷酶、β-甘露聚糖酶、葡萄糖氧化酶、淬灭素、甜菜碱等产品深受用户好评。年生产能力万吨以上，销售额达亿元以上。其中耐高温植酸酶、β-甘露聚糖酶、葡萄糖氧化酶、淬灭酶等，发酵技术达到国际先进水平，部分技术达到国际领先水平。植酸酶在国内市场占有率在80%以上，挑战牌甜菜碱在国内市场占有率45%以上，多维产品在国内市场占有率达35%以上。

公司崇尚“平等互利、优势互补、以诚相待、共同发展”的企业合作原则，强调“高科技、高标准、高效率”的经营理念，倡导“创新、敬业、团队、分享”的企业精神和“实在、实际、实干、实效”的文化精髓。向科技和管理挑战，向市场和效益挑战，把挑战生物发展成为现代化、国际化的高科技企业是挑战人不懈追求的目标。

科技创新是企业生存的基础，是企业发展的核心和原动力。公司建有酶制剂研发中心，在酶制剂的菌种选育、后处理工艺、酶制剂复配、应用等方面均建设有专门的研发小组进行科技攻关，市场产品不断改造升级，满足市场需求。公司成立至今，已获得国家发明专利授权11项，新申请国家发明专利2项。

公司在新型饲料添加剂开发、检测技术、饲料资源开发等方面进行了深入研究，并取得显著成效。先后参与承担了国家“863”“973”“948”以及国家自然基金等重点项目，在国家“九五”“十五”“十一五”期间承担大量课题，取得了一大批科研成果，形成了以植酸酶、木聚糖酶、葡萄糖氧化酶、淬灭酶等为主的系列高科技绿色饲料添加剂产品。

公司自成立以来，多次受到农业部和中国饲料工业协会的表彰。2011年10月被评为高新技术企业，被中国饲料工业协会评为信得过产品和中国饲料工业协会重承诺、守信企业；2009年，获得“全国酶制剂行业重点生产企业”称号；2010年，荣获“2010年度北京市饲料行业‘20强饲料企业’”及“影响力品牌”称号；2011年，公司的“β-甘露聚糖酶高效表达及应用技术研究”项目获2011年中国饲料重大技术进步项目奖”；2014年公司“新型饲料用非淀粉多糖酶制剂产品的创制”项目获得“北京市科学技术一等奖”；“饲料用酶技术体系创新及重点产品创制”项目获得“2014年度国家科学技术进步奖”（二等奖）；2016年荣获“北京市农业产业化龙头企业”称号。公司承担并参与多项国家课题研究，包括“农业科技成果转化资金项目——多基因共表达饲用非淀粉多糖复合酶产品中试”“十二五”农村（社发）领域国家科技计划课题研究任务合约——饲用酶制剂的中试和生产水平发酵及后加工工艺研究”“国家科技支撑计划子课题任务书——新型饲用酶制剂产业化示范”等。

创新精神是企业永续经营的灵魂，需要持续不断地改进，围绕人才、项目、创新、创业一体化的战略需求创新活动。为营造全员创新氛围，培养全员创新意识，挖掘培养精英人才，构建公司创新体系，提高公司经营管理水平，提升工作效率和业绩，强化公司品牌和服务质量，增强公司核心竞争力，在核心领域建设中更好地发挥作用，公司定期开展“创新创业大赛”，本着全方位树立创新意识的原则，以“节能降耗、降本增效”为主题、加大对生产环节和普通工作岗位的创新升级为重点开展活动。大赛主要包含市场开拓模式创新项目、科技研发创新项目、工厂管理效率提升创新项目、降低成本方法创新项目、财务管理创新项目、人力资源管理创新项目、企划信息管理创新项目、采购模式创新项目等，使全员能够参与创新活动，建立创新意识，保持企业积极创新活力。

北京挑战生物技术有限公司公司建立了完善的管理机制，设立了股东会、董事会，设总经理（总裁）及监事各1人，实行董事会领导下的总裁负责制。公司内设立企划部、品管部、投资管理部、采购部、生产部、储运部、财务部、行政部、营销中心、人力资源中心、产品研发中心、资信管理中心12个职能部门。公司下设分公司16个、控股公司2家，在全国设有多家办事处。公司已通过ISO 9001和HACCP质量管理体系认证和国际FAMI-QS认证。良好的质量安全管理，能够提高企业效率，使企业提供更加优质的产品，增强顾客满意度。公司建立了完善的营销网络，在辽宁、吉林、内蒙古、黑龙江、华北、华东、中原、西南、山东、安徽、中南、西北、江西、云贵等十四个大片区建立了销售网络。公司经营范围不断拓展，由原来经营单一的酶制剂产品，逐步向多元化发展，成为生产经营酶制剂、预混料、微生态等多种产品，以直销和直属企业利润中心为主，与原料贸易、企划培训、技术合作并存的经营格局。

在人才梯队建设方面，为了建立和完善公司人才培养机制，通过制订有效的关键岗位继任者和后备人才甄选计划以及在职辅导、在职培训等人才培养与开发计划，合理地挖掘、开发、培养后备人才队伍，以便建立人才梯队，为公司可持续发展提供人才资本支持。制订《挑战集团后备人才培养方案》，将一批有发展潜质的人才纳入集团人力资源开发体系，建立和完善基于公司发展战略的人才培养机制，发挥各层级核心人才中坚力量的作用。指导和规范后备人才梯队的培养工作，为公司可持续发展提供人力支持。

公司自2006年成立以来，就以“打造世界级的酶制剂制造商”为己任，2007年9月7日成立了北京挑战国际贸易有限公司，将产品推向国际市场。植酸酶、木聚糖酶、非淀粉多糖酶等酶制剂产品已远销到美国、巴西、阿根廷、智利、委内瑞拉、多米尼加、哥斯达黎加、哥伦比亚、埃及、俄罗斯、澳大利亚、韩国、泰国、印度、马来西亚、印度尼西亚、新加坡等30个国家和地区。

在开拓国际市场的同时，公司通过参加一系列的国际顶级行业盛会，增加同行企业间的交流，加大企业形象的宣传，使“挑战”品牌的国际影响力不断增强，每年公司也派人多次出国参加国际性展会，曾先后前往美国、土耳其、泰国、巴西、埃及、阿根廷、孟加拉等国家参展，展会的成功召开为公司进一步开展国际业务奠定了坚实的基础，公司也凭借高端国际平台与国际客商之间增进了了解、加强了交流。

专注客户需求 树立一流的品质意识

——天津奥特奇生物制品有限公司

爱尔兰科学家、企业家皮尔斯·莱昂斯博士于1980年创建了奥特奇，将总部设立在美国肯塔基州。奥特奇通过革新性的酵母发酵技术、酶制剂生产技术、海藻以及营养基因组学技术以增加饲料的营养价值，提高动物的健康水平和生产性能。奥特奇在酵母技术和有机微量元素技术上领先行业，并大力投资海藻科技，在肯塔基州设立领先的海藻工厂。

作为全球动物保健行业前五名中唯一一家私有制企业，奥特奇运用这一优势，始终将精力专注于客户需求、创新以及长期发展的目标。这种独特的灵活性加速了奥特奇的发展速度，近年来一度年销售额逾20亿美金。奥特奇在全球128个国家和地区设有办公室，拥有95座工厂，雇用5 500多名员工，并在美国和爱尔兰建立了三个生物科学研究中心。

天津奥特奇生物制品有限公司成立于2009年，奥特奇收购了位于天津宁河区的食品级工厂，用于生产35种奥特奇产品。生产团队从最初的17人增长到现在的106人，生产由每天8h变为全天24h轮班制。2009—2013年，工厂产量翻三番，达1.3万t。

奥特奇天津工厂为中国客户提供本地生产的国际质量标准产品。工厂设有奥特奇AQS质量管理系统，不仅满足所有对食物和饲料的法规要求，还提供超越客户期望的生物技术、质量、安全和服务。奥特奇全球的每一个工厂均使用AQS系统统一全球供货质量，AQS系统的质检标准通常高于或等同于一般国家生产质量标准。

此外，奥特奇开发了有机微量元素品控体系(Q+TM)，该项目是针对“百乐”和“赛乐硒”等奥特奇有机微量元素产品的。该品控系统保证了所有购进的原材料及终端产品的质量，产品在出售之前会经过二噁英、多氯联苯和重金属等一整套相关检测。

天津奥特奇生物制品有限公司与国内10家农业大学及行业领先企业成立研究联盟项目，设立动物营养、食品科学等方向的科研项目。

奥特奇的技术涉及动物营养的各个方面，尤其专注于有机微量元素、霉菌毒素管理、血浆蛋白替代三个领域。“百乐”及“赛乐硒”系列有机微量元素是有机蛋白盐产品，用量更少，获益更多。

凭技术开拓市场 凭管理增创效益 凭服务树立形象

——天津市晨辉饲料有限公司

天津市晨辉饲料有限公司成立于2004年9月，隶属于天津现代晨辉科技集团有限公司，坐落于天津市宝坻区周良庄镇（街道）柴家铺村，注册资金1 327万元，业务主要涉及浓缩饲料、配合饲料、精料补充料的生产，添加剂预混合饲料生产及饲料购销等，产品包括特种水产饲料、观赏鱼粮、宠物食品。从2008年开始，公司利用互联网展开销售，先后创办了天津秋水鱼悦文化传播有限公司、天津市金水族水产养殖有限公司、天津现代晨辉科技集团有限公司。集团以“科技创造市场，文化引领市场”为导向，初步形成了以水族文化为核心，以饲料生产、观赏鱼繁养、分拣物流为配套，以技术服务为示范带动的产业体系。在宝坻区大白街道建立宝坻区水族文化创意产业园，积极营造“大众创业，万众创新”的氛围，发挥企业的示范带动效应，促进一、二、三产业融合，为周边农民的共同致富和地区经济发展作出应有的贡献。

晨辉饲料占地面积9 800m^2，其中生产车间占地面积6 000m^2，拥有5条现代化饲料加工生产线，其中包含3条单双螺杆膨化饲料生产线、2条颗粒饲料生产线；包装车间占地面积500m^2，包含自动灌装设备1套、真空包装设备1套，年产量达3万t；储藏区和运输区占地面积3 300m^2，进行产品的原料和成品储藏与运输。

晨辉饲料产品包括特种水产饲料、观赏鱼粮、宠物食品的生产和经营。在特种水产饲料方面，公司拥有晨辉品牌，产品针对舌鳎、多宝鱼、鲟鱼、虹鳟鱼、黄颡、鲶鱼、泥鳅、鲈鱼和虾等特种水产而研发；在宠物食品方面，拥有馋皮、乐辉、汪小贱和蒂诺等品牌，产品针对宠物猫狗的不同生长期和品种而研发；在观赏鱼粮方面，公司拥有秋水鱼悦品牌，产品针对金鱼、锦鲤、鹦鹉鱼、罗汉鱼、龙鱼、热带鱼、乌龟等观赏鱼而研发。公司还可为消费者提供宠物与水族的饲养咨询指导、产品个性化定制等服务。

晨辉饲料紧密依托集团公司的科技研发中心资源，建有2 000m^2的研发中心，拥有本科学历以上专业研发人员36名，其中博士3名、硕士7名，专业涉及鱼类遗传育种学、水生生物学、水产养殖学、水族科学与技术、渔业资源等领域。研发中心下设苗种孵化实验室、循环水实验室、水质监控实验室、品质控制实验室等专门实验室，配备大中型仪器设备63

台（套），价值1 030万元。实验室拥有初试循环水实验室1 200m²、循环水养殖槽248个，可同时完成5项初试试验。实验室面向社会开放，加强与国内外科研、教学和企事业单位的联系与合作。实验室先后自主研发新产品12项，已申请专利164项，其中已授权专利78项（发明专利5项），天津市科学技术成果3项，包括黄颡鱼抗应激配合饲料、锦鲤鱼体色鲜艳的配合饲料、鹦鹉鱼体色鲜艳的膨化饲料，其中“黄颡鱼抗应激配合饲料”获得宝坻区科学技术奖励三等奖。

晨辉饲料拥有专业的技术和研发团队，每年在不断增加研发投入的同时，建立了高效的二级研发体系，并与天津农学院成立了产学研联合体，与大连海洋大学成立了大学生见习就业基地，紧密依托大专院校科研院所的优势资源，培养企业的技术力量。

2016年公司获得天津市科学技术委员会的批准，筹建“天津市水族动物功能性饲料企业重点实验室”，本实验室主要以水族动物为主体研究对象，围绕饲料中的营养物质在动物不同生长阶段中消化、吸收和代谢的过程，探讨其对动物生长、环境调控和机体免疫力的影响，旨在为进一步优化饲料配方，以期达到提高饲料利用率、提高动物非特异性免疫力、减少环境污染和降低发病率的目的。

用产业链思维经营饲料企业

——河北玖兴饲料有限公司

玖兴饲料隶属于河北玖兴农牧发展有限公司。2011年8月，经过一年的紧张施工，投资3 000万元、年产20万t配合饲料的玖兴饲料厂建成投产。5年来，随着市场需求的不断增长，其年产量基本稳定在20万t，完全达到设计能力。追溯玖兴饲料的发展历程，可以用一句话来概括，就是用产业链思维谋篇布局经营饲料企业。

一、兵临城下

2003年“非典”之后的肉鸡行业出现了一段恢复发展的有利时机，肉鸡市场行情转好。到2010年，玖兴旗下有300多个养殖户，年需饲料5万t，然而，由于自己没有饲料厂，所需饲料全部外购，尽管采购的全是国家名牌产品，但由于饲养管理、技术水平、鸡苗质量等主客观因素的影响，在养殖过程中不断出现这样那样的问题，客诉较多，在协调养殖户跟饲料生产厂家的关系上劳神费力，困难重重，经常是两头都不满意，尤其在技术上不是亲手把控，风险性不可控，总是提心吊胆，手上捏着一把汗。与此同时，异地采购加大了运输成本，生产厂家距公司200km，单此一项，就增加运输成本150万元，这对微利的屠宰企业和养殖户来说也是不小的一笔开支，严重影响了企业的效益。虽然饲料厂建设是在规划中的事，但碍于“罗锅上山——前（钱）紧”，建设自己的饲料厂的决心迟迟下不了。

天有不测风云。2008年，食品行业发生了一件震惊全国的食品安全事件：河北一家具有60多年历史、市值过百亿元、全国奶制品行业老大地位的某企业轰然倒闭，老总被判无期，原因是奶站添加了“三聚氰胺”。这个消息犹如一个晴天霹雳，玖兴人如梦方醒，教训颇多又极为深刻，最重要的是，这一事件使玖兴人认识到，把产品质量仅仅看成是企业的生命的认识是远远不够的，产品质量是关系到百姓健康的重大问题，因而也是关系到企业家性命的重大问题。

玖兴人联系这个事件，认真审视了公司的经营管理情况，认为产业链长、生产环节多、食品安全管理机制不健全、责任不到位等诸多全隐患问题与上述某企业有相似之处，稍有不慎，就可能步其后尘，重蹈覆辙！于是，一种兵临城下的危机意识油然而生。

“别人交的学费，就是自己的财富”。建设自己的饲料厂的犹豫徘徊被痛下决心取而代之，尽管当时建厂条件并不是很充足。“钱再紧，也要把自己的饲料厂建起来！”董事长孙清良说。

二、水到渠成

企业发展的动力是市场，市场需求越旺盛，对企业的拉动作用越大。因而开发市场，是任何企业第一位和持久性的工作，这是尽人皆知的常识。

玖兴饲料走的是一条“先修渠，后放水”的顺畅之路。就是说，在玖兴饲料建厂前，饲料的销售市场早已打造完毕，销售渠道早已修好，就等开闸放水了，这得益于玖兴农牧发展有限公司的发展路径和产业链的生产架构。

玖兴农牧在16年来，保持了“非鸡勿扰”的定力，一直坚持着完善产业链、做强做大企业、提高产品的市场占有率和企业市场竞争力的工作，已是集种鸡繁育、雏鸡孵化、放养回收、屠宰加工、储运营销、熟食加工、饲料生产于一体完整的产业链企业。目前，玖兴农牧已形成孵化商品代肉鸡苗7 000万只、年屠宰加工肉鸡6 600多万只、年产熟食4 600多t、年生产加工饲料20余万t、年产固态生物有机肥2万余t的生产能力。

玖兴农牧前身是荣达畜禽，是一家民营企业。该公司始建于2001年。20世纪末，在我国改革开放初期，国民的收入和人民生活水平较低，供给不能满足需求，物资短缺，基本处于卖方市场。16年前，限于当时的资金、技术、市场等情况，荣达人就以家庭作坊的方式从事宰鸡卖鸡的行业，就是说，荣达畜禽是以屠宰为切入点进入这个行业的。然而，由于设备简单、技术落后、效率低下，生产不能满足市场需求，建设新厂势在必行，于是在2001年建设了荣达畜禽，2003年又投资1 000万元，建设了年产600万只鸡的屠宰场。

屠宰场建设的产能提高，直面的问题是毛鸡生产的供给不足；农民养殖热情的高涨，又因为雏鸡供给不足而不能如愿；雏鸡不足又是因为种鸡不足。问题是连环性的。

发展养殖户是硬道理。在国家推进小康建设，调整农业产业结构，建设现代农业等政策的感召下，农民养殖热情高涨，畜禽养殖业蓬勃兴起。面对这突如其来的形势，使得屠宰加工企业措手不及，矛盾叠加，众所周知的体制性障碍使得民营企业融资难。破解连环套只能一个一个地来，这就决定玖兴农牧的发展路径必须是从实际出发，遵循轻重缓急原则，从屠宰切入，向两端不断延伸，逐渐完善产业链，把企业做强做大。

玖兴农牧发展是快速的，有时是跨越性的，然而又是稳稳的，没有丝毫的急躁冒进，继而也就避免了企业发展中的大起大落。

2003年建设了屠宰厂，紧接着在2004年又投资180万元建设了养殖规模1.5万套的种鸡场；2006年，投资510万元，建设了年孵化1 800万羽的孵化场，其后又6次投资5 900万元，扩建了种鸡场、孵化场。到2010年动工兴建饲料厂时，商品肉鸡养殖已达2 000万只，饲料的需求达到5万t/年。

把玖兴饲料纳入到玖兴农牧的产业链上的发展模式中直接的经济效益是，减少了在市场上“吆喝着卖”的市场开发成本，它构建的是企业的内需市场，具有发展的稳定性，玖兴饲料中需专注于饲料的技术开发、提高效率、保证质量的工作。

玖兴人深深懂得，养殖户是公司产业链条上的一个重要环节，但是这一环不是由产业链把养殖户死死“套”在链上的。养殖户是市场经济的主体，龙头企业也不是只有玖兴一家，其决定因素是利益。养殖收益最大化是所有养殖户追求的目标，实现这一目标需要企业的综合施治。

三、精心组织

一个完整的产业链企业，各个环节密不可分，相互依赖又相互促进。只有精心组织，才能形成聚合效应。

饲料在养殖成本中占65％～75％的比重，因而饲料有养殖“基石”之称。饲料的关键在科学的原料搭配配方。玖兴饲料的配方是在遵循肉鸡的生长发育规律科学的前提下，降低造肉成本，确保食品安全。

玖兴降低造肉成本中的“肉”的指标，是以屠宰的出肉率为基点的，然后从这个“点”出发倒推工艺流程，顺蔓摸瓜，直到找到构成“肉”的饲料结构配比的原点中去。道理很简单，追求的是肉，而不是脂肪；不是单纯地追求某个方面、某个单项指标的突出，是追求整个产业链的整体效益。例如，不顾一切地单纯追求料肉比，看似提高了转化率，实则是对饲料资源的浪费。

“做安全食品，为百姓健康”是玖兴的经营理念。玖兴从三个方面着手抓食品安全：

一是做老实人。公司经常教育员工讲良心、讲道德、遵章守纪，做老老实实的人，绝不做坑国害民的勾当。

二是办实在事。构建食品安全管理机制，抓好每一个细节，消除每一个隐患。食品安全从源头抓起。养殖的源头是种鸡。玖兴人从种鸡繁育、商品肉鸡养殖、屠宰加工、储运营销直到终端消费，全过程抓安全，任何一个环节都不能有疏漏。鸡的源头是饲料。对玖兴饲料的“两大主料”——玉米、豆粕严格把关，防止霉变原料混入，不使用添加剂，其他辅料也必须是正规厂家生产的产品，把《饲料质量管理规范》的国家规定，逐条落到实处。商品肉鸡养殖中绝对禁止使用违禁药品，对出栏前的停药期进行把控；玖兴熟食绝对不使用违反国家规定的添加剂；从业人员专职专责，并具有可追溯性。

三是监管到位，制度落实到位，食品安全的制度规定成为不可触碰的“高压线”。

“工欲善其事必先利其器”。玖兴饲料的设备是全套布勒生产线，在河北省范围内也是最好的。由一个具有丰富实战经验的管理班子带领着勠力同心、团结奋进的员工团队，并不断地培训“充电”，使玖兴饲料充满生机活力。

“客户、养殖户是公司第一财富”。公司一直把养殖户视为“财神”，是为玖兴“大河”汩汩注水的“小溪”，是公司“没有围墙的毛鸡生产车间”，两者是实实在在的利益共同体关系。帮助养殖户养好鸡、挣大钱，是玖兴发展的题中应有之意，发展养殖户就是发展自己。转化养殖管理理念，即由过去的用药“治”，改为“防”，“防重于治”，多年来制定了从理念、政策到服务一整套措施。公司还出台了补贴政策，帮助老养殖户改造饲料储存方式，把袋装饲料改为散装饲料，仅此一项每年就节省包材费400万元，返利于养殖户。

在推进养殖设施的更新换代水平上，提高资源利用率、增加养殖收入的大容量、笼养、智能化的第四代鸡舍改造正如火如荼地进行。为适应新形势的需要，以培养新型农民的“玖兴肉鸡养殖大学”也于2016年开办，第一批70余名学生首次接受肉鸡养殖系统教育。

目前，农民养殖热情的高涨和社会资本向肉鸡养殖产业的流动，给肉鸡养殖业带来一个发展的新的机遇期，一个年产40万t饲料的玖兴新厂正在谋划之中！

创新突破稳定品质 落实管理提高效率

——唐山三发普林饲料有限公司

唐山三发普林饲料有限公司始建于2004年1月，是唐山中红普林集团有限公司下属的独立法人企业。公司总投资2 000万元人民币，注册资本1 000万元，占地20亩，拥有员工90多名，其中高级水产工程师1名，水产师及畜牧师、工程师5名，各专业技术人员30多名。

为了扩大生产规模，提高市场占有率，公司于2012年10月投资7 150万元进行技改，新建成三福饲料厂，在三发现有3条水产饲料生产线的基础上，三福饲料再上7条高档水产饲料生产线。

2016年12月，公司投资580万元，将三发虾饲料生产功能全部转移到三福厂，能满足销售旺季5万t的市场销量（其中虾料2万t、鱼料2万t、膨化料1万t)。原三发保留一条生产线改建成畜禽线（主要是鸡料)，在三发增建两个1 000t的筒仓，储存玉米用，新增一套75KW的水滴粉碎机，将三发的另两条虾料生产线主机设备拆迁至三福，再次利用，三发鸡料年产量能满足6万t的市场销量。

改造完成后，三发年可生产水产饲料10万t，年可生产鸡饲料6万t。目前，公司总投资9 730万元，占地54亩，年设计生产能力16万t，采用国内外最先进的饲料成套生产设备，主要生产和销售对虾、淡水鱼等水产系列配合饲料、高档海、淡水鱼系列膨化饲料及畜禽（鸡料）料。

公司坐落于河北省唐山市滦南县城城西工业园区，濒临唐港高速公路，与天津港、秦皇岛港、曹妃甸港、京唐港咫尺之遥，地理位置优越，交通发达。便利的交通与公司健全的营销网络顺畅连接，促进了公司业务在河北、天津、山东、江苏、辽宁等广大地区纵横往来。公司产品现已打入国际市场，远销东南亚等国家，开创了河北省同行业中饲料产品出口的先河，公司产品受到了国内外用户的青睐。

公司注重品牌效益，产品被河北省技术监督局评为“河北省优质产品”，在同行业中荣获“河北省饲料行业十大明星企业”及“河北省饲料企业三十强”称号，公司的“SF”牌商标也被河北省工商管理局评为“河北省著名商标”。

公司秉承“至诚至精、追求卓越”的经营理念，以“诚信并重、顾客为本”为经营宗旨，严格遵守国家法律法规，建立完整的检验、检测体系，公司拥有一支高素质的研发队伍，设有专门的品控中心化验室，配备先进的检测化验设备，履行严格的进出厂检验和产品质量过程控制制度，确保生产销售一流的饲料产品。在做大做强现有产品的同时，注重产品工艺研发，不断更新配方，并与多所高等农业院校及科研单位紧密联系，通过饲料管理部门的指导，依据饲料法律、法规，吸收世界先进科技成果，不断提高完善自我，确保公司产品保持领先水平、产品质量稳定、饲料转化率高、水中稳定性好，用质量、信誉赢得客户，占有市场。

公司认真贯彻农业产业化发展战略，积极引导广大养殖户由成本高、易污染水质的鲜活饵料向低成本、高效益的合成饲料迈进，极大地推动了海水养殖及饲养模式的转变，带动广大养殖户提产增效。公司科学运作资产，千方百计谋求发展，本着对用户高度负责的责任感，制定“差异化”发展战略，在做大、做强现有产品的同时，注重产品工艺研发，不断更新配方，并逐步研制牙鲆、河豚、鲟鱼等特种和高档海、淡水鱼饲料，争做河北省第一家可供工厂化养殖的饲料生产企业。

公司注重以人为本，坚持“本本分分做人，诚诚实实做事”的原则，大力开展企业文化建设，以知识竞赛、技能比武大赛、演讲比赛、征文比赛、象棋比赛、拔河比赛等系列活动，充分调动每位员工的积极性和创造性，挖掘出每位员工的最大潜能，培养良好的团队精神、努力打造一支团结务实、积极向上的团队，并以昂扬的斗志、振奋的精神、饱满的热情，勇立潮头，打造百年品牌。

质量是企业的生命，是品牌的基础，是消费者利益所在。品牌是质量的集中体现，是企业竞争力的综合反映，是社会给予的无上荣誉。为切实保证产品质量安全，保证广大用户利益，维护品牌产品的信誉，公司重点从以下几个方面做起：

1. 履行质量主体责任，坚持诚信经营 强化质量与品牌意识，切实担负起质量安全主体责任，不断加强质量诚信体系建设，将“履行质量承诺、恪守质量信用”作为企业经营发展的基本准则，让诚信经营成为全体员工的共同理念。

2. 遵守法律法规，维护消费者权益 自觉遵守国家有关法律法规，做到证照齐全、合法生产，保证产品质量符合国家有关标准要求。坚决抵制和杜绝假冒名优产品、以次充好、虚假宣传等侵害消费者权益的行为。

3. 严格质量管理，不断追求卓越 三发普林公司是首批《饲料质量安全管理规范》示范企业，全体职工牢固树立“质量第一”的经营思想，大力弘扬精益求精的“工匠精神”，注重提升企业信誉和品牌形象，积极采用先进的质量管理方法，加强质量改进和质量攻关，注重技术创新和管理创新，生产过程全部微机控制，采用超微粉碎、膨化后熟化、油脂后喷涂等国际先进工艺。2016 年自动缝包机、码垛机的使用，减少了劳动用工，节省了成本。全面加强生产过程质量控制，自觉实施节能减排措施，为广大消费者提供优质放心的产品。

4. 加强企业自律，共创良好环境 坚持公平竞争原则，不侵害其他企业的合法权益。遵守市场经济秩序，不参加违法违规乱评比活动，不做虚假宣传，拒绝和抵制各种损害企业、消费者利益的行为。

5. 珍惜品牌荣誉，强化品牌管理 主动参与配合对产品满意度的走访和调查等活动，定期反馈企业质量、管理、技术、发展信息。自觉接受监管部门的监督管理，坚决杜绝出现违法生产经营、严重产品质量问题和质量失信行为。

6. 注重品牌建设，增强发展后劲 进一步夯实发展基础，加大品牌建设投入，壮大品牌实力，增强创新能力。积极参加质量提升、品牌培育、品牌宣传展示等活动，加强对标学习交流，争创更多的名优产品，切实发挥示范带动作用，帮助更多的企业争创名优品牌，为促进转型升级和供给侧结构性改革，建设经济强省、美丽河北做出更大贡献。

三发普林公司将在广大养殖户的支持下，以饱满的热情，勇立潮头，把优质的饲料奉献给广大养殖户朋友，为养殖业的繁荣和发展做出贡献。

创优质品牌　铸一流形象

——山西金粮饲料股份有限公司

山西金粮饲料股份有限公司（以下称“金粮饲料”）成立于 2012 年，2013 年 7 月投产，是一家集饲料研发、生产、销售为一体的大型饲料企业。

公司位于有“晋商故里”之称的晋中市，紧邻太旧高速、榆祁高速、石太铁路，交通极为便利，地理位置优越。公司占地 50 亩，总建筑面积 16 000m^2，包括饲料生产线、烘干车间、膨化车间、办公楼、筒仓、原料库、成品库、化验室、综合铺房等。具备年产 56 万 t 鸡猪全价饲料的饲料加工能力，是华北地区最大的单厂畜禽饲料加工基地。满产后年产值可实现 16 亿，利税 4 000 万元。

至 2015 年年底，公司总资产达 1.2 亿，实现销售收入 1.8 亿元，利润 900 多万元，纳税约 300 万元。2015 年 9 月公司在“新三板”挂牌（股票代码 833 562），现有员工 90 余人。2016 年 12 月通过农业部《饲料质量安全管理规范》示范企业验收。

一、设备先进，配套完善

公司生产线采用具有国际领先水平的成套布勒设备，3 个筒仓仓容 12 000t，拥有瑞士布勒原装进口、日处理 500 余 t 的玉米烘干成套设备，是全国率先使用该设备的企业。公司检测手段完善，拥有原子吸收分光光度计、近红外光谱仪、霉菌毒素检测仪等二十多组分析检测仪器，先进、完整的生产加工设备及检测设备和强大的仓储能力，使整个生产工艺流程从原料的接收、筛选、粉碎、配料混合、制粒到最后的成品打包，真正实现了全自动化、高标准化、高效率、低能耗和无污染操作，达到了金粮饲料一直倡导的“绿色、清洁、安全”的饲料加工理念。

二、研发团队阵容强大，技术先进

公司与国内农业高校和科研院所长期合作，尤其得到了中国科学院、中国饲料工业中心、中国农业科学院饲料研究所的大力支持，依托高端理论技术等优势，变技术为生产力、竞争力，通过企业真正实现创新，为企业的发展注入不竭的动力。

三、产品生产过程严密

为了让广大消费者用到安全、优质、环保、可信赖的好产品，金粮饲料公司严格控制每个细节，精选优质产区，从食品的源头开始精心种植、采收；拥有先进的科研和加工技术，最大程度保留原料的营养和新鲜，科学管理、分类仓储。从原料的接收到成品的打包严格把控各个环节，实现产品产生可追溯。公司是农业部第五批《饲料质量安全管理规范》示范企业。

四、产品系列完善，品质优良

公司研发生产了“适养源”系列猪、禽专用产品，产品投放市场四年来收到了良好的市场反馈良好，目前产品已经遍及省内各市县，并在局部市场形成了竞争优势。“适养源”牌猪用饲料已经在运城、阳泉、晋中、吕梁、长治等地占有较大的市场份额。

五、销售网点密布，营销手段多样

公司成立以来，大力开拓市场，在山西省内建立了一百余个销售网点，实现了省内销售的全覆盖。同时，公司积极创新营销手段，开通了微官网、微社区。实现了线上服务与线下经营的有机结合及互动发展。公司目前拥有客户数万名，年增加社会产值近10亿元，创造社会利润约2亿元。

六、管理规范，治理机制健全

2013年公司当选山西省饲料工业协会副会长单位，并顺利通过ISO 9001质量管理体系和ISO 22000食品安全管理体系认证及历次年审；2015年通过《晋中市中小企业局规范化管理标准》；2016年被山西省饲料办指定为2016年农业部《饲料质量安全管理》创建企业。

在未来的发展道路上，金粮饲料将严格把控生产过程中的各个环节，为客户提供安全、优质、可信赖的好产品及优质的服务，与广大合作伙伴携手合作，坚持走可持续发展之路，不断促进自然、社会、企业及人类的共生与繁荣，为中国饲料业及养殖业的发展贡献力量。

以科技为动力 以质量求生存

——内蒙古赤峰市大中高科技饲料有限公司

内蒙古赤峰市大中高科技饲料有限公司坐落于红山文化发祥地——内蒙古赤峰市，公司始终坚持“科技以人为本、功利回报社会”的办厂宗旨，多年来，致力于绿色、环保、安全饲料产品的研发生产，在饲料科技前沿积极探索不断创新取得了丰硕成果。

一、创新驱动，饲料项目列入国家级星火计划

专注于微生物平衡蛋白饲料的研发，2016年累计投入研发经费6 000多万元，其中机器设备厂房等固定资产投资达2 800万元。在现代生物工程技术指引下，将农作物副产品（秸秆、豆粕、米糠、小麦麸等）经过接菌、发酵、使粗纤维降解率提高，产生大量有益菌、活性酶、菌体蛋白、小肽、寡糖和多糖类物质，通过有益菌筛选、营养提取等生产工艺，使饲料利用率显著提高。该技术通过科技成果鉴定，经中国重大科技成果数据库查新，此项技术为全国首创、技术新颖。在研发这项技术过程中，企业同时获得了8项国家专利，企业独有的自主知识产权受到了国家保护。

微生物平衡蛋白饲料的研制成功，在饲料、畜牧乃至环保领域具有里程碑意义。该产品有以下优势：①具有酸、甜、醇香的特点，可提高动物采食量；②促进动物生长提高增重率10%～18%，提高畜禽自身免疫力，减少疾病；③不添加任何激素及抗生素成分，有利于人类健康；④提高农作物副产品利用率，无污染、无公害、秸秆变废为宝；⑤节约粮食20%～30%，降低养殖成本；缓解人畜争粮、人畜争地的矛盾；⑥全面实现生态养殖、绿色养殖，确保食品安全。该项目被国家科技部列为国家级星火项目，荣获政府科技进步奖和自治区科技创新奖。

二、树标杆做楷模，创建国家级饲料质量安全管理示范企业

大中高科技饲料公司被选定为农业部《饲料质量安全管理规范》国家级示范企业创建单位，公司始终把规范创建工作作为工作的重中之重，上下一心，攻坚克难，全力以赴做好创建工作。

公司派技术人员到德国、匈牙利、荷兰等国家及北京、深圳、杭州、呼市等地区进行调研学习，把先进的技术、科学规范的管理应用到本公司的生产实践中。

农业部专家组先后五次来公司进行专项审核辅导，给予了高度评价和赞许，提出了科学的规范方案。公司为当地饲料企业多次成功举办了“饲料质量安全管理规范”现场培训班，全市百余名饲料企业法人代表和负责人参观了大中公司生产线并接受了现场培训指导，取得了良好效果。

大中高科技饲料公司在国家示范企业创建工作中累计投资1 408.2万元，其中硬件规范投入1 392.2万元，新增技术人员30人、工艺创新28项，文件制度增至135项，公司总资产突破1.2亿元。目前，公司全面达到了生产操作自动化、计量品控微机化、质量安全规范化，每100s就生产出1t成品饲料，成为内蒙古生产能力最大的专业化高科技饲料企业之一。

2016年8月23～26日，农业部专家组一行四人对大中饲料公司进行了《饲料质量安全管理规范》现场验收。专家组严格按照《饲料质量安全管理规范》的要求，从7大版块、110个细目逐项进行了审核、评定，公司以952分的总成绩一举通过验收。

三、搭建平台，推动生态养殖事业健康发展

为了推广生态、健康的养殖技术，促进全市养殖业健康发展，由大中高科技饲料公司牵头，联合食品加工企业、农牧民养殖合作社、知名兽医、动物营养专家等发起，成立了赤峰生态健康养殖促进会，并开展了多种形式卓有成效的工作。

赤峰生态健康养殖促进会遵循“生态健康、绿色环保、食品安全、高端服务”的宗旨，通过开展生态健康养殖培训、无公害养殖技术推广、特色畜禽引进、养殖资源整合、产品供需对接、市场信息咨询服务等活动，传播了科学养殖知识和技术，将“微生物平衡蛋白饲料”迅速普及，开辟了“牛羊生态无草养殖”新模式，(25kg的羔羊，60d生态育肥，每只羊比传统育肥增加收入100元以上；200kg的犊牛，八个月生态育肥，每头牛比传统育肥增加收入600元以上，大大缩短了饲养周期，扭转了多年来农牧民养殖效益低下的局面，促进了全市生态养殖事业的健康发展。

2016年，赤峰生态健康养殖促进会在各旗县乡镇设立分会73个，发展会员3 000多人，指导建设生态牧场6个，举办生态健康养殖技术培训班8期，培训1 000多人次。承接了赤峰农牧学校全市农牧民致富带头人和畜牧兽医专业学生现场培训班四期，农牧民及学生560多人参加了培训。

通过国家星火计划项目的实施、创建《饲料质量安全管理规范》国家级示范企业的开展以及赤峰生态健康养殖促进会的建立，形成了以大中高科技饲料公司为代表的大健康产业格局，将以大中科技为标志全面推动健康养殖事业的发展。截至2016年，公司设立技术服务站600余处，直接帮扶养殖场（户）6 500余家，年出栏微生态健康牲畜约20万头（只），经济效益和社会效益再创新高。

饲料质量安全是食品质量安全的保障，在国家全面建成小康社会，推进“健康中国“建设的大背景下，赤峰市大中高科技饲料有限公司作为内蒙古第一家《饲料质量安全管理规范》国家级示范企业，一定能够在生态健康养殖事业发展中创造新的辉煌，做出新的贡献！

以安全为基础
以质量为保证
以法规为准绳

——嘉吉饲料（内蒙古）有限公司

嘉吉饲料（内蒙古）有限公司是一家美资企业，隶属于美国嘉吉公司的动物营养事业部。嘉吉公司的动物营养事业可追溯至1884年，经百余年的发展，已经成为全球最大的动物营养公司之一，为包括美洲、欧洲及亚洲在内的全球养殖客户提供有针对性的动物营养解决方案。除固定营养产品之外，嘉吉公司根据不同的农场状况来创建最佳的营养配方以及农场管理方法，提供有效的农场管理及营养技术来满足客户的多样化需求。到2013年年底，嘉吉动物营养目前在37个国家拥有311个工厂、17 000名员工，年生产量超过2 000万t，为100多个国家和地区的客户提供服务。

嘉吉饲料（内蒙古）有限公司位于包头市稀土高新技术产业开发区劳动路101号，占地面积约40亩，目前公司共有员工100多人，专科、本科、研究生（硕士或博士）专业技术人才共60余人，还有各类专业技术人员40余人。公司于2008年4月正式投产，公司所有生产机器设备均为瑞士布勒公司制造，中控室自动化控制系统设备则采用美国的Repete系统。

在产品方面，公司的主产品包括各阶段猪料、牛料、羊料等多种产品及服务。公司还利用先进的质量控制和管理体系为客户生产高质量的产品，拥有最先进的化验检测设备——NIR近红外线分析仪、进口三聚氰胺及毒素快速检测仪、HACCP食品安全体系，是内蒙古饲料业第一家正式通过SGS的HACCP食品安全体系认证的单位。在2014年，公司为了追求更高标准的食品安全体系，申请了挪威DNV公司的FSSC22000认证，嘉吉饲料（内蒙古）有限公司于2015年通过该权威认证。2016年11月8日，公司通过国家规范示范企业验收，嘉吉饲料（内蒙古）有限公司真正做到了“让广大养殖户喂上放心料，让全国人民喝上放心奶”！

公司极为关注客户服务，长期举行免费的技术讲座，开展用户会议，饲养展示、奶牛大学、技术培训、检测分析等多种服务项目，并长期在各地举行大型优秀农场日。为广大客户提供多项专业技术服务包括：各种畜禽各阶段饲养管理程序，农场环境系统分析，农场各种草样NIR系统分析，农场TMR日粮设计及系统分析，农场饲料配方设计，农场管理服务分析，畜禽养殖技术培训，畜禽各种疾病的预防及防治。同时，公司还秉承普瑞纳四元计划，通过培训让所有客户能够深入了解养殖的核心关键——优良的品种、完善的管理、严格的卫生、完全的营养。

公司年生产量可达10万t，销售区域分布在内蒙古的巴盟、伊盟、包头、呼市、乌盟及锡盟等地区。嘉吉作为饲养业的先行者，与世界各地的饲养者都建立了良好的合作关系，任何一个客户，无论规模大小，都保证客户随时能得到远远超出其产品本身的服务和价值。

公司的价值观是：正直诚信、尊重他人、全心服务、渴望成功。公司的目标是：确保安全、全员敬业、社区受益、盈利增长。公司的愿景是：成为内蒙古业界首选的合作伙伴，并以拥有一流的人才和卓越的技术而著称，为大草原带来营养，为草原儿女创造独特的价值。

公司基于以上运营理念，在内蒙古当地获得了较好的口碑。公司坚持“以人为本，以安全为基础，以质量为保证，以法规为准绳”的原则，积极增加安全设施，努力推进规范的实施，经过1年的时间，在包头饲料办、自治区饲料处和农业部专家组的指导和帮忙下，最终拿到了国家级规范示范企业的称号。2016年公司具体的规范创建工作如下：

1. 基础创建期 2016年1～5月属于规范基础创建期，在此期间，公司先后参加自治区和包头饲料办组织的规范讲座，然后公司集中组织员工培训5次、岗位操作规程和制度培训15次。通过培训和实际对比，分工合作，将基础的制度文件和操作规程以及相关的记录完成。

2. 自我检查和完善阶段 2016年6月初，公司建立规范实施小组和检查小组，定期开会进行分工，每人负责一部分进行检查，检查后进行讨论、总结，并制订行动计划，小组组长对行动计划进行跟踪、检查、确认。然后再进行二次交叉检查、讨论、分析、改进，直到所有小组成员都认为规程、制度、记录与规范一致。历经1个月的时间，完成了自我检查和完善的阶段。

3. 邀请外部指导、检查阶段 2016年7～8月，邀请包头饲料办、自治区饲料办对公司的文件、记录和现场进行指导并打分，对饲料办领导提出的意见进行积极改进，在此期间，自治区领导又帮助公司邀请了农业部的专家对公司进行指导。通过此次的指导，让公司的规范小组成员真正地了解了规范的意义和实施规范的好处。在验收过程中，专家对公司的化验室提出了重要的指导意见。

4. 规范整改验收阶段 2016年9月，公司对化验进行了重新规划、设计，历经1个月，投入资金18.35万元对化验室进行整改，使化验室面积从原有的$40m^2$增加到$80m^2$。公司还将原来的生产部办公室和会议室的一部分扩建为理化分析室，理化分析室增加了一个3.8m的中央实验台、3.5m的实验边台和一个器皿柜；将原有的毒素测试间改为精密仪器室，在精密仪器室增加空调，增加了两个2.2m的实验边台；将原有的理化分析室变更为高温室，在近红外仪器室旁边设立一个天平室，原有的天平室用于存放冰箱和冰柜；同时根据国标法将购买了所需要的全部化学试剂，于2016年9月24日开始完全实施五项检测；根据法规要求购买了两台化学试剂储存柜，一台专门存放酸类试剂，另一台专门存放碱类试剂。最终，公司在2016年11月初通过了国家专家组的验收，成为国家示范企业。

嘉吉饲料（内蒙古）有限公司在内蒙古自治区各级政府及领导的大力支持、帮助和关心下，业绩正在与日俱增，不断创造辉煌。同时，公司还会不骄不躁，再接再厉，发扬光大，继续创新，争取成为内蒙古最优秀的动物营养公司，成为内蒙古业界首选的合作伙伴！

依托集团实力
打造反刍饲料品牌

——赤峰大北农农牧科技有限公司

赤峰大北农农牧科技有限公司是大北农集团全资子公司，隶属于大北农（反刍）集团。大北农集团是以邵根伙博士为代表的青年学农知识分子创立的农业高科技企业，自1993年创建以来，大北农始终秉承“报国兴农、争创第一、共同发展”的企业理念，致力于以科技创新推动我国现代农业发展。

集团产业涵盖饲料、动保、疫苗、种猪、生物饲料、种业、植保等方向，拥有28 000余名员工、1 500多人的核心研发团队、200多家生产基地和160多家分（子）公司，在全国建有10 000多个基层科技推广服务网点。自2010年4月9日在深圳证券交易所挂牌上市以来，集团实现了飞速发展，成为中国农牧行业上市公司中市值最高的农业高科技企业。

赤峰大北农农牧科技有限公司注册资本4 000万元，占地72亩，其中规划用地$48\ 040.56m^2$，总建筑面积$12\ 363.3m^2$，工程项目总投资1.2亿元。赤峰大北农农牧科技有限公司是专业做牛羊饲料的高科技企业，也是内蒙古地区产能最大、设备最先进的饲料企业，现有员工120余人，其中本科以上学历所有60余人，同时拥有雄厚的资金保障、生产实力和先进的科研技术，还拥有强大的管理团队、专业的品质管理队伍和完善的质量保证体系，确保了产品质量的优异与稳定。

2016年8月24日，农业部《饲料质量安全管理规范》（以下简称《规范》）专家组在内蒙区各级饲料畜牧管理部门领导陪同下，对赤峰大北农申请的《规范》示范创建开展现场审核验收。

依照《规范》8章44条款，农业部专家组从“原料采购与管理、生产过程控制、产品质量控制、产品贮存与运输、产品投诉与召回、培训、卫生和记录管理”七大方面110个细目逐项进行了现场与体系文件审核。

专家组高度赞扬了赤峰大北农饲料质量安全管控工作扎实有效，充分认可全员参与《规范》氛围浓厚，稳步推进《规范》扎实落地取得实质性进展，有序组织实施《规范》示范企业创建工作成效显著。专家组一致同意赤峰大北农通过农业部《规范》专家组现场验收。迄今，大北农旗下获得农业部《规范》验收的企业数已上升到20家，继续稳居行业领先地位。赤峰大北农是全国首家通过农业部《规范》的专业反刍料企业。

赤峰大北农取得农业部《规范》标杆企业是忠实践行《创业者宣言》的具体体现，是激励内蒙古反刍料市场营销新的引擎原动力。大北农20家工厂通过农业部《规范》验收证明了集团大后勤保障体系采购、生产、技术、品控、售后服务管理迈上新台阶。

赤峰大北农2016年的产品销售收入达3 514万元、主营业务利润752.05万元，缴纳税金27.15万元，固定资产净值3 378.88万元，资产总计4 831.81万元，资产负债率为24.25%；2015年荣获自治区级两化融合试点企业；2016年8月24日通过农业部饲料质量安全管理规范试点企业；2016年11月荣获赤峰市农牧业产业化重点龙头企业。到目前为止，公司有发明专利1项、实用新型13项。

公司依托集团雄厚的资金实力、高端的人才队伍、强大的创新能力以及现代物联网技术、计算和大数据平台，不断推动企业工业化和信息化的深度融合，在农牧反刍饲料行业具有无与伦比的优势和产品市场竞争力。公司用互联网的理念建立安全高效生产及综合服务互联网体系，采用国际最先进的正昌生产工艺建设年产18万t智能化高档猪饲料生产线。

公司信息化应用较为全面、综合集成水平高、效益明显、保障能力强、具有较高的推广价值。一是对饲料产品实现可追溯管理，实现状态识别、品牌保护及产品安全。二是通过大北农公司的农信商城、信息管理系统以及云平台实现各个系统的无缝对接。三是研发、生产、品管等车间直接与大北农整个大数据平台相衔接，基于互联网数据分析中心对数据的分析结果做出研判并指导研发生产解决技术难题。四是通过智能化工厂建设，项目较同行业生产厂家成本节约8%，生产效率提升约20%以上。

内蒙古地区是全国最大的牛羊肉和奶制品生产基地，内蒙古事业部依靠当地良好的投资环境和大北农集团自身的优良发展机制，已经与当地的核心养殖户、核心示范户和经销服务事业合作伙伴建立起了良好的合作关系。公司将凭借科研、人才队伍以及生产、品控优势，同牛羊饲料全球第一进军。

食品安全为本
产品质量为先

——英联饲料（辽宁）有限公司

英联饲料（辽宁）有限公司隶属于英联（中国）动物营养集团（ABNA）和英联农业中国（AB Agri China），是欧洲最大的食品公司——英国联合食品集团（ABF）在中国投资的全资子公司，主营饲料研发、生产和销售，是致力于生产并提供高效禽料、猪料和反刍饲料的专业化大型饲料生产企业。公司投资总额为3.8亿元人民币，注册资本为2.4亿元人民币，年生产销售饲料22万t，销售收入7亿元人民币，在职员工350人。2016年4月通过农业部专家组验收，成为辽宁省第一家《农业部质量安全管理规范》示范企业。

1998年，ABNA集团开始进入中国，并与海城当地一家信誉良好的民营企业合资成立了辽宁辽河英鹏（爱民）饲料有限公司。2004年9月，ABNA集团加大了在中国的投资力度，辽宁辽河英鹏（爱民）饲料有限公司转变为ABNA在华独资企业。2006年3月，英鹏与爱民合并，公司正式更名为英联饲料（辽宁）有限公司。

2005年至今，英联饲料（辽宁）有限公司多次被评为工商局免检企业、省饲料行业“3·15”宣言承诺单位、省名牌产品、省著名商标、海城市纳税五十强企业、腾鳌开经济开发区纳税前十强企业等称号。

英联饲料（辽宁）有限公司依托在英国企业的标准，全面管理禽料、猪料、反刍料、预混料生产线的运营，全套引进行业先进水平的饲料生产设备（0.2%预混合机、叉车作业、自动码垛机、智能扫码系统等），生产和加工过程全程计算机监控。通过并严格执行国际品质控制程序（ISO 22000食品安全体系和ISO 9001质量管理体系），配备近红外分析仪（NIR）、液相色谱、原子吸收和酶标仪等检测设备，从原料供应商的选择、原料采购及储存、配方执行、生产到成品全程实行严格的品控程序，并建立产品追溯制度，以确保饲料安全。英联饲料（辽宁）有限公司立志向农产品消费者提供高品质的、具有高附加值的产品，确保使用最优质的原材料以及每一批出厂的成品不仅是国家标准合格产品也满足ABNA自身高水平的要求。

作为英国在华独资企业，英联中国动物营养集团在动物营养领域有着140年的技术沉淀和经验积累。集团秉承母公司重视质量及产品安全的优良传统，始终坚持“食品安全为本、产品质量为先、坚持诚信经营、追求顾客满意”的质量方针，旗下所属公司全部通过ISO 9001质量管理体系和ISO 22000食品安全管理体系认证。作为专门的质量控制部门，集团及各公司品管部配备专业化的品质控制人员，与采购部、生产部、技术部等相关部门共同协作，对原料开发使用、成品加工过程及产品使用进行全方位的质量控制。

优质的产品离不开优质的原料。集团结合 AB-Agri 先进的原料控制经验，在新原料的开发、数据库的设计、合格供应商审批等方面具有专业而独特的经验。严格的原料验收流程，保证了进货原料在感官标准、营养标准、卫生标准等方面符合公司质量要求。同时公司拥有专业的供应商审计人员，对供应商现场进行不定期抽查审核，发现问题要求整改，并及时淘汰低端及不合格供应商，从而整合出行业优质的供应商队伍，为公司提供优质的原料打下了坚实的基础。

在生产中严把质量关。集团各公司采用全自动饲料生产线和配料系统，保证生产过程中的每一个环节准确并具有可追溯性。小料配料条码扫描系统确保添加的微量成分准确无误；专线生产避免交叉污染，确保饲料安全。过程品控人员全程巡视，从原料使用、加工参数的核对到半成品、成品的抽检检验，为生产优质产品提供保障。“工欲善其事，必先利其器”。集团各公司建立了管理完善、技术全面的化验室，各公司化验室拥有先进的 NIR 检测仪器，以保证原料、成品的快速检测。HPLC 高效液相色谱仪及原子吸收光谱仪、高精度酶标仪等先进设备的使用，保证了对原料及产品进行多种维生素、矿物质、重金属及多种毒素的检测，数据准确、检测快速的特点保障了原料及产品的质量。同时，集团每年提供大量的资金预算，购置先进的检测设备，保证技术的持续提高。为加强质量风险管控，英国总部及集团公司每年会对所有下属公司进行 QS 审计，检查质量体系的执行并分享先进的管理经验，以保证各公司同步发展。先进的技术、完善的流程、严格的管理及精益求精的态度，成就了英联中国动物营养集团优质的产品，在赢得市场的同时，也为各公司健康的发展保驾护航！

作为行业内领先的动物饲料企业，公司致力于为客户提供安全且具创新性的产品、服务和解决方案，实现利润增长。秉承着“性能和价值”的价值观，公司提供高性能和高饲料转化率的产品，带给客户优异的投资回报；秉承“高品质和饲料安全”的理念，公司注重供应链可追溯的重要性，通过供应商审核和生产环节确保饲料产品质量安全；奉行“专业技术服务”的宗旨，解决客户技术问题。在绿色环保的大理念下，利用欧洲无抗日粮生产技术最大限度地降低在中国区产品抗生素的使用，充分发挥欧洲在发酵提取领域的技术优势，在饲料中广泛应用益生素和植物提取物等功能性饲料成分，在保证动物营养需求的同时最大程度提高动物集体免疫性能和健康状况，同时最大限度提高客户的养殖效益。

开发的产品不但满足动物生长阶段的营养需求，还符合中国客户的饲喂方式要求。英联农业中国与英联食品工厂有着共同的食品安全理念，严格坚守产品质量，从大宗原料的选择到生产加工、储存和运输过程，都有严格把控，确保饲料产品质量安全。公司还拥有完善配合与营养评估系统和生产研发与评估系统。经过整合，目前 ABNA 集团产品包括“英联”“英联爱农”和“英联爱博恩”三大主要品牌，其产品涵盖蛋鸡、肉鸡、肉鹅、乳仔猪、中大猪、母猪、奶牛、肉牛和肉羊多个动物品种的不同阶段饲料。

针对不同地区的养殖特点，为用户提供预混料、配合饲料和浓缩饲料系列产品。多年来投放市场的产品深受广大养殖户的欢迎和信赖，其中 A100 系列、E 系列和 55 系列产品被市场认可为 ABNA 的明星产品，产品销量和客户数量逐年攀升。公司与诸多养殖场合作建立 ABNA 指南针规划牧场，与广大养殖战略伙伴共同成长。在大力投资产品研发的同时，公司也非常重视食品安全和饲料安全，集团全套引进世界先进水平的生产设备和品质控制程序，整个生产全程电脑控制。配备近红外（NIR）、液相色谱、原子吸收和酶标仪等先进检测设备。从原料供应商的选择、原料采购及贮存、配方执行、生产到产品全程实行严格的品控程序，并建立产品追溯制度，以确保饲料安全。集团 6 家饲料企业均已通过 ISO 食品安全（ISO 22000）和质量管理（ISO 9001）体系认证。

企业在创造良好经济效益的同时，也创造了巨大的社会效益，有力地促进了辽宁省养殖业、粮食加工业的发展（年转化粮食 50 万 t），对饲料原料业、种植业、原料加工业、养殖业、养殖产品深加工业、营销业等相关产业模式起到了良好的推动作用，对辽宁省农业、畜牧业及食品业的良性发展也起到了不可估量的作用。在未来的发展道路上，英联饲料（辽宁）有限公司将与业界同仁和广大养殖户一道为中国饲养业的健康发展和人类健康做出积极的贡献。

构造“质量　环境　安全”一体化的管理体系

——正大预混料（沈阳）有限公司

正大集团作为中国改革开放后第一家在华投资的外商企业，30 多年来秉承“利国、利民、利企业”的经营宗旨，积极投身中国改革开放事业。正大预混料（沈阳）有限公司是正大集团的全资子公司，公司成立于 2001 年 9 月，原名为沈阳亿万饲料科技有限公司，是正大集团专业化生产预混合饲料的厂家。公司以高质量、高技术、优信誉、优服务为宗旨，为集团内外各饲料企业提供专业化的预混料产品。公司本着加强经济合作和技术交流的愿望，提高产品质量，降低生产成本，开发新产品，为中国及辽宁省的饲料和畜牧业做出贡献，并在质量、价格等方面具有市场竞争力，取得了良好的经济效益和社会效益。公司现有员工 98 人，其中专科学历以上员工占 72%，中级职称以上员工占 35%，拥有一支包括畜牧兽医、动物营养、饲料加工、机械工程、经济管理等多种专业人才的技术队伍，自 2002 年 6 月正式投产以来，销售网络遍布东北三省及内蒙古东部、河北部分地区，并在各销售区域设有多家客户服务中心，为广大客户及时周到地提供各项专业服务。

公司原址位于沈阳三环以内，处于沈阳市铁西新区。由于城市化进程的快速发展，原厂址周边已经开发成高档住宅小区，同时饲料厂所处地块也被政府规划为商业用地。为了响应政府的号召，适应政府新的规划要求，实现土地利用价值最大化，公司积极配合政府做好饲料厂的搬迁工作，经过调研和规划，最终决定在沈阳经济技术开发区西部重新选址。经过两年的准备工作，2014 年 5 月年产 6 万 t 预混料项目正式开工建设，项目占地 2.85 万 m^2，生产车间、仓库建筑共 8 000m^2，一期项目规划 2 条生产线。该项目经过一年多的施工建设，于 2016 年 1 月正式投产。

正大集团是国内饲料行业的领头羊，预混料事业线更是集团核心产业线，正大预混料（沈阳）有限公司作为其中一员，秉承集团科学的管理制度，领先的配方技术，配合先进的生产技术，统一规划、统一设计，主要设备采用瑞士布勒（buhler）公司专门设计的专业化混合饲料（premix）生产设备，配合先进的计算机控制系统，可实现生产控制、生产管理和数据管理等功能。采用合理的混合工艺，保证混合均匀度高；凡与原料及产品成品接触的设备（混合机等）、管道和料斗等都选用不锈钢材质，防腐蚀性较强。配料工艺是预混料生产中的重要环节，配料间采用不锈钢墙面，地面采用环保耐腐蚀的环氧树脂地面，墙面与地面接连处采用圆弧设计，避免原料残留，配料器具采用不锈钢圆筒，一料一勺。为保证配料准确度，明确配料秤的精度要求，采用条码配料系统（黑金刚），大大提高配料精准度。混合工艺是预混料生产的核心工艺，对混合的均匀度要求高，混合机的变异系数要小于 5，残留少小于 100g/t，同时在生产不同品种的产品要预先洗仓，避免交叉污染。大宗原料采用吨包包装，大大降低粉尘、提高效率。2016 年公司智能化码垛机器人的应用，节省了码垛人员，使工人从繁重的劳动中得到解脱，确保了成品入库、出库更加整洁高效。

品管部是公司质量管理及检验部门，主要负责原料和产品的质量管理，该部门配有许多先进、大型的精密仪器，能随时对生产全过程的产品质量进行监控，为及时、准确地出具检验结果提供了良好的条件，为选用优质原料和生产高品质产品提供了可靠的保证。公司品管部现有人员 4 人，其中本科以上学历 2 人、专科 2 人，覆盖化学工程、化学分析、生物技术等不同专业，都有农业部颁发的化验员资格证书。化验室包括高效液相色谱室、矿物及微量元素检测室、微生物检验室、常规分析室、天平室、化学药品储存室、留样观察室和两个前处理室。品管部仪器大部分为进口仪器，主要设备有高效液相色谱仪、火焰原子吸收光谱仪、粗蛋白分析仪、紫外-可见分光光度仪、酸度计、高温炉、恒温干燥箱、电子天平等。

公司已通过 ISO 9001 质量管理体系认证和 ISO 22000 食品安全管理体系认证，预混合饲料产品已形成多项系列，涵盖猪、肉鸡、蛋鸡、鸭、牛、羊、水产等诸多品种，广泛适用于不同规模的养殖场及饲料厂。公司采用正大集团先进的配方和高科技技术，近几年来发展迅速，并严格遵守国家各项法律法规，重视饲料安全。先进的管理理念、稳定的质量、高科技的配方、优越的技术支持、完善的销售队伍使公司在广大养殖户心目中树立了良好的形象，客户对公司的产品非常满意，客户通过使用公司产品提高了养殖水平，降低了综合成本，获得更大效益。

2016 年 9 月农业部派出专家组对正大预混料（沈阳）有限公司进行《饲料质量安全管理规范》示范企业现场验收，分别对原料采购与管理、生产过程控制、产品质量控制、产品贮存与运输、产品投诉与召回、培训、卫生和记录管理等 110 个细项进行严格的现场评审。专家组全面了解了相关工作的具体执行情况，并一致认为正大预混料（沈阳）有限公司员工认真学习和贯彻落实《饲料质量安全管理规范》，高度重视并积极组织实施《饲料质量安全管理规范》示范企业创建工作，最终顺利通过审查验收。通过《饲料质量安全管理规范》示范审核验收工作标志着我公司的饲料质量管理水平在全国居于前列。

质量管理是一个不断坚持、严格控制的过程，精益生产能帮助企业减少生产中的浪费和企业的库存问题，以饲料质量为主导进行生产。公司的饲料配方由正大集团的国际顶尖科学家联合研制，使用先进的配料系统，达到了饲料行业前所未有的配料精准度。同时，公司还拥有先进的品质检测仪器，不仅对进厂原料进行 100%抽样化验，而且对整个生产过程实施全过程监控，保证了每一个批次饲料的高品质。在项目现场管理方面，实行“6S”标准化现场管理，对每个区域都进行详细地划分，每天不间断地清理、巡视，以保证车间无积尘地安全生产。

2016 年，正大预混料（沈阳）有限公司全体员工积极践行正大集团六条核心价值观，用努力和汗水，实现理想和目标。2017年，公司将继续努力，以实际行动践行集团愿景——“做世界的厨房、人类能源的供应者”！

精准营养专家 只为一杯好牛奶

——长春博瑞饲料集团有限公司

2005年，秉承“成为世界一流农牧企业”的美好愿景，坚持“完善自我，追求卓越”的行动纲领，博瑞沐朝阳磅礴东方，托起奶牛精准营养的东方欲晓，扬帆起航。

以精准营养为源，构筑产业；以研发为根，勇于探索；以饲料为依，驱动发展；以服务为擎，科技精准；以贸易为助，深化平台。积极构造研、产、销、服为一体的企业创新模式，全心打造有高度、有深度、有态度的专业化动物营养公司。

十余年来，一批又一批博瑞人凝心聚力，走在科技牧业的第一线，敖包明月、南海琼疆、白山黑水，都留下了他们奋斗的足迹和辛勤的汗水。他们的服务遍及东北、西北、华北、华南、华东等20多个省、市、自治区，年生产能力100余万t。目前，长春博瑞、石家庄博瑞已成为国家级“饲料质量安全管理示范企业”，集团还获得“2016年中国畜牧饲料行业十大科技产业化进步奖”“全国饲料优秀创新企业”“农业产业化省级重点龙头企业”“吉林省著名商标”“吉林省优秀十佳诚信单位”“吉林省农产品加工业百强企业”等荣誉。各公司已全面通过ISO 9001质量管理体系和ISO 22000食品安全管理体系的认证。集团与蒙牛、伊利、完达山、贝因美等乳品企业建立了长期合作伙伴关系。同时，与现代、三元、澳亚、嘉立荷、原生态、中地、宁夏农垦、黑龙江农垦等牧业集团建立长效机制，协调携建，共同实现不断跨越、不断突破。

这里，“零领导”的领导观与“凡事负责任”的做事原则相融。集团坚持以人为本的人才战略理念，以弘扬“黄埔精神”为使命，沿术德兼备之脉，行存成务实之道，创办“博瑞黄埔培训班”，以每年寒暑两期为时间点，十余年来，从未间断，始终如一。培训采取军事化封闭管理，受众面向高校毕业生和新入职员工，倡导“百折不挠，励精图治”的黄埔精神。目前，已成功输出优秀学员近2 000人。

2015年7月，集团创办成立博瑞商学院，以打造精英团队、培养行业人才、优化行业体系为使命，以建设畜牧行业一流企业商学院为愿景，与行业专家伙伴、专业培训机构、农业高校达成战略合作，是当前国内第一家专业的农牧企业商学院。

这里，“专注奶牛科技”的企业定位与“问题到我为止”的工做事原则相通。博瑞拥有一支专业水平高、科研能力强、充满活力的科研队伍。于2010年组建吉农博瑞奶牛科技研发中心，以与吉林农业大学深化校企合作为依托，推进校企合作的新时期典型模式。集动物营养研究、人才培养、社会服务和应用推广位一体，利用世界先进的大型仪器设备，深入开展奶牛关键饲养阶段新产品的开发、微生物发酵代谢物组变化规律、营养与免疫、饲料原料营养价值分析、新产品评估等方面的工作，并与意大利帕多瓦大学和polispec合作共建饲料原料NIR数据库。自2012年以来，集团先后承担吉林省科技厅“双十重大科技攻关”项目和多项重大专项课题，开发了犊牛开食料、福达姆、能醇、妞妞乐和阴离子盐等产品，申请专利10余项，先后在国内外学术期刊发表学术论文70余篇。

这里，“用事实说话”的产品理念与“创新成就梦想”的创新观相长。博瑞根据当前我国奶牛养殖行业已经进入成本控制和标准化管理的新常态阶段，审时度势，率先提出“精准营养，节本增效”的营养理念，将全国各地牧场所有的粗饲料进行广泛采样与营养检测，再对所得检测结果进行科学归类和统计分析，细分结构差异，有针对性地制定配方，推出模块化系列产品，实现牧场奶牛日料营养的区域化精准供给，真正做到客户利益最大化，原料潜能高效化，节本增效落地化。其中，模块产品中的高端产品——犊牛开食料（JS 9901）荣获“中国畜牧行业2016年十大科技产业进步奖”。

这里，“以安全为前提”的“8S”工作准则与“制度为先”的管理原则相彰。博瑞顺利通过中国农业部验收，成为《饲料质量安全管理规范》示范企业，依托机械与人工相结合，以《饲料质量安全管理体系》为根基，以安全生产为前提，以质量管理为中心，立势行业安全生产新坐标，带动周边畜牧行业生产的规范与发展。

这里，“量身打造合作方案”与“驻场跟踪服务模式”相会。2016年，博瑞纵观国际乳业形势，发现国内的奶牛品种和牧场硬设施并不落后于国外奶业发达国家，部分规模化牧场甚至达到国际领先水平，然而与国外相比，国内养殖成本仍然很高。基于此，博瑞适时调整了战略重心，率先提出“精准营养，节本增效”的理念，为牧场提供精准营养整体解决方案，在提高养殖效益和养殖水平的同时降低饲养成本。很多牧场在博瑞的帮助下，千克奶饲料成本降到2元以下，一些牧场甚至更低。据客户反馈，2016年博瑞通过为客户提供精准营养解决方案，降低千克奶成本和提高单产水平的增收超过了1亿元。

为了能够帮助牧场客户发挥原料的最大生产效能，促进牧场效益最大化，博瑞开发了奶牛精准营养管理模式，成立了精准营养专家团，通过精准营养"八部曲"在牧场逐步的落实，精准分析牧场现状并结合模块化的产品，为牧场设计出最适合的TMR日粮配方，从而使牧场营养配方设计的及时科学性有效实现。40余个服务站、近400人的技术团队深入牛场，帮助牧场落实解决方案，给牧场提供降低成本、提高效益的方法，坚持"授之以渔"的理念，从根本上解决牧场高养殖成本的问题。

这里，责任彰显，大爱情怀。博瑞始终坚持"企业承担责任，品牌应有担当"的社会责任观，默默践行公益事业，聚焦提高行业能力。本着发挥自身优势、提高行业内专业素质和创业能力的美好愿景，主办博瑞奶牛大学十余期、牧场管理论坛二十余期，开展地方性技术论坛1 100余场，义务培养学员12 000余名。着眼架起校园桥梁，为吉林农业大学、吉林农业科技学院、黑龙江八一农垦大学、河北科技师范学院等10余所高等学府的2 000余名大学生提供假期实践平台，累计召开100余场企业宣讲会，为1 000余名高校毕业生提供就业岗位。立足践行社会职责，开展走进校园、福利院，赈灾募捐等公益援助。

筑一程璀璨，初心不改；谱一曲恢弘，顿作丹青。博瑞十余年专注，十余年感恩，沿着不变的梦想与执著，求真务实，砥砺奋进。任世间风起云涌，始终逆流而上，用行动诠释企业理念：博瑞精准营养专家，只为一杯好牛奶。

担起行业使命 不断开拓进取

——长春金新农饲料有限公司

长春金新农饲料有限公司成立于2012年，是深圳市金新农饲料股份有限公司旗下的第14家全资子公司，总投资5 000多万元，占地26 000m²，坐落在"北国春城"长春经济技术开发区玉米工业园区。自投产以来，长春金新农外抓市场拓展，强化服务意识；内抓企业管理，严格进行质量控制体系管理，保障内部质量运行控制的可靠性，确保产品质量，努力实现将金新农饲料打造成吉林省第一品牌的目标。近年来，长春金新农饲料有限公司在吉林省饲料行业中一直保持稳健快速的发展态势，为促进吉林省饲料工业及养殖产业的快速发展做出了应有的贡献。目前，公司拥有国内一流生产线，通过自主研发，掌握教槽料核心技术、配方和工艺，主要生产猪用教槽料、浓缩料及猪用配合料，已建设成为专业的现代化样板工厂。在2016年，为了依法推进《饲料质量安全管理规范》，树立饲料企业质量安全管理标杆，长春金新农积极响应农业部及股份公司的号召，争创示范企业，于2016年3月17日顺利通过农业部《饲料质量安全管理规范》验收专家组现场验收，成为吉林省首家通过农业部《饲料质量安全管理规范》的猪用饲料生产企业。

长春金新农成立伊始，就秉承着"伙伴天下，共同成长"的核心价值观。围绕这一核心价值观，企业在运营管理的方方面面都构建了内涵丰富、全面系统的行为习惯和经营理念，成为公司在吉林省发展壮大的内生动力。2016年，公司秉承"伙伴天下，共同成长"的经营理念，以"致力于成为中国优质猪饲料最佳供应商，打造中国健康养猪的标杆企业，成为中国养猪企业首选的合作伙伴"为愿景，以"共赢、创新、担当、低调"为核心价值观，以"全情投入，持续卓越"的企业精神及"科技兴农，行业典范"的企业使命，促进中国养猪业健康、持续发展，并忠实担负起为广大消费者提供健康安全食品的社会责任。金新农股份公司拥有两项教槽料发明专利，通过自主研发，掌握教槽料核心技术、配方和工艺。长春金新农依托股份公司先进的技术支持，已形成猪用饲料的规模化生产与销售体系，促进吉林省养猪业健康、持续的发展。

公司为了完善新厂的建设，提高员工整体素质，在强化内部管理的同时，加大了对员工素质和技能的培训力度。公司特邀饲料行业专家、教授对员工进行培训，并在全公司范围内实施"7S"现场管理。对公司各岗位实行定岗定责、奖罚分明的管理制度，同时，狠抓质量关，把"精准、精英、精品"作为金新农人的战略目标。

质量是企业的生命，要把好质量关，就要从源头抓起。饲料行业的源头就在于原料，公司每一批原料的使用，都经过了严格的化验检测。只有经过检测合格的原料才能投入生产使用，凡检测不合格的原料，一律不允许使用，并立即作退货处理。在生产过程中，由公司品控部进行全程跟踪，对整个生产过程严格控制、层层把关，只有这样才能有效地保证产品质量安全。

股份公司大力发展科技创新，专门成立了饲料研究中心，在饲料安全和营养配方上进行研究，每个新的配方产品在推向市场前，必须在基地试验成功后才能投入市场。长春金新农积极响应股份公司的号召，把科技创新作为企业发展的原动力，大力引进高精尖技术人才和一流的检化验设备。随着科技投入的加大，长春金新农的产品在吉林省市场上逐渐得到了广大用户的好评，为吉林省农牧经济的发展和养殖户增收做出了一定的贡献。

在对外经营方面，长春金新农与吉林省养猪企业结成战略联盟，建立合作共识，共同推动养猪产业化发展。长春金新农不止向客户提供优质的饲料和超值的服务，让经销伙伴赚钱，让用户养猪更轻松，更重要的是向客户提供养猪整体解决方案。多年来，长春金新农依托金新农股份强大的技术、研发平台，通过拉网式的宣传培训和典型带动，向广大养殖户传播先进的养殖观念和养殖技术，全面规范饲养管理，特别针对不同养殖条件提供成套的养殖方案，主要通过免疫程序设计、保健方案制订、猪场疾病诊断、养猪目标数字化分析建立饲养饲喂程序，最终发挥生产潜能，使养猪效益最大化。公司争取在未来的终端竞争中，通过服务体系建立一套培训终端、发展终端、抢夺终端的强大模式，不定期通过专家服务团对用户组织培训，使其经营和管理保持良性发展，将长春金新农帮扶农户、共同成长的共赢理念深植到每个养殖用户的心中，让广大养殖户得到真正地信服，并切实地得到实惠，打造数字化金新农养猪模型。

自 2016 年起，由于各地物价不断上涨，各种饲料原料价格也随之上涨。针对这种情况，公司为了保证养殖户的根本利益，保持产品价格稳定，采取了降低成本的措施。在生产方面，我们努力做到节能降耗，如降低电耗、气耗、油耗，减少浪费等。长春金新农业大学力强化内部管理，不断完善公司各种规章制度，提高员工整体素质。我们知道只有不断完善自身，努力前进，才能把企业做大做强，以适应当前发展形势。长春金新农还将大力扩展业务，扩大现有畜牧养殖的规模。这样以养殖带动饲料，不仅可以增加饲料的需求量，还可以带动养殖户共同发展，实现企业与合作伙伴的共赢。

追求品质卓越
尽显企业精华

——哈尔滨普凡饲料有限公司

“品质是产品的灵魂，科学品控是为其提供保障的有效手段。”卢德秋董事长持“企业致力于成为膨化熟化类原料加工质量最稳定、最优秀的制造者”这一理念，于 2001 年创立了哈尔滨普凡饲料有限公司。普凡饲料从成立至今已走过了 15 年的风雨创业路，现已成为年生产能力 50 余万 t，年销售 20 余万 t 各类膨化熟化类饲料原料的制造企业。普凡饲料在全国范围内被用户广泛使用，为合作伙伴提供了稳定、易消化吸收的饲料原料。普凡饲料得到了全国用户的认可和好评，产品行销全国 20 几个省份、1 360 多家用户，有些合作伙伴还将普凡产品列入免检客户名单，2016 年，公司的产品被哈尔滨市政府评为“知名品牌”。

一、重视优质产品和高效技术团队的发展

2016 年，普凡饲料经过十余年的打拼，在饲料膨化领域用品质确立了自己应有的领先地位，并形成了很强的企业竞争力，现拥有哈尔滨兴普饲料有限公司、大连分公司、临沂兴普饲料有限公司、一普农牧、普凡饲料工程技术研究中心、哈尔滨大蓝饲料有限公司实验基地和伊春格润生态养猪场等。企业要发展、产品要完善就要有科技为后盾，2016 年，饲料工程技术中心应运而生，该中心由哈尔滨普凡中试基地、长春普凡-吉大联合实验室两部分组成。中心主要开展原料新产品的工艺参数优化，制造出生产试验所需的中试产品，为新产品研发提供支撑。中心现有全职科技研发人员 6 名，兼职人员 8 名，其中博士 10 名、硕士 2 名、其他学历 2 名。中心现拥有研发中试设备，如膨化、压榨、包被、发酵、烘干等。中心重视与科研院校进行合作，与吉林大学在长春建立普凡-吉大化学实验室，开展饲料原料深度开发；与东北农业大学合作进行饲料原料加工机械的改良及产品验证；与内蒙古农业大学进行反刍动物原料过瘤胃蛋白产品及尿素缓释、包被产品的生产实践验证；与浙江农业科学院合作进行动物肠道健康相关产品的研发。注重品质、注重研发的发展理念始终贯穿企业经营方针。

二、以人为本，激发员工的“爱厂敬业”精神

企业归根结底是由人组成的团队，企业的成功是员工努力拼搏的结果。尊重和信赖会使员工从内心焕发出朝气和干劲，克服一切困难，奋力实现企业发展的目标。2016 年，普凡在“人”这方面是如何做的呢？又是如何有效调动人的积极性呢？有人就有需求，平凡的人除了生活的简单需求之外还有自我实现的需求、在平凡中孕育着不平凡的理想和追求。公司依据马斯洛需求理论分析公司各个层面的需求：高层管理人员、销售人员面临着有挑战性的工作，2016 年公司，制定合理且通过努力既可实现的激励政策，让他们在工作中得到自我实现的需求。激励政策制定中的数据支持不是凭空想象的，而是用历史数据和行业数据推算出来的切实可行的数据，制定的政策让人心服口服，为目标的实现夯实基础；基本管理人员是从事常规性的工作，2016 年，公司依据这

部分员工的工作、年龄、文化背景来满足员工需求，胜任工作的得到及时的晋升，激发和满足员工的尊重需求。

2016 年公司进一步改善食堂宿舍条件设施等，力争为员工提供舒适的工作环境。餐厅每天为员工提供品种翻新的餐后水果，自用自取，幸福感十足。员工宿舍干净整洁，电视、wifi、洗衣机还有自己的写字桌，完全是家的感觉。为满足年轻人社交需求，2016 年公司在市区为员工准备了条件舒适的宿舍，方便年轻人假期去居住，同事们戏称市区内宿舍为“行宫”。公司还为车间浴室配备了工作服专用洗衣机、烘干机，洗去一天的汗水，干净每一天。图书室是知识的海洋，可以静静地坐在这里看书、思考，公司在 2016 年投资建设图书室一间，为住宿员工业余时间提供了一个好去处。公司还投资建设了蔬菜大棚一栋，为食堂提供有机蔬菜，春季大家最兴奋的事情是自己的菜园要播种了，这里的蔬菜绿色有机，不仅能满足自己，也可让父母、朋友尝尝自己亲手种植的蔬菜，很有成就感。2016 年春季，公司组织全体员工进行野外拓展训练，培养全员的团队精神；为了缓解员工的工作压力，公司在 2016 年还组织员工旅游，出去看看祖国的大好河山，以增强员工爱国兴农的激情。在公司，员工的需求能不断地得到满足，忙碌、亲切、关爱的氛围令企业充满勃勃生机。

三、注重安全生产，实行全员参与

“没有规矩，不成方圆”在企业经营活动中，制度起到保驾护航的作用。安全生产是企业健康快速发展的根本，2016 年，公司成立了安全委员会，成员覆盖公司各个岗位，定期召开安全委员会会议，将安全管理深入人心。普凡公司 2016 年全年实行在安全委员会领导下的全员培训检查机制，建立健全各种安全生产防范措施，最大限度保证企业员工能在良好的安全环境中进行生产活动。2016 年，公司被香坊区政府评为“安全先进单位”，企业的安全生产管理也得到了人大代表和上级安全主管领导的肯定和表扬。公司实行各岗位工作流程和公司制度相结合的办法，以普凡废品处理制度为例，要求品控员现场检查，采购部负责定价处理，废品产生者不参与买与卖。制度的建立减少了浪费。普凡有一张告知板，上面最常见的是对员工维护产品品质、维护公司制度、维护公司利益正能量的表彰及奖励，而对于工作中违反制度、损害公司利益的行为也常常给予警告，重奖轻罚效果显著。虽然公司现行制度依然存在这样或那样不尽如人意的地方，但敢于正视、敢于面对、敢于学习总会有更好的解决方案。

四、建立有效的服务团队，更好地为客户服务

客户是上帝，做高性价、高品质的产品是合作伙伴赋予公司的使命。2016 年，公司建立了以销售为主体、以品控为基础的售后服务团队，认真对待每一次客户投诉，建立健全客户投诉档案，做到产品从生产到出厂建立一整套产品质量追踪制度，最大限度地保证客户使用产品的质量。公司于 2016 年开始实行严格的产品追责制，如有质量问题发生，分析原因，追究相关岗位的第一责任人，每个岗位的人员都对自己的工作认真负责，从而保证产品质量过硬。普凡在发展中遇到过困惑、挫折，是合作伙伴真诚的支持和期待让公司鼓足勇气踏步向前。行业精英永远是公司学习的典范，用服务回报合作伙伴，与合作伙伴共同成长是普凡人始终坚持的理念。

打造毛皮动物饲料标干

——哈尔滨华隆饲料开发有限公司

哈尔滨华隆饲料开发有限公司成立于 1997 年，专门从事毛皮经济动物饲料研制、生产和销售。哈尔滨华隆饲料开发有限公司被誉为我国毛皮动物饲料的一面旗帜，“哈华隆”牌饲料成为我国毛皮经济动物饲料第一品牌。

公司在哈尔滨有蓝狐、银狐和乌苏里貉原种繁育基地，存栏量达 8 000 只；在山东建有水貂原种繁育基地，存栏量达 5 000 只。实验基地一方面用于产品的研发和实验项目的进行，同时还用于新员工的实习和培养饲养管理人才。集团除制定每年的科研项目外，还与大专院校进行科研项目合作，是东北农业大学、东北林业大学、青岛农业大学等教学、实习基地和大学生就业基地。

近几年，随着我国毛皮饲养规模不断扩大，公司也获得快速发展。

一、2015—2016 年蓝狐养殖基地连续成功引进芬兰原种狐 4 000 只

苗兴元董事长多年来一直从事特种动物的研究，发现近几年我国蓝狐养殖业处于一种小规模的庭院经济时代，养殖水平的落后，没有有效的育种手段做支撑，再加上从芬兰引进原种狐需要巨大的资金（一只原种狐需要近 8 000 元人民币）和出口国对中国的出口限制（防止中国的蓝狐饲养水平继续提高对芬兰造成威胁），使得中国蓝狐养殖业发展遇到极大的困难。近几年，蓝狐繁殖率下降严重（平均成活 3 只左右、

芬兰平均 5.5 只)。由于优秀种公狐的严重匮乏导致近亲严重和遗传疾病的大量发生，养殖户失去信心，使蓝狐饲养受到严重影响。近几年，国内蓝狐饲养规模越来越小，由 2006 年的存栏量 3 000 万只（年产值 350 亿元）减少到 2013 年的不足 1 000 万只（120 亿元）。

从芬兰引进原种狐建立中国蓝狐育种核心群，为我国蓝狐饲养业提供优秀种源是解决我国蓝狐饲养业种源匮乏、重振蓝狐饲养业的有效手段，也是我国蓝狐饲养业健康发展的当务之急。

苗兴元董事长作为行业的带头人，华隆饲料作为毛皮动物饲料行业的一面旗帜，必须肩负起行业的使命。

2015 年，华隆集团投资 1 亿元在双城市永胜乡永乐村建成了国内最大的蓝狐养殖繁育基地，占地面积 30 多万 m^2，冷库面积 3 $000m^2$，饲料加工车间 1 $500m^2$，办公室及取皮车间、库房等 5 $000m^2$，同时还扩建了二期工程，二期棚舍建设面积 10 万 m^2。生产车间具有两套完整的鲜料生产设备，供蓝狐生长和繁殖期分别使用，养殖区栋舍建设标准参照并高于欧盟动物福利标准建设，笼舍长×宽×高＝200cm×100cm×70cm，种狐每笼饲养一只，商品狐每笼饲养 3 只。厂区具有 24h 恒温自动供水系统，保证每只蓝狐都可以得到充足的清洁饮水，即使在哈尔滨的冬季，水温也可以保持在 20℃左右。栋舍顶部采用特殊材质建设，以便解决夏季高温造成蓝狐幼子死亡的问题。

2015 年 11 月 30 日，哈尔滨华隆饲料开发有限公司率先成功从芬兰引进 1993 只原种蓝狐，是国内首家也是首次将芬兰原种蓝狐引进国内；2016 年 12 月 1 日，引进原种蓝狐 2 030 只，预计 2017 年引种 2 600只。原种蓝狐繁育基地的稳固发展是哈华隆战略规划中重要的里程碑，也是中国特种养殖行业的新动力。

二、2015 年建成粮食种植、仓储、烘干为一体的农业产业基地

品种是基础，饲料是关键，管理是保证。优良种兽的饲料及配套的饲养管理和优质的饲料原料是确保蓝狐育种核心群成功的必要条件之一。

2014 年，哈华隆在双城公正乡公正村筹建粮食种植、仓储、烘干为一体的农业产业基地，占地面积 20 多万 m^2，其中种植面积为 6 万多 m^2，仓储面积为 8 万多 m^2，烘干塔面积为 2 万多 m^2，可达到粮食储存 40 万 t 以上，为饲料加工提供了充足的优质原料储备。

三、2016 年皮张收购和裘皮加工产业化的发展

2016 年，华隆集团进军皮草市场，全面打造大华隆产业链，寻求裘皮市场的开发突破，致力于品牌打造和面向全国的个人订制。

集团在山东成立皮张贸易部，2016 年收购水貂皮张共计 16.7 万张，并建立皮张直营店浙江海宁店和河北尚村店。皮张收购旨在通过收购用户的皮张，探索今后饲料销售的新模式。“恒德祥”皮张品牌的建立和专业严谨的皮张分级，开启了探索新的皮张销售模式——利用华隆水貂饲料用户的高品质的水貂皮张，开发裘皮产品，不断完善产业链。通过实际运营，建立整套管理制度流程，培养一支专业的队伍为今后皮张收购扩大经营奠定坚实的基础。

经过 2016 年的简单尝试，华隆初步定位为避开低档和以进口皮为主的高档裘皮产品，利用皮张资源的优势，着力开发中高档裘皮产品。打造美誉度高的品牌和完备的销售网络是华隆一直追寻的目标，款式和做工必须精益求精，实体店、体验店、个人订制、线上线下结合等多模式的销售不断升级，售后服务体系等环节随之不断完善。

四、在“高寒地区北极狐优质种源培育”项目实施会议上，苗兴元董事长做重要报告

2015 年 12 月 29～30 日，“2015 养殖委毛皮专业委员会年会暨国家 2011 平台建设‘高寒地区北极狐优质种源培育’项目实施会议”在哈尔滨东北林业大学野生动物资源学院隆重举行。

会上，中国野生动物保护协会养殖委员会副主任、毛皮专业委员会主任、东北林业大学刘志平教授做了题为“高寒地区北极狐优质种源培育介绍及全国优质芬兰种狐育种网络构建计划”的报告；中国野生动物保护协会养殖委员会毛皮专业委员会副主任、哈尔滨华隆饲料开发有限公司苗兴元董事长作了题为“毛皮动物种兽饲养的营养保障”的报告；中国野生动物保护协会养殖委员会毛皮专业委员会副主任孙广才教授作了题为“毛皮动物养殖走出低谷　再创辉煌的战略思考”的报告。专家的报告，既有理论探讨又有实践技术研究，涵盖了政策分析、发展预测、养殖技术等毛皮动物养殖行业的各个方面，针对性强、层次高，对推动毛皮动物养殖业的发展具有重要作用。

华隆立足与国际接轨，打造世界级农牧企业，加快科技研发水平与体制创新步伐，提高毛皮行业的整体饲料水平，不断优化产业结构，把先进的工艺、技术和管理经验带进来，有利于饲料产品质量和企业生产管理同国际接轨，缩小其在生产工艺和技术上与国

外先进国家的差距。

“朴实无华，才望兼隆”，这是华隆人所追求的企业精神和境界，也是华隆二字应有之义。作为国内毛皮动物饲料行业发展的一面旗帜，在新的发展阶段，华隆坚持“以客户为中心，以技术创新为先导，以艰苦奋斗不断拼搏进取为动力”为核心竞争力，不断研发用户需要的新产品，通过为用户服务，提高产品价值。为用户创造利益最大化的理念始终是华隆人不敢忘怀的追求。

与时俱进　坚持科学发展　创新企业发展

——谷实农牧集团股份有限公司

谷实农牧集团股份有限公司前身系哈尔滨青禾科技有限公司，成立于1999年。在集团创始人——董事长殷学中先生的带领下，经10多年的努力奋斗，全体员工发扬“超越不止，追求无限，服务大众，回报社会”的企业精神，现已发展成为拥有8家饲料生产企业和5家猪养殖示范场的股份集团公司。

谷实农牧集团股份有限公司坐落于哈尔滨高新技术产业开发区迎宾路集中区洪湖路28号，占地3.8万m^2，年畜禽浓缩饲料、配合饲料生产能力达18万t，预混合饲料达6万t，有遍及黑龙江省及内蒙古地区的营销网络。2016年饲料产品生产量达13.172万t，较2015年的产量同比增长1.32%，销售总收入达37 421万元。

公司主要生产经营的饲料种类有配合饲料（精料补充料）、浓缩饲料和复合预混合饲料；饲料品种包括猪料、禽料、反刍料以及特种经济动物饲料，产品销售网络覆盖黑龙江、吉林、辽宁、内蒙古、河北、北京、天津、山西等地。为了提升和有效保证饲料产品的品质，谷实农牧集团从国内外引进了先进的生产仪器设备，拥有世界先进的瑞士布勒全自动预混料生产线和牛料、猪料及禽料专业生产线，可以进行畜禽浓缩饲料、配合饲料、精料补充料、复合预混合饲料的生产，年生产畜禽饲料总量可达24万t。

在生猪养殖板块，谷实种猪产业现有5个种猪场，其中祖代种猪场1个、父母代种猪场4个，2016年存栏基础母猪3 000头，年提供种猪2万头、商品猪4万头。公司直接从美国引进优秀系美系大白、长白、杜洛克种猪，利用国际领先育种软件Herdsman实行全程管理，以高标准、高起点发展东北养猪业。公司除了调整市场布局，大力推动饲料板块的发展外，也同时规划了三年之内建立百万头猪场的计划，并制定了“两个100万目标”，即在三年之内，生猪存栏量达100万头，并由生猪养殖带动饲料生产达到100万t。利用生猪养殖推动饲料行业发展，同时在饲料行业的供应下，保证生猪养殖事业不断壮大。

在品牌建设方面，通过谷实人的不懈努力，“谷实”牌饲料以稳定、优质的质量在市场上享有良好的口碑。“谷实”牌商标先后被评为“哈尔滨市著名商标”和“黑龙江省著名商标”。2006年，谷实集团被评为“哈尔滨市十强企业”，2008年，“谷实”牌系列饲料被评为“黑龙江省新农村建设著名支农品牌”。2010年企业被评为“哈尔滨市农业产业化龙头企业”，2011年被评为“黑龙江省农业产业化龙头企业”“纳税先进企业”，2013年被评为“全市安全生产工作先进单位（集体）”，同年12月，获得了2013年度中国畜牧饲料行业“十年持续成长综合创新奖”。2014年，“谷实牌饲料”被评为“哈尔滨市名牌”。2016年，谷实农牧集团蝉联第二届哈尔滨百强企业，同年获得2015年度“哈尔滨发展经济贡献奖”。2016年年底，谷实农牧集团股份有限公司被评为“全国三十强饲料企业”，董事长殷学中先生荣获“全国饲料行业年度十大经济人物”。经过多年来的不懈努力，谷实农牧集团于2016年8月15日在“新三板”成功挂牌上市，这一丰硕成果，不仅是全体员工励精图治、顽强拼搏的结果，也是谷实农牧集团发展的一个新的里程碑。

在企业管理和科技创新方面，谷实农牧集团始终坚持重视产品研发，为用户提供最优的产品使用价值。通过市场调研，以养殖户的实际需求为根本，进行研发立项，通过研发试验，对现有产品进行改进、提升，同时对新产品进行开发推广。谷实农牧集团始终坚持“创新驱动发展”的理念，集团自成立以来，先后被评为国家高新技术企业、中国饲料工业协会常务理事单位、中国饲料工业协会大型企业联谊会会员单位；集团技术研发中心先后被评为哈尔滨市企业技术中心和省级企业技术中心，技术研发中心共有研发人员34人，其中研究生以上学历的有14人，占科技人员总人数的20%。自2011年起，集团作为高新技术企业，先后开展高新自主研发课题共20余项，其中12项仍处于研发阶段，8项已经完成结题，部分项目已经进行了成果转化，部分课题具有黑龙江省科学技术情报研究所（国家一级查新咨询单位）出具的科技查新报告。目前公司已拥有自主知识产权发明专利9项、实用新型专利5项、待授专利10余项。技术中心在开展自主研发的同时，还积极与东北农业大学、黑龙江生物科技职业学院、八一农垦大学等开展校企科研合作，2012年企业技术中心与东北农业大学产学研合作项目获黑龙江省科学进步一等奖；2015年，“功能性饲料研究开发与利用”研究项目获中华农业科技奖二等奖，“猪鸡肉质营养调控技术的研究与开发”项目获黑龙江省科技进步奖一等奖；2016年，“功能性饲料研究开发与利用”项目获国家科技进步二等奖。

在人才队伍建设方面，谷实集团每年有计划地从大专院校招聘应届毕业生，作为后备人才进行储备、考评与定向培养。对新进入公司的本专科学生，公司人力资源部门汇同技术中心组织对他们进行系统培训，让他们了解公司的发展历程，激发他们的创业成才意识，先过思想认识关，然后安排他们到生产车间或牧场实习，了解生产流程和现场工作情况，到市场进行产品与技术需求调查分析。通过一系列有计划有组织的科学程序，使他们尽快进入工作状态，熟悉工作内容，确立科研主攻方向，对有发展潜力的人员直接在技术中心安排上岗，编入专业攻关小组，承担科研项目，快速进入角色。公司每年会选拔一部分技术人员到国外或国内院校、科研机构以及先进的企业培训，使他们及时掌握前沿知识和技术，为企业发展提供新鲜血液。

谷实集团采取技术与市场有机结合的营销模式，不仅可以实现饲料产品从源头到终端全过程的追踪，而且技术人员会亲临养殖现场，帮助养殖者解决饲养过程中遇到的问题，通过现场技术指导实现产品、服务、售后一体化的全方位营销理念，提供系统的解决方案，并将资源进行有效整合，实实在在的帮助养殖者解决问题，并获得消费者的信赖。同时，谷实集团会定期邀请国内外知名专家对销售服务团队进行培训，使技术和销售人员能够更好地服务于牧场及养殖场。

谷实集团始终坚持改革创新，不断与时俱进，加大转型升级力度，推进了企业的快速发展，走在了饲料企业大军的前列，为黑龙江省经济发展做出了巨大贡献。“事在人为终有成”体现了谷实集团永不言弃和脚踏实地做事情的企业风范，谷实人将承载着“谷实与您共同分享”的企业文化和中国畜牧业共同发展，不断壮大。

百年传承　全球产品

——帝斯曼维生素（上海）有限公司

帝斯曼维生素（上海）有限公司成立于1995年12月18日，前身是罗氏（上海）维生素有限公司，公司于2003年被帝斯曼集团收购，归属于帝斯曼动物营养与保健部。

荷兰皇家帝斯曼始建于1902年的荷兰皇家帝斯曼集团、该集团以科技为立足之本，在全球范围内活跃于健康、营养和材料领域。

帝斯曼动物营养与保健部是全球饲料添加剂行业的先锋，是世界领先的维生素、类胡萝卜素、摄生素、饲用酶制剂及添加剂预混合饲料的生产者和供应商。凭借独特的优选维生素营养（OVNTM）理念、强大的创新能力、先进的生产工艺以及严格的质量和可追溯体系，其产品遍及世界各地的营销服务网络，源源不断地为饲料厂和养殖场提供优质高效的产品和解决方案。

帝斯曼维生素（上海）有限公司注册资本6 470万美元，为荷兰帝斯曼集团在中国的外商合资企业，帝斯曼维生素（上海）有限公司生产场地在上海市奉贤区白沙路118号，生产专业生产添加剂预混合饲料已近20年。公司目前生产的产品为维生素预混合饲料、复合预混合饲料、微量元素预混合饲料和混合型饲料添加剂，年生产能力19 000t。

帝斯曼的核心价值是人、地球、利润。公司所做的一切为更可持续发展的世界做出贡献。①人：公司对人民和对他们生活有影响力的人，或使用公司的产品的人以及与公司有业务往来的人的生活产生积极影响。公司保证吸引和留住人才，以各种各样的背景（例如性别和国籍）来驱动思想和风格的多样性。②地球：我们认为，对地球的关心是一种道义上的责任，同时，不仅为自己而且为社会提供了独特的商业机会和成功。③利润：我们获得可持续的财务业绩，使公司在今天和未来实现盈利增长，并且能够满足股东的利益。

在生产管理方面，公司采用了SAP系统、工艺控制系统（PCS）和条形码系统，不仅从客户订单、物料采购、生产、仓储、检验、放行、发放、销售等全过程进行计算机系统管理，还在设备预防性和纠正性维修等方面也进行了计算机管理。尤其是PCS和条形码系统的实施，100%达到了对产品的生产过程进行监控和追溯。

公司配备了符合生产工艺要求的生产设备，主要生产设备由全球专业生产商布勒公司提供，包括原料接收、称量配料、混合包装、电器控制、除尘、标签打印等设施。生产中各种原料通过载体得到均匀分散和混合，确保了最终产品的均匀性。所有操作均通过SAP、PCS和条形码系统完成，使整个操作更透明，保证提供给客户符合质量要求的产品。

在质量保证体系方面，由质量管理部门负责生产全过程的质量控制，对产品的质量具有否决权。质量管理部门配备具有资质的检化验员，有天平室、理化分析室、仪器室和留样观察室，制定原材料、成品的标准和检验操作指示，制定取样和留样的操作指示。对无国家标准行业标准的产品根据要求制定企业标准，进行产品的型式检验、营养素的含量和卫生指标的各项检验工作。

对任何客户反馈的投诉，均可通过 CCR 系统进行接收并将调查情况反馈给客户。公司还设有客户服务实验室，从各方面给客户提供最优质的服务，保证客户满意。公司已经通过了 ISO 22000 质量管理体系的认证。

公司新的三年战略是以帝斯曼各个业务集团为中心，强化支持部门的专家服务职能，同时更好地运用支持外包和共享的理念提高效率，同时打造各个地区总部的支撑作用。

2016 年 4 月 22 日，帝斯曼发布 2016 版维生素添加准则。

优选维生素（OVN）是在家畜、家禽、水产和反刍动物及宠物的饲料中添加最适合和最适量的维生素，使之保持最佳的健康状况及生产性能。其推荐的维生素添加量是基于许多大学和研究部门的研究成果，实际饲养经验和已出版的营养需要量资料（如 NRC），考虑到现代养殖生产的各种应激因素，及各种维生素预混料、全价料等商业饲料中的特性和稳定性等多种因素。

2016 年 6 月 6 日，帝斯曼维生素 B_6 工厂正式建成，新工厂位于上海市奉贤区帝斯曼星火场地内，总投资额超过一亿美元，采用全球最新的技术和标准建造，能够确保生产出可信赖的维生素 B_6 产品。同时新工厂还采用了清洁技术等环保科技，最大限度降低对环境的影响。

2016 年 7 月 6 日，“见微知著”帝斯曼第三届全国规模猪场研讨会在秦皇岛拉开帷幕。该讨论会以肠道健康为题，从疾病、营养、品种改良、猪场管理等多个方面进行交流，探讨技术解决方案。帝斯曼提出了以功能性添加剂代替抗生素的方案，功能性添加剂包括屎肠球菌、HyD、精油、酶制剂等。

2016 年 7 月 14 日，“积鸡树本”帝斯曼第一届规模种鸡企业技术研讨会成功召开。帝斯曼召开本次大会旨在和种鸡育种企业一起，共同为中国家禽业的发展“缔造基础，树立根本”。帝斯曼将来的发展方向是根据《维生素添加准则》，结合每个种鸡企业的实际状况，给企业提供不同的提高种鸡产蛋率、受精率、孵化率、健雏率的解决方案。

2016 年 7 月 15 日，“脱颖尔刍”2016 年帝斯曼反刍动物营养研讨会在西安成功举办。该讨论会探讨了如何提高奶牛的生产性能，降低千克奶成本，共同对抗奶业寒冬。帝斯曼提出了使用植物源性的添加剂，如植物精油等替代莫能菌素等添加剂，并详细介绍了其主要成分、作用模式和作用机理。

2017 年 1 月，帝斯曼以“携手院校，共赢未来”为主题，携手华中农业大学、西南大学和四川农业大学共同举办了奖学金颁奖典礼。帝斯曼与中国院校合作历史悠久，从设立“帝斯曼班”到“帝斯曼企业奖学金”等，致力于帮助在校大学生的成长。在合作的过程中，逐渐形成以“创新、创造、创业”为核心的院企联合模式。帝斯曼未来的规划是“强化应用研究，共同培养人才，促进高层互动、推动行业进步”。

2017 年 3 月 6 日，帝斯曼中国第三届水产动物营养与饲料研讨会在南京成功举办。帝斯曼提出三个步骤做好中国水产市场。首先，加强同行合作，实现产学研结合；其次，整合资源，全面提高养殖效率；最后，帝斯曼会坚持实施“全球化产品，本土化方案”战略，对产品进行本土化设计，迎合市场，赢得客户。

帝斯曼非常希望成为上海市的优秀饲料工业企业，希望运用自身理念——“百年传承，全球产品”“半个世纪，服务中国”“动物营养，助力成长”“本土方案，共迎挑战”，做好行业标杆，引领行业潮流！

技术驱动价值
全面推进自主创新

——上海美农生物科技股份有限公司

一、美农介绍

上海美农生物科技股份有限公司是一家国际先进、国内领先的动物营养技术公司，同时也是以功能性饲料添加剂和原料为核心的动物营养解决方案提供商。美农成立于 1997 年，位于上海嘉定工业园区，占地 40 余亩，有 4 万余 m^2 的现代化厂房和办公大楼，是目前中国最先进的饲料添加剂生产基地之一。美农目前拥有员工 200 余人，大专以上文化程度的员工占 60%以上；有 40 多人的研发队伍，其中硕士及以上学历占 80%以上，还有博士 2 名。美农曾获得上海市科学技术委员会等颁发的“创新型企业”，上海市人民政府颁发的“文明单位”，并多次获得嘉定工业区颁发的“优秀企业奖”“小巨人企业”“嘉定区企业技术中心”“民营企业杰出贡献奖”“劳动关系和谐企业”“学习型企事业先进单位”和嘉定区“先进制造业优秀经营者”等奖项，还曾获得中国畜牧饲料行业颁发的“十年持续成长综合创新奖”，上海市饲料兽药行业协会颁发的“先进企业”等荣誉称号。

美农应用动物营养学、食品化学、生物工程学等知识与技术，专业从事饲料添加剂的研究、开发、生产和销售，依靠科学技术和创造性劳动，提高畜牧生产效益、促进资源有效利用、保障食品安全、实现环境友好。美农以“技术驱动价值”为核心经营理念，秉承“分种分品，全程营养技术”的研发理念，从动物生理、营养学理论、养殖现状和饲料企业需求出发，以基础研究支持产品开发、产品开发支持解决方案、解决方案支持客户服务，最终目标是通过产品、服务和系统方案为客户创造价值。针对猪、家禽、反刍和水生四大类动物的不同生长阶段，分别对采食、消化和吸收的各个环节，提供调味剂、酸化剂、肠道健康产品和反刍产品及解决方案。在中国，美农拥有了覆盖全国的市场网络，为上千家饲料企业提供优质的产品和一流的服务。在海外，美农建立了广泛的市场网络，正为遍布亚洲、欧洲、非洲和南美洲等地的十多个国家及地区的客户提供优质的产品和一流的服务。

美农拥有先进的产品研发体系、强大的产品研发中心、专业的研发队伍、优秀的专家团队、先进的生产设施、系统的品质管理和完善的试验体系，率先通过了 ISO 9001 质量管理体系认证、ISO 22000 食品安全管理体系认证、FAMI-QS 体系认证。

美农产品研发中心成立了猪、家禽、反刍和水生等动物营养技术研究室，以及饲料风味技术研究室、工艺/工程研究室、检测中心、试验基地、信息与知识产权管理室等，聚集了一大批资深的动物营养专家、生物学专家、化学专家、产品开发工程师和专业调香师等，与四川农业大学、西南大学、第三军医大学、南京农业大学、中国农业科学院家禽研究所、扬州大学、上海应用技术学院、华南农业大学等院所紧密合作，产学研相结合，致力于打造饲料添加剂行业内最具技术研发实力和竞争力的产品研发中心。

美农拥有现代化的生产车间，引进国际、国内先进的生产设备，流水线生产，对温度、进料速度、雾化器转换等关键参数全部采用电脑自动控制，自动化程度高，环保、健康、安全、高效。

美农拥有规范的技术质量检测中心，通过配备 GC、GC-MS、HPLC、原子吸收仪和万通水分测定仪等进口检验仪器，提高了对原料、成品检测方法和精度的研发能力，确保检测中心的有效运作，保障原料、产品质量的稳定性和安全性。同时公司积极借助体系的力量保障产品质量，完善了内审员工作制度和内审员团队建设，促进真正深入落实 ISO 9001、ISO 22000 和 FAMI-QS 欧洲饲料添加剂和预混合饲料质量体系。凭借严格的管理体系和措施以及一流的设备设施进行生产过程控制，确保了美农产品的品质稳定。

二、美农的经营与发展典型经验

1. 以“技术驱动价值”为核心经营理念，导入集成产品开发管理体系（IPD），通过产品的创新研发推动公司跨越式发展 美农一直把新产品研发放在首位，不断加强企业核心技术能力的建设，研发费用占销售收入的 4%以上，并还在不断提升。有 40 多人的研发队伍，其中硕士及以上学历占 80%以上，有博士 2 名。截至到 2016 年，美农已获得授权专利 23 项，其中发明专利 12 项，实用新型专利 11 项；正在受理中的专利 11 项，其中发明专利 11 项，获 2016 年“嘉定区专利工作示范企业”称号。美农是上海“高新技术企业”“上海市著名商标”“嘉定区小巨人企业”“嘉定区企业技术中心”认证企业。

为更加快速地响应市场和客户需求，提高产品研发效率，2014 年初，美农与咨询公司合作开展了“产品与技术创新管理体系”项目的建设，引入 IPD，大大提高了新产品研发的效率，增加了产品上市推广的速度与成功率。

另外，美农已在全国 13 所大学和科研院所设立了研究生奖学金，并与四川农业大学、华南农业大学、浙江大学、华中农业大学、扬州大学、上海应用技术学院、第三军医大学等高校建立了密切合作，共同开展产品的基础研究、作用机理探讨、效果验证等工作。

此外，美农还聘请周小秋、江青艳、王洪荣等知名教授担任公司专家委员会的成员，根据公司发展战略，指导制定公司的研发规划和研发中心的建设与管理，并对研究与研发项目进行指导等。

2. 开创并践行为客户创造价值（VCS）营销模式，与客户伙伴成长，近三年逆势实现 35%以上的增长，2016 年超过了 44%的增长 公司坚持“技术驱动，服务营销”的营销战略和 VCS 营销模式，以客户为中心，不但为客户提供最具价值的产品，还提供最具价值的服务，与客户伙伴成长。从客户需求出发，为客户解决问题，为客户创造价值。

通过 VCS 营销模式，充分利用美农所能掌握的全部资源，帮助客户完成重点工作、达成业绩目标，真正为客户创造价值，形成与客户的长期、深入合作，整合资源，共同成长。

为支撑 VCS 模式的实施，美农加强了公司自身的资源及能力建设，打造美农内部专家队伍，整合外部专家资源，不仅为客户提供产品验证、配方优化、互动研发等技术服务，还提供产、销、人、发、财等方面的管理服务。

3. 利用战略地图和平衡记分卡（BSC），建立“三级四层”的目标管理体系，将目标管理作为公司日常管理的抓手和个人成长的主线 美农从 2005 年就开始导入战略地图和平衡计分卡来规划和管理年度经营目标，通过目标管理，激活个体、发展组织、实现目标。目标管理成为美农实现跨越式发展、达成战略目标的重要手段。

战略地图是一个全面、清晰描述企业战略的工具，系统地描述企业如何创造价值及实现战略目标的关键因素和内在逻辑关系。在愿景与战略的指引下，利用战略地图和平衡计分卡从财务、客户、流程和学习与成长四个层面来描述公司的年度经营逻辑，层层递进，强调因果关系。

4. 建立基于“战略中心型”组织的人才管理体系，人才建设支撑战略实现，实现可持续发展 美农一直来十分重视人才队伍的建设和组织能力建设，全力打造基于“战略中心型”的组织，从企业愿景、战略出发，构建支撑战略实现的人才体系。美农定位为一家创新型、技术型企业，以“研发”和“营销”为经营重点，十分重视研发人才和营销管理人才的培养。

美农的人才管理理念是联盟、共创、共享、共成长，让每一个员工都成为经营伙伴。为此，对研发人员开展研发管理体系建设训练和开展专业公开课训练（研发人员的考核与激励、调香师培训），开展技术论坛，并让研发人员参加行业技术展会、参观标杆企业等；对营销人员，开展营销训练营（产品知识培训、顾问式销售技巧、商务谈判）和管理能力提升训练（目标管理、沟通管理、人力资源管理、财务管理）等；对管理人员，开展领导力训练（教练型领导力、经理人领导力实践调研）和管理者研修（中欧国际商学院、香港大学、中国科技大学、交通大学高级管理人员工商管理硕士）。并进行行业交流（人力资源论坛、绩效管理实战技能研讨会）；对新进人员，开展团队建设活动，进行文化导入，搭建“内训师和新员工导师”团队等。

精诚合作　共同富裕

——江苏立华牧业股份有限公司

江苏立华牧业股份有限公司（原江苏立华牧业有限公司）成立于1997年6月，是一家集科研、生产、贸易于一身，以优质草鸡养殖为主导产业的一体化农业企业，是江苏省农业产业化经营重点龙头企业、江苏省农业科技型企业、国家级农业标准化示范区。

公司总注册资本36 260万元，总资产近25亿元，下设全资或控股子公司19家，其中一体化养鸡公司15家、养猪公司2家，食品公司1家，育种公司1家，分别位于江苏、安徽、浙江、山东、广东、河南、四川、湖南等地。

公司现有员工3 300多人，其中大专文化以上技术人员800多人，含博士8名、硕士50多名，中高级职称者40多人，长期从事研发的科技人员逾百人。公司与多家科研院所、高校合作，2004年共建江苏省优质禽工程技术研究中心，2007年成立江苏省农业科学院立华家禽研究所，2010年先后设立（扬州大学）研究生工作站和（吴常信）院士工作站，2012年获得江苏省博士后创新实践基地授牌。

2011年与君联资本（联想控股旗下）合作，引进外资3 000万美元，开创公司发展新纪元；同年，公司新增养猪产业板块，并于2013年1月实现首批商品猪的顺利上市，未来将成为公司新的利润增长点；2013年年底，公司又获中国农业产业化基金的大力支持；2015年7月改制为江苏立华牧业股份有限公司，通过更进一步的规范管理与资本运作，促使企业更快更好地发展。

公司自主培育的当代草鸡优良品种“雪山鸡”于1999年投放市场，先后通过了江苏省畜牧品种审定委员会和国家畜禽遗传资源委员会审定，成为畜禽新品种（配套系）中的一员，是畜牧业优良推广品种，农业部认证的“无公害农产品”“江苏名牌产品”。“雪山”牌商标被认定为“江苏省著名商标”。

公司自创建以来，始终坚持“诚信、合作、创新、规范”的经营理念，倡导“精诚合作，共同富裕”的企业精神。从2000年开始实行“公司＋农户”的运行模式，2002年组建合作社，并异地创办子公司，大力推行“公司＋合作社＋农户”的发展模式，带动广大农民致富。2015年公司上市优质肉鸡约1.97亿只、猪约19万头、鹅约100万只，销售收入约45亿元，为合作农户创收约5亿元。

未来，公司将用现代农业、高科技农业的标准来要求自己，保持技术与管理的不断进步以适应社会发展需求，紧紧围绕养殖业这条主线，以食品安全为准则，逐步向上下游领域延伸，拓展产业链，发展成为一个涵盖家禽育种、孵化、生态养殖、饲料加工、肉食品加工、禽病技术研究等多业并举的国家级农业产业化龙头企业。

百舸争流，千帆竞渡。在市场经济的时代潮流中，立华人勇立潮头，斩浪前行，用自己的勤劳、智慧和汗水闯出了一条具有现代农业特色的奋斗发展之路。

近二十年的斗转星移，见证了立华人从筚路蓝缕、艰辛创业到产业链接、自主研发、规模生产的巨大跨越，不变的是立华人一往无前的坚定步伐；近二十年的峥嵘岁月，见证了立华人从禽类养殖、育种孵化到饲料加工、肉食品深加工等多业并举，不变的是立华人放眼未来的目光。

现在，站在企业发展新的至高点上，立华人将一如既往地以科技创新为大旗，勇力开拓新的研究领域，迎接未来的挑战和机遇；立华人将始终如一地以诚信合作为根本，携手广大农户，笑迎四海宾朋，共赢财富梦想。愿携手与共，让事业蒸蒸日上；愿精诚合作，让企业生生不息！

安全　稳定　做良心饲料

——江苏世昌农牧股份有限公司

江苏世昌农牧股份有限公司成立于2014年，是江苏省第一家在北京“新三板”挂牌的现代化饲料生产企业，公司下辖徐州正昌饲料有限公司（成立于1995年）、淮安正昌饲料有限公司（成立于2005年）和江苏省省级饲料科技研发中心。公司位于国家级开发区——淮安经济技术开发区飞耀路5号，总占地面积200 000m^2，地理条件优越，交通极其便利。公司总投资近3亿元，现有现代化饲料生产线11条，含2条膨化饲料生产线，年生产能力100万t，年销售额近10亿元，是国家级“高新技术企业”“江苏省农业产业化重点龙头企业”和农业部“饲料质量安全实施规范试点企业”。董事长袁珍虎同志有30年的饲料行业从业经历，多次被地方政府评为“专业技术拔尖人才”和“工业人才350工程”优秀企业家，2009年荣获“创业中国年度十大魅力人物”称号，2017年被评为“江苏省苏北创业领军人才”，还担任中国饲料工业协会理事、江苏省饲料工业协会副会长、江苏省企业信用协会副会长、徐州市政协委员等社会职务。

公司现有职工260人，其中大专以上科技人员109人，占职工总数的42%，目前公司的主导产品有畜禽全价配合饲料、浓缩饲料、预混合饲料、水产配合饲料、普通水产养殖用膨化饲料、特色水产配合饲料、海水鱼养殖专用饲料7大系列200多个品种，可以满足不同养殖层次的产品需求。公司有很强的市场开拓能力，经过20余年的发展和积累，已形成了高效严密的市场销售网络，“世昌”商标是江苏省著名商标，连续多年被江苏省饲料工业协会授予“江苏省饲料工业三十强”荣誉称号。

2016年是公司发展承前启后的重要一年，是公司贯彻农业供给侧结构改革和推进互联网融合发展的重要一年，各项工作紧紧围绕专业化、智能化、资本化、信息化和国际化战略，内强管理，外拓市场，抢抓发展机遇，取得了良好的经济效益和社会效益。

一、加快科研投入，新产品层出不穷

公司在2013年和2016年连续二次被省科技厅、江苏省国税局、江苏省地税局授予“国家级高新技术企业”，2016年1月，经淮安市科技局批准，建立了中国工程院“印遇龙院士工作站”。在企业良性发展的过程中，江苏世昌始终坚持“创新无限，诚信永远”的经营理念，始终坚持把饲料科技创新当作企业生存发展的头等大事，产品销量年创新高，每年的研发费用投入占销售收入的比例超过4%以上。为了进一步提高产品的科技含量和市场竞争力，公司先后与南京农业大学、上海海洋大学、中科院亚热带农业生态研究所印遇龙院士、江苏省家禽科学研究所、盐城工学院、江苏农牧科技职业学院等国内知名高校院所开展产学研合作，围绕市场需求开展应用型研究，先后开展了中草药、寡糖、植酸酶、微生态制剂、抗菌肽、有机硒在生物饲料中的效果研究，高端鲟鱼、多宝鱼和黄颡鱼饲料及环保型虾蟹饲料的研究开发，建立了降氮、磷排泄的系列技术，提高了饲料高效、环保、安全的性能，减少动物疾病，降低了养殖成本，改善了畜、禽、鱼的品质，为社会提供了健康的畜、禽、鱼产品。

在连续多年承担省市级科技计划项目的基础上，共形成论文8篇，已取得备案产品标准3项，取得授权专利57项，其中发明专利6项，专利权人为淮安正昌饲料有限公司，项目产品归属权为本公司所有，其中6项发明专利均转化为相关产品，新产品产值占销售收入超过40%。

二、狠抓质量管理，提升经营绩效

公司从成立之初就把质量作为企业的命脉，从上到下高度重视质量管理。早在1999年，公司就率先通过了ISO 9001国际质量体系认证，现今已连续18年通过该体系审核。公司内部严把配方关、原料关、工艺关、成品关、检测关，确保每个环节、每道工序不出现任何质量纰漏，并建立了质量追溯体系、质量反馈处理机制、顾客满意度调查制度等，时时接受用户反馈，不断提升产品质量和客户服务能力，保证产品可追溯，安全、稳定，做良心饲料。

2006年公司开始导入卓越绩效管理，提高运营能力和整体经营绩效，给客户、员工和其他相关方不断创造价值。技术部创新产品和技术服务；品管部和生产部严格质量管理；行销部以客户和市场为中心，不断开拓市场，加强客户关系，赢得客户信任和忠诚；建立以人为本的人力资源管理体系，重视员工的学习和发展，不断培养人才，实施员工绩效管理，提高员工满意度，提高员工和企业的工作绩效；财务部实施资金预算管理、成本管理和风险管理，加快资金周转，实现财务资源的最优配置。除此之外，公司推行全面对标，学习借鉴先进企业的管理理念和方法，

赶超同行，采购管理、设备管理、现场管理等工作都跨上了新台阶，全方位确保公司战略目标的达成，确保企业健康稳定发展。

公司聘请国际生产管理专家，引入 LTPM 精益管理，从前期的“6S”，即整理、整顿、清扫、清洁、素养、安全等工作入手，通过实施标准化管理、可视化管理、成本管理、创新提案、红牌作战等各项活动，使公司的厂容厂貌焕然一新，创造了一个干净清爽、标准化、可视化、零故障、零浪费、零危险的生产工作环境，员工的职业素养、成本意识、效率意识、品质意识都得到了全面提升。

三、信息化管理和品牌管理再上新台阶

公司充分认识到信息化管理的重要性，搭建了各种信息化交流平台。建立了自己的网站，定期出版《世昌股份报》和各类技术手册，将行业动态、行情资讯、养殖技术、管理理念等及时传递给广大客户。在公司内部，全面引入 ERP 系统，启用“今目标”“钉钉”管理平台和外勤管理系统，在线汇报、审批、交流工作，推行无纸化办公。同时开通了微信公众账号，更加方便快捷地进行资讯传递和交流互动。

公司重视对品牌的培育，强化科技创新，提升产品质量和性价比，改善服务，为客户创造恒久价值，使世昌饲料成为苏鲁豫皖广大养殖户心目中的金字招牌。公司与国内知名品牌策划公司合作，明确了品牌定位、企业使命和发展愿景，将“卓越品质，恒久价值”作为世昌品牌的宣传口号和庄严承诺，健全了企业文化理念，优化公司商标图文组合形象，产品包装更新换代，并将采用统一的 VI 形象设计等。这一系列努力使世昌品牌全面创新、提档升级，相信不久以后，世昌将以一个更加闪亮的新形象出现在世人面前。

四、企业文化和团队建设水平进一步提高

多年来，用“利他”文化塑造的世昌企业给广大客户和社会各界留下了深刻的印象。“利他”讲的是“利客户、利员工、利社会、利政府、利股东”。企业不是只看重自身利益，而是与客户、员工、社会、政府结成利益共同体，和谐发展。为客户送去性价比高的饲料产品；帮助经销商和养殖户致富；为员工带来良好的福利待遇和发展空间；为社会创造财富，多做贡献。

近年来，公司投巨资打造学习型企业，培养优秀人才。总经理带领中高层管理人员参加各种管理进修班、行业研讨班；成立世昌商学院，全员学习专业知识，全面提高人员综合素质。建立了“能者上、庸者下”的竞争机制，企业全面转型升级，实现了向现代企业的过渡。员工精神面貌焕然一新，打造了一支思想素质好、技术能力强、特别能战斗的钢铁之师。

提供健康饲料，引领高效养殖是世昌股份矢志不渝的追求，公司将继续秉持让农民致富、让消费者满意、让政府放心的经营理念，真心把客户当作上帝，为世昌事业、为地方经济腾飞、为振兴民族饲料工业做出应有的贡献。

创新发展成为饲料霉菌毒素解决方案专家

——江苏奥迈生物科技有限公司

江苏奥迈生物科技有限公司是由江苏禾嘉牧业集团投资的专业饲料添加剂生产企业，坐落于南京白马现代高新技术产业园区，主要生产霉菌毒素脱毒剂、酸度调节剂、调味剂、肠道健康调节剂、畜禽产品改良剂、添加剂预混合饲料等产品。公司为客户提供全面的霉菌毒素解决方案，包括饲料原料及成品中霉菌毒素含量的评估、生产过程的预防、合理的霉菌毒素处理剂产品选用及用量等，帮助饲料厂、养殖场最大限度降低饲料中霉菌毒素带来的危害及对不良吸附剂产品饲料中维生素等营养物的吸附。经过几年的发展，在省、市、区农业、科技及饲料管理部门的关心下，江苏奥迈已经成为行业的知名品牌，霉菌毒素脱毒剂产品经客户评估、试验被饲料行业多家饲料集团企业及养殖一条龙企业所采用。

一、加强科技投入，确保产品技术领先

江苏奥迈生物科技有限公司的前身是南京奥迈科技有限公司——一家专业代理进口饲料添加剂产品的企业，公司自 2001 年成立以来，代理了多家国外公司的霉菌毒素脱毒剂产品。饲料中的霉菌毒素对饲料品质及养殖动物带来了巨大的影响和损失，而公认最有效、最经济的方式还是在饲料产品中添加霉菌毒素脱毒剂产品，市场上由于这类产品没有统一的标准，产品质量参差不齐，相当混乱。为此，江苏奥迈从以下两方面进行创新投入，研制科技产品：

1. 合作创新缔造科技产品 2006 年，公司联合南京农业大学等相关科研机构对霉菌毒素的危害机理及相关产品的脱毒性能进行了深入研究，包括产品原料的筛选、生产设备的选型、生产工艺参数的摸索，并进行试验、评估、失败、再选、再试、再评估等研发工作，至 2008 年，经实验室评估、养殖动物实验确认，产品性能优于市场上其他同类进口产品。2009 年，产品生产工艺获得国家发明专利并投入批量生产。

2. 联合进行基础和应用研究，确保产品技术领先 产品和解决方案不是一成不变的，一定要随着饲

料霉菌毒素的变化而改变。随着对霉菌毒素检测和认识水平的不断提高，产品和解决方案需要不断改进和提高才能不断降低霉菌毒素带来的风险。近几年，公司除了与南京农业大学持续合作、不断研究，也和美国北达科他州立大学、美国密苏里州立大学进行深入合作研究，期间承担了南京市、江苏省科技及农委的相关项目研究，取得了良好的效果。2015年年底，江苏奥迈联合南京农业大学、中国农业科学院、四川农业大学、华南农业大学、华南农业大学、湖南水产研究所六家国内知名院校就饲料霉菌毒素及相关解决方案进行研究。2016年3月举行了项目签约仪式，所有研究资金都已到位，相关研究正在进行中；2016年11月又与加拿大圭尔夫大学签订顾问和合作研究协议。只有不断研究，产品才能不断改进，才能确保产品质量优于其他同类产品。公司“益康”系列霉菌毒素脱毒剂产品获“江苏省高新技术产品”“科技部创新基金优秀项目”“饲料添加剂明星品牌——脱毒剂类全国五强”等称号，产品也相继通过嘉吉普瑞纳、新希望六和、亚太中慧、希杰、蒙牛等集团企业及国内众多的饲料及养殖企业的验证和使用。公司于2016年12月获得“江苏省高新技术企业”称号。

二、高标准严要求建设和管理工厂，打造一流企业

2013年，江苏奥迈投资5 000多万元，在南京白马现代农业高新技术产业园区按国际标准新建了7 000多 m^2 的饲料添加剂及添加剂预混料生产车间、1 000多 m^2 的研究及检测中心及3 000多 m^2 的其他相关配套设施，所有生产及检验设备选用布勒等国际知名品牌。通过了ISO 22000食品安全管理体系及欧盟FAMI-QS欧洲饲料添加剂和添加剂预混合饲料质量体系认证，从原料、生产过程控制、产品、客户全程条形码可追溯，最大限度降低了人为错误的影响，确保产品质量稳定、可靠。公司全面落实、实施《饲料质量安全管理规范》，2015年9月顺利通过农业部《饲料质量安全管理规范》示范企业专家组验收，成为农业部“《饲料质量安全管理规范》示范企业”。

三、加强人才引进和培养，增强自主创新能力

公司重视人才引进，现有博士、硕士等专业技术人员12人，同时也与南京农业大学共建了“江苏省研究生工作站”。公司引进国外优秀企业高管加盟公司，为公司发展带来了新的动力和推进力，让江苏奥迈在行业有了崭新的形象。公司先后获得“高新技术企业”“江苏省民营科技型企业”“溧水区科技创新先进企业”等称号。

四、加强品牌建设，提高企业及产品在行业的知名度

近年，公司参加了2015年泰国VIV国际畜牧展、2015年中国饲料工业展（南京），2016年中国饲料工业展（合肥），举办了“饲料发展与饲料安全国际论坛”“中国饲料霉菌毒素危害与防控论坛”“饲料企业突破之道论坛暨首届江苏饲料联谊会”“361度全方位猪场管理论坛”等活动，参与了“中国养猪业高层交流论坛”“太阳鸟无抗论坛”等活动。2016年6月，赴加拿大出席“全球霉菌毒素大会”，同年9月参加南农中美养猪论坛，同年11月参加“第二届肠道健康国际会议”等。组织与参与以上的论坛及研讨会，加强了公司的品牌建设，提高了奥迈的知名度。

五、创新发展，努力为客户提供最优的霉菌毒素解决方案

江苏奥迈注重科技服务，建有霉菌毒素研究分析中心和霉菌毒素解决方案技术服务团队。服务中心通过互联网定期在网络和手机微信平台发布霉菌毒素污染状况分析报告、饲料霉菌毒素研究最新进展等资料，为客户原料及饲料采购提供参考；为客户提供原料毒素检测服务，帮助客户培训霉菌毒素检测人员或者进行实验室检测结果比对，建立霉菌毒素防控机制，从源头控制霉菌毒素风险；评估市场上常见的、检测结果较为准确的检测设备、试剂盒，为客户采购检测设备提供依据；联合国外相关科研机构开发“霉菌毒素风险评估系统”手机APP，用户可以根据饲料原料或饲料中的毒素水平评估产品对养殖动物的危害及解决方案，合理、适量使用相应的霉菌毒素脱毒产品；技术服务团队编写、印发《饲料霉菌毒素解决方案指导手册》，走访、培训、指导客户，提高客户对霉菌毒素及解决方案的认识；客户关注江苏奥迈微信公众平台，输入产品标签上的条形码编号，可秒取产品检验报告。

面对市场的挑战和机遇，江苏奥迈将不断前行，努力早日成为全球最优秀的霉菌毒素解决方案专家。

诚信立业　创新兴业

——无锡正大生物股份有限公司

无锡正大生物股份有限公司创建于1985年，是无锡市最早直接为“三农”服务的原生型民营科技企业。32年来，无锡正大畜禽有限公司始终追求“让中国农民富起来”的目标，以诚信立业、创新兴业，以基地带农户，使成千上万养殖户走上致富路，带动

无锡郊区农民养殖户起步，带动了苏南周边地区乃至全省、全国许多地区农户，累计为中国农民创造养殖效益上千亿元，为国家上缴利税 6 000 多万，同时带动 1 000 多下岗失业人员和 3 000 多经销商就业，支持了城市“菜篮子”工程和“再就业”工程。

经过 32 年的发展，无锡正大已经成为占地面积 7 万 m^2，建筑面积 3 万多 m^2，集中药提取物、动物药品、饲料添加剂和预混料的研发、生产、销售为一体的国家高新科技企业。拥有固定资产 2 480 万元，年销售收入 4.5 亿元，年上缴利税 2 000 多万，并跻身“全国民营企业 500 强”“全国饲料企业三十强”“全国兽药制剂生产企业三十强”“江苏省饲料行业二十强”，是中国饲料工业协会大型企业之一，先后被授予“中国优秀民营科技企业”“全国饲料添加剂创新优秀企业”“国家高新技术企业”“全国饲料创新优秀企业”等荣誉称号。公司的“牧圣”产品为无锡市三星级名牌产品，“牧圣”商标于 2003—2017 年连续荣获“江苏省著名商标”称号。

一、转型升级，走绿色产业化道路

近几年，食品安全越来越受到人们的重视，带有抗生素残留的肉类产品通过食物进入人体，会对人类健康构成严重危害。在此形势严峻的背景下，找出一种既具有高效率，又能安全、无残留、无污染的产品，是畜禽养殖企业的当务之急，无锡正大希望从中国传统医学中寻找一种提取物，解决眼前的难题，走绿色产业化道路。

无锡正大从 2003 年起对天然植物进行研究，2007 年与高校产学研合作，进一步对天然植物的药理、成分、提取工艺、分离纯化技术进行研究，形成了水提、醇提、澄清、喷雾干燥等一系列国内先进的技术，保障了对产品有效成分的高效提取。与中国药科大学合作进行成分分析、检测方法、稳定性研究和质量标准制定；与南京中医药大学合作制定全球动保业唯一的黄芪多糖指纹图谱鉴定标准；与南京农业大学中兽医研究室合作进行中药组方、药物的筛选、药物相互关系、临床药效的研究。

近年来，公司自主研发出拥有自主知识产权的两个中药复方提取物——黄芩解毒散和参芪粉（党参黄芪复方提取物），先后获得国家三类新兽药证书。

黄芩解毒散从黄芩、地锦草等多味植物提取出黄芩苷、槲皮素等有效成分，可以有效地防治仔猪哺乳期及断奶期腹泻，调节肠道功能，改善母猪便秘。其预防猪鸡大肠杆菌病有效率在 94%以上，治疗仔猪腹泻和鸡大肠杆菌病有效率在 93.3%以上。目前该产品在国内一些大型养殖集团和饲料厂得到了广泛的应用。

参芪粉为党参黄芪复方提取物，能激活体内免疫细胞的分化和增殖，提高机体免疫力。可提高初乳免疫球蛋白 G（IgG）水平，改善乳仔猪健康水平，增强动物的适应原性和抗应激能力，减少发病率和死亡率。

此外，无锡正大还开发了加肥宝、食霸、咳必诺，板青颗粒，益母草，淫羊藿等天然植物提取的一系列产品，满足了畜牧上的绿色保健养殖需求。

这些产品的上市在一定程度上减少了养殖业中的抗生素使用，以预防为先、保健为主的创新理念引导养殖业降低养殖风险，推动食品安全，带动饲料业、养殖业的升级优化和绿色畜牧业的发展。

二、加强产学研合作，重视人才培养

为提高公司自主创新能力，加快企业科研队伍建设，公司与农业院校紧密合作，2010 年，无锡正大与南京农业大学动科学院创立实训基地；2011 年，承担了江苏省科技成果转化项目——《新型绿色中兽药黄芩解毒散的研发与产业化》项目及国家发展和改革委员会绿色农用生物产品高技术产业化专项。公司还投资 800 万元成立了省级工程技术研究中心，对新型饲料添加剂、动物药品、天然植物提取物进行研发，公司技术团队与高校科研团队一起，负责畜禽繁育、兽药研发、疾病防控的服务工作，加强黄芩解毒散、参芪粉等纯中药提取物的等成果的推广与应用，为养殖户降低养殖成本，保障人类自身的健康。

除整合外部科研力量外，公司自己也组建了一支高素质科研队伍，从科研院所、大专院校引进博士、硕士等高级专业人才，不断充实公司人才队伍。公司有计划地邀请南京农业大学、华中农业大学等教授来公司做专题培训，全面提升员工的综合素质。目前，公司已拥有 46 人的科研技术服务团队，其中具有中高级职称的技术人员 16 人，博士 5 人，专门从事研发的人员 22 人。此外，还与南京农业大学、扬州大学等教学科研单位建立人才战略合作关系。

三、扩大生产规模，提高质量要求

2004 年，公司在无锡新区梅村建成大型 GMP 兽药和添加剂生产基地。2009 年又新建成当时中国动保业最大的中药提取基地，8 条 GMP 生产线以 95.7 的高分通过农业部复检和验收。因近几年公司中兽药业务发展迅速，在 2014 年公司又对中药提取车间进行了扩建，新增加了 4 台 10t 容量的提取罐，加上原有的 3 台 6t 提取罐，单班产量达到 61t。年产天然植物提取物 3 000t，是全国业内最大的生产线。

公司重视产品质量管理，严格按国家法规和 GMP 标准组织生产和进行质量管理。多年来，在全国、省市饲料质量及安全监管中，产品检验合格率达100%，从未发生重大质量安全事故以及客户投诉事件，产品的质量稳定，获得了客户肯定和认可。公司有三个独立运行的体系：生产、品管、监督，从技术到生产工艺，用全面规范的质量管理体系有效地监督着每一个生产环节，保证生产的成品合格率达到100%。在中药原料采购中，公司定品种、定产地、定药用部位、定采收季节、定加工方式，保障了药材原料供应的稳定性。在采购后，质保部通过高效液相、薄层色谱等手段定性和定量的对产品进行检测验收，部分品种采用指纹图谱技术进行有效成分比对，防止假劣药材。兽药产品按照农业部追溯码管理规定，在内外包装上全部印制二维码，入库和出库扫描后上传文件到国家兽药追溯系统，做到产品的可追溯性。

四、推进标杆建设，服务行业客户

近年来，公司在无锡马山、江阴、南通，湖州，海安等地建立了养殖试验示范基地，对畜禽养殖全过程进行技术攻关，开展高效安全绿色中兽药的应用研究。2013年江苏省农委组织了全省100多家大型蛋鸡养殖企业来公司召开现场推广会，针对绿色新中兽药黄芩解毒散在产蛋期替代抗生素的应用进行技术推广。

公司产品还在双胞胎集团、大北农集团、河南牧原集团、长江食品集团、湖南襄大集团、四川巨星集团、光明集团等众多国内大型饲料养殖集团进行了数百次的试验，试验结果证明无锡正大产品确实在提高免疫力、改善动物肠道健康、提高生产性能等方面效果显著。此多年来，无锡正大始终与全国数千家养殖饲料企业保持紧密的合作。

五、注重媒体宣传，持续扩大品牌影响力

无锡正大致力于中药植物提取，“将绿色、健康养殖进行到底”的理念受到了广大媒体的关注。2015年，无锡正大受邀上榜中央电视台“品质”栏目，是农牧行业唯一入围企业，播放后在行业内引起了广泛的关注，进一步扩大了公司的品牌影响力。

2016年，公司受邀参加沈阳畜牧博览会和大会晚宴，向每一位客户和企业展现了无锡正大的实力和风采。

由于在中药植物提取引导绿色养殖作出的重要贡献，无锡正大受到了《农财宝典》《猪业科学》《养猪》《水产前沿》等媒体的争相采访和报道，进一步扩大了公司在行业内的知名度，也加强了人们对中药提取的认识。

致力于生产高品质和安全的宠物食品

——好侣（中国）有限公司

好侣（中国）有限公司专注于宠物食品的研发、生产和销售，由泰国卜蜂集团（CP Group）旗下好侣集团（PCG）有限公司全额投资建设。

一、强大后盾

好侣集团从1976年开始进入宠物食品行业，至今已有40余年的历史，是亚洲最大的宠物食品制造商。随着全世界饲养宠物的潮流，好侣集团已出口超过25个国家，优质的产品获得了各国消费者的好评与青睐。

二、先进配备

好侣（中国）有限公司成立于2012年，工厂坐落在浙江省平湖经济开发区生物医药产业园区，企业一期占地75亩，总投资逾5亿元人民币，设计年生产能力为12万t。工厂的整体设计体现了配合饲料的专业水平，主体设备均采用国际先进宠物饲料设备，全过程控制均采用电脑自动化控制，基础建设和软硬件均达到饲料质量安全规范标准，设备布局和性能完全符合行业规范，做到有效防控粉尘和噪声，在原料的混合均匀度等方面远高于行业的控制要求，确保最终产品的安全性。严格把控原料的选用是保证产品品质的关键，公司的原料供应商均通过层层筛选，并与正大集团的采购中心共享原料信息和资源，通过集团化整体质量控制，确保原料供应商的生产资质和所用原料品质的长期稳定，为最大限度满足宠物食品所必需的营养成分提供良好的基础。品管检测中心在原料进厂控制环节投入大量资金用于先进检测设备的采购，包括全套自动取样设备、近红外快速测试仪、紫外可见分光光度计、粗蛋白分析仪、粗脂肪分析仪、粗纤维分析仪、水分活度仪、显微镜、强度仪等。针对目前国内谷物和蛋白原料在霉菌毒素和三聚氰胺等高风险隐患，专门配备进口的试剂盒，用于原料的快速检测。实验室除了满足日常理化方面的检测外，还单独配置无菌微生物实验室，用于原料、成品、车间环境和设备表面的有害微生物监控，确保产品的安全性。目前，检测中心实验室已经申请国家实验室认可。

整个生产过程按照食品GMP要求，严格控制区域交叉污染，实施严格的个人卫生制度，配置员工清洁卫生设备和设施。人事部门定期组织员工参加食品

安全、GMP和饲料质量安全等方面的培训，从思想上提高一线员工的质量安全意识。

工厂在虫害控制方面也投入了一定的人力和设施，专门聘请国外虫害公司提供虫害预防、监控计划及每周现场检查服务，确保生产环境和产品免受虫害的影响。

公司实施严格的质量控制和管理体系，建立了完整的质量管理和食品质量安全体系，并通过了ISO 22000和ISO 9001两大管理体系，将原料采购、生产、包装、销售、物流纳入体系管理。根据HACCP风险分析，加装在线磁桶、筛网、金属探测和X-ray等设备，防止异物污染，建立和实施区域清洁计划，确保每个颗粒的食用安全。

公司的研发部门按照NRC和AAFCO营养均衡进行配方研制，根据各阶段不同动物对营养的需求进行设计，确保宠物食品的营养精准，确保产品满足不同的市场需求。

三、优秀人才

为扩充公司的人才队伍，人力资源部通过定期或不定期的招聘活动，积极招聘组织所需的各类人才，以优厚的待遇为组织人力资源系统充实新生力量，实现公司内部人力资源的合理配置，为公司扩大生产规模提供人力资源的可靠保证。公司现有5名在动物营养、食品安全等领域各有专长的泰籍专家，通过传、授、带的方式培养管理人员本地化和国际化；2名优秀硕士毕业生辅助研发工作；1名优秀硕士毕业生负责现场质量保证工作。目前，好侣拥有大专及以上学历在职人员153名，占公司总人数的77%；本科及以上学历人员86名，占公司总人数的43%；硕士研究生13名，占公司总人数的7%。

人才是企业的灵魂，在市场经济环境下，企业间的竞争在某种程度上可以说是人力资源的竞争。只有把人才当作最珍贵的资源，企业才能把各项事业建立在永续发展的根基之上。好侣集团始终倡导“人才第一”的用人理念，认为“人才是最珍贵的企业资源”，要理解人、尊重人、依靠人、凝聚人、培养人。以人为中心，重视每一位员工的创造性，提高每位员工的责任心。强调“世界的人才，世界的知识，世界的市场，不分国界”，人才经营高于企业经营，实行人才“三高”策略，即高素质、高待遇、高绩效，为各类人才的成长发展搭建充分施展才能的舞台。

尊重知识，尊重人才，让每一位来到好侣的人都能发挥最大的价值，公司给每位员工提供了可以发挥自我的舞台，充分给予信任和支持。同时，为了奖励和留住优秀人才，公司建立了一系列激励措施，包括：①修建职工公寓，让每一位员工都能安心留在公司工作；②通过推行目标责任制，使企业经济指标层层落实，每位员工既有目标又有压力，产生强烈的动力，努力完成任务；③尊重各级员工的价值取向和独立人格，尤其尊重企业员工的意见和建议，激发员工的积极性和创造性；④建立员工参与管理、提出合理化建议的制度，提高员工主人翁参与意识；⑤对员工劳动态度和贡献予以荣誉奖励，如会议表彰、颁发荣誉证书、光荣榜、出国培训进修等。

好侣集团还通过内部竞聘、外部引进、锻炼培养、人才储备发挥公司整体人才优势，吸引和汇聚了一大批优秀人才，为每位员工提供公平的机会和条件，对员工绩效做出公正的评价；承认和尊重员工的个人利益，与员工分享企业发展带来的好处；改善员工工作和生活环境，不断提高员工工作和生活质量，使员工成为与公司同舟共济的人。公司具备无限广阔的发展空间，以集团化的姿态大步迈进。公司追求“和谐的完美”，这里没有“你”和“我”，只有“我们”。“我们”来自五湖四海，汇聚在好侣这个大家庭里，贡献共同的力量，成就共同的目标。

四、广阔前景

公司于2015年年底开始正式投产运营，2016年年初，产品开始进入国内市场，目前传统销售渠道主要铺设在上海、浙江、江苏等地区，现代销售渠道已覆盖全国，与京东、天猫以及国内一些大型超市建立了良好的商业合作关系。2016年，经国家质量监督检验检疫总局批准获得宠物食品出口资格，目前产品已出口到巴基斯坦、哈萨克斯坦、印度尼西亚、马来西亚、菲律宾等国家，并将继续加大步伐积极开拓国际市场。

“顾客至上，致力于生产高品质和高安全性的宠物食品”是好侣的质量和食品安全方针，好侣集团不断强化内部管理，最大程度拓展外部营销，在企业赢得利润的同时，也为广大宠物爱好者带来了更多的欢乐。好侣致力于促进宠物健康，提高您和爱宠的生活品质，成为值得您信赖的宠物食品首选。公司的使命是利用先进的技术与生产设施为客户提供优质的产品和服务，同时注重环境保护与可持续发展。

中国宠物食品行业方兴未艾，竞争日趋激烈，而好侣生力军不畏艰苦，传承先辈精益求精、坚韧刻苦、自强不息的优良传统，队伍内和衷共济、精诚团结、互帮互助，并在各界人士的支持与帮助下，锐意进取、开拓创新、厚积薄发，以不变的“卓于质”的执著，专注打造企业精字招牌，开辟出一条具有中国特色的繁花似锦的光明大道。

创新就是生命力

——安徽广通生物科技有限公司

没有创新就没有生命力和竞争力。一个企业不懂得改革创新，不懂得开拓进取，它的生机就会停止。创新的根本意义就是勇于突破企业的自身局限，在现有的条件下，创造更多适应市场需要的新体制、新举措，走在时代潮流的前面，实现企业的可持续发展。安徽广通生物科技有限公司作为省内预混料行业的领军企业，深知创新对企业发展的重要性，在激烈的市场竞争环境下，开辟了一条新的创新道路。

理念创新是广通公司各项创新的前提。广通公司早在几年前，就提出了“六字”经营理念，即“精、专、特、合、和、久”，这些理念不仅指引着广通事业向前发展，也激励着与公司合作的伙伴。今天，这些理念得到了进一步深化，广通公司始终坚持“企业的首要任务只有一个：创造顾客”。广通公司始终认为饲料企业面对着两个“顾客”——养殖户和消费者，养殖户关注的是养殖是否赚钱，消费者关注的是食品是否安全。因此，在眼花缭乱的各种模式面前，公司选择了让经营回归本源，让销售回归本质，使产品和服务作为企业主要的升级选项，“为养殖户创造价值，为消费者提供安全食品”，成为企业经营活动最基本的要求，“为别人服务，从而服务自己”成为广大业务人员的销售之道，从而促进了“两个转型”：帮助经销商转型为规模化物流商或服务商平台、销售人员逐步转型为直面终端的技术服务人员。

技术创新是广通公司各项创新的核心。为客户带来更多的价值，是赢得客户信赖和忠诚的关键。广通公司肉牛预混料能畅销湖北、河南、江苏、山东、江西、广西、辽宁、云南、内蒙古等省份，主要得益于养殖模式和产品的创新。根据肉牛养殖生产需要，不断提升技术水平和服务技能，公司总结并提炼出肉牛养殖综合配套技术，主要包括现代化牛场的机械化设计技术、日粮前置预消化技术、粪污有机无害化处理技术、抗应激技术和控脂技术等八项内容，解决了肉牛养殖过程中的一系列问题。在市场倒逼的需求下，与高校及科研院所和养殖专家一起，研发出一系列肉牛核心料新产品，如控脂型预混料、抗应激型预混料等。在此基础上，提出了“585”新型肉牛育肥盈利模式，并结合当前市场需求，针对性地推出了参股、合资、合作等多种形式的“托管”服务这一超前的技术、管理、人才输出新理念。

在预混料同质化的今天，公司开创性地推出了“酶解发酵预混料”，利用酶解发酵生物技术，生产出微生物发酵活性成分，充分体现微生态营养对机体菌群平衡的调控和对日粮营养物质深度挖潜的功效。融绿色安全、高效优质、健康环保为一体的新型“酶解发酵型”预混料，在全国多个规模养殖场进行了实验对比，比常规预混料有明显效果，为健康养殖、高效养殖奠定了坚实的基础。

营销创新是广通公司各项创新的关键。随着市场营销环境的变化，企业市场营销活动面临着诸多挑战，许多问题需要通过营销创新来解决。企业如何主动适应新的市场环境要求，以营销创新谋求企业发展，是摆在企业面前的一个十分现实而又重要的课题。

企业要在营销方面走出新路子，必须坚持以顾客为中心，立足于“顾客满意”。为进一步促进渠道升级，提升客户价值，对接真实需求，传递有效信息，打破合作障碍，广通公司推出了“一对一精准扶持”措施，公司与规模养殖场直接对接，合理选择产品，有针对性地解决合作中遇到的技术、资金等问题。针对养殖户对技术的需求，公司实行了“签约兽医服务”，对养殖场实行“家庭保姆式”的全程饲养、管理、疾病等方面的技术指导。为缓解养殖场资金压力，公司通过“精准借款”等方式，妥善处理了合作中的货款赊欠问题。

公司寻求合作方式上的转型，转变简单的“卖与买”的关系。作为省内有影响力的饲料厂商，公司致力于将饲料-养殖-食品加工作为产业链发展的目标，目的就是要打造“安全、可口、可追溯”的产品。公司积极寻求与规模养殖企业的深度合作。舒城代元生态养殖有限公司是舒城县蛋鸡养殖规模较大的企业，通过资本融合、技术结合和市场配合，公司与其建立了新型的合作关系，通过资源整合，优势互补，达到共赢的目的。公司还与一些大型肉牛养殖公司合作，将养殖公司现存的肉牛“股份化”，公司以技术、资金和托管的形式参与其中，这样既延伸了产业链，也为预混料销售提供了保障。

创新不是口号，创新是一个突破的过程，广通公司在不断的创新中赢得了市场、赢得了未来。

打造特种水产饲料领域全球最大的供应商

——福建天马科技集团股份有限公司

福建天马科技集团股份有限公司（以下简称“天马科技”）是上海证券交易所主板上市企业，获得“农业产业化国家重点龙头企业”“国家火炬计划重点高新技术企业”“中国驰名商标”“中国名牌产品”等众多荣誉。2016 年 12 月 9 日，天马科技和新希望六合、正大、通威、海大等知名龙头企业一道当选中国饲料工业协会副会长单位，为特种水产饲料业赢得了第一个中国饲料工业协会副会长单位。

一、立身之道——专注特种水产饲料业

随着人民生活水平的提高，我国特种水产品养殖业发展步入了“快车道”，产量稳定增长。鳗鲡、龟、鳖、大黄鱼、黄颡鱼、鮰鱼、鲆鲽鳎、海参、鲍等在华东地区，石斑鱼、鳗鲡、金鲳、鳖、虾、河豚等在华南地区，鮰鱼、黄鳝、鳖、黄颡鱼、蟹等在华中地区，鲑鳟、鮰鱼等在东北、西南、西北等地区形成了较为成熟的区域性养殖带。

以国家“万人计划”科技创业领军人才、科技部科技创新创业人才陈庆堂董事长为首的天马科技创始团队充分意识到特种水产配合饲料市场的巨大投资效益和发展潜力，跳出饲料业内同质化严重的激烈市场竞争，顺时而动，顺势而上，进军特种水产饲料业。他们坚持具有鲜明特色的专业化发展战略，依靠深厚的技术和市场基础，整合优势资源，于 2001 年创办了天马科技的前身——福清市天马水产饲料有限公司，专注研发、生产、销售特种水产配合饲料，一心做好，始终如一。

二、基业长青之道——以人为本

一个伟大的事业从初始到成功，人是唯一能够通过学习锻炼、开拓创新且潜能无限的资源。天马科技视人才为发展的第一资源，着力推进人力资源“一把手”人才战略和“258 人才工程”，全力打造一支过硬、有德的天马精英团队、“虎狼”王者之师。公司集聚了国家“万人计划”科技创业领军人才、科技部科技创新创业人才、全国饲料工业标准化技术委员会委员等专业精英，形成了技术过硬、经验丰富、爱岗敬业的研发、生产、营销、服务、管理团队。

公司在研发技术人员、管理人员及销售人员的选聘过程中，均以水产相关专业为基础条件，对长期服务于县、乡、村等终端市场的销售人员，摈弃了通用的市场营销型人才，全部聘用水产相关专业大专以上毕业生，真正做到以专业技术服务于客户，实现“价值型营销”。公司的研发团队由充满活力的动物营养与饲料科学、水产养殖学、水产病害学等专业人员构成，平均年龄在 35 岁以下；管理团队从业时间长、管理经验丰富、具有良好的团队协作精神和较强的管理创新思维能力；服务营销团队专业知识扎实、学科齐全、市场开拓意识和能力强、技术服务能力强。

天马科技强大的人才团队全面夯实了公司营销管理、贸易管理、科技数据库、财务风险管控、人力资源、信息化和生产管理等体系建设，形成了一代天马人激情创业、开拓创新的良好氛围，使天马成为员工创业的乐园、兴业的热土。

三、制胜之道——科技创新

天马科技自成立以来，依托强大的人才优势，坚定不移地推行科技战略和品牌战略，不断开拓创新。公司成立了以由国内知名水产动物营养与饲料学、水产养殖学、水产病害学等专家学者组成的科技委员会；承建了院士专家工作站、博士后科研流动站工作基地、国家水生动物病原库研究生培养基地、鳗鲡现代产业技术教育部工程研究中心、福建省省级企业技术中心、福建省特种水产饲料重点实验室、福建省特种水产配合饲料企业工程技术研究中心等技术平台。同时，天马科技与农业科学院饲料研究所、上海海洋大学、厦门大学、集美大学等达成战略合作，博采国内外最新科技成果，结合中国水产养殖业的实际，研发高新技术产品。

“人无我有，人有我精”，瞄准世界先进，自主创新和产学研合作相结合，已使天马的产品开发做到了“生产一代、储备一代、研发一代”，形成了特有的知识产权和核心技术。公司研发的膨化软颗粒配合饲料与膨化颗粒配合饲料相比，养殖的生长性能更佳，成本更低，改变了使用冰鲜杂鱼鱼糜直接投喂的传统养殖模式，其在大黄鱼、河豚、石斑鱼等特种水产养殖上推广应用，减少了近海养殖带来的海区污染，取得了良好的生态效益和经济效益。国内首家研制出的玻璃鳗配合饲料不但解决了我国养鳗业长期使用红虫带来的水环境污染问题，而且解决了养殖安全与鳗鲡食品安全问题，打破了日本、韩国等国家的技术垄断，提升了民族水产配合饲料制造企业的地位，有力促进了我国鳗鱼养殖业的健康可持续发展。

目前，公司已获得授权发明专利 39 项，制定国家、行业、地方标准 8 项。其中，天马集团所研发的具有自主知识产权的玻璃鳗配合饲料等多项技术填补了国内技术空白，大黄鱼配合饲料、种苗微粒子配合饲料等居于国内水产饲料行业先进水平。强大的研发实力使天马科技站上了行业的制高点，为公司的发展的高质量产品提供了坚强后盾，有力支撑了集团创造名牌。

四、创名牌之道——质量为王

“为了人类健康，追求卓越品质”是天马科技永恒不变的承诺。公司视产品质量为生命，是首批“《农业部饲料质量安全管理规范》示范企业”。公司引进了全球最大的饲料机械制造商——瑞士布勒集团制造的智能化、自动化生产线，以 ERP、云营销等信息管理系

统对采购、生产、销售、库存等信息进行实时整合，制定了严格的工艺制作标准和质量管控体系，从原料选用、接收、储存、加工预处理、混合、包装、成品储存到客户使用的每一个环节，科学制定了标准化操作程序，产品质量一直保持高品质、高稳定性，代表着我国目前高品质水产配合饲料的发展方向。

同时，公司导入了国内外先进质量管理标准体系，对生产全过程中的关键点进行分析，确定关键控制值与检测手段、建立验证方法等，确保不合格产品不流入下道工序，保证不合格产品不出厂。公司的饲料产品在饲料行业内率先通过了 ISO 9001 国际质量管理体系认证、ISO 14000 环境管理体系认证、无公害农产品认证、中国饲料产品认证、CIQ 和 HACCP 认证，荣获了“中国名牌产品”称号，“健马”商标被评为“中国驰名商标”。

五、树典范之道——打造特种水产饲料行业全球最大的供应商

乘浩浩长风，破万里巨浪。经过十多年的砥砺奋进，天马科技已从一家名不经传的小厂发展成为经营范围涉及特种水产饲料、生物工程、国际贸易等领域的农业产业化国家重点龙头企业和国家级高新技术企业。公司的鳗鲡配合饲料产销量稳居全国首位，主营的种苗料及石斑鱼、大黄鱼、鲟鱼、鲑鳟、鲆鲽鳎、龟、鳖、鲍、海参等特种水产动物配合饲料产销量位居全国前列，产品远销东南亚、欧美等地区。

获评“中国饲料工业协会副会长单位”既是行业、中国饲料工业协会对天马科技发展成绩，特别是对天马科技推动水产饲料业发展所作贡献的极大肯定，也是对天马科技发展的鞭策。未来，天马科技必将在陈庆堂董事长的带领下，抢抓机遇，撸起袖子加油干，不忘初心，继续前行，依托“资本+实体”的运营优势，立足中国、面向世界，全面实施“五大一中心，九大事业部”的中长期战略规划，构建北起渤海湾南至北部湾、覆盖中国沿海地区的完善战略销售网络，打造全球最大特种水产饲料供应商，和业界同仁一道，为实现我国从饲料生产大国向饲料生产强国转变贡献力量，为社会呈现一个健康、负责、优秀的上市企业，以更好的业绩回报股东、回报社会，为中国特种水产行业的健康可持续发展树立典范。

质量是企业长久发展的根基

——龙泰饲料有限公司

龙泰饲料有限公司成立于 2004 年，位于福建省漳州市台商投资区角美镇内丁工业园，紧临厦门东孚货运站、厦门港、漳州港，交通便利，地理位置优越，主营全价配合饲料，生产猪、鸡、鸭、鹅、鱼等系列全价配合饲料。

公司占地面积约 45 亩，两期先后投资共 5 000 万元，引进了 8 条国内先进的颗粒料、膨化饲料生产线，年生产优质环保的畜禽，水产饲料 24 万 t。

公司不断开拓发展，立足“诚信经商、品质保证、优质服务、共创三赢”的经营理念，努力发展成为行业的一流企业。公司生产的“龙丰牌”系列饲料，销售网络遍及福建、广东、江西等地，深受广大养殖户喜爱。

一、质量是成功的伙伴，是企业长远生存的根基

公司始终秉承“谦虚、学习、协作、创新”的经营宗旨，恪守经营理念，落实“人人认真、事事严格、一流产品、一流服务”的质量方针，围绕“追求产品技术的至上品质，满足用户的最高要求”的发展总目标。公司立足发扬自身特长，依托强大的研发能力，采购、生产品控能力和技术服务，竭诚为养殖户提供最优质的产品和技术服务。

为了更好把关原料、提高产品的质量以及化验室的水平，公司先后采购先进的近红外快速检测仪和德国塞卡姆氨基酸分析仪，狠抓质量关，做到“一切从源头抓起”。

二、加强原料质量的管理，提高产品的品质

市场的竞争已经演变成质量的竞争，饲料质量稳定压倒一切，稳定的质量才是企业赢得市场的唯一办法。把好原料质量关，是保证饲料产品质量稳定的源头和基础。原料接收的源头是采购，高度负责地采购把关，可以直接解决质量 90%以上的问题。

1. 原料供应商资质的审定和评估 原料供应商要具备生产许可证、产品批准文号和产品标准，提供产品检测报告和合格证；饲料添加剂和添加剂预混料产品要具有产品批准文号的批件、产品执行标准、产品检验合格证和产品标签。对于新的原料供应商，采购人员应深入现场考核生产、经营条件，必要时现场取样检。同时建立原料供应商资质档案，确保原料的品质，在使用过程中收集公司各部分和用户的反馈情况，对原料供应商进行评价和审定，对新原料供应商首次必须认真审定，老原料供应商一般每年进行 1～2 次重新评审。

2. 把好原料质量关，制定原料的验收和检测标准 把好原料质量关，要求每批原料进厂前，品控

人员对照原料标准进行检验，先要对原料的色泽、气味、水分、掺杂、霉变、虫蚀等做定性或半定性的感官检验，再对所检验的原料进行抽样备份，送检化验室，检测合格后再进仓。有的原料还要进行营养指标和卫生指标检测，检验合格后才能用于生产。

原料的检测包括感官检验和理化检测，经检验合格后方可入库使用。检测结果中若有一项不符合标准要求，即判定该批饲料原料不合格，不合格的饲料原料坚决退货。

3. 做好原料的储存和使用 原料入库后及时登记，挂牌做好标识（如合格、待检、不合格），标明入库的品种、数量、供应商收货日期等。

原料使用要遵循照"先进先出"的原则，确保料仓和仓库中的原料不会变得陈旧，储存过程中定期观察原料是否存在霉变，所有检查内容必须做好记录，方便以后查阅。不符合质量标准的原料不准投入使用，只有认真做好控制原料质量的各项工作，才能保证优质的原料投入生产。

4. 成品料的感官检验 主要检查其产品手感、色泽，有无该类料不应具备的味道、杂质或坚硬块状物，包装袋是否完好无损，产品标签是否与说明书相一致。

5. 成品料的检测检验 每天生产的每批成品都要取样留底，并通过化验室检测合格后方可出厂。

6. 出厂后的市场产品质量跟踪 定期或不定期到养殖场进行指导，并了解产品的质量效果，经过汇总、调查，及时改进不足。

三、诚信立企、质量第一，体现企业社会责任感

饲料产品作为人类食品安全的第一关，其质量与安全和人们的健康息息相关。为了给广大客户提供安全、稳定、高效的产品，龙泰饲料有限公司自创办以来就一直以"诚信经商、品质保证、优质服务、共创三赢"的经营理念，不断努力。"产品不合格推倒重做，但绝不能使质量不优，质量是我们长远发展的根基"体现了龙泰人对产品质量的重视。

1. 贯彻企业"诚信经商、品质保证、优质服务、共创三赢"的经营理念，营造诚信氛围，争做诚信企业，让广大客户安心、放心，让社会大众认可。

2. 规范诚信体系的管控，严格规范原料收购、运输仓储到生产加工、检验检测等各环节的监控和管理，建立规范、系统的管理制度，形成系统的企业诚信管理体系运行机制，确保质量安全。

3. 提供安全放心的产品，坚持质量第一、用户至上，严格进行产品的检验检测，做到不合格原料不进厂、不合格的产品不出厂、不生产假冒伪劣产品、不掺杂使假、不以假充真、不以次充好，让广大养殖户用得放心。

诚信是企业发展的必然要求，质量是企业长久发展的根基，恪守诚信、保证质量是企业的社会责任。有了诚信和质量，企业就会有市场凝聚力和竞争力，就能取信于市场、取信于顾客、取信于社会。

前期营养领先者
专业养猪服务商

——福建傲农生物科技集团股份有限公司

福建傲农生物科技集团股份有限公司正式成立于2011年6月，现已发展成为一家集饲料、生物制药、育种、原料贸易、农业互联网、融资服务支持为一体的综合型农牧企业。

成立五年多来，傲农在创业的过程中，始终秉承"以农为傲，滋养全球"的使命，践行"为客户创造价值，为员工提供发展，为社会做出贡献"的核心价值观，坚持"前期营养领先者，专业养猪服务商"的品牌理念，以市场为导向，以客户为根本，走"质量为先、创新驱动、科技强企、人才兴企"的企业发展之路，为实现"创建世界领先的农牧企业"的宏伟愿景而不懈努力。

五年多来，集团在市场拓展、产业发展、客户服务、技术研发、管理机制、团队建设、品牌建设等方面开创了一套独具傲农特色的企业发展模式，受到广大客户、业内同仁、社会各界的一致认可和肯定。

一、革新发展理念，从满足市场需求到引领行业转型

在中国经济进入新常态、农牧行业实现转型升级以及提质增效的宏观背景下，饲料行业也面临调整、优化、改革、升级的巨大压力，傲农集团审时度势，聚焦猪前期营养领域，围绕"前期营养领先者，专业养猪服务商"的品牌定位，瞄准养猪行业存在已久的"痛点"，艰苦攻关，在行业内首次提出"前期营养三阶段"（可达到仔猪70日龄体重30kg）和"母猪营养三阶段"（可达到母猪PSY目标26头以上）养殖模式。按照这两大模式进行的产品研发和产品设计有效解决了行业内产品存在的日增重低、年有效出栏仔猪数量低、养殖效益低、饲料浪费严重等问题。

同时，集团在这种科学的发展理念引导下，配备专业的养殖服务人员，深入到市场一线，传播理念，传授技术，针对养殖户猪场管理、经营理念等方面存在的问题提供针对性强、实用性好的方案，引领经销

商及养殖户科学养殖、高效养殖，把经销商及养殖户由传统的“产品购买者”角色转型为“消费购买者”和“共同创业者”，集团也实现了从“产品制造者”到“行业引领者”的角色的转变。这一系列的改变为行业、养殖户的转型发展、创收增收以及农村发展和农业经济效益、生态效益的提升做出了重大贡献。

二、走创新发展之路，让科技创新成为企业发展的核心驱动力

集团坚持创新发展战略，组建了由集团专家委员会、技术研究院、博士后工作站、博士工作站、福建省前期营养生物饲料企业工程技术研究中心、南昌市仔猪前期营养饲料工程技术研究中心、企业技术中心等组成的科研创新体系，引进尖端科研人才，配套先进的科研设施，完善创新激励机制，积极倡导“全员创新、全员创业”的“双创”工程，大力推动农业科技创新，加速科技成果转化，为集团的快速发展赢得核心竞争力。

目前，集团已建成独栋研发中心，配套饲料技术研究所、育种技术研究所、动物保健研究所、环境工程研究所、信息技术研究所、动物医学中心、分析测试中心等，引进硕士及以上的高级人才100余人，为科研创新保驾护航。集团被授权发明专利26项、实用新型专利48项、软件著作权34项；有国家知识产权优势企业2家、省级高新技术企业5家、国家科技创新创业领军人才等荣誉，还有多项科研成果荣获农业部及省级技术创新奖项。

三、让质量为品牌代言，打造让消费者放心、市场认可的产品品牌

好产品、好服务是消费者心中不变的标准。“质量至上，良心品质”是傲农一贯的理念。集团执行最严格的饲料质量安全管理标准，制定了完整的品质管理流程和制度，配备了先进的检测仪器，从原料采购、生产制造到市场流通销售环节采用“360°品质管理体系”。

集团与国内外顶尖的供应商建立长期的战略合作关系，从源头上保证原材料品质与安全。引进先进的自动化、智能化、数字化生产设备，减少生产过程中由于人为误差而导致的产品瑕疵。配备专业的品质管理人员及设备，从原料的引进、生产过程的监控、成品的品质检验等环节全方位把控，保证每一袋产品都能达到最严格的质量标准，打造让消费者放心、市场认可的产品品牌。经过长期的精耕细作，傲农品牌已深得行业主管机构、市场和消费者的认同，已有吉安傲农等5家分（子）公司成为《饲料质量安全管理规范》部级示范企业，“傲农”品牌及相关产品相继荣获“中国十大最受欢迎乳猪料品牌”“饲料技术创新品牌全国30强”“中国乳猪料口碑五强”“年度最具影响力母猪料”等荣誉。

四、服务提升价值，用专业、快速、周到的服务建立用户的情感联系

傲农坚持“更专业、更快速、更周到”的品牌理念，围绕“以饲料为核心的服务企业和以养殖为核心的食品”的企业阶段性发展目标，强化服务能力和服务水平，用服务提升产品的附加值，提升客户的忠诚度，建立与客户紧密的情感联系，帮助养殖户提高养殖的综合效率和效益。

构建“产业（饲料产业、生物制药产业、育种产业、原料贸易产业）＋农业互联网＋融资服务支持”的全产业链养殖服务生态，让专业技术人员长期驻扎在市场一线，为全国31个省（市、区）的合作伙伴提供产品、技术、方案、资金、信息等方面的服务。

五、推行“互联网＋农业”，实现产业深度融合发展

基于“互联网＋农业”的发展趋势，集团通过互联网、物联网、大数据分析等技术帮助养殖业提升管理水平和生产成绩。建立养殖户、金融机构、行业从业者和消费者互动的朋友圈，并为他们提供最专业的管理系统、最权威的行业资讯和去中心化的交易平台，让广大养殖户的事业变得更简洁、更方便、更高效，让他们和傲农共同享受产业融合带来的便利，共同促进国家农牧业发展。

目前，已陆续开发上线了“ERP系统”“猪OK门户网站”“客户网（提供经销商进、销、存全过程管理服务）”、“猪OK管理平台（让猪场实现全方位数据化管理）”等。通过“猪OK平台”让传统养殖业转变为现代服务业，让养殖管理从“人治”转变为“数治”。

未来，傲农集团将继续专注创新，加强科研平台建设，强化创新人才体系构建，打造有利于创新、创业的企业生态环境，鼓励全员创新，激发创新能量，引领傲农事业发展取得更加辉煌的成就，为中国农牧业的发展做出更大的贡献。

加快转型发展 推动产业转型升级

——正邦集团有限公司

正邦集团有限公司总部位于江西省南昌市，创办

于1996年，是农业产业化国家重点龙头企业、国家高新技术企业，名列中国企业500强第254位、中国制造业500强第123位、中国民营企业500强第61位。旗下有农牧、种植、金融三大产业集团，在全国27个省（市、区）拥有480家分（子）公司、4万名员工，2016年总产值突破620亿元，同比增长19%。

集团先后设立了国家博士后科研工作站、院士工作站，拥有国家企业技术中心、省重点实验室、省工程技术研究中心等技术研发平台，承担了包括国家“863计划”在内的多项国家科研项目。集团饲料生产、生猪繁育与养殖、农药生产、兽药生产、种鸭繁育均居全国前10强。正邦饲料获得“中国名牌”称号，“正邦”商标荣获“中国驰名商标”。

2016年，正邦集团进一步强化饲料、养殖、兽药、肉食品加工四大产业的融合发展，壮大产业链，饲料总产量达980万t。当选中国饲料工业协会第七届理事会常务副会长单位，荣获“2016全国十大领军饲料企业”称号。

一、深化供给侧改革，提高企业竞争力

推进农业供给侧结构性改革，最终目的是满足市场更高的需求，根本途径是提高发展质量，推广使用新技术、新材料、新模式，促使企业从低层次的制造走向高科技的智造，实现传统产业改造升级，把着力点从增加产品产量转向提高产品质量。

1. 研发新产品 为了提高产品竞争力和经营效益，2016年，正邦集团开展“增品种、提品质、创品牌”专项行动，着力增加高品质产品和服务的有效供给，不断研发新产品、优化产品结构。重点发展猪饲料，猪饲料比重提高到90%，比上年增加6个百分点；研发出前期教保料、液态发酵饲料等新产品6个，新产品销售收入占比达到20%以上；获得国家专利产品2个。

2. 推广新设施 对8个企业进行了技术改造，推广新工艺3项，申请专利1个。节能型工厂初见成效，自动化、智能化工厂推广运用。吉安饲料工厂获得农业部颁发的“《国家质量安全管理规范》企业”，成为江西省首个部级饲料生产标杆工厂。

3. 开拓新市场 2016年正邦集团在埃及投资1 500万美元，建成邦盛饲料科技有限公司，年产18万t饲料，并于2016年11月正式投产。在孟加拉投资2 000美元，与Bay集团合作，建设年产18万t的饲料加工基地建设项目。项目投产后，将实现年产鸡、鸭等禽饲料18万t，实现年总产值1亿美元，成为孟加拉饲料样板企业。以上两个项目都是种养加一体化项目，在做大饲料项目的基础上，将实行种养结合，打通农牧加工全产业链，延伸到肉及其他副产品加工终端。

二、加快转型发展，提高饲料与养殖的融合度

农业龙头企业的生命力和竞争力在于技术领先、产业链增值。为了缓解饲料产业竞争压力、降低销售成本，正邦集团在经营价值观上和在实践操作中，大力实施由传统产品制造公司向领先的养殖管理服务公司转型。

1. 设立养殖服务公司 正邦集团在发展上采取“打组合拳”的办法，饲料、兽药、养殖协同发展，在正邦产业布局重点地区共建立养殖服务分公司42个，由单纯的卖饲料转变为向客户提供养殖服务，增强饲料企业与养殖企业的结合度，稳定业务，扩大销售。

2. 自办养猪场 积极响应国家绿色、环保号召，紧紧抓住国家严格养殖环保执法、设定禁养区和限养区，不少中小型和家庭养猪场被迫关闭的机遇，转变角色，跨界发展，自办养猪场，有效推进“政府＋公司＋养殖户”为一体的标准“生态养殖小区”项目建设，每个养殖小区实现年出栏生猪10万头，已在江西省新余市、抚州市达成项目意向。与此同时，独立建设养猪场，其中母猪场通过自建、投资并购或租赁等方式，实现存栏16万头；肥猪场通过“公司＋养殖户”的合作养殖模式，实现年出栏100万头。

3. 托管养猪场 为了解决养殖户资金周转问题，正邦集团采取饲料入股的方式，参与兄弟企业的养猪场经营，取得双赢效果。2016年已经与22个养猪场实现了合作发展，销售饲料18万t。

三、加强信息化建设，提高饲料销售成效

正邦集团适应互联网发展，及时调整营销策略，快速组建电子商务团队。创办正农通养殖服务公司，将养殖技术指导、饲料产品销售等融为一体，方便用户生产经营，所开发的“邦系列”软件产品获得了国家版权局的计算机软件著作权登记证书（包括邦卖猪交易平台V1.0、邦养猪智能生产数据管理系统V1.0、订食配食品电商平台促销系统V1.0、订食配食品电商平台拼团系统V1.0、小牧人电商平台O2O分销系统V1.0、小牧人电商平台统一服务治理系统V1.0）。正邦集团被列为全国农业电子商务示范企业、全国信息化与工业化融合创新试点单位。

四、大力实施产业扶贫，带动农户（贫困户）增收

正邦集团发展不忘根本、致富不忘农民、崛起不

忘社会，在企业做大做强的同时，积极履行社会责任，广泛推行“公司＋合作社＋农户（贫困户）”的商业模式，为的就是充分发挥正邦产业链优势，带动广大农民增收。

集团推出的“四服务两担保”的合作模式。农户只要投入少量的资金建立畜禽养殖栏舍，由公司实行猪苗服务、饲料服务、药品服务、技术服务，贷款担保、产品回收担保。通过“公司＋农户”“公司＋养殖小区”“公司＋基地＋农户”的正邦合作模式，在公司的示范下带动农户投入到养殖产业化经营。

通过项目兴村、产业带村、技术援村、人才进村等方式，直接带动全国3万余农户，以各种方式共带动农户过百万户，通过科学发展，产业化经营发家致富，带动农民共同富裕，农民户均年增收4 000元以上。

五、大力加强企业文化建设

正邦集团在长期的发展过程中，形成了优秀的企业文化理念体系，树立了“以人为本，以正兴邦”的经营哲学，“把小公司做成大公司，把大公司做成大家的公司”的核心价值观，“情系‘三农’，造福社会，以正兴邦；实现每一个人的生命价值，为中华民族的伟大复兴而奋斗”的企业使命和“在农业产业化的道路上，成就正邦伟业，在国际化的平台上，圆梦百年正邦”的企业愿景。

集团不断深化“把小公司做成大公司，把大公司做成大家的公司”的创业文化，基于文化理念的共鸣、价值观念观的认同，正邦有效整合全国各地的优秀人才和行业精英，上千名大学生加盟正邦，共谋发展，共创大业。给平台、给股份，实现共创、共建、共享的体制、机制，充分信任和授权，使公司的活力、后劲和发展速度远远优于同行。

正邦的产业从田头到餐桌，一头连着广大农民生产致富，一头连着城镇居民的食品安全，是利国利民的民生工程。正邦深感社会责任重大，始终坚持保障农产品食品安全，促进生态文明建设，推进农业产业化发展，推动产业转型升级，走科学发展、快速发展之路，在江西打造了一个千亿级农业现代化企业。

立足市场细分定位 打造中国名牌产品

——播恩集团

播恩集团/赣州八维生物科技有限公司位于赣州经济技术开发区，是一家集研发、加工、营销和技术服务为一体的科技型农牧业加工企业，主营业务是生产销售动物营养料，主要产品有预混料、教槽料。集团累计投资11 509万元，现有员工1 060人，2015年经营规模10亿元，税收961万元，税后利润3 544.5万元，2016年，业务增长60%，预计可以完成1亿左右利润。

公司自创立以来，秉持“品德、团队、创新、速度、尊重、责任、成长、感恩”的八维价值观和“五快（快反应、快学习、快研究、快执行、快成长）文化”，坚持“优质产品领先、营销模式领先、服务理念领先、给客户带去更多价值领先”的经营理念，实施差异化发展战略，定位饲料细分市场，以有鲜明的企业文化特色为引领，以技术创新为利器，取得了连续多年高于20%的增长发展速度。公司先后认定为“江西省农业产业化龙头企业”“江西省高新技术企业”“江西省专精特新企业”“省级企业技术中心”；“8V”商标评为“江西省著名商标”；乳猪前期配合饲料评为“江西省名牌产品”、“K3”教糟料评为“江西省优秀新产品”。在全国饲料信息网评比中，公司的教糟料评为“全国十佳教糟料品牌”，乳猪料被评为“全国十大受欢迎乳猪料品牌”；在全国饲料企业评比中，公司被评为“2016年全国三十强饲料企业”。截至2016年年底，公司总资产已达45 213万元，主营业务收入近十二亿元，产品覆盖全国各省份。

为实施做全国有影响力的现代农牧业目标，公司以赣州八维为主体，整合20多家分（子）公司，组建了江西播恩生物集团有限公司，简称“播恩集团”。公司高起点启动主板上市，引入国内较有实力的海通证券公司、正中珠江会计师事务所、君合律师事务所为中介机构。目前三方机构对公司基础工作评价较高，有信心完成公司在主板上市。

1. 重视产品质量管理 公司以“质量是企业的生命”为原则，生产设备选用瑞士布勒、美国CPM和江苏牧羊等国际国内知名公司的先进设备。产品研发检测装备有FOSS近红外分析仪、原子吸收分光光度计、紫外分光光度计、高效液相色谱仪、凯氏定氮仪、索氏脂肪抽提仪等高端仪器，先进的设备装备使公司进入精准加工企业行列。公司严格执行Q/BW 003—2011产品标准，先后通过了ISO 9001、GB/T 28001—2001、ISO 14002：2004认证，从原辅料到成品建立了健全的管理体系，落实“绝不采用不合格原料、绝不生产不达标产品、绝不使用不正常设备、绝不忽视不满意客户、绝不允许不规范操作、绝不容忍不完善的服务”措施。从而确保了产品的“精准、稳定、高效”，多年产品检测未发现不合格产品，“开心果保育料”曾被行业组织授予“向全国推荐的优质产品”称号。

2. 重视人才队伍建设 公司自设立以来就重视人才培养，多年来坚持常年培训计划，送出去，请进来，并自创了“播恩大学”。公司总部拥有博士5名，硕士20名，有学士学位的员工200多名，与南昌大学、江西农业大学、华南农业大学、广东省农业科学院建立了长期合作关系，还外聘专家、教授8人，其中有欧洲知名动物营养专家海特·汉姆克等实力雄厚的技术团队为公司不断推进技术创新，开发高质产品奠定了扎实基础。

3. 重视技术创新 公司加入了由教育部、科技部与广东省联合组建的饲料产学研创新联盟，是联盟成员单位，并列入饲料重大科研示范基地。公司成立之初即组建了技术中心，目前已审定为省级技术中心，为吸收国外先进技术，公司在荷兰设立了“动物营养研究所”。公司不断加大研发经费投入，近三年研发经费投入总额达3 683万元，推动科技成果转换16项，拥有许可使用发明专利1项、外观设计专利3项，2011年以来被评为“江西省高新技术企业”。

4. 重视产品品牌建设 公司立足于市场细分定位，以“打造中国名牌产品，引领中国动物营养品市场”为目标，多年来不仅在技术创新生产高品质优质饲料方面卓有建树，而且在品牌建设上舍得下大力，每年投入大量资金进行企业和品牌形象宣传，通过积极参加全国及区域产品新闻发布会、博览会等活动，公司的知名度、影响力不断扩大，被誉为中国动物营养业的“黑马”，成为中国动物营养品市场的重要供应商，公司产品“8V”商标连续两次评为“江西省著名商标”。

重视为客户免费提供技术服务，公司在产品的销售上采用了直销与区域代理、销售与高端技术服务相结合的措施，先后在产品销售区域设立了广东、福建、江西、上海、中原、东北六个大区的服务团队。公司重视产品的市场反应，组织科普技术人员及时进行跟踪服务，根据客户的意见和建议，不断对产品配方和生产工艺进行改进，并完善产品的配套使用技术，制订“预混合饲料”使用方案，从而进一步稳定并提高产品使用效果。好产品和良好的售后服务获得了客户的广泛好评和赞誉。公司产品销售已覆盖广东、广西、海南、江西、福建、湖南、湖北、浙江、江苏、上海、河南、河北和东北三省十五个省份，产品的市场占有率在国内同行中名列前茅。

为进一步提高公司的影响力，公司正在积极创造条件，拟申报农业产业化国家重点龙头企业，力争成为国内有影响力的现代农牧企业！

以科技为动力
以质量求生存

——江西旺大动物科技有限公司

江西旺大动物科技有限公司是广东旺大集团股份有限公司投资兴建的第一家子公司，专业生产猪用浓缩料、预混合饲料。公司成立于2005年5月，位于江西省南昌市南昌县莲塘镇银三角莲良路212号。公司占地40余亩，采用牧羊集团最新的二次混合预混料、浓缩料自动配料系统生产工艺，预混料生产线和浓缩料生产线是单独的生产线，年单班生产能力接近5万t。公司现有员工130多人，其中专业技术人员50多人；月销售猪用预混料、浓缩料近3 000t，产品遍及江西、湖北、安徽、福建等市场。

公司依托江西农业大学、华南农业大学等多所大专院校科研实力以及集团自有的“生物快长，免疫增强”专利技术生产出来的哺乳母猪浓缩料，在仔猪出生重、断奶重、成活率、断奶后返情率等方面，明显优于市场其他竞争对手产品，成为用户喜欢、同行效仿的对象；中猪复合预混料凭借其独有的“拉架子”技术和“肯吃快长”的特点，深得广大用户喜欢，被称为“中猪料之王”。2013年。公司的科研项目“利用绿色添加剂开发免疫增强型仔猪前期饲料”作为技术创新项目，获得科技部科技型中小企业技术创新基金管理中心立项；同年，公司荣获江西省科技厅、财政厅、省国税局、省地税局联合审批的“高新技术企业”。公司的仔猪前期料也因为“绿色环保、免疫增强”的专利技术，减少抗生素用量、提高仔猪成活率，迅速成为环保、高效型仔猪前期饲料的新标杆。

“旺大服务体系”颇具特色，进入公司参与售后服务的都是业界精英，具备丰富、高效的实战经验，是能真正解决问题的高级人才。公司在提供产品的基础上，按不同客户的特殊需要，提供电脑配方设计、原料监测、疾病防治、技术与管理培训等全方位的服务。

公司拥有行业一流的化验室及检测设备（紫外分光光度计、电子天秤、原子吸收分光光度计、液相色谱仪、马弗炉、自动定氮仪、显微镜等），还有原料、成品检测12字方针：“头头检、批批检、过程检、进出检”和“三百”检测目标：检测率100%、准确率100%、合格率100%。公司严格按照ISO质量保证体系和质量安全管理体系组织生产，确保产品的质量和饲料安全。

江西旺大的企业文化是：像军队、像学校、像家庭。也就是说，在江西旺大，有像军队一样严谨的行事作风，有像学校一样浓厚的学习氛围，有像家庭一样温暖的工作环境。江西旺大的核心价值观是：务实敬业、合作创新、从心沟通、伙伴成长，旺大精神为：团结、务实、求精、创新。

通过江西旺大全体员工的共同努力，公司获得了一系列的荣誉。主要的荣誉包括：

“食品安全管理体系认证证书”、“质量管理体系认证证书”，江西省养猪行业协会常务理事单位，高新技术企业，江西省出入境检验检疫局颁发的“出口食用动物（猪）饲用饲料生产企业登记备案证”，高新技术企业科技型小企业技术创新基金，AA守合同重信用单位，南昌县中小企业协会常务副会长单位，南昌市农业产业化市级龙头企业，“南昌市小微企业建立和完善现代企业制度”试点企业，南昌县中小企业协会2014年度先进单位，获得四个发明专利证书：一种可替代抗生素的猪饲料添加剂及其制备方法和应用专利、一种饲料添加剂专利、一种提高哺乳母猪奶水的饲料及其制备方法专利、一种提高中猪体型的组合物及其应用专利。

一、科技创新

创新是企业发展的不竭动力。通过科技研发的投入，2016年公司获得授权发明专利“一种提高中猪体型的组合物及其应用（专利号：ZL201410196347.8）”，同时成功申请江西省2016年度重点新产品，成功申报南昌市专利实施补助项目；顺利通过科技部中小企业创新基金项目《利用绿色添加剂开发免疫增强型仔猪前期饲料》结题验收，通过大力研发开发适应市场的新产品，提升和壮大公司的发展实力。

二、经营管理

1. 后勤体系 公司于2009年通过了质量管理体系（ISO）与食品安全管理体系（HACCP）认证并每年坚持三审（公司内审、集团内审、北京华思联外审）及管理评审，经过8年的努力，2016年10月顺利通过省级《饲料质量全管理规范》示范企业验收。通过这些强有力的保障，公司产品质量稳定，得到了社会的认可，在饲料行业具有一定的品牌效益。

财务规范，2015年6月11日，旺大集团在新三板上市，2015年上缴税收481万元，2016年上缴税收323万元。

旺大集团公司设立研发部门，不断研究出新的产品，2016年推出“凤凰传祺”乳仔一体化，效果很不错，客户再次购买率达98%，在产品上做到应用一代、研发一代、储备一代。

2. 营销体系 公司以营销为龙头，通过重点产品的市场影响力带动其他产品切入市场，从而提高产品市场占有率。营销体系成立了十五个事业部，进行分红考核机制，加大营销团队的激励政策，激发营销团队的主观能动性和积极性。

3. 随着行业形势变化，公司理念的转变 当前饲料行业的内外环境发生了深刻的变化。国家先后出台了《土十条》《水十条》及《全国生猪生产发展规划（2016—2020年）》，强调环境保护、食品安全及农牧业的可持续发展，促使中国养猪业悄然生变：①养猪区分为可养区、禁养区，养猪入门槛提升；②养猪主体正在发生改变，散养户逐渐退市，形成规模猪场，养殖户观念的转变。公司及时调整战略规划，采取OEM和ODM相结合的方式，针对市场竞争激烈的产品采用OEM模式实行公司直供基地猪场客户，剔除中间商环节，让利于客户。

坚持以客户为中心，以清洁饲料产品+福利养猪服务的“一个中心、两个基本点”的经营理念，打造旺大以产品力、服务力为主的核心竞争力，大力发挥集团院士工作站、博士工作站、省级技术研究中心、旺大安全检测中心的平台作用，加快产品研发创新，以技术创新拉动营销，经营坚持四个统一：统一核心业务，统一客户定位、统一产品定位、统一盈利模式，推动公司稳健发展。

在市场上通过标杆示范户的建立，以点带面影响带动标杆户周边客户学习公司更加有价值的饲喂理念和用料模式，为客户提供适当的价值并解决客户的价值认识，满足客户需求。针对大规模猪场客户采用ODM模式，走差异化路线，同时施行小额担保贷款，解决客户部分的资金困难。通过以上举措，公司给客户、农户带来很好的经济效益，用户人数不断增加，实现了合作共赢、伙伴成长的目标。

专注持续　茁壮成长

——济南众禾生物科技有限公司

济南众禾生物科技有限公司是一家具有独立法人资格的实体公司，隶属济南众和农牧发展有限公司。公司坐落于灵岩寺脚下，紧临104国道，距京福高速公路1km，交通便利，资源独特。公司始建于2012年12月1日，现有员工35人，其中大学本科学历专业技术人员10人，饲料配方是由营养博士3名（从事过多年预混料生产及研），销售人员若干名。公司年生产0.2%、0.5%、1%产品6 000t，生产预混料10 000t，年销售额达1亿元。现形成以山东、河南、安徽、河北、江苏、江西等地为销售中心的产业链。

1. 爆品价值，专注质量 济南众禾生物科技有限公司是一家以生产畜禽核心料为主的企业。公司拥有最先进的化验仪器，成立了公司高标准中心化验室，对维生素及微量元素检测标准；拥有先进预混料生产设备两套。公司采用国内外先进的配方计算，结合动物的品种进行设计。公司技术力量雄厚，具有较强的产品自主开发能力，打造强势的众和品牌，是一家集科、工、贸为一体的高新技术企业。

公司为加强产品质量，建立了完善的生产工艺和严密的质量管理体系。采用“6S”现场管理制度，严格的质量监控，落实全员品质管理岗位责任制，严格八道复核流程标准，做到不合格的原料不进厂，不合格的产品不出厂，质量合格率达100%。

2. 泛爱众，和天下 2013年9月份，众和农牧与上市公司正邦科技强强联合，为快速发展、快速成为农牧行业的新生力量提供坚实保障。众和农牧坚信“人”是企业发展、生存、壮大的核心要素。为人才提供平台，人才智力资本化，让行业优秀人才发挥最大潜能，建一流企业、创卓越品牌，始终是公司不懈的追求。公司将一如既往地坚持服务“三农”的理念，积极应对挑战，抓住机遇，奋力拼搏，与广大仁人志士携手并肩，共同创造美好的明天！

广安生物在创新中不断发展壮大

——河南广安生物科技股份有限公司

河南广安生物科技股份有限公司（以下简称“广安生物”）成立于1996年6月28日。2001年10月经省政府批准成为河南省畜牧行业第一家民营股份制企业，2014年12月15日在新三板挂牌上市（股票代码：831503），是一家以动饲料原料贸易、专业研发、生产、销售高科技安全饲料和生猪养殖及“九月香”健康猪肉加工、销售为一体的全产业链经营的农业产业化国家重点龙头企业。集团总部位于郑州高新技术产业开发区檀香路3号，注册资金1.4亿元，曾荣获“河南省民营企业100强”“河南省综合实力十强”“全国优秀创新型企业”“中原十大新三板企业”等多项荣誉。

广安生物通过20多年的努力，形成了“九月香”健康猪肉、生猪饲养、饲料生产（配合料、预混料）、原料贸易的产业运营方式，从饲料、原料源头到养殖、防疫、终端销售全程把控，打通了一条“原料链-饲料链-养殖链-新鲜链-服务链”的五级产业链条，实现了全程可追溯。除了坚持全产业链经营的模式，广安生物还不断创新产业链，2012年在配合料事业发展中摸索出了配合料“五化”发展模式，随后在养猪ISO 9000的基础上，探索出了养猪的“六化”模式。2016年，广安生物再次创新，各事业部通过实践探索出了各产业的商业模式，食品产业上创新了“商超＋试吃”的九月香冷鲜肉经营模式；养猪事业创新了“两点式”饲养模式；预混料事业在现有基础上精进了“五五渠道”创新模式；配合料事业部创新了“产品＋服务”及代工模式；采购贸易中心形成了“一站式采购，保姆式服务”的服务特色，为合作商打造核心竞争力。各商业模式的创新使广安形成了一个产业联动的发展状态。目前，广安正在探索如何从原料、饲料、养殖、终端销售等各个环节制定健康产业链标准，力求通过制定企业标准，进而上升到行业标准，最后到国家标准，形成一个健康的产业链标准，做健康猪肉产业链标准的制定者，为国家健康产品贡献企业的力量。

1. 在管理创新上，公司创新出“岗位老板制”的管理机制 岗位老板制即改变雇佣关系为合作伙伴关系，实行岗位责任、权利、利益捆绑，大大激发了员工的主人翁意识。2014年8月，广安集团引入规范化管理体系，从2014年8月至2015年12月，每月进行一次集体培训，培训结束后立即制订月度实施方案，方案下发以后由集团各单位的人资人员负责督导落实，使规范化管理体系在广安集团的各个单位实现了无缝隙覆盖，并从根本上使广安员工的思想和行为产生了质的改变。实施“分之合”管理，目前“分之合”已经在广安集团的全部饲料基地、养猪场、销售门店中开展实施，并取得了较好的成效。2016年10月中旬又探索出双标管理模式，通过从行业内的企业树标杆、找差距，走出去参观，进一步创新管理模式。

2. 建立创新机制，鼓励创新 早在2013年，广安公司就建立了创新发展机制，设立广安公司发展吉尼斯纪录，以此记录和刷新公司的各项发展。自2014年以来，广安集团首先从组织架构设置上设立发展研究院，寻找公司发展中的难点和短板问题，并将这些难点和短板形成研究项目，然后组织公司内部或聘请外部的专家进行研究、解决，从而促进公司的整体发展。从机制建立上，广安公司出台制定了广安发展研究院奖励办法，奖励办法从大的方面规定了研究人员每研究、解决公司的一个难题、短板问题的奖励标准，也从细微之处规定对每一位提出或创造出有利于公司发展的建议、办法、措施，都将给予一定的激励。广安发展研究院的设立，从组织架构和激励机制两个方面促进了创新在广安公司的长效实施。通过这一措施，截至2016年5月底，发展研究院共组织员工为公司研究合作项目26项，获得科研成果以及省市级科技进步奖数10项。发展研究院为公司的发展提出了科学、合理、完善的方法、建议、措施百余件，极大地促进了公司效益的提升。2016年，公司的“无抗风味猪肉生产关键技术集成与示范”成果通过了中国工程院院士李德发等9名院士、专家的鉴定，经鉴定达到国际先进标准。此外，公司也加强与全国各大院校团队及知名企业的合作，在2016年6月成立20周年之际，与中国工程院院士李德发团队、中国工程院院士印遇龙团队、青岛海洋大学管华诗院士团队等签订合作项目20多项，开启了联合创新模式。

3. 创新互联网与广安产业链的融合 利用互联网的思维，对公司业务产业链的各个环节进行尝试和创新，将实体经济与互联网技术向融合，提升公司的运营效率和经营业绩。

（1）原料贸易。从源头出发就形成了采购与互联网的结合。公司通过集团电商平台的采购系统，实现原料及贸易商品的竞价招标采购。

（2）饲料。在生产过程中互联网就与其紧密融合。公司开发了ERP生产过程管理系统，利用移动互联技术，实现了精准小料配比、中控对接、自动投料、扫码生产过程追溯等。目前公司正在探索并启动饲料行业的网上发展模式。

（3）生种猪养殖与互联网的融合。这也是公司“互联网+”应用比较成功的一个模块，实现了养殖全过程的可视化、可追溯。为了更加精确地得到每头生猪的饲养情况，广安集团使用了单件系统，即给每一头养殖的生猪一个身份标识号，从养殖开始到销售结束，伴随生猪的整个生命周期。这种技术可以及时锁定每头生猪的生长情况、消耗情况、日常护理、预估出栏日期、预估重量、销售去向等确切的数据，可以在养殖过程中追踪生猪的日常数据变化情况，当出现异常时可以锁定生猪所在区域的其他生猪是否受到影响，并进行出现病害后的治疗跟踪等，避免由于病害带来的成本损失。另外，对生猪进行单件管理，还可以区别不同品种生猪的对比情况，也可以根据某些问题发生的概率去分析是个体情况还是群体问题，为企业后期的方向和决策提供有力的数据支撑，实现食品安全问题可追溯。

（4）动保产品。动保产品与互联网的密切融合主要体现在动保电商的启动与运营。

（5）食品。肉食作为民众消费的食品，公司尝试实施了线上与线下并行运营的模式，食品微商城于2014年10月1日前正式上线，与线下的专营店结合，实行O2O模式运营，实现了传统模式与互联网的实质融合和运营模式的升级。

2016年，广安生物制定了“五五规划”发展战略（2016—2020年），将立足于打造并实施“一条产业链、一条资本链、一个创新平台、一套管理机制、一所商学院”的五个一系统工程。在产业链、资本市场、管理研发机制上制订了详细的规划；在产品研发上立志于全面形成与业务配套的完善的研发机制。建立一条集配合料、预混料、养猪、食品为一体的发展战略，要求任何外来新产品或者新原料的选用，都要通过试验，用试验数据说话，真正做好产品验证体系，形成技术指导市场、市场反馈技术，相互理解技术与市场语言的技术研发和市场服务体系，实现新技术、新原料、新产品的引入成本最低，品质提升、性价比最佳的产品体系。

报国兴农　争创第一　共同发展

——新乡市大北农农牧有限责任公司

一、企业基本情况

新乡市大北农农牧有限责任公司创建于1984年，原为粮食部门下属一小型国有企业，1998年进行了股份合作制的改造，2002年进行第二次公司制改制，成立了有限责任公司。企业历经30多年稳步发展，目前从事产业有饲料生产、生态养殖、绿色种植、养殖设备制造、绿色农产品加工、健康餐饮、文化传播、休闲农业等，是一个农牧产业化龙头企业。企业在新乡、驻马店、焦作拥有四个大型饲料生产基地，年产销饲料10余万t；拥有占地400亩的四个生猪繁育基地，年出栏生猪10万头；一个肉奶牛养殖基地；散养草鸡10万余只；一个千亩生态农业循环经济示范园区；5 000余亩无公害粮蔬种植基地；一个养猪环保设备制造厂；一个专业的豫剧团；数个农产品连锁超市等。公司目前拥有员工1 300余人，资产2亿元，年销售收入4亿元，累计带动农户20多万户。

企业目前是农业产业化国家重点龙头企业、全国循环经济教育示范基地、农业部授予的“《饲料质量安全管理规范》示范企业”（河南首家通过农业部饲料质量安全管理规范验收的企业）、河南省农业产业化重点龙头企业、河南省生猪产业化示范集群企业、河南省饲料十强企业、省新农村建设先进单位、省国防教育基地等。企业通过了国际质量管理体系认证、食品安全管理体系认证、环境管理体系认证、职业健康安全管理体系认证。

三十多年来，企业秉承“报国兴农、争创第一、共同发展”的企业理念，扎根“三农”、服务“三农”，走农业产业化道路，带领农民致富；发展农业循环经济，引领现代农业发展，为振兴中原地区畜牧产业做出了重大贡献。

二、创建综合养猪服务平台，带动广大农民养猪创业

企业 30 多年致力于服务养猪业，提出“创中原地区最大养猪综合服务企业”，带动广大农民养猪创业、养猪致富。

1. 带动农民科学化养猪 从 2000 年开始，企业就面向全省 45 个县的广大农村，大力开展了“公司＋农户”富民工程，企业与农民以“风险共担利益共享”形式共同发展养猪。企业给农民提供养殖技术、饲料、设备、免费防疫、优惠供应农产品、销售生猪等全面服务，每年投入数百万元，扶持农民养殖。十多年的科普养猪服务，累计带动二十多万户农户依靠科学养殖走向致富的道路，有力推动了中原地区养猪的科学化、集约化进程。

2. 打造现代化养猪综合服务平台，服务更多农民

①大力推进“养猪服务中心”网络化建设，与农户共同打造“大北农事业财富共同体”，从 2010 年开始，已在全省 55 个县市建立了 55 个标准化养猪服务中心。服务中心实施公司化运作，配备专业技术人员，提供养猪科技产品。通过养猪服务中心辐射网络，不但将企业高科技产品带给农民，更重要的是带去了科学化养猪发展理念和方法。

②技术员驻场服务。企业由生产经营型向服务型大转型，提出了“360 全方位养猪服务模式”。企业培养了一支 700 余人的会养猪、能看病、能管理的专业养猪技术队伍，以乡镇为单位，分布在河南不同地区。技术员扎根在农民养猪场，亲自指导帮助农民养猪，为农户提供饲料营养技术、智能养猪设备、以互联网为基础的猪场财务管理系统、猪场防控管理技术、农民养猪实践大学学习深造、高科技疾病防控技术服务、人工受精、生猪销售等服务，还建立了“养猪 120”动物检测移动中心，配备“养猪 120”服务车辆 50 多辆，通过扎扎实实的服务，提升农民养殖科技化水平，推动中原地区养猪业的科技进程。

3. 互联网＋养猪，发展智慧农业 新乡大北农农信公司，秉承“用互联网改变农业”的使命，专注于农业互联网平台及金融生态圈建设，已初步建成“数据＋电商＋金融”三大核心业务平台，并以“农信网”为互联网总入口，“智农通”APP 为移动端总入口，构成了从电脑到手机端的快乐养猪圈，实现对农业全链条的平台服务。为养殖户建立养猪互联网学习、咨询、交易大平台，包括猪管理（养猪线上技术服务）、行情宝、养猪课堂、养猪数据、养猪工具、农富宝、农信贷（养猪贷款）、猪交所（网上售猪）等服务模块，截至目前，企业已经陆续对河南省 145 家大中型猪场成功导入了猪联网养猪大数据管理系统，农户通过手机，实现数据化管理猪场；企业通过对猪场大数据和信用评级，给予养猪户信贷支持，解决养猪户融资问题；通过猪交所，网上帮助农民销售生猪……。运行一年多，以猪为主线，以猪管网为第一入口，初步建立了“猪管理-猪交易-猪金融”的养猪人快乐生态圈。通过互联网给农民带来资金、技术、产品、售后全方位支持，让更多的养猪户体验到互联网的优越性，随着业务迅速扩大，新乡大北农正在为创建农业互联网平台第一运营商而努力。

三、大力发展生猪产业集群，发展生态环保农业，延伸产业链条

作为以饲养产业为核心的农业龙头企业，积极扩展拉长上下游产业链条，推动产业一体化。

强化生猪集群带动作用，以新乡大北农企业为支撑的生猪集群，集聚 19 个企业、5 个合作社、13 个配套机构，产业链条有种植、收购、仓储、加工、养殖、设备、动保服务、食品、物流等，集群年销售总收入达 40 亿元。集群正在以饲料养殖产业为核心，拉动种植、屠宰、农产品加工等产业，凝聚更多的产业资源，扶持带动更多的农民。

深入落实“绿色、协调、开放、共享”发展理念，开创性地推动“新型生态环保农业”的大发展，建立生态农业循环经济示范工程。2009 年开始，企业充分整合 30 多年饲养资源优势，大力发展绿色种植和生态养殖，每个养殖场都配套建设大型畜禽粪水沼气环保处理工程和绿色种植基地，养殖粪水经过无公害处理返归于种植业，实现沼气发电、照明、生产有机肥等，养殖废物资源化利用，达到清洁生产节能减排目的，构建种养结合生态循环模式。对于下游产业，完善“从种子到餐桌工程”建设，先后建立数千亩种植基地，进行粮食、蔬菜、油料和花卉绿色种植。快速发展农副产品深加工和绿色餐饮，建立绿色农产品超市、绿色餐厅等，在发展循环经济同时，大力引导社会绿色消费，真正践行以道德和人格打造大北农产品的发展理念。随着产业化链条迅速延伸，已初步构建三产融合、种养加结合的复合型循环经济产业链。

四、弘扬传统文化，走文化强企之路

新乡大北农豫剧团 2005 年成立，50 多名专业演职人员常年活跃在河南、山西等地的广大农村，平均每年演出 400 余场，十多年来，累计为 100 余万农民带去豫剧文化盛宴。2007 年由省政府、省政协、省统战部、宣传部、发改委、农业厅、文化厅共同主办，大北农豫剧团演出的大型现代豫剧《山道上的女

人》在河南省人民会堂成功演出，影响深远。

2013年，企业建成以电影《平原游击队》李向阳的原型、抗日英雄郭兴将军战斗经历为主题的郭兴事迹展览馆，已经成为省国防教育基地、爱国主义教育基地、廉政教育基地等，每年接待10多万游客接受爱国红色文化教育。

企业创办大北农文安书院，借助辉县市全国书法之乡的优势，正在打造中原地区最具特色的书画交流基地，大力弘扬传统书画艺术。

企业30多年的积淀，形成了独特的文化品牌。红色爱国、传统书画、绿色健康饮食、豫剧艺术、安全饲养文化交相辉映，一直在影响和感召着更多的人，时刻向社会展示大北农“文化强企、文化强国”的发展理念。

五、未来发展规划

饲料产业规模化发展，继续打造全国高档猪料第一品牌。企业已经在豫中和豫南建立了生产基地，正规划在豫北、豫西、豫东建设规模更大的饲料生产基地。作为国家《饲料安全质量管理规范》示范性企业，必将继续引领着中原饲料工业的提升发展，中原地区以新乡大北农为核心的饲料产业新格局正在形成。

以生猪产业化集群为核心，以“互联网+”养猪为手段，为农民打造最好最优的养猪综合服务平台，依靠企业的科技和服务，带动引领、推动推进中原地区的养猪，帮扶更多农民依靠养猪致富。

继续探索发展生态环保农业，延伸产业链，发展农业循环经济，发展绿色安全食品，打造从种子到餐桌的安全工程。

新乡大北农将继续开拓创新，大胆变革，融入时代潮流，融入全球竞争，运用新的理念，创造模式、创造平台，用更加广阔的视野探索新的领域，为实现中原农业的复兴贡献力量。

紧抓核心技术带动加快发展

——河南亿万中元生物技术有限公司

河南亿万中元生物技术有限公司成立于1996年，总部位于新郑市龙湖镇，现有新郑、荥阳、商丘宁陵三个生产基地，总占地300余亩，是一家集生物降解霉菌毒素添加剂、饲料、兽药生产销售于一体、生产工艺设备先进的现代化民营股份制企业。亿万中元公司是中国饲料工业协会常务理事单位、河南省饲料工业协会副会长单位、河南省饲料行业“综合实力十强企业”，“亿万中元”商标是河南省著名商标。公司于2015年先后被认定为“河南省科技型企业”“国家级高新技术企业”；2016年被中国饲料工业协会评为“全国饲料优秀创新企业”。亿万中元荥阳公司被农业部评为部级《饲料质量安全管理规范》示范企业。

一、生产经营

公司采取发展养殖合作社、与规模化猪场合作等多样化的发展战略，采用国际最先进的生产设备，与中国农业大学、河南工业大学、郑州牧业经济学院等知名高校开展技术合作，不断提高技术创新水平。公司经营范围涉及饲料及饲料添加剂的加工、研发、技术服务，以及兽药、原粮等各个方面，拥有专业猪饲料生产线8条，膨化饲料生产线1条，预混料生产线2条，年可生产各类畜禽饲料80万t；拥有生物发酵车间一座，用于新型霉菌毒素降解剂“霉立解”产品的生产，年生产能力3 000t。兽药生产线有粉散剂、预混剂，小容量、大容量注射剂、中药提取等，均已一次性通过农业部GMP认证。

二、质量保证及实施

公司严格按农业部《饲料质量安全管理规范》的要求实施质量管理，对原料的评定、采购、质量控制和储存以及生产过程、防止交叉污染等都制定有相应的管理制度，并有不合格品管理制度、现场巡视制度、产品检验和出厂管理制度，还有客户投诉管理制度和产品召回制度。生产现场配备现场品管人员进行生产过程控制，配方实行专人管理。公司拥有饲料、兽药、微生态添加剂实验室共五座（含各个生产基地），配备有先进的近红外分析仪、高效液相色谱仪、原子吸收分光光度计等仪器设备；并拥有100%大专以上学历、有资质的化验员二十余名，对产品和原料进行严格化验，并做留样和化验记录。对允许出厂的合格产品做产品销售记录，确保出厂的产品可追溯；对客户投诉有规范的管理制度，客户投诉有完整的记录；定期对参与质量的人员进行定期培训并做记录。以上均为生产高质量的产品提供了有力保证。

三、品牌建设

亿万中元以品牌战略为核心竞争力，重视品牌的使用管理、自我保护及宣传，早在2000年初就注册了“亿万中元”商标，此后陆续注册了“变异”“靓妹”等商标。目前，“亿万中元”商标为河南省著名商标。

“亿万中元”品牌产品主要有霉立解（微生物饲料添加剂　枯草芽孢杆菌）、畜禽浓缩饲料、畜禽配合饲料、牛羊精料补充料、畜禽复合预混合饲料、兽用粉散剂及预混剂、兽用小容量大容量注射剂、兽用中药提取剂等，产品类型涵盖生物制品、饲料、兽药等方面，目前在河南省内郑州、开封、洛阳等 17 个地市及济源市均有销售，同时还销往河北省、安徽省、山西省、陕西省、湖北省、广西壮族自治区、江苏省、广东省、重庆市等 18 个省份。

亿万中元重视产品宣传，委托多家广告公司对“亿万中元”品牌进行宣传，积极参加省内外举办的各类国家级行业展会，在国内著名的《饲料工业》《养猪》《中原饲料》等杂志刊物以及河南电台新农村频道、行业网站等媒介进行品牌形象展示。当前，亿万中元品牌在全国已为行业同仁和用户所熟知，品牌知名度不断扩大，产品质量、企业实力、品牌信誉度为大家所认可。

四、管理与科技创新

亿万中元公司非常重视发展科研项目，不断创新产品，与中国农业大学、河南工业大学、郑州牧业经济学院等知名高校开展技术合作，使科技创新与知识产权管理不断规范化、科学化。

自 2008 年起，亿万中元公司与中国农业大学进行技术合作，聘请中国农业大学动科系主任、博士生导师、留德博士后计成教授为亿万中元公司技术总负责人，2009 年独家转让计成教授领导研发的霉菌毒素降解剂专利（发明专利）并进行了科技成果转化，商品名称是“霉立解”。试验结果表明，霉立解显著降低了黄曲霉毒素对肉鸡、蛋鸡、猪、牛等动物的毒害，改善了生产性能，同时降低了肉、蛋、奶中黄曲霉毒素的残留，提高了动物产品品质及食品安全。自 2010 年起，产品推广应用到全国 20 多个省市的养殖场和饲料企业，形成相应的黄曲霉毒素生物降解综合配套技术和示范养殖规模。在教育部组织的评审会上对该技术的评价是“具有国际领先性”，并于 2015 年先后获得“农业部中华农业科技一等奖”和“中国优秀专利奖”。2017 年 1 月 7 日，全国畜牧总站站长、中国饲料工业协会秘书长杨振海老师莅临亿万中元公司就霉立解项目进行了调研，对公司在生物降解霉菌毒素方面所取得的成绩给予了充分肯定。

“霉立解”可安全高效降解各类霉菌毒素，为国际相关领域的发展填补了一项空白，对提高人民生活质量、保护和改善生态环境具有重要的社会经济意义。

2013 年，公司与河南工业大学生物工程学院签订了“产学研合作协议书”，2013—2016 年，公司与中国农业大学、住友化学共同组建“动物营养联合试验室”，以达到提高企业技术创新水平、加快企业发展的目的。

五、人才队伍建设

公司先后与中国农业大学等多家高等院校建立产学研协议，同时注重引进、培养各类专业技术人才，建立起了高素质的科研人才队伍。公司每年从产品销售收入中提取不少于 2%的经费用于研究开发和人才培养，并建立了产品开发的信息网络，聘请技术、信息、管理等方面的专家、学者、教授担任公司顾问，为企业高新技术产品的引进、开发进行技术指导和技术咨询并为企业培养人才。目前公司有研究生以上学历员工 5 人（博士 3 人）、本科 4 人、大专 40 人。大专以上的科技人员占职工总数的比例为 39.2%；其中研究开发人员 20 人。

亿万中元还与省内外全国性学术机构、行业主管部门挂钩，收集行业和新产品信息，使企业能灵敏地捕捉到新技术、新产品、新工艺的最新动态，及时调整产品的结构，走在同行业的前列。

六、企业文化

“先做人，再做事”是亿万中元发展的准则；“以食品的标准做饲料、始终把用户放在心中、以开放创新的思维顺应行业发展”是亿万中元坚持不懈的追求；“质量是生命，用户是上帝，科学技术是第一生产力，人才是企业原动力”这二十八字企业警句是亿万中元的发展之本、发展之魂。以上内容构成亿万中元公司的企业文化，引领企业走过自 1996 年成立以来的二十年，始终没有改变。

七、产品售后服务

亿万中元建设有一支高水平、技术过硬的售后服务队伍，全部配备便携式 B 超仪，想客户所想，急客户所急，在为客户解决问题的同时，还经常开展技术讲座，提高养殖户的养殖技术水平。

专业专注　至诚至信

——湖南百宜饲料科技有限公司

湖南百宜饲料科技有限公司成立于 2001 年，位于湖南浏阳制造产业基地永和路 8 号，注册资本 800 万元。公司主要从事饲料研发生产销售、种猪繁育和生猪养殖服务工作。公司秉持“立足农业、服务农村、致富农民”的经营理念，通过落实环境保护、投入高科技研发、推行生产机械化完善现代企业管理，创新“安全、绿色、低碳”的生态养殖，努力打造安全肉品供应链。公司现拥有湖南百宜饲料科技有限公司、湖南百宜原种猪有限公司、湖南百宜云商科技有限公司、湖南金盆种猪扩繁场、云南百宜饲料科技有限公司、衡阳百宜饲料科技有限公司、宜春百宜饲料有限公司等产业实体和 20 多个销售分公司，先后荣膺湖南省农业产业化经营龙头企业、高新技术企业、名牌产品、著名商标以及《饲料质量安全管理规范》示范企业。

结合二百年美国康地技术精华、六十年中国科学院技术结晶及三十年湖南百宜技术，与中国科学院亚热带农业研究所、中山大学、湖南农业大学、四川农业大学等科研单位深度合作，深度研究猪宝宝们各个阶段的身体结构、营养需求、口味喜好等，设计出了符合动物福利和健康营养的专业配方。其中，乳仔猪产品以培养仔猪断奶适应为中心进行产品设计，种猪产品以提升种猪健康水平为中心进行产品设计，生长肥育猪产品以提高猪的抗病力为中心进行产品设计，致力于打造全国一流的母猪、教保料。由中国科学院亚热带农业生态研究所印遇龙院士主持、百宜饲料等多个单位共同完成的低氮磷排放科研成果在百宜饲料的研发生产中得到了广泛应用。公司、品牌、产品相继荣膺“湖南省农业产业化经营龙头企业”“高新技术企业”“湖南省著名商标”和“湖南省名牌产品”。

百宜饲料通过“生产基地化，销售公司化”和“租厂＋经营团队持股”的形式，实现了百宜在全国的快速扩张及布局，目前，集团在云南、贵州、广西、江西、湖北、江苏等地新成立公司 6 个，并有 20 多家销售公司，预计在 3 年内要达到 20 个子公司、100 家销售分公司的布局。百宜云商公司致力于做农村电子商务服务提供商，引领农牧电商的发展。在养殖方面大力发展“公司＋农户”，利用百宜自身优势和资源，与农户合作，提供优质的仔猪及饲料，提供技术支持并保价收购，让农户远离市场价格风险，尽享养殖水平和劳动付出收益。这一举措实现了养殖业的快速扩张及增长，在 2017 年将实现年出栏 50 万头商品猪的目标。

对生命负责　让世界更美好

——普菲克集团

普菲克集团是湖南省高新技术企业，成立于 2006 年，到 2016 年已经走过了整整十年的历程。目前普菲克集团下辖五家注册子公司，集团综合生产研发中心位于长沙市开福区金霞经济开发区，占地近 70 亩，目前总投资已超过 1.1 亿元，集团研发中心下辖 4 个项目部，均配备了一流的科研设备，吸引了各大农业院校的众多博士、硕士。生产中心下属 4 个生产部门，分别为微生态制剂发酵车间、制剂剂型技术车间、多功能混合制剂车间和微囊化脂肪生产车间，设备均采购了当今行业内最先进的生产设备，利用欧美进口机械设备配合自主化改良方案，使生产效能达到了最优化。

普菲克集团秉承“对生命负责，让世界更美好”的企业发展理念，从成立伊始就决定了走绿色、环保、高效的产品研发之路，这不仅是为了跟随饲料行业发展的趋势，更是普菲克人独到的经营理念。一系列国家政策的制定，从 2015 年抗生素的部分禁用，到 2016 年饲用氧化锌的更严格控制用量规定，表明饲料行业资源节约、环境友好的改革趋势不断前进，而普菲克选择了正确的道路，不仅把握住了正确的产品开发方向，而且为前沿产品开拓市场打下了良好的基础。

三年奋战只为更节约更高效。三年前，普菲克在新形势下，在原有产品开发理念的基础上，更进一步，提出了“精准营养”的产品开发理念。传统饲料添加剂，因为种种客观原因，会有 30％甚至更高没有被吸收，随粪便排放到环境中，不仅污染环境，还造成了资源浪费。普菲克提出“精准营养”的发展目标，就是利用普菲克开发成熟的“包膜制剂技术”和“缓释控释技术”，将部分产品特别处理，达到定点释放或缓慢释放的目的，以提高其利用率，达到高效、节约的效果，最终也间接达到了环保目的。目前普菲克新建的第一条制剂剂型生产线已正式投入使用，通过此生产线生产的包膜氧化锌、包膜丁酸钠及反刍动物“过瘤胃系列产品”，都是高效吸收、定点释放的前沿产品，随着饲料工业的发展，必定成为时代的主流产品。

五年潜心只为更环保更健康。普菲克潜心五年、1 000 多个日夜，从猪、鸡肠道内容物、养殖水体及污泥 100 多份样品、256 株细菌中，成功分离并获得能够耐高温、耐胆碱、产酸能力是乳酸 1.5 倍的凝结芽孢杆菌。公司自主创新固态发酵技术、自主筛选菌株、自主研发工艺，采用数字控制系统，一步发酵法纯种培养，保证了产品的纯净与质量。为与此技术配套，普菲克在长沙市金霞开发区新建了一栋 4 500m^2 的生物发酵车间，车间一期投资 2 600 余万元，设备投资近 1 000 万元。公司引进世界先进水平的固态发酵系统，总设计 5 条生产线，年产 10 000t 微生态制剂产品，到 2016 年年底第一条生产线已正式投入生产，将为我国畜牧行业提供优质、安全的微生态制剂产品。

专业专注　为客户创造价值

——湖南伟业动物营养集团股份有限公司

湖南伟业动物营养集团股份有限公司始创于 1999 年，总部坐落于湖南长沙国家高新技术开发区，是由归国动物营养专家佘伟明先生创办的。在“以支持中国农牧业发展为己任”的企业使命指引下，秉承“为客户创造价值，为员工创造机会，为社会创造财富”的经营理念，伟业集团不断开拓创新，现已发展成为集智能大数据、饲料、动保、非常规饲料原料开发、食品与贸易五大产业为主体的综合性农牧企业集团。

伟业集团始终坚持“技术驱动、品质先行、服务护航、创造价值”的经营宗旨，立足饲料产业，建成达年产教保料、预混料 30 万 t 以及全价料 100 万 t 的规模饲料生产基地五个；先后获得著名商标、省名牌产品、农业产业化龙头企业、ISO 9001 国际质量管理体系认证企业、出口备案登记企业与高新技术企业资质与荣誉，2015 年新三板成功上市。

集团顺应科技创新与行业发展态势，把握时机，依托“云”和“互联网＋”技术，大力推进饲料行业大数据平台建设与推广应用。以大数据平台为依托，最新研发的“饲料配方及在线品控系统”已成为行业首发，为行业发展战略和企业科学决策提供理论依据与信息服务，实现资源共享，为饲料行业“互联网＋”时代及农牧行业转型升级带来了深远影响。

集团有员工近千人，五大产业中的产品创新、中试、推广等各领域，汇聚了海内外多层级、具特色的专家、骨干及中坚力量，以归国动物营养专家佘伟明先生为首的核心研发团队、以国家饲料工业技术中心李德发院士为主的大数据科研团队、以海外博士钟向阳先生为首的苎麻发酵国家农业部示范平台创新团队，广纳英才，已沉淀了 17 年的市场基础与资源优势；围绕同心多元化战略，借助非常规原料开发、大数据业务多年的探索与技术储备，集团有能力通过差异化的方式提供复合价值，与用户、骨干员工一起共创价值圈，让所有员工、合作伙伴（员工化）获得共赢的发展机会，实现事业常青的美好愿景。

集团自创立以来，非常重视产品质量管理，曾荣获“无公害产品认证”“产品质量振兴奖”等多项殊荣，于 2014 年成立质量安全管理领导小组，组织制定并全面实施采购、生产、品控、贮存、运输等环节全过程《饲料质量安全管理规范》，2016 年 10 月通过农业部《饲料质量安全管理规范》专家组现场评审，获得部级《饲料质量安全管理规范》示范企业称号；2016 年 12 月，在中国饲料工业协会组织开展的中国饲料工业先进集体评选活动中，荣获“2016 全国饲料优秀创新企业”称号。

2016 年 3 月 1 日，伟业集团子公司——湖南中农联成生物科技有限公司第一批成品正式下线，年生产能力 30 万 t。工厂采用先进的牧羊原料发酵处理及饲料成套设备、国际领先的饲料品质在线控制系统、电脑全自动配料，并拥有国内先进的全套原料及饲料检测设备，中农联成工厂的软、硬件设备以及科研力量都处于国内领先水平。

2016 年 4 月 25 日，伟业集团新办公楼正式投入使用，集团总部办公室乔迁至长沙高新区麓谷企业广场。伟业集团新办公楼的正式启用将是伟业集团将迈入现代化企业管理新篇章，伟业人将以支持中国农牧业发展为己任的使命，破浪前行，再创辉煌。

湖南伟业动物营养集团获批国家农业部农开办《1.5 万 t 苎麻饲料化利用示范项目》建设实施单位。此项目是由公司联合国家饲料工程技术中心与湖南农业大学，在国家新农村发展研究院饲用苎麻特色产业基地组织实施，致力于“非常规大宗饲料原料”的种植、开发与利用，为行业提供绿色环保的节粮型饲料原料及生物饲料。

2016 年 6 月 29 日，由农业部饲料工业中心主办、湖南省饲料协会和湖南伟业动物营养集团协办的首届饲料大数据及精准配方应用价值高峰论坛在岳阳隆重举行。

在整个产业创新升级的大背景下，集团将沿着产、学、研一体化的发展道路，持续进行科技创新，不断锐意进取，把高科技的科研成果转化为生产力，为中国农牧业发展创造自己的独特价值！

农业创新发展之路

——海大集团

饲料行业目前处于整合竞争阶段。自 2012 年全球金融危机发生以来，国内经济发展增速下降，饲料行业也于 2013 年出现了有史以来的首次下滑，当年全国饲料产量 1.93 亿 t，同比下降 0.6%，饲料行业间的分化因行业整合而愈加明显。在这个剧烈变革的时代，广东海大集团股份有限公司（以下称“海大集团”）作为农业产业化国家重点农业龙头企业，在 2016 年销售饲料 733 万 t，同比增长 16.4%，五年来保持平均近 16.8%的增长率。在创新驱动企业转型发展上取得瞩目成绩。

一、企业简介

海大集团成立于 1998 年，总部设在广州番禺。2009 年 11 月，在深圳证券交易所 A 股上市（股票代码：002 311），是一家以研发、生产和销售水产饲料、畜禽饲料和水产饲料预混料为核心，兼以优质苗种、动保产品和健康养殖为主营业务的高科技公司，也是目前全球规模第一的水产饲料企业。目前，海大集团在国内 18 个省市以及越南、印度、马来西亚、新加坡等国家和地区共设有 160 余家分（子）公司，员工逾 1.2 万人。

二、创新的源泉

技术创新是海大集团持续快速发展的核心推动力量。海大集团重视科技研发，近五年，每年均计提销售收入的5%以上，用于研发平台搭建、科研投入、人才培养和成果转化科技活动，累计超过8.3亿元。

海大研究院是海大集团的科研机构，拥有营养学、微生物学、生物化工、生物技术、遗传学和养殖学等专业博士及硕士研究生200余人，以及总数超900人的专业研发队伍，是饲料行业研发实力最强、出新成果最多的企业研发机构之一。2007年，经国家人事部门批准组建了企业博士后科研工作站分站；2008年被农业部认定为“国家饲料加工技术研发分中心”；2011年，海大研究院检测中心通过了中国合格评定国家认可委员会认可（CNAS）实验室；2012年，被国家发展和改革委员会、科技部等部委认定为“国家企业技术中心”。

海大研究院拥有占地面积10多亩、建筑面积3 500m^2的实验大楼，设立了饲料技术、动保与养殖、动保技术、微生物技术、动物育种、动物医学、创新技术等专业方向研究所。检测中心配置了高效液相色谱仪、气相色谱仪、原子吸收光谱仪、氨基酸分析仪、梯度PCR仪、核酸提取样品处理系统、核酸浓度测定仪、超速冷冻离心机等进口仪器设备，对外服务检测项目达到65项。建立了近2 000亩的中试科研基地。

经过十多年的持续研发，海大集团共计完成2 000多项研发项目，率先建立了国际领先的“主要水产养殖动物营养需求基础数据库”和“主要水产养殖动物原料消化利用数据库”，在原料方面掌握了鱼粉替代的核心技术，并遥遥领先领先于行业。每年有100多项研发成果获得推广应用，形成了一大批具有自主知识产权的核心技术。海大集团成立专门机构对专利和商标等知识产权事务进行维护管理，目前共注册国内外商标近450个，拥有189个专利（其中发明专利130个、实用新型专利55个、外观设计专利4个）。

三、创新发展之路

1. 培育新产业增长点 在行业变革期，产业链延伸、多元化经营是多数企业的发展选择方向。海大集团发展的基本策略是专业化基础上的规模化、核心竞争力基础上的产业链延伸。产业链在技术和团队的培育上稳中求进，形成专业化和技术突破，确定有效经营模式，建立优势之后再快速扩大规模。

近年随着养殖量的减少及养殖技术的提升，饲料总量需求下滑，但是海大集团饲料销量仍保持稳步增长。同时，海大集团积极延伸产业链布局，拓展生猪养殖、动保及苗种等业务，培养全产业链条上的专业能力，构建起产业链上综合的核心竞争能力。金融服务工具已经落地并对养殖户给予直接的融资服务支持。

2. 打造专业化平台

（1）采购专业化。海大集团是饲料行业中最早成功实现集中采购的企业之一，对大宗原材料品种实行集中采购，体现规模优势。由于采购能力突出，一直被树为行业标杆。通过对大宗原材料按细分原材料类别执行分工，行业视角宽广，信息采集和分析量较大，能够实时跟踪、研究、判断国内外大宗原材料的行情走势，并利用期货工具对大宗原材料进行套期保值，以有效控制采购的价格风险和头寸风险。另外，集中采购在谈判中取得议价优势，同时与供应商建立战略合作联盟，变赊销为现金销售，提高资金周转效率，获取成本优势。

（2）配方技术专业化。配方技术来源于研发和积累，海大研究院专注于动物营养需求、饲料配置技术、物种家系选育、健康养殖模式等研发。通过十多年连续不断的研发积累，已经建立庞大的动物营养需求数据库，储备多种原材料配方技术，每年有1 000多组对比实验结果补充到动物核心营养需求和原料利用数据库中，能在原材料价格波动时具备快速调整配方、将技术转化为生产力的能力。

（3）产品定位专业化。海大集团拥有近4 000人的专业服务营销团队，每位服务工程师会深入到塘口、养殖场了解养殖情况，形成了对当地终端消费习惯、饲料养殖效果、养殖模式和养殖需求等详尽的数据库。通过对比数据系统分析就能精确把握养殖户的需求，设计出符合当地市场所需的产品。产品定位精准能对产品设计提出明确的技术要求，技术资源充分聚集于客户的核心需求。

（4）高效运营专业化。海大集团通过推动SAP、OA等管理软件落地，搭建了高效的信息化系统，内部运营工作走向流程化、标准化和数据化。通过数据化对各分（子）公司生产数据作对比，能找出高效节能的运营方法；而流程化和标准化则提升了标杆公司运营模式的内部复制和快速的推广效率。

3. 确立“服务型”定位 2006年海大集团在行业中率先提出技术服务，并定位为服务型企业。以客户需求为导向，以助客户实现利润最大化为目标，通过向养殖户提供“苗种-放养模式-水质控制-疫病防治-饲料”等全流程的产品和技术支持，确保养殖户能使用到最先进的养殖技术，从而养殖成功和盈利。专业服务工程师服务会结合当地特点积累多种先进养殖模式。在全国养殖密集区拥有200多个高效运作的服务站，能同时为几万养殖户进行技术服务。在苗种环节，公司以苗种为服务工具，投入大量资源改良品种，着力提升产品性能，以优质苗种提升养殖户对公司的忠诚度。同时，利用微生态制剂取代传统添加剂，帮助养殖户改善水质，形成健康养殖生态圈。在饲料环节，利用技术优势开发使用效率高、对水质污染小的高质量产品，同时依托成本管理优势降低终端价格，以高性价比的饲料锁定客户。在养殖环节，公司在深入研究基础上，为客户提供优化养殖结构、改进养殖技术、净化养殖水质、防治疫病灾害等服务，为养殖户定制整套解决方案并适时修正，加深养殖户对公司的信赖，实现双赢。

4. 优化产品结构 海大集团根据各类饲料品种的技术含量、毛利率高低、市场特点和运营风险的差异，通过饲料产品的均衡、协调发展，在行业中获得抵抗风险的比较能力。其产品包括畜禽饲料、水产饲料等全系列的饲料产品，产品线齐全，产品组合合理，使得公司可获得高于行业一般水平的毛利率，并较好地控制了养殖动物疫病和供求失衡带来的市场运营风险，使得公司的销售收入稳定、快速增长。

四、"一路一带"与"走出去"战略

为响应国家"走出去"战略号召，海大集团于2010年开始实施走出去战略，分别在越南、新加坡、印度、美国和马来西亚等地设立境外子公司，主营业务为水产饲料、畜禽饲料的生产和销售、水产苗种研发、生产与销售、饲料原材料国际贸易等。

一方面充分利用国外的优势资源及先进科学技术，提升国际化水平；另一方面，随着国内养殖的密度增长和竞争激烈，而东南亚地区饲料生产技术相对落后，技术较为成熟的外资企业优势明显，为"走出去"提供了市场机会。

海大集团海外业务从2011年进军越南市场开始，以水产饲料为主，后逐步进入马来西亚、新加坡、印度等国，以从事贸易为主。2016年公司境外收入达到了30.13亿元，占公司总营收11.09%，其快速增长主要源于高档膨化饲料的增长。

精诚合作　齐创美满生活

——广东温氏食品集团股份有限公司

广东温氏食品集团股份有限公司（简称"温氏股份"），创立于1983年，现已发展成一家以畜禽养殖为主业、配套相关业务的跨地区现代农牧企业集团。2015年11月2日，温氏股份在深圳证券交易所挂牌上市（股票代码：300498）。

截至2016年12月31日，温氏股份已在全国20多个省（市、自治区）拥有239家控股公司、5.86万户合作家庭农场、4.9万多名员工，实现上市肉猪1 713万头、肉鸡8.19亿只、肉鸭2 626万只，总销售收入594亿元。

温氏股份现为农业产业化国家重点龙头企业、国家级创新型企业，组建有国家生猪种业工程技术研究中心、国家企业技术中心、博士后科研工作站、农业部重点实验室等重要科研平台，拥有一支由10多名行业专家、66名博士为研发带头人、466名硕士为研发骨干的高素质科技人才队伍。

温氏股份掌握了畜禽育种、饲料营养、疫病防治等方面的关键核心技术，拥有多项国内领先、世界先进的育种技术，现有国家畜禽新品种9个，获得省部级以上科技奖励43项，温氏股份及下属控股公司共获得专利238项（其中发明专利91项）。

温氏股份始终坚持以"精诚合作，齐创美满生活"为企业文化的核心理念，与股东、员工及各方合作伙伴一道精诚合作，为推进中国农业产业化做出应有的贡献。

一、温氏集团发展历程

1. 探索发展时期（1983—1993年）　1983年建立起来的农民股份合作制勒竹养鸡场，实行的是以股代劳、自繁自育、自养自销的小规模养殖企业。随着生产发展，不断有新的农户入股，到1986年年底，全场职工有39人，全部持有企业股份。同时由于企业发展受到场地、资金、劳力等因素限制，养鸡场开始探索与农户的合作养殖，当年年底有5个专业养殖户挂靠企业，这是温氏集团"公司＋农户"模式的萌芽。

从1988年起，养鸡场与养殖专业农户的合作越来越多，企业也办起了种鸡场、孵化场、饲料加工厂。到1993年，企业有职工280人，与企业合作的专业养殖农户达到2 500户，肉鸡产量达到713万只，总产值达到8 545万元。养鸡场从开始简单帮助养殖农户代销肉鸡，逐渐发展为向合作农户全面提供优质养殖技术、饲料、防疫、销售等产中和产后服务的综合性养殖企业。

这一期间，企业创建的"公司＋农户"的生产模式使企业经营规模有较快的发展；企业全员持股使企业的凝聚力得到提升，和谐企业文化逐渐形成；创建的一体化公司改善了企业的管理效率，为今后企业大发展奠定了基础；与华南农业大学的技术合作创新了产学研的合作模式。温氏集团"公司＋农户"模式的运行机制在这一阶段已基本形成。

2. 扩张成熟时期（1994—2004年）　1994年10月，原企业正式更名为广东温氏食品集团有限公司，这也迎来了温氏集团事业扩张和经营模式成熟时期。温氏集团利用自己创造的“公司＋农户”生产组织模式，通过一体化养殖公司跨区域科学布局和发展，对养殖农户全方位系列化优质服务，以保护价收购成鸡保证合作农户获得一定利润水平，在社会赢得广泛信誉，企业也得到迅速扩张。

在这一时期，温氏集团以30%以上的速度迅速扩张。到2004年，肉鸡产量由1993年的713万只发展到3.57亿只；合作养殖专业农户由1993年的2 500户，迅速扩展到了25 000户；企业产值由1993年的8 545万元，迅速上升到55.3亿元；企业职工和股东数达到1万人，2004年合作农户利润收入达到5.5亿元。

同期，在各级政府的关怀和支持下，温氏集团依靠和谐的企业文化理念形成了强大的企业凝聚力，抗击了一次次重大疫情，温氏集团的“公司＋农户”模式和产业链一体化经营管理制度也日益完善，和谐的企业文化更加成熟。温氏集团已发展成为一个以养鸡为主业，兼营肉猪、饲料和肉品加工，集农工科贸一体化经营，带领农民致富的大型现代农业企业集团。

3. 跨越发展时期（2005年至今） 温氏集团经过了近30年的探索和快速发展阶段，已形成了具有竞争力的企业经营模式和和谐的企业文化理念，企业进入了一个良性的跨越发展时期。温氏集团在不断拓展国内市场，做大、做强养殖业的同时，也不断拓展农业产业链一体化经营，精心打造产业链上每个经营环节，充分利用国内外市场和资源，实施现代农业产业内的多元化和一体化经营战略，实现企业跨越式发展。2012年，温氏集团上市肉鸡8.65亿只、肉猪814万头、肉鸭1 437万只，实现销售收入335亿元。

二、温氏集团发展特色

1. “公司＋农户”（家庭农场） 温氏集团根据畜牧产业化管理中的技术难度、劳动强度以及资金、市场等资源配置情况，于1986年开创性地推行紧密型“公司＋农户”的产业分工合作模式，最大限度地组织和调动农民实现本土创业，参与农产品的产业化大生产。目前借助农业机械化和信息化，正逐步发展为“公司＋家庭农场”模式。

这种分工合作模式，以公司为农业产业化经营的组织者和管理者，将畜牧产业链中的育种制种、饲料供应、防疫技术、养殖服务、产品销售等环节组合成为有机整体，在产业链内部建立一套完善且相对封闭运行的产业流程管理体系，由公司与农户分工合作，共同完成产业链全过程的管理。其中，公司承担种苗、饲料、动物保健品（药物、疫苗）、养殖技术及产品销售等流程的管理及配套体系的建立，合作农户负责肉鸡（猪）的饲养过程管理，合作农户只要按公司制定的技术规范完成饲养管理，就能稳定获得养殖效益。

温氏集团建立了集畜牧生产、财务及销售管理为一体的企业信息化数据管理系统，使畜牧产业链全程管理的上下游各环节实现了高效衔接，促进了产业链管理的自我完善和配套，在内部形成有效的自主监督机制，保证了鸡猪农产品生产过程的安全。导入ISO 9000标准等工业化标准管理传统农业，促进了传统畜牧业的规范化和标准化管理、产业化经营、规模化发展。

温氏集团通过建立合理的利益分配机制，保证合作农户能够分享企业经营和行业发展的成果。目前，温氏集团共带动5.86万户合作家庭农场，国家“十二五”期间合作家庭农场累计获得养殖收益206.84亿元。在30年的行业风雨中，温氏始终与全体合作农户同呼吸、共命运，联结成为高度互信、唇齿相依的利益共同体。为提高合作农户收益，温氏集团借助农业机械化和信息化，计划将合作农户升级为家庭农场，以适应时代的发展。

2. 和谐的企业文化 温氏集团企业文化核心理念是：精诚合作，齐创美满生活。这种和谐的企业文化，在企业经营战略、经营机制、利益分配、市场竞争等各方面得到体现：

①“公司＋农户”模式体现了“以农民为本”的理念，企业通过承担主要风险来实现企业和农户双方利益，体现了企业与农户之间的和谐合作。

②职工全员持股机制体现了企业“以员工为本”的理念，实现企业内部的和谐共事。

③企业与客户之间的合理利润分配体现了企业“以顾客为本”的理念。

④企业控制适当的市场份额突破了传统市场利益争夺的竞争模式而实现了同行之间的和谐发展。

温氏集团以和谐的企业文化理念作为统领企业所有经营实践活动的行动指南，与股东、员工、农户、客户等合作成员共同分享行业的成长和企业的经营成果，同时获得全体合作成员的广泛认同和坚定追随。

3. 产学研结合 1992年，温氏诚邀华南农业大学动物科学系与公司进行全面技术合作。至今，温氏已和国内20多所知名的农业院校、科研院所进行全面而紧密的产学研合作，使行业最新的技术成果得到了及时的推广和运用，保证了公司技术在行业的领先地位。

在这种产学研合作模式中，由农业高校派专家组到温氏来工作，提升温氏的技术和管理水平，同时也吸引了大批农业科技人才加盟温氏。温氏集团现有的各类专业人才中，共有博士60多名、硕士400多名。

近年来，温氏先后建立了院士工作站、博士后科研工作站，组建了广东省温氏企业研究院，成立了国家级技术中心及国家级工程中心，现已主持或参与50多项省部级以上重大科研项目，其中3项为国家“863”计划项目，2项国家星火计划项目。掌握了克隆猪的生产技术流程，为基因育种技术的推广运用奠定了坚实的基础。

继往开来　再启征程

——正大康地

当下，中国饲料业面临越来越大的转型升级压力，市场竞争愈加激烈，利润空间日益缩减，未来必将回归价值竞争——效率为王、以质取胜。在新形势、新常态、新要求之下，正大康地只有主动作为，攥紧发展这把钥匙，才能在发展中解决问题，聚焦主业发展，发挥引领带动作用。

一、促进资源整合

2016年，全国饲料总产量20 918万t，同比增长4.6%，这已经是连续四年增速低于3个百分点。这也印证，中国饲料业已经从高速增长转为中低速增长，从规模速度型粗放增长转向质量效率型集约增长，从要素投资驱动转向创新驱动。

根据对行业发展、集团业务的认识和分析，2015年1～3月正大康地开始筹备料-料融合，4月1日正式启动全价料与预混料市场资源和营销队伍融合，加大了资源共享力度，提高了资源配置效率和使用效率，原有的资源经过优化组合，出现了“1＋1＞2”的可喜局面，收效显著。

销量就是最有力的说明。最近两年，正大康地实现逆势增长，饲料销量同比增幅均超过10%，形成了全价料与预混料并驾齐驱、相互促进、有机融合的发展局面，重新焕发了青春活力。

二、确保产品安全

正大康地一直把“产品安全”当作最重要的社会责任来承担，唯有确保质量第一，才能为市场攻坚战提供强有力的支撑。

“产品质量是生产出来的，不是检验出来的。”正大康地从建立健全长效机制入手，推进思路理念、方法手段、机制创新，不断健全TQM质量保证体系，将质量控制的重点放至生产阶段，着力抓重点、抓关键、抓薄弱环节，设立100%合格品的目标，力争实现“零问题”，追求精益求精。

①工厂生产坚持以“零失误、零违章、零事故”为目标，以规范管理、强化落实为主线，实现工作规范化、生产运行精益化、管理标准化、创新实用化，日益提高生产管理水平。

②中央化验室正式获得中国合格评定国家认可委员会（CNAS）实验室认可证书，出具的检验报告具有独立性、可靠性、准确性和权威性，可以成为通行61个国家或地区的“国际通行证”，也为正大康地的产品质量保驾护航。

三、优化产品结构

根据饲料市场发展变化，以创新支撑和引领产品结构优化升级，不断提升发展质量效益，是饲料企业在市场竞争中不断发展壮大的基本要求。

在充分研判饲料业发展的基础上，正大康地确立“抓猪不放禽鱼”的产品规划方向，坚持走优化产品结构之路，做好战略产品、独有产品、新产品的开发工作，持续提升市场竞争力，让盈利产品猪料成为竞争主力，协同做好禽料、鱼料等边际贡献产品的研发、生产、销售、服务等工作，全线提升产品效益贡献。

到2020年，正大康地的产品定位更加精准，总体结构更趋合理，产品口碑更突出，力求实现销量、品牌双丰收。

四、全面提升效率

“增收节支、开源节流、节能降耗、提高效率”，确保效率与效果、效益的协调统一，稳步提升，促进量、利保持同步良性增长，对正大康地而言具有长远的战略意义。

1. 生产效率提高　通过优化供应链等举措，至2016年6月全价料产能已增加0.7万t/月，2016年9月产能累计增加1.7万t/月，增加的产能相当于一个20万t/年的饲料厂。

2. 销售效率提高　在“成本和效率管理策略”指引下，人均销量不断提高，并始终高于行业平均水平。

3. 费用效率提高　经过近十余年的管控，单位四费已经大幅下降，成本管理的能力越来越强。

4. 物流效率提高　整合水运、铁运、空运、汽运等运输方式，建设多式联运标准化体系，提升物流效率，实现了从“空气”中赚钱。

五、坚持市场导向

尊重市场规律，坚持市场导向，因地制宜、因业制宜、因企制宜，有进有退、有所为有所不为，才能永葆青春活力。

2015年，正大康地进一步确立了营销为“龙头”的战略地位，进一步明确了市场导向和订单导向，要求“生产要保障供给、物流要及时通畅、后勤要服务到位”，稳步推进“产品要标准化，服务要个性化”的“一户一策”营销策略，力求企业需求与客户需求匹配一一对位，真正实现“双赢”。

正大康地通过自己建立的良好商业生态，牢牢吸引了忠诚度非常高的一个客户群体。在渠道建设中，有以专销专用和直销为主体的稳定的市场销售渠道。此外，正大康地还启动了预混料B2B、全价料定制、小龙等商业模式和业务组合的新探索，加强与规模农场的优势互补、资源共享、协同发展。

六、完善市场布局

2016年广东省饲料产量达到2 825万t，其中配合饲料2 709万t，占比94%。未来广东将有望成为首个规模化猪场使用全价料为主体的饲料大省，成为真正意义上的“红海”市场。

在这种形势下，正大康地既要立足广东，也要走出广东。对此，正大康地制定了“三个坚持”的策略方针：坚持统筹协调推进，处理好改革、发展、稳定的关系，把握好战略布局的重点、节奏与力度；坚持以“营养免疫　造福人类”为定位，撬动市场新需求，深化品牌形象；坚持“核心市场密集开发，周边市场重点开发，外围市场选点开发”的策略，在促进广东市场饲料稳健增长的同时，加快促进全国其他重点养殖区域快速上量。

立足于未来，正大康地确立“CTC5.0”的战略规划目标，立足广东，大力推动“东突、西进、北扩”，逐渐打造“南粤北豫”的双核心市场新格局。

七、实施变革创新

创新带来生机，创新产生动力。总结历史经验可以发现，组织变革释放出的活力和创造力、科技进步造就的新产品，是企业脱离困境、持续发展的根本。

正大康地鼓励务实创新，积极探索适合集团发展的新道路、新模式，各部门要在管理创新、营销创新、产品创新、体制创新等重大方面寻求新的增长点和驱动力。

在技术创新层面，正大康地积极与华南农业大学、佛山科学技术学院等农业院校加强沟通，进一步强化科技研发协同创新平台建设，建立和完善开放高效的技术创新体系，突破企业技术瓶颈，提升自主创新能力，加大新技术、新产品的开发力度。

八、加强团队建设

2015年初，正大康地以“抓纲带目，纲举目张”的指导思想对重点工作进行了部署，即着力抓好“人”和“事”（团队和效率）两方面工作。

1. 第一要务　俗话说“事在人为”，工作千头万绪、纷繁复杂，但是在众多的工作中，团队建设是各级管理者的第一要务。

2. 第一责任人　人力资源工作的第一责任人不是人力资源部门而是各级主管。各级主管应将人力资源团队建设作为第一要务，对内形成生产力，对外提升竞争力，构建正向企业文化氛围，同时强调部门之间要协同作战，建立快捷、有效的信息反馈渠道加强沟通交流，打造专业稳定、素质过硬的团队。

中国饲料业已经进入“慢进则退、不进则死”的激烈竞争阶段，正大康地主动采取变革创新的姿态，因势而谋、应势而动、乘势而上，已犹如睡狮猛醒，销量持续增长，重新焕发青春。正大康地还有许多持续推进的相关工作，未来将进一步推进“以财务管理为核心、以人力资源管理为动力、以绩效管理为手段、以市场管理为目的”的企业管理，将经营生产管理提高到一个全新水平。

新扬翔　新梦想　新征程

——广西扬翔股份有限公司

广西扬翔股份有限公司成立于1998年，是农业产业化国家重点龙头企业，旗下有26家子公司，员工5 000多名。公司主营猪产业，拥有自养猪和服务养猪两大板块，是集种猪、肉猪、猪精、猪饲料、养猪设备、猪动保为一体的全产业链大型农牧企业，致力于打造“基因＋产品＋服务＋互联网”的综合模式。

2016年，公司存栏母猪7万头，年出栏肉猪100多万头，高档猪精供应150万头份以上，居国内供精量首位，猪饲料总量持续增长。

扬翔秉承着“健康、安全、美味、低成本”的社会使命，坚持着“一进扬翔门共济奋进分享不离不弃我们就是一家人，一握扬翔手合作诚信共赢互利互惠大家永远是朋友”的核心价值观，坚持“以猪为业，以猪富农”，致力于为养殖户提供母仔猪领域高效整体解决方案。公司利用自身优势，从种、料、养、管、防五大环节入手，为千家万户规模猪场提供猪精、饲料、动保、技术服务，配套强大的技术服务体系帮助养殖户提高效率、降低成本、实现增收，实现养猪致富的梦想。

扬翔股份大力发展“公司＋基地＋农户（农场）”的合同肉猪代养共享经济模式。通过打造育种、营养、兽医、养殖、环保、销售、对标、训练八大体系，公司充分发挥龙头企业的品牌、技术、人才和资本优势，为合作户提供栏舍设计、猪苗、饲料、养殖技术等服务，解决肉猪销售问题，合作户则负责建设肉猪栏舍，饲养肉猪。这一共享经济模式已成为公司持续发展猪产业，解决土地、环保、成本领先的有效模式。

公司自创立以来，就与华中农业大学、中国农业大学、中山大学等高校建立了深度合作。其中，扬翔与华中农业大学建立产学研和长期的人才培养与引进。2016 年，扬翔股份与华中农业大学签订了“3028 四块五”攻关项目的战略合作协议，旨在通过与专业院校的深度合作，在三个三年朝着 PSY30、MSY28、养猪成本 9 元/千克的目标迈进！

公司经过对猪十多年的投入研究，引进美国、丹麦等优质顶级种猪，通过科学测定、准确评估、严格选种配种，加强与国际间的交流和互动，建立了庞大的良种基因库。同时，公司投巨资建设生态养殖种猪基地，运营着全球最大、最先进的公猪站——亚计山猪人工受精中心，建成了全国最大的猪精配送服务网络。

新扬翔、新梦想、新征程。公司搭建的“找一找”互联网平台，有力支撑着传统养猪实业的发展。遵循科技改变养猪业的理念，公司已实现“猪精、生猪、饲料、动保、技术服务线上下单，线上预约，线上管理”的互联网养猪服务模式。养猪户只要通过移动手机 APP 即能享受“要精有精，要料有料，要服务得到服务”。

扬翔股份坚持“一进扬翔门共济奋进分享不离不弃我们就是一家人，一握扬翔手合作诚信共赢互利互惠大家永远是朋友”的核心价值观，倡导家文化，开展“扬翔健康之家”活动，举办集体婚礼，实行免费自助餐，为员工提供更加温馨舒适的工作、生活环境。

千亿市值始于猪，公司规划通过三个三年，形成养猪高效率、低成本，年出栏千万肉猪，年提供千万头份猪精，服务百万母猪的养猪企业平台，为中国成为养猪强国竭尽所能！

面向市场　勇于变革

——南宁漓源粮油饲料有限公司

一、企业基本情况

南宁漓源粮油饲料有限公司创建于 2003 年，由荣获农业产业化国家重点龙头企业、全国饲料企业前 10 强的桂林力源粮油食品集团有限公司投资 7 468 万人民币兴建而成。公司位于国家级南宁经济技术开发区金凯路 25 号，占地面积 88 亩，一期工程于 2003 年 7 月建成投产，二期工程于 2009 年 3 月建成投产，三期工程于 2015 年 5 月年建成投产，设计加工猪、鸡、鸭系列配合饲料及浓缩料 68 万 t，生产的产品有猪、鸡、鸭系列配合饲料及猪、鸡浓缩饲料，目前猪料占销售市场 33%左右，鸡料占 31%，鸭料占 36%。

公司有健全的企业文化和较好的经营机制，并拥有雄厚的人力资源和先进的生产设备。有数十名企业管理优秀人才和高级技术专业人才和几十名大、中专以上学历的高素质员工；饲料生产线均为美国 CPM 公司的成套设备以及江苏牧羊集团的饲料加工设备。公司采用现代化企业管理，建立完善的质量保证体系，不断提升老产品，开发新产品，现有“漓源”“金漓源”“金凯福”“山水”牌猪、鸡、鸭系列等 100 多个品种。公司的产品品质优良，具有生长快、肉质好、抗病能力强、性价比高等特点，畅销区内外，供不应求，深受广大客户的欢迎和好评。

公司秉承“合作、创造、共赢”的核心价值理念，把做“养殖企业的饲料加工车间”贯彻到底，赢得了各养殖企业的认同首肯，养殖企业生产成本大幅降低，纷纷与公司合作，使产销量大增。公司通过大量的养殖数据对比，使养殖户知道猪肉比、钱肉比、包增重，给养户提供一个选择优质公司料品牌的机会，从而使更多的养殖户选择漓源公司料。

二、2016 年企业经营状况

2016 年，国内市场经济饲料行业整合过后激发的血腥竞争使得公司面临更为严峻的考验。公司管理人员齐聚一堂，共同谋划应对之策，在不断探索中，公司制定了“激活组织体系活力，打造产品竞争力”的重要策略，精准对接市场，实行市场直供。2016 年通过精准扶持具有潜力的养户和经销商，并且招聘一些具有养殖技术专业的技术员下到市场对养殖户进行专业指导，采用对比算账的方式，让经销商或养殖户信赖我们的产品。2016 年全年销量 78 万 t，同比增长 14.7%，实现销售收入 24.53 亿元，同比增加 13.1%，纳税总额 3 041.1 万元，同比增加 5%；利润总额 11 136 万元。

三、加快科技队伍建设，提高企业整体素质

1. 文化建设　从 2016 年年初的“小老板娘的故事”，到 6 月“华为 VS 漓源文化异同大研讨”，再到“讲故事”活动在各公司各部门的广泛开展，直至 11 月管理经营大会上的“合作共赢案例讨论”等企业文化建设工作贯穿全年，在各个时期引发团队思考和提升对企业文化在实践中运用的理解。

其中，通过对比华为和漓源的异同，深入理解了企业文化产生与成长的特定土壤，坚定了公司的道路自信；研发部推心置腹讲故事，对提高组织的凝聚力带来了不小的帮助。

2. 培训学习　各部门开展的培训学习包括：研究院——养猪大学（2 期），利源养殖——养禽大学

(2 期)，人力资源部——高管训练营（5 期)、人力小讲堂（QQ 群人数突破 1 200 人，共开课 35 次)，生产后勤部——成长计划（6 期、278 人次)、研发部——月度技术培训制度。

3. 流程优化及技术改造：信息化建设、总控系统优化、小料系统 以客户价值为导向的信息化建设取得阶段性成果，组片试点（南宁等 5 家）获得成功。该项目通过全流程梳理，在前台服务（销售政策集成，提高开票效率，保证准确性)、采购结算、过磅管理和数据共享等方面取得了提效增质的作用。

4. 人力资源校园招聘 尝试“绿色合伙人”“农牧之星”和“青年领袖”品牌化运作的思路：2016 年度从将近 50 家大专院校实现招聘人数 155 人。招聘的畜牧兽医相关专业人数创出新高，达到 60 人，吸引了一批来自全国各大名校的同学前来了解漓源。

四、简政放权，从组织形式上激活体系活力

放权搞活就是生产力。2016 年，在深刻反省的基础上，饲料营销较好地解放了思想，权利下移，极大地提高了将公司资源转化成客户价值的能力。价格调整速度更快更灵活，公司的价格调整也开始实现时间不同步和产品不同步，不仅完全扭转了 2014 年被动挨打，老客户流失的局面，而且不同程度地实现了销量的增加，在开发难度增加的条件下开发成活率显著增加。根据公司自身实际情况制定了产品标准、业绩目标、技改项目等，并进行日常管理。最明显的效果是开始关注市场需求，内务与销售部门的配合更紧密，开始算账当家。

五、加快布局，飞速发展

2016 年，是漓源集团饲料版块加快布局、飞速发展的一年。在原先玉林漓源饲料厂的基础上，先后在玉林北流、玉流兴业、湖北荆州建厂投产，项目建设总投资约 2 亿元，极大地促进了玉林市周边经济的发展。截至今日，集团饲料板块从 1 家工厂发展了多家工厂，现有 53 家生产经营企业，分布于河南、江西、湖南、广西、广东、四川、云南、海南等地，集团年销售饲料超过 500 万 t，位居全国前十名，带动农户 12 000 余户，年产值超过 130 亿。近年来，集团还重点布局种猪、肉猪饲养领域，2016 年 9 月和 2016 年 12 月分别在来宾凤凰和武鸣投资建成规模 5 500头种猪示范厂，两个项目一共投资 7 亿元；计划在 2020 年前，实现年出栏 100 万头的目标。

六、“顾客价值导向，流程再造，产品力重构”

“顾客价值导向，流程再造，产品力重构”是 2016 年漓源公司的工作方针，要站在外部市场端来重新审视自身的内部系统，把客户价值导向植入到组织系统中。一是建立更强的感知顾客价值的触角；二是理解满足顾客价值的产品力有哪些，找出最影响产品竞争力的工作和流程，再造相关流程去优化、加强和重构产品力；三是做好产品力重构的人才保障。必须指出的是，产品力是指产品基础能力（产品理念、产品核心利益、产品表现形式和产品附加价值）通过特定打击方式（组合和速度等）在满足不同类型客户需求上所表现出来的综合竞争力。公司每月有专门定量定性讨论评价产品力的联席会议，把掌握“敌我”双方的产品力表现上升到组织层面；投诉处理老总负责制，就算是假投诉也是机会；生产经理、内务负责人和配方师加入公司业务员每日工作汇报群，关注公司的市场表现。

公司引入跨部门按周算账的机制，推动以最优性价比为核心的综合饲料成本实现；以外部市场投诉老总负责制拉动跨部门的质量改善；通过实施财务 ERP 信息化系统、岗位整合和设备自动化技改解放双手提高效率；实施原料信息和相关产品的营养浓度信息覆盖销售决策人。坚决解放思想、放权搞活，鼓励可能浪费些子弹的风险，使指挥官充分认识到他在选择进攻方向上，在组合产品基础能力（理念、核心利益、表现形式和附加价值）的方式、力度和速度上不得力就是阻滞了企业发展，围绕“善、犁、攻”三字方针激活业务员和经销商。

2016 年，漓源公司将继续坚持顾客价值导向，站在顾客角度全面梳理岗位的流程，通过最优性价比的实现、技术服务能力的建设和更好的市场打击方式建设等重构产品力。根本性保障是坚持理念教育、解放思想，不断强化系统化、全局观和协同性的认识格局，抓顾客价值导向和奋斗者文化传播，加强干部和技术骨干两类人才的培养，打造不一样的漓源！

倾力打造中国饲料行业领军企业

——百洋产业投资集团股份有限公司

一、发展综述

百洋产业投资集团股份有限公司创建于 2000 年，集团总部位于素有中国“绿城”之称的广西南宁市，是一家集科技研发、种苗选育、养殖和技术服务、水产及畜禽饲料、水产食品、生物保健品、医药制造、环保工程等业务为一体的综合性企业集团。集团旗下拥有三十多家分、子公司，分布于广西、广东、海

南、湖北、山东、江西、上海等地。集团于2012年9月5日在深圳证券交易所挂牌上市，股票简称“百洋股份”，股票代码002696。

集团创立以来，始终坚持可持续发展经营原则，致力建设循环经济，发展绿色生态产业。百洋集团饲料板块是百洋集团旗下专业从事畜禽及水产饲料等相关产品生产、销售和经营管理的事业机构，拥有国际、国内先进水平的水产和畜禽饲料生产工艺设备。目前，饲料板块拥有百洋产业投资集团股份有限公司饲料分公司、广西百跃农牧发展有限公司、海南百洋饲料有限公司、佛山百洋饲料有限公司、湖北荆州百洋饲料有限公司五家大型饲料生产企业，全部采用美国GMP进口设备与国内领先的专业饲料生产设备，自动化生产线超过30条，年总产能达100万t，技术水平处于国内领先地位。

二、生产经营

充分发挥饲料板块支撑作用。广西沿海岸线曲折，港湾众多，内陆水资源丰富，气候适宜，对水产品产业的发展有着得天独厚的先天优势。随着人们生活水平的提高，营养丰富的水产品越来越受到大众的欢迎，以罗非鱼、对虾为主的优势水产品在国际市场有巨大的需求。顺应时势发展要求，2001年，百洋的水产饲料一上市，就迅速填补了当时广西的饲料工业没有高端水产饲料的空白，受到广大经销商、养殖户的欢迎。

经过十多年的市场考验，百洋已经成为华南地区主要的饲料企业和中国水产行业领军企业之一。公司饲料产品市场网络遍布华南、西南、华中各省区，深受客户青睐，在中国饲料市场拥有较高知名度和影响力，公司先后通过了ISO9001、HACCP、BRC、BAP（ACC）等多层次的质量控制体系的认证，被中国饲料工业协会评为“中国饲料行业信得过产品”，同时也是“广西名牌产品”“广西著名商标”。

2014年是百洋集团饲料版块加快布局、飞速发展的一年。海南百洋饲料有限公司于2014年4月开始全面生产经营，公司总投资5 000万元，设计年生产饲料能力10万t，预计年营业收入近4亿，极大地促进了文昌市罗非鱼周边经济的发展。2014年9月，广西百跃农牧发展有限公司的水产料生产线和畜禽料生产线也正式投产，年产能超过30万t，是目前广西最大的饲料和预混料生产基地之一。此外，佛山百洋饲料项目建设也在2014年启动，该项目总投资约为14 708万元，占地48亩，计划建设生产线7条（膨化料生产线5条，颗粒料生产线2条），年各类水产饲料生产能力为18万t。

截至今日，集团饲料板块从1家工厂发展多家工厂，业务覆盖区域也从南宁周边扩展到了两广和海南地区，业务品种也更加丰富，产能得到大幅提升，实现了整个板块的快速扩张，进一步强化了饲料板块支撑集团收入、提供利润贡献的重要地位。

三、管理与创新

1. 不断创新经营模式，打造完善产业链 2014年，中国经济进入“新常态”。受大环境影响，我国养殖业发展步伐放缓，饲料行业高速发展的时代宣告结束，行业发展方式也正从规模速度型粗放增长转向质量效率型集约增长。在严酷的市场竞争环境下，百洋饲料板块经受住了风浪，坚持以市场为导向，建立了符合市场需求的经营模式，通过“四个注重”（注重诚信经营、注重品牌建设、注重客户管理，注重市场预测），增强了公司对市场变化的适应能力，建立了从科研、种苗、养殖、养殖产品回收、加工出口、副产品综合开发利用这样一条贯穿上下游的完善产业链，有效抵御了经营风险，使饲料业务的产能瓶颈得到缓解，产销量继续保持增长，较好地完成了全年的利润指标。

2. 坚持产学研用道路，打造优势创新平台 一直以来，百洋始终坚持以“技术创新”推动企业发展，通过不断吸取外部的先进经验与前沿技术，强化科研人才队伍建设，力求市场创新、技术创新和管理创新的齐头并进，确保公司的技术实力、管理和产品保持在行业领先地位，被评为“广西壮族自治区级企业技术中心”。

通过打造优势创新平台，百洋饲料近年来在动物营养、饲料工业、水产品加工、生物科技和水产养殖等领域拥有自主发明或引入多项先进专利技术。2014年，公司共获得专利授权12项，其中发明专利7项，实用新型专利4项，外观设计专利1项；同时，公司所拥有的国家级实验室和省级企业技术中心与中国水科院淡水渔业研究中心、中国农业大学、中国海洋大学、广西水科院等科研院校建立了长期、紧密的合作关系，根据水产、畜禽养殖的特性开展实验与饲料产品的配方设计与研发，确保为客户提供最优质、高效、环保的饲料产品。“百洋”牌、“百跃”牌饲料不仅能够满足养殖的营养需要，还能使养殖户获得产量高、品质好、成本低的生产效益。

3. 强化责任落实，狠抓安全生产 2015年，百洋饲料狠抓安全生产工作，制订了年度安全生产工作方案，将安全指标分解到部门和班组，责任落实到人头。同时，公司结合每月开展的安全生产大检查活动，采取了多种形式和手段，深入细致地开展了安全生产宣传和检查工作。各个分公司定期组织员工展开消防安全演练及各类应急预案培训，使安全生产意识深入人心，同时严格执行各项安全规程和要求，避免了安全生产管理流于形式，使安全生产落到实处，确保了安全生产形势全年总体平稳。

4. 加强人才队伍建设，提升企业软实力 百洋饲料发展到今天，除了业内领先的生产和管理体系外，还依托了一支强大的人才队伍。2014 年，配合新建项目的投产，公司加大了人员招聘的力度，员工队伍不断扩大。公司新增了大批的一线员工，也引进了一批贸易、采购、管理和技术等岗位的优秀人才。此外，饲料板块各分公司内部一批能力优越、责任心强的核心骨干，被提升到了各个关键岗位和管理岗位，在原有管理资源的基础上增加和强化了技术、管理力量。目前，百洋饲料板块现有博士 8 名、技术人员 60 余人、高级管理人才 78 人，分管各企业相应的部门，为各公司提供了强有力的技术和管理支持。

5. 持续追求卓越绩效，打造品牌核心价值 百洋饲料板块紧紧围绕“精准营养、质量为上”的质量诚信管理方针，建立起了完善的产品可追溯源系统，以严格的质量控制体系和诚信体系做保证，来打造优质产品，提升客户满意度，树立和维护企业诚信形象。同时，公司坚持贯彻卓越绩效管理模式，建立健全科学高效的管理体系，注重从领导、战略、客户及过程管理层面进行对标管理，不断提高公司整体运行质量和运行效率。2014 年，公司再次被认定为“中国饲料行业信得过企业”“广西进出口质量诚信企业”“广西名牌产品”“广西著名商标”等，为企业的可持续发展及打造行业一流品牌奠定了坚实的基础。

6. 行业地位和社会影响力进一步提升 随着集团的快速发展，百洋得到了政府和社会更为广泛的关注和认可。2014 年，公司再次被农业部评为“农业产业化国家重点龙头企业”，并荣获“企业信用评价 AAA 级信用企业”“广西守合同重信用公示企业”、“重点培育和发展广西出口名牌”等称号。此外，国家相关部委领导、自治区领导及其他各级领导先后到百洋集团总部及下属企业指导工作，美国、德国、墨西哥等国家和地区的客户和行业专家先后来访，公司的罗非鱼产品也被列为第 45 届世界体操锦标赛的指定食品，社会对百洋集团的关注度越来越大。

四、发展方向

作为我国饲料行业中的一员，百洋集团积极抢占行业发展制高点，着力打造行业领军企业。未来，百洋将继续秉承“关爱员工、创造价值、服务社会”的企业理念，围绕水产业“横向规模化、纵向一体化、相关多元化及国际化”战略，不断提升百洋品牌、广西品牌在全国乃至国际上的良好形象，为客户创造更多的价值，为广西经济和社会发展做出新的贡献。

高起点聚力 逐梦共享未来

——海南西南红农牧科技有限公司

海南西南红农牧科技有限公司是一家集科研、生产、销售于一体的现代化饲料生产企业，拥有员工 100 人，其中大专以上学历 35 人，高中以上学历 28 人，位于海南省澄迈县老城经济开发区南一环路，占地面积 18 000m^2，2014 年 12 月建设拥有二条全价饲料生产线和一条生产膨化线的工厂，2015 年 3 月正式投产，年生产能力 18 万 t，主要生产“西南红”品牌猪、鸡、鱼、鸭四个系列 30 个品种。2015 年产销量达 7.5 万 t，产值实现 2 亿元；2016 年产销量达 13.5 万 t，产值实现 3.5 亿元，公司产量产值增速成倍发展，为大学生就业创造了平台，为当地农村富余劳动力提供了就业机会。

一、高起点定势

公司秉承“以人为本、以德从业、利益共享、追求卓越”，愿与广大畜牧业同仁携手合作的企业理念，在生产经营中贯穿精益求精的精神，严把“四关”：采购质量关、采购成本关、产品质量关、生产关，坚持以质优价廉的饲料产品为研发、销售的主体，努力提高畜禽养殖效益。在市场竞争激烈的环境中敢于直面市场，市场占有率不断得到提高，销量不断取得突破，产品质量也获得了广大养殖户的认可和信赖，产量和销量的稳步提升，使“西南红”品牌饲料在同行业中逐步树立了强势品牌的形象，许多养殖户和经销商慕名而来，洽谈合作，创造了一种从对“西南红”品牌认知为零、市场销售为零到一跃成为月销售量达 1 万多 t 的奇迹，令饲料行业中的大企业刮目相看，逐步创建了强势品牌的典范。

二、优化组织架构

从创办公司起就建立了科学、合理的组织架构，分工明确，在管理中提倡“管理在现场，决策在现场”的工作作风，打造执行力强的经营管理团队，通过领导与员工之间零距离的沟通，公司竭尽全力为员工及家属解决住宿、就业等困难，使员工有了归属感，员工稳定率达 98%。

三、严格生产管理

公司为了提高生产效率，降低能耗，保证产品质量，努力在生产管理“严、精、细、激”上下功夫。

1. 严把质量 为确保生产过程中各个系列产品符合国家和企业相关的标准，及时检测发现产品质量各项指标情况，公司投入大量资金购买了进口近红外扫描仪、定氮仪等先进设备，增强产品检测准确性和及时性，进一步提高工作效率和检测能力，从原料采购进库到使用严格把关，建立原料、生产、成品全程技术数据库，为确保产品质量、优化产品配方、降低成本奠定技术基础。原料堆放严格按区域规划放置，挂牌标识，不合格原料一律做退货处理。

2. 精心生产 精准统计客户订货时间和品种，制订生产计划，集中同品种批量生产，严格执行工艺标准，根据饲料产品粉碎细度和颗粒粒径标准，及时更换相应的筛片、压模后方可以进行下一道工序生产，同时及时做好流程清理工作，避免生产过程的交叉污染，做到生产过程每个环节有记录、有检查、有监管，确保每批产品的质量安全。

3. 细致管理 为保证现场生产有序、安全、卫生，公司制定了“6S”现场管理管理办法，成立“6S”现场管理检查小组，实行按部门、分岗位、划区域负责，强化“6S”现场管理检查力度和现场管理执行力，避免出现管理盲区。同时激励员工的积极性和创造性，增强员工的“6S”现场管理意识，有效提高公司生产效率。

4. 激活潜能 为充分体现员工多劳多得的价值观，鼓励员工立志在企业发展，公司制定员工薪酬由“计件工资＋工龄工资＋学历工资”组成，保证有学识的员工在企业发展中得到重视和重用，让员工尽其所能，发挥潜力。同时为培养多功能人才和提高员工岗位技能，公司定期组织员工进行培训，通过考试来测评员工对岗位的熟练度，每年年终给予多面技术能手员工人才奖，大大提高了员工学习积极性，进一步推动了公司生产管理水平的提高。

四、推行先进销售管理方案

公司推行优质的售后服务，对经销商和养殖户采用“一对一贴心服务”，及时掌握客户的诉怨，在第一时间做出快速处理，承诺1天内处理客户投诉。建立了多年从事饲料销售、销售经验丰富且市场开发能力强的销售团队，销售员薪酬由“基本工资＋销售提成＋工龄工资＋学历工资”组成，实施保底基本工资和工龄工资办法，消除销售员工作的后顾之忧，使员工感受到与公司共同发展给企业和个人带来的红利，大大增强了销售人员的工作积极性和团队凝聚力，使销售团队争先恐后创造佳绩。产品销售通过以点带面辐射全岛，并以质优价廉的经营理念，给养殖户带来了实惠，让“西南红”品牌逐步深入到养殖户的心中。

追求卓越　奉献社会

——通威（海南）水产食品有限公司饲料分公司

通威（海南）水产食品有限公司饲料分公司（原通威股份有限公司海南分公司）成立于2004年11月，是国内最大的水产饲料及重要的畜禽饲料生产企业——通威股份有限公司旗下全资公司。公司位于海南省澄迈县老城开发区南一环路，占地近70亩，总投资5 000万元，年生产配合饲料30万t，是海南省规模最大、环境最美、产能最大、现代化程度最高的饲料生产企业之一。

公司现有员工近160人，管理人员、技术人员全部具有大中专以上文化程度和丰富的管理经验。公司配备有高级水产、畜牧技术人员，免费为用户提供优良的售后服务和技术咨询。

公司生产工艺、设备一流，生产过程采用电脑自动控制，其核心设备由美国AB、英国UMT等公司进口。具有独立的猪料生产车间、专业的水产畜禽生产线，能生产颗粒饲料、膨化饲料、粉状饲料等多种类型的水产、畜禽饲料，充分满足养殖户的不同需求，产品畅销海南全省。

公司配备了国内一流的饲料检验设备，建立了完善的质量保证体系，实行规范严格的管理，产品按无公害要求设计，严格遵守国家药物和卫生标准，确保最终产品的质量稳定、性能优越、安全无公害。

公司始终坚持“追求卓越、奉献社会”的企业宗旨，秉承“诚、信、正、一”的经营理念，推行精益求精、事事一流的工作作风，以“科学的配方、优质的原料、先进的设备、一流的管理”生产出一流的产品，让用户获得最大的经济效益，促进地区经济健康、繁荣发展。

技术创新　打创矿化一体产业模式

——贵州川恒化工股份有限公司

贵州川恒化工股份有限公司（以下简称川恒股份）成立于2002年11月，位于贵州省黔南苗族布依族自治州福泉市，注册资本3.6亿元，占地800亩，员工500余人，是一家专业从事磷矿开发和磷资源精深加工的民营企业，是贵州省百强企业。经过十几年的发展，公司已经形成饲料级、工业级、肥料级磷酸盐产品以及水溶肥料的生产销售、磷化工技术创新、磷营养技术服务、产品销售为一体的磷化工循环经济产业群，有两家全资子公司和参股6家企业，年销售收入10亿元以上，是我国重点生产饲料级磷酸盐的大型饲料添加剂生产企业。公司先后被授予“全国模范职工之家”“全国就业与社会保障先进民营企业”等称号，获得“贵州省守合同重信用企业”“贵州省外来投资优秀企业”“黔南州优秀非公有制企业”“黔南州优秀非公有制纳税大会”等100余项殊荣。

公司非常重视技术创新，是一家技术型公司，建有贵州省级技术研发中心和黔南州重点实验室，专业研发团队常年从事磷化工研发，川恒股份向国家申报专利48件，获授权专利41件，其中发明专利35件，实用新型专利6件，是国家重点高新技术企业。

公司先后荣获“国家科技支撑计划承担单位”“贵州省优秀专利单位”“贵州省科技进步奖二等奖”“黔南州科技进步一等奖”等奖项。

川恒依托瓮福地区丰富优质的磷矿资源，经过10余年的发展，已经形成饲料级磷酸盐、肥料级磷酸盐、工业级磷酸盐、食品级磷酸盐四大系列十余个产品，产能总规模已达到45万t/年。

川恒股份的主要产品为“小太子”牌饲料级磷酸二氢钙和“川恒”牌磷酸一铵。“小太子”牌饲料级磷酸二氢钙产能规模为40万t/年，其生产过程符合ISO 9001：2008质量管理体系标准，并已通过欧洲饲料添加剂和预混合饲料质量体系认证（FAMI-QS），饲料生产行业产品质量与安全保障体系（GMP+）认证。“小太子”商标在2014年被评为贵州省著名商标，“小太子”牌饲料级磷酸二氢钙产品在2008年、2011年、2014年连续三次被评为贵州省名牌产品，十多年居同类产品全国第一位，市场占有率保持40%以上。同时，该品牌在亚太、欧美地区同样具有较高的市场占有率和知名度，是非常有影响力的一个品牌。“川恒”牌磷酸一铵，2011年开始投入市场，该产品持续六年保持国内ABC干粉灭火剂用磷酸一铵市场占有率第一。

2016年，川恒股份实现产销量39万t，创历史新高，销售收入10亿余元，实现净利润1亿余元，上缴税收3 800余万元。2016年生产经营工作的一个显著特点是川恒股份饲料级磷酸二氢钙产品的国际市场由亚太区域向欧美等区域进行拓展，出口量增幅明显，国际市场份额提升较快，品牌影响力、美誉度逐渐扩大。2016年公司磷酸二氢钙出口量达12.21万t，接近磷酸二氢钙产量的50%，销售收入占主营业收入的40%。

公司将着力构建“资源”“技术”“资本”三大核心竞争要素，充分依托自身的技术、资源、区位等优势，围绕贵州省建设息峰-开阳-瓮安-福泉磷煤化工产业带的总体规划，坚持以循环经济为中心，坚守发展和生态两条底线，坚定不移地以新技术运用为依托，推进“矿化一体”的产业发展模式，走磷、煤、电相结合的清洁生产工业路线，以高性能饲料磷酸钙盐、磷酸铵盐和新型肥料为主，以商品磷酸及精细磷酸盐为辅，以新型建筑材料为补充，并向食品级、医药级、电子级磷化工和有机磷化工方向发展，把公司建设成为一个高新技术的绿色磷化工产业示范企业。

聚焦养殖终端
强化内部管控和终端服务

——贵阳新希望农业科技有限公司

一、企业简介及发展战略

1. 企业简介 贵阳新希望农业科技有限公司（以下简称“公司”）是新希望六和股份有限公司借西部大开发东风，为满足贵州广大养殖户的需求，先后分批投资1亿元在贵州兴建的饲料生产及农业开发的综合型现代化企业。公司位于贵阳市观山湖区金华镇998号，共占地40余亩，紧邻321国道和贵黄高速公路，距贵阳市城区17km，距清镇市10km，交通十分便利。

公司于2002年建成投产，现有职工170余人，环境优雅，设备一流，具有年产30万t优质畜、禽、反刍动物饲料生产能力，是贵州省目前最大的饲料生产企业，同时也是贵州饲料行业唯一获得中国饲料行业“信得过产品”称号的企业。公司拥有一支高素质、高技术、高执行力的管理团队，长期坚持“质量第一、服务第一”，对经销商、合作者和用户以诚相待，讲求信誉，在产品与管理上博采众家之长，努力为客户提供优质的产品和服务，为“兴黔富民”做贡献。

2. 发展战略 面对养殖市场的变革和改变，饲料行业的快速转型和变革尤为关键。公司秉承“依靠政策、发展事业、服务人民、回馈社会、报效祖国”的企业宗旨，不懈追求“农业创造价值，农民分享价值、价值留在农村、城乡和谐发展”的社会目标，以农牧产业龙头企业优势带动农村经济发展，带领广大农民增收致富，积极与相关各级部门、经销商及养殖户建立长期、可持续发展的真诚合作关系为纽带，在面对养殖市场环境快速变革、发展的趋势下，切实根据贵州养殖市场变化情况，结合贵州养殖实际需求，制定了“聚焦养殖终端，强化内部管控和终端服务”的发展战略主题，以“强内控，塑品牌；建基地、创模式、促发展”“三改一防一提高”的养殖帮扶方案和“三大平台”建设的系列举措，帮助养殖户解决困难，提高终端养殖效益，同时也为公司的市场发展奠定了坚实的基础。

二、企业发展模式

随着市场环境的变化发展，过去的发展模式已不再适应当今市场环境变化发展趋势。为了使公司发展顺应环境需求，同时也为了快速实现转型，2015—2016 年，公司实行了一系列重大举措。

1. “三改一防一提高”

(1) 三改。“三改”即改温控、改栏舍、改自动喂料。由于贵州受环境气候因素影响，时节温差较大，在不同的时节要做好舍内温湿度调节，使舍内温湿度环境达到养殖需求，减少因温湿度环境不符合要求影响动物生长；改自动采食，使用专门自动采食桶，一是改变过去的地喂或槽喂方式带来的浪费、卫生安全等问题，二是可以在一定程度上解轻养殖劳动强度，降低劳动使用成本。

(2) 一防。一防主要是指要严格按照免疫流程做好防疫的管控监测，有效杜绝因防疫原因导致的疾病多发的情况发生。

(3) 一提高。一提高即在以上基础上提高养殖效益。

2. “三大平台”建设

(1) 融资平台。公司引进中国最大的普惠担保公司，与中国邮储银行、建设银行等银行合作，帮客户办理小额信用贷款及信用卡，解决客户融资难的问题。

(2) 技术平台。通过养猪大学、动保中心等来提高养殖户的技术知识。

(3) 信息平台。公司通过福达计划、“互联网＋云养殖”的方式，为养殖场提供提高养殖效率的工具，提高养殖户的养殖水平。

3. “强内控、塑品牌；建基地、创模式、促发展”

(1) 强内控，塑品牌。2015 年，公司积极响应国家法律法规文件要求，通过《饲料质量安全管理规范》的实施运行来进一步强化公司内部管理，从采购源头到销售终端，建立有效的管理追踪机制，确保产品质量安全、稳定，塑造良好的市场口碑。

(2) 建基地、创模式、促发展。采取“公司＋基地”“协会＋农户”的模式，在贵州建立养殖示范基地，并严格按照动物各阶段生长营养需求，设定生产阶段配方产品，形成阶段产品组合饲喂模式，如猪场精准营养饲喂模式、蛋鸡精准营养“4＋2＋1”饲喂模式等，以达成低成本、高效率的目标，从而进一步提升养殖户的养殖效益。

三、企业成效

1. 公司近年来所获荣誉 2001—2014 年连续 14 年荣获市级“守合同、重信誉”企业，还荣获“贵州民营 50 强企业”“最具 100 强潜力企业”“重点龙头企业”“贵州省高新技术企业”“贵州省饲料行业十强企业”“贵州绿色生态标杆企业”等称号，并通过了 ISO 9001 国际质量管理体系认证。

公司于 2016 年 1 月通过农业部《饲料质量安全管理规范》示范企业验收，标志着贵州省饲料企业质量安全管理水平又上新台阶。

2. 2016 年企业发展成效 2015—2016 年，公司通过制定并实施以“整合资源、做终端”的发展战略主题、“三改一防一提高”的养殖帮扶方案、“三大平台”的建设举措，公司单年平均销量累计达到12 万多 t，年均产值达 4 亿多元，累计销售收入为 4.2 亿元，纳税 499 万元；销售、服务网络覆盖到了贵州省的 100 多个区、县、市及上千个乡镇。

2015—2016 年耗资 70 余万元，以帮助养殖户提升养殖效益为目的，从品种、环境、防疫等方面帮助养殖户进行改造，累计帮扶养户 550 户，同时为公司带来 1 300 余 t 的销量；

通过引进中国最大的普惠担保公司并与银行合作，帮客户办理小额信用贷款及信用卡，2016 年累计为养殖户解决资金 4 000 多万元，有效解决客户融资难的问题。

通过养猪大学、动保中心等来提高养殖户的技术知识，至 2016 年年底，公司耗资 60 多万元，累计为养殖户提供养殖技术知识培训 40 多次，防疫、环境水质检测等动保检测服务 1 000 多批次，有效为养殖户提供技术支撑和服务，确保养殖健康有效发展。

通过福达计划、“互联网＋云养殖”的方式，为养殖场提供提高养殖效率的工具，采取“公司＋基地”“协会＋农户”的模式，提高养殖户的养殖水平，累计带动养殖和经销客户 1 200 余户，帮助客户新增创收人均 800 多元/年，同时也增加了公司产品直销比例，目前直销比例达 60%左右。

为消费者提供安全放心的猪肉食品

——云南神农农业产业集团股份有限公司

云南神农农业产业集团股份有限公司（简称：神农集团）由集团现任董事长何祖训于 1999 年创立。十多年来，神农集团始终坚持改变传统落后的农业生产模式，发展优质高效的现代养猪业，建成了集饲料生产、生猪养殖、屠宰加工为一体的生猪产业链，实现了“从农场到餐桌”全程可追溯体系，为消费者提供安全、放心的猪肉食品。

一、产业链建设

神农集团下属4个饲料厂：云南神农饲料有限公司、南宁东方红饲料有限公司、云南大力生饲料有限公司、云南农生饲料有限公司，形成了规模化、现代化的饲料产业。

神农集团自2003年开始进军养猪业，不断学习、创新和变革，探索出了高效、可持续的养猪模式。从2013年至今，神农集团学习美国生猪养殖模式，与美国派普斯通（Pipestone）公司签订技术合作协议，和美国PIC公司达成战略合作，先后建成存栏6 150头母猪的宣威母猪场（云南神农宣威猪业有限公司）、年出栏3.2万头生猪的马龙大平地育肥基地、年出栏3.4万头生猪的马龙袜度育肥基地（云南神农马龙牧业有限公司）和年出栏8.4万头生猪的陆良炒铁育肥基地（云南神农陆良猪业有限公司）。

神农大理6 000头规模母猪场（云南神大理猪业有限公司）于2017年2月投产。云南神农陆良普乐8 000头母猪繁育基地、云南神农陆良硝洞8 000头母猪繁育基地、云南神农陆良100万头商品猪基地，云南神农宾川养殖基地、云南神农禄劝养殖基地等也在积极筹建中。到2020年，神农集团年出栏生猪将达到200万头，有力地推动了云南现代化养猪进程。

2005年，神农集团收购成立云南滇东联合食品有限公司，年屠宰加工能力达到50万头，拉开了神农进军屠宰加工领域的序幕。2008年，占地225亩的云南神农肉业食品有限公司建成投产，全套引进德国伴斯（BANSS）屠宰设备和韩国好考克（HI-COOK）分割设备，年屠宰生猪能力达200万头。

二、健康养猪模式

神农集团现代化养猪模式，以猪群健康管理为核心，投入大量资金，采用专业化人才和信息化技术，进行标准化、自动化生产，流程化、可视化管理，精确控制各项成本。猪场员工实现了专业化分工，其实质，是把养猪业从劳动力密集型的传统阶段转型升级为资金、技术密集型的现代化阶段。该模式主要有以下四个特点：

1. 实行“两点式”养猪模式 在一个母猪场周边配套多个保育育肥单元。母猪场存栏母猪在6 000头以上，每个保育育肥单元饲养2 800头肥猪。母猪场只饲养母猪和仔猪，同一批次仔猪21天断奶后转入保育育肥单元饲养至出栏。这种模式减少了管理环节，便于专业化分工，同时能够阻断母猪和仔猪之间可能传播的疾病，有利于生物安全。

2. 实现自动化、设施化养猪 神农宣威母猪场和配套育肥单元采用大跨度钢架结构、全漏缝地板，全自动化喂料、饮水、通风和温控系统，用自动化设备代替了重复、繁重的体力劳动（喂料、清粪等），员工可以专注于配种、查情、采精、巡视等核心技术操作。程序化、标准化作业流程和数据化管理考核要求，大幅度提高了工作效率。

3. 实现信息化大数据管理 自2013年起，神农集团依托EAS信息化平台，将饲料、养殖和屠宰结合在一起，实现产业链的大数据管理，并且进行二次开发，准确核算出每批次猪只的生产成绩和单位成本，持续改善管理水平。

神农养殖场使用保饲佳（Procitec）生猪管理系统与国际同行数据接轨，每周的报表能帮助管理者及时发现异常数据，明确改进方向，不断提升生产成绩。

4. 实现猪场废弃物综合利用 神农猪场每个养殖单元下方建有3m深坑，粪污通过漏缝地板统一收集，可容纳6 000头育肥猪一年的粪水量。病死猪采用生物发酵分解，实现无害化处理。

公司积极倡导以猪粪水替代化肥使用，提供种植户发酵粪水，形成种养结合可持续发展的生态农业循环模式。

三、放心肉生产

神农健康的养猪环境，为无抗生素养猪打下了基础。神农饲料在生产中使用原料熟化工艺和发酵豆粕等易消化原料，添加有机硒原料和易被消化吸收的微量元素、益生素、复合酶制剂，在改善猪只健康的同时，能在猪肉中保留硒元素，有利于消费者的健康。神农中大猪与母猪饲料中不添加抗生素，猪肉无抗生素残留，更安全、放心。

公司进口屠宰生产线采用三点式低压麻电击晕、卧式放血、蒸汽隧道烫毛、火焰燎毛、自动抛光、同步检疫、自动劈半、三段式分割等国际先进工艺，食品加工过程更安全。肥猪入场查看检验检疫合格证、车辆消毒证、猪只非疫区证明，屠宰过程中逐头同步检疫，猪肉出场时出具屠宰凭证和检疫合格证，确保出厂猪肉安全。

公司建立了可追溯体系，通过检疫票和过磅单可以追溯到生猪来源，公司屠宰加工的每头自有生猪均可追溯查询到投喂的饲料批次、药品疫苗批次、生长环境等信息，实现全流程追溯。

在消费终端，神农集团努力打造神农放心猪肉品牌，让消费者吃上健康、放心的猪肉。

云南神农集团将聚焦云南生猪产业链，秉承“帮养殖户养好猪，让消费者吃好肉”的企业宗旨，大力推动现代化养猪，专注于无抗猪肉食品产业链的打造，努力以最具竞争力的成本，大规模地生产优质、安全的猪肉食品，让神农放心肉走进千家万户的餐桌。

立足西南　走向世界

——西南集团

西南集团是以饲料生产销售为主业，并涉及养殖、贸易等领域的国际化、现代化高新技术企业集团。经过三十多年的发展，目前西南集团旗下拥有一个省级饲料工程技术研究中心、一个国际科技示范园、一个国家生猪核心育种场和三十一家分（子）公司。

西南集团是全国三十强饲料企业、农业部重点关注企业、中国饲料工业协会理事单位、中国畜牧饲料十年持续成长综合创新企业、科技部科技人员服务企业行动项目实施单位、中国林牧渔业经济学会饲料经济专业委员会副理事长单位、云南省中小和非公企业上市培育重点企业、云南省省级重点龙头企业、全国农产品加工业示范企业、云南省创新型企业、云南省认定企业技术中心、云南省优质种业基地，被省委省政府授予“社会扶贫先进集体”的荣誉称号，被云南省企业家协会评选为“云南制造业企业 50 强”“云南民营企业 100 强”，是“云南省饲料产业技术创新战略联盟”盟主单位，在云南省饲料行业中处于领军地位。

西南集团经过数年的积累，拥有一批多年从事饲料和养殖的科研、生产、销售、管理专业技术人才。集团所属的研发中心近几年完成了一百余项新产品、新技术、新工艺的开发。集团相继承担国家级、省级、市级项目多项，拥有注册商标品牌多个、专利多项，发表论文几十篇。

一、企业文化，以人为本

企业始终秉承“客户与企业相互依存，共同发展”的经营理念。倾力打造企业、经销商、员工、养殖户一体的利益共赢平台。企业每年都聘请有关畜牧、营养、经营管理等多方面的专家、学者来公司进行生产指导和业务培训，提升员工职业素养和业务技能。定期或不定期派技术人员对经销商、养殖户进行培训，举办技术讲座、经验交流会、销售座谈会，扩充养殖户专业知识面。同时，帮助用户解决在饲养中存在的问题，积极提供售前、售中、售后服务，并有专门的技术人员听取或征求客户意见和建议，根据客户生产效益情况及时调整销售策略和产品价位，以适应不断变化的市场需求。

企业秉持“让大家过上好日子”的宗旨、“客户与员工有价值，企业才有价值”的价值观、“以人为本、以德从业、利益共享、追求卓越”的发展观，建有完善的薪酬制度，采取一系列激励措施，保证员工工作积极性，最大限度挖掘员工工作潜力，为其提供广阔的发展平台。企业尊重知识，尊重人才，让每一位来到企业的人都能发挥最大的价值。

二、持续改进，永无止境

集团自成立以来规模不断扩大，产业结构不断改善，产业素质与效率不断提高，市场逐渐面向国际。秉持“持续改进，永无止境”的理念，积极创新，不断进取，走出一条“集团化、规模化、产业化、国际化”的道路。

1. 专注饲料，做实产品　西南集团西南饲料目前年产销饲料 100 余万 t。二十家饲料分（子）公司，分布于云南、海南、河南、四川、北京、贵州、山西、吉林、内蒙古等省份及越南金星、海阳两省。公司生产的“西南”“西南红”“家家俏”“利德”等品牌饲料畅销全国大多数省份及东南亚市场，市场占有率不断扩大，知名度不断提升，具有良好的口碑和信誉，成为享誉国内及东南亚的名牌产品。

饲料生产线采用了现代饲料工业微粉、超微粉、熟化、膨化和喷涂等新工艺新技术，使产品质量得到很大提升，是农业部质量安全法规试点企业。饲料严格按照国家标准进行生产，质量层层把关，并建有完善的检验检测系统和专业的检验检测、科学研究团队。从原料质量开始控制，原料进厂必须化验，不达标准坚决退回，对生产过程每一道工序严格把关，坚持将质量管理体系落实到生产过程，未达标半成品坚决不进入下一生产流程，生产的成品经检验合格后才进入市场。

2. 做好技术服务养殖业　集团拥有 1 个国家级生猪核心育种场，年存栏能繁殖母猪 1 万余头，年出栏生猪 20 多万头。培育的瑞典系大约克、长白、台系、新美系杜洛克等优良种猪现已成为享誉国内外乃至东南亚的名牌产品。集团采用“公司＋农户”的养殖模式发展肉禽产业，目前年出栏优质肉鸡 1 000 余万羽，饲养有特色的地方鸡种和国外引进的优质良种鸡。同时集团借助养殖版块的大力发展，积极参与云南省各级政府扶贫项目的启动和实施，带动全省农户增收致富。

集团通过项目、技术、人才等方面的合作，研发适合市场需求和市场导向的优质种猪、种禽产品和健康标准化养殖技术，提升了自主创新能力，促进了企业技术进步和养殖业技术发展。

3. 创建平台，促进成果转化　集团 2016 年成立了云南省饲料工程技术研究中心，是云南唯一一家有省级饲料工程技术研究中心的企业，拥有实验室 1 000多 m^2，拥有能够满足饲料产品技术研发、产品检测的国内外先进仪器设备 100 多台。

工程中心集合了众多力量，联合攻克云南饲料产业共性技术和关键技术问题，先后承担了多项省级以上重大科研项目，如“猪饲料安全与提质增效技术研发及产业化示范”“优质低成本环保型猪鸡饲料系列产品开发及产业化”，加强了科技成果转化，缩短了转化周期，促进了科技成果转化成现实生产力。

集团一直重视产、学、研结合，坚持自主技术创新，建立了良好的产、学、研合作机制，与中国农业科学院、西南民族大学、云南农业大学、云南省畜牧兽医科学院、云南省动物营养与饲料重点实验室等省内外多所高校和科研院所建立了长期稳定的合作关系。

集团还多方位开展国际、国内科技交流合作，与国内外、省内外同行加强技术与产品研发的合作步伐，合作公司包括美国康地集团、英国英联集团、深圳英伟集团、深圳安佑集团、长沙兴嘉集团、北京挑战集团等，充分利用不同企业间产品、技术的优势，补充公司技术与产品的科研空白，快速掌握相关领域的核心技术。

4. 检测技术，服务大众 集团拥有一个通过国家认证认可监督管理委员会资质认证的检验检测机构，目前获得了 2 项资质认证证书：“检验检测机构资质认定证书”及“农产品质量安全检测机构考核合格证书”，可为广大群众提供高效、准确、权威的饲料、饲料原料及饲料添加剂等相关检测服务。检测项目包括常规理化指标、微量元素、维生素、氨基酸、卫生指标（重金属、霉菌毒素、细菌总数等）以及其他非常规指标（胃蛋白酶消化率、真蛋白、叶黄素酸价、过氧化值、脲酶活性、碱溶性蛋白、挥发性盐基蛋、掺假鉴别等）。

检测机构严格遵循有关政策、法律法规，依据国家标准进行，促进了我国饲料工业的健康、稳定发展，为动物养殖业的健康发展做出了重要贡献。

三、“一带一路”走出国门

西南集团为实施国际化战略，率先走出国门，于 2005 年在越南义安省投资建成了第一家海外现代化饲料企业——越南金星饲料有限公司，公司引进荷兰设备，年产量 12 万 t。“一带一路”、面向南亚、东南亚地区输出人才、技术和品牌。

2009 年，集团在越南河内海阳省投资兴建了第二个现代化饲料企业——越南海阳西南饲料有限公司，引进了中国成套现代化设备，年产 18 万 t，2012 年被中国政府授予“国际科技示范园”称号，并在时任省长李纪恒同志的见证下授牌。

2015 年，在越南河内与美国康地饲料（中国）有限公司开展全方位的技术合作，成立西南康地预混料有限公司，主要为东南亚市场提供“康地”品牌高档猪全价料，在业界被誉称为“中国饲料行业的黄埔军校”。同年 8 月在越南中北部义安省成立了越南家家俏农牧科技有限公司，采用“公司＋农户”的经营模式进行养鸡，年出栏优质肉鸡 400 万羽以上，具有广阔的发展前景。

西南集团除大力发展越南饲料和养殖业以外，目前正逐步向缅甸等南亚、东南亚国家拓展。

四、立足西南，走向世界

企业秉承“立足西南、走向世界、立志成为优秀的领先企业”的企业愿景，围绕国家、省的发展战略和饲料产业发展需要，坚持自主创新、集成创新和引进消化吸收再创新并举的原则。建设以企业为主体、市场为导向、产学研结合的技术创新体系。提高企业创新能力，提升云南省饲料产业自主创新能力与核心竞争力，同时面向企业规模生产的实际需要，提高科技成果的成熟性、配套性和工程化水平，加速企业技术进步，促进产品更新换代，为产业发展提供技术支撑。

在全球一体化的大背景下，充分运用国内和国外的资源和市场，突破区域市场和发展空间，拓展经营范围多元化发展，学习和借鉴相关经验，保持稳定成长。“走出去”参与国际竞争，输出饲料技术、人才与品牌，融入当地文化，并建立适合当地实际的队伍。相信西南集团将走得更好，走得更远，最终走向全世界！

树立创新理念
推广微制剂开发应用

——杨凌壹之农微生物工程技术研究院有限公司

近年来，随着食品安全呼声的不断加大，饲料添加剂向绿色、高效、安全、多功能等方向发展，微生物制剂、酸化剂、植物中草药饲料添加剂、酶制剂等品种成为当前饲料添加剂技术发展的主要趋势。公司从 2011 年成立至今，立足陕西，一直致力于微生态制剂、生物饲料及生物饲料添加剂的研发和生产。

一、微生物饲料制剂研发的背景

公司开发研制微生物制剂基于以下两方面的因素：

1. 提高饲料产品利用效率 无论是家禽饲养还是畜牧、水产行业，都希望能以最佳的饲料投入换来最大的回报，但目前我国动物对饲料的消化利用率与效益转化率并不是非常理想，要么吃了没有完全消化掉，要么饲料投放量大于动物的胃口需求而浪费掉。如果能在饲料源头下功夫，让动物胃口好、吸收好、转化率好，将使社会整体能源的利用率与养殖户的利润率都有极大的提高。

2. 降低畜禽对抗生素的使用 百年抗生素行业的发展给人类社会带来了巨大贡献，人们在享受抗生素带来益处的同时，也发现了抗生素给人类社会带来的不可逆转的灾害，饲料中添加抗生素，会在肉、蛋和奶等农畜产品中产生蓄积，通过食物链进入人体，使人们天天间接接触抗生素，导致人体患病时用抗生素治疗的效果消失。国际社会早已敲响抗生素的警钟，开始控制使用甚至拒绝使用抗生素，中国也正在顺应国际标准，顺应时代发展开始严控抗生素的使用。

二、微生物饲料制剂研发的现状

抗生素从动物到餐桌到人类体内蓄积、从动物粪便到环境到饮用水再到人体蓄积。欧盟 2006 年开始全面禁止在饲料中添加任何抗生素。合理控制减少抗生素的在畜禽养殖和饲料中的使用势在必行，微生物饲料制剂是解决方案。

1. 我国微生物制剂发展现状 微生物饲料添加剂是通过改善动物肠道菌群生态平衡而发挥有益作用，以提高动物健康水平、抗病能力和消化能力的一类产品，是有效解决疾病泛滥、病菌耐药、免疫能力下降、成活率降低、养殖效益下降的有效手段。国内微生物制剂产业中从事活性微生物饲料添加剂开发应用的企业大约有 400 家左右，获得农业部生产批文的约有 140 家。国内微生物饲料添加剂年销售额大约为 20 亿元人民币，销售额在 1 亿元以上的不足 5 家，产品年销售额在 3 000 万元以上不过几十家，大多数企业的年销售额在 1 000 万元以下。根据目前国内饲料年生产总量和猪、禽、反刍和水产动物的养殖总量来计算，国内微生物饲料添加剂的市场容量为 180 亿～200 亿元，目前市场推广普及率不足 10%，市场空间极大，产业发展前景十分广阔。

2. 微生物制剂产品开发与作用 根据国家农业部以及参考国际上其他国家农业部的许可，常用可以添加的微生物种类包括乳酸菌类、酵母类、芽孢类。

微生物饲料产品的应用可以起到以下几个方面的积极作用：①帮助动物在幼崽期快速建立正常的肠道菌群，提高免疫力，减少疾病发生，减少农户治疗方面投入的成本及社会抗生素的潜在使用量；②提高饲料的分解代谢水平、饲料的吸引与利用率，降低饲料的投入量；③促进动物生长，降低饲养成本水平；④提高动物产品的料肉比（降低肥肉率），产品更趋向有机化与高利润水平；⑤提高动物的产蛋量、产奶率等。

三、公司微生态制剂研发主要做法

公司基于润盈集团近 20 年益生菌行业的扎实基础以及领跑水平，实现了集团在整个益生菌产业链从保健品到食品到农用的应用延伸，以高质量、低成本的方式把益生菌的健康益处普及到全社会。公司致力于微生态制剂、生物饲料及生物饲料添加剂、生物农药及肥料的研发和生产，提供菌粉原料、农用微生态产品及其解决方案。

为确保研发生产高质量、高效益的微生物饲料产品，公司主要采取以下做法：

1. 打好硬件设施基础 公司拥有先进的微生物实验室、菌种培养室、理化分析化验室，装置设备精良，配备有 10L 智能发酵罐系统、各类全自动控温控湿培养箱，可同时进行多品种固态或液态的微生物发酵过程的小试，配有紫外分光光度计、脂肪分析仪、纤维测定仪、定氮仪、水分测定仪、数码生物显微镜等一批检测速度快、准确度高的检验仪器。

公司建有目前国内先进的全自动发酵生产线，整个发酵过程完全由电脑监控和操作，满足了整个发酵过程自动化控制和监测的要求。设备及管线均采用 304 不锈钢制作，采用氩弧焊接，并进行抛光处理，工艺先进，装备精良。生产用洁净区隔墙采用岩棉彩钢板制作，地面采用环氧树脂自流坪，整个空间配有净化空调系统，空间洁净度达到十万级以上标准，在行业内达到了一流的生产配置要求。

2. 确保核心技术特色

（1）确保可靠的菌种安全性。作为活菌制剂，菌种的安全性或非病原性是筛选菌种的首要条件，因而必须通过致病性、感染性、毒力或毒素、代谢活性等方面，综合评价菌种的安全性能。公司拥有来源广泛的菌种库，产品中使用的菌种都是国家农业部颁布的《饲料添加剂品种目录》中允许使用的微生物菌种。经过实际应用，充分验证了菌种的安全性和产品的可靠性。菌株均经过系统的基因测序，部分商业菌株在国际典藏中心进行了专利典藏，这些菌株可应用于人类、动物、环境等多个行业。

（2）确保深层液体发酵技术。公司采用国内先进的气体环流式液体发酵罐进行发酵，执行严格的灭菌消毒工艺，条件控制严格，生产工艺先进，产品稳定性好，技术水平在国内处于前列。生产的粪肠球菌、屎肠球菌、枯草芽孢杆菌菌粉活菌数量级最高可达1.0×1 012CFU/g。

公司建立了完善的生产工艺和严密的质量管理体系，确保产品优质高效、绿色环保。始终将“质量第一”的思想贯穿于整个研发与生产过程中。原辅材料的入厂检验、原辅材料贮存、原料领用、配料、灭菌、发酵、干燥、取样、半成品检验、产品检验、计量、产品包装、成品入库、产品储运等环节均有严格的操作规范和质量标准管理体系，确保为客户提供品质优良的产品。

（3）确保合理的菌种复配技术和最佳比例。公司根据国际微生态制剂行业的发展趋势，经过多年的技术积累，开发掌握了芽孢杆菌、乳酸菌、酵母菌等多菌种的复配技术，按照不同动物获取最佳经济效益的添加量进行添加，确保一种复合微生态制剂明显优于单一菌种制剂。

四、微生物饲料研发方面取得成效

目前，公司建立了完善的生产工艺和严密的质量管理体系，壹之农微生物饲料添加剂企业标准（Q/YZN 001—2015）；获得国家技术专利局授权的3个发明专利和1个实用新型专利。公司自主开发自有知识产权的三大系列产品其微生物活性，在菌种耐受力、产品质量和使用效果方面均远超市场同类产品。

1. 高活性菌粉系列 枯草芽孢杆菌、活性酵母菌、植物乳杆菌、嗜酸乳杆菌、乳酸片球菌、粪(屎)肠球菌；中试中菌种有丁酸梭菌、红酵母等。

2. 微生物饲料添加剂系列 猪类、蛋禽及肉禽类、反刍类饲料添加剂；水产类饲料添加剂及净水剂等。

3. 发酵剂系列 豆粕、棉粕及各种杂粕类发酵剂、生物肥系类发酵剂、青贮发酵剂

公司将再接再厉，以生物菌剂为依托，整合饲用微生物发酵产业，开发适用于养殖现场、养殖户便于掌握和使用的发酵技术，让微生物发酵产品更进一步贴近养殖终端，使之成为促进饲料企业转型，使养殖体系受益、社会环境改善、食品更加健康安全的关键性技术纽带。应用现代生物工程技术，公司以“科技创新，绿色环保”为宗旨，争做微生物制剂行业领跑者。

探索创新　走饲料加工养殖全产业链经营之路

——陕西正能农牧科技有限责任公司

陕西正能农牧科技有限责任公司成立于2013年5月，是由北京大北农集团和行业专业团队共同出资创办的科技型现代农牧企业。目前，公司拥有年产量6万t的配合饲料生产线和年产3万t预混合饲料生产线，主要从事猪料研发、生产和营销，同时涉及农牧专业服务、养殖等经营项目。近年来，公司立足猪饲料加工主业，面对经济大环境疲软形势，及时调整经营方向，依托猪饲料加工，向生猪养殖领域延伸，促进饲料销售，取得了较好经济和社会效益，2016年公司实现生产饲料9.01万t，总产值26 918万元，同比增长49.9%和88.2%。其中配合饲料8.3万t，比2015年同期的3.47万t增长139%，确保了公司经营健康持续发展。

一、认清形势，及时调整企业经营理念

正能农牧科技有限责任公司是一家专业从事猪饲料生产的工厂，公司始终秉承为猪场提供“高品质、高安全、高回报”的猪饲料产品的生产理念，强化管理。公司发展迅速，饲料销量逐年提高，但近年来受经济下行影响，饲料行业竞争日益激烈，公司靠饲料加工销售单一经营遇到新的挑战。为此，公司按照国家提出的“创新、协调、绿色、开放、共享”发展理念，分析自身优势与不足，经公司经营团队广泛探讨，达成共识，认为要发挥公司具有能提供优质猪饲料产品且具备熟悉猪场系统及养殖服务技术的优势，探索走饲料加工、养殖并进的经营路子。公司抽出一部分饲料营销人员，承包省内闲置的规模养猪场，用公司自产猪饲料进行养殖，使自产饲料有稳定销路，养猪也可获取养殖环节利润，做到公司“双保险、双获利”。实践表明，这个经营思路是十分正确的。

二、严格依法规范管理，保障饲料产品质量优势

在确定新的经营理念后，公司始终没有放松饲料主业，相反，把依法依规管理、提高饲料质量作为重中之重。为确保公司内部管理体系的有效运营，公司投入人力物力，积极参加推进部级《饲料质量安全管理规范》示范企业创建工作，把《饲料质量安全管理规范》各项要求落在生产各个环节，实现了从原料采购到产品出厂的全过程控制，打造了质量安全与稳定的猪饲料产品，提升了饲料产品竞争力，进而为公司转型涉足养猪领域提供了强有力的保障。

1. 加强交流学习 自《饲料质量安全管理规范》发布以后，公司多次组织相关员工去北京、南昌、山东等地参加农业部和集团公司组织的各种培训，公司内部也通过开展视频培训、知识竞赛等方式进行公

司、部门、班组三级培训学习，并加强现场实践操作检查考核工作。特别是对饲料法律法规知识、各项管理制度、操作规程、质量技术标准和记录文件等内容及要求进行了重点培训，确保各岗位人员熟知相关知识与业务技能，为《饲料质量安全管理规范》的实施和顺利通过部级验收打下了坚实的基础。

2. 规范各项制度 公司组成规范创建推进工作领导小组，落实各部门编写各项制度和文件，按照规范的要求结合公司的生产实际，制定了原料、生产、品控等方面的各项管理制度和记录，完善了公司的各项操作规程，注重制度的科学合理和可操作性，避免出现制度与执行“两张皮”的现象，确保在实际生产管理中的有效运行。

3. 定期开展自查 实现操作规范化，建立各项操作规程，明确岗位操作，规范工人行为，尤其是对一线员工，要求必须落实岗位操作规程，对各项规章制度做到“心中有数，嘴上会讲”，公司加强规范执行情况检查，对于查出的问题限期整改，不断完善提高。

4. 各级领导关怀 省办刘万军主任多次带领省、市饲料办各位专家莅临公司，对公司规范实施工作进行现场指导和培训工作，给予公司极大的帮助和支持。

在各级领导及专家的大力支持和指导培训下，公司顺利通过了陕西省饲料质量安全管理规范验收工作，创建部级《饲料质量安全管理规范》示范企业正等待农业部的验收。

三、脚踏实地，扎实推进公司产业化转型发展

在公司确定新的经营方向后，公司经营团队分工协作，采取有力措施，一步一个脚印，不懈推进养猪业务新发展。

1. 推进新养殖模式 做好前期市场调研，公司先后在省内大范围摸排闲置养殖场，进行洽谈，将租赁自己经营与合作经营相结合，逐步试行“饲料生产＋销售＋养殖＋客户技术服务”等多项经营策略改革。在养殖环节上，实行“养殖生产分阶段、流程化，分散养殖、统一管理”的模式。2016 年，公司发展了 15 家养猪场，出栏生猪 4 万多头，消化自产猪饲料 1 万余 t。

2. 积极落实国家新政 公司积极响应国家政策，找准切入点，寻找位置与商机。按照 2016 年中省扶贫攻坚政策要求，把发挥饲料、养猪优势，带动群众脱贫作为经营新的发展点，具体采取公司养母猪提供仔猪，农民进行育肥模式，带动贫困农户脱贫。目前，公司已养能繁母猪 1 000 多头，计划发展母猪 2 万头，向社会提供仔猪 50 万头，以此带动农民致富，实现公司社会和经济价值。

四、不断总结，进一步完善公司全产业化经营

公司在从饲料加工向养殖领域转型发展方面，进行了一些初步探索，但这仅仅是个开头。在接下来的工作中，一是要不断总结，不断创新，这是企业永续发展的源泉。二是要紧跟国家政策调整变化的利好商机，找到自身位置，顺势而为。三是发挥优势，扬长避短，实现企业产业链延伸是关键。四是持之以恒，迎难而上，努力推动是保证。

创新理念　整合资源
打造精品

——甘肃禾丰牧业有限公司

甘肃禾丰牧业有限公司成立于 2012 年 2 月，是禾丰集团独资 8 000 万元建设的现代化专业饲料企业，是禾丰集团在甘肃地区的旗舰型企业。

甘肃禾丰牧业有限公司配备了基础建设及生产产能力武威市最大，拥有甘肃名列前茅的年生产能力 35 万 t 的专业化生产线两条，分别为年产 20 万 t 的畜禽配合饲料生产线和年产 15 万 t 反刍精料补充料生产线，共占地 55 亩。一期畜禽配合饲料生产线投资 5 000 万元，全套采用上海申德设备，于 2012 年 9 月动工建设，2013 年 6 月份竣工，并于 2013 年 8 月正式投入使用，其主要建设内容为：新建生产车间 2 000m^2、原料库房近 3 000m^2、成品库房 1 500m^2，现代化高标准实验室及锅炉房、围墙、厂区道路等，可实现销售收入 3.25 亿元，上缴税金 780 万元，可新增就业岗位 200 个。二期反刍精料补充料生产线投资 3 000 万元，全套采用江苏牧羊设备，已于 2014 年 7 月开工建设，2015 年 5 月份竣工，于 2015 年 6 月投入使用，其主要建设内容为：新建生产车间 1 500m^2，原料库房近 700m^2，成品库房 1 200m^2。2016 年，公司着重推动机械化和自动化生产，前后共投入 300 余万元进行筒仓建设和车间机械手安装，共建成仓容为 1 000t/个的筒仓 3 座，牧羊从日本进口机械手一台，这两套生产线及筒仓、机械手的投入使用，很大程度上使工作自动化，促进了当地农业产业结构的调整和优化，推动了养殖业的发展，带动了当地农户增产增收，为全省乃至西北广大养殖户提供优质饲料，对行业的推动产生了深远的影响。

同时，甘肃禾丰牧业有限公司建设了超标准的化

验中心，此化验中心是甘肃禾丰牧业有限公司保证产品质量的检测中心。目前有进口的丹麦福斯的近红外检测仪、美国热电的酶标仪，电子分析天平、分光光度计、恒温干燥箱、马弗炉、凯氏定氮仪、玉米自动取样仪等检验设备，所涉及的检测项目达十多种，除了常规检测的八项指标以外，还可以检测酸价、蛋白溶解度、面筋、真蛋白、混合均匀度等。化验中心配备专业检验人员两名，全部拥有高级化验员检测证，确保检测数据的准确性。玉米自动取样仪的使用，使玉米取样速度提高，取样的准确性代表性更强；近红外和酶标仪的使用，增强了公司的检测能力，能够快速地将原料的成分检测出来，为原料的使用提供保障；酶标仪的使用，让品控人员对卫生指标的控制做到了心中有底，对产品的质量更加有保障，对客户的服务变得更加快捷。公司的配方师采用的是全球最先进的美国 BRILL 配方，营养更全面，性价比更高，为广大客户提供更多性价比高的产品，实现利益最大化。

公司已经和荷兰最大的配合饲料生产企业 De Heus 公司建立了合作关系，引进了 De Heus 公司的技术。De Heus 公司有专门技术人员为甘肃禾丰牧业有限公司进行技术咨询和指导，开展养殖技术在中国西北生态环境下的试验和研制。

公司成立之初，人才缺乏，人员素质参差不齐。现在甘肃禾丰牧业有限公司历经五年的风雨历程，在总经理强志锐先生的带领下，由不足 40 人的小型企业逐渐发展为拥有百余名高素质人才、在河西地区起示范性作用的规模化企业。甘肃禾丰牧业有限公司目前集饲料的研发、生产、销售和服务为一体，拥有专业技术人员 80 余名，其中硕士学历人才 5 名，本科学历人才近 50 名。公司员工平均年龄 32 岁左右，是一支年轻、高效、高素质的人才队伍，他们是甘肃禾丰牧业有限公司的中坚力量。

甘肃禾丰牧业有限公司在总经理强志锐先生的带领下，于 2014 年 12 月顺利通过了 ISO 9001：2008 质量管理体系认证，标志着公司的管理水平和质量目标上升了一个新台阶。2015 年 12 月，公司又顺利通过了农业部《饲料质量安全管理规范》示范企业验收工作，成为全国第三批、西部首批农业部饲料示范企业，此项工作是全体员工通过长时间奋斗的结果，也是公司实力的象征。2016 年 5 月，与兰州大学合作，成立了甘肃禾丰院士专家工作站。通过以上事件，有力地推动公司的科学规范管理，增强了全员的积极性，提高了公司的整体形象，增加了公司的销量和效益，也极大鼓舞了公司所有员工的士气。

2014 年，公司扭亏为赢，且销量取得了 20%的提升；2015 年，公司销量提升 40%，效益取得很大提升，并获得禾丰集团企业进步奖和经营突破奖项；2016 年，公司销量不断攀升，突破历史新高，并再次获得禾丰集团企业进步奖和经营突破奖项以及饲料质量安全管理规范特别奖。强志锐个人基于自身知识与经验，发明了“一种育肥猪智能化饲喂系统”，在 2016 年获得了实用新型专利证书，他也在 2016 年被评选为“中国饲料工业协会先进工作者”。

甘肃禾丰牧业有限公司紧跟时代步伐。为进一步提高公司生产效率，促进现代化发展，在 2017 年初，强志锐同志大刀阔斧，在公司建设了 3 000t 原料储备筒仓，在生产车间安装自动码垛机械手，在厂区安装了自动采样机，为促进半自动化生产做出了重要决策及贡献。

甘肃禾丰牧业有限公司本着“与人为善”的理念，积极响应禾丰集团爱心公益活动，在五年时间里，公司全体员工先后为集团“爱之翼”基金会捐款 10 万余元，用来帮助生活困难员工以及鼓励员工子女升学等。

甘肃禾丰牧业有限公司成立五年以来，甘肃禾丰人一直坚持自己的理念，以三方共赢为目标，公司与员工一同成长，实现了员工对事业的追求，对自我的肯定与超越，公司与客户一同成长，与客户分享资产增值带来的喜悦。坚持以人为本，以业绩为主导，从品德、能力和绩效三个方面综合评价员工；坚持以市场为导向、以产品和销售为龙头、以品牌和服务为支撑、以技术研发为基础。就是这些坚持，就是在公司的核心领袖人物总经理强志锐先生的带领下，甘肃禾丰牧业有限公司取得了非常瞩目的成绩，品牌在行业中得到大家的一致认可，并为行业树立了榜样，而且公司“用三年时间打造河西饲料企业前三甲”的目标也即将实现。荣誉承载过去，开拓旨在未来，甘肃禾丰牧业有限公司在这五年取得的成就只是一个开始，甘肃禾丰牧业有限公司必将不忘初心，始终立足优势、创新理念、整合资源、打造精品，相信在不久的将来，甘肃禾丰牧业有限公司一定会成为优秀的一流饲料企业，为畜牧行业的发展贡献自己的力量。

夯实管理基础
加强科技引领

——甘肃傲农饲料科技有限公司

甘肃傲农饲料科技有限公司是甘肃省武威市古浪县政府招商引资企业，是福建傲农集团在西北投资建设的一家高科技饲料生产企业。甘肃傲农项目总投资 1.1 亿元，占地 80 亩，建成年产 24 万 t 畜禽饲料和牛羊饲料两条生产线，年可实现销售收入 8.4 亿元，利税 8 400 万元，新增就业 300 人。公司现有员工 110 人，其中专业技术人员 50 人，成立了一支包括动物营养、畜牧兽医、饲料加工、机械工程、农业经济管理等多种专业人才在内的专业技术队伍，大专及以上学历的员工占职工总数的 50%以上。

公司生产基地设备全部采用国际最先进的瑞士布勒成套饲料加工设备，配备了近红外色谱仪、酶标仪、原子吸收分光光度仪、高效液相色谱仪等行业一流的饲料检测仪器。公司生产的饲料产品种类包括猪饲料、奶牛饲料、肉牛饲料、肉羊饲料、蛋鸡饲料、肉鸡饲料等，所生产的饲料产品销往甘肃、宁夏、青海、内蒙古、陕西等省份。

一、以文化宣贯和强化管理为抓手，扎实推进各项工作有序开展

甘肃傲农在发展过程中，高度重视企业文化建设和企业科学管理。在集团统一安排部署下，结合自己的实际，甘肃傲农创造性开展企业文化建设活动，让傲农文化入脑入心，成为每一个傲农人行动的指南和法宝。

公司制订了全年培训计划，年初行政部将培训方案下放到各部门，各部门制订针对全员的培训方案，行政部将其汇总后形成甘肃傲农培训计划表，按照时间执行。培训内容涉及企业文化、饲料质量安全规范、安全、环保、报表等，培训结束后进行开卷和闭卷两种形式的考试，并为每个人建立完善档案。

公司每年组织职工开展岗位练兵、劳动竞赛等活动，在企业内营造“比、学、赶、超”的浓厚氛围，激发广大职工学技术、练技能、强素质的热情。积极组织职工参加武威市古浪县“践行新理念、建功十三五”电工、焊工技术大赛，观看“金牌技师”和“金牌工人”的现场展演活动，激发大家学技能、练技术的主动性。

紧盯企业发展实际，广泛组织实施合理化建议、技术革新、岗位练兵等多种形式的群众性技术创新活动。注重发掘一线的职工创新潜能，组织广大职工立足岗位，积极参与班组和成果创新活动。截至目前，已有 8 项专利用于企业生产，“一种用于物料磁选的新型永磁滚筒”等新型工艺专利在生产一线成熟应用，取得了良好的效益。据不完全统计，这些一线专利应用为企业节约资金 800 多万元。在挖掘生产一线专利基础之上，公司还积极鼓励基地员工进行发明创造，对改造加工后的专利进行整理后评选，给予现金奖励，大大激发了员工的积极性和创造性。

加强先进典型评选工作。每月坚持评选先进集体和个人，并给予适当奖励，在企业内掀起了“赶超先进、争当先进”的浓厚氛围。2016 年公司生产部经理张彦同志被甘肃省总工会授予“五一劳动奖章”荣誉称号，基地总经理李广杰同志被评为“全国饲料质量安全管理先进工作者”荣誉称号。制订培训计划、落实科学管理、树立先进典型，助推企业发展。

以《饲料质量安全管理规范》为契机，使升管理水平更上一个台阶。落实执行规范的过程，是一个庞大、系统的过程，是一个企业走向更为规范、管理更为科学化的过程。甘肃傲农饲料科技有限公司从建成投产以来，就将成为国家饲料质量安全管理规范企业作为自己的目标。在原料采购与管理、生产过程控制、产品质量控制、产品仓储管理及产品运输卫生控制、人员培训及记录填写和管理、售后服务等方方面面，公司严格执行规范标准，注重细节化管理，出色地完成了验收工作，给评估验收专家组成员留下了深刻的影响，终于以甘肃范围验收最高分成功通过，成为新成立企业中通过速度最快、得分最高、受到专家评价最高的企业。但这仅仅是一个开始，公司将继续严格执行规范，从品质、管理、销售、服务等方面快速提升自己，更好地服务养殖户，带动养殖户发家致富，积极参与到国家精准扶贫的行列中，为西北农牧行业的发展做出自己的贡献。

二、高度重视科技研发，助推企业快速发展

在企业发展过程中，公司始终把科技研发摆在了首要位置，联合甘肃农业大学、甘肃畜牧工程技术学院等科研院所，成立了甘肃傲农动物营养研究院，聘请了国家工程院印遇龙院士担任首席专家，组成了包括甘肃肉羊产业首席专家、兰州大学李发弟教授，甘肃农业大学史兆国教授在内的 36 人的研发团队。傲农研究院在猪前期营养技术，母猪营养和管理，反刍动物饲料与营养，中草药饲料添加剂，玉米、麸皮、甜高粱等农作物在动物营养中的开发应用，饲料资源开发与评价利用和饲料经济信息技术等方面具有强大的研发实力。傲农研究院还拥有一批团结、务实、高效，具有很强开拓精神的管理团队，在动物营养和饲料开发的理解和把握、市场开发和管理、产品研发、经营销售、公共关系等方面拥有丰富的知识和经验。傲农研究院立足西北，辐射全国，依托全国行业知名科研机构和院校，聘请行业权威专家，深入调研市场，研发适合动物营养需要的产品。研究院努力推动科技与经济的有机结合，走产学研高效结合的道路，加快自主知识产权成果向现实生产力转化，通过人才资本、知识资本和资金资本三者的有机整合，带动和促进产业技术进步，推动产业结构调整和优化升级。

在傲农研究院、武威市猪饲料工程技术研究中心

等科研平台的研发支持下，短短两年多的时间就研发出了具有自主知识产权的新产品 11 个。有国家知识产权局授权的“一种提高母猪奶产量的混合饲料及其制备方法”“一种能提高牲畜非特异性免疫功能的牲畜饲料添加剂”两项发明专利成功进行了市场转化，生产出了西北特有的饲料产品，提升了西北地区的养殖水平，取得了良好的经济效益和社会效益。8 项实用新型专利已经在生产一线成熟应用，降低了生产成本，达到了节能环保的要求。“一种能提高牲畜非特异性免疫功能的牲畜饲料添加剂”被评为武威市技术发明二等奖。截至 2016 年年底，共申报专利 43 项，其中发明专利 8 项，实用新型 16 项。

三、创新发展模式，精准服务产业升级发展

公司大力实施“生产规模化，管理精细化，行业龙头化，营销品牌化，效益最大化”的战略，按照“种植户＋龙头企业＋畜牧小区＋养殖户”的农业产业化发展模式，加大产品研发和饲料生产基础建设，通过规模化布局、标准化生产、品牌化营销，逐步形成了以农作物及其原料生产加工及销售、养殖贸易与销售、饲料的加工与营销、动保产品生产与销售四大支柱产业，有效地为公司增效，为农户创收。公司在古浪县黄花滩生态移民区投资兴建了育肥羊养殖基地，对生产的饲料反复试验、对比取证，从科研数据到实地养殖认真研判，努力推动科技与经济的有机结合。公司不仅把种养基地作为自己的试验区，同时也将其作为对广大养殖户进行农业科技培训的基地。基地建成以来，养殖户得到了从引种、技术服务到销售的全方位服务，消除了后顾之忧，促进了农民养殖的积极性。通过培训，培养了一批懂技术、会管理的农民群体，为优质畜禽的推广普及和帮助农民脱贫致富提供了可靠的技术保障。

公司在企业经营管理、产业带动、精准扶贫等方面取得良好的成绩，赢得了社会各界的高度认可和好评，先后通过了质量、安全、环境等管理体系认证，“甘肃农业大学产、学、研合作基地”“甘肃农业大学动物科学院就业实训基地”“甘肃畜牧工程职业技术学院产学研合作基地”先后落户公司。公司还先后荣获国家农业部“《饲料质量安全规范》示范企业”“甘肃省工业企业环境保护标准化 A 级企业”“武威市猪禽饲料工程技术研究中心”“武威市市级企业技术中心”“武威市农业产业化重点龙头企业”“武威市知识产权优势培育企业”“武威市傲农众创空间”“古浪县农业产业化重点龙头企业”“古浪县文明单位”等荣誉称号。

甘肃傲农将会持续努力，夯实管理基础，加强科技引领，探索发展思路，做大做强，服务地区经济发展。

提升技术能力和服务水平
全力打造国内外一流品牌

——青岛凯立德生物科技有限公司

一、公司介绍

青岛凯立德生物科技有限公司是一家致力于研发和推广健康、绿色、环保、高效、安全的新型添加剂预混合饲料的高新技术企业，成立于 2013 年，注册资本 550 万元，位于青岛市胶州市胶西镇杜村工业园嘉恒路 7 号，邻近 217 省道、G22 青兰高速、G15 沈海高速，距青岛港约 50km，交通运输便利。

公司厂区总面积 20 000m^2，设有生产区、办公区、生活区等，其中生产区 4 800m^2，化验室 200m^2，为进一步保证产品质量和安全卫生，生产车间区域铺建了地面砖，化验室由专业实验室设备公司承建。企业组织结构设立合理，有技术部、质量部、生产部、销售部、财务部、行政部、采购部等部门，各部门职责分工明确，其中质量部门直接隶属于总经理。为保证生产过程的产品质量能得以稳定和延续，公司制定了完善的安全生产管理制度、卫生制度、企业标准及质量保证制度等，以完善的管理体系和责任制度来确保从原料采购到产品出厂每个环节的可靠性与稳定性，产品质量严格执行相关标准。

二、公司生产线介绍

公司建立了一条国际先进、国内领先的生产线，生产维生素预混合饲料、微量元素预混合饲料两种产品，生产能力达 5t/h，符合农业部 2.5t/h 的要求。采用国际通行的配料生产工艺，在投料、打包环节均采用单点脉冲除尘，并配备了专业的饲料维修工等技术人员。公司拥有先进的成套设备的生产机组，主要生产设备包括双轴桨叶式高效混合机、斗式提升机、脉冲除尘器、定量包装秤、自动缝包机、V 型混合机、不锈钢料仓及物料缓冲仓，混合机的混合均匀度变异系数≤5%，有效地保证了产品混合均匀。

三、公司质量保障体系介绍

公司质量部配备了先进、齐全的质量检测仪器，为公司产品质量体系的有效性提供有力的保障，包括高效液相色谱仪（配备紫外检测器）、原子吸收分光光度计及所需元素灯、粗脂肪测定仪、凯氏定氮仪、粗纤维测定仪、万分之一电子分析天平、可见分光光

度计、电热鼓风干燥箱、箱式电阻炉、酸度计、样品粉碎机、数控水浴锅、磁力搅拌器等检验化验仪器。公司为质量部配备了专业的检测人员，有检测专业人员4人，其中博士2人，本科2人，全部为中级以上职称，2人为高级职称，满足了公司原料及产品质量的检测化验需要及研究开发新产品的需要。

公司秉承“专业高效、科学严谨、诚信公正、客户第一”的质量方针，以市场为导向，以保障产品质量为己任，不断提升技术能力和服务水平，全力打造国内外一流的品牌。

四、公司研发中心介绍

公司为了更好地和国际接轨，使生产的产品满足市场需要，专门设立了中心研发室，由专业人员进行市场调研，将调研结果及时、准确地反馈给研发中心，研发中心根据需要对旧产品进行改良，同时研制更适应市场要求的产品。研发中心拥有一支高素质的研发和服务团队，有技术人员4人，自主创新能力强，产品研发能力处于国内先进水平。公司还聘请中国农业大学张晓明教授、广西农业大学夏中生教授作为技术指导，由经验丰富的专业人员负责营销策划和售后服务，并以定期回访、收集客户反馈意见等措施完善产品结构和品质。

五、公司经营方针介绍

随着饲料企业间竞争的日益加剧和国外饲料企业的大举进入，加上国际金融风波和畜禽疾病的影响，我国饲料企业的生存和发展受到了很大的影响。为了降低风险，寻求突破，密切与上下游产业间的联动，推动公司更快更好发展，公司在经营方面做了许多有益的探索和实践，结合企业自身的特点，形成了自己的一套经营方针：①向科技创新型企业发展；②向服务型企业发展。用此经营方针指导公司的发展，制定发展战略。

六、公司发展战略介绍

公司的宗旨是“服务中国畜牧养殖业、节省资源、促进食品安全造福人类社会”。公司的战略目标是“成为畜牧行业中能量饲料的领航者，为中国广大养殖、饲料企业提供绿色、健康、安全的饲料原料”。“十年磨一剑，百年树凯立德”，经过近四年的发展，凯立德公司取得的了可喜的成绩，乘着国家各种惠农政策的东风，积极响应国家创新转型升级、延伸产业链政策及“十三五”规划，使企业从传统饲料加工企业向科技创新型、服务型、高新技术型企业发展。

公司发展战略分四点：

1. 人才优先战略 在人才激励、人才引进、人才培养等方面大胆创新，一切政策向优秀人才倾斜。

2. 科技创新战略 创新是企业永续发展的不竭动力，未来公司主要从以下三个方面加强技术的开发与创新：①加强研发人员队伍建设；②加大研发资金投入；③加强自主创新。在自主研发的同时，公司将进一步加强产学研结合，与国内外高校、科研机构进行协作开发，保证公司研发能力达到国际同行业领先水平。

3. 服务战略 根据饲料行业特点，整合下游养殖业，推进服务化经营，给养殖业提供饲料配方、制作、使用等方面周到的服务。

4. 企业文化战略 立德、立功、立言文化是企业的精神力量，企业文化建设能力是企业核心竞争力之一。未来公司将进一步完善企业文化建设，遵守社会公德，尊重员工权益，和而不同、共襄盛举。

公司自2013年成立以来，在政策、各级领导以及同行的支持下，在公司每位员工的努力下，到目前为止，公司的产品和品牌在国内已有了一定的声誉，并得到广大经销商和养殖户的认可。成长的过程是艰辛的，也是充满乐趣和成就感的，为了畜牧业的发展和未来，公司将继续贡献自己的力量，为畜牧事业的发展提供健康、绿色、环保、高效、安全的产品和完善的服务。

质量第一　信誉至上

——青岛百信饲料有限公司

青岛百信饲料有限公司位于青岛市黄岛区大村镇龙马路，占地三十六亩，建筑面积12 000m^2。公司设备设施先进，拥有全自动电脑配料系统和SLH-SJ3.0双轴桨叶高效混合机，太湖SZL420型制粒机和电子显微镜、分析天平等。公司主要生产畜禽系列配合饲料，产品覆盖青岛、烟台、潍坊、日照、江苏、天津、河北等市场，为养殖业提供全方位全天候服务，为当地及周边地区畜牧业发展做出了应有的贡献。

青岛百信饲料有限公司随着市场经济的发展逐步发展壮大，产品的质量和数量稳步提升。目前已拥有员工30多人，其中专业技术人员6人，技术品管部有本科学历2人，且具有多年的从业经验，确保原料合格、产品质量稳定。公司在2016年主要做了以下工作：

一、产品质量是企业经营发展的根本

质量是企业的生命。公司坚持“质量第一、信誉至上”的经营理念，按照农业部颁布的《饲料质量安全管理规范》的要求，注重抓了以下四个方面的工作：

1. 建立合格供应商名录，为饲料质量把好原料关 生产配合饲料需要数十种原料，各种原料用量不一，但不管用量多少，公司都坚持实地考察、同行交流、生产试用的办法，对原料做到好中选好、优中选优，在坚持质量第一的前提下谈价格，为生产质量过硬、值得客户信赖的饲料把好第一关。公司投产近两年，已初步建立了比较稳定的合格供应商名录，对出现原料质量不稳定的供应商及时警告直至从名单中删除。

2. 严格生产过程监管，确保按配方精准投料生产 配方一旦经过审核、批准，车间就应不折不扣地按配方要求备好原料进行生产。为确保生产过程不出差错，公司制定了各个岗位的操作规程和生产过程记录表单，车间在生产过程中严格按操作规程进行操作，并根据工艺流程和制定的生产记录表单认真做好记录，如小料配料投料记录、大料投料记录、中控作业记录、膨化作业记录、制粒作业记录、包装作业记录等，通过对各个生产环节的控制，确定生产过程严格、规范，不出差错，从而在生产环节保证了产品的质量。

3. 建立质量巡查和检验制度，确保不合格产品留在场内 化验员严格按照不同饲料生产的要求进行现场质量巡查，从而及时发现问题、改正问题、减少损失，化验员对生产的产品都要进行取样检验，对检验合格产品签发产品质量合格证，对不合格产品报公司研究处理，为产品出厂把好最后一关。

4. 建立产品贮存与运输管理制度，保证过期产品不进入市场，保证运输过程中饲料不受污染 成品保管要根据要求认真填写出入库记录，及时进行库房盘点，查看仓库环境，防范潮湿、鼠虫的危害，同时对运输车辆的安全、卫生情况进行检查，保证合格的饲料安全运到养殖场。

二、安全生产是企业经营发展的保证

公司自2015年10月投产至今，没有出现一例安全生产事故，公司在这方面主要做了以下工作：

1. 狠抓教育培训，全面提高职工的安全意识 根据区畜牧局和安监部门的要求，结合公司的实际情况，公司在2016年年初制订了青岛百信饲料有限公司职工安全教育培训计划，组织公司全体员工认真学习《中华人民共和国安全生产法》《中华人民共和国职业病防治法》《工作场所职业卫生监督管理规定》和《青岛百信饲料有限公司有关安全管理制度》，公司制定安全生产责任制，设立以董事长为组长的安全生产管理领导小组，层层确定安全生产工作目标，层层签订安全生产责任制，使安全生产责任目标落实到每一个员工。除此之外，公司在2016年5月开展了员工岗位风险结果和预防控制措施及职业卫生常识的培训教育，使员工了解本岗位风险及预防控制措施；7月在员工中开展“夏季四防”教育，教育员工做好夏季防火、防爆、防中毒、防汛及自我保护能力训练；9月开展了安全规章制度、安全操作规程、安全生产责任制及应急预案培训，使员工了解事故预防、避险、自救互救的知识，了解应急预案内容，熟悉应急职责、应急程序和岗位应急处理方案；11月进行“冬季四防”教育，普及冬季防火、防爆、防冻、防中毒、防触电的安全预防常识。另外，车间、班组积极组织员工认真学习、熟练掌握各岗位安全操作规程，让员工知道工作环境及危险因素，所从事工种可能遭受的职业伤害和伤亡事故；所从事工种的安全职责，操作技能及强制性标准；安全设备设施，个人防护用品的使用和维护；自救互救、急救方法，疏散和现场紧急情况的处理；安全生产状况及规章制度，有关事故典型案例及预防事故和职业危害的措施及应注意的安全事项。

根据有关主管部门要求，对特种作业人员、主要负责人、安全管理人员、转岗及脱岗一年以上人员、新从业人员也定期及时地进行教育培训。通过以上培训使员工的安全意识大大提高，安全生产深入人心，成为每一个员工的自觉行动。

2. 加大资金投入，确保硬件更硬

①车间内电缆铺设全部采用开放式桥架形式，公司投资20万元，购买优质铠装防鼠咬电缆，加上开放式桥架铺设，确保不会因电缆老化或鼠咬引起安全事故。

②投资15万元铺设生产车间、原料库、成品库的消防管道，安装消防水龙带、消防栓，配齐消防灭火器。

③投资5万元在生产车间、原料库、成品库安装防爆灯、防爆开关，所有配电室均按要求接好接地线，贴上警示标志，该有护栏的地方全部按标准做好护栏。

3. 其他工作

①加强对危化品的保管，做到独立存放、有警示标志、双人双重保管。

②加强对叉车工、锅炉工等特种工种的管理培训，确保持证上岗，按期审证。

③对脉冲除尘器内粉尘、饲料加工设备转动、发热部位的粉尘及时清理。

④每年组织一次消防演练，组织员工学习安全消防水龙带、泡沫灭火器的使用方法及劳动防护用品的佩戴使用方法和使用要求。

三、营销业绩是企业经营发展的追求目标

公司在成立之初，对养殖业进行了认真的调查分析，对饲料市场进行了深入细致的调研。通过调查发现，大部分饲料企业在饲料的销售环节都采用经销商模式，饲料厂只管生产饲料，而生产出来的饲料全经由一个或几个经销商包销，这样做的优点是饲料企业可以集中精力搞生产，并且饲料产量会迅速提升；缺点是经销商在中间赚的差价太大，在某些程度上经销商可以左右饲料的价格，并且市场的信息不能立刻反馈到企业。权衡利弊，公司决定采用直销的营销模式。直销的最大的优点是让利给养殖户，公司将饲料直接卖给养殖户或养殖场，去掉了所有中间环节，养殖户可以用较低的价格获得优质的饲料，同时，养殖户对产品的意见可以直接反馈到公司，便于公司及时调整配方，调整生产。投产到现在不到两年的时间，公司饲料销量稳步增长，2016 年生产各种配合饲料 2 万余 t，质量稳定，用户满意。

青岛百信饲料有限公司在各级主管部门的正确领导和具体指导下，在社会各界关心支持下，各项工作扎实推进。2016 年 11 月被国家安全生产监管管理总局认定为安全生产标准化达标小微企业，同年底被评为镇安全生产先进企业。2016 年为黄岛区畜牧局召开的“饲料生产企业观摩暨日常监管培训”和“全区饲料兽药企业安全生产现场观摩会”提供了观摩现场。百信饲料正以其质量和价格的双重优势，稳步迈向光辉灿烂的明天。

企 业 简 介

北 京 市

光大畜牧（北京）有限公司

光大畜牧（北京）有限公司成立于 2002 年，是一家专业从事功能型饲料研发、生产的服务型农牧企业。公司位于首都北京，其技术依托于中国农业科学院、中国农业大学、北京农学院等科研院所专家的最新科研成果。“用科学技术帮助亿万农民致富”是每个光大人肩负的使命，“打造中国一流的服务型农牧企业”是光大人的愿景。

目前公司销售网络遍及华北，享受过光大细心优质服务的猪场有上万家。未来 5 年，公司将致力于帮助 10 万家猪场成长。

作为北京高新企业的光大畜牧公司在 2016 年年初，响应农业部《饲料和饲料添加剂管理条例》，全面推进饲料饲料质量安全管理规范实施，通过农业部验收，并首批荣获“《饲料质量安全管理规范》示范企业”光荣称号，同年，公司通过 ISO 9001 质量管理体系、ISO 22000 食品安全管理体系双体系认证，使公司与国际接轨并取得了打开国际市场的“金钥匙”，在国内市场也取得了顾客信任的“通行证”。

公司自成立以来，在遵循“诚信、感恩、利他、创新”核心价值观的同时，一直秉承用中草药代替抗生素制造绿色环保型饲料产品的理念，在行业中树立了良好的品牌形象。公司技术部与国内外著名营养学专家紧密合作，开发出了绿色环保型、保健型功能饲料。公司拳头产品“奶多多”具有既能增加奶水又能缩短产程的特点，已经成为客户选择高档哺乳母猪料的标准。中草药“断奶王”“开口香”以及“赶行情”系列饲料等品牌投放市场十年多来，深受广大养殖户的好评。

中粮（北京）饲料科技有限公司

中粮（北京）饲料科技有限公司成立于 2004 年 8 月，是中粮饲料旗下专业从事添加剂预混料研发、生产、销售和服务的国家高新技术企业，拥有“锐科”复合预混料、“锐科”维生素预混料、“忠良锐科”动物保健品等一系列享誉全国的产品。“锐科”品牌以优良的品质、优质的服务深入客户，2011 年 4 月新型抗生素替代物系列产品获得“中粮集团科学技术奖三等奖”。公司荣获“2010、2011、2012、2013 年度北京市二十强饲料企业”称号，“锐科”P－415A（双高）5％蛋鸡产蛋期复合预混料荣获“2010、2012、2013 年度北京市饲料行业影响力品牌”称号。

作为中粮饲料科研成果转化基地和核心料生产基地，公司在北京市顺义区建有国内领先的现代化生产基地，占地面积 42.5 亩，建设用地 25 亩，总投资 1 亿元，采用全套布勒设备，设计产能 5 万 t/年，包括 3 条复合预混料生产线、1 条复合维生素生产线、1 条熟化教槽料生产线、1 条巴罗顿生产线。通过全程质量管理系统（LIMS）、配方管理系统（BEST-MIX）、生产管理系统（WINCOS）与 ERP 系统的无缝连接，全程可追溯，生产管理实现了高度的数据化、可视化、自动化。

公司坚持以产品研发和技术服务为特色，秉持“共和、共生、共享”的经营理念。坚持以客户为中心、基于客户需求持续创新，以其“中粮出品”的优良品质深入客户，与行业共享中粮资源。

公司愿景：中国动物微营养引领者。

公司使命：专注动物成长，关爱人类健康。

中粮饲料核心技术研发成果转化平台作为产品和服务差异化的传递者，为客户、股东、员工、合作伙伴、社会创造最大价值。

北京九州大地生物技术集团股份有限公司

北京九州大地生物技术集团股份有限公司创建于1995年，是一家以饲料、动保、养殖、食品等产业为主体的农业高科技上市公司（股票代码：430034）。

大地股份是国家级高新技术企业、中关村重点扶持的“核心区瞪羚企业”、北京市重点扶持的涉农上市企业、“十大最具价值“新三板”公司”入选企业，中国饲料行业履行社会责任先进企业。大地股份在全国设有20多家子公司和办事处，在北京、内蒙古、黑龙江、辽宁、天津、河北、河南、山东、陕西、福建等省市拥有10多个现代化的产业基地。集团承担多项国家级研究课题，拥有多项发明专利，所生产的饲料等产品的各项技术指标均处于国内或国际领先水平。公司先后通过ISO 9001、ISO 22000体系认证，并成为中国首家饲料行业通过欧盟GMP＋认证的企业。

2008年，大地股份在深圳证券交易所“新三板”挂牌上市，成功登陆资本市场，一举成为中国农牧业最具发展潜力的企业之一，大地股份品牌也迅速成为饲料行业的佼佼者，成功地助力中国饲料工业的发展。

2013年，大地股份锐意进取，与鄂托克前旗、乌审旗人民政府合作，在内蒙古鄂尔多斯市全面启动草原和牛产业化项目，成为“中国‘第四代’牧场模式的开创者”，现已联合80多家牧场，母牛存栏4万多头。2017年，大地股份启动生猪产业化项目，成立猪业联盟，开启新的全产业链模式，实现了高端肉食“从农场到餐桌”，从源头上彻底解决了食品安全问题，大大提升了产品的品质，有力推动了大地股份品牌向产业链下游延伸，品牌得到广大养殖户的认可，有效地提升了品牌竞争力，为“一供两链”的发展战略奠定了坚实的基础。

大地股份长期以来注重商标的发展、利用和保护，致力于将大地股份打造为全球知名品牌。为此，企业全体同仁付出了坚实的努力。十几年来，大地股份品牌得到十足发展，产品年销量从公司创建初期的1万多t成长为30多万t，其中反刍饲料占有率在全国名列前茅。大地股份一跃成为全国饲料行业知名品牌，推动了北京及中国饲料工业的发展。在发展过程中，大地股份已经成为拥有15个生产基地、23个营销公司的大型高科技饲料集团，通过品牌授权，大地饲料品牌在全国各地得到广泛应用，品牌影响力也从北京市逐渐扩大到全国，已然成为农牧行业最具价值的合作伙伴。

大地股份同时还围绕“帮客户创造效益，为社会积累财富”的企业价值观展开，通过创立行业独有的商业模式，帮助员工和客户创造财富和实现财富倍增，品牌效应、模式创新、价值再造、利益共享、品牌提升形成一个高效运作的闭环，帮助企业和客户不断创造新的辉煌。

伴随着大地品牌的发展和扩张，大地股份已经发展为注册资本5 000万股、资产总额7.58亿元、年产值超10亿元的大型饲料集团，主营产品为反刍预混料、反刍配合料、畜禽预混料和配合料，同时在和牛养殖、高端肉食品加工、无抗饲料研发与无抗养殖、兽药研发与销售领域也有涉足。大地股份已然在多个领域进行渗透，从农场到餐桌的安全保障，也使得大地股份的品牌得到广大消费者的充分信任和认可。

“十三五”期间，大地股份将会不断提升核心竞争力，使大地股份品牌深入人心，产品在全国乃至全球得到认知，并不断增加产品附加值，进一步提升产品和品牌的竞争力。到2020年，在品牌效应下，大地股份将成为年产值超过200亿元、年销售预混料20万t、全价料200万t、拥有10个事业部，60家子公司，涉及多个领域的集团公司，将为社会源源不断地提供绿色安全的食品，创造更多财富。

大地股份将继续践行“根植大地，共享成长”的企业理念，大地品牌会不断向创新型的全产业链企业转型，致力于打造中国反刍饲料第一品牌，打造高端牛肉第一品牌，实现“南猪北牛”“一供两链”战略大发展，成为一家全球范围内具备较高创新能力的农业高科技企业集团，并最终为发展成为世界一流的中国农牧企业。

北京慧农生物科技有限公司

北京慧农生物科技有限公司是傲农集团在京津冀地区的子公司，成立于2014年3月19日，是一家集饲料生产研发销售、动保销售、农业“互联网＋”、养殖与技术服务为一体的综合型高科技农牧企业。公司成立以来，产品已获得多项发明专利及“北京市新技术新产品（服务）”证书。2016年，北京慧农通过了三级安全标准化验收，并成为“北京市高新技术企业”。

北京慧农位于美丽的奥运城市——北京顺义，生产基地内配有全套牧羊浓缩料生产线1条、预混料生产线1条、反刍料生产线1条。全部采用国际一流的生产工艺标准和质量控制方法，生产畜、禽用预混料、浓缩料等高档饲料。同时，公司配有先进的原料及成品检测、检验、化验设备，以确保产品的技术领先和稳定。目前产品已覆盖河北、山东、江苏、太原等地。

除此以外，北京慧农还拥有成熟的技术研发和服务队伍，服务覆盖面已扩展到北京、天津以及河北的石家庄、保定、唐山、邯郸、邢台、沧州、衡水、廊坊、承德、张家口、秦皇岛等大片区域。

面对挑战，慧农人将用自己的产品和技术优势继续为广大客户提供优质服务和支持，始终秉承“为客户创造价值、为员工提供发展、为社会做出贡献”的核心价值观，以“诚信、激情、分享、创新”为精神导向，致力于创建世界一流的饲料科技企业，共同推动养殖行业的健康发展。

天 津 市

天津帝凯维动物营养有限公司

帝凯维集团系比利时 Nuscience 集团投资的致力于动物营养方面的集团公司。Nuscience 集团主要从事生命科学研究与发展，坚持致力于各种添加剂、环保新原料和新产品在技术上的收益，并在全球拥有多项饲料行业领先的专利技术，使之成为全球最大的预混料制造商之一。帝凯维源自欧洲，拥有百年的历史，是一家真正致力于把国外先进技术引入中国的公司。

天津帝凯维动物营养有限公司成立于 2001 年，为外商独资企业。公司原厂址为天津经济技术开发区黄海一街 12 号，2015 年扩大生产规模，在天津开发区西区建设新厂房，迁址于经济技术开发区西区春华路与兴业八街交口 23 号。新厂总投资约 1 亿元人民币，注册资金 440 万美元。

公司按照现代化饲料加工设备要求设计，现有添加剂预混合饲料生产线和配合、浓缩饲料生产线。整个生产线采用布勒公司的饲料加工设备，配套瑞士布勒的 WINCOS 系统，全程使用条码控制物料的流转，不仅实现了对物料的精准控制，也实现了产品的全程可追溯性。为了保证产品质量，公司的重点设备全部采用进口设备，如荷兰迪尼森公司的双轴桨叶式混合机、德国卡尔公司的膨化机、瑞士布勒公司的微量配料系统等。为了对饲料原料和最终产品的质量进行控制，公司的化验室也配备了相应的检测设备，美国安捷伦公司的高效液相色谱仪、澳大利亚 GBC 公司的原子吸收分光光度计、福斯公司的凯氏定氮仪、粗脂肪测定仪、粗纤维测定仪可以满足饲料检测的基本要求，另外还配备了可以进行快速分析的德国布鲁克的近红外分析仪。先进科学的硬件设施为产品质量提供了保证。

帝凯维依托 Nuscience 强大的科研力量，研制开发了“绿赛”品牌饲料，主要生产高档畜禽配合饲料、浓缩饲料及复合预混合饲料。目前公司的产品主要销往天津、北京、河北、山东、东北、西北、河南等区域的大规模猪场和养殖场。多年来，公司在技术人员的不懈努力下，结合自己的生产特点，自主研发，拥有了多项技术专利，并于 2009 年获得了“高新技术企业”的称号。公司一直于致力于生产完全符合欧洲生物安全标准的绿色产品，除了拥有 ISO 19001 质量管理体系认证，还通过了 FSSC22000 食品安全管理体系认证，目前正在进行欧洲 GMP＋饲料安全保证体系，建立了以实现与质量卫生安全有关全过程的有效质量管理体系。

帝凯维以“饲料生产”为核心，坚持“绿色、优质、高效、专业、创新”的经营方针，贯彻“满意客户、共享资源、服务社会”的理念，注重科研力量及产品开发的投入。帝凯维断奶料和母猪料多次获得各项评比的奖项，产品引领了饲养理念的深刻变革，向传统饲养的概念提出了挑战，成为绿色健康饲养之路的领头产品。

天津彩虹饲料有限公司

天津彩虹饲料有限公司成立于 1996 年，是韩国 TS 集团在中国天津独资创立的年生产能力达 20 万 t 的专业饲料公司。公司坐落于天津东丽经济开发区，是天津市与滨海新区的交通枢纽地带，地理位置优越。公司占地 39 亩，总投资 1 000 万美元（约一亿元人民币），公司注册资本 432 万美元。

公司总部——韩国 TS 集团坐落于首尔，是拥有饲料、制糖、生物工程、餐饮、金融、高尔夫球场等多种行业的大规模企业，其中饲料事业有多家工程，年销售饲料 80 万 t，是韩国屈指可数的饲料公司。通过与日本日清制粉、荷兰 HENDRIX、英国 BOCM 等多家世界知名饲料公司的合作，引进先进的技术，开发先进的技术成果，配以设备完善的实验农场，引领韩国畜牧业的发展。

公司拥有高素质的专业人才、先进的配方技术、严格的品质控制系统、全自动电脑控制设备，产品包括猪、牛、羊、鸡、鱼等多个畜种的全价料、浓缩料、预混料，供应链通往全国各地。技术服务人员通过农场访问、资料发放和定期召开研究会，向养殖户普及最新的饲养管理、消毒、防疫、农场收益性分析等科学技术。

公司秉承“品质优位，技术先导经营；顾客满足，实践富家之道”的经营宗旨，从原料购买、生产、品质管理到营销政策及市场开发，构成了完善、严格的管理体系。在不断变化的市场环境中，公司专业人员走进市场、了解市场，不断研发新产品，引领市场走向，不断提高产品竞争力。公司愿为中国养殖户提供最优质的饲料和技术服务，为中国畜牧业的发展贡献力量。

河 北 省

河北杰威大富农饲料有限公司

河北杰威大富农饲料有限公司（私营企业）总资产5 000万元，现有员工160人，其中有博士3人、硕士5人、本科学历32人的专业化核心技术人才团队，是一家集饲料研发、生产、销售、服务于一体的现代化农牧企业。

公司拥有高标准的综合体办公楼一栋、宿舍楼一栋，200m^{2}的高标准化验室以及能储存1 000t的玉米钢板桶仓四个，先进的全自动化生产线三条，这三条生产线分别为年生产能力12万t的畜禽生产线和反刍料生产线各一条，实现了反刍动物饲料和畜禽动物饲料的独立操作，以及年设计生产能力6万t的预混料生产线，年综合生产能力达30万t。公司主要产品有鸡、猪、牛、羊预混料，浓缩料及全价配合饲料。

公司还先后荣获了“农业产业化省重点龙头企业”“河北省名牌产品”“河北省优质产品”“河北省科技型中小企业”“中国饲料工业协会理事单位”“河北省饲料企业科技创新奖”“定州市优秀农业企业”等荣誉称号。

邢台市宁达饲料有限公司

邢台市宁达饲料有限公司始建于1996年，是一家集饲料生产、试验养殖、科研开发、原料贸易为一体的国内独资企业。公司位于河北省邢台市宁晋县城关镇孙村，毗邻定魏公路、宁辛路口，交通便利，企业占地面积25 000m^2，固定资产8 000万元，年生产能力可达30万t，现有员工85名，主要销售肉鸽、蛋鸡和猪饲料。公司在2013—2016年连续荣获“邢台市知名商标”“河北省著名商标”“邢台市重点龙头企业”“销售服务消费者双满意单位”等荣誉称号。公司资信等级AAA级，并获得了邢台市“诚信农资”“农民满意农资品牌”“最受欢迎农资产品”等多项荣誉和称号。公司在社会各界的大力支持下，正快速成长、壮大，销售网络正快速向各个领域拓展和延伸，市场覆盖了湖北、湖南、江西、陕西、安徽、河南等省份。

公司围绕高新技术一体化目标，致力于产品研发和质量的提升，坚持走产学研相结合的道路，积极与大专院校合作，聘请专家、工程技术人员到公司进行诊断与现场指导，公司与中国农业科学院家禽研究所进行深度合作，不断加大产品研发力度。由于有厚实的技术和质量管理支撑，公司的多个产品相继被评为“河北省著名商标企业”“邢台市知名企业商标”，产品深受广大养殖户的喜爱。在后续的发展道路上，公司将继续加大与各院校的联系合作，不断加快吸取院校专家专利和研究成果转化的步伐，不断创新养殖模式，将“提供安全健康的畜牧水产品、致力于打造食品安全的防火墙”作为企业的历史使命。

公司将始终坚持“服务农民、共赢发展”的经营理念，秉承“敬畏客户、诚信担责、勤俭创新、安全环保”的核心价值观，用科学的管理，沿着产业化经营模式，不断发展自己，不断向“国内一流的大型农牧综合企业”的愿景迈进，为建设美丽中国与全面建成小康社会奉献自己的力量！

河北远大中正生物科技有限公司

河北远大中正生物科技有限公司成立于2011年年底，位于新乐市工业园区南双晶村纬七路南侧，占地103.6亩，注册资本2 000万元，主要投资建设了45 000t一水硫酸锌及其副产品项目。项目于2012年5月份启动，目前45 000t一水硫酸锌生产系统已全面建成。项目全面投产后，“远大”将成为国内硫酸锌最大的生产基地。

公司现有员工493人，60%以上的人员均为大专以上学历。公司拥有一支专业技术研发队伍，有专业技术人员55人，所有技术人员均为大专以上学历，其中高工4人、工程师35人、助工16人，为产品质量提供了人力资源保障。

公司职能机构健全，设立了技术部、质量部、生产部、销售部、采购部、设备部、财务部、行政部、安环部、人力资源部、办公室，共计11个职能管理部门，实行部门“一把手”全面负责的绩效管理机制。

公司采用现代化管理机制，注重产品质量安全管理，已与国家第三方认证机构签订了质量、环境、职业健康、FAMI－QS管理体系认证合同，全面导入先进的管理体系。根据质量管理体系要求，已制定了物资采购管理制度、原辅料仓库管理制度、成品仓库管理制度、车间各岗位工艺操作规定、原料及成品检验管理制度、产品留样观察管理制度等，为实现出厂产品出厂合格率100%提供了管理制度保障。

生产系统采用了行业内先进的生产设备，实现物料输送自动化，同时配备原料漂洗生产系统，为生产高品质、低氯硫酸锌提供了资源保障。公司设立了独立的质量部、技术部，配备了国内外先进的检测设备，如微波等离子体原子发射光谱仪、原子吸收分光光度计、高效液相色谱仪、紫光分光光度计等，为实现产品出厂合格率100%提供了设备、设施保障。

公司将秉承“诚信、求实、创新、卓越”的企业文化，以“硫酸锌规模化”为使命，本着“开发能源、服务社会”的宗旨诚信经营，坚持环保原则下的可持续发展，全体远大人将不懈努力，实现“建成国内外最大的硫酸锌产业基地”的远大愿景，为我国畜牧业的发展贡献力量。

山西省

山西广联畜禽有限公司

山西广联畜禽有限公司隶属正邦集团，正邦集团是农业产业化国家重点龙头企业，国家农产品加工技术创新机构，拥有博士后科研工作站和江西省唯一国家生猪核心育种场。集团旗下有农牧、种植、金融、物流四大产业集团，目前拥有480家分（子）公司分布在全国各地，销售网络遍布全国29个省份。正邦科技于2007年8月17日在深圳证券交易所上市。近年来，正邦集团先后被评为“农业产业化国家重点龙头企业”“全国饲料工业30强企业”“中国制造业500强企业”“国家高新技术企业”“农产品加工创新机构”“中国饲料工业协会副会长单位”“中国畜牧业协会副会长单位”。

山西广联畜禽有限公司成立于2009年，厂区位于太原市晋源区姚村镇北邵村，注册资金450万元。经过近八年的发展，公司先后成立了山西广联畜禽有限公司阳曲分公司、山西广联畜禽有限公司应县分公司、山西广联生物科技有限公司、太原宝汇广联养殖有限公司、山西致远天邦商贸有限公司五个分公司，2016年度销售额达到3.9亿元，现有员工413名。公司长期从山西农业大学、省农业科学院畜牧研究所等大专院校和科研单位聘请有关专家、教授等作为公司的技术顾问。公司技术力量雄厚，仪器设备先进，于2014年年底与山西省饲料兽药研究所结为战略同盟，以该所雄厚的人员储备及先进的检化验分析仪器为依托，共同研制符合市场需求的畜禽饲料新产品。一年多来，共同完成乳仔猪高档教槽保育饲料的研制、舍饲黑山羊TMR系列颗粒饲料研究与应用等项目。达到国际先进水平的科研成果，现正在开展高粱、谷子营养价值评定及替代玉米的饲用技术研究，并取得了一定进展。为了更好地带动农户从事健康环保的现代养殖业，结合国家精准扶贫战略，公司先后与天津宝迪集团太原璟丞牧业有限公司、南京雨润集团繁峙裕丰农牧有限公司达成战略合作协议；与阳曲县、榆社县、清徐县、应县、宁武县、繁峙县、临县、兴县等十多个县市的养殖户和合作社进行战略对接，采用公司集中提供优质仔猪，提供全程饲料及技术服务，进行集中放养、集中回购、链条式经营的模式，建立起联系紧密的利益共同体，在企业不断发展壮大的同时，为农民增加收入，提供了坚实的保障，同时为整体提升产业化经营水平奠定了坚实的基础。

公司先后荣获“山西重信用守合同企业”“太原市科技型中小企业”“太原市513工程龙头企业”等荣誉。2013年12月，公司被省农业厅评为“省级农业产业化龙头企业”。法人代表吕继争同志于2013年4月被太原市人民政府授予“优秀民营企业家”的称号。

公司在发展过程中，秉承“谦虚、合作、求实、创新”的企业精神，追求“以人为本、以正兴邦”的经营哲学，以科技创新为主轴，以饲料安全为核心，以产业化经营为目标，为山西农牧业的发展、经济繁荣和社会进步不懈努力。

太原市威尔潞威科技发展有限公司

太原市威尔潞威科技发展有限公司，服务畜牧养殖行业30年，是一家致力于生物转化、益生素、植物精油、植物提取物、维生素、功能性添加剂、抗生素等研发、生产、销售和服务为一体的科技创新型企业，技术实力雄厚，产品线众多，深受市场好评。

“诚实、守信、务实、创新”的核心价值观，威尔潞威一直沿用至今，秉承“坚持不懈、自强不息”的企业精神，与合作伙伴共创绿色发展之路。威尔潞威的愿景是为“安全食品、绿色养殖提供安全添加剂”，使命是“成为用户首选的养殖关键点解决方案服务商”。

随着企业的不断发展，2015年，威尔潞威现代化新厂区在龙城太原竣工投产，总投资3亿元，占地60亩，设有研发中心和质检中心，药品生产车间、生物转化车间、活性物提取车间、高分子微囊车间和预混料车间。

目前研发中心已成为汇聚国内外优秀高端人才、拥有国际领先技术的创新型动物保健品的研发平台。为此，公司与国内外多所科研机构、高等院校、企业建立了合作研发平台，形成以企业为主，产、学、研相结合的技术创新体系，完成了一批自主知识产权发明专利，填补了国内空白，其中发明型专利3个，实用型专利8个。公司的核心技术包括生物转化、制剂制造工艺和配方技术。

创新精神和创业精神是威尔潞威不变的基因，其目的是打造产生一流人才的机制和平台，由此持续不断地为客户创造价值，进而形成双赢。同时，威尔潞威以“没有成功的企业，只有紧跟时代的企业”的观念，致力于打造基业长青的百年企业。

威尔潞威汇聚专业技术人才，依托完备的检测分析手段及全程严苛的精细化品控管理体系，制造符合标准的产品，更好地服务于客户。

公司恪守“质量第一、品质卓越”的准则，原辅料、包材批批全项检测，批批留样。同时，也会对半成品、成品进行全项检测和留样，只有零瑕疵的合格品才能出厂，为客户的利益保驾护航。

为确保产品的质量，通过二维码追溯系统和身份保存，客户可以把产品的质量保证看作是可追溯的品质，公司的产品和公司所宣传一致，它们的实际功效和公司所验证的一致。

审视威尔潞威的发展历程，公司深知质量是一个企业的命脉和灵魂。只有过硬的技术、完善的质量管理体系，才能赢得客户信赖、长盛不衰。

公司拥有一流的抗生素粉剂和预混剂生产线，采用独特的制剂制造工艺，使抗生素产品即可溶水，又可过胃肠溶，生物利用度极高，用法用量符合国家规范，受到市场好评。

生物转化车间实现了数字化操作和管控，先进的在线检测系统确保了生产管理的准确性实现了无人化操作，并可远程实时监控。

活性物质提取车间可将生物转化产物进一步纯化、分离，为后续生产提供了多种选择。

液态维生素车间生产的纳米微乳液、清澈透明，即可溶水，又可溶油，使用方便，生物利用率高。

高分子制剂车间，采用制剂递送体系打造的产品，包括溶水维生素微球、微囊包被维生素、微囊包被益生素和益生菌、微囊复合酸化剂以及过瘤胃氨基酸等，先进的工艺手段提高了维生素等活性成分的稳定性，使保质期大大延长，使用剂量更加可控和精确。

随着生活水平的提高、养殖行业的发展和产业升级，绿色、环保已成为发展主旋律。威尔潞威凭借自身在养殖供应链方面的广博知识和全球市场的深入经验，为客户提供有针对性的解决方案与产品再延伸服务，致力于成为客户眼中的标杆企业。

做一个有良知的企业，做一个懂得感恩的企业，公司不仅关心合作伙伴和养殖行业，更关注公司生存的环境。在过去的30年中，公司非常重视与大自然的和谐共处，威尔潞威始终坚持低碳、环保、零排放、可循环的环保理念，所生产的替抗产品、植物精油、益生素、益生菌、酸化剂、植物提取物产品对于食品安全、有机食品生产、功能性食品都大有帮助。

30年的不断创新、30年的专业技术、30年的科研成果，威尔潞威已成为一家创新型科技企业，无论是技术领域，还是应用领域，均有众多研究成果和专利，基本形成了多领域、跨行业的知识产权专利集群。利用制剂制造工艺方面的优势，结合威尔潞威公司的经验，公司始终以客户为中心，尤其是规模化养殖场、集团化饲料企业，帮助合作伙伴降低风险、拓展市场，提高市场竞争力，解决实际问题，应对未来挑战。

陕西正能农牧有限责任公司新绛分公司

陕西正能农牧科技有限责任公司新绛分公司是陕西正能集团于2015年9月投资设立的现代化饲料生产企业，公司位于山西省运城市新绛县中苏村口108国道旁，同年9月开始投产，是正能集团覆盖山西、辐射华北的战略要塞。公司引进现代化的科学管理理念，加工设备选用国内最先进的成套设备，以确保产品优质、安全、高效、营养、健康。公司现拥有一条猪饲料专业生产线，年生产饲料过万吨，产品以可靠的质量远销山西、河南等市场。公司产品以猪料为主，具有无与伦比的技术科研优势，生产过程严格遵守国家饲料质量管理规范，软硬件方面均达到了严格控制产品安全可追溯的目的。产品质量检测引进国际先进设备，具备了原料在线过程实时监测和最终产品全面检测的能力。公司化验室检测仪器齐全，具备对饲料产品的各项指标的分析及检测能力，确保各项指标均达到国际标准，并在严格执行各项质量管理体系的同时健全各项质量管理制度。公司经营质量目标明确，产品质量稳定，品质优良，受到客户的一致好评。

公司拥有一支优秀的管理、科研、技术人才团队，现有管理人员9名、生产人员13名、服务人员48名，团队中有动物营养硕士研究生2名，本科以上学历的员工占70%以上，团队成员人均年龄35岁，是一支充满活力的年轻团队。公司不断强化产品创新研发能力，创新产品迭代、传递客户价值经历2年的发展，获得了良好的社会效益。

秉承“传递正能，超越梦想”的企业文化理念，把“富国兴牧”“创建一流农牧科技企业”，作为公司的企业使命和企业愿景，一切以用户为先、技术为先、品质为先，成为全体正能人为之奋斗和奉献的终极目标。正能将文化作为公司管理的第一要素，文化立企，文化治企，文化兴企。以开放合作的心态，不断开拓进取，积极融入时代潮流，融入全球化竞争，融入我国猪产业的提升进步当中，为实现“富国兴牧”的目标而努力奋斗！

为猪场提供“高品质、高安全、高回报”的猪饲料产品是公司始终坚持的产品理念。优质的产品源自优质的原料。公司在原料采购上拥有一套完整、科学的质量管理体系，从源头上把关，只与顶级原料商合作，严控原料流入和产品流出两条通道，使技术的力量不断转化为令广大养殖事业伙伴放心的优质饲料产品。公司凭借领先的技术和高品质的产品，在市场上巍然而立，独领风骚。

服务创造价值，服务就是竞争力。正能农牧公司面对畜牧行业巨大变革带来的新形势、新任务和新机遇，以确保养殖事业伙伴效益最大化为目标，强化售前、售中、售后一条龙服务，凝聚起一大批优质事业伙伴，为正能农牧事业爆炸式发展奠定了坚实基础。

公司恪守“正能专做好猪料”的产品价值观，用“传递正能、超越梦想”的行动理念全心全意为每一位养殖户生产高价值产品。用大舰队的体制、大事业的追求、大舞台的胸怀和大家庭的感受，凝聚员工智慧，履行社会责任，全力打造西北饲料行业健康饲料“第一品牌”，回报社会。

百舸争流，奋楫者先。肩负“富国兴牧”伟大使命的正能人，将始终秉承“传递正能、超越梦想”的企业精神，在“创建一流农牧科技企业”目标的激励下，必将把高品质猪料系列产品推广到极致，带领中国养猪人走上养殖致富之路。

中粮饲料（茂名）有限公司临汾分公司

中粮饲料（茂名）有限公司临汾分公司成立于2015年5月，工厂占地12亩，现有猪料及反刍料生产线各一条，设计产能12万t/年，现年产量5万t。公司现有员工70余人，主要经营项目有配合饲料、浓缩饲料、精料补充料的生产、销售及饲料原料的销售，饲料产品有“五谷丰登”系列猪饲料、奶牛饲料、肉牛肉羊饲料等，其中奶牛饲料主要协同蒙牛集团，为蒙牛集团提供优质的牛奶保驾护航。

公司依托中粮集团先进的生产工艺及技术管理模型，同时投入100余万元购入最先进的检化验设备，这些高技术、高质量设备的有机组合，不仅仅为公司的饲料生产带来了更高的效率，更重要的是保证了饲料产品的高质量，同时也实现了饲料原料霉菌毒素从源头的严格把控。为了更好地配合企业的日常管理，公司于2016年9月顺利通过ISO 22000食品安全体系和ISO 9000质量管理体系双认证。

公司实施服务营销战略，采用专家顾问式销售方式，组织专业技术服务队伍，包括从全国各地请来的技术专家，为养殖户提供全方位的技术指导，丰富养殖户的饲养知识，转变陈旧的饲养观念，带动了畜牧产业及农村经济的蓬勃发展。公司不断完善销售网络，优化产品结构，尝试拓展新的销售渠道及开发新品种。

作为“世界500强”中粮集团旗下专业从事饲料研发、生产、销售和原料贸易的业务单元，中粮饲料始终把促进农民规模养殖、推动农牧产业化进程作为企业追求的崇高目标，确立了中粮饲料长久的使命定位：“中粮集团产业链上下游间的连接器与助推器”“中国饲料行业进步的促进者”，这是中粮饲料庄严的承诺，也是企业的发展方向，成为了企业管理体系的价值取向。为了实现企业长久的使命，公司确立了“用安全原料，造放心饲料”的企业经营理念。

中粮饲料的建成，提高了山西晋南地区饲料工业的生产水平，带动了周边地区养殖产业的发展，促进了周边地区种植业产品的转化，直接创造了数以千计的就业机会和客观的商业机会，产生了良好的社会效益，赢得了社会的广泛认同，有效地促进了山西省饲料业的快速增长。

公司2015年半年销售额为3 700万元，2016年全年销售额达到7 420万元。2015年半年缴纳地税税费24 421.87元，其中印花税11 357.3元，个人所得税13 064.57元；2016年缴纳地税税费77 262.29元，其中印花税30 301元，个人所得税46 481.71元，城市建设维护、教育附加479.58元。

内蒙古自治区

包头九州大地生物技术有限公司

包头九州大地生物技术有限公司是北京九州大地生物技术集团股份有限公司在包头稀土高新区投资兴建的以专业生产反刍动物精料补充料、浓缩饲料的现代化、高科技饲料的生产企业，公司成立于2002年9月，注册资本800万元，总建筑面积10 400余m^2，应用牧羊集团全自动电控饲料生产设备，年设计生产饲料9万t，销售市场覆盖呼市、包头、伊盟、巴盟等地区。

目前公司聚集了当今饲料和养殖行业的一批顶尖技术、经营和管理人才，负责产品的设计和生产经营管理工作。公司设有反刍动物饲料营养研发机构，致力于反刍动物饲料产品的研发，开展务实合作，提高产品的科技含量，更好地服务于养殖企业及广大客户。

从建厂生产到现在，公司取得了良好的经济效益和社会效益，2004年年底公司首次被内蒙古自治区科技厅评为“高新技术企业”，2015年再次通过内蒙古科技厅对高新技术企业的重新认定；2005年被评为“包头市龙头企业”“包头市质量信誉优级企业”；2006年7月被认定为“内蒙古自治区农牧业产业化重点龙头企业”并于2013年顺利通过自治区的审核；2007年被评为“包头市守合同重信用企业”；2010年通过ISO 9001质量体系认证及HACCP食品安全管理体系认证；2016年12月通过自治区饲料质量安全管理示范企业现场验收。

面对日益竞争的市场环境，包头九州大地生物技术有限公司继续贯彻“科技创造财富、方案赢得市场、成败系于管理、人才决定未来”的经营战略，奉行“滋育生命、厚德载物”的大地精神，倡导“绿色、安全、放心”的产品理念，一心一意为养殖场、养殖户提供既符合营养生理又安全、环保的饲料产品，以先进的技术、优质稳定的产品、高效一流的服务、良好的信誉，坚持本土化的发展战略，与广大用户结成战略伙伴关系，共同发展、共创未来。公司将为繁荣畜牧业经济发展、振兴民族饲料工业做出不懈努力，把包头九州大地打造成为中国一流的反刍动物农牧企业。

通辽市科翔饲料有限公司

通辽市科翔饲料有限公司坐落在被誉为科尔沁草原明珠的通辽市，成立于2004年3月，属民营独资企业，是集种植、饲料研发、饲料加工、畜禽改良、畜禽自养等技术服务于一体的一条龙企业。公司现有员工76人，其中高管7名、动物营养专家1名、高级兽医师2名、技术员31名。公司于2006年与中国农业科学院、中国农业大学、内蒙古农业大学、内蒙古民族大学共建产学研合作基地，创建了饲料对照试验、临床分析、病理解剖、药敏试验、抗体监测等综合实验室。公司于2009年通过了ISO 9001：2008质量管理体系认证，2013年被评为“内蒙古自治区农牧产业化重点龙头企业”，2016年被评为“内蒙古自治区《饲料质量安全管理规范》示范企业”。多年来，公司一直坚持与高校合作，始终采用高品质原料、一流配方技术、先进生产设备生产经营，成功实施了品种改良、饲料、动物保健、连锁销售四大产业一条龙的“公司+农户”经营模式。在坚持科学管理、诚信经营的基础上，公司于2015年又引进年产量达20万t的成套饲料加工机组一套。目前，公司的反刍饲料市场占有率一直保持在同行业的领先水平，饲料产品已遍及东北、华北，华东等地，深受广大农民的认可和好评。

内蒙古四季春饲料有限公司

大北农依托其发达的交通网络、合理的农业产业布局、广阔的产品市场等天然区位优势，在呼和浩特市金山开发区建立了年产30万t的呼和浩特科技园，科技园位于呼和浩特市金山经济技术开发区中心地带，交通便利，背靠110国道，位于京藏高速金山出口东500m处。公司现有员工200名，其中大专以上学历占总人数80%以上，该厂占地面积90余亩，现总投资过亿元，采用牧羊集团全自动化成套生产设备，拥有智能化办公系统、网络摄像全程监控系统、三条高科技独立生产线以及全自动机器人机械手出料系统，科技捍卫内蒙古大北农生产优势，占据行业领先地位！

内蒙古自治区是中国向日葵、玉米产能大、质量好的地区。玉米作为反刍饲料的核心原料，拥有广阔的供需市场。内蒙古大北农依托集团战略采购平台，与多家集团原料商实现战略合作，将优质玉米分销全国，取长补短、合作共赢！

内蒙古四季春一流的产品源于一流的质量品控，把好产品源头关是企业生产的命脉。为保障养殖户用上放心料，内蒙古大北农品管团队、化验中心相继开展了原料安全性检测，从原料到成品，从检验到加工，进行科学技术把关，严格生产要求，确保饲料质量实现安全100%合格入厂，100%合格出厂。

内蒙古四季春一直致力于以科技创新推动我国的现代农业发展，成功推出了奶牛130营养套餐、肉羊前期营养三阶段两大高效饲喂套餐。在技术服务专家团的技术指导下，合作牧场奶指标从开始的18kg上升到25kg；奥群种羊的品种引进与改良技术，让标杆合作伙伴对养殖发展注入新的血液。高效管理、高效饲喂的养殖套餐模式，成为内蒙古地区养殖伙伴高效养殖的利剑与法宝。

大北农的事业是大家的事业！内蒙古四季春传承集团优秀企业文化，坚信人是企业发展的核心和唯一资源，搭建共享财富的创业平台，感召行业精英，组建富有激情、敢于拼搏、追求卓越的王者之师，致力于创建全球最优反刍综合服务企业。

内蒙古大北农以“同成长、共发展、创造价值、分享财富”为核心，于2014年正式启动内蒙古大北农事业财富共同体，通过机制创新，模式创新，全面构建学习型企业，搭建集品牌、人才、技术、品种改良、活畜交易、资金、管理、信息等为一体的综合服务平台，搭建大北农反刍养殖服务中心，全力搭建全球最大反刍事业创业平台。引导养殖事业伙伴融入时代发展，建立健康、高效、安全的养殖基地，引领反刍养殖业快速转型升级，成功打造了60位事业财富共同体成员。

肩负使命，满怀激情的大北农人汇集而来；成就梦想，朝气蓬勃的内蒙古四季春扬帆起航，大产业、大平台、大机遇！成立反刍集团、打造全球高档反刍饲料第一品牌的伟大目标必将实现！

内蒙古优牧特农牧科技股份有限公司

内蒙古优牧特农牧科技股份有限公司专业从事反刍生物饲料的研发、生产与销售，致力于打造中国反刍生物饲料领袖品牌。公司坐落在和林格尔盛乐经济园区，始创于2003年，注册资本1 000万元，投资1.4亿元建设占地面积60余亩的现代化生产基地，并引进中国牧羊集团全套自动化反刍动物饲料生产线，实现年产能 24 万 t，并于 2012 年通过 ISO 9001 和 ISO 22000 管理体系认证。

公司拥有以国内专家顾问及畜牧相关专业硕士为主体的科研技术服务团队，结合国际先进科研技术，专业从事反刍生物饲料的科学研究，并与内蒙古农业大学、中国农业科学院、内蒙古畜牧科学院、内蒙古民族大学等国内一流的大学、科研机构建立了紧密型的合作平台。公司现有发明专利一项，外观专利两项，自治区科学技术成果一项，已申报受理的发明专利两项。公司于 2016 年被评为“全国民贸百强企业”，是内蒙古自治区饲料工业协会副会长单位、市级农牧业龙头企业；企业研发团队被评为“内蒙古自治区产业创业人才团队”，先后承担了国家星火项目、科技成果转化等科研项目；企业反刍动物饲料研发中心被认定为自治区级企业研发中心，2016 年年底公司荣获《饲料质量安全管理规范》示范企业。

优牧特以科技创新、优质服务、贡献农牧为宗旨，立志成为现代科技化与规模集约化的行业引领者！

辽 宁 省

沈阳谷实饲料有限公司

公司成立于 2008 年 3 月，隶属于哈尔滨谷实农牧集团股份有限公司，位于沈阳市于洪区红沙街 15 号，占地面积 2.5 万 m^2，是一家以生产畜禽浓缩饲料、配合饲料、精料补充料为主的专业化股份制企业，年生产能力 30 万 t。从 2012 年至今，公司已连续 6 年获得 ISO 9001 质量管理体系认证和 ISO 22000 食品安全管理体系认证，2016 年通过农业部《饲料质量安全管理规范》验收。公司拥有 2 套畜禽线、反刍专线及高能高效的生产设备和先进的检测仪器。公司注重人才的培养，拥有资深的动物营养专家、高级的管理人员以及敢于挑战的营销团队。

公司凭借优秀的人才、独特的经营理念以及适合市场的产品策略和营销策略，在不断壮大发展中追求完美，为用户提供优质的产品和更完善的服务体系，充分体现了“谷实与您共同分享”的企业文化。

开原亨泰化工有限公司

开原亨泰化工有限公司是一家拥有 300 名员工的民办企业，主要产品为左旋肉碱及其系列产品，其中左旋肉碱、左旋肉碱盐酸盐为饲料添加剂，50%左旋肉碱为混合型饲料添加剂。公司产品主要销售往美国、印度及欧洲市场。

公司 2016 年总产值 1.5 亿元，营业收入 1.37 亿元，缴纳各种税金 1 258 万元，创汇 2080 万美元。

公司将质量作为立厂之本，在董事长安荣昌的领导下，改造了左旋肉碱 GMP 车间。改造以后的车间符合食品级的生产要求，到达 D 级结晶等级。在质量副总唐文菊的带领下，公司于 2016 年通过现场审核、客户审计、体系认证等共计 40 余次，通过率 100%。

同时，公司注重研发团队的培养和运用，在 2016 年，研发中心在总工程师董学军的带领下，将生产成本进行缩减，产能进一步提升，降低成本 1.08 元/kg。由此极大地提高了行业竞争力。

开原亨泰化工有限公司坚持以质量为基点进行科学可持续的发展战略，使得其在同行业的竞争中显现出强大的优势及潜能。

辽宁宏润饲料有限公司

国家级农业产业化重点龙头企业——辽宁宏润饲料有限公司坐落于“辽南鱼米之乡”大石桥市高坎镇，始建于 2009 年，现有总资产 6 425 万元，其中固定资产 1 685 万元，主要生产“宏润”牌肉鸡饲料。公司拥有年单班加工 20 万 t 肉鸡配合饲料生产线一条和单班年加工 8 万 t 的颗粒饲料生产线一条，配有高标准的化验、检验室。公司产品的质量和销量在辽南地区同行业中处于领先地位，2016 年生产销售9 万多 t，实现产值 2.41 亿元，

公司现有员工近 800 人，采用公司制管理模式，下设采购部、生产部、技术部财务部等，产品符合国家产业政策、环保政策和质量安全管理标准要求，饲料产销率达到 99.4%。

公司以当地玉米为主要原料，年需玉米 6 万多 t。公司通过采用“公司＋农户＋合作社”的经营模式，带动养殖户、种植户发展农业生产，从而达到致富创收的目的。2016 年与 5 500 余农村种植户签订了玉米收购合同，同时与 7 500 多肉鸡养殖户签订合同，为其订购鸡雏、供应饲料、保底价回收成鸡、提供技术服务等。

在董事长李艳刚先生的带领下，“宏润人”凭着对事业的热情执着、对现代农业发展的坚定信念和对用户认真负责的态度，进一步拓展市场，延伸产业链，带动更多的农民增收致富。2016 年 4 月，公司出资兼并了位于大石桥市虎庄镇营口久吉祥熏鸡食品有限公司，新增了肉鸡屠宰生产线，企业的 700 名雇员主要吸纳周边农民工为主，解决了当地富余劳动力 500 多人，并为当地百姓新增工资收入 2 300 多万元。同时为周边养殖户节省拉毛鸡运费 1 000 多万元，惠及了百姓并推动当地相关产业的发展，社会价值巨大。

辽宁跃进实业集团有限公司

辽宁跃进实业集团有限公司成立于1996年，坐落于农业资源丰富的黑山县，占地9万m^2，固定资产超亿元，仓储面积5万多m^2。集团在国内现已拥有七家子公司。集团实行董事长领导下的总经理负责制，由一批高素质的职业经理人组成了管理团队，现拥有职工310人，其中加拿大留学博士一名，硕士五名，大中专以上学历占全体员工的60%以上。集团人才济济，唯才是举，创建一个和谐的学习型团队，也为集团的发展奠定了坚实的基础。公司投资1 500万，购进安装了全自动化微机全套饲料生产设备，每小时生产粉料40t，年产量30万t。为了符合农业部质量安全管理规范的要求，集团投资500万元建立辽西最大最先进、化验能力最全面的化验室，现为省级技术中心。公司的方针是达到产品合格率100%，这也是公司对广大养殖户负责任的表现。

公司成立初期，是以猪料起家的，近几年将狐貉料和禽料也列入了主营范围，丰富了品种体系，可以更好地为广大养殖户服务。2015年，黑山县政府成立了属于黑山本土的鸡蛋品牌——无公害褐壳鸡蛋，公司很荣幸地为品牌蛋的养殖场提供优质的蛋禽饲料，为无公害褐壳蛋入驻首都北京贡献自己的力量。

公司坚持按照《饲料质量安全管理规范》进行生产经营活动，遵守国家相关法律法规，做一个让用户放心的企业。通过不断努力，公司先后获得了“辽宁省农业产业化重点龙头企业”“辽宁省扶贫龙头企业”“辽宁省饲料工业协会副会长单位”“锦州市饲料工业协会会长”称号，并成功举办了“辽宁省饲料工业高峰论坛”。

沈阳成农饲料有限公司

沈阳成农饲料有限公司隶属于深圳市金新农科技股份有限公司，是专业从事猪用复合预混合饲料、乳猪教槽料、猪用配合饲料及浓缩饲料研发、生产与销售的现代化企业。

沈阳成农饲料有限公司组建于2006年4月，公司于2009年通过国家“ISO 22000：2005食品安全管理体系认证”和“ISO 9001：2008质量管理体系认证”，标志着沈阳成农在产品质量管理标准化、专业化的道路上又迈出了坚实的一步。2015年，公司在法库辽河经济区购地建成现代化工厂，占地面积4万m^2，投资金额9 608万元，选用瑞士布勒全套饲料生产机组，采用国内最先进的生产工艺，拥有高精度电子配料秤、高均匀度无残留不锈钢混合机、全自清式原料供给系统、进口高档玉米震动分级筛等先进设备，利用最优质的原料，生产过程实现全程电子监控。2016年9月，公司顺利通过“国家饲料质量安全管理规范”验收，是辽宁省为数不多的通过验收的企业之一，彰显了沈阳成农在饲料质量安全生产和质量控制上的优势地位。

经过11年的励精图治和快速发展，沈阳成农饲料有限公司已发展成为涵盖全系猪用饲料研产销的现代化、专业化猪饲料企业，公司将持续秉承“伙伴天下，共同成长”的经营理念，塑造“共赢、创新、担当、低调”的学习型组织，打造“自然为本、健康为先、安全环保”的全程营养系统，励志成为中国养猪企业首选的合作伙伴！

吉 林 省

东丰东元动物食品有限责任公司

东丰东元动物食品有限责任公司（原东南饲料有限责任公司，1998年成立，2010年6月更名）坐落于吉林省东丰县，环境优越、交通便利。公司总投资额3 600万元，占地3万m^2，建筑面积1万m^2，厂房750m^2。

公司设计生产能力6万t，是集收购、烘干、生产一体化的专业生产猪、鸡、鸭、牛、羊、鱼、鹿浓缩、配饲料等七大系列三十六个品种的民营企业。

公司现有员工48人，其中技术人员12人、高级职称1人、中级职称2人。

公司建有设备齐全、仪器先进的化验室，从原料采购到生产的产品，都必须经过化验员按质量标准检验后，方可入库、生产和销售。产品不合格不得出厂，生产的产品不合格一律回机，合格后方可出厂。

为了扩大销量，满足用户的需求，公司安排了专职的售后服务人员，负责畜、禽养殖户的技术指导和饲料的售后服务、咨询工作。产品售出后，服务人员必须跟踪服务，确保用户满意。

公司成立之初，就把“振兴民族饲料工业，争创行业品牌”作为企业发展目标，并以“科技为先导、质量为生命、用户为上帝”为发展理念，在强手如林、竞争异常激烈的饲料界异军突起。

公司成立以来，紧紧依靠先进的技术，高品质的产品，完善的技术服务和勤俭、高效的工作作风，屡创佳绩，饲料产品深受广大用户的信赖，产品已销到吉林、辽宁、黑龙江等省。

黑龙江省

黑龙江成福食品集团有限公司

黑龙江成福食品集团有限公司是一家以玉米精深

加工为主的农业产业化国家级重点龙头企业，黑龙江省民营科技企业，年加工玉米 90 万 t，生产赖氨酸 40 万 t、苏氨酸 10 万 t、缬氨酸 5 000t、色氨酸 5 000t、异亮氨酸 3 000t、核苷酸 3 000t，在全球氨基酸生产行业位居第六位，占全球供应量 14%。公司氨基酸产品销往全国各地，并出口到日本、韩国、越南、巴基斯坦、菲律宾、美国、英国、德国、法国、乌克兰、西班牙、比利时、澳大利亚等 80 多个国家，是黑龙江省第一家氨基酸出口企业。

企业通过了 ISO 9001 质量管理体系认证、ISO 14001 环境管理体系认证、ISO 22000 食品安全管理体系认证、FAMI - QS 欧洲饲料添加剂认证及玉米非转基因认证。

集团公司厂区占地面积 30 万 m^2，建筑面积 12 万m^2，拥有质量检测中心、菌种研发中心、热电厂、淀粉厂、糖化厂、发酵厂、成品车间、等电车间、离交车间等分厂，总资产 18 亿元，年销售额 35 亿元，出口创汇 2 亿美元，利税 4 亿元。企业现有员工 1 200 余人，其中科技人员 432 名、研发人员 48 名。

公司依托中国科学院微生物研究所，与黑龙江大学生命科学院强强联手，成立了黑龙江大学成福生物技术中心和黑龙江氨基酸工程技术研究中心，利用科学院的技术优势，加上成福集团的资金优势，研发新技术、新工艺、高产菌株，开发新产品，增强了企业的技术研发实力，提高了企业在国际市场的核心竞争力和国际影响力。

公司本着“与时俱进、突破创新、崇尚科技、产业报国”的经营理念，以“服务农业、致富农民、强力拉动地方经济建设”为目标，利用现有科技技术成果优势、地理优势、先进设备优势，抓住“振兴东北老工业基地”的机遇，切实将粮食精深加工产业做大做强，延长粮食产业链条，大力开拓国际市场，加大销售半径，为振兴黑龙江经济做出卓越贡献。

哈尔滨新胜饲料制造有限公司

哈尔滨新胜饲料制造有限公司位于哈尔滨市香坊区电碳路 4 号，身为省内第一家民营饲料企业，始建于 1985 年，改扩建于 2013 年，法人代表修立春，注册资金 500 万元，总投资近亿元，固定资产 5 500 万元。企业总占地面积 5 万多 m^2，其中车间面积 15 000多 m^2、办公及研发楼 6 000 多 m^2，年产畜禽饲料 10 万 t，转化当地大豆 2 万 t、玉米 7 万 t，主要产品为畜禽精粗绿色无公害饲料，年销售量为 6 万 t，年销售金额 2 亿元。

多年来，新胜饲料有限公司在各级政府及部门的正确领导下，已由单一生产型向全产业园区型发展，并已形成集科研、种鸡、鸡雏孵化、肉鸡工厂化养殖、饲料供给、商品鸡回收、屠宰分割，产加销、贸工农，“龙头＋基地＋农户＋终端产品销售”为一体的园区化产业模式，组建了延彬家禽养殖专业合作社，现有会员近千人。为了解决好养殖户担心的市场问题、饲养技术问题、防疫问题，企业与大专院校及畜禽专家强强联手，组建了禽类养殖技术服务公司，有针对性地对养殖户进行定期的科技培训和技能指导以及不定期的全天候 24h 技术服务，并出台了“风险共担、共赢共发展的市场最低价供给饲料，保底价回收商品鸡”的优惠扶持，通过以县为单位的基地建设，发挥科技示范园带动作用，带动近 2 000 户农民工创新创业，带动近万户农民通过肉鸡养殖及粮食过腹增值致富。科技创新的饲料配方、现代化的生产设备及精深加工，使“新胜”和“长虹”两大饲料品牌七大系列近一百多个畜禽饲料广销辽、吉、黑及内蒙古等地。

三十年的发展历程，三十年的改革创新，构建了诚信扶持和服务，构建了诚信合作和市场信誉，构建了诚信企业管理及产品追溯制度，构建了诚信产业蓝图，同时也完善了产业园发展新机制。未来几年，企业将以“粮头食尾、农头工尾”的产业园区格局，以养殖基地工厂化建设为主线，以绿色饲料供给为主题，以科技创新、市场创新、联合体创新为新的园区化建设增长点，不断壮大优势产业，全部实现全产业循环经济发展新模式，创建最佳最优、行业领先的优势园区企业。

黑龙江大牧人牧业有限公司

黑龙江大牧人牧业有限公司成立于 2005 年，是一家以生产、销售猪饲料为主的企业。2012 年迁址至黑龙江省牛家经济开发区，投资 9 000 余万元，建立了现代化的饲料生产基地。该基地占地面积 42 700m^2，现有员工 427 人，年销售额 2.5 亿元。

2016 年是公司销售模式转型的一年，传统的经销商代理模式逐渐弱化，公司快速反应，自 2016 年 1 月开始，开辟了直营销售模式，产品从工厂发出至终端用户，全程由公司人员自行管理，这样不仅使公司与终端养殖户的黏性增强，而且在信息反馈等方面实现了快速化。经过一年的发展，公司现有自营门店 353 家。直营模式的开发受到终端的欢迎与认可，销量较 2015 年增加了 43.5%。

2016 年也是公司研发体系创新的一年，公司原有的研发模式与市场连接不紧密、对客户的真实需求了解不够充分，间接导致产品定位不准确，影响了产品市场的占有率。鉴于此，公司引进“华为 IPD”研发体系，该体系不仅能够对产品定位进行指导，而且实现了产品线上的全员参与，激发和调动了人员的积极性和配合度。在该体系的指导下，研发团队开发了一款高品质保育料，产品上市后，单月销量突破了400t，得到了终端养殖户的认可和好评。

销售模式的转变、新型研发体系的引入，为大牧人牧业指引了新的发展方向！

哈尔滨市联丰饲料有限公司

哈尔滨市联丰饲料有限公司创立于1996年，是专业化生产经营畜、禽复合预混料，浓缩料，配合料和精料补充料的省内知名企业，是黑龙江省饲料工业协会副会长单位。

公司拥有两条国内最先进的自动生产线，形成专业团队、专线生产的一流工艺布局，年产能15万t以上。建立了严密的质量控制体系，确保各种产品以其卓越的品质受到广大用户的青睐。公司先后被省技术监督局评为“用户信得过产品”，多次荣获“中国畜牧业首批放心品牌”等殊荣，产品已覆盖东北三省、内蒙古、河北等地，品牌形象深入人心。

当前，饲料行业进入了前所未有的大变革时期，传统渠道上的销量持续下滑。联丰公司作为饲料专业制造商，面对新养殖环境，顺势而为，充分发挥自身优势，积极转型，寻求突破。对内加强企业管理，挖潜降耗，提高了产品竞争力，同时严抓产品质量，提供更多品种系列化、结构多样化、生产标准化的安全、优质、高效产品；对外转变增长思维，用结构调整思维，解决问题，寻找新的发展契机。坚持多元化市场发展战略，以渠道为主，通过营销模式的创新，建立全方位的客户服务体系，形成了直营与经销商渠道齐头并进的良好局面。

未来，联丰公司与分公司将持续用产品服务行业，用业绩造福社会，用企业的健康发展为本行业更好地服务于养殖业而努力，为中国的民族饲料工业及畜牧业的发展做出更大的贡献！

哈尔滨金富康农牧企业集团

哈尔滨金富康农牧企业集团（以下简称金富康集团）成立于1996年，是一家集饲料、动保、肉业、养殖等产业于一体的大型现代化民营股份制高新技术企业集团。金富康集团总部位于中国北方名城哈尔滨，坐落在哈尔滨高新技术开发区，现有员工近600人，其中博士2人、硕士8人，大专及本科以上学历的员工占60%。集团下属分（子）公司2家，分别是哈尔滨富康牧业有限公司、沈阳福康农牧科技有限公司，总占地面积5.5万m^2，年单产能力70万t。

二十年中，金富康集团以“铸百年富康品牌，强民族饲料工业”为己任，以志成为世界顶级的饲料制造商，以艰苦创业为原则，以团结奋斗为基础，以造福社会为理想，以诚信经营、全面服务求发展，连续多年被国家权威机构评为“省、市级十强企业”“中国饲料工业协会会员单位”“黑龙江省饲料协会副会长级单位”，获得“商业信用合格单位”“哈尔滨市名牌产品”等多项荣誉称号，是饲料行业中率先通过ISO 9001国际质量管理体系和HACCP食品安全管理体系双认证的企业。目前整个集团产品包括猪、禽、狐貉、反刍、鸭鹅等八大系列300多个品种，产品范围已覆盖东北、华北等地区。

金富康集团现已成为东北地区投资最大、自动化程度最高的饲料生产基地之一，是黑龙江省农牧行业龙头企业之一。

上 海 市

上海农好饲料股份有限公司

上海农好饲料股份有限公司是一家专业从事研发、生产、销售与养殖的“农业产业化上海市重点龙头企业”，是中国饲料工业协会会员、上海市饲料兽药行业协会副会长单位。公司总资产2.5亿元，拥有10条国内先进的饲料自动化生产线，2016年销售各类配合饲料40万t。

公司注重人才培养，建立人才高地，目前拥有博士、硕士、高（中级）职称的各类专业人才30余名，从事研发、品控与售后服务。公司近年持续加大科研投入，创办了企业技术中心，实行产学研联合战略，2008年与上海海洋大学合作设立了特种水产研究基地。通过自主与联合创新，公司目前拥有17项授权发明专利，多项列入上海市高新技术成果转化项目；其中，“非常规日粮蛋鸭配合饲料”荣获金山区科学技术三等奖、上海市高新技术成果转化百佳项目，“大黄鱼饲料”突破了目前在大黄鱼人工饲喂过程中不能完全采用混合饲料饲喂的技术瓶颈，解决了大黄鱼养殖成本高的问题。公司生产的饲料性价比高，与养殖环境友好，进入福建市场仅一年，市场占有率达到40%。

公司遵循“质量为本，品牌兴业”的战略，通过了ISO 9001：2008与ISO 22000：2005体系认证，先后荣获“上海市专利工作示范企业”“上海市名牌产品”“上海市著名商标”“上海市高新技术企业”“农业产业化上海市重点龙头企业”“国家工商行政管理总局公示的2010—2011年度、2012—2013年度、2014—2015年度守合同重信用企业”等荣誉称号，在行业和广大养殖户中获得了广泛的信誉与影响力。

上海农好饲料股份有限公司将始终以“质量求得

生存，价值传递感情”的经营理念，实行“公司＋农户＋基地”的安全、绿色、环保型产业链模式经营模式，与时俱进、开拓创新，以服务“三农”为目标，预计在3～5年内实现饲料销售100万t、初步建成绿色石斑鱼养殖产业链基地，争取进入资本市场，向集团化奋勇迈进。

上海源耀生物股份有限公司

上海源耀生物股份有限公司是一家集实体科研、生产、销售、贸易于一体的饲料行业综合服务商，总部坐落于上海市浦东新区大麦湾工业区，注册成立于2003年，注册资本10 670万元。2013年10月由上海源耀生物科技有限公司更名为上海源耀生物股份有限公司。2015年11月26日，在全国中小企业股份转让系统挂牌，成为“新三板”上市公司的一员。公司先后被评为“上海市高新技术企业”“上海市科技小巨人培育企业”“上海市农业产业化重点龙头企业”“浦东新区企业技术研发机构”“安全生产标准化三级企业”等；“源耀”商标被评为“上海市著名商标”。2015年，“畜禽饲料中大豆蛋白原抗营养因子研究与应用”项目获得国家科学技术进步二等奖。

公司目前拥有上海浦东、江苏盐城、广州东莞三个生产基地，年产量可达15万t，2016年产值约7亿人民币。同时，在天津的第四个生产基地正在积极投建中。公司主导产品“源耀牌生物酵解蛋白”先后被评为“上海市高新技术成果转化项目”“上海市火炬计划项目”“上海市重点新产品”“国家重点新产品”“上海名牌产品”等。公司产品目前走出了具有自我特色的市场之路，已遍布全国各大饲料公司，同时公司积极拓展海外业务，产品已远销至东南亚等国，是同行业最早拓展海外业务的“领头羊”企业。

上海禾丰饲料有限公司

上海禾丰饲料有限公司成立于2003年初，由辽宁禾丰牧业股份有限公司和上海美农科技股份有限公司合作兴建。2004年1月经上海出入境检验检疫局登记备案，成为出口食用动物（猪）饲用饲料生产企业（注册登记编号：SEAF—20 016)，是上海市备案登记的三家企业之一。

公司于2006年通过ISO质量管理体系和HACCP食品安全管理体系认证，2010年被认定为“上海市高新技术企业”，2011年度获得“上海城市公众满意企业”“上海市名优产品”殊荣。

公司始终坚持“专业、专注、安全、环保”的企业定位，生产“安全、绿色、环保”的健康产品。从质量管理上，严格按照《饲料质量安全管理规范》进行生产和质量管理，通过技术品控、生产团队的细致认真的努力，于2016年11月2日通过上海市《饲料质量安全管理规范》示范企业审核。

目前公司产品在华东地区广受养殖场、养殖户欢迎，建立起了较好的品牌知名度和美誉度。2016年，上海禾丰借助集团教槽料新产品金粉佳粒、自主开发的浓缩料乳宝40和8%猪预混合饲料的优势效果，通过渠道扩展，由过去的线下渠道拓展到线上渠道，在互联网上建立了禾丰牧业上海工厂淘宝店，形成了全渠道销售网络，促进了销售的大幅度大面积进展。2016年销量增长超过30%，利润增长超过60%。

借助新媒体手段，公司注册建立了“维尔好资讯”“云猪场”微信公众平台，为客户提供及时、全面的信息服务。在取得“溢奶宝”商标后，又完成了“云猪场”商标注册，为企业发展积累了知识产权基础。

完善的培训体系促进了员工基本素质和管理水平提升，上海禾丰先后有多位管理者得到提拔和晋升，成为为集团培养人才、输送人才的基地。

上海禾丰以“成为华东地区规模化养殖场顶级饲料服务商”为目标，秉承禾丰牧业一贯的高品质服务，同华东区业内同仁共同努力，为中国畜牧饲料业健康发展做出更大的贡献！

上海欧耐施生物技术有限公司

上海欧耐施生物技术有限公司成立于2008年9月，是一家专业从事饲料酶制剂应用研发、非发酵核心原酶提取、复合酶、酸化剂及预混料销售的高新技术企业，现有在职员工40名，其中研究生以上学历10名，博士学历3名。公司于2015年获得“上海市高新技术企业”，2016年被评为“上海市质量示范企业”，至2016年12月31日，已获得授权国家发明专利5项，实用新型专利2项。

欧耐施秉承“诚信、专业、创新、合作”的企业经营理念，注重实效、关注环保，靠产品品质占领市场，以优质服务回报市场，客户理念是“永远为客户省一点”。公司在江苏建立了独立的酶原料提取工厂，专注客户细分化需求，致力于成为饲料酶制剂领域应用专家，为广大客户提供有效而优质产品解决方案。

公司建立了四级酶制剂应用研发体系，即实验室体外消化评价体系、肉鸡和猪生物学评价（小试）、规模饲料生产和养殖企业评价（中试）以及第三方独立性试验评价。公司开发了饲料酶应用专家系统(FEAEs)，下设常用饲料数据库、酶制剂数据库和环境影响因子数据库，并建立了一套饲用酶制剂评价程序，为国内大型饲料企业和养殖集团定制饲用酶制剂产品方案提供依据。

上海牧迪饲料有限公司

上海牧迪饲料有限公司坐落在浦东川沙工业园区内，拥有近 6 000m² 的现代化生产车间和 3 条工艺先进的饲料生产线，是一家从事反刍和畜禽饲料研发和生产的专业化饲料企业。公司自 2001 年创立以来即致力于打造优质高档饲料品牌，目前拥有企业商标 1 个、产品商标 5 个，是 ISO 22000 体系认证企业和上海市饲料质量安全管理规范示范企业。

先进的生产设备和严格的质量控制体系为生产高效优质的产品提供了可靠保证。公司内部建立了覆盖全厂的计算机局域网和生产现场关键控制点监控系统，开发设立了公司内部专用 ERP 管理信息系统，进行企业内外业务集成，优化流程，实现了一套有效的公司产品质量可追溯体系，并设立了由十几位高级技术专业资格人士组成的技术研发中心，专业从事反刍和幼龄动物营养、无抗饲料的研究。

近年来，公司的反刍饲料和微生态饲料业务发展迅速，并与上海光明荷斯坦牧业、安徽安欣牧业、四川蜀宣花种牛场等多家从事反刍事业的单位建立合作关系。公司在全国率先提出肉羊的高频繁殖体系，有效缩短了羔羊的断奶时间、波杂山羊和小尾寒羊及西门塔尔架子牛的育肥时间，使用牧迪产品的肉牛和繁殖母牛在 2016 年中国牛业大会上分别获得“牛王”和“牛后”称号。尤其是对微生态制剂的合理使用，使部分产品（如犊牛和羔羊配合饲料等）做到完全不使用抗生素，并大幅度地提高畜禽和反刍动物的采食量及消化利用率。在农业部加强饲料药物监管的大形势下，牧迪公司的安全饲料得到了市场的高度认可。

“生产安全饲料，保护人类健康”始终是公司不懈的追求。公司将一如既往地秉承牧迪三大价值观，抓住机遇，奋力拼搏，与广大养殖户携手努力，共同创造美好的明天。

上海百立生物科技有限公司

上海百立生物科技有限公司是一家国际性技术领先的从事动物营养及保健产品研究与开发的公司。长期以来，公司致力于天然、绿色、环保的饲料添加剂产品研发，努力提供由饲料、养殖到安全食品产业链的解决方案，以满足饲料厂、农牧场、养殖户的需求。

2007 年，公司在上海建立了生产工厂，现有国内领先的饲料添加剂生产线，设计生产能力年产各种酶制剂、复合微矿和其他饲料添加剂 6 000t。工厂采用先进的药物制剂生产工艺，严格按药品 GMP 理念进行生产和质量管理，使用进口优质原料，建立了“以实际使用效果为产品最终评价标准”的品控体系，以平衡营养的理念为客户提供优质的产品、专业的服务和系统的综合解决方案。公司于 2013 年获得了由北京华思联认证中心签发的 ISO 9001 质量管理体系认证和 ISO 22000 食品安全管理体系认证，并于 2016 年 11 月通过了再认证。公司长期以来将质量工作放在首位，认真落实和贯彻每一项规范要求，自 2013 年起，每年被评为“A 级饲料企业”，并于 2016 年 11 月 25 日被评为“市级示范企业”，体现了上海市管理部门和行业专家对公司质量安全工作的肯定。

公司会一如既往地以产品质量为中心，严格遵守所有政策法规及相关要求，全心全意为客户服务，保障食品安全，关注环保工作，致力于减少微量元素排放、减少环境污染；同时，进一步研发有机微量元素，提倡无抗饲料，努力成为行业标杆，为社会为行业贡献一份力量。

江 苏 省

泰兴瑞泰化工有限公司

泰兴瑞泰化工有限公司是江苏中丹集团股份公司的子公司，始建于 1995 年 8 月，主要采用合成法生产乙氧基喹啉产品。公司年产“中丹牌”乙氧基喹原油 1 万 t，粉剂 8 000t，丹喹灵 2 000t，是国内最大的食品添加剂、饲料抗氧化剂生产企业，国内市场占有率达 50% 以上，国际市场占有率达 70% 以上。2012 利用原乙氧基喹啉粉剂生产装置中的一台双螺旋混合器和部分计量槽，在不改变设备流程和车间布置的情况下生产 5 000t/年复合酸化剂。

公司于 2012 年 4 月通过了安全标准化三级评审，先后获得了“全国饲料行业信得过产品荣誉证书”“全国饲料添加剂科技创新优秀企业”、江苏省“外商投资先进技术企业”、江苏省科技厅认证的“省知识密集型和技术密集型企业”“省高新技术企业”“江苏省名牌产品”。

2016 年，瑞泰公司顺利通过了国家三级安全标准化企业复审验收、ISO 9000 和 ISO 14000 的复审验收；内外部核查层序分明，HSE 管理水平不断提升，全员安全意识和行为规范得到明显增强。

公司在生产经营中，重抓优秀人才，引进先进技术，强化经营管理，组建了一个多专业的高层管理智囊团；实行“稳步走”的方针和“滚雪球”的发展模式，效益年年递增，发展迅猛。2016 年销售 1.3 万 t，盈利 2.2 亿元。

2016 年，新产品开发和技术改造工作取得一定成果，乙氧喹品质提升的技术改造取得了一定的进展，新工艺小试、中试、试生产都在全面开展，主要指标已能满足客户需求。MFBA、MMBA、AITC 等储备项目已进入试生产准备阶段。

江苏奕农生物股份有限公司

公司最早成立于 2001 年，是国内最早开始生产饲用植酸酶的企业，于 2008 年在江苏沭阳投资兴建了新型现代化酶制剂深层液体发酵基地，注册资本 5 000万元，现拥有 3 家子公司、员工 300 余人，年销售额 2 个亿。目前，公司产品主要有植酸酶、木聚糖酶、β-甘露聚糖酶、纤维素酶、β-葡聚糖酶、α-半乳糖苷酶、蛋白酶、α-淀粉酶、脂肪酶、葡萄糖氧化酶和复合酶等，已经形成年产 3 万 t 大型酶制剂生产基地。

公司目前拥有一支由 3 位高级工程师、5 位博士、20 多名硕士组成的研发队伍，积极与国内外高校、科研机构开展联合研发、技术合作等多元化合作模式，拥有自主知识产权 3 项、专利 8 项，先后被评为（认定）为“江苏省（奕农）生物酶制剂工程技术研究中心”“国家级高新技术企业”“江苏省农业产业化重点龙头企业”“江苏省企业研究生工作站”“江苏省生物产业研究院”“宿迁市重点人才引进企业”“全国酶制剂行业十强”等资质荣誉。

公司建立了完善的生产工艺和严密的质量管理体系，并先后通过 ISO 22000：2005、ISO 9001：2008、FAMI-Qs 和 CMP+等质量体系认证。

2013 年，公司获得食品酶和工业酶生产许可证，产品已经陆续投入市场。

公司凭借完善的研发体系、严格的质量控制、优异的产品表现，已与中粮、正大、海大、九鼎、禾丰、杨翔等大企业达成战略合作关系，产品销售遍布国内的 21 个省市，并远销东南亚、俄罗斯、美国及中南美洲。

英联动物营养（南通）有限公司

英联动物营养（南通）有限公司（以下简称：英联南通）隶属于联赢事业部，是英联农业中国旗下的第八家饲料生产子公司，成立于 2013 年 10 月，坐落于江苏省南通市如东经济开发区；2014 年 12 月投产，实现了一年内建成并投产的建设速度，受到了当地政府的嘉奖。英联南通专注于研产畜禽配合饲料，年产量可达 24 万 t，是南通市乃至江苏省最具竞争力的饲料产品服务企业之一。

英联农业是英国最大的农业公司，隶属于世界 500 强企业英国联合食品集团（ABF），于 1996 年进入中国市场，总部坐落于上海。英联农业中国业务板块主要包括传统饲料事业部，战略合作、饲料原料深加工的联赢事业部以及普美欣-预混料事业部，产品种类齐全，涵盖畜禽各品类、各阶段。英联农业中国旗下所有饲料工厂均通过了 ISO 22000 和 HACCP 认证。

对于英联农业集团一向秉承的“食品安全源于饲料安全”的准则，英联南通可谓是时时处处落实，从研发到生产再到销售，全程严格按照欧盟饲料安全标准，保证饲料品质，注重品质与细节，确保全程质量安全可控。自建厂之初就严格执行英联农业在英国的企业标准，全套引进行业先进水平的饲料生产设备和国际控制程序，对整个生产环节全程可追溯性管理，正反向追踪 2h 完成。公司通过南通市/县动物监督所多次检查和国家农业部质量安全管理规范示范企业专家组的验收评审。

凭借严苛的安全管理体系，2015 年，英联动物营养（南通）有限公司以年度全国最高分的成绩获得“农业部《饲料质量安全管理规范》示范企业”称号，在 2014—2016 年连续获得如东经济开发区“先进单位”称号，同时还保持着 872 天连续安全生产的记录，成为南通市乃至江苏省农业产业化龙头企业。

布勒（常州）机械有限公司

布勒（常州）机械有限公司于 2006 年成立于江苏溧阳，是瑞士布勒集团完全控股的独资公司，专业生产饲料机械及饲料加工成套工程，并为客户提供专业的技术咨询、服务和培训，是集团联系中国及东南亚饲料工业客户的重要窗口。公司现厂区占地 230 余亩，总投资 2 亿元人民币，注册资本 8 000 万人民币。

目前，一期投资 6 亿元人民币、总占地面积 537 亩的新厂区正在积极建设中，预计于 2017 年年初正式投入使用。

作为“安全饲料、安全食品”前瞻理念的最先倡导者，布勒（常州）始终致力于低能耗、低成本与自动化和高效率，竭诚为客户提供完整成熟、清洁高效的饲料加工整体解决方案。基于精益生产的原则，布勒（常州）的生产平台始终执行严格管理和细节规范，确保产品质量。

为了更好地贴合客户要求，提供最适合客户的产品，布勒（常州）的生产研发中心，每年都投入大量资金进行技术改造。布勒集团的瑞士、德国、西班牙等各国技术专家经常到布勒（常州）来工作，为公司员工提供各种技术培训，将最先进的产品技术、管理理念和经验传授给公司的研发、管理团队。

多年来，公司努力挖掘市场潜力，稳固占领中国饲料加工高端市场，同时中端与海外市场也呈现了遍地开花的良好局面。在激烈的市场竞争中，布勒（常州）勇于接受市场的挑战，不断创新科技，坚定不移地推进“安全饲料、安全食品”的发展思想，充分融合中国实情，用顶级的产品和服务来满足全球饲料加工客户的需求，为客户提供解决方案背后的解决方案，与客户共享成功。在建设绿色生态饲料工业体系的发展道路上，布勒（常州）用实践不断证明：布勒（常州）值得市场、客户以及自己的员工信赖，会不辍地向梦想腾飞！

安徽省

合肥华仁农牧集团有限公司

合肥华仁农牧集团有限公司成立于1999年7月，现有员工1 000余人。在董事长张新的带领下，全体员工不懈奋斗，经过十多年的努力拼搏，企业从无到有、从小到大，稳步发展。华仁从当初简陋的车间走向今天的高楼林立，从当初的默默无闻到今天的声誉鹊起。华仁的兴旺从平凡做起，脚踏实地，逐渐走向卓越，实现跨越式发展。华仁农牧集团由“安徽百信饲料有限公司、安徽华诚饲料科技有限公司、合肥华盟生物技术有限公司、宿州华仁饲料科技有限公司、六安华仁现代牧场、六安天业新华食品有限公司、合肥华泉饲料有限公司、合肥华仁农牧集团有限公司巢湖分公司、郎溪分公司、铜陵华仁农牧有限公司、皖西白鹅原种场有限公司”等十余家核心企业组成，是专门从事动物营养、保健与畜禽、水产饲料和饲料添加剂生产、销售、畜禽养殖和技术服务的大型农牧企业，2014年共产销（含内用）各类饲料28万多t，年创产值7.65亿元，实现利税近1 900万元。集团是“省、市农业产业化龙头企业”；安徽新华畜牧科技有限公司是“安徽省农业产业化龙头企业”“合肥市科技创新型示范试点企业”“中国饲料工业协会常务理事单位”“安徽省饲料工业协会副会长单位”“安徽省渔业协会副会长单位”；合肥华盟生物技术有限公司于2006年被授予“安徽省高新技术企业”，2009年被授予“合肥市科技创新型企业”。集团于2011年被中国饲料工业协会评为“履行社会责任先进企业”，2012年被评为“安徽省饲料创新型企业”，2010、2012年11月两次被授予“安徽省粮食产业化龙头企业”，2012年12月及2015年再次被授予“安徽省农业产业化龙头企业”称号，2014年4月被合肥市认定为“企业技术中心”。

安徽牧仕达饲料科技有限公司

安徽牧仕达饲料科技有限公司是集饲料研发、示范实验、生产销售与技术指导为一体的现代高科技股份制企业，公司占地63亩，拥有年产15万t绿色安全饲料生产线，现有员工87名，专业技术人才占50%以上，其中硕士研究生2名、本科毕业生21名；拥有高级职称的3名、中级职称的16名。公司位于苏、鲁、豫、皖四省交界的淮北市百善经济开发区，铁路、公路便利，环境优美，资源丰富。公司自2010年1月投产以来，发展迅速，现已成为“濉溪县守合同重信用单位”“淮北市农业产业化龙头企业”“安徽省饲料工业协会常务理事单位”以及安徽省颇具影响力的饲料企业。

公司在成立之初就提出了“爱猪宣言”理念，把“爱猪的专属厨房，专注家庭农场”定为核心服务理念，通过公司平台化、员工合作化、体系内创业、系统化支持，开启了联合创业模式。有2016年起开启了猪场营销新模式，开展了“试喂会”及“订货会”等多种渠道，与猪场直接对话，减少了销售环节，为养殖户减少了中间费用。公司生产的“八大金刚”产品在苏鲁豫皖市场得到了养殖户们的高度认可，特别是在濉溪基地市场拥有了绝对的市场占有率。

公司将始终坚持“致力联合双赢，共创美好生活”的经营宗旨，发扬“诚信、协作、勤俭、创新”的企业精神，朝着高科技、产业化的方向迈进，努力把自己铸造成全国一流的绿色环保型农牧企业集团！

安徽五粮泰生物工程股份有限公司

安徽五粮泰生物工程股份有限公司是一家专业从事高档饲料生物原料研制的国家级高新技术企业、院士工作站和国家级“专精特新”企业，现有员工268人，注册资本8 655万元，总资产5.19亿元，已建成巢湖、六安和合肥三大生物发酵基地，2016年实现销售收入4.5亿元，是中国最大的乳仔猪和哺乳母猪高档饲料生物原料研制商之一。

五粮泰公司采用5种饲粮科学组配、灭菌冷却接种一体化搅龙、大罐浓浆异步酶解、超高耐酸耐渗菌种、混菌高糖浓浆同步发酵酸化和脂肪高剪切乳化6项国家发明专利技术，整体预消化研制出高档生物预消化产品“五粮肽”“五谷肽”“五酸肽”“五脂肽”和“五糖肽”，开创了中国高档饲料原料“生物预消化”诸多技术先河。目前，五粮泰公司产品已销往全国20多个省、市、自治区。

五粮泰公司十分注重产品质量和科技创新，先后通过了ISO 14001和ISO 9002质量体系认证，组建了企业质量控制中心，购置了有机酸分析仪、液相色谱分析仪、氨基酸分析仪等分析仪器，以中国科学院微生物所和江南大学为技术依托，拥有由1位工程院院士、5位博士生导师和12位博士组成的产品研发团队，组建了1个省级企业技术中心，申报和授权国家发明专利58项。

安徽金农饲料有限公司

安徽金农饲料有限公司成立于2004年，经过十余年的发展，公司现已拥有年产水产饲料15万t、畜禽饲料10万t的两座饲料加工厂，是一家专业、专注制造水产饲料的现代化企业。公司拥有“徽鹏”“金农”品牌等多个水产、畜禽饲料产品，年销量近8万t。公司秉承“诚信为本、质量为先、专注水产、追求卓越”的经营理念，赢得了“产品质量稳定、养殖效果优秀、技术服务周到”的用户口碑。公司先后荣获“肥东县十强工业企业”“安徽省省级农业产业化龙头企业”“中国十大最具成长潜力水产饲料企业”“安徽省本土水产饲料销售冠军企业”等称号。

安徽金农饲料有限公司自2005年始，与中国农业科学院水产饲料研究室、安徽农业大学、广州海因特集团等水产研究机构建立了长期战略合作伙伴关系，为公司水产、畜禽饲料产品的不断升级提高提供了强有力的技术支持。为了适应饲料市场的不断变化和养殖业发展的新需求，公司于2015年投资近3 000万元，在肥东黄疃新建了年产15万t，拥有普通水产饲料、特种水产饲料、膨化水产饲料共4条生产线的专业化水产饲料厂。自2016年5月投产以来，产品品质实现了极大提升，养殖绩效取得大幅提高，深得用户信赖，市场也得到了较大拓展。

漫漫征程、金农岁月，金农人将恪守使命，用技术与实力凝聚力量，将金农公司打造成饲料行业的典范！

安徽湘大骆驼有限公司

安徽湘大骆驼饲料有限公司成立于2014年，是安徽合肥湘大骆驼饲料有限公司扩建厂，位于寿县新桥国际产业园，目前是安徽省规模最大的饲料生产企业之一，主营猪料、鸡料、鸭料和鱼料，销售市场遍及安徽、江苏等各地。“饲料一枝花，骆驼富万家”已家喻户晓。

公司由唐人神集团投资9 450万元兴建而成。唐人神集团是上市企业（股票代码：002 567）、首批农业产业化国家重点龙头企业，经过近30年的创业发展，在全国拥有50余家子公司，并形成了品种改良、安全饲料、健康养殖、肉品加工、品牌专卖五大产业一条龙经营的发展格局，集团旗下的“唐人神”“骆驼”牌都是中国驰名商标，“唐人神”肉品和“骆驼”牌饲料都是中国名牌产品。“美神”种苗通过美国NSR认证，达到美国同步育种水平。集团位列饲料、肉类行业十强，跨入中国制造业500强。

公司依托集团强大的技术优势、资金优势、人才优势、管理优势，遵循“义利相溶，养义生利”的经营哲学，弘扬唐人神企业文化，坚持“顾客至上、科技领先、质量第一、品牌取胜、创新永恒”的指导方针和“让顾客更满意”的服务宗旨，树立“骆驼就是服务，顾客就是市场”的新理念，努力为终端养殖户创造价值。公司以一流的产品质量和周到的售后服务，得到了广大养殖户朋友们的高度称赞。

福建省

福建兴顺饲料有限公司

福建兴顺饲料有限公司由福建著名民营企业家赵同先生创办，是一家研发、生产、销售配合饲料、复合预混料和浓缩饲料的专业化饲料公司。公司占地面积2万多m^2，坐落于福建省福州市闽侯经济技术开发区，交通便利，环境优美。公司业务划分为饲料销售、大宗原料贸易、生物发酵、生猪养殖：规模化猪场技术合作等大型领域。公司不断加强产业链的完善，扩大农业领域市场。

公司已通过ISO 9000：2008国际标准质量管理体系认证，公司及其产品相继荣获“福建省著名商标”“福建省名牌产品”“福州市知名商标”“福州市农业产业化龙头企业”“福建省饲料工业协会理事单位”等一系列荣誉。公司拥有员工200余名，其中博士3名、研究生6名、本科生50余名，引进了一批高素质的经营管理、销售和动物营养研发人才，与国内多家知名企业、高等院校及科研单位精诚合作，保证了兴顺饲料产品在行业技术上的领先地位。

坚持科技领先战略，凭借优质的产品、数据化管理经营理念，为养殖户增收致富，企业的规模和业务不断扩大，产品遍及福建、浙江等省份。尤其在福建南平、闽侯、三明、建瓯等地更是成为不可或缺的存在。公司秉承“兴隆盛世，顺达民生”的服务宗旨，不断进取，致力打造规模化猪场现代加工领先企业，开创更加辉煌、美好的未来！

漳州大北农农牧科技有限公司

漳州大北农农牧科技有限公司是以研发生产经营添加剂预混合饲料、配合饲料、浓缩饲料、动物保健品为主的高新技术企业，是隶属北京大北农科技集团股份有限公司独资的全资子公司（股票代码：002385）。

公司成立于2008年9月，总占地115亩，固定投资2亿元，先后获得农业部首批“《饲料质量安全管理规范》示范企业”“省级农业产业化龙头企业”“省级星火科技企业”“省名牌产品”“市级纳税大户”等光荣称号。

“报国兴农，争创第一，共同发展”是大北农文化的核心理念，大北农人将企业文化应用于市场开拓，创新服务，取得了辉煌的业绩，漳州大北农投产至今实现销售产值超百亿，纳税超亿元。

漳州大北农积极开展产品创新和模式创新，先后与中国农业大学、福建农林大学等多所大专院校、科研单位密切合作，拳头产品“宝贝料”“贝贝乳”和“宝宝壮”，实现了教槽料阶段的革命性进步，大大提升了乳仔猪成活率，市场认可度高。

公司实施集团“智慧大北农”战略，大力推广使用集团农信互联自主研发的猪管网系统，有效地整合资源，实现从饲料配送、养殖户财务管理、生猪成长数据、存栏、销售等集团互联网管理数据化。

创新驱动发展，使命成就梦想。大北农人将与时俱进，继续做好养殖行业值得信赖的国家标杆饲料生产企业，引领漳州地区饲料行业大跨步健康安全发展。

福建省海欣药业股份有限公司

福建省海欣药业股份有限公司成立于 2014 年 3 月，地处福建省最大的港口之一——福清市江阴港工业集中区，占地 190.62 亩，水陆交通均十分便利，工业集中区水、电、气、污水处理配套齐全。公司现有员工 150 人，其中具有化学化工、药学等相关专业技术人员 50 人，公司设立 10 个行政科室，所有厂房、设备、管理制度均依照国家相关规范设计和建立，并通过了 ISO 9001 和 FAMI - QS 认证。目前公司以生产维生素 E 及叶酸为主导产品，进而研发生产系列维生素和生物酶等产品，其中维生素 E 项目总投资 3 亿元，列入 2013 年福建省工业创新百项千亿投资项目。

公司奉行“质量第一，追求卓越，持续的改进与提高产品质量，为客户提供优质的产品和满意的服务”的质量方针和“建立和保持国内一流的生产企业质量管理水平”的质量目标，以“凝聚精英，打造精品，关爱健康，呵护生命”为经营理念，汇聚一批德才兼备的药业精英，共同抓住难得的发展机遇，齐心描绘海欣药业的宏伟蓝图！

福建丰泽农牧饲料有限公司

福建丰泽农牧饲料有限公司于 1998 年 4 月在福州成立。公司始终以“科技兴农创造价值”为经营理念，以“品质、服务、创新、高效”为质量管理方针，先后与中国农业大学、华中农业大学、福建农林大学、福建省农业科学研究院、福建省农业职业技术学院、法国 VITALAC 公司等高校及科研机构建立紧密的产、学、研合作，经过近二十年的努力，已发展成科研生产、生态养殖示范、科普惠农三位一体的产业发展模式，形成了以科技创新为核心，以产学研合作、国内外技术交流为依托，拥有自主核心技术FANB 生物核心技术、15 591 生态养殖技术、遗传育种繁育技术）体系、国内先进的特色生物饲料生产基地和生态循环养殖示范基地。

公司是国内首家同时拥有全套瑞士布勒设备教保料和预混料生产线、国家生猪核心育种场和动物营养和遗传育种专家工作站的企业。公司与福建闽龙、湖北恒泰等国内 150 多家饲料企业建立了紧密的合作伙伴关系，合作企业和养殖户采用 FANB 生物核心技术生产的全价配合饲料年产量连续 3 年达到 100 万 t 以上。

公司投入巨资建设丰泽生物科技园，该项目全套引进纯进口瑞士布勒集团高档教保料、预混料生产线，是国内集先进工艺、高档设备、精湛技术及规范管理于一体的全自动无尘化生产线，在生物饲料行业率先实现清洁化、全程可追溯化生产，年产高档乳猪奶粉、生物畜禽水产预混料、饲料核心预混料、微生物制品 10～15 万 t。

丰泽公司将依托强大的研发能力、采购能力、生产品控能力和技术服务能力，为客户提供更多性价比高、营养、健康、生态、安全、稳定的产品以及技术服务和养殖场整体解决方案。

龙岩中粮华港饲料有限公司

2016 年 10 月，中粮饲料有限公司与福建华港农牧集团强强联合，成立了福建中粮华港饲料有限公司，龙岩中粮饲料有限公司为其下属子公司。公司位于养殖发达、交通便利的闽、粤、赣三省交界点——龙岩市新罗区东城东宝山工业区，紧靠省道福三线，距龙岩火车站（货运站）2km，距福建最大的粮油饲料交易城——闽西粮油饲料交易城仅 2km，距漳龙、龙长高速路口仅 3km，地理位置优越，交通极为便利。

公司拥有国内一流的年生产 12 万 t 饲料自动生产流水线，专业生产猪、鸡、鸭三大系列六十余个品种的颗粒全价饲料，同时拥有现代化的生产厂房、完善的检测手段和丰富的管理经验。产品定位坚持“引导市场发展、高起点、优质优价”的思路，牢固树立全员质量意识，保证质量体系有效运行，树立与众不同的产品形象。公司饲料配方技术达到国内先进水平，产品品质稳定可靠。企业在发展过程中引进央企规范管理体制，充分利用央企规范的管理、规模优势、技术实力，并充分发挥民企的灵活性、激励机制、企业家精神。两者相互融合，取长补短，形成了企业强大的竞争力。公司正努力成为央企与民企合作的典范。

江西省

格力特集团

格力特集团是一家集养殖、饲料于一体的农牧企业集团，年产销猪料过100万t，母猪存栏1万多头，年出栏肥猪20多万头，旗下“格力特”“旺大农”两个饲料品牌以其一流的性价比和稳定的品质享誉市场，深得广大用户喜爱与信赖。

格力特的发展壮大是中国农牧行业成功发展的缩影，它始终秉承“服务养殖　共同发展”的使命，紧紧把握时代和行业发展脉搏，完成了从预混料到全价料、从散户市场到规模猪场、由单一猪料生产企业向农牧产业集团转变。每次转身都凝结着格力特人对中国养猪业健康、可持续发展道路的探索，以“猪养得好，才是饲料做得好”为经营理念，集团做出了一系列精准的产品定位，先后创立了“66420（2＋4）”猪料套餐和猪健康母仔联用套餐，针对大型猪场，首创“好料直达车”用料供料体系。这些精准的产品定位推动着格力特由小到大、由弱到强，并成功跻身于全国一流农牧企业。

梦想已扬帆远航！格力特人将继续坚持“为客户创造价值、为员工提供发展、为社会作出贡献”的核心价值观，以“区域强品牌，产业一体化”为目标，通过推广“公司＋基地”这一产业模式，发展健康养猪、生态养殖、种养循环、生猪品牌、猪肉品牌、生猪销售、屠宰加工等，构建格力特集团产业体系，实现农牧产业一体化。

江西柯恩牧业集团

江西柯恩牧业集团（江西柯恩饲料有限公司）成立于1996年，前身为江西省赣南三利饲料有限公司、江西柯恩科技有限公司，年产值20多亿元，年销量66万t。

集团是一家集科研开发、生产经营、规模养殖为一体的全国科技型农牧企业，是全国饲料企业30强、中国饲料工业协会理事单位、江西省商标协会副会长单位、农业部生猪标准化示范场、江西省著名商标。集团旗下有八家大型饲料企业、一家畜禽养殖试验基地、两家大型种猪场，致力于成为华南地区整体养殖方案提供（服务）商，为客户提供“优质猪苗、优质饲料、技术指导、疫病检测、资讯/金融”五位一体的一站式养殖增值服务。

集团引进澳大利亚高级营养专家的科技成果，成功研发出新一代具有高科技含量、无公害的“柯恩”“帅利”“帅大”“阿加西”“益加士”等品牌的鱼、猪、鸡、鸭系列饲料及预混料，基本形成了以赣州、南昌、常德、漳州、清远、茂名、南宁生产基地为核心的根据地市场，营销网络全面覆盖长江以南地区，成为华南地区最具竞争力的强势饲料品牌之一。集团先后获得“2016最受江西养户信赖饲料企业”“全国产品质量监督抽查合格单位”“江西省诚信企业”“江西省重点保护产品”等殊荣。

集团拥有注册商标20余件，其中省著名商标1件、市知名商标2件；拥有8项实用新型专利、2项外观设计专利和3项著作权登记。

江西科诺生物科技有限公司

江西科诺生物科技有限公司组建于2012年10月，公司坐落于人杰地灵的王安石故里——江西省抚州市东乡区省级经济开发区，是一家集研发、生产、销售生物肽、生物酶、生物菌和乳化剂为一体的国家级高新科技企业，产品可应用于替代和减少饲料中抗生素的使用、改善饲料原料利用率、提高饲料生产效率和饲料油脂利用率、无抗养殖、养殖场废水处理等多个邻域，将来还可广泛应用于食品添加、生物医药等领域。公司先后荣获“农业产业化省级龙头企业”“ISO 9001质量体系国际认证”“2014年国家青年涉农产业创富大赛三等奖”“农村致富带头人”等荣誉称号。

公司目前已建成2万余m^2生产基地，包括规模化的生产车间、菌种实验室、化验室，还配备了行业领先的生物检测设备。

在追求全面质量管理的同时，科诺生物将目光投向产品深度研发，先后与江南大学、哈尔滨工业大学、中国农业大学、北京农学院、江西农业大学等一些行业领先的科研院校建立战略合作伙伴关系。截至至今，科诺生物已拥有多个核心技术自主知识产权，其中包括国家授权发明专利3项、成果鉴定2项、审批过程专利7项，拥有自主知识产权的知名品牌5个。

科诺生物将以为全人类提供更安全的肉、蛋、奶及更清洁的居住环境做出最大贡献而奋斗终生，力争成为世界一流的农业生物科技企业。

山东省

青岛根源生物技术集团有限公司

一、聚焦专注　持续成长

青岛根源生物集团是一家以微生物为核心，聚焦益生菌、酶制剂和生物原料三大生物类产品和系统解决方案的综合性集团公司。自2009年成立以来，根源集团以复合增长率近40%的速度迅速发展壮大，现拥有12家子公司、员工500余人。产品覆盖饲用生物制剂、饲用生物原料、农业微生物、食品益生菌和环保微生物五大领域。

二、精益产品　技术创新

集团高度重视技术研发，每年投入销售额的10%作为科研经费，不断进行原创性研究和全球技术资源的整合。凭借完善的研发体系、严格的质量控制、优异的产品表现，根源生物集团已经与温氏、希望、海大、双胞胎、正大、力源、中慧、通威、九鼎、禾丰、铁骑力士等中国农牧集团前50强中的大部分企业达成战略合作关系，产品销售遍布国内的21个省市，并远销东南亚、美洲、欧洲。

2010年，“根源集团研发中心”成立，目前拥有一支由16名博士和80余名硕士组成的高素质研发队伍，已承担国家级课题20余项，省、市级课题50余项，拥有授权发明专利20余项。集团多次获得国家发展和改革委员会产业化示范项目、科技部创新基金、国家级星火计划等国家部委项目支持。

企业先后被授予“国家高新技术企业”“2014年度中国综合科技创新企业”“中国畜牧行业最具成长潜力十大品牌”“山东省企业技术中心”“山东省益生菌工程研究中心”“山东省饲料添加剂十强”“山东省创新转型优胜企业”“青岛市名牌产品”等资质荣誉。目前是中国生物发酵产业协会会员单位，中国畜牧兽医学会动物微生态学分会副理事长单位、山东省饲料行业协会理事单位。

根源生物集团拥有国际领先水平的科研设施和生产设备，液体发酵规模达1 600m^3，固体发酵规模达2万m^2，建立了完善的生产工艺和严密的质量管理体系，并在行业内率先通过HACCP、ISO 9001—2000等食品、质量体系认证。

泰安生力源生物工程有限公司

泰安生力源生物工程有限公司是泰山酒业集团的下属子公司，集团为中国食品行业百强企业，具有72年的发酵经验。公司位于山东省泰安市高新技术开发区，注册资金5 000万元，总资产1.2亿元，目前主要产品包括微生物饲料添加剂以及发酵豆粕、发酵棉籽蛋白、酿酒酵母培养物等单一饲料产品。

公司作为山东省泰安市固态发酵产业研究院的依托单位，现存有工业微生物发酵菌株400余株，应用于益生菌、发酵蛋白饲料及酶制剂等多个领域。公司先后承担了“国家863计划”“国家火炬计划”“科技重大专项”等科研成果转化项目，并与天津科技大学、江南大学、山东农业大学、齐鲁工业大学等高校进行项目合作或建立联合实验室，成为生物饲料行业重要的科研平台及成果转化基地。

近年公司投资4 000万元新建现代化生物饲料发酵车间，研发设计的好氧、厌氧固态发酵装置以及液态、固态制种系统，突破了固态发酵产业化瓶颈，实现了从原料预处理、发酵工艺控制及物料干燥全程智能化控制，固态发酵饲料年产能8万t，目前已经成为国内最先进的生物饲料固态发酵生产基地之一。

河　南　省

河南大华生物技术有限公司

河南大华生物技术有限公司是一家以创新求发展的现代化高新技术饲料添加剂生产企业，10年专注微囊制剂的研究与工艺创新，产品出口欧美及东南亚等地区。公司占地面积50多亩，现有员工260余名，学历均在大专以上，并且有一批专业、认真的管理人员和工程技术人员，其中教授2名、博士1名。公司主营业员有微囊技术、脂质体技术、包衣技术、固体分散技术、泡腾技术、制栓技术、制片技术、微生物发酵技术，企业文化是坚守正气、合规经营；求真务实、科学创新；坚守傲骨正气，传承仁、义、礼、智、信。公司业务范围及主要产品包括：

1. 畜禽用产品　过胃氧化锌微囊、复合酸微囊、精油微囊、氨基酸微囊、氯化胆碱微囊、甜菜碱微囊、二氢吡啶微囊、金霉素微囊、吉他霉素微囊。

2. 牛羊用过瘤胃产品　过瘤胃蛋氨酸、过瘤胃赖氨酸、过瘤胃氯化胆碱、过瘤胃甜菜碱、过瘤胃二氢吡啶、过瘤胃葡萄糖及过瘤胃维生素等。

3. 水产用缓释产品　缓释蛋氨酸、缓释赖氨酸、缓释苏氨酸、缓释色氨酸、缓释氯化胆碱及缓释维生素等。

公司于2014年研究并开发出饲用药物微囊添加剂，根本解决了畜用领域的适口性、耐胃酸、长效缓释需求；2015年研究并发开出过瘤胃饲料添加剂微囊；2016年研究并开发出水产饲料添加剂微囊；2017年提出利用微囊技术、微晶技术，解决饲料中微量添加物的均匀度与生物利用度，实现高效、精准、减排、合规。对减少畜禽粪便污染物的排放做出了巨大贡献。

河南正本清源科技发展股份有限公司

河南正本清源科技发展股份有限公司（原名“正源牧业（商丘）有限公司”）位于河南省商丘市睢阳区西南门工业区。公司于1999年成立，为商丘市重点招商企业之一，公司成立18年来，承蒙省、市、区各级畜牧局及所属饲料工作办公室的支持和厚爱，公司从小做大，从弱做强，从年销售额几千万的一个小型饲料厂，到2016年，成为年销售2.19亿元、利税近千万元的企业。

公司在发展进程中注重开拓创新，先后与台湾宜兰大学、河南工业大学、河南省农业科学院畜牧兽医研究所、商丘师范学院等科研研发机构建立长期合作研发的产学研合作平台，所生产乳猪奶粉、教槽料受到广大养殖客户喜爱和认可。

公司现有员工近150名，其中硕士、博士6名，专业研发人员15名，占员工总数的10%。公司拥有发明、实用专利各一项，另有五项发明专利正在国家专利局审核中，还拥有外观专利13项。

2017年，公司因发展需要，在市区有关领导及职能部门的关心支持下，正入住商丘生态食品产业园区，公司拟新建年产饲料18万t饲料生产线，拟投资人民币1.2亿元，主要生产高档猪奶粉、母猪料及乳猪教保料及核心料。建成后，预计年销售额人民币10亿元，年利润8 000万元左右。

河南宏展农牧集团

河南宏展农牧集团成立于1998年，是天康生物旗下一家集畜禽、反刍和水产饲料的研发、生产、营销、贸易、畜牧业投资担保、生猪产业化、食品深加工为一体的农牧企业。河南宏展农牧集团是河南省高新技术企业、农业产业化河南省重点龙头企业、河南省饲料行业综合实力十强企业、全国饲料行业综合实力三十强企业，是河南省首家上市饲料企业（股票代码：002100)。企业及产品获“河南省著名商标”“驰名商标”“河南省名牌产品”“全国饲料工业科技进步奖”等荣誉称号。

近几年来，河南宏展农牧集团在企业转型、产品结构调整、工艺改进、精细化管理、行销模式转变、产业链建设诸方面取得了长足发展，市场基础进一步稳固，御险应变能力进一步增强，品牌效应进一步提升，“两个效益”显著。

未来的河南宏展农牧集团将紧紧围绕产业链建设和产业转型升级，以原种猪繁育、高效生猪养殖、猪场技术服务、金融配套及产业链打造为抓手，以“金蛋计划”（规模化蛋鸡场建设、专业设备提供、金融担保服务、品牌蛋及食品深加工）为依托，完善三级服务体系及产业布局，实现产销分离，围绕“健康养殖的服务商、安全食品的供应商”的经营目标，着力实现规模及产业突破，树立行业价值典范，创造丰富健康生活。

兰考天地饲料有限公司

兰考天地饲料有限公司位于兰考县产业集聚区，科技路南侧，成立于2014年9月23日，注册资金5 000万元，占地50余亩，隶属禾丰集团，是由辽宁禾丰牧业股份有限公司控股的饲料企业。

兰考天地饲料有限公司属兰考天地肉鸭产业化一条龙项目的配套企业。兰考天地肉鸭产业化一条龙项目是禾丰集团积极响应兰考县委县政府“三年脱贫，七年小康”的伟大号召，贯彻“良心经营、回馈社会、服务农民”的精神，并根据自身发展和市场规律在兰考“国家级贫困县”投资建设的产业化扶贫项目。

兰考天地饲料有限公司作为兰考天地肉鸭产业化一条龙项目最为重要的配套企业，承载着“产业兴农”的光荣使命，从落地之日起就实行高标准建设、规范化运营。车间整体占地13 000多m^2，全套引进世界最先进的瑞士布勒设备，一期年生产能力15万t，车间全部采用全自动电脑配料设备，生产工艺均达到国内饲料企业生产先进水平。

兰考天地饲料有限公司主要生产肉鸭配合饲料，建立了完整的质量安全管理体系，严格按照《饲料质量安全管理规范》要求，并对各个环节进行细化，保证产品质量的合格与稳定。

兰考天地饲料有限公司投入运营一年多，所生产的“天地”牌肉鸭配合饲料在饲料报酬和生产效益上深得肉鸭养殖户的认可，在节省资源和环境管控上取得了重大突破，在产业扶贫和社会效益上成效显著。

兰考天地饲料有限公司自成立之日起就立志为兰考县农民服务，为此，兰考天地饲料有限公司将严格践行禾丰企业文化，为兰考农民奔小康不断创造更大的看得见的价值！

林州中农颖泰生物肽有限公司

林州中农颖泰生物肽有限公司位于河南林州国家红旗渠经济技术开发区，注册资金13 750万元。2016年销售收入3.9亿元，同比增长13.6%；颖泰2号单品年销售突破1亿元，利润3 073万元，同比增长19.5%；税收1 207万元，同比增长26%。

1. 注重科技创新 2016年，在两名院士的引领下，依托国家饲料中心及公司的院士工作站、博士后科研工作站和河南省抗菌肽工程技术研究中心等平台，公司的兽药产品顺利通过农业部对国家一类新兽药申报的第一次审核，成为新中国成立以来的第9个一类新兽药。公司被评为“全国二十强饲料添加剂企业”和河南省饲料行业“科技创新十佳企业”，连续4年获“安阳市五十高企业”等荣誉，并通过ISO

9001、ISO 14001、OHSAS 18001 和 ISO 22000 管理体系等认证资质审核。

2. 清洁能源化生产 投资 8 000 万元的 6MW 光伏发电运行正常，大唐热电蒸汽完全替代燃煤锅炉，在林州首家实现工业供汽。

3. 稳步打造高端化、规模化、国际化的生物产业集团 一是引进优秀管理团队，获香港东英集团 2 亿元投资并完成上市主体资产整合，为上市奠定基础。二是完成投资 1 亿元的科研中心和投资 2 亿元的抗菌肽发酵扩建生产线前期设计，形成更大规模的生产条件。三是加快国际化步伐，完成东南亚、塞尔维亚、意大利等国外生产基地布局。

湖 南 省

湖南帝亿生物科技股份有限公司

湖南帝亿生物科技股份有限公司成立于 2009 年，注册地在湖南省长沙县安沙镇新洲工业小区，现有员工 300 多人，2015 年销售收入 6 亿多元。公司于 2015 年 10 月完成股份制改造，2016 年 5 月成功挂牌"全国中小企业股权转让交易系统"（新三板，证券简称：帝亿生物，证券代码：837 565）。

公司是由归国博士、国内一流学者、农牧行业的资深专家和一群意气风发的青年创业者发起和组建的、专业从事动物营养与生态养殖研究与推广，研发、生产、销售生物饲料的国家高新技术企业、《饲料质量安全管理规范》示范企业、农业产业化龙头企业。公司是一个强强联合体，是先进的管理理念和领先的科学技术的强强联合，是数十年的从业经验和优秀企业的具体实践的强强联合，是追求卓越的企业与崇尚专业的团队的强强联合。帝亿安沙工厂初始总投资 5 000 万元，占地 50 亩，采用瑞士布勒整套先进设备，年产生物饲料规模 60 万 t，是目前湖南省单厂规模最大、设备最先进的专业化猪生物饲料生产企业。公司坐落在湖南省长沙县安沙镇新洲工业小区，位于 107 国道边，盘踞在京珠高速、京广铁路旁，邻近霞凝港，地理位置优越，交通四通八达。公司在四川眉山、山西长治、天津宁河、四川自贡等地分别投资建立了子公司，并正在湖南衡阳、江西新余等地筹建子公司，公司立志成为客户信赖、社会尊重、最具价值的世界级的价值链经营的农业产业化集团公司。

公司以"产品如人品，做上品、做珍品，拒绝劣品"的质量理念严控产品品质，2011 年通过"ISO 9001：2008 质量管理体系认证"和"ISO 22000：2005 食品安全管理体系认证"，并荣获"湖南省保护消费者合法权益先进单位"；2012 年公司产品评定为"湖南名牌产品"，"帝亿"商标认定为"湖南省著名商标"。

公司崇尚科学和专业，拥有国内顶级科研团队和各层次研究人才 34 人，专业结构涉及动物科学、动物医学、分析化学、微生物发酵、检测分析等；并与中国科学院、中国农业大学、华中农业大学、南昌大学、湖南农业大学等高校和科研所的众多专家、学者开展了广泛的技术交流与合作。中国科学院亚热带农业生态研究所畜牧健康养殖中心主任、博士生导师，国际食品、农业与环境学会常务理事（芬兰）印遇龙教授为公司首席科学家，南昌大学副校长、德国波恩大学营养学博士、中国农学会微量元素与食物链分会理事长、博士生导师谢明勇教授为公司首席顾问。公司以科技创新为驱动力，成立了企业技术中心，设立了博士后科研工作站，致力于通过基因工程、发酵工程、酶工程、代谢工程和生物化工等高新技术的开发应用，进行抗生素替代技术、抗应激与免疫增强技术以及饲料资源高效利用技术等方面的研究，突破饲料工业和养殖业中存在的饲料资源短缺、有毒有害物质残留、饲用抗生素等药物滥用、畜禽产品安全性差、养殖环境污染严重的关键技术，传播养殖科学，创造更高价值。

长沙兴嘉生物工程股份有限公司

长沙兴嘉生物工程股份有限公司依托湖南发达的冶金工业资源、技术及人才优势，充分挖掘微量元素产业的自身规律及其价值，将金属化工、精细化工、检测技术及动物应用技术完美结合，渐次开发了氨基酸螯合物、新型微量元素、复合微量元素三大产品体系，经过多年在行业中的沉淀和发展，通过研究 OMS 微量元素最佳营养模型、新产品研发、产品改进、检测技术开发和国家标准制定，以及连续举办微量元素与饲料安全国际论坛，引领行业对微量元素使用习惯和观念的改变，促进行业的健康良性发展。

近年来，公司通过上下游资源整合，拉通产业链，完成了从单一的技术创新型饲料添加剂制造企业向科技领先的多元化集团企业的转变，参与制定了多个国家标准，拥有 60 多项国家发明专利，先后荣获"全国饲料添加剂科技创新优秀企业""2016 全国二十强饲料添加剂企业""中国饲料行业十年持续成长综合创新企业""中华全国工商业联合会科技进步一等奖""湖南省科学技术发明一等奖"等荣誉，已成为微量元素饲料添加剂行业综合实力最强、最具影响力的企业。

见微知著，兴嘉生物；兴嘉生物，见微知著。兴嘉生物期待与您携手，共创微量元素行业新文明，构建人、动物、环境间的和谐，为子孙后代留下一片碧水蓝天！

湖南傲农生物科技有限公司

湖南傲农生物科技有限公司成立于2011年5月17日，是傲农集团投资建设的一家高科技饲料生产企业。公司坐落于湖南省湘潭天易示范区玉龙路北、香樟路东，于2015年12月10日正式建成投产，占地60亩，拥有员工130多人，其中博士1人、硕士4人，大专及以上学历人员控制在60%以上，生产设备采用国内领先的江苏牧羊的成套设备。公司以生产猪配合饲料和浓缩饲料畜禽、幼畜禽、种畜禽系列品种为主，年产能可达33万t，生产设备与工艺处于同行业领先水平。

在公司落户湘潭的第一个年头，年生产量即达到7万多t，营业收入破2亿元。公司自成立以来，始终坚持以人才为本、诚信立业的经营原则，在发展过程中，公司也因此得到了广大市民与社会各界的一致认可。在这一年多的时间里，公司先后被政府各级职能部门授予"湘潭市养猪协会第三届常务理事单位""湘潭市农业产业化龙头企业""湖南省饲料工业协会副会长单位""2016年度先进农业产业化龙头企业""安全生产标准化证书"等荣誉称号。公司依靠科技进步、强化管理，坚持走质量兴业之路，对规范化要求程度高，公司于2016年10月通过部级示范审查，荣获部级"《饲料质量安全管理规范》示范企业"荣誉称号。

公司秉承"依托科技创新，品质安全高效，提升客户价值"的产品理念，将最好的产品与服务带给最需要的消费者，为湖南省畜牧行业的发展竭尽绵薄之力。

湖南佳和生物饲料有限公司

湖南佳和生物饲料有限公司于2013年3月正式投产，属于湖南佳和农牧股份有限公司专一研究丹系猪营养及相应饲料的下属子公司，目前年生产能力为15万t，公司专业制造丹系猪饲料，涵盖猪用教槽料、乳猪料、种猪料和肥育猪全价料。为确保所用玉米质量达到国家标准二等以上，公司依托集团在华北、东北子公司的优势力量，在东北和内蒙古自建粮库和收储体系，从源头保障原料质量，并充分发挥佳和农牧集团在育种、养殖、饲料等方面的专业优势，开发形成了以丹系猪饲料为代表的特色产品。

公司致力于打造国内丹系猪营养标准的制定者，标准化生产工艺、质量控制体系的示范者。依托集团自有大规模母猪群，在所有产品投放市场前，均在佳和农牧所属养殖基地进行3～6个月的效果验证，并根据结果进行配方调整，确保达到最好效果之后，才投入市场，供集团内部及其他客户使用。

近年来，公司不断加强人才引进速度，大专以上学历的技术及管理人员占40%以上，已形成以博士（国内专业领域拔尖人才）领衔、硕士中坚、大学生为骨干的人才梯队。同时，集团在佳和生物饲料设立丹系猪营养研发中心，特聘行业重量级专家作为首席科学家，领衔丹系猪营养体系研发和技术突破！

为进一步提高产品质量及稳定性，公司全力打造湖南省质量安全管理规范示范企业，处处以示范企业要求和改造自身，公司全面推行"7S"管理，完善各种制度、流程，厂区面貌焕然一新。品控室和化验室严格按照质量安全管理规范修建，并依托集团检测中心、科研院校和其他国家、企业重点实验室，全面拓宽自身检测能力和检测范围。

品质源于专业，质量源于规范，佳和生物饲料，做丹系猪营养领导品牌！

湖南浏阳河饲料（集团）有限公司

湖南浏阳河饲料（集团）有限公司的前身为"国营浏阳县畜牧饲料厂"，是集饲料、种猪生产、销售、养殖技术服务、商品猪运销为一体的科技型股份制企业、湖南省农业产业化龙头企业、湖南省高新技术企业。公司总资产达数亿元，下设饲料生产、农牧投资等十一家子公司，拥有自动化生产线10条，可年产饲料100万t。近三年（2014年、2015年、2016年）来集团实现饲料销售收入超8亿元/年，上交税金超1 000万元/年。

公司已通过ISO 9001：2015质量体系认证，并荣获"中国驰名商标""湖南省私企100强""湖南省著名商标""湖南名牌产品""湖南省饲料质量安全管理规范示范企业""湖南省农产品加工质量安全奖"等荣誉称号，旗下"名河"牌生猪被国家农业部认证为无公害农产品。

公司多年来专注于猪全价饲料的生产与中小型规模养猪户的全方位服务，有着20多年沉淀的高生产标准与严格的原料收集标准以及完善的加工工艺。特别是坚持十多年来的原料霉菌毒素的检测和产品毒素控制，为养猪人防控着巨大的风险；近红外原料净能快速评估系统建设，更能科学利用原料降低产品成本，稳定产品质量；容易落地的生物安全体系建设与精准猪群特定抗体抗原检测，让客户由被动治猪病转变为主动预防，将疫病损失和药费降低90%。易学易懂易做的饲养管理流程，精准的养猪环境控制方法，不用药物做保健，让养猪人轻松、快乐、更好的赚钱。

公司的商业模式是做中小规模养猪场的全方位服务商，用产品、技术、服务不断为客户创造价值。促进猪肉食品安全，让百姓吃上安全生态猪肉是公司的使命。公司将继续致力于发展与推广绿色无公害无抗生素饲料与养猪事业，全力打造无公害饲料生产基地，创建养猪产业化平台，带动农民转型致富，为社会提供健康安全无公害的猪肉食品。

广 东 省

广东旺大集团股份有限公司

广东旺大集团股份有限公司是以预混料为核心业务、全价料为增长业务、生猪服务为配套业务，打造区域产业链的高新科技企业集团，被评为“广东省高新技术企业”“广东省重点农业龙头企业”，现有11家分子公司，业务分布22个省区域市场。

集团专注于“绿色、安全、优质、高效”猪用清洁生物饲料生产和销售，现有“旺大”“旺得福”“保健乳”“新旺大”等产品品牌，凭借“生物快大”“免疫增强”“植物保健”“清洁营养”等核心独特技术，荣膺“中国名优产品”“广东省名牌产品”“广东省高新技术产品”。

集团肩负“安全产品创造美好生活”使命，建立华南预混料行业首家饲料安全检测中心、清洁饲料研发工程中心、院士工作站、博士工作站等研发团队，承担产学研合作项目，已获20多项国家发明专利和实用新型专利。猪用教槽料“优代乳”、保育料4120、中猪料8313、哺乳母猪料1026获得广大用户好评。

2014年，集团股份公司正式成立，2015年6月在“新三板”正式挂牌上市，标志着集团奏响了向资本市场进军的乐章，未来将努力打造具有专业猪预混料特色的农牧科技企业集团！

深圳市金新农科技股份有限公司

深圳市金新农科技股份有限公司（以下简称“金新农”）成立于1999年11月6日，2011年2月18日在深圳证券交易所挂牌上市，股票代码002 548。目前金新农已发展成为主营业务涵盖全系猪用饲料研产销、种猪繁育、动保兽药、互联网通信技术等业务的中国现代化科技型集团公司、国家级高新技术企业。

金新农秉持“伙伴天下、共同成长”的核心价值观，以“科技兴农、行业典范”为使命，以“全情投入、持续卓越”为价值取向，在饲料业务领域精耕细作、成长壮大。截至目前，公司在全国各地打造了14个规模化的饲料生产基地，年产能超过100万t，形成了研发、生产与销售的经营体系，步入了中国饲料行业第一梯队，旗下教槽料产品成长为“中国教槽料第一品牌”。

2014年以来，金新农着眼市场及行业趋势，积极推动转型发展，通过资本并购，完成盈华讯方重大资产项目重组，控股武汉天种、华扬动保，围绕养殖生态链，积极打造基于互联网连接技术的规模化养猪企业综合服务平台，为规模化养猪企业和家庭农场提供更优的养殖解决方案，提供更低的融资成本，为客户打造品牌终端，初步建立了以饲料为核心的产业链平台布局，公司整体竞争力不断提升。

面向未来，金新农将一如既往秉承“自然为本、健康为先、安全环保”的营养理念，按照“互联网+综合服务平台”的思路，凭借自身强大的产业链整合能力、生物医药技术研发应用能力，为专业化、集团化养猪企业提供全程营养及系统解决方案，进一步缩短中国养猪企业与国际一流养猪企业的差距，帮助客户更轻松地赚钱，致力于成为中国养猪企业首选的合作伙伴和中国健康安全猪肉最佳供应商，让中国人享受高品质的健康安全猪肉，为“健康中国”战略做出积极贡献！

中粮饲料（茂名）有限公司

中粮饲料（茂名）有限公司是国资委下属中央企业，是世界500强企业中粮集团有限公司的全资子公司，生产、销售著名品牌——“五谷丰登”“高捷”系列猪、鸡、鸭、鱼等全价配合饲料，市场覆盖粤西、海南、广西等周边地区，是农业部“《饲料质量安全管理规范》示范企业”、广东省无抗饲料技术创新企业、广东省重点农业龙头企业、广东省名牌产品企业、广东省就业先进企业、广东省守合同重信用企业、中粮集团“十二五”质量安全先进单位，也是粤西地区饲料影响力最大的品牌。

厂区占地面积3万m^2，总资产近亿元人民币，现拥有3条畜禽生产线，年生产能力达25万t。目前以猪料生产为主，销量在茂名地区位列前三。

公司秉承“用安全原料，造放心饲料”的经营理念，贯彻“安全、可靠、专业、高效”的质量方针，拥有完善的品控体系和科学的养殖饲喂模式，是茂名地区首批通过ISO 9001/HACCP管理体系双认证的饲料企业。

公司基于对客户的社会责任以及成为粤西地区最受客户信赖的品牌，确立了“激情、创新、责任、感恩”的企业文化理念，以成为“中国领先并最受信赖的动物营养健康专家”为企业愿景，致力于为客户提供以“好产品”为依托的全方位解决方案，以帮助客户盈利。

湛江粤华水产饲料有限公司

湛江粤华水产饲料有限公司始建于1999年，是恒兴股份旗下的一家集研发、生产和销售水产饲料为一体的民营企业，主要生产“宜海”和“晨海”牌两大品牌，已形成斑节对虾、南美白对虾、鱼虾蟹混养饲料和海（淡）水鱼膨化饲料四大系列、二十多个品种，是我国规模最大的对虾饲料生产基地之一。公司先后被评为“湛江市优秀民营企业”“湛江市农业龙头企业”“守合同重信用企业”“百万元以上纳税企业”“广东省著名商标”“高新技术企业”“国家农业部《饲料质量安全管理规范》示范企业”。

公司以诚信为本，以争创中国水产饲料名牌为宗旨，引进国际先进的饲料生产设备和自动化控制系统，拥有一批中、高级管理人才。公司与中国科学院、广东海洋大学等建立长期的合作关系，聘请10多位著名的水产专家、教授为技术顾问，不断改进饲料配方和生产工艺，保证“宜海”和“晨海”牌鱼、虾配合饲料的质量。

公司具有完善的经营管理指挥系统和灵活的经营机制，公司通过ISO 9001国际质量管理体系认证以及ISO 22000食品安全管理体系认证，公司产品获广东省出入口检验检疫总局颁发的“出口食用动物饲用饲料生产企业登记备案证”。

粤华公司在自身飞速发展的同时，将奉行“以人为本，以质量为基础，以市场为中心”的经营原则，并按科学先进的管理模式建立一整套现代化经营体制来发展经济、奉献社会，为振兴和发展广东的水产、特种养殖业做出应有的贡献。

中山市大海饲料有限公司

中山市大海饲料有限公司是广东恒兴饲料实业股份有限公司旗下的全资子公司，2011年3月设立，坐落于阜沙镇丰联村，现有员工150多人，是一家专业从事淡水鱼、虾、海水鱼等饲料生产及销售的大型饲料企业。公司占地面积60多亩，拥有国际领先的饲料生产线6条，年生产能力达15万t，拥有“大海”和“兴大海”两大品牌，产品主要销往广东各个地区。

广东恒兴饲料实业股份有限公司（简称恒兴股份）创立于1995年，是一家集种苗繁育、饲料产销、动物保健、进出口贸易于一体的大型股份制企业，所属子公司遍布广东、广西、海南、江苏、浙江、福建等地区以及越南等东南亚国家，其中公司特种水产饲料销量连续多年位居全国首位。

广西壮族自治区

广西华港农牧发展有限公司

广西华港农牧发展有限公司成立于1995年，是福建华港农牧集团在广西投资的第一家公司，现位于南宁市经济技术开发区明阳工业园内，是集专业研发、生产和销售猪、鸡、鸭、鱼、鹌鹑、鸽子等畜禽及水产配合饲料、浓缩饲料、预混合饲料，以及向广大养户提供畜禽、水产养殖全过程的技术服务和推广养殖新技术于一体的广西壮族自治区农业产业化重点龙头企业，年饲料生产能力达40万t。华港公司自成立以来，一直奉行“客户成功、员工进步、企业发展”的经营理念和“精诚合作、学习创新、敬业奉献”的企业精神，坚持科技进步和管理创新，不断加强产品研发和质量控制，不断提升技术服务水平，实现了企业的跨越式发展。经过二十几年的发展，公司生产的“华港”“万港”“华港龙”等品牌饲料一直以稳定的产品质量及高性价比的优势，保持了良好的销售业绩，深受广大养殖户的喜爱，形成了明显的品牌优势，在产品质量和安全方面保持了良好的市场口碑，2016年实现产品销售收入超5亿元，公司也成为中国饲料工业协会理事单位。

2016年，公司始终坚持公司成立之初即确立的“安全、稳定、高效”的质量安全战略方针，视质量安全为企业的生命，严格落实质量安全管理规范工作，打造优秀的企业形象。通过规范示范的创建实施，公司进一步完善了质量安全管理各项工作，公司的管理上升到了一个新的台阶，质量管理等内控管理水平得到提高，各岗位人员操作技能得到明显提升，产品质量稳定性明显强化，各项生产费用同比下降15%，市场投诉同比下降30%，全年无因产品质量问题的市场退货。同时，公司在规范化管理、程序化操作、记录化生产、全过程追溯等方面有很大的提高，完全实现了产品形成的全过程可追溯，进一步提高了公司发展水平和综合竞争力，为促进广西水产和畜牧业的健康、绿色、安全和可持续发展做出努力！

广西南宁骏威饲料有限公司

广西南宁骏威饲料有限公司成立于1993年，是一家专业生产各种优质饲料级单项微量元素和复合微量元素预混料的企业，是国内同行业中最早拥有自主进出口权的企业之一。公司生产设备精良、工艺技术先进、质量控制严格、管理体系完善，于2005年通ISO 9001质量管理体系认证和IQnet认证，旗下全资子公司广西南宁益维饲料科技有限公司于2012年通过欧盟FAMI－QS认证和HACCP体系许可证。2004年公司荣获中国饲料工业协会授予的“饲料行业信得过产品”称号。2008年，“骏威”商标被评为“广西壮族自治区著名商标”。

公司占地面积2万多m^2，厂房面积8 000多m^2，工艺先进，设施精良，现有员工100人，其中大学本科以上的专业技术人员有24人。目前公司拥有4条化工生产线、4条烘干生产线、1条超微粉碎生产线、7条混合工艺生产线和1条反渗透生产用纯净水生产线，每年可生产各种单项的无机微量元素添加剂5万t以上及微量元素预混料5 000t以上。公司自创办以来一直致力于畜禽微量元素的应用与研究，建立了规范的检化验室及样品留样观察室，配备了原子吸收分光光度计、液相色谱仪等先进、齐全的检验设备和仪器，可检测公司生产的所有原料及产品的主元素含量、重金属含量及维生素等指标。质量技术人员均具有相应专业的专本科毕业证书及检化验员证书。公司每年多次派送技术人员外出学习和交流，同时与国内外多所高校及化工类研究院合作，为公司产品质量的保证提供了坚实的基础。公司拥有自主进出口权，公司的产品不仅畅销全国各地，与国内外许多大型饲料企业，如正大集团、AgFeed、金钱饲料、正邦集团、沈阳农牧、广西漓源及帝凯维等建立了稳定的合作关系，还出口到美国、比利时、丹麦、智利、英国、日本、韩国、越南、巴基斯坦等二十多个国家和地区，产品质量和服务得到了国内外用户的广泛认可。

广西普乐维美动物营养有限公司

广西普乐维美动物营养有限公司是美国嘉吉公司旗下专业生产畜禽水产添加剂预混饲料、浓缩饲料、配合饲料的企业，前身为广西彼得汉预混饲料有限公司，是专业化生产畜禽水产添加剂预混饲料、浓缩饲料、配合饲料的大型骨干企业。随着公司业务不断扩大，客户越来越多，原来的广西彼得汉预混饲料有限公司的生产场地和生产能力已不能满足现有客户的需要，因此公司投资了5 700万元兴建了新的现代化厂房。新厂房生产面积达7 000多m^2，占地30亩，具有年单班生产60 000t预混合饲料、20 000t配合饲料和浓缩饲料的能力。公司现有员工118人，其中高级工程师10人、研究生5人、大学生45人、专业技术人员73人（含技工），生产设备从法国等地引进，采用世界上最先进的工艺，整个生产过程均由电脑自动化操作，最大限度降低了人为操作引起的错误。新建化验室面积达320m^2，化验设备共投资了120多万元，从美国等地购置原子吸收分光光度计、高效液相色谱仪、近红外分析仪等大型检测仪器。

公司所产销的"普乐维美""乐恩贝"牌畜禽及水产预混饲料、浓缩饲料、配合饲料因技术含量高、使用效果好而深受客户信赖，产品销往国内18个省并出口蒙古、东南亚等国家，所生产的产品经上级有关部门的抽检均全部合格。公司2017年销售额为1.93亿元人民币，销售量为23 771t，销售额和销售量均比上一年度翻了两番，取得了显著业绩。

公司将利用更先进的设备、更优化的生产条件生产出更多优质产品，为更多的客户服务，为饲料工业和畜牧业的发展做出更大的贡献。

广西商大科技股份有限公司

广西商大科技股份有限公司是一家从事畜禽预混合饲料、全价配合饲料、浓缩饲料、功能性产品的研发、生产、销售和服务的创新型科技企业，长期专注于种猪营养的研究与技术推广，以"健康，从营养开始"的理念及差异化的产品，精心服务于中国集约化养殖企业。

2016年，公司主要大事记有：①2016年4月15日，自治区科技厅在公司举行工程技术研究中心验收暨全区农业领域工程技术研究中心工作座谈会，公司顺利通过现场验收；②2016年12月，公司被广西壮族自治区科技厅认定为"广西创新型企业"。

公司一直致力于种猪系统营养的研究与应用，打造"中国种猪营养第一品牌"。公司注重科技研发与投入，与国内外多所高校和科研院所及行业协会合作，探索了一套理论、形成了一个模式、建立了两套方案，同时开发了36个种猪专用新产品，推广到了全国16个省市。

公司取得自主知识产权科技成果8项、授权使用科技成果4项、申请国家发明专利12项、获得授权外观专利4项。公司不同项目先后荣获国家科技进步二等奖、广西科技进步二等奖、南宁市科技进步二等奖、四川省科技进步三等奖、四川省科技进步二等奖。

未来，公司将坚持以客户为中心，本着"以人为本、以客为尊"的经营理念，不断创新，推动我国从一个养猪大国升级为世界养猪强国，让养殖更轻松，让生活更精彩！

南宁市泽威尔饲料有限责任公司

南宁市泽威尔饲料有限责任公司始建于1995年，坐落于南宁市良庆区，是以螯合纯度为核心技术的专业化有机微量元素生产企业。

公司注重产品质量，通过了ISO 9001质量管理体系及FAMI-QS认证，积极参与国家标准的修订和制定，是富马酸亚铁、柠檬酸钙国家标准的第一提出及制定单位，蛋氨酸锰、蛋氨酸锌国家标准制定单位之一。公司生产的高纯度蛋氨酸、甘氨酸微量元素，富马酸亚铁以及复合有机包"猪之宝""禽乐乐"，具有高安全性和高附加值，深受客户喜爱和信赖，多年来被国内众多知名饲料企业采用。

2010年，公司成为中国饲料工业协会理事单位；2012年，公司通过了国家高新技术企业和南宁市龙头企业技术创新中心认定；2014年，公司先后获得了“广西创新型试点企业”和“产学研用一体化企业”的称号；2015年，公司被评为“中国最具价值饲料添加剂品牌（有机微量元素）”和“饲料添加剂明星品牌有机微量元素类全国五强”；2016年，成立了南宁市有机微量元素螯合物工程技术研究中心，创始人周建群女士在2016年分别荣获“‘中国梦·品牌梦’2016畜牧行业用户优选品牌评选‘十大新锐人物奖’”和“中国饲料工业协会先进工作者”称号。

公司认真履行“捍卫螯合物纯度，引领螯合物品质新标准”的企业使命，专心、专注、专长于螯合物的研发，努力打造成全国乃至全球高纯度、完全螯合的有机微量元素专业生产厂家和研发基地。

海南省

海南恒兴饲料实业有限公司

海南恒兴饲料实业有限公司位于海南省海口国家高新技术产业开发区狮子岭工业园内，成立于1997年，注册资本1 800万人民币，主要从事禽畜、水产饲料加工销售以及饲料产品研发等生产经营活动。公司目前配备有多条畜禽料生产线、虾料生产线、水产膨化料生产线和原料膨化生产线，年生产能力30万t，主要产品有水产类的虾料、鱼料（部分为膨化料）、蛙料以及家禽类的鸡料、鸭料及猪饲料等。

公司生产的“恒兴”牌饲料及其他产品已覆盖海南全岛，产销量连续多年来位居海南饲料前列。公司一贯坚持“质量第一，顾客至上”的宗旨，曾被海南省政府评为“海南省质量管理先进单位”，省50强工业企业第11名和省企业30强第21名，并荣获“中国饲料企业协会优秀会员单位”“信得过产品”“信用等级3A企业”“IQNet论坛管理优秀奖”“海南省发改厅第二届优秀民营企业”“《饲料质量安全管理规范》示范企业（国家级）”“安全生产标准化三级企业”、“标准化良好行为”等殊荣。

昌琼文歌颂饲料厂

文昌琼文歌颂饲料厂于2008年5月筹建，位于文昌市东路镇东侧琼文公路41km处（经度110°43′45″即110.729 293°，纬度19°46′22″即19.772 772 °）。厂区邻近大致坡镇和潭牛镇，该地区周边乡镇文昌鸡、罗非鱼等养殖业较为发达，具有较大的需求市场。

公司占地面积25 582.94m^2（38.4亩），其中主生产车间6层，底层面积750m^2，建筑面积3 660m^2；有圆筒仓4个，可储存散装原料8 000t；原料仓5 370m^2，大约可储存原料8 500t；成品仓2 500m^2，可储存成品1 500t。

公司采用先进工艺技术，选用布勒公司的成套饲料生产线，设备技术达到国内先进水平，自动化水平高，为公司生产高质量的产品提供了硬件上的保证，现有畜禽饲料颗粒生产线两条，生产能力25t/h，浮性水产饲料膨化生产线两条，生产能力15t/h，能够生产鸡、鸭、猪及罗非鱼饲料。公司自有养殖基地对公司产品先行试验，提供科学数据，确保产品配方最优化。

公司现有员工78人、其中技术人员21人，依托技术优势，同时引进了一批有管理经验和技术水平的人才，管理人员均拥有丰富的饲料生产、营销及管理经验，并建立了一套先进的管理机制和架构，建立了企业管理信息系统，原料、成品、质量检验情况等随时可以在信息系统中查询，极大地提高工作效率，并最大限度地为生产提供保障。

公司实行“质量为先，管理为本，信誉为重，服务为诚”的质量方针，根据ISO 9001质量管理体系和《饲料质量安全管理规范》建立了比较完善的质量安全管理体系。公司于2014年1月通过了ISO 9001质量管理体系认证及ISO 22000食品安全管理体系认证（即HACCP认证）。

公司利用“歌颂”的品牌优势（“歌颂”商标为海南省著名商标，公司生产的猪料、文昌鸡料、罗非鱼料2015年被海南省农业厅评为“海南省饲料品牌产品”），立足本地，服务本地养殖户，采用“公司＋专业户＋农户”的营销模式，节省流通成本，让利于养殖户，提高养殖户的养殖利润，带动养殖户共同发展，同时也将带动本地经济发展。

海南远生渔业有限公司

海南远生渔业有限公司于2007年8月成立，坐落于海南老城经济开发区玉堂路6号，注册资金10 300万元，是海南翔泰渔业股份有限公司的全资子公司，法定代表人刘荣旭，经营范围为水产品、禽畜的收购及销售；速冻食品、饲料的生产及销售、水产养殖等项目。

海南翔泰渔业股份有限公司总占地300亩，加工车间总面积2万m^2，冷藏库面积1 440m^2、容量3 000t。公司发展至今已形成以罗非鱼加工产品为主，养殖、捕捞、加工、运输、销售一体化的经营运作流程。公司拥有职工2000多人，设有种苗、饲料、养殖、加工、销售等板块，形成了完善的企业运作体系和质量管理体系。集团公司旗下全资子公司有7家，集种苗培育、生态养殖、饲料生产、水产加工、食品检测及水产研究、生物科技、产销一体化，是农业产业化国家重点龙头企业。公司按照出口食品生产企业、卫生注册登记管理规定及 SSOP、HACCP 法规有关规定建立行之有效的卫生质量管理体系，在生产全过程严格按照各体系规定及国际通行的卫生质量标准实施品质控制，先后通过国家检验检疫局出口食品卫生注册、输美水产品 HACCP 认证，是农业产业化省级重点龙头企业。

公司设有 800m^2 的现代化的检测中心，拥有检验检测设备仪器 100 多台/套，配备了液相色谱-质谱联用仪、高效液相色谱仪、梅里埃、TEMP 等业内领先的水产品检测设备，借助先进的仪器设备分析检测与 CIQ、USFDA 及 EU 规定的微生物和氯霉素、呋喃代谢物、孔雀石绿、三聚氰胺、四环素等抗生素项目，实现了从原料到成品的微生物及各类抗生素的自检自控，为客户提供质量稳定的高品质产品。

公司每天能加工冻罗非鱼片 350t，年产量2 万 t，产品以出口为主，主要产品远销美国、欧洲、墨西哥、俄罗斯、南美洲、非洲、以色列等世界 26 个国家和地区。

为了完善产业链，提高市场的竞争力，公司于 2012 年下半年进入饲料行业，建成年产 20 万 t 以上的饲料生产线，共有 5 条水产饲料生产线、2 条沉料罗非鱼生产线、2 条浮性罗非鱼饲料生产线和 1 条虾料生产线。2013 年投产开始，连续 4 年在海南水产饲料销售量排名第一。

海南远生渔业有限公司生产设备使用先进原装配套生产线，该生产线工艺居国内领先水平，采用全自动监控系统，保障了产品过程的可控性、稳定性、安全性。产品在海南省技术检验主管部门多次质量抽检中均符合国标、省级质量标准要求。同时，公司于 2013 年 11 月 7 月通过海南出入境检验检疫局“出口食用动物饲用饲料生产企业登记备案证”的审批，2016 年 1 月通过饲料厂 BAP 的认证，是海南首家通过 BAP 认证的饲料厂。

目前，公司主要产品有罗非鱼沉性配合饲料、罗非鱼膨化配合饲料、海水鱼膨化配合饲料、金鲳鱼配合饲料等，平均销量达到 10 万 t 以上，占海南水产销售量的 30%以上。从投产以来，公司基地的实验效果、养殖户的使用效果以及养殖的产生的效益，都赢得了客户对我们公司产品的认可。公司对饲料产品的要求是：①严格控制原料的品质，保证产品的质量；②生产过程全程监控，确保产品的稳定性；③技术指导客户、科学管理、生态养殖，确保为农户提供安全、健康、放心、无公害的优质饲料。

本公司饲料产品的特点及优势包括：①营养全面、均衡、合理；②水中稳定性好，易消化吸收，饲料转化率高，对水质污染轻，降低养殖期调水费用；③适口性好，鱼爱采食，生长速度快，养殖周期短；④体质好、抗应激和抗病能力强、耐运输；⑤鱼背膘厚，出肉率高，经济效益高；⑥质量长期保持稳定，品质始终如一。

公司充分发挥农业产业化国家重点龙头企业的示范带动效应，联结上游养殖户，大力推广无公害养殖标准，深化海南罗非鱼精养模式，为消费者提供优质的水产食品。高效利用海南岛优质的水土资源，在大力发展养殖业的同时加强对生态环境的保护。公司秉承“以品质为生命，以真诚为桥梁，竭诚为客户提供最优质的产品”的经营宗旨，以国家产业政策为导向，依托海南岛优质淡水和海水资源，打造具有海南岛地理标识的水产精品，以不断满足国内和国际市场旺盛的市场需求，保持业绩的持续增长。在为自身创造价值的同时，公司不忘自身承担的社会责任和生态责任，力图达到经济效益、社会效益、生态效益三者的和谐统一。

四 川 省

四川旺达集团

四川旺达集团创立于 1995 年，坐落于环境优美的国家级历史文化名城——崇州。集团目前拥有四家饲料公司、一家科技公司和一家畜牧养殖公司，总投资 8.9 亿元，产能 150 万 t，公司拥有 1 300 多名员工，年营业收入超过 20 亿元。

旺达专注于优质安全猪饲料的研发和销售，目前拥有“旺达”“金旺达”“甲川”三大名牌系列产品，在川内养殖行业具有非常高的美誉度。集团成立了企业技术中心和生物饲料研究委员会，并与四川农业大学、华中农业大学、西南民族大学开展产学研合作，是四川省畜牧科学研院饲料厂研究所唯一授权单位。旺达集团与成都农业科技职业学院于 2011 年共建专业学院——旺达猪产业学院，入选教育部校企合作 100 个经典案例；猪产业学院重点为四川省养猪产业链培养大量高端技能型人才，推动现代养猪业健康、持续发展，满足广大群众对优质、安全猪肉制品的需求。企业拥有高素质的自主研发团队、管理团队及员工队伍，引进全自动化的生产设备，按照国家饲料安全管理法规，严控原料质量，采用科学生产工艺，全环节保障产品品质，为用户提供优质的猪饲料。旺达一直保持着稳健的发展节奏，已发展成集良种繁育、科教研究、生产加工、成片推广、售后服务为一体的川内屈指可数的专业专注于猪产业的集团化企业。旺达致力于成为全国一流的养猪服务专家！

旺达的发展得到行业的肯定，位居全国饲料行业百强，省饲料行业十强，省猪饲料产销量前三强；连续获得“质量信誉AAA企业”“四川名牌”“四川省著名商标”“重点龙头企业”“四川省企业技术中心”等称号。

贵 州 省

贵阳富源饲料有限公司

贵阳富源饲料有限公司位于贵阳市修文工业园区，创立于2000年4月。公司在17年的发展过程中，先后投资了贵州一鸣、贵阳铭鼎、六盘水天健三家饲料生产企业，同时拥有贵州嘉农、贵阳鑫之源、贵州阳光健特、贵阳富之源、贵阳原禾、贵阳小桥六家养殖企业与一家建材公司，公司主要涉足饲料、养殖及环保建材产业，以贵阳富源为龙头，联合旗下投资企业，公司建立了年产值达10余亿元的富之源集团，是贵州本土投资规模最大、设备先进、技术一流、产品优良的农牧企业。

在激烈的市场竞争中，富源公司在保证饲料稳定生产的基础上，积极进行转型。2015年，公司利用实施的创新支农项目“公司＋家庭农场”模式，与旗下企业一起，联动实施“公司＋家庭农场”模式。公司免费为养殖户统一提供猪苗、饲料、兽药、技术、销售，养殖户最后分配养殖利润。目前公司已经打通金融通道，帮助养殖户贷款建设养猪圈舍，由公司担保并承担利息，助力贵州的农村发展。

目前以富源为龙头，集团各公司与长顺县、贞丰县也签订了生猪养殖项目，在长顺的代化镇实施10万头生猪产业扶贫项目，与贞丰县人民政府签订了40万头生猪产业发展项目。

由于采取了转型发展，在目前饲料行业竞争激烈的情况下，近几年，富源公司每年的产销量都在以20%以上的速度递增。公司还投入资金对生产设备进行改造升级，强化售后服务工作，不断为经销商、养殖户创造价值，公司呈现产销两旺的喜人局面。

贵阳正大有限公司

一、基本情况

贵阳正大有限公司是泰国正大集团下属正大（中国）投资有限公司设立的外商独资企业，于2012年7月在贵阳市息烽县养龙生态工业园投资8 000余万元新建一座年产12万t的饲料加工厂，占地63亩，是一个以世界先进生产工艺为核心的现代化饲料加工厂。公司从瑞士引进当前国际上先进的布勒成套饲料生产加工设备，采用国内外最优良的饲料加工机械组合，用计算机集中控制整个生产过程，自动化程度高，生产过程监控严密，产品品质稳定可靠。

二、生产经营情况

公司于2014年3月正式投产后，主要生产和销售“贵阳正大牌”猪、鸡两大系列配合饲料及浓缩饲料，产品配方来自拥有90余年经营的泰国总部饲料配方中心，符合国际、国内最新营养标准。公司对饲料原料的品质严格把关，保证产品在品质上遥遥领先。目前公司有员工103人，吸纳当地就业人数80人左右。

三、技术服务跟进

公司配备一支由畜牧兽医专业人员组成的销售和技术服务队伍，为客户提供优质的售前、售中、售后服务，并大力推广科学的养殖技术和经验。

为适应行业新形势，公司制定了规模化发展的经营策略，持续优化产品结构，精减品种数量，大大提高了生产经营效率，突出规模效益。同时在传统销售的基础上大力推广会议促销，稳定并提升销量。

四、人才理念

企业的发展应该坚持以人为本的正确理念，因此，三年来，公司始终认为人才是最宝贵的企业资源，积极贯彻正大集团倡导的“人才第一”的观点，坚持实行“三高”（高素质、高待遇、高绩效）的人才策略，为各类人才的成长发展搭建充分施展才华的舞台。

2015年9月，公司与贵阳市人力资源和社会保障局合作，成立了高校毕业生见习基地，帮助高校毕业生提高职业技能、积累工作经验、增强就业能力。

五、未来发展趋势

正大集团投资建设饲料加工厂的最终目标是要发展人类食品行业，做人类能源的供应者和世界的厨房。贵阳正大在贵州地区的发展始终坚持正大集团“利国、利民、利企业”的三利原则，面对竞争激烈的市场环境，公司将一如既往地发扬“爱是正大无私的奉献”的精神，不断提高产品质量和服务质量，通过为养殖户提供优质饲料和服务，提高广大养殖户的养殖水平，给广大农民朋友们带来更多的实惠，不断有力地推动贵州地区养殖业的进步和发展，以养殖业的发展来带动当地诸如种植业、运输业、加工业、餐饮业、服务行业、商业等其他行业的发展，从而为促进贵州农业产业化和地区经济的发展做出贡献。

玉屏温氏畜牧有限公司

广东温氏食品集团股份有限公司创立于1983年，

是以畜禽养殖为主，兼营农牧机械、生物制药、食品加工、有机肥生产经营等十大业务体系的现代大型畜牧企业集团，是农业产业化国家重点龙头企业、国家级创新型企业，是国内规模最大的肉鸡、肉猪养殖企业，在全国24个省（市、自治区）建成200多家一体化公司。

2014年3月，温氏集团与玉屏侗族自治县人民政府签订投资协议并正式注册成立玉屏温氏畜牧有限公司，公司下设两个种猪场、一个饲料加工厂，总投资5.6亿元，走出“小区养猪、大棚种菜、山上栽果、林下种药、水中养鱼”的现代山地高效农业发展新路。

温氏集团以“公司+家庭农场”“411”经营模式发展生猪产业，公司为合作的家庭农场提供种苗、饲料、生物保健用品和技术服务，最后统一保价回收产品，确保农户获得合理的利润回报；并提出“231”脱贫模式：一个家庭农场一次投资20万元，每批养猪300头，每年纯收入10万元，实现贫困家庭稳定脱贫。

温氏集团坚持“温氏食品，自然好品质”的品牌理念，视食品安全为企业生命线，建立可追溯的食品安全体系，从原料采购、供应、养殖到销售等每一个环节都有严格监控。

在生产过程中，温氏集团立足于将环境保护打造成为企业发展的竞争优势，秉承“精诚合作，齐创美满生活”的经营理念，立足农村，服务农业，情系农民，为当地畜牧业发展树立典范，为当地农民增收拓宽渠道，最终实现企业、农户、社会、政府共赢的目标。

温氏历来高度重视环保工作，严格坚守发展和生态两条底线，“既要金山银山，又要绿水青山”。公司致力于将环保治理打造为集团新的竞争优势，采取各种措施，解决生猪养殖产生的粪污问题。公司狠抓食品安全，对饲料原料进行严格检测，合格入库。

公司积极响应省市县统战部、工商联倡导的“千企帮千村”扶贫行动计划，与玉屏县朱家场镇桐木村结成对口帮扶关系，对桐木村合作养殖农户进行重点培训和现场指导，根据桐木养殖小区年出栏数量，按每头15元支付给桐木村，用于精准扶贫行动，每年支持资金9万元左右。

在玉屏县委、政府及社会各界的大力支持下，玉屏温氏公司取得了快速发展，创造了温氏集团成立33年来的“玉屏速度”，已经有近500户养殖户加入到合作养猪的行列。2016年，公司合作农户养殖肉猪出栏8.1万头，合作农户收入2 443万元。温氏集团在玉屏的成功实践，受到国家、省、市各级领导的重视。2015年9月，贵州省生态畜牧业现场观摩会在玉屏温氏猪场现场观摩；2016年4月，全省扶贫项目观摩会到玉屏温氏总部现场调研；2016年5月5日，全国政协副主席杨正伟一行到玉屏温氏公司调研产业扶贫工作；2016年5月18日，贵州省委副书记谌贻琴到玉屏温氏调研；2016年7月18日，省委书记陈敏尔到公司调研指导……

玉屏温氏在贵州的成功实践以及创造的“玉屏速度”，增强了温氏集团在贵州发展的信心，仅2016年就在贵州成立了6家一体化养殖公司，投资额将超过25亿元，未来仍会继续加大在贵州的发展力度，带动更多的农户通过养猪脱贫致富。

贵阳正邦畜牧有限公司

正邦集团成立于1996年，是农业产业化国家重点龙头企业、国家农产品加工技术创新机构，拥有博士后科研工作站和江西省唯一国家生猪核心育种场，先后荣获“中国名牌产品”“全国饲料企业30强”“中国企业500强”“中国养猪行业百强企业”等称号是中国饲料工业10强（第5位）、全国生猪养殖企业10强（第3位）、全国种鸭繁育企业10强（第3位）。正邦科技于2007年8月17日在深圳证券交易所上市，成为江西省民营企业第一家首发上市公司。集团下属农牧、农资、粮油、零售、金融投资五大产业，有300多家子/分公司，遍布二十多个省市、自治区，2011年，集团总产值突破210亿元大关；2012年10月，正邦科技成为贵州省农委国家级核心原种场的合作伙伴。

贵阳正邦畜牧有限公司是正邦集团在贵州投资兴建的一家绿色无公害饲料生产企业，公司位于贵阳市花溪区小孟工业园。2006年，公司系经贵州省商务厅批准，由江西正邦科技股份有限公司、成信（香港）有限公司、贵阳楚才投资咨询服务有限公司共同出资成立的外商投资企业，现有注册资本1 000万元，是贵州20万t级饲料企业之一，现拥有贵州省最先进的膨化乳猪料生产线。

公司设立了饲料研究开发的技术部，主要针对贵州高原气候、水土环境、养殖结构和消费习惯，专业研制、生产、销售畜禽绿色安全饲料。公司现有大专以上学历技术人员28人，开展全新的企业品质管理，并以不断开拓、勇于创新的精神，引进国外先进技术，不断研制开发高品质、高效益的科技创新产品。2010年12月7日，公司取得省科学技术厅颁发的“高新技术企业证书”，2016年成为“农业产业化贵州省重点龙头企业”。

贵阳双胞胎饲料有限公司

贵阳双胞胎饲料有限公司是由双胞胎（集团）股

份有限公司投资设立的，坐落于贵州省贵阳市白云区粑粑坳。公司成立于2008年，注册资本100万元，是一家集饲料研发、生产、销售、技术咨询服务为一体的现代化大型饲料生产企业，专注于猪饲料的生产销售，设计年生产能力36万t，具有配套的、先进的生产设备以及生产辅助设备，各工段均实现自动化，自动化程度高。

公司秉承双胞胎集团“以养户为中心，以奋斗者为本”的企业文化，致力于客户服务，以“务实高效、开拓创新；艰苦奋斗、自我批评；诚信协作、争创一流”的双胞胎精神，以“服务养殖，共赢未来”作为使命，助力集团实现2020年销售收入1 000亿元的宏伟目标，实现集团构建全球最大的养猪服务平台的愿景，参与推动集团的发展，同时为推动贵州饲料工业的发展做出贡献。

2016年，公司全年生产猪饲料产品69 955t，营业收入合计30 845万元；2017年，公司将向着86 000t目标的产量前进。在质量管理方面，公司秉承“质量是双胞胎人的品格与自尊”的理念，在当地区、市、省各级饲料管理部门以及双胞胎集团的指导与支持下，根据《饲料质量安全管理规范》等相关法律法规的要求，建立了各项严格的质量责任管理制度和质量控制体系。在安全生产方面也建立了严格的安全责任管理制度和安全控制体系。

目前，公司的主要有乳猪料、浓缩料、小猪料、乳猪奶粉、中大猪料等产品，包括双胞胎、金苹果等系列产品，公司产品主要销售到贵州省各乡镇，根据产品特点，推出特有的养猪模式，帮助养户提高饲料的利用率、降低养户成本，与养户实现互利共赢。

贵阳特驱希望农业科技有限公司

贵阳特驱希望农业科技有限公司成立于2006年1月17日，是华西希望·四川特驱投资集团旗下分公司，借集团西部大开发的东风，为满足养殖户的需求，投资人民币5 000万元在贵州兴建的一家现代化饲料生产企业，其中环保投资100万元人民币。

公司位于贵阳市观山湖区三铺村，占地面积50余亩，南紧邻321国道和贵黄高速公路，东距贵阳市区15km，西到清镇市10km，林东铁路货运站距公司仅2km，交通十分便利，地理位置优越。

公司环境优雅，设备一流，拥有国内饲料行业最先进的饲料生产设备和化验分析设备，生产全过程采用电脑微机控制，应用先进的饲料后喷涂工艺技术，具有年产20万t优质畜、禽饲料的生产能力。

公司由总经办、综合部、生产部、质管部、财务部、销售部等部门组成，主要生产“特驱”牌、“万千”系列饲料，是应用国内外饲料行业的最新研究成果，结合贵州养殖环境，通过电脑精细准确配料，推出的新品牌，具有适口性好、生长速度快、饲料转化率高、肉质细嫩、绿色环保安全等特点，是养殖致富的好产品。

公司以“推动畜牧业发展，建设贵州新农村”为目标，奉行“质量第一、信誉第一、服务第一”的企业宗旨，实行“创新、速度、科学规范、廉洁、活力”的经营理念，以“普及中华，为中国老百姓做点实实在在的事情”为己任。公司为广大养殖户和经销商朋友营造了一个发展的共赢平台。

公司为了保证饲料产品质量的不断优化，花巨资进行产品研发及开发，根据饲养情况，结合各地区优势，实时优化公司产品。公司总部与四川农业大学动物科技学院共建“博士工作站”，为公司产品研发提供后续保障。

公司至2006年成立伊始，在公司产品质量保持稳定的情况下，销量步步高升，从一开始的不足千吨，到2016年月销量超万吨，全年总产量超10万t，增长率达10倍。2016年，公司产销量快速、大幅增长，单月及年总量均稳居贵州饲料行业第二位。

公司为推动贵州养殖事业的发展，结合贵州养殖现状，大力发展家庭农场试养殖模式。目前经与集团养殖公司“贵阳德康希望农牧有限公司”“平坝德康农牧有限公司”“松桃德康农牧有限公司”达成合作关系，为公司养殖户及家庭农场主提供优质纯种种猪、二元种猪、优质公猪，为养猪户的种猪品种改良提供保障，并提供公司优质饲料，最大限度地提高养殖户生产效率，保证养殖户的利益最大化。

云 南 省

金钱饲料（昆明）有限公司

金钱集团于1982年进入中国，是中国国内最早的外资饲料企业之一，目前已在东莞、珠海、漳州和昆明建有公司。

金钱饲料（昆明）有限公司于2003年12月经云南省人民政府批准正式进驻昆明，2004年12月正式投产，装机产能18万t/年。公司位于昆明市安宁太平镇320国道旁，交通便利，占地面积16 000多m^2，设备齐全。

金钱饲料（昆明）有限公司拥有国内目前最先进的饲料生产和检测设备，产品均由国际、国内营养师根据云南养殖实际进行设计，最严格的集团原料采购标准和先进的生产工艺流程完全能够保证产品品质。

金钱饲料（昆明）有限公司拥有一支积极肯干、

责任心强、独立协同、勇于创新的员工队伍。公司深知个性化产品及优秀产品给顾客带来经济效益的重要性，因此，金钱饲料（昆明）有限公司一直致力于研发和生产优质产品，经过十多年的努力与创新，现已在省内众多饲料企业中跃居前茅。

公司的目标是为客户提供优质的产品及解决方案，把金钱打造为行业领域具有高信誉度和受人尊敬的雇主品牌及业务合作伙伴！

禄丰天宝磷化工有限公司

禄丰天宝磷化工有限公司地处省级禄丰工业园区勤丰片区的沙龙村委会，是 2010 年由县重点招商引入，由浙商合资成立的民营企业。公司先后投资 3.8 亿元，建成了年产 20 万 t 硫铁矿制酸配套 6 000kW 余热发电和年产 30 万 t 饲料级磷酸氢钙的生产规模。公司不仅整体通过了 ISO 质量管理体系认证，饲料级磷酸氢钙产品还通过了欧盟 FAMI－QS 认证，远销澳大利亚、马来西亚、印度尼西亚、泰国、韩国、叙利亚等多个国家。2016 年，公司实现销售收入 5.37 亿元，所得税后利润 4 300 万元（应缴所得税 750 万元左右）。

从建厂至今，公司先后荣获“楚雄州优强民营企业”“楚雄州知名商标”“云南省著名商标”“云南名牌产品”“云南民营企业 100 强”“2013—2014 年工业企业缴税先进企业”“广东温氏食品集团股份有限公司优秀供应商”等荣誉称号。公司还是云南省饲料工业协会副会长单位、楚雄州浙江商会副会长单位。

为实现公司更好更快发展，公司与国信证券、北京金诚同达律师事务所、天职国际（深圳）会计师事务所等机构签署了有关 IPO 方面的合作协议，正准备在深圳中小板上市。

云南海大生物科技有限公司

云南海大生物科技有限公司是广东海大集团投资组建的一家大型现代化饲料生产、经营企业。公司总投资约 1 亿元，占地面积 50 余亩，拥有 3 条时产 30t 的鱼、猪配合饲料生产线，设计年生产能力 20 万 t，是以饲料生产、销售、服务为主体的大型饲料企业。公司坐落在昆明市宜良县北古城镇宜良饲料工业园，周围交通便利。

公司引进武汉明博生产的全套饲料生产设备，专业生产鱼、猪配合饲料和猪浓缩饲料。公司生产设备先进，使用了德国 PLC 中央控制系统、全自动 PLC 配料系统、高效的牧羊混合机、美国 CPM 制粒机等先进设备，各关键生产岗位人员均持证上岗，人机配套科学，有效地保证了生产质量。公司检测设备齐全，性能指标高，化验人员业务水平强，100%持证上岗，公司产品及原料的检验能力达到了一定水平，保证了原料的质量。公司现拥有研究生、本科、专科各类专业技术人员 100 余人，公司员工中大、中专以上文化程度的占 80%，技术实力雄厚。

在饲养研究方面，集团在广东、海南等地区建立了六个中试基地。在产品研究方面，海大水产畜牧研究中心现在已成为行业先进的科研机构，是广东省指定的博士后工作站，享有良好的业界口碑。集团与公司结合中国的养殖实际情况，经过总部畜牧水产研究中心精心设计的配方和严格的养殖试验，筛选出具有国内领先水平的猪料以及南美白对虾、罗氏沼虾、海水鱼、淡水鱼、鲤鱼、鲫鱼、鳊鱼、草鱼等系列水产饲料配方。

公司建立了完善的质量管理度，始终遵循“以用户为中心”的经营模式，把为顾客创造更多的效益作为公司的指导方针。凭借海大集团雄厚的资金实力和强大的科研实力，运用国际国内最新科研成果，经集团畜牧水产研究中心精制而成了高科技水产畜牧系列。优质配方，将为使用该产品的养殖朋友带来巨大的经济效益。云南海大将秉承海大集团“以科技为导向，以质量求生存，以服务促发展”的宗旨，为促进中国畜牧水产养殖业的健康发展做出贡献。

云南快大多畜牧科技有限公司

云南快大多畜牧科技有限公司成立于 1991 年，是一家专门从事畜禽、水产动物营养研究以及专业化的饲料生产企业。公司成立以来，始终秉持“专业化、现代化”的企业价值观，肩负“为客户创造价值，为社会贡献效益”的企业使命，围绕“服务‘三农’、发展‘三农’、改变‘三农’、致富‘三农’”的经营思路，大力实施品牌战略和专业化发展战略。公司先后荣获了“国家高新技术企业”“云南省科技型中小企业”“云南省创新型企业”“云南省农产品深加工科技型企业”“农业产业化经营省级重点龙头企业”“云南省成长型中小企业”“玉溪市优强企业”等多项殊荣。公司建立的企业技术中心于 2014 年被云南省工业和信息化委员会认定为云南省企业技术中心，为云南省规模较大的饲料生产企业。

公司以科技创新为突破，着力实施了一批重大科技项目，取得了若干自主知识产权，其中发明专利 4 项、实用新型专利 12 项、外观专利 4 项。公司承担的科技项目获得省、市、区科技进步奖励 20 余项。2016 年 4 月 12 日，“李德发院士工作站”在公司正式挂牌成立，通过产学研的有机结合，推动人才培养，技术进步，推进无抗环保型饲料的研发与推广，使公司迈入科技创新和发展的快车道。

陕西省

西安菲兰谱生物营养有限责任公司

西安菲兰谱生物营养有限责任公司，立足于生物化工与动物营养交叉学术领域，专业研发新型功能性饲料添加剂。

经过多年不懈的努力与大量的配套试验，菲兰谱在育肥猪快速增重和高效食欲调控技术范畴内所做出的各种技术努力，为公司赢得了国内外客户的信任和同行友商的认可。

公司一直致力于健康、环保、符合公众消费利益及动物福利的生物营养因子的研发，力求提供为大多数客户共同接受的无食品残留、无毒副作用、高效快速促进动物生长、显著调控动物采食量、提升肉品质量与风味的营养因子。

公司秉承“诚信进取，厚德载物”的公司经营理念，专业服务于全球各地各类客户，为他们提供并协助开发促生长类高端产品，公司将竭尽全力成为优秀的核心技术产品供应商，诚信对待所有客户、员工及技术合作伙伴。公司所有的商业行为也值得他们信赖。

洛南县华南麦饭石开发有限责任公司

洛南县华南麦饭石开发有限责任公司，成立于2003年8月，位于洛南县城关镇韩兴村，是一家专业生产加工各种饲料级麦饭石的企业。

公司成立十五年来，在政府及饲料监管部门的帮扶下，经过公司全体员工的奋斗，现已发展成拥有总投资1 000万元、职工50余人（其中专业技术人员12人）、占地面积30余亩、建筑面积6 000m^2、年产5万t的生产型企业，产品远销省内外，赢得了客户的一致好评。公司拥有0.78km^2储量50万t的麦饭石露天开采矿山一座，使原料供应得以稳健保证，充分保证了市场对麦饭石产品的需求。历年来公司取得了长足发展，并荣获了“十佳饲料企业”“先进集体”、省质量服务信誉“AAA级单位”等荣誉称号。

多年来，经过分析和分解发现，公司生产的麦饭石粉由2 500多种成分组成，对禽畜的生长有很大帮助：可以增加产奶量，防止饲养失调，减轻排泄物的气味；有助于家畜的健壮，提高身体及血液中pH，改善肠功能；提高饲料质量标准，降低家禽的死亡率；防止腹泻，提高肉的质量，减少脂肪含量。所有这些功效的产生都是因为麦饭石能释放出禽畜所缺乏的导致各种疾病的微量无素（矿物质）。

公司地处秦岭东段南麓，洛南县城东段，207省道路旁，距西合铁路30km、陇海铁路80km，与沪陕高速入口相距8km，交通运输方便，环境优越。公司将竭诚为广大用户提供最优质的产品和最好的服务。

陕西瑞之源农牧科技有限公司

陕西瑞之源农牧科技有限公司于2012年成立，是集科研转化、生产销售、服务于一体的民营股份制企业。公司生产基地占地20亩，投资747万元建成全自动化饲料复合载体生产线，各种品控、监测、实验设备齐全。公司首创的“乐添”牌无机微丸载体集中应用在维生素、酶制剂、饲料调味剂、药物预混剂、饲料预混料等行业，其产品完全符合GB 13078《饲料卫生标准》的要求。

公司联合西安交通大学医学部、西北工业大学材料学院、陕西科技大学轻化工助剂化学与技术创新中心和农业部饲料质量监督检验测试中心（西安）的教授专家成立研发团队，先后对饲料与饲料添加剂新产品的安全性评价、饲料添加剂微丸载体的应用研究、生物饲料与饲料添加剂的研究与开发、饲用蛋白酶和动物药品抗结块剂的应用分析和微粉干法造粒工艺技术应用分析等进行研究开发，促进了公司技术进步的提速。目前公司已获得和已经申报的专利技术有十三项，高新技术企业正在申报中。2017年2月，公司在陕西省股权交易中心成长版正式挂牌，企业代码800750。

公司秉承“复合微丸载体应用方案服务商”的经营宗旨，崇尚“自然、分享、合作”的经营理念，竭诚和客户一起分享产品价值。饲料产品升级换代，瑞之源提供解决方案。

甘肃省

甘肃元生农牧科技有限公司

甘肃元生农牧科技有限公司是一家集饲料生产、畜禽养殖、高效农业种植、食品加工为一体的大型农牧企业，先后被评为“国家级高新技术企业”“甘肃省非公有制经济组织先进基层党组织”“甘肃省农业产业化重点龙头企业”“甘肃省企业质量信用等级评价AA级企业”“甘肃省农业发展银行AA级信用企业”。公司现已获各项国家专利24项。由公司研发的拥有自主知识产权的“肉羊全混合日粮”研发项目已获国家科技部创新基金立项，并顺利通过科技成果鉴定，该产品的生产填补了国内市场的空白。公司开展的“湖羊金昌肉用新品系培育”项目工作，旨在培育形成一个适应我国西北地区气候条件，耐寒耐旱的高繁殖力肉羊杂交母本新品系，实现规模舍饲肉羊养殖效益的大幅度提高。该项目计划于年内提请国家农业部验收。

公司已建成10万t牛羊全混合日粮生产线和10万t牛羊精料补充料生产线、万只肉羊育种场、3万t有机肥加工生产线、日产11 000m³的大型沼气集中供气站以及年处理30万t尾菜加工生产线及配套设施，已形成以羊产业为主导产业的综合性农业循环经济全产业链，成为甘肃省资源节约型、环境友好型循环农业示范企业。

甘肃大北农

甘肃大北农农牧科技有限责任公司是北京大北农科技集团股份有限公司全资子公司，是以扶鹏飞、付记北老师为卓越代表的西北事业部全体成员十余年的艰苦创业和不懈努力下所收获的喜人硕果，同时也是一个崭新的创业起点。公司于2012年11月开始筹建，坐落在兰州新区国家级经济技术开发区工业园区昆仑山大道3555号，2014年8月20日正式破土动工，总占地面积78.22亩，土地投资、生产设备、固定资产及流动资金近亿元。公司设计年生产能力为猪饲料18万t，采用国内一流的牧羊系列生产设备和先进的检验化验设备，是目前西北地区投资规模最大、生产能力最强、技术工艺最新的饲料生产厂家。

甘肃大北农农牧科技有限责任公司实行总经理负责制，分为市场服务团队和科技园服务团队，市场服务团队由公司总经理王兴虎老师兼任，生产基地服务团队由李松山老师负责。公司全体员工将众志成城，全力弘扬大北农企业文化，继续传承“坚定信念、吃苦奉献、勇创第一”的西北精神，为颠覆行业格局、转变陈旧观念、引领甘肃农牧业发展做出应有的贡献。

武威新正大饲料有限公司

武威新正大饲料有限公司成立于2007年，地处武威市城西工业区，年生产能力达10万t，现拥有固定资产1 000多万元，是一家新时期崛起的新型高科技农牧企业。公司地理位置优越，交通便利，经济实力雄厚，管理规范，拥有先进的畜禽料生产设备、预混料生产设备和专业的反刍料生产设备。公司采用国内最先进的生产工艺，选择高精度电子配料秤、高均匀度无残留混合机等先进设备，利用最优质的原料，生产全过程实现了电脑监控，还有完善的检验设备先进的检测手段。

公司现有员工50余人，其中管理技术人员10人，大专以上学历员工有20余人，拥有一支素质良好业务能力强的销售队伍。公司自投产以来，始终以提高农民养殖为目的，发挥产供销一条龙产业化经营的整体优势，以推进名牌战略为切入点，全心全意为养殖户服务，帮助养殖户获得更好的效益。

武威新正大饲料有限公司是一家集预混料、浓缩料、水产料生产于一体的市级龙头企业。结合西北地区畜牧业的现状及发展趋势，以科技为先导，凭借雄厚的科研实力和人才优势，秉承“客户至上，质量第一”的经营理念，创新出一套完善的“产品质量保障体系”。以稳定高效的质量来保障产品的市场竞争力，以诚信换取客户对“新正大”的信任，为市场提供标准化的产品，应用“客户解决方案”和“技术管理体系”为用户提供功效价格比俱佳的产品。公司以发展优质、专业、高效的产品为市场定位，创立“一流企业，一流品质”的企业品牌形象，被武威市工商局评为“诚信单位”，被金融企业评为“AAA”级信用企业。公司已具备了较强的融资发展、资本运作及资源整合的能力，这也为公司发展创造了宽松的环境。

甘肃德华生物股份有限公司

“为客户成功而奋斗，为员工增值而努力”。甘肃德华生物股份有限公司成立于2000年五月，是一家从事畜禽动物营养技术研发与服务、畜禽动物保健与疫苗销售、畜禽饲料生产与销售、饲料原料贸易等业务的综合性高新技术企业。公司旗下现有甘肃金瑞生物科技有限公司、兰州名卓生物科技有限公司、甘肃隆牧国际贸易有限公司、景泰德华饲料有限公司、张掖市德华饲料有限公司、天水德华饲料有限公司、甘肃德华生物股份有限公司临洮分公司七家全资分（子）公司。

公司成立以来获得多项甘肃省及饲料行业的表彰及荣誉称号：2002年荣获“全国饲料行业科技进步先进集体”称号，同时被甘肃农业大学确定为硕士研究生、本科生培养教学基地；2005年成为“甘肃省畜牧协会副会长单位”，同年经甘肃省科学技术厅批准，成立甘肃省饲料工程技术研究中心，并承担多个研究课题；2006年被确定为“甘肃省农业产业化重点龙头企业”；2007年被甘肃省人事厅评为“甘肃省兰州留学人员创业园区先进企业”；2010年受邀加入“甘肃质量网会员单位”。

公司秉承技术、服务相统一的原则，以市场为导向，积极推进自主研发体系建设，为公司的持续发展提供强有力的支持。同时，公司与世界著名企业合作，将先进的草食动物营养、饲料生产工艺、饲养管理模式等因地制宜地运用到西北反刍动物产品研发与技术服务中，使西北地区畜牧业与技术服务行业得到快速发展。

公司以“德祐客户、升华员工”为宗旨，坚持“人的价值高于物的价值，团队价值高于个人价值，客户价值高于产品价值"的价值观，以优良的产品品质，优质的技术服务，科学规范的管理，实现了经济效益与社会效益并举的良好局面。

武威和生源饲料有限公司

武威和生源饲料有限公司是2010年成立的一家专业从事反刍动物营养研究、饲料研发，集生产、销售、养殖服务于一体的专业化、现代化的饲料企业。公司地处于中国历史文化名城——甘肃省武威市城东工业区。公司自成立以来，以优质的产品和服务，依托独特的地理优势和市场优势，快速成长壮大，成为甘肃饲料行业的知名企业，并荣获工业区的"先进企业"和武威市"诚信红榜企业"等荣誉称号。

公司现占地面积13 000多m^2，拥有国内先进的反刍动物饲料生产线一条，先进的专业化反刍饲料检测化验室一个，年生产能力12万t。现有在职人员60多人，大专以上学历的有30多人，还有动物营养博士1人、畜牧兽医专业人员20多人、饲料检测化验员2人。公司的团队年轻、富有朝气，踏实肯干，认真执著，敢闯敢拼，勇于创新，这也已经成为行业和客户对公司的一致评价。

公司产品涉及牛羊浓缩料和精补料及肉羊育肥全日粮等，配方采用先进的电脑软件进行操控，通过先进全自动生产设备生产，按照饲料安全生产管理体系进行品质控制，产品的品质赢得了养殖户的高度认可和评价。

公司秉承"掌握核心科技，引领行业育肥模式"的理念，不断创新和进行科技转化，公司研制的"牛博士""绿之源"系列产品，以独特的优势成为立足武威、辐射西北的优秀品牌，产品销售覆盖至甘肃、宁夏、青海、新疆等地，销量连续在甘肃反刍饲料中位居前列。

公司始终以科研的前沿化、采购的高标准化、生产加工和检验的专业化、销售服务的一体化满足客户的需求，以服务于西北养殖业为己任，助力推动西北反刍行业的发展。

青 海 省

门源永兴生态农牧开发有限公司

门源县永兴生态农牧开发有限公司位于青海省海北州门源县海北生物园区，公司成立于2011年11月，注册资金1 000万元，是集饲草料种植、饲料的研发、生产与销售、牛羊养殖与繁育为一体的综合型、科技型的民营企业。公司拥有永盛农牧机械专业合作社、永兴饲料加工厂和永旺绿色肉牛示范基地专业合作社三个经营实体，2012年被授予"海北州州级龙头企业"，2013年、2015年被授予"省级农牧业产业化龙头企业"。

公司采取"公司＋合作社＋基地＋农户"的经营模式，带动和吸收了周边100余人就业，先后承担了海北州、门源县、祁连县藏羊"两年三胎"、牦牛"一年一胎"养殖技术推广项目的饲料供应，质量稳定，受到农牧民的好评，为农牧民经济收入的增加做出了突出贡献，实现了科技兴农助企。

公司2016年种植饲用大麦2.5万亩，带动农户1 000余户，是门源县种草养畜及产品加工技术集成与示范基地。公司生产的"金花"牌配方饲料不仅满足青海市场，同时还销往外省市，2016年饲料销售3万t，产值达9 000万元，实现利税800万元。永旺绿色肉牛示范基地专业合作社系青海省农牧厅定点畜禽规模养殖场，是以养殖、科研、改良、推广为一体的标准化畜牧养殖基地，2014年被门源县科协命名为"农村科普示范基地"，2014年被海北州高原现代生态畜牧业科技试验示范园命名为"良种肉牛扩繁基地"，2015年4月被省农牧厅等八部委联合评定为农牧民专业合作社"省级示范社"。

合作社自成立以来，以市场为导向、良种为基础、产业化经营为纽带、生产为中心，在资源节约和生态循环的经济理念指导下，集中建设肉牛示范基地，实现肉牛养殖的规模化、一体化建设。

永兴生态农牧开发有限公司的三个经营实体既相互独立，又紧密相连。依托"龙头公司＋基地＋合作社＋农户"经营模式，形成了"种植业＋加工业＋养殖业＋销售市场"的绿色循环产业链，实现了科学化、产业化、规模化运作方式，增强了企业抗风险能力。

青海乌金化工有限责任公司

青海乌金化工有限责任公司成立于2000年8月，注册资金600万元，占地面积15 000m^2，固定资产800余万元，有职工30余人，年产值3 500万元以上。公司生产、销售的产品有饲料添加剂、工业精制盐、粉洗盐、工业盐、鲜皮处理剂、软化活性剂、融雪剂等。

公司生产的产品获得了国家商业联合会科学技术进步奖和国家专利局专利，通过了国家质量管理体系认证中心ISO 9001：2008质量认证，被评选为省级"文明诚信民营企业"、省级"AAA"企业、省级"守合同、重信用"企业、诚信经营A级示范企业""海西蒙古族藏族自治州科技进步二等奖""青海省著名商标""海西蒙古族藏族自治州重点龙头企业"。公司一直坚持"诚信为本、质量第一"的经营理念，产品在市场份额上不断攀升，销往青海、甘肃、宁夏、内蒙古等地，2014 年实现产值 3 600 余万元，上交税金 80 余万元。

据国家相关部门统计，目前每年用饲料添加剂氯化钠 600 万 t，作为产盐大省的青海省还没有一家生产该产品的企业，公司占据青海省的有力地理位置，距柯柯盐湖仅 5km，于是，公司开始增加饲料添加剂氯化钠的开发生产，经青海省农牧厅批准生产、销售饲料添加剂氯化钠，为青海省弥补了该行业的空白，更能满足甘、青、宁等省部分企业的需求，年产值 3 800 万元，上交税金 100 万元。

宁夏回族自治区

宁夏大北农科技实业有限公司

宁夏大北农科技实业有限公司位于银川德胜工业园区永胜西路 9 号，占地面积 170 多亩，现有干部员工 398 人，拥有两个生产厂区，装备了国际一流水平的布勒生产设备，拥有年产 60 万 t 清真牛羊肉奶专用饲料生产基地、年产 19 万 t 高档水产饲料生产基地、年产 19 万 t 高档猪饲料生产基地三大基地。“大北农”“泽光”两大品牌以畜禽、水产、反刍三大系列 80 多种优质饲料已经走出宁夏、走向西北。宁夏大北农先后荣获“国家级农业产业化重点龙头企业”“国家高新技术企业”“中国驰名商标企业”“全国农产品加工业示范企业”“中国商业名牌企业”“全国知识产权优势企业”“自治区企业技术中心”“自治区饲料技术创新中心”“自治区院士工作站”“宁夏名牌产品”“宁夏著名商标”“企业标准化管理为 AAAA 级单位”等荣誉。2015 年顺利通过农业部“《饲料质量安全管理规范》示范企业”验收及 ISO 9001、ISO 14001 认证等，获得发明专利授权 15 项、实用新型授权专利 8 项、自治区新产品 11 项、自治区科技成果 8 项，科研成果十分喜人。

宁夏大成永康营养技术有限公司

宁夏大成永康营养技术有限公司是台湾大成集团全资子公司，专业从事反刍动物饲料生产及销售。台湾大成集团创立于 1957 年，主要从事饲料、肉品及食品的制造及销售，在国内东北、华北、华中、华南各省及东南亚多国均有投资，为信誉良好、经营实力雄厚的台湾最大农畜集团。近几年并加速扩充水产加工及餐饮品牌的经营，已发展成为亚太地区集饲料、食品、餐饮、营养科技等多项事业的国际性农畜食品集团。

宁夏大成永康营养技术有限公司位于银川经济技术开发区西区，占地面积 50 亩，年产 12 万 t 无抗反刍饲料。依据宁夏市场的产品需求及销售计划，分两个阶段进行建厂：第一阶段以散装精补料及浓缩料的生产及供货系统作为销售主轴，并强化肉牛肉羊料的市场拓展，第二阶段将增设预混料及犊牛、羔羊代奶粉生产车间供应宁夏及陕、甘、内蒙古等周边市场的需求。宁夏大成永康营养技术有限公司年产 12 万 t 无抗反刍饲料，总投资金额为 1.2 亿元，其中固定资产投资 9 000 万元，流动资金投资为 3 000 万元。建成启用后，将对宁夏饲料产业结构的调整起到有力的促进作用，可落实相关食品质量安全及可溯源系统的实践，在保障消费者在享用安全美味食品并维护健康上做出实质有力的贡献。

宁夏杨哈吉清真农牧产业发展有限公司

宁夏杨哈吉清真农牧产业发展有限公司位于同心县羊绒工业园区，成立于 2006 年 7 月，2014 年 3 月正式投产，公司法人代表杨坚。公司总资产 5 088 万元，其中固定资产 1 765 万元。公司采购建设 1 条 40 型饲料生产线，时产 10t，年产 6 万 t，生产线采用微机自动控制，设备由大创集团、江苏牧羊、江苏溧阳饲料机械有限公司、西门子机电公司提供，目前主要生产经营的产品有反刍动物浓缩饲料与精料补充料。公司现有员工 51 人，其中回族 45 人、汉族 6 人，外聘博士 2 名、教授 1 名，职工中有本科生 13 名、大专生 8 名。公司设总经办、采购、生产、品管、技术、销售、财务、行政人力资源七大职能部门，自投产以来，实现营业收入 4 000 余万元，2016 年生产浓缩饲料 3 000t，精料补充料 1 020t，营业收入 1 182 万元，辐射带动 3 000 余户农民从事养殖产业。在杨哈吉人不懈的努力之下，杨哈吉得到了社会各界的好评，并荣获诸多荣誉，2014 年 9 月被评为“宁夏中小企业 50 强”，并获得“金牛奖”；2015 年 10 月顺利通过农业部“《饲料质量安全管理规范》示范企业”验收；2016 年 7 月顺利通过食品安全管理体系与质量管理体系认证。

宁夏伊品生物科技股份有限公司

宁夏伊品生物科技股份有限公司是由成立于 1999 年的原宁夏谷氨酸厂改制而成，2015 年饲料添加剂出口交货值 8.5 亿元，固定资产 49.8 亿元，净利润 1.7 亿元。公司主导产品赖氨酸、苏氨酸、色氨酸、味精、复混肥等，已销往全国 30 多个省、市、自治区，出口 50 多个国家和地区，产品的综合市场占有率名列行业前三甲。公司现有职工 2 760 人，其中高级职称 32 人、中级 80 人、初级 130 人，本科学历以上的员工有 378 人，拥有北京中科伊品和宁夏总部两个科技研发中心。公司设备选型遵循装置大、能耗低、效率高的原则，生产环节采用闭路循环、清洁高效的新工艺、新技术，生产线全部实行DCS自动化控制，产酸、转化、提取率等工艺技术指标居同行业先进水平，各种原辅料与动力消耗、吨产品废水排放量等指标远低于行业标准，形成了原辅材料、能源、水资源“吃干榨尽”的产业链。企业综合竞争实力不断增强，产品市场与品牌影响力稳步拓展，被评为“国家高新技术企业”“国家级农业产业化重点龙头企业”“自治区重点扶持的非公有制骨干企业”。

宁夏紫光天化蛋氨酸有限责任公司

宁夏紫光天化蛋氨酸有限责任公司（简称“宁夏紫光”）是由重庆紫光2013年6月在宁夏中卫市注册成立的公司，注册资本6亿元。2016年公司总资产突破40亿元，其中固定资产24亿元，主营饲料级固体DL-蛋氨酸。蛋氨酸是饲料添加剂中唯一限制性含硫氨基酸，是畜禽必需的主要氨基酸之一。宁夏紫光2014年10月一期5万t/年蛋氨酸产品正式投放市场，2016年8月二期5万t/年蛋氨酸产品投放市场，目前两条生产线生产良好，日产蛋氨酸300t，年产能力预计达到10万t。公司基础配套原料辐射宁夏及其周边省份，蛋氨酸合成中间体关键催化剂拥有核心技术，生产设备基本国产化。公司于2015年5月取得ISO 9001：2008质量管理体系认证，2015年8月取得FAMI-QS欧洲饲料添加剂和预混合饲料质量体系认证，并设立质量管理团队维护体系日常运作，对全过程监督，充分保障产品质量。在科研成果方面，公司核心竞争力在于具有自主知识产权的技术创新和清洁生产技术，目前公司拥有80余项蛋氨酸产业链技术专利。在环保和安全方面，公司不定期举行公众开放日，全民监督公司运行。公司荣获“法制环保·美丽宁夏”环保法电视知识竞赛三等奖，2014年荣获“发展中卫创业奖”，2015年荣获“中卫安全生产先进单位”。宁夏紫光争创宁夏回族自治区环保标杆企业！

宁夏金维制药股份有限公司

公司成立于2010年7月，位于银川市永宁县望远工业园区，注册资本12 000万元，占地面积6.18万m^2，建筑面积1.8万m^2。公司现有职工258人，其中研究生及本科以上学历50人，占公司员工总数19.4%，高中及大专以上学历208人，占公司员工总数80.6%。公司于2010年通过欧盟FAMI-QS认证并取得证书，2012年4月通过新版药品GMP认证，为宁夏首家通过新版药品GMP认证企业，2013年8月通过了伊斯兰食品研究中心（香港）有限公司HALA认证并取得证书；2013年荣获市工商局、企业诚信促进会“守合同重信用企业”荣誉称号，2014年荣获市工商局、企业诚信促进会“守合同重信用企业”荣誉称号；2015年3月取得全国工业产品——食品添加剂（QS）生产许可证书，2016年1月通过BRC“英国零售业协会——全球食品安全标准”认证并取得证书，2016年1月份通过CEP（COS）欧洲药典适应性证书认证并取得证书。2016年8月3日，金维公司“新三板”正式挂牌上市，8月23日取得腺苷钴胺GMP认证证书，24日公司被自治区非公局认定为自治区第三批“专精特新”中小企业。公司现有自主商标5项、发明专利3项。

宁夏昊胜傲农饲料科技有限公司

宁夏昊胜傲农饲料科技有限公司成立于2015年12月，是一家集反刍饲料研发、生产、销售、科技服务为一体的高科技农牧企业。公司隶属于福建傲农生物科技集团股份有限公司，是吴忠市“利通区清真牛羊肉（奶）专用饲草料配送中心”招商引资项目。公司法人代表隋晓东，总资产1 500万元，其中固定资产930万元。公司现有一条SZLH420反刍饲料生产线，年产量12万t，主营产品为肉牛、肉羊、奶牛专用精料补充料及浓缩饲料。公司于2016年3月正式投产，产品辐射宁夏、内蒙古等省区专业养殖场、合作社及规模牧场。2016年7月，公司与伊利乳业集团旗下饲料板块——悠然牧业达成战略合作，助推乳品行业发；2016年9月顺利通过国家农业部“《饲料质量安全管理规范》级示范企业”验收。作为一家股份制民营企业，公司在股东大会及董事会的领导下，目前下设七个部门，分别负责公司整体运营、采购、生产、品控及产品研发、销售、财务管理及办公室综合事务，各部门相互配合，已基本建立一套符合本公司运行的管理体制。有竞争力的薪酬激励体系有效地激发了员工动力，彰显公司人力资源及不断丰富创新的企业文化。作为傲农集团旗下的分公司，宁夏昊胜傲农饲料科技有限公司更是严格按照准上市公司的标准管理公司。

青铜峡国雄饲料有限公司

青铜峡国雄饲料有限公司建于1998年，是一家独资企业。公司坐落于赋有“塞上明珠”之称的宁夏青铜峡市，是新希望集团在西北地区投资建立的第一家集畜禽、反刍、水产饲料为一体的工厂。公司占地面积36亩，西临109国道、北临青铜峡市唐源路，环境优美、交通便利。目前公司总资产1 500万元，其中固定资产540万元，公司采购建设2条400型饲料生产线，采用饲料行业先进技术工艺，单班日产

180t，年产设计能力8万t。目前公司配备完整的业务部门，包括总经办、办公室、财务部、销售部、品管部、生产部、技术服务部，近三年年平均生产量为50 000t左右，实现销售收入16 000万元左右，辐射带动养殖户1 000余户。公司始终遵循“为耕者谋利，为食者造福”的经营理念，设立严格的原料使用标准和验收标准，有完善的质量管理体系，通过了ISO 9001质量管理体系认证。

公司自成立以来先后被国家、自治区、市等各级政府部门授予“全国饲料工业科技进步先进集体”“东西部合作工程优秀项目”“AAA级信用企业”“科技企业证书”“非公有制经济发展奖”“优秀民营企业”“质量信得过产品”“产品质量成绩突出企业”“重合同守信用企业”“青年岗位能手兴质量先进集体”“非公有制经济先进集体”“优秀基层党支部”等多项荣誉称号。

新疆维吾尔自治区

喀什泰昆饲料有限责任公司

喀什泰昆饲料有限责任公司隶属于新疆泰昆集团股份有限公司，是其旗下全资子公司，位于喀什地区疏勒县南疆齐鲁工业园区黄河路，占地面积50亩，于2009年9月开工建设，2010年6月正式投产运营，一期投资产能6万t/年，二期投资产能10万t/年。公司现有职工82人，其中大中专以上学历人员37人、专业技术人员26人。

公司主要产品有畜禽配合饲料、畜禽浓缩饲料，年产能6万t，工艺设计在同行业中处于领先水平，2016年饲料产量为4.2万t。公司的主要生产设备均引进国内、国际名牌产品，具有成套的原料接收与清理工段、粉碎与进仓工段、配料与混合工段、制粒工段和成品打包工段以及压缩空气系统、液体添加系统和中央除尘系统等附属设备，生产过程均由电脑操作并监控，保证了产品质量。公司建设完备的仓储设施，现有三个立筒仓，原料库和成品库总容积8 000t，满足了原料和成品保管需求。

多年来，喀什泰昆饲料有限责任公司秉承集团公司“吃苦奉献、务实协作、开拓创新”的精神，以及“打造顶尖农牧企业，制造绿色健康食品”的企业使命，立足南疆，服务“三农”，对南疆社会经济发展、农牧业增效、农牧民增收和农业产业结构调整起到了积极的作用。

阿克苏泰昆饲料有限责任公司

阿克苏泰昆饲料有限责任公司是新疆泰昆集团投资成立的具有独立法人的有限责任公司。新疆泰昆集团是集种鸡饲养、鸡苗孵化、饲料生产、畜禽养殖、鸡肉制品加工销售、油脂加工贸易为一体的新疆农牧产业化集团。

阿克苏泰昆饲料有限责任公司成立于2001年5月，地处新疆阿克苏地区阿克苏市南工业园区，公司下设生产、技术、质量、销售、采购等7个部门，现有员工84人，其中研究生、本科、大专以上学历人员占80%。公司具有独立的技术研发中心，配备先进的检化验设备，具有独立的品质管理体系，现有专利3项。公司年设计生产能力10万t，设备总投资2 000万元，主要生产各种畜禽、水产配合饲料系列产品以及畜禽水产浓缩饲料系列产品。

公司主要生产设备由具有国内先进水平的正昌饲料设备专业厂家提供，具有完整的原料接收与清理工段、粉碎与进仓工段、配料与混合工段、制粒工段和成品打包工段以及压缩空气系统、液体添加系统和除尘系统，生产设备高效运作，生产产品质量可控。

阿克苏泰昆饲料有限责任公司全体员工坚持秉承“成为最受尊重的农牧企业”的文化理念，始终坚持不懈地实施制度创新、技术创新和管理创新，不断优化企业组织结构、资本结构和产品结构，用自己独特的经营理念，在新疆养殖业和饲料行业中创造了快速、高效、独特的发展之路。

新疆呼图壁种牛场有限公司西域春饲料分公司

新疆呼图壁种牛场有限公司西域春饲料分公司是新疆呼图壁种牛场的全资子公司，是一家专业从事生产奶牛、肉牛饲料的加工企业。公司成立于1966年，位于呼图壁种牛场，全场占地面积300亩。

2012年开始，呼图壁种牛场先后对西域春饲料分公司投资9 000多万元，引进国内最先进的饲料加工设备，建成年产15万t的牛羊饲料生产线一条；2014年又建成了西北地区第一条玉米压片生产线，使西域春饲料年生产规模达到20万t，为发展现代养牛业奠定了基础。目前，西域春饲料分公司饲料产品主要供应呼图壁种牛场的九个牧场及周边奶牛、肉牛养殖小区等。

公司的牛羊精料补充料生产线采用国内先进的电脑自动化控制系统，配料、混合、制粒等工序全程采用电脑控制，整个生产过程、重点环节实施全程监控。严把原料质量关，生产原料从采样到结果只需15min，便可对原料的质量进行判定。对每批成品进行取样检测在5min内便可得到分析结果，多年来，经检测，公司产品的出厂合格率达到99%以上。

2016年，公司生产销售各类饲料6.6万t，产值

2.02亿元，为西域春乳业公司优质奶源的提供了饲料保障。

经过多年的发展，西域春饲料公司的产品已经得到了新疆及西北地区广大养殖户的认可。展望未来，西域春饲料公司将紧紧抓住国家及自治区大力发展畜牧业的利好政策，强化创新，狠抓管理，保质量、保市场、保服务，依托便利的资源优势，为新疆的养殖业提供更多、更优质、更可靠的饲料产品，为新疆畜牧业的健康发展做出更大的贡献。

新疆天康饲料科技有限公司乌鲁木齐分公司

新疆天康饲料科技有限公司乌鲁木齐分公司成立于2006年11月8日，位于安宁渠路2号，占地近百亩。公司在集团总部近年来的研制、生产复合预混饲料及浓缩饲料的经验和科技成果基础上，结合新疆的水文地质情况和畜禽疾病的特点，选用国外进口的核心原料和防病药品，消化吸收美国营养专家多年的配方技术和饲料科技成果，借助国内外先进的饲料生产工艺和设备，并在健全的产品质量跟踪服务运行模式、产品质量市场反馈机制、产品的售前、售中、售后服务机制的保证下，研制开发出畜禽用颗粒状（膨化）和粉状配合饲料系列产品，现拥有独立的生产线三条，年生产能力达18万t。

①畜禽专业生产线年产15万t，主要生产畜禽全价配合饲料、浓缩饲料，共7个系列、近100个品种，主导产品如肉黄鸡料产品、蛋鸡料产品、猪料产品等遍布新疆天山沿线，产品市场将辐射从呼图壁、昌吉等地区到哈密、吐鲁番等地区。

②鱼料专业生产线年产3万t，鱼料工艺采用二次粉碎、二次混合，两级调质，制粒温度达到90～95℃，从而保证原料的超细分及原料充分糊化，达到原料品质的提升。

③小料预混合专业生产线。对0.2%小料进行预混合，预混设备全部为不锈钢材料，残留少、混合均匀度高，减少了量小原料（重点添加剂）的混合不均匀现象，从而保证产品质量。

近年来，公司秉承专业专注专线的理念研制生产产品。生产的肉黄鸡料更贴近市场，更适合规模养殖，更关注性价比；肉鸡料40天出栏体重2.5kg料肉比1.85；黄鸡料65天出栏体重2.5kg，料肉比2.35。生产的蛋鸡料首推蛋鸡阶段养殖模式，是养殖户一直追求的目标。生产的猪料——“喜乐发”等系列是从天康畜牧养殖基地经大量验证的产品，从动物营养需要出发，适合的营养套餐更关注组合效益。鱼料产品推广高产养殖模式，推动新疆水产业发展，提高生产成绩，增加养殖效益，其中草鱼料亩产2t，饵料系数1.7，鲤鱼料亩产2t，饵料系数1.5。

公司按照严格检验程序，原料进厂、产品出厂前做到100%检测。采用集团中心化验室先进的检测设备——近红外分析仪、氨基酸分析仪、高效液相色谱仪、原子吸收分光光度计、纤维素分析仪、能量分析仪等对原料产品进行系列相关检测，先进的检测设备、专业的检测人员、严格检验流程为生产合格的产品保驾护航。

“天康品质、深的信赖”是天康人的经营理念，天康乌鲁木齐分公司将秉承“努力学习、不惜思考、勤奋工作、诚实做人”的企业精神，秉承天康质量方针：选用好原料，使用好设备，生产好产品，服务好用户，与新疆畜牧业同仁共同发展、共同进步，为新疆畜牧业发展做出一份贡献。

青 岛 市

青岛康大饲料科技有限公司

青岛康大饲料科技有限公司是隶属于青岛康大集团的食品产业。公司成立于2008年2月，以生产配合饲料、浓缩饲料为主，现有规模设计年产能力可达25万t。公司生产粉料、颗粒料、破碎料，能够满足广大养殖户的养殖需要，并为康大食品自属养殖场专供兔、鸡饲料。

自2004年起，康大集团投资过亿元建设了国内最先进、规模最大的肉兔良种繁育基地。经过六年的发展，康大已拥有了领先国内同行业的肉兔良种繁育基地、国际最先进的标准化养殖模式以及标准化的生产加工车间，形成了集饲料加工、育种、养殖、生产加工、出口销售于一体的产业化运作模式。

在质量管理方面，公司秉承“产品源人品，质量源细节”的产品质量理念，推行ISO 9000和HACCP质量管理体系，对各环节进行层层把关，定期对品控、检验人员进行专业培训，提高检化验人员的专业水平，确保产品质量一直处于行业领先水平。

创新是企业不断发展的灵魂，是企业生存的保障。公司拥有一支强有力的研发团队，具有较强的核心技术攻关能力。饲料配方借鉴了欧洲先进技术，结合国内养殖的特点，同时根据当地原料实际情况进行科学设计及合理搭配，使营养更加全面，更加安全，在料肉比、成活率、适口性等方面均走在同行业的前列。每批新原料、每次配方的调整都事先在康大自属养殖场进行试验，确保产品安全才投入正式生产，以确保产品质量安全。

品牌既是企业的无形资产，又是企业的形象代表。在当今竞争激烈的市场环境下，康大六和饲料公司始终把安全和质量作为头等大事来抓，用最先进的技术给予养殖业主无私的帮助，对农业养殖的推动起着至关重要的作用。

康大六和饲料公司始终坚持“秉承康大精神，致力共赢发展”的行为宗旨，真正做到客户、员工、企业、社会的共赢，受到了广大养殖业户的广泛赞誉。

有梦想才有未来。公司秉承企业“务实创新、实干学习、合作创新、共同发展”的销售理念，在同行业中起到了表率的作用，肩负起社会的责任和义务，为畜牧业发展注入活力，推动了畜牧业的发展。

青岛中仁动物药品有限公司

青岛中仁动物药品有限公司坐落于美丽的胶州湾畔，东邻沈海高速公路，北靠胶济铁路，毗邻黄海，环境优美，交通便利，是一家以高科技为依托，集科研、开发、生产、销售、服务于一体的现代化制药企业。公司创建于2000年，占地面积78.8亩，建筑面积12 000m^2，仓库面积约3 000m^2，现有职工200余人。

公司在创始之初就确立了“以科技为先导，以质量求生存，以创新促发展”的经营理念。公司现有饲料添加剂（枯草芽孢杆菌、液态嗜酸乳杆菌、液态干酪乳杆菌、酿酒酵母、乳酸片球菌、液态产朊假丝酵母、液态沼泽红假单胞菌）生产线，混合型饲料添加剂［液态（乳酸＋丙酸＋柠檬酸）］生产线，维生素预混合饲料、微量元素预混合饲料、复合预混合饲料、液态维生素预混合饲料、液态复合预混合饲料生产线。

公司在运营过程中，大力加强企业文化建设，着力培养认同公司价值观、爱岗敬业、诚实守信的优秀人才，全心全意服务于中国养殖业。公司从事一线的科技专业技术人员占员工总数的62%，其中研究员3名、研究生25名。目前公司已与中国水产科学研究院黄海水产研究所、中国科学院海洋研究所、青岛大学、青岛农业大学及青岛科技大学建立了良好的产、学、研合作关系，共同成功合作了多个项目。与中国水产科学研究院黄海水产研究所合作的“养殖刺参疾病无抗化防控技术集成与产品研发”项目已获得国家级项目资金支持、“海参专用免疫型微生态制剂的产业化开发”项目获得青岛市创新型中小企业培育计划项目和青岛市公共领域科技支撑计划项目支持；“裂壶藻的培养及DHA藻油提取的产业化”“雨生红球藻的培养及虾青素提取的产业化”“碱性蛋白酶的产业化开发”项目已被列入“青岛市企业技术创新重点项目计划”。公司将一如既往地注重研发能力的建设，加大科技投入，进一步开发绿色、安全、高效的兽药及渔药产品。

公司“德普”牌兽药先后荣获“青岛市著名商标”“山东省著名商标”的称号，被国家科技部授予“国家高新技术企业”，被青岛市人民政府评为“青岛市五十强民营科技企业”。公司研发中心被认定为“青岛市企业技术中心”，被山东省科技厅认定为“山东省渔药工程技术研究中心”，被青岛市科技局认定为“青岛市渔药工程技术研究中心”；公司微生态实验室被青岛市科技局认定为“青岛市动物微生态及生理效应重点实验室”。公司被评为青岛市“守合同重信用企业”，被山东省畜牧协会授予“讲诚信　创名优”先进单位，被国家发展与改革委员会评为“全国动物保健品行业百强企业”，并获得“中国兽药土畜进出口商会”会员证书。公司多项技改创新项目获国家专项资金支持，其中“加酶微生物添加剂预混合饲料产业化开发项目”获得“国家级星火计划项目”证书。公司产品现已得到了广大养殖者和用药单位的信赖与认可，已成为养殖者心目中的明星产品。

公司将秉承“以人为本，服务社会，应变创新，勇做一流”的企业宗旨，秉承“以德制药，普爱生命”“全心全意为养殖者服务”的企业信念与使命，时刻追求卓越，勇往直前。公司愿与国内外同仁精诚合作，共铸辉煌明天！

2017中国饲料工业年鉴

统计资料

中国饲料工业统计资料

2016年全国饲料总产量

单位：t

地 区	总产量	配合饲料	浓缩饲料	添加剂预混合饲料
全国总计	209 175 246	183 945 098	18 323 760	6 906 388
北 京	2 622 170	1 615 516	349 118	657 536
天 津	2 110 547	1 401 874	428 485	280 189
河 北	13 420 400	11 440 947	1 842 136	137 317
山 西	2 856 576	2 562 630	263 237	30 709
内蒙古	2 786 040	2 133 172	607 204	45 664
辽 宁	10 738 785	7 873 161	2 672 901	192 723
吉 林	3 213 696	2 299 827	862 860	51 009
黑龙江	5 828 542	2 606 120	2 921 100	301 322
上 海	1 622 199	1 229 155	150 614	242 430
江 苏	11 232 281	10 467 935	413 124	351 222
浙 江	4 194 764	4 006 478	61 445	126 842
安 徽	5 981 798	5 641 726	191 192	148 880
福 建	8 824 768	8 426 218	150 358	248 191
江 西	9 020 051	8 139 798	255 757	624 496
山 东	25 872 244	23 922 525	1 179 800	769 919
河 南	11 371 084	9 482 540	1 254 809	633 735
湖 北	8 761 191	8 290 638	296 010	174 544
湖 南	11 732 863	10 808 831	402 395	521 637
广 东	28 248 133	27 094 318	471 739	682 076
海 南	2 425 247	2 422 901	—	2 346
广 西	12 164 073	11 829 787	168 139	166 147
重 庆	2 309 633	2 062 941	241 731	4 961
四 川	10 701 054	9 790 047	625 973	285 035
贵 州	1 233 965	881 848	352 118	—
云 南	3 662 473	2 644 112	960 929	57 432
陕 西	3 012 167	2 127 505	778 407	106 255
甘 肃	926 747	684 433	231 640	10 674
青 海	111 554	109 579	503	1 473
宁 夏	282 338	222 449	47 012	12 877
新 疆	1 907 860	1 726 087	143 024	38 749

2016年全国配合饲料产量

单位：t

地 区	小 计	猪饲料	蛋禽饲料	肉禽饲料	水产饲料	精料补充料	其他饲料
全国总计	183 945 098	71 753 474	25 355 800	57 987 833	19 040 047	6 575 429	3 232 514
北 京	1 615 516	440 990	205 854	337 114	78 795	458 065	94 698
天 津	1 401 874	360 306	83 935	171 232	459 517	288 179	38 705
河 北	11 440 947	3 042 735	4 413 752	2 013 812	585 143	948 214	437 292
山 西	2 562 630	499 514	831 906	1 127 972	798	55 617	46 823
内蒙古	2 133 172	134 270	212 080	229 033	9 820	1 466 727	81 242
辽 宁	7 873 161	2 055 565	1 659 650	2 932 549	420 105	678 693	126 600
吉 林	2 299 827	594 274	835 221	455 097	7 760	206 937	200 539
黑龙江	2 606 120	826 010	594 030	357 000	151 040	452 010	226 030
上 海	1 229 155	356 692	408 801	321 163	78 786	57 750	5 962
江 苏	10 467 935	2 831 492	1 412 060	3 199 467	2 727 192	94 624	203 099
浙 江	4 006 478	1 579 600	427 547	883 288	959 889	59 875	96 279
安 徽	5 641 726	1 403 107	879 582	2 907 445	317 181	21 112	113 300
福 建	8 426 218	3 724 329	1 022 645	2 320 984	1 326 314	158	31 788
江 西	8 139 798	5 657 022	788 701	1 036 842	637 141	—	20 092
山 东	23 922 525	5 297 230	1 959 964	15 324 740	373 975	482 303	484 313
河 南	9 482 540	4 402 290	1 097 665	2 783 649	505 462	237 383	456 090
湖 北	8 290 638	2 684 304	1 834 585	1 451 227	2 319 945	577	—
湖 南	10 808 831	7 541 475	1 038 942	943 750	1 250 801	2 274	31 589
广 东	27 094 318	11 222 083	2 011 529	9 118 121	4 455 353	33 917	253 314
海 南	2 422 901	954 583	180 249	947 751	340 318	—	—
广 西	11 829 787	6 051 160	593 132	4 620 083	565 271	—	141
重 庆	2 062 941	1 149 676	253 978	484 287	118 720	10 586	45 694
四 川	9 790 047	5 799 438	1 042 779	2 075 424	608 541	95 974	167 890
贵 州	881 848	440 957	153 415	201 904	43 889	29 323	12 360
云 南	2 644 112	840 534	386 175	918 182	439 029	52 586	7 606
陕 西	2 127 505	1 217 258	425 751	276 953	79 176	126 444	1 923
甘 肃	684 433	307 914	105 488	102 053	13 125	114 103	41 750
青 海	109 579	20 550	—	—	—	87 357	1 672
宁 夏	222 449	28 572	22 684	35 042	41 457	94 118	577
新 疆	1 726 087	289 544	473 698	411 670	125 504	420 524	5 147

2016 年全国浓缩饲料产量

单位：t

地　区	小计	猪饲料	蛋禽饲料	肉禽饲料	水产饲料	反刍动物饲料	其他饲料
全国总计	18 323 760	11 384 395	3 168 825	1 698 131	16 439	1 832 992	222 979
北　京	349 118	297 414	22 019	4	113	28 386	1 183
天　津	428 485	351 999	18 226	—	—	51 032	7 228
河　北	1 842 136	950 978	530 899	23 696	—	308 439	28 123
山　西	263 237	94 605	119 892	1 381	—	44 465	2 894
内蒙古	607 204	109 181	58 592	28 512	1 120	407 872	1 927
辽　宁	2 672 901	1 031 586	739 235	642 594	13	243 164	16 309
吉　林	862 860	473 134	189 694	110 042	1 052	88 178	759
黑龙江	2 921 100	1 205 030	737 010	603 030	—	317 010	59 020
上　海	150 614	140 323	77	252	—	4 863	5 099
江　苏	413 124	402 591	2 535	910	910	6 176	3
浙　江	61 445	61 299	—	—	—	—	146
安　徽	191 192	188 038	831	1 311	203	707	102
福　建	150 358	150 358	—	—	—	—	—
江　西	255 757	205 931	20	95	305	—	49 406
山　东	1 179 800	1 052 124	47 739	6 831	507	71 915	685
河　南	1 254 809	962 795	192 112	75 406	352	17 326	6 819
湖　北	296 010	270 500	3 508	19 563	2 439	—	—
湖　南	402 395	399 727	200	690	1 003	600	175
广　东	471 739	432 525	3 086	7 444	7 861	—	20 823
海　南	—	—	—	—	—	—	—
广　西	168 139	150 333	3 940	13 866	—	—	—
重　庆	241 731	202 783	35 865	1 983	—	1 101	—
四　川	625 973	597 714	8 387	1 916	—	14 497	3 458
贵　州	352 118	334 362	2 365	6 560	—	4 813	4 018
云　南	960 929	899 407	12 579	36 978	—	11 814	151
陕　西	778 407	252 769	364 059	70 979	423	89 513	665
甘　肃	231 640	83 282	29 748	15 706	—	94 031	8 873
青　海	503	—	—	—	—	503	—
宁　夏	47 012	11 331	9 585	12 900	82	8 006	5 108
新　疆	143 024	72 277	36 624	15 480	56	18 581	6

2016 年全国添加剂预混合饲料产量

单位：t

地　区	小　计	猪饲料	蛋禽饲料	肉禽饲料	水产饲料	反刍动物饲料	其他饲料
全国总计	6 906 388	4 119 162	1 521 117	426 677	243 052	390 595	205 785
北　京	657 536	288 878	255 917	11 948	9 251	71 718	19 825
天　津	280 189	112 968	100 080	8 637	2 171	48 715	7 618
河　北	137 317	44 895	41 339	8 865	2 237	20 574	19 408
山　西	30 709	8 736	13 902	5 805	—	999	1 266
内蒙古	45 664	6 533	596	1 642	—	36 894	—
辽　宁	192 723	77 263	64 871	26 981	4 238	7 720	11 650
吉　林	51 009	14 296	13 828	12 140	—	3 638	7 106
黑龙江	301 322	134 510	67 900	49 750	652	37 650	10 860
上　海	242 430	128 240	50 759	12 042	3 628	22 013	25 749
江　苏	351 222	161 306	137 505	23 729	8 019	18 861	1 801
浙　江	126 842	92 525	11 480	11 267	8 745	199	2 625
安　徽	148 880	95 103	21 920	16 078	1 758	2 813	11 208
福　建	248 191	219 120	6 585	10 484	11 005	3	995
江　西	624 496	611 798	3 121	1 876	2 213	—	5 488
山　东	769 919	239 395	368 754	62 651	6 040	59 600	33 480
河　南	633 735	497 138	108 035	14 408	1 171	8 790	4 193
湖　北	174 544	106 320	52 659	5 637	9 928	—	—
湖　南	521 637	466 060	36 171	11 542	1 142	1 329	5 393
广　东	682 076	458 229	33 806	47 231	118 338	107	24 366
海　南	2 346	2 346	—	—	—	—	—
广　西	166 147	99 674	8 693	53 730	4 049	—	—
重　庆	4 961	4 330	307	175	14	135	—
四　川	285 035	164 913	39 522	20 094	44 803	13 813	1 889
贵　州	—	—	—	—	—	—	—
云　南	57 432	23 727	24 099	2 785	996	865	4 960
陕　西	106 255	37 120	51 638	3 790	1 516	10 202	1 988
甘　肃	10 674	3 180	598	338	—	5 615	943
青　海	1 473	82	—	—	—	1 391	—
宁　夏	12 877	6 964	1 468	891	—	3 232	322
新　疆	38 749	13 515	5 565	2 160	1 137	13 720	2 651

2016 年全国饲料工业总产值和营业收入基本情况

单位：万元

地　区	饲料工业		饲料产品	
	总产值	营业收入	总产值	营业收入
全国总计	80 135 260	77 783 482	72 937 185	70 902 569
北　京	1 379 843	1 447 835	1 336 373	1 403 621
天　津	1 190 162	1 169 840	1 154 781	1 136 013
河　北	3 530 686	3 338 272	3 363 052	3 174 631
山　西	874 052	771 655	868 890	768 395
内蒙古	1 178 187	1 180 379	754 080	762 723
辽　宁	3 662 915	3 636 479	3 503 770	3 482 383
吉　林	1 208 117	1 208 117	948 040	948 040
黑龙江	2 117 470	1 935 413	2 030 010	1 850 200
上　海	815 441	814 734	626 159	625 719
江　苏	4 936 475	4 684 381	3 951 836	3 694 788
浙　江	2 784 250	2 661 108	1 659 236	1 548 143
安　徽	1 734 428	1 719 558	1 714 435	1 701 815
福　建	3 145 395	3 082 157	3 089 931	3 038 020
江　西	3 259 152	3 215 414	3 138 978	3 103 641
山　东	13 400 050	12 833 108	12 194 358	11 771 074
河　南	3 072 151	2 802 697	2 932 244	2 698 501
湖　北	3 425 440	3 324 547	3 123 447	3 045 693
湖　南	4 478 083	4 425 678	4 349 522	4 320 173
广　东	9 355 992	9 254 697	9 086 510	8 989 895
海　南	727 772	698 661	727 574	698 471
广　西	3 718 173	3 607 469	3 645 487	3 535 624
重　庆	805 274	807 714	798 880	801 681
四　川	4 038 898	4 003 027	3 699 898	3 679 624
贵　州	598 652	554 033	488 281	453 812
云　南	2 019 380	1 937 435	1 663 900	1 599 708
陕　西	1 093 164	1 053 137	1 088 740	1 050 044
甘　肃	370 855	370 855	370 470	370 470
青　海	30 466	30 419	30 356	30 356
宁　夏	369 060	398 829	87 668	105 228
新　疆	815 276	815 834	510 277	514 084

2016年全国饲料加工企业基本情况

单位：家

地　区	总数	企业经济类型							
		国有	集体	私营	联营	股份	港澳台	外商	其他
全国总计	10 027	164	43	5 448	64	3 769	128	241	170
北　京	218	6	2	99	—	97	4	2	8
天　津	148	7	1	84	—	35	5	15	1
河　北	952	9	6	491	2	435	2	5	2
山　西	181	3	2	12	5	155	—	4	—
内蒙古	242	6	1	148	2	81	—	2	2
辽　宁	712	8	1	416	—	270	6	10	1
吉　林	315	6	—	147	2	150	3	7	—
黑龙江	368	6	2	157	3	187	1	12	—
上　海	135	4	2	65	2	46	5	8	3
江　苏	595	10	4	340	5	193	17	19	7
浙　江	395	3	2	245	—	133	4	5	3
安　徽	299	6	—	219	—	57	4	7	6
福　建	299	3	—	157	3	102	14	15	5
江　西	204	3	5	100	—	91	3	2	—
山　东	1 229	30	2	688	4	439	8	37	21
河　南	535	6	1	236	1	269	4	7	11
湖　北	441	6	—	285	1	141	3	4	1
湖　南	412	7	2	182	—	207	3	9	2
广　东	733	10	4	373	5	264	32	23	22
海　南	42	—	2	24	7	5	—	—	4
广　西	267	1	—	112	19	124	1	7	3
重　庆	127	3	—	77	—	42	—	3	2
四　川	430	—	2	333	—	16	3	26	50
贵　州	83	1	—	25	—	52	2	1	2
云　南	260	4	1	180	1	67	—	5	2
陕　西	172	3	—	94	—	63	3	2	7
甘　肃	93	—	—	92	1	—	—	—	—
青　海	15	2	—	10	—	3	—	—	—
宁　夏	39	—	—	22	—	15	1	1	
新　疆	86	11	1	35	1	30	—	3	5

2016年全国饲料加工企业职工情况

单位：人

地区	职工总数	其中职工学历构成					其中技术工种人员构成		
		博士	硕士	大学本科	大学专科	其他	小计	检化验员	维修工
全国总计	476 123	1 892	9 150	69 302	107 343	288 436	36 394	22 003	14 391
北京	8 631	130	416	1 624	2 244	4 217	520	323	197
天津	6 283	28	199	1 370	1 569	3 117	406	258	148
河北	28 508	69	269	3 174	6 380	18 616	2 661	1 647	1 014
山西	4 376	15	53	595	1 001	2 712	412	233	179
内蒙古	14 088	29	188	2 250	4 487	7 134	1 276	706	570
辽宁	17 851	67	359	2 930	4 134	10 361	2 185	1 483	702
吉林	8 361	61	108	1 091	1 921	5 180	959	580	379
黑龙江	8 009	19	38	189	272	7 491	1 037	696	341
上海	11 399	33	185	1 575	2 279	7 327	1 097	618	479
江苏	38 337	138	954	7 306	8 781	21 158	2 387	1 472	915
浙江	23 824	100	655	4 516	4 629	13 924	2 200	1 434	766
安徽	9 685	33	146	1 291	2 162	6 053	756	349	407
福建	13 766	40	182	1 667	2 354	9 523	1 028	545	483
江西	11 261	32	161	1 393	2 590	7 085	746	423	323
山东	70 642	267	1 827	9 635	17 393	41 520	4 172	2 589	1 583
河南	23 218	137	457	3 042	6 567	13 015	1 764	1 054	710
湖北	30 776	70	668	4 937	6 695	18 406	1 533	891	642
湖南	18 251	85	280	3 167	5 551	9 168	1 982	1 453	529
广东	37 160	258	931	5 477	6 762	23 732	2 853	1 517	1 336
海南	1 453	—	4	120	349	980	112	75	37
广西	10 982	23	107	1 356	1 991	7 505	865	620	245
重庆	6 872	21	103	998	2 444	3 306	348	204	144
四川	34 221	143	457	3 460	5 546	24 615	2 453	1 315	1 138
贵州	2 890	9	21	339	765	1 756	221	136	85
云南	11 604	26	89	1 924	2 625	6 940	951	508	443
陕西	6 840	25	126	920	1 926	3 843	461	283	178
甘肃	4 448	8	30	950	630	2 830	247	154	93
青海	266	—	4	42	69	151	54	28	26
宁夏	2 834	17	41	387	659	1 730	322	185	137
新疆	9 287	9	92	1 577	2 568	5 041	386	224	162

主要饲料原料进出口情况

2016 年主要饲料原料进出口情况

原料类别	出口数量（万 t）	同比（%）	进口数量（万 t）	同比（%）	出口金额（万美元）	同比（%）	进口金额（万美元）	同比（%）
玉米	4 071.4	－63.3	3 168 195.4	－33.0	288.1	－41.0	63 855.3	－42.4
大豆	128 264.4	－4.2	83 230 183.0	1.8	10 964.8	－12.9	3 401 808.5	－2.6
豆粕	1 876 117.1	10.6	18 076.7	－69.7	79 624.1	3.4	1 349.4	－67.6
饲料用鱼粉	342.2	－90.3	1 036 995.4	1.1	44.0	－91.9	161 228.1	－10.0
蛋氨酸	335 369.0	28.8	2 552.2	88.1	36 591.5	13.1	520.9	50.2
赖氨酸	25 101.4	206.7	167 553.3	12.9	9 057.4	43.0	52 254.7	－31.0

2016 年各月度玉米进出口情况

月份	出口数量（t）	同比（%）	进口数量（t）	同比（%）	出口金额（万美元）	同比（%）	进口金额（万美元）	同比（%）
1月	38.6	－79.2	8 193.2	－98.6	3.4	－89.1	321.2	－97.9
2月	615.0	2 283.7	62 272.7	－89.7	29.0	184.2	1 226.9	－92.3
3月	25.0	－89.6	575 472.8	1 035.0	1.0	－89.6	11 199.6	762.7
4月	278.0	－95.0	1 155 539.5	719.4	10.3	－92.9	22 227.0	583.4
5月	19.0	－96.7	1 036 964.2	156.6	6.4	－70.6	19 868.0	119.1
6月	420.1	16.7	67 064.9	－92.3	15.3	12.0	1 431.3	－92.4
7月	60.5	－90.9	29 148.3	－97.4	3.1	－90.0	786.2	－96.7
8月	321.8	－10.0	26 611.7	－95.6	13.4	－46.6	697.2	－94.7
9月	65.9	－89.9	19 227.1	－88.7	2.7	－89.1	529.1	－86.5
10月	208.7	－78.3	14 607.1	－66.1	49.1	－9.9	539.9	－63.7
11月	714.7	35.1	31 619.6	68.2	73.7	19.5	1 153.1	63.2
12月	1 304.0	38.0	141 474.3	6.3	80.8	29.4	3 875.8	0.7

2016年各月度大豆进出口情况

月份	出口数量（t）	同比（%）	进口数量（t）	同比（%）	出口金额（万美元）	同比（%）	进口金额（万美元）	同比（%）
1月	11 426.7	69.9	5 656 897.3	−17.7	999.5	47.4	219 448.2	−34.2
2月	7 921.2	−50.4	4 507 768.2	5.7	634.1	−60.2	171 106.5	−13.9
3月	10 950.8	1.8	6 097 536.3	35.7	918.4	−16.2	228 561.9	13.2
4月	14 393.6	−12.5	7 071 137.8	33.2	1 493.5	−17.5	266 785.0	12.0
5月	14 055.1	−25.5	7 664 175.9	25.1	1 214.4	−33.0	295 830.1	11.8
6月	12 047.9	−25.7	7 564 805.2	−6.5	960.6	−25.8	301 862.3	−13.5
7月	6 782.9	−35.1	7 757 786.4	−18.3	564.6	−33.0	325 260.0	−19.3
8月	8 143.8	−4.8	7 671 101.1	−1.4	655.9	−3.2	329 275.5	0.3
9月	6 844.4	−17.4	7 193 758.1	−0.9	497.3	−35.2	307 851.7	1.9
10月	8 472.8	117.1	5 213 722.6	−5.7	751.0	110.3	224 872.5	0.6
11月	15 802.2	171.7	7 835 413.1	6.0	1 344.6	124.1	338 230.9	15.3
12月	11 422.9	−4.2	8 996 081.0	−1.4	931.0	−12.2	392 723.7	9.7

2016年各月度豆粕进出口情况

月份	出口数量（t）	同比（%）	进口数量（t）	同比（%）	出口金额（万美元）	同比（%）	进口金额（万美元）	同比（%）
1月	112 019.5	−30.9	3 239.4	−68.6	4 987.6	−39.0	234.1	−66.4
2月	102 118.5	−12.6	2 724.7	−60.3	4 454.4	−22.7	184.9	−61.3
3月	170 519.0	11.0	650.0	−90.6	6 866.2	−4.9	53.9	−88.9
4月	126 508.5	41.7	1 018.5	−87.4	5 016.3	14.3	85.8	−84.7
5月	165 400.6	−10.4	1 372.0	−82.6	6 473.4	−23.5	115.0	−79.1
6月	217 492.0	74.6	1 322.1	−63.9	8 489.7	48.9	109.8	−56.7
7月	197 214.3	6.2	1 001.0	22.1	8 026.6	3.1	84.7	12.7
8月	264 052.4	90.0	1 093.0	−64.1	11 612.6	105.6	86.9	−62.8
9月	200 907.4	−3.2	900.0	−70.2	8 879.9	−0.8	75.0	−64.4
10月	104 180.7	5.0	549.0	−87.0	4 861.6	6.8	43.4	−85.6
11月	123 812.2	70.7	900.0	−63.1	5 676.1	69.7	75.0	−52.7
12月	91 892.0	−42.8	3 307.0	37.7	4 279.5	−38.7	201.1	18.5

2016 年各月度饲料用鱼粉进出口情况

月份	出口数量（t）	同比（%）	进口数量（t）	同比（%）	出口金额（万美元）	同比（%）	进口金额（万美元）	同比（%）
1月	0.5	−99.9	69 124.0	−6.8	0.1	−99.8	11 726.0	−18.3
2月	0.0	−100.0	21 701.8	−45.6	0.0	−100.0	3 664.9	−55.2
3月	58.0	−70.5	68 762.8	8.6	6.6	−77.9	10 827.2	−16.1
4月	29.0	−97.3	122 970.8	100.0	3.2	−98.3	18 729.6	55.3
5月	99.0	−78.6	132 361.9	172.5	11.9	−82.0	20 367.8	114.2
6月	0.0	−100.0	104 717.2	45.8	0.0	−100.0	15 172.9	14.7
7月	16.0	60.0	83 541.1	−45.4	2.8	71.9	12 280.3	−54.1
8月	36.5	−46.3	115 243.3	−0.3	5.4	−42.5	18 405.1	−5.0
9月	54.0	—	129 557.5	42.2	7.1	—	21 176.4	57.7
10月	0.0	—	79 148.9	−9.2	0.0	—	12 757.9	−4.9
11月	0.0	−100.0	69 462.5	−31.3	0.0	−100.0	10 643.2	−33.9
12月	49.2	−41.8	40 403.6	−65.8	6.9	−18.9	5 476.9	−72.4

2016 年各月度赖氨酸进出口情况

月份	出口数量（t）	同比（%）	进口数量（t）	同比（%）	出口金额（万美元）	同比（%）	进口金额（万美元）	同比（%）
1月	21 036.8	−11.1	245.0	−7.3	2 185.7	−35.6	54.7	−32.1
2月	24 518.3	1.0	0.3	−93.8	2 521.4	−21.0	0.3	−98.2
3月	29 863.8	42.8	441.0	1 838.0	3 214.6	20.1	78.6	135.8
4月	28 146.8	4.9	218.0	9.0	2 915.9	−14.6	42.1	66.9
5月	26 442.4	1.2	76.2	15.8	2 766.3	−15.8	31.1	2.8
6月	30 999.3	50.5	320.2	129.3	3 417.8	31.9	71.9	138.0
7月	29 457.0	40.7	117.6	46.0	3 383.5	33.6	16.4	−5.0
8月	32 651.4	75.8	76.4	−61.9	3 827.8	68.1	45.6	48.6
9月	29 644.0	40.6	163.1	226.0	3 572.9	44.9	33.1	125.8
10月	25 775.9	37.2	100.0	635.2	2 794.9	27.2	14.3	−15.7
11月	31 729.0	70.6	102.6	−52.3	3 398.4	59.1	21.5	−45.0
12月	25 104.4	25.6	691.8	591.8	2 592.2	18.0	111.3	676.7

2016 年各月度蛋氨酸进出口情况

月份	出口数量（t）	同比（%）	进口数量（t）	同比（%）	出口金额（万美元）	同比（%）	进口金额（万美元）	同比（%）
1月	1 389.2	215.7	14 452.0	0.7	654.6	53.4	4 869.6	−28.2
2月	566.4	41.5	11 224.1	32.4	328.6	10.6	3 718.8	−4.5
3月	1 485.9	258.9	16 680.8	18.1	676.3	138.9	5 734.6	−4.8
4月	1 409.4	250.0	12 446.6	−11.3	595.7	79.5	4 199.2	−31.2
5月	1 008.6	151.2	13 965.1	18.4	490.4	47.9	4 420.2	−19.3
6月	940.2	198.3	15 921.2	26.5	430.2	45.5	4 956.0	−17.0
7月	1 033.3	100.6	17 132.0	17.6	440.7	1.6	5 289.9	−24.9
8月	2 519.8	156.4	14 454.0	30.7	906.7	58.0	4 579.5	−7.1
9月	1 873.1	125.8	14 987.0	140.5	655.4	−59.1	4 675.9	−70.7
10月	2 827.5	93.8	10 256.0	−14.2	917.8	30.4	2 978.6	−24.3
11月	5 726.8	410.0	12 780.2	4.0	1 700.8	188.9	3 487.9	−14.6
12月	4 321.2	379.3	13 254.3	−21.5	1 260.2	169.8	3 344.6	−39.7

（刘芊麟）

大事记

农业部畜牧业司

（全国饲料工作办公室）

2016年2月5日　农业部结合对30个省（区、市）开展饲料质量安全监测工作情况，向社会通报了2015年下半年全国饲料质量安全监测结果，要求各级畜牧饲料管理部门继续加强饲料质量安全监管。

2016年2月22日　从减轻企业负担考虑，农业部同意暂停蛋氨酸等四种氨基酸作为饲料添加剂进口的特殊政策，进口企业不再需要出具“进口饲料添加剂属性证明书”，有助于进口企业加快通关速度，降低成本。

2016年4月18日　农业部印发《全国生猪生产发展规划（2016—2020年）》，明确了“十三五”时期我国生猪生产发展的思路、布局和主要任务，加快推进生猪产业转型升级和绿色发展。

2016年5月6日　农业部部署开展2016年饲料行业管理督导检查工作，以行政许可、日常监管、《饲料质量安全管理规范》、安全生产为重点，通过听取汇报、企业座谈、随机抽查饲料生产企业和经营门店等方式，了解各地饲料行业管理工作和存在的问题，进一步贯彻落实饲料相关法规，强化饲料安全生产工作，创新饲料监管方式，建立行业管理新机制。

2016年5月13日　农业部畜牧业司组织召开《全国草食畜牧业发展规划（2016—2020年）》论证会。专家组认为，规划编制发布对于加快农业转方式、调结构，推进农业供给侧结构性改革具有重要战略意义，一致同意通过论证。

2016年5月17日　农业部在湖南省岳阳市召开洞庭湖区畜禽水产养殖污染治理试点工作会议，分析洞庭湖区畜禽水产养殖污染面临的形势，部署养殖污染治理试点工作。于康震副部长做重要讲话，王智才总畜牧师主持会议。

2016年6月21日　农业部畜牧业司在河南省郑州市召开粮改饲试点工作部署会，要求各试点省区采取切实有效措施，力争超额完成粮改饲600万亩的目标任务。农业部总畜牧师王智才出席会议并讲话。

2016年6月27～30日　农业部畜牧业司对湖南开展饲料行业管理督导检查工作，以行政许可、日常监管、饲料质量安全管理规范、安全生产为重点，对各级饲料管理部门履职尽责情况进行全面评估，进一步落实国务院“放管服”要求。

2016年7月7日　《全国草食畜牧业发展规划（2016—2020年）》（以下简称《规划》）正式印发。《规划》总结了“十二五”以来草食畜牧业发展所取得的成就，分析了“十三五”时期草食畜牧业的发展环境和新要求，并对草食畜牧业的区域布局和重点任务进行了安排。《规划》的出台对推动草食畜牧业又好又快发展、促进畜牧业结构调整和转型升级具有重大指导意义。

2016年8月17日　农业部畜牧业司在黑龙江哈尔滨举办粮改饲暨全株青贮玉米应用技术培训班，重点解读粮改饲政策与《全国草食畜牧业发展规划》，开展国内外草食畜牧业发展形势与对策、青贮饲草料加工技术与产品应用、全株青贮玉米科学饲喂技术等培训，交流2015年度粮改饲试点和全株青贮玉米推广工作经验。17个粮改饲试点省区畜牧部门和部分试点县有关人员100余人参加了培训。

2016年9月1日　农业部办公厅印发《关于公布第4批饲料质量安全管理规范示范企业名单的通知》，2016年上半年，40家饲料生产企业通过《饲料质量安全管理规范》示范企业验收。自2014年开展《饲料质量安全管理规范》示范企业创建活动以来，全国共有28个省（区、市）的123家企业获得部级示范企业称号。

2016年10月10日　全国畜牧总站组织家禽种业座谈会，会上对最新通过审定京白1号蛋鸡、京星黄鸡103、欣华2号蛋鸡等8个家禽配套系颁发证书。据了解，目前我国审定通过的家禽配套系已达67个。

2016年10月10日　农业部畜牧业司对“粮改饲试点项目信息管理系统”各试点省进行了培训，对实现“粮改饲”项目实施情况精准统计，及时掌握项目实施情况。

2016年10月10日　农业部畜牧业司印发《关于报送南方水网地区生猪养殖布局调整优化工作进展的通知》（以下简称《通知》），要求相关省市按照《通知》要求报送生猪养殖污染治理和布局调整优化工作总结报告，推荐部分可供宣传推广的典型案例。

2016年10月14日，农业部发布《全国饲料工业“十三五”发展规划》，明确饲料工业“十三五”发展的总体目标为：产量稳中有升、质量稳定向好、利用效率稳步提高、安全高效环保产品快速推广、饲料企业综合素质明显提高、国际竞争力明显增强。

2016年10月27～28日　为进一步了解《农业部关于促进南方水网地区生猪养殖布局调整优化的指导意见》贯彻落实情况，农业部畜牧业司组织南方水网地区十省（市）召开水网地区生猪养殖布局调整优化工作座谈会，对水网地区生猪养殖布局调整优化情况进行深入探讨，继续推进生猪养殖污染治理和布局调整优化。

2016年11月18日　农业部畜牧业司召开畜牧业工作座谈会，专题研究2017年畜牧业工作思路，谋划重点工作，提出要聚焦绿色发展、粮改饲、草原生态保护、奶业振兴发展等重点任务，抓好现代畜牧业建设。草原监理中心和全国畜牧总站领导班子成员参加会议。

2016 年 12 月 21 日　畜牧业司在上海组织召开 2016 年饲料质量安全预警监测结果分析会，分析全国饲料产品质量安全、饲料中禁用物质等监测结果，研究制订 2017 年饲料质量安全监测计划。

2016 年 12 月 22 日　畜牧业司组织召开司务会议，传达学习习近平总书记在中央财经领导小组第十四次会议上的重要讲话精神，深刻领会了加快推进畜禽养殖废弃物处理和资源化的要求。会议强调要进一步深化认识，认真谋划政策措施，全力实现习近平总书记提出的“力争在‘十三五’时期，基本解决大规模畜禽养殖场粪污处理和资源化问题”的目标。

中国饲料工业协会

2016 年 4 月 19～23 日　在 2016 年中国饲料工业展览会期间，举办了以“创新、协调、绿色、开放、共享”为主题的中国饲料工业辉煌“十二五”发展成就展。

2016 年 4 月 19～20 日　在 2016 年饲料工业展览会期间，特邀李德发等 4 名行业院士和知名专家学者，举办了以“创新、协调、绿色”为主题的饲料行业技术交流活动，就“互联网+”和大数据环境下的精准营养、抗生素控制及替代技术等行业发展的热点与焦点问题做专题报告并交流研讨，600 余名行业代表参加了活动。

2016 年 4 月 21 日　在饲料工业展览会期间，第 4 次举办饲料原料论坛。邀请行业领导以及大型饲料企业负责人就我国宏观经济态势、种植业结构调整、畜牧饲料业转型升级、玉米等大宗饲料原料市场供需等问题进行了研讨与交流。国内外 600 余名代表参加了此次论坛。

2016 年 6 月　组织饲料行业基层鉴定站换发了“职业技能鉴定许可证”、更换了新的鉴定考务系统，并组织工作人员进行了新系统操作培训。

2016 年 6 月　在乌鲁木齐举办了新疆地区职业技能鉴定工作人员培训班，对来自阿克苏、伊犁、阿勒泰、乌鲁木齐等地区的 119 名从事农业职业技能鉴定的工作人员进行了国家行业职业技能鉴定新形势政策、职业技能鉴定工作程序和质量管理工作要求、职业技能鉴定考评人员管理、新修订的国家职业标准宣贯等方面的培训。

2016 年 7 月和 10 月　分别在内蒙古包头和湖南长沙举办了 2 期职业技能鉴定考评人员培训班，为行业培训了考评员 200 余人。

2016 年 9 月 5 日　举办第四届宠物食品论坛，邀请美国宠物食品协会、欧盟宠物食品协会特殊营养功能宠物食品特设工作组、美国德克萨斯农工大学等机构的多位国内外宠物食品相关领域的权威专家，就全球宠物行业发展趋势、关键工艺、最新法规等热点问题与国内企业代表进行交流研讨，分享全球宠物食品行业的最新研究成果。

2016 年 11 月 7 日　与中牧集团共同举办了中国宠物食品安全、健康、可持续发展论坛，促进行业技术交流合作，帮助宠物食品从业人员理解政策，倡导合法经营，营造良好市场环境，为共谋行业健康有序发展搭建平台。

2016 年 11 月 10 日　在北京召开全国饲料工业协会秘书长座谈交流活动，分析饲料行业形势，交流协会工作经验，研究新时期协会工作思路和重点任务，并介绍了全国饲料工作办公室在加快完善监管体系、加强饲料质量安全监管和专项整治、推进农业供给侧结构性改革和粮改饲等方面工作的进展情况。

2016 年 12 月　组织开展了 2016 中国饲料工业协会先进集体和先进工作者评选活动。在协会换届大会上，对行业内的 120 个先进集体和 60 名先进工作者进行了表彰。

2016 年 12 月 9 日　召开协会第七次会员代表大会，选举产生新一届理事会，召开第七届理事会第一次全体会议，选举产生新一届会长、副会长、秘书长以及新一届理事会，实现理事会新老交替，农业部副部长于康震在会上作重要讲话。会议同期邀请邀请专家学者就“三农”政策、畜牧饲料行业发展趋势、饲料科技发展动态和全球农业投资趋势做专题报告。组织 400 家会员单位发布《中国饲料行业发展宣言》，倡导提质增效、开拓创新、绿色生产、团结协作。

2016 年 12 月 27 日　全国饲料工业标准化技术委员会在广州召开会议，换届成立了第五届全国饲料工业标准化技术委员会。新一届标委会由刘连贵任主任委员，麦康森、沈建忠、谯仕彦任副主任委员，标委会人数由上一届的 80 人增加到 91 人。

2016 年　大力推进粮改饲试点工作，补贴资金从 3 亿元增加到 10 亿元，试点范围扩大到整个“镰刀弯”地区和黄淮海玉米主产区，试点省区从 10 个增加到 17 个，试点县从 30 个增加到 121 个，完成粮改饲面积 677.9 万亩。

天 津 市

2016 年 3 月 29 日　以“中国畜牧饲料科技未来 20 年”为题的京津冀饲料产业协同发展研讨会在北

京召开。该研讨会由北京市饲料工业协会、天津市饲料工业协会、河北省饲料工业协会联合举办。天津饲料工业协会会长莫会松出席，与参会企业家代表进行互动交流。莫会长首先对京、冀及其他兄弟协会对天津饲料行业的支持表示感谢，介绍了天津饲料行业的发展现在和发展方向，希望在京津冀协同发展的政策下，更多具有科技领先水平的饲料企业来天津兴业发展，天津饲料协会将努力创建合作平台，为饲料企业的发展做好服务。本次论坛在“十三五”开局之春、行业转型升级的重要阶段召开，为饲料行业的未来发展指明方向。来自京津冀的饲料生产企业代表共800多人参加了本次会议。

内蒙古自治区

2016年2月24日　为加强饲料产品质量安全监督管理，提高饲料和养殖产品质量安全水平，自治区农牧业厅组织开展全区饲料产品质量安全监督检测工作，下发了《内蒙古自治区农牧业厅关于下达2016年饲料质量安全监测计划的通知》（内农牧饲发〔2016〕31号）。

2016年6月27日　为切实做好饲料质量安全监管工作，深入推进“瘦肉精”专项整治，严厉打击在饲料中添加有毒有害物质的行为，下发了《内蒙古自治区农牧业厅关于下达2016年新增饲料质量安全监测任务的通知》(内农牧饲发〔2016〕211号)。

2016年12月27日　针对2016年内蒙古自治区饲料质量安全监测工作中所发现的不合格产品，下发了《关于对2016年下半年内蒙古自治区饲料质量安全监测不合格产品进行查处的通知》（内农牧饲发〔2016〕413号）。

2016年12月27日　为进一步加强饲料和饲料添加剂生产企业的管理，做好2016年度饲料生产企业备案工作，下发了《关于开展饲料生产企业2016年度备案工作的通知》（内农牧饲发〔2016〕414号)。

2016年12月20～21日　为切实推进《饲料质量安全管理规范》的实施，总结2016年全区饲料监督管理工作经验，安排部署全区饲料工作，自治区农牧业厅在呼和浩特召开了全区饲料工作会议，并对全区15家自治区《饲料质量安全管理规范》示范企业进行了表彰。

2016年12月21日　为做好饲料工业统计工作，进一步提高统计工作人员能力，部署下一阶段饲料统计工作，自治区农牧业厅在呼和浩特举办了全区饲料工作培训班。

辽 宁 省

2016年1月19日　辽宁省饲料工业协会2016年年会在沈阳东北大厦隆重召开，来自全省畜牧兽医系统和饲料行业领导、同仁200余人参加了本次年会。省畜牧兽医局翟国海副局长、省饲料工业协会金卫东会长、省畜产品安监所朱国兴所长（兼辽宁省饲料工业协会名誉会长)、省饲料工业协会武长胜秘书长、沈阳波音饲料赫勇董事长、沈阳正成集团鑫庞大饲料庞树来总经理等领导莅临现场并讲话。

2016年1～4月　开展饲料生产经营主体清理整顿专项行动。

2016年3月　开展全省饲料“3·15打假月”和“放心兽药饲料下乡进村”宣传周活动。

2016年4月　开展全省饲料和饲料添加剂生产企业安全生产摸底调查。

2016年6月　调整了辽宁省饲料和饲料添加剂评审专家委员会现场核查人员。

2016年11月　农业部畜牧业司对辽宁省饲料行业管理开展督导检查。

2016年11～12月　组织开展饲料检验化验员、饲料加工设备维修工和饲料厂中央控制室操作工职业技能鉴定，共鉴定150人。

2016年　辽宁省兽药饲料畜产品质量安全检测中心完成了反刍动物饲料中貂源性成分的检测技术研究，制定相关地方标准1项；完成了饲料中阿斯巴甜快速筛查、确证与检测技术研究；建立了饲料中6种甜味剂的检测方法。

2016年　开展《饲料质量安全管理规范》示范企业创建，2家企业通过农业部验收，11家企业通过省级验收。

黑龙江省

2016年4月19～25日　黑龙江省组织开展了“2016年放心兽药饲料下乡进村宣传周”活动。在此期间，省畜牧兽医局医政药政处、饲料工业办公室深入杜尔伯特蒙古族自治县、安达市、肇东市的3家兽药生产企业、2家饲料生产企业、9家兽药经营企业、8家饲料经营企业和13家养殖场（户）进行宣传活动。全省大部分市县也按照省局的部署开展了此项活动。

2016年4月27日　省局饲料办副主任周春生、副调研员王向红，省兽药饲料监察所饲料室副主任任延铭，做客黑龙江人民广播电台的惠农直播室，就饲料政策法规、养殖户如何维权、怎样辨别、科学使用饲料、饲料检测等问题与主持人和全省听众进行了交流，使养殖者对饲料的经营、使用有了更深的认识和了解。

2016年8月17日　全国畜牧总站副站长、中国饲料工业协会副秘书长刘连贵、饲料行业指导处处长胡广东在黑龙江省畜牧兽医局副巡视员姚虹、黑龙江省饲料工业办公室主任朱良坤、黑龙江省饲料工业协会秘书长张昭良的陪同下参观了黑龙江省谷实农牧集团和金富康农牧集团两家饲料企业。

2016年8月29～31日　“2016年全国饲料行政许可信息管理系统培训班”在哈尔滨市金谷大厦召开。来自各省、自治区、直辖市的饲料管理人员70余人参加了本次培训班。农业部畜牧司（全国饲料工作办公室）饲料处处长王晓红、中国饲料工业协会饲料行业指导处处长胡广东等出席会议。

2016年9月9日　在哈尔滨成功召开了黑龙江省饲料工业协会质量安全技术交流会，来自全省70多家企业的质量管理负责人出席了此次会议。

2016年10月18～21日　黑龙江省畜牧兽医局举办了三期饲料质量安全管理规范培训班，对《饲料质量安全管理规范》法定实施范围内的企业实行全覆盖培训。10月18～19日　第一期和第二期培训班在哈尔滨举行，10月21日，第三期培训班在齐齐哈尔举行。

上海市

2016年1月　与上海市所有饲料生产企业签订“质量安全承诺书”，要求企业作为质量安全的第一责任人，自觉遵守国家的相关法规要求。

2016年1月　组织开展《上海市志·农业分卷·畜牧业卷》饲料篇的编撰工作。

2016年1月　召开上海市饲料兽药行业协会第六届第三次会员大会，中国畜牧总站沙玉圣副站长做了关于当前饲料兽药企业创新发展的工作报告，会上颁布了2015年度上海市饲料兽药行业先进企业和优秀管理者并进行了表彰。

2016年1月　根据市“企业诚信创建”活动组委会要求，上海市饲料兽药行业协会积极组织会员单位开展饲料兽药诚信创建活动。

2016年3月　印发了《2016年上海市地产生猪出栏前“瘦肉精”及其替代品监测计划》，全年布置了“瘦肉精”等违禁药物出栏前监测35 600批任务；制订了2016年度上海市饲料质量安全监测计划，全年计划完成饲料质量安全监测总数2 580批次。

2016年3月　根据2016年饲料生产企业年度备案工作要求，组织对上海市所有获证企业进行年度备案审核，并对其中15%的企业开展了现场审查。

2016年3月　按照市审改办关于开展本市“证照分离”改革试点总体方案要求，对涉及“饲料和饲料添加剂生产许可证审批”的改革试点开展各项实施具体改革措施。

2016年4月　深入贯彻落实《饲料质量安全管理规范》，组织举办了《饲料质量安全管理规范》市级示范创建工作推进会暨《饲料质量安全管理规范》专题培训班，部署本市《饲料质量安全管理规范》市级示范企业创建工作的各项具体措施，各区饲料行政、执法部门和部分饲料企业共60人参加培训。

2016年4月　组织上海市饲料企业参加2016年中国饲料工业展览会暨畜牧业科技成果推荐会，参展企业30家展位200个，展位数量名列前茅。

2016年4～5月　组织开展上海市《饲料质量安全管理规范》专项检查行动，对全市9个区县共27家获证饲料生产企业的规范执行情况和生产过程控制环节现状进行了全面督查，指导督促企业按照《饲料质量安全管理规范》要求完善制度，提升水平。

2016年5月和11月　组织举办了二期饲料质检人员检测能力提高培训班，共培训45人，不断提高上海市饲料企业质检人员使用精密仪器开展产品自检能力。

2016年5月　根据《关于编纂〈中国饲料工业年鉴〉(2015）有关事宜的函》，完成了上海市3家优秀企业、5家重点企业的推荐和《中国饲料工业年鉴》(2015）地方篇和大事记的编写工作。

2016年5～7月　分别组织开展了饲料检验化验员、饲料加工设备维修工和饲料厂中央控制室操作工职业技能鉴定，共鉴定115人。

2016年6月　为严格饲料行政审批要求，规范饲料和饲料添加剂生产许可审核工作，农业部畜牧业司在上海举办了2016年全国饲料行政许可培训班，各省饲料行政、检测或技术专家共60余人参加了培训。

2016年7月　组织举办了“上海市饲料质量安全管理规范示范创建企业现场学习会”，贯彻落实农业部要求，完善饲料生产质量管理体系，树立饲料行业质量安全管理规范示范标杆。

2016年10月　制定《饲料质量安全管理规范》市级示范创建企业现场验收工作要求和流程，组织上海市专家组开展市级示范企业验收工作，共有10家企业通过市级示范企业的验收。

2016年10月　上海市饲料兽药行业协会携手北京市饲料工业协会和中国农牧企划总监联盟举办了“2017年农牧品牌营销高端沙龙”，来自41家企业近70名农牧企划人参与了此次活动，另有超700人在线收看了整场沙龙直播。

2016年11月　举办了2016年上海市饲料生产企业管理人员培训班，全市各饲料生产企业负责人、各区饲料行政和执法部门负责同志共150人参加了此次培训，培训结束后组织了闭卷考试，考试合格的颁发“上海市饲料法规培训证书”。

福建省

2016年8月16日　全省饲料法规暨安全生产培训班在福州举办。省农业厅在福州举办全省饲料法规暨安全生产培训班，各市、县（区）饲料管理人员、省级行政许可专家、全省饲料及饲料添加剂生产企业负责人460多人参加了培训。

2016年　许可权限下放至福州新区。根据福建省政府《关于印发下放福州新区省级经济管理权限目录的通知》（闽政文〔2016〕128号）文件精神，饲料和饲料添加剂生产许可、饲料添加剂和添加剂预混合饲料产品批准文号核发审批事项下放至福州新区实施。

2016年　根据2016年年度备案通报，28家企业饲料、饲料添加剂生产企业生产许可证被注销。

2016年　《饲料质量安全管理规范》示范创建活动取得良好成效。截至2016年年底，全省共有8家部级《饲料质量安全管理规范》示范企业、12家省级《饲料质量安全管理规范》示范企业、19家市级《饲料质量安全管理规范》示范企业。

2016年11月14日　编制《福建省饲料工业“十三五”发展规划》。为适应现代养殖业供给侧结构性改革的新要求，推动福建省饲料工业加快发展，促进饲料企业综合素质进一步提高，根据《饲料和饲料添加剂管理条例》《全国饲料工业“十三五”发展规划》《福建省“十三五”现代农业发展专项规划》，结合福建省饲料工业发展现状，福建省农业厅编制了《福建省饲料工业“十三五”发展规划》。

2016年　与福建省饲料工业协会、福建省饲料工业职业技能鉴定站脱钩。省农业厅饲料管理行政在职人员自2016年7月起，退出福建省饲料工业协会、福建省饲料工业职业技能鉴定站，不再兼任职务。

江西省

2016年3月21～26日　江西省的南昌双胞胎饲料有限公司、江西正邦科技股份有限公司吉安分公司、江西绿环饲料有限公司通过了农业部示范创建专家组现场验收。

2016年8月17日　举办全省《饲料质量安全管理规范》培训班。

2016年9月27～29日　江西省瑞金双胞胎饲料有限公司、赣州朱师傅预混饲料事业有限公司、江西高安大北农饲料有限公司家企业通过了农业部示范创建专家组现场验收。

2016年10月24～28日　农业部检查组对江西省饲料办工作督导检查。

山东省

2016年3月10～11日　以“新常态新思维新跨越”为主题的2016年度山东省饲料行业年会在济南召开。

2016年3月17日　“美国玉米和高粱收获质量报告”研讨会在山东济南召开，会议由山东省饲料行业协会与美国谷物协会联合举办。

2016年11月22日　“提升山东肉鸭产业链竞争力座谈会”在山东潍坊召开，会议由山东省饲料行业协会与山东省畜牧协会联合举办。

河南省

2016年1月17日　河南省饲料工业协会在荥阳召开年会。会议总结了2015年度协会工作，表彰了2015年快速成长型企业、行业功勋、爱岗敬业标兵，对2016年协会工作进行了安排部署。会议还邀请了中国畜牧兽医学会副秘书长孔平涛做了《中国畜牧与饲料产业链的变革》的讲话。

2016年1月26日　河南省第二期饲料生产行政许可专家培训班在安阳举办。农业部畜牧业司饲料处副处长李大鹏、福建省机械研究院高级工程师沈美雄、山东省饲料监测所副所长李俊玲应邀对相关饲料法律法规开展了培训。全省61名行政许可专家参加了培训。

2016年2月　发布饲料行业发展白皮书《河南省饲料工业发展现状及趋势》，全书共分五章，包括河南省饲料工业发展历程、发展现状、经验问题和优势、发展趋势、对策建议等内容。

2016年2月　农业部组织专家来河南开展项目检查工作。

2016年3月9日　召开玉米种植和饲料养殖产销对接座谈会。省农业厅、省畜牧局组织部分饲料生产企业、养殖企业和中储粮河南分公司、郑州粮食批发市等相关单位参加了座谈会。座谈会听取了各相关企业近五年来玉米采购使用情况、价格和质量情况等，深入分析了玉米价格低廉、农民增产不增收的主要原因和影响玉米质量的主要因素、控制霉菌毒素的主要措施，深入研判了收割季节建立玉米烘干设施的可行性。

2016 年 3 月 11 日　省畜牧局召开全省畜产品质量安全风险交流及监管工作座谈会。漯河双汇、河南永达等涉牧龙头企业和开封正大、新希望六和等大中型饲料、兽药生产企业，以及省卫计委、省食药监局、省质监局等行业监管部门参加了会议。会议就企业内控体系建设运行情况、质量安全追溯体系建设运行情况、质量安全检测检验情况、食用畜产品质量安全风险监测和监督监管情况等进行了交流，通报了2015 年全省畜产品兽药饲料监测检验情况。

2016 年 3 月 15～25 日　开展了玉米产销对接调研，根据调研情况研究确定了平顶山宝丰县和南阳市卧龙区作为试点县（区），推行玉米收割烘干和直销模式。

2016 年 3 月　河南省开展散装饲料发展情况调研。

2016 年 3 月 23 日　河南省畜牧局在商丘召开2016 年全省畜产品质量安全监管工作会议，省畜牧局副局长王全周出席会议并讲话。

2016 年 4 月 7 日　河南省畜牧局公布第一批《饲料质量安全管理规范》示范企业 8 家。

2016 年 4 月 7～8 日　农业部畜牧业司饲料处处长王晓红、畜牧处副处长王健等赴河南调研循环畜牧业建设。调研组先后到舞钢市瑞祥农牧公司、丰瑞农业公司、九牧牧业公司和万东牧业公司进行了调研。

2016 年 5 月 12～13 日　河南省兽药饲料监察所和河南省饲料工业协会在驻马店联合举办了近红外在饲料行业中应用技术培训班。全省 18 个省辖市质检中心负责人及 32 家饲料生产企业质管人员参加了培训。

2016 年 6 月 18～19 日　河南省饲料工业协会在洛阳举办饲料行业发展功勋和爱岗敬业优秀员工联谊活动。

2016 年 6 月　河南省畜牧局出台河南省 2016 年“粮改饲”试点工作实施方案。项目实施期限为 2016 年 7 月 1 日至 2016 年 12 月 31 日，邓州等 8 个县被定为试点县。

2016 年 7 月 13 日　河南省畜牧局公布第二批《饲料质量安全管理规范》示范企业 10 家。

2016 年 9 月 19 日　第二十八届中原畜牧业交易博览会在郑州举办。全国 20 多个省（市、自治区）400 多家企业参展，举办招商引资、高峰论坛、专题讲座等 20 多场。

2016 年 10 月 8 日　河南省畜牧局印发《河南省畜禽产品抗生素、禁用化合物及兽药残留超标专项整治行动方案》，启动全省畜禽产品抗生素、禁用化合物及兽药残留超标专项整治行动，期限从 2016 年 10 月开始至 2017 年年底结束。

2016 年 11 月 9 日　河南省畜牧局公布第三批《饲料质量安全管理规范》示范企业 14 家。

2016 年 12 月 9～10 日　河南省饲料工业协会举办河南省饲料行业领势创新发展高峰论坛暨河南省饲料工业协会二十周年庆典活动。

2016 年 12 月 19～24 日　全省饲料法律法规培训班在开封举办。18 个省辖市和 10 个省直管县（市）饲料科长和全省饲料生产行政许可现场审核专家等 70 人参加了培训。

湖 南 省

2016 年　一批企业获部省级规范示范企业。湖南中农联成生物科技有限公司、湖南傲农生物科技有限公司、湖南双胞胎饲料有限公司年内获得了农业部《饲料质量安全管理规范》示范企业荣誉；怀化大康九鼎、佳和农牧、常德九鼎、邵阳宝东农牧等获得了省级《饲料质量安全管理规范》示范企业荣誉。

2016 年　开展饲料行政执法与专项整治行动。全省各级饲料管理部门共出动执法人员 2.9 万人次，检查饲料生产企业 1 555 个，门店 8 421 个次，养殖场户 18 368 人次，下达整改通知 2 306 份，查处违法违规案件 55 起，查获违法违规饲料 93t，涉案金额 29.83 万元。

2016 年　进行了饲料质量安全抽样检测。完成农业部下达的 657 批次饲料质量安全监测任务，合格率为 99.2%；完成省畜牧水产局下达的 703 批次饲料质量安全监测任务，合格率为 99.0%。

2016 年　按规定程序开展行政许可。按照湖南省“网上政务”的统一规定，年内对 67 个饲料企业的生产许可证申证和换证申请进行了材料审查与现场审核发证工作，办理了 96 个饲料添加剂和添加剂预混合饲料生产企业的产品批准文号 2 294 个。各个环节未出现超时亮红灯事故，办结率 100%，群众满意率 100%。

2016 年　利用年度备案注销了一批差小企业。3 月对全省 549 家持证企业进行了年度备案，之前市州县饲料管理部门对其进行了综合执法检查。其中通过年度备案的 445 家，未备案企业 33 家，71 家企业因过期、停产等原因予以注销。年度备案的结果在《湖南饲料》杂志上进行了公告，注销的企业及证号名单由省畜牧水产局文件发布。

2016 年　完成协会脱钩改革工作。根据省委、省政府《关于推进行业协会商会与行政机关脱钩的实施方案》的通知精神和脱钩试点工作领导小组的要求，省饲料工业协会按照机构、职能、资产财务、人员管理、党建外事五分离、五脱钩的基本原则，分步骤、分节点于9月30日前完成了协会脱钩工作。

2016年　切实开展职业技能培训与鉴定工作。年内举办了饲料检验化验员、饲料厂中央控制室操作工、饲料机械设备维修工3个特殊工种的职业技能培训与鉴定，共有358名从业人员通过了理论考试和实际操作考核并获得相应的资格证书。

2016年　农业部督导检查组充分肯定湖南饲料管理工作。6月底，农业部畜牧业司组织的饲料行业管理督导检查组对湖南省饲料管理工作开展了督导检查，并实地检查两县3县（区）6家企业，检查组认为湖南的饲料监管工作抓得实、管得严、有成效。

2016年　6家企业产品获评“湖南名牌产品”。湖南三尖、长沙正大、岳阳新宏、永州北大农牧、岳阳展翔、岳阳岳泰6家企业的禽用或水产用系列饲料产品获此殊荣。

2016年3月9日　“全省市州饲料办主任会议暨部省级示范企业授牌表彰仪式”在长沙举行。会上对6家部级示范企业和10家省级示范企业进行了授牌。

2016年5月14日　中国兽药协会和兽用中药资源与中兽药创制国家地方联合工程研究中心联合主办，湖南农业大学承办的第二届（2016）中国饲用植物提取物行业高峰论坛在长沙举行。

2016年6月29日　由农业部饲料工程技术中心举办、湖南省饲料工业协会和湖南伟业动物营养集团承办的“饲料大数据应用价值高峰论坛”在汨罗举行，湖南省饲料工业协会会员、全国各饲料企业代表等600余人参会。

2016年9月23日　由中国科学院主办、中国科学院亚热带农业生态研究所、湖南师范大学、畜禽养殖污染控制与资源化技术国家工程实验室、长沙兴嘉生物工程股份有限公司和中国农学会微量元素与食物链分会承办的“第四届微量元素与饲料安全国际论坛暨中国农学会微量元素与食物链分会2016年学术年会”在长沙召开，国内外600多名嘉宾前来参会。

2016年10月12日　由农业部畜牧业司组织的2016年《饲料质量安全管理规范》培训班在长沙举办，各省饲料管理部门代表共40余人参加了此次会议。

2016年10月26日　由农业部畜牧（饲料）行业职业技术鉴定指导站举办的畜牧饲料行业职业技能鉴定考评员培训班在长沙召开。

2016年12月9日　唐人神集团股份有限公司被中国饲料工业协会评为“2016全国十大领军饲料企业”；湖南九鼎科技（集团）有限公司、岳阳岳泰集团有限公司被评为“2016全国三十强饲料企业”；长沙兴嘉生物工程股份被评为“2016全国二十强饲料添加剂企业”、湖南伟业动物营养集团股份有限公司被评为“2016全国饲料优秀创新企业”。

广 东 省

2016年1月13日　广东省饲料行业协会、美国谷物协会北京办事处联合举办的“美国玉米和高粱收获质量报告研讨会”在广州成功举办，广东省70多家饲料企业代表参加了会议。

2016年3月10日　广东省农业厅举办全省饲料质量安全管理规范培训班。各市饲料负责人、饲料生产许可现场评审专家及饲料企业代表共140多人参会。

2016年4月17～19日　广东省饲料行业协会组织了78家饲料企业参加在安徽省合肥市举办的“2016中国饲料工业展览会暨畜牧业科技成果推介会”，展位达206个，展示了广东饲料业的良好形象。

2016年6月17日　广东省无抗饲料产业联盟在广州成立，为广东畜牧饲料行业减抗替抗技术的研发和交流合作搭建良好的平台，省内外企事业单位约350名代表参加了活动。

2016年9月18～24日　广东省饲料行业考察团一行赴重庆、四川学习交流，省市饲料办负责人、行业协会、饲料企业、养殖企业代表35人参加了这次考察活动。

2016年9月27日　由广东省饲料行业协会，南华期货协办的“第二届大饲粮饲料原料采购暨风险管控论坛”在广州成功举办，行业领导、企业采购人员约200人参加了盛会。

2016年12月10日　“2016年广东省饲料行业年会”成功举办，重点推出“第六届广东饲料发展战略高层论坛”。同时，省农业厅为《饲料质量安全管理规范》示范企业、广东饲料百强企业代表颁发牌匾，树立行业标杆。产学研精英和广大饲料企业代表约1 300人参加了盛会。

2016年12月27日　由全国饲料工业标准化技术委员会召开的“换届会议暨饲料工业标准审查论证会”在广州顺利召开。农业部相关领导、全国饲料标委会全体委员及特邀代表共计80多人参加了会议。

海 南 省

2016年　严格执行《饲料和饲料添加剂管理条例》规定和行政许可审批程序，认真组织有关专家对企业申报材审核和实施企业生产现场核查工作，全年办理新增饲料企业4家，同时办理了3家饲料添加剂和添加剂预混合饲料生产企业的产品批准文号26个，办结率100%，群众满意率100%。

2016年3月，印发了《海南省农业厅办公室关于做好饲料生产企业年度备案工作的通知》，对全省49家企业实施年度备案，抽查了海口、文昌、澄迈等市县10多家饲料生产企业，同时对4家饲料企业实施委托生产备案，保证全省饲料生产企业持证率100%，备案率100%。

2016年 开展《饲料质量安全管理规范》培训。进一步推进《饲料质量安全管理规范》示范先行活动，2016年全省各级加强培训，举办了一期培训安全管理培训班，培训管理人员100多人。

2016年 督促省兽药饲料监察所完成503批次（农业部300批次和省203批次）饲料质量安全抽样监测任务，检测总合格率为99.8%，比2015年提高0.6个百分点，违禁药物监测合格率100%。

2016年 年农资打假行动，省农业厅全年先后4次组织监督执法组重点对海口、文昌、琼海、万宁、屯昌、定安、澄迈等8个市县饲料批发市场、生产经营店及养殖场进行监督执法检查，严厉查处无证生产、违规生产和在饲料中非法添加违禁药物行为，进一步规范饲料生产经营市场秩序及质量安全。截至2016年11月28日 全省共出动饲料执法人员698人次，车辆280多台次，检查饲料生产企业89家、经营店995家、养殖场（户）158家，查处非法企业5家，罚没资金5万多元。现场抽样生猪尿快速检测“瘦肉精”等违禁药物1 000多头次，合格率100%。

2016年 围绕“稳猪、促禽、增牛羊”畜牧养殖发展要求，分别在白沙、乐东、文昌、澄迈等市县组织开展玉米秸秆青贮饲料生产项目（100万元），实现生产玉米秸秆青贮饲料1.4万t，进一步推进秸秆饲料化利用，牵引种植业、支撑牛羊养殖业发展，有力推进循环农业工作。

2016年 制订了《2016年全省饲料行业安全生产工作计划》《2016年全省饲料行业安全生产工作方案》，下发了《海南省农业厅关于印发2016年饲料行业安全生产工作的指导意见的通知》（琼农字〔2016〕31号）、《海南省农业厅办公室关于印发海南省饲料行业2016年“安全生产月”和“安全生产万里行（西部）”活动方案的通知》（琼农办〔2016〕15号）、《海南省农业厅关于印发海南省饲料行业开展粉尘防爆专项治理工作实施方案的通知》（琼农字〔2016〕88号）等文件，重点抓好饲料粉尘防爆整治工作。8月5日举办了全省饲料行业安全生产管理培训班，有120多人参加了培训，全面提升全省饲料管理人员安全生产防患能力和责任意识水平。

四 川 省

2016年1月，嘉吉饲料（成都）有限公司、四川大北农农牧科技有限责任公司、四川铁骑力士实业有限公司、宜宾市旺达饲料有限公司获得《饲料质量安全管理规范》部级示范企业称号。

2016年4月，四川省农业厅饲料处被四川省人力资源和社会保障厅、四川省农业厅表彰为“四川省农业系统先进集体”。

2016年9月，德阳特驱饲料有限公司、乐山特驱饲料有限公司获得《饲料质量安全管理规范》部级示范企业称号。

2016年12月，四川省饲料工业协会被中国饲料工业协会（全国畜牧总站）表彰为“中国饲料工业协会先进集体”。

2016年12月，四川省饲料工业协会全面脱钩。四川省饲料工业协会是全省首批脱钩试点单位，也是四川省农业厅3家试点脱钩单位之一。按照省、厅统一部署要求，认真做好饲料工业协会脱钩工作，确保协会工作平稳有序过渡。一是制订实施方案。专门成立了脱钩领导小组，制订了具体的脱钩方案。二是完成各项脱钩事项。委托审计机构开展清产核资，主动与省编委、省财政厅、省外办、省机关事务管理局、省民政厅社团党委就机构、职能、编制、人员、资产、外事、房产、党建等分离事项进行对接，全面完成各项脱钩事项。三是做好协会换届工作。召开协会第六次会员大会，选举产生了协会新一届理事会，顺利完成协会换届工作。

云 南 省

2016年3月3日 云南省饲料工业协会2015年度理事会在昆明召开。协会会长、副会长、理事、监事及协会专家咨询工作委员会全体同志等60多人出席了会议。到会的理事积极主动地做了发言，肯定了协会长期以来所做的工作，同时也给协会提出了一些宝贵的意见和建议。会上，省农业厅草山饲料处正处级干部和葵同志做了讲话，对协会一年来的工作做了充分的肯定，对2016年和今后行业发展和行业管理的工作提出了要求，今后云南省应充分利用草地资源丰富的优势，大力发展草食畜牧业，推广反刍动物精补料。要求企业应尽快全面推进《饲料质量安全管理规范》，把贯彻落实规范作为工作重点来抓。

2016年3月31日 农业部《饲料质量安全管理规范》专家组到云南省进行“《饲料质量安全管理规范》示范企业”创建验收，专家组通过现场察看、座谈交流、查阅资料等方式对云南省申请《饲料质量安全管理规范》示范创建的3家企业进行了严格的检查评审，指出了企业存在的不足和问题，有针对性地提出了整改要求和建议。通过现场验收，云南省昆明嘉吉动物营养（昆明）有限公司、昆明新希望动物营养食品有限公司、云南大北农科技饲料有限公司3家企业通过部级验收。

2016年6月26日　农业部副部长屈冬玉、农业部国家合作司副司长赵维宁、农业贸易促进中心主任倪洪兴等到云南调研指导农业“走出去”工作。农业部调研组一行到云南省饲料生产企业——西南集团进行了调研，听取了西南集团在越南创业发展汇报后，屈冬玉副部长认为西南集团“走出去”是成功的，希望西南集团能更大程度的分享企业“走出去”经验，鼓励和带动更多国内农业企业“走出去”。屈冬玉副部长强调，实施农业“走出去”战略是我国改革开放在新时期的重要内容。农业“走出去”，首先是科技、人才“走出去”，更重要的是企业“走出去”。省农业厅党组书记王敏正、党组副书记、副厅长李国林等陪同调研。

2016年8月18日　云南省2016年《饲料质量安全管理规范》专题培训在云南世博花园酒店举行。各州（市）及部分县（市、区）饲料管理部门负责人、部分饲料生产企业负责人及省级有关单位人员150余人参加了培训，会议由省农业厅草山饲料处副处长张存焕主持。省农业厅草山饲料处副处长张存焕在会上致辞，对云南省通过省级《饲料质量安全管理规范》验收的10家企业进行了授牌。她要求各企业要高度重视，要把贯彻落实规范作为工作重点来抓，要加强学习和领悟安全管理规范的每一条，循序渐进地落实。培训班邀请了全国饲料工作办公室研究员张晓宇、华中农业大学牛智友教授、云南省动物卫生监督所钱朝海科长等相关专家进行了授课。大会还特意为参会者提供了与专家面对面交流与提问的环节，参会者积极提问，专家悉心解答。与会者普遍觉得此次培训适应行业管理者和企业的学习需要，具有较强的指导意义，也为企业具体落实《饲料质量安全管理规范》指明了方向。

陕西省

2016年4月6日　在西安召开了全省饲料工业工作暨《饲料质量安全管理规范》推进会。7月6日，省饲料办召开了上半年全省饲料行业统计培训暨生产形势分析会。10月17日在西安组织召开了全省饲料工业生产第三季度形势分析暨行业新规培训会。

2016年8月底，分两个组在西安、渭南、咸阳、宝鸡四市和杨凌示范区开展了全省饲料行业跨市（区）交叉检查工作。

2016年3月28日　起草下发了《关于取消饲料标签审核认可工作的通知》，自2016年4月1日起，全面取消饲料标签审核认可工作，《关于全省饲料生产企业产品标签实行统一管理的通知》（陕饲工办发〔2014〕6号）予以废止。

2016年　组织进行了陕西省饲料生产许可证专家审核委员会换届座谈会，应到47人，实到37人，会上表决通过了新一届主任委员会。

2016年　切实开展职业技能培训与鉴定工作。7月，组织开展了一期特有工种人员职业技能鉴定，共培训鉴定89人。

2016年　全省共核发生产许可证35个（其中浓缩饲料、配合饲料、单一饲料6个，动物源性单一饲料2个，添加剂和预混料27个），注销19家饲料生产企业20个生产许可证。全省目前获证265个（其中生产企业122个，单一饲料40个，添加剂和预混料88个，动物源性单一饲料15个）。

2016年　陕西石羊农业科技有限公司蒲城猪饲料分公司、陕西华秦农牧科技有限公司和西安禾丰饲料科技有限公司获得了农业部“《饲料质量安全管理规范》示范企业”荣誉；陕西正能农牧科技有限责任公司、渭南大北农饲料有限公司和宝鸡新希望饲料有限公司三家企业通过部级《饲料质量安全管理规范》示范企业省级初审。

2016年　明确了统计工作报表情况与企业年度备案相结合，与各市区各项考评选优相结合的新举措。并在今后统计工作中采取企业填报、市级饲料管理部门汇总核查、省饲料办复核的办法，确保行业统计工作的时效性和准确性，为科学指导行业决策提供数据支撑。

2016年9月27～28日　由陕西省饲料工业办公室主办、西安市饲料工业办公室协办、西安禾丰饲料科技有限公司承办的全省饲料行业（禾丰杯）男子篮球比赛在临潼区体育馆成功举办，共计11个代表队、132名运动员参加了比赛。

甘肃省

2016年1月20日　根据省农牧厅的工作安排，甘肃省饲料工业办公室（以下简称“省饲料办”）制定下发了《甘肃省饲料生产企业2016年双随机抽查工作方案》，建立了执法人员名录库、生产企业名录库。

2016年1月28日　省饲料办下发了关于饲料添加剂和添加剂预混合饲料产品批准文号核发程序的通知（甘饲办〔2016〕4号），规定了核发产品批准文号的送样要求、申报材料要求、主要检测指标、检测机构的确定、工作程序等内容。

2016年2月20日　上报2015年度饲料工业统计年度报表，发布2015年全省饲料生产形势分析信息。

2016年3月2日　下发《关于下达2016年饲料质量安全和养殖环节“瘦肉精”专项监测计划的通知》（甘饲办〔2016〕5号），安排全省饲料质量安全和“瘦肉精”监督监测工作。

2016年4月17～27日　省饲料办在甘肃农业大学饲料工业职业技能鉴定站培训考评基地举办了2016年饲料检验化验员（中级）职业技能鉴定培训班，培训鉴定学员148名。

2016年5月20日　兰州正大有限公司在省兽医局双联点静宁县原安乡观音村举行爱心捐助物资活动。捐助牛精料补充料6t、书包56个、图书56本、体育用品12套。

2016年5月21日　省饲料办组织专家在静宁县原安乡关音村举办了养殖技术、秸秆青贮和饲料使用培训班，全村养殖户100余人参加了培训。

2016年6月12～13日　省饲料办在白银市举办了全省饲料执法培训班。全省14个市（州）、86个县（区）饲料行政执法人员和全省饲料企业负责人，以及省兽医局饲料办和省兽药饲料监察所有关负责人200余人参加了培训。

2016年7月25～8月3日　开展全省饲料生产企业“双随机”抽查工作，检查企业25家。15日，对检查情况进行了通报。

2016年10月19～21日　农业部《饲料质量安全管理规范》专家培训班在兰州举办。

2016年12月22～25日　省饲料办组织专家对申请省级《饲料质量安全管理规范》示范企业进行了现场验收。景泰天邦饲料有限公司、新疆天康畜牧生物股份有限公司武威分公司和张掖天邦饲料有限公司3家企业通过了省级《饲料质量安全管理规范》验收。

2016年12月23日　张掖正大饲料有限公司通过了农业部专家组现场验收，成为国家级《饲料质量安全管理规范》示范企业。

2016年12月28日　省饲料办在兰州市开展饲料生产、经营情况监督检查。

青 海 省

2016年　青海省建成两家年产20万t的饲料生产企业。青海乐都恒源饲料有限公司和青海牧源农牧科技股份有限公司分别引进瑞士国际一流的生产设备和最先进的生产工艺，生产绿色颗粒饲料。项目投产后，年产量达20万t颗粒饲料的生产规模。同时，青海牧源农牧科技股份有限公司引进的该设备在多项填补了青海省饲料工业的空白：一是实现全屏电脑自动化控制、工艺流程操作全部自动化；二是成品码垛采用智能机器人自动码垛系统，大幅度减少和降低了劳动力成本；三是在西部首次实现了粕类原料进入钢板仓储存供料生产的工艺，既进一步提高了生产效率，又节约了仓储货位面积；四是在西北首家实现了散装饲料可直接装车运往大型牧场饲喂的方式，大大节约了包材费用，预计每年可节约数十万元。

宁夏回族自治区

2016年5月20日　农牧厅召开全区饲料质量安全规范化管理行动计划启动大会，印发《关于印发〈宁夏回族自治区饲料质量安全规范化管理行动计划方案〉的通知》（宁农饲发〔2016〕1号），成立实施“行动计划”工作领导小组，决定用3年时间，在全区开展实施《饲料质量安全管理规范》、创建国家级和自治区级规范化管理示范企业活动。

2016年6月2日　自治区农牧厅党组书记、厅长王文宇带领分管厅领导、相关处室局单位负责人到3县5家饲料和饲料添加剂生产企业调研，对饲料产业发展提出指导意见。

2016年9月23～25日　宁夏大成永康营养技术有限公司、银川正大有限公司、宁夏昊胜傲农饲料科技有限公司通过农业部专家组部级示范企业现场验收，至此，宁夏有5家企业跻身国家级《饲料质量安全管理规范》示范企业行列，占全区饲料和饲料添加剂企业的9.1%，占比居全国第一位。

2016年12月16日　自治区财政厅首次将“饲料管理”列入自治区部门预算专项，从2017年起每年安排50万元经费。

2016年12月20日　自治区决定成立“饲料产业专家技术服务组”。组成由科研院所和企业9人组成的专家技术服务团队，专家组每年安排工作经费60万元，并将专家组纳入自治区农业特色产业“两组一会”（农业特色产业指导组、技术服务组、产业协会）体系管理。

2016年　共监测样品2 783批次，其中：饲料产品质量安全检测抽检203批次；饲料质量安全追溯在5市22县抽检281批，检测结果均为阴性；饲料使用环节违禁添加物专项监测255批次；反刍动物中牛羊源性成分例行监测抽检164批次；养殖环节“瘦肉精”检测1 880批次，各项检测均超额完成任务，合格率100%。及时查处了违法违规行为，查处率100%。

图书在版编目（CIP）数据

2017中国饲料工业年鉴 / 全国饲料工作办公室，中国饲料工业协会编．—北京：中国农业出版社，2017.10
ISBN 978-7-109-22507-7

Ⅰ.①2… Ⅱ.①全… ②中… Ⅲ.①饲料工业—中国—2017—年鉴 Ⅳ.①F326.3-54

中国版本图书馆CIP数据核字（2017）第225522号

中国农业出版社出版
（北京市朝阳区麦子店街18号楼）
（邮政编码 100125）
责任编辑 程 燕 刘博浩
文字编辑 刘昊阳 徐志平

北京通州皇家印刷厂印刷 新华书店北京发行所发行
2017年10月第1版 2017年10月北京第1次印刷

开本：787mm×1092mm 1/16 印张：28.75 插页：16
字数：939千字
定价：150.00元